V&R

Arbeiten zur Pastoraltheologie

Herausgegeben von
Eberhard Hauschildt und Jürgen Ziemer

Band 42

Vandenhoeck & Ruprecht

Persönlichkeit und Gottesbild

Religionspsychologische Impulse
für eine Praktische Theologie

Von

Hellmut Santer

Vandenhoeck & Ruprecht

Bibliografische Information Der Deutschen Bibliothek

Die Deutsche Bibliothek verzeichnet diese Publikation in der Deutschen Nationalbibliografie; detaillierte bibliografische Daten sind im Internet über <http://dnb.ddb.de> abrufbar

ISBN 3-525-62377-1

© 2003, Vandenhoeck & Ruprecht in Göttingen.
Internet: www.vandenhoeck-ruprecht.de
Alle Rechte vorbehalten. Das Werk und seine Teile sind urheberrechtlich geschützt. Jede Verwertung in anderen als den gesetzlich zugelassenen Fällen bedarf der vorherigen schriftlichen Einwilligung des Verlages. Hinweis zu § 52a UrhG: Weder das Werk noch seine Teile dürfen ohne vorherige schriftliche Einwilligung des Verlages öffentlich zugänglich gemacht werden. Dies gilt auch bei einer entsprechenden Nutzung für Lehr- und Unterrichtszwecke.
Printed in Germany.
Druck: Hubert & Co., Göttingen

Gedruckt auf alterungsbeständigem Papier.

Vorwort

Die Motivation zur wissenschaftlichen Beschäftigung mit der Gottesbild-Thematik entstammt persönlichen und beruflichen Erfahrungen. Aufgewachsen als Sohn eines evangelischen Pfarrers war ich durch die familiäre und kirchlich-religiöse Erziehung von Kindheit an herausgefordert, mich mit den unterschiedlichsten Gottesvorstellungen auseinander zu setzen. Hinzu kamen später berufliche Erfahrungen zunächst als Pfarrer, Religionspädagoge und Seelsorger, sodann auch als Psychotherapeut in freier Praxis und Leiter von mehrjährigen Selbsterfahrungskursen. Durch die eigene Geschichte sensibilisiert, konnte ich bei vielen Menschen miterleben, wie sich ihre Gottesbilder über die Jahre wandelten und z.B. von der Angst, den „richtigen" Vorstellungen von Gott nicht zu entsprechen, befreit wurden.

Eine Verstehenshilfe für diese Vorgänge fand ich zunächst in der neopsychoanalytischen Persönlichkeitstypologie von Fritz Riemann,[1] die ich auch einmal in einem eigenen Artikel als heuristisches Prinzip verwendete, um meine Erfahrungen aus der Praxis zu reflektieren.[2] Trotzdem blieb der Eindruck, dass die von mir beobachteten Phänomene in der Entwicklung von Gottesbildern damit nicht hinreichend erfasst waren. Überrascht hat mich, in dieser Frage auch von der Literatur keine weiterführenden Perspektiven zu erhalten, da in der mir bekannten theologischen Fachliteratur die Gottesbild-Thematik nicht berücksichtigt wurde und die populärwissenschaftliche Literatur im Allgemeinen ebenfalls die neopsychoanalytische Typologie verwendete.

Die Arbeit am Institut für Praktische Theologie und Religionspsychologie, die ich 1998 an der evangelisch-theologischen Fakultät der Universität Wien aufnehmen konnte, bot mir die Gelegenheit, mich auf wissenschaftlicher Ebene der Thematik neu zu nähern. Dabei zeigte sich, dass das bisherige Gespräch zwischen Theologie und Psychologie scheinbar auf der Stelle trat. Zunächst sollten methodologische Klärungen und die konsequente Frage nach den Prämissen der Dialogpartner neue Perspektiven eröffnen helfen. In der Folge schien die Aufnahme des Gesprächs mit der Objektbeziehungstheorie, die im deutschen Sprachraum bisher

---

[1] Riemann (1975).
[2] Santer (1997).

kaum rezipiert wurde, vielversprechende Impulse auch für mögliche weiterführende empirische Untersuchungen zur Thematik liefern zu können.

Vor allem Prof. Susanne Heine bin ich für ihre Anregungen und Hinweise dankbar, die mich nicht nur auf die Objektbeziehungstheorie aufmerksam machte, sondern meine Nachforschungen und Thesenbildungen mit viel Geduld, Aufmerksamkeit, großer Sachkenntnis und zahlreichen Fachgesprächen begleitet und unterstützt hat. Dank gebührt an dieser Stelle auch meinem Mentor Prof. Albert Höfer, dem ich nicht nur die ersten Anstöße zur Psychotherapie-Ausbildung verdankte, sondern der mich auch als Erster lehrte, Theologie und Psychologie in Theorie und Praxis miteinander auf fruchtbare Weise zu verknüpfen. Mein besonderer Dank richtet sich auch an meine Frau, Carmen, die über lange Zeit auf viel Freizeit mit mir verzichten musste und mich auf vielfältige Weise unterstützte. Neben vielen Freundinnen und Freunden, die meinen Rückzug in die Bibliotheken geduldig ertrugen, mich ermutigten und mir die Treue hielten, seien für ihre konkrete Hilfe bei der Fertigstellung dieser Arbeit noch namentlich bedankt: Oskar Dangl, Karl Lahmer und Gabriele Zaußinger. Vor allem danke ich aber meinen Eltern und insbesondere meinem Vater, der mich wie kein anderer lehrte, über die eigenen Grenzen hinauszuschauen, gedankliche und praktische Grenzgänge zu wagen und gerade im Dialog und im Zusammenspiel von Unterschiedenem Wege zu suchen, die weiterführen.

Die Arbeit wurde von der Evangelisch-theologischen Fakultät der Universität Wien als Dissertation angenommen[3] und mit dem Leopold Kunschak-Preis 2003 ausgezeichnet. Dem Verlag Vandenhoeck und Ruprecht, Prof. Jürgen Ziemer und Prof. Eberhard Hauschildt danke ich für die Aufnahme der Untersuchung in die Reihe der „Arbeiten zur Pastoraltheologie" und die Unterstützung bei der redaktionellen Vorbereitung der Veröffentlichung.

Der Universität Wien und der Evangelischen Kirche A.B. in Österreich gilt der Dank für die Druckkostenzuschüsse.

Gewidmet denjenigen, die mit mir an den Übergängen
zwischen Psychotherapie und Theologie auf dem Weg sind.

---

[3] Die Dissertation wurde für die Drucklegung gekürzt.

Inhalt

Einleitung 9

1. Persönlichkeit und Gottesbild in der Homiletik 19
1.1 Verkündigung des Wortes Gottes bei Wolfgang Trillhaas 20
1.2 Die „homiletische Situation" bei Ernst Lange 31
1.3 Tiefenpsychologie und Persönlichkeit des Predigers bei
    Otto Haendler 45
1.4 Die Persönlichkeitstypologie nach Fritz Riemann in der
    Homiletik 69
1.5 Zwischenbilanz 103

2. Persönlichkeit und Gottesbild in der Seelsorge 106
2.1 Seelsorge als Verkündigung des Wortes Gottes bei
    Eduard Thurneysen 107
2.2 Seelsorge als Gespräch bei Joachim Scharfenberg 129
2.3 Zwischenbilanz 152

Exkurs: Das Thema Gottesbild in der populärwissenschaftlichen
Literatur 157

*3. Religionspsychologie im Namen des Dialogs zwischen
    Theologie und Psychologie* 169
3.1 Die Begriffe Religionspsychologie, Pastoralpsychologie und
    Dialog 169
3.2 Die Frage der ontologischen bzw. anthropologischen Prämissen 173
3.3 Der religionspsychologische Ansatz von Hans-Jürgen Fraas ... 182
3.4 Persönlichkeit und Gottesbild als Thema der
    Religionspsychologie 191

4. Die Objektbeziehungstheorie als Dialogpartner für die Theologie ... 194
4.1 Die Objektbeziehungstheorie 194
4.2 Religion als „Übergangsphänomen" bei Donald W. Winnicott ... 200
4.3 Anthropologische Prämissen der Objektbeziehungstheorie
    nach Winnicott 209
4.4 Die Rezeption Winnicotts in der deutschsprachigen
    Pastoralpsychologie 215

5.	*Persönlichkeit und Gottesbild aus objektbeziehungstheoretischer Perspektive*	229
5.1	Persönlichkeit und Gottesrepräsentanz bei Ana-Maria Rizzuto	229
5.2	Kritische Würdigung des Konzepts der Gottesrepräsentanzen	247
5.3	Die Rezeption Rizzutos in der hermeneutischen Pastoral- und Religionspsychologie	258
	5.3.1 John McDargh	259
	5.3.2 William M. Meissner	262
	5.3.3 James W. Jones	268
	5.3.4 Zwischenbilanz	272
	5.3.5 Constanze Thierfelders „kritische Interpretation" Rizzutos	275
5.4	Die Rezeption Rizzutos in der empirischen Religionspsychologie	278
6.	*Revision der pastoralpsychologischen Dimension in einer Praktischen Theologie*	291
6.1	Relationale Anthropologie – eine kritische Anfrage an die Pastoralpsychologie	291
6.2	Gottesbild als persönlich bedeutsame Beziehungserfahrung	299
6.3	Impulse für die pastoralpsychologische Reflexion in einer Praktischen Theologie	300
	6.3.1 Homiletik: „Ich rede mit dem Hörer über sein Gottesbild"	301
	6.3.2 Seelsorge als Gottesbild-Pflege	303
	6.3.3 Die Persönlichkeit im pastoralen Handeln	305
	6.3.4 Weitere religionspsychologische Forschungen	306

Literaturverzeichnis	309
Personenregister	327
Sachregister	330

Einleitung

Der Wort „Gottesbild" ist ein schillernder Begriff. Die Theologin und der Theologe[1] assoziieren möglicherweise zunächst das Verbot von Gottesbildern aus Ex 20, 4 oder Dtn 4, 16–18; Begriffe wie Menschenbild oder Weltbild stellen dagegen vergleichsweise geläufige Formulierungen dar. In der populärwissenschaftlichen Literatur kann gar von „Dämonischen Gottesbildern"[2] oder der „Befreiung von dunklen Gottesbildern"[3] die Rede sein.

Ähnlich uneindeutig erscheint die Verwendung des Begriffes „Persönlichkeit". Von der alltagssprachlichen Verwendung, die damit zumeist den ausgeprägten Charakter eines Menschen oder seine besondere Stellung im sozialen Kontext benennt, unterscheidet sich das humanwissenschaftliche Interesse an einer „Persönlichkeitstheorie", die in ebenso vielen Ausgestaltungen vorliegt, wie es unterschiedliche wissenschaftliche Zugänge zur Erforschung des Menschen gibt.[4]

Was kann das praktisch-theologische Interesse an einer Untersuchung des Zusammenhangs von Persönlichkeit und Gottesbild sein? Für die Beantwortung dieser Frage und zugleich zur Präzisierung des Verständnisses der beiden Begriffe für den Kontext der vorliegenden Arbeit soll einleitend der Bogen von dem theologischen Anliegen einer Lehre von Gott bis hin zur Intention eines Gespräches mit der Religionspsychologie gespannt werden. Daran schließen kurze Erläuterungen zur Strukturierung des Aufbaus der Arbeit an.

Der systematische Theologe Gerhard Ebeling setzt voraus, dass ein Nachdenken über Gott nur dort ansetzen kann, wo der Mensch der Erfahrung Gottes am unmittelbarsten Ausdruck verleiht: im Gebet. Das Gebet als die konkrete Hinwendung zu Gott stellt für ihn das Grundphänomen von Religion dar und wird in seiner „Dogmatik des christlichen Glaubens" daher zum hermeneutischen Schlüssel seiner Gottes-

---

[1] Zur besseren Lesbarkeit wird im weiteren Text das generische Maskulinum für die weibliche und männliche Form verwendet.
[2] Frielingsdorf (1997).
[3] Zellner (1995).
[4] Vgl. z.B. Bischof (1983), der vierzehn verschiedene Grundausrichtungen von Persönlichkeitstheorien beschreibt.

lehre.⁵ Gottes Sein und die Gott zugesprochenen Attribute lassen sich nach Ebeling nur vom Gebet her erschließen, denn im Sprechen *zu* Gott bringe der Mensch alles zum Ausdruck, was *über* ihn von menschlicher Seite her ausgesagt werden könne. Das in der Erfahrung des Gebetes vorausgesetzte Verständnis vom Sein Gottes beinhaltet aber auch sein Unterschiedensein und Gegenübersein zur Welt.⁶

Daher findet ein solches Bewusstsein über die menschliche Bedingtheit allen Redens über Gott oder von Gott her für Theologen seinen Ausdruck in dem Gedanken, dass Gott nur auf dem Weg der Analogie, in symbolischer und metaphorischer Weise zur Sprache kommen kann.⁷ Auch aus biblischer Sicht geht es weniger um abstrakte Begriffsbildungen über Gott, sondern vor allem um Weitergabe von Erfahrung. Das biblische Reden über Gott ist vor allem ein *Erzählen* von Gott in vielfältigen *Bildern* und Gleichnissen.⁸

---

5 Ebeling (1982), 192f., stellt fest: „Wo immer Heiliges, Göttliches erfahren wird, versetzt es den Menschen in die Haltung der Anbetung. Wer Gott erkennt, der muss ihn auch anerkennen, der betet ihn auch an. Im Gebet kommt zum Ausdruck, dass eine Manifestation des Geheimnisses der Wirklichkeit, eine bestimmte Weise letztgültigen Angegangenseins in die menschliche Grundsituation eingreift, sie als Sprachsituation in Bewegung versetzt und den Menschen auf Gott hin ausrichtet. Das Phänomen des Gebets wird somit zum hermeneutischen Schlüssel der Gotteslehre. Von da aus öffnet sich das Verständnis für das Gott zugesprochene Sein und für die Gott zugesprochenen Attribute. Die Lehre von Gott ist deshalb in Korrelation zur Lehre vom Gebet zu entwerfen."

6 Siehe Ebeling (1982), 211–244.

7 Vgl. Heine (1997), 74–77: Der Begriff der Analogie macht deutlich, „dass ein Bild zwischen Sichtbarem und Nicht-Sichtbarem so vermitteln kann, dass beide bleiben, was sie sind, zwar aufeinander bezogen, aber nicht aufeinander reduzierbar. Ein solches Bild ist weder nur Abbild des Sichtbaren noch eine autonome Bildwelt, die an die Stelle des Nicht-Sichtbaren die reine Fiktion setzt. Die Analogie versucht das Nicht-Fassbare fassbar zu machen, ohne sich darüber zu täuschen, dass das, was sich ins Bild fassen lässt, schon identisch wäre mit dem, was zu fassen versucht wird" (74f.). Weiters stellt Heine fest: „In diesem Sinn lässt sich tatsächlich sagen, dass von Gott *nur* analog, *nur* metaphorisch geredet werden kann. Dieses ‚nur' will die Einsicht wachhalten, dass alle schönen Worte und Bilder auf Gott nicht als einen ‚Gegenstand' der äußeren oder inneren Anschauung verweisen, sondern positive Gestaltung jenes Grenzbewusstseins sind, dessen Begriff alle Bilder zerstört" (76) (Hervorhebungen im Original). Vgl. auch Körtner (1999), 240–244, und Gehrke (1981), 237–240. Werbick (1992), 64, stellt fest: „Die Gott-Metaphern versinnlichen Gott, aber sie bilden ihn nicht ab; sie nennen ihn, aber sie legen ihn nicht begrifflich fest; sie sprechen sein Wesen und sein Wollen aus, aber sie leiten kein Glaubensgesetz daraus ab. Sie bilden Gott der menschlichen Vorstellungskraft ein, ohne die Menschen auf ein Bild – auf ihre eigenen Projektionen – zu fixieren; sie provozieren die Vorstellungskraft, das ihr nachspürende Denken und Sprechen, sich vorzustellen und auszusprechen, wie Gott ist, wenn treffend und doch nicht festlegend König, Liebhaber und Geliebter, Richter, Hirte, Schöpfer, Helfer, Sturmwind, Befreier, Vater und Mutter, Erzieher, Rächer, Revolutionär, Retter genannt werden darf."

8 Siehe Körtner (1999), 242: „Die Sagbarkeit Gottes hängt also nicht in erster Linie von theoretischen Begriffsbildungen ab, sondern davon, dass von Jesus von Nazareth und in Verbindung mit ihm von der *Geschichte Israels* erzählt wird. *Rede von Gott ist wesentlich Erzählung von Gott*. Alle Theologie als theoretische Reflexion des Glaubens bleibt auf das Erzählen von

Insofern erlangt der Begriff *Gottesbild* theologischerseits Bedeutung. Er weist darauf hin, dass unsere menschliche Wahrnehmung Gottes und unsere erzählten Gottesbilder Anteil an der geglaubten Wirklichkeit Gottes haben und zugleich kulturellen, gesellschaftlichen und vor allem auch persönlichen Einflüssen ausgesetzt sind. Das Wort *Gottesbild* kann zum Ausdruck bringen, dass mit dem Reden von Gott *menschliche* Erfahrung verbunden war und ist, die vom Gebet her kommt und zum Gebet hinführen will. Die Denkbarkeit Gottes, das rationale Bemühen um einen Gottesbegriff ist davon zu unterscheiden und muss doch auf die Glaubenserfahrung und deren unmittelbaren Ausdruck bezogen bleiben, will sie nicht ihren Gegenstand verfehlen.[9] Die alttestamentliche Gottesbildkritik bezieht sich darauf, dass das menschliche Bemühen um Begriffsbildungen und symbolische Vergegenwärtigung nicht mit der Wirklichkeit Gottes verwechselt werden darf.[10]

Eine Praktische Theologie, die sich gerade hinsichtlich dieser biblischen Anfrage selbstkritisch bewusst ist, dass sie in den vorherrschenden Gottesbildern und Gottesvorstellungen in Kirche und Gesellschaft vor allem den Konsequenzen ihrer eigenen Praxis begegnet,[11] muss sich daher mit den damit zusammenhängenden Problemstellungen auseinander setzen. Insofern das Handeln des Predigers oder Seelsorgers wesentlich auch von der persönlichen Erfahrung des Einzelnen herkommt und auf Erfahrung von konkreten Individuen ausgerichtet ist,[12] hat sie insbeson-

---

Gotteserfahrungen und Gottesbegegnungen bezogen. Zugleich ist alles Reden von Gott metaphorisch, d.h. bildhaft oder gleichnishaft, weil sich auf Gott nicht wie auf einen endlichen Gegenstand zeigen lässt." (Hervorhebungen im Original). Vgl. auch Adam (1999), 38–40, und Adam (1992), 179–192.

9 Vgl. Heine (1997), 76f., und Körtner (1999), 243f.

10 Vgl. Ebeling (1982), 385–391. Siehe auch Werbick (1992), 73: „Dem Verbot der Herstellung von Gott-Bildern (Ex 20,4; Dtn 4,16–18) gehorsam, verzichten sie (sc. die Gottmetaphern) aufs Abbilden; und dieser Verzicht ist zugleich Verzicht aufs Bescheidwissen über Gott und das Verfügenwollen über ihn. Die Fiktion der Metapher – des Gleichnisses – weiß sich als Annäherungsversuch; sie wird auch da noch, wo man sie als unendlich aufschlussreich, als ‚offenbarend' – als Gottes Selbstausdruck entsprechend – wahrnimmt, nicht als Beschreibung, sondern als Eröffnung eines Frageraums, als Vorgabe einer Fragerichtung genommen." Weiters führt Werbick aus: Die Arbeit des Begriffs hebt die Metapher nicht in den Begriff auf; sie ist Arbeit an den Metaphern. (...) Sie versucht, die metaphorischen Verweisungen soweit zu ‚kontrollieren', dass sie nicht in die Irre führen. Und sie soll ihre Kontrollaufgabe nicht weiter treiben, damit der Beziehungsreichtum der Gott-Metaphern nicht der platten Eindeutigkeit der Begriffsschablone zum Opfer fällt" (78).

11 Siehe Rössler (1986): 77f.: Die Praktische Theologie hat sich, insofern sie „die organisierte Religion praktisch vertritt", „die Verantwortung für die religiösen Vorstellungen zuzuschreiben, die in der eigenen Epoche als Deutungsmuster im Zusammenhang der Identitätsproblematik wirksam werden. Die Praktische Theologie begegnet in den allgemein gewordenen Vorstellungen den Folgen ihrer eigenen Praxis."

12 Siehe Heine (1996b).

dere auch den einzelnen Menschen mit seiner persönlichen Religiosität im Blick[13] und daher unter anderem ein genuines Interesse an der Frage des Einflusses subjektiver Faktoren auf das Gottesbild.

Aus diesem Grund erhält das Thema „Persönlichkeit und Gottesbild" für eine Praktische Theologie Gewicht. Es erhebt sich z.B. die Frage, welche Rolle die individuellen Charaktereigenschaften und die lebensgeschichtlichen Erfahrungen des einzelnen, konkreten Menschen bei der Ausformung des persönlichen Gottesbildes spielen, oder wie sich der subjektive Aspekt des Glaubens auf die Aufgabe der Predigt oder der Seelsorge auswirkt. Umgekehrt kann gefragt werden, welchen Einfluss die in Predigt oder Seelsorge vermittelten Gottesbilder und Gottesvorstellungen auf den Glauben des einzelnen Hörers oder Seelsorgeklienten und damit auf die kirchliche Praxis insgesamt haben.

Da es bei diesen Problemstellungen um die Erforschung der gelebten Religion des Einzelnen geht, sucht die Praktische Theologie das Gespräch mit der Religionspsychologie, die sich aus psychologischer Sicht mit dem religiösen Erleben und Verhalten des Menschen beschäftigt und, entsprechend den Grundausrichtungen in der Psychologie selbst, eher auf empirische Forschungsmethoden hin ausgerichtet sein kann oder sich stärker als hermeneutische Disziplin qualifiziert.[14] Es geht darum, sich auf eine Persönlichkeitstheorie beziehen zu können, durch die das Phänomen des Glaubens wissenschaftlich beschreibbar wird und auch die Gottesbildfrage von ihrer subjektiven Innenseite her verständlich werden kann.[15]

Die psychoanalytische Tradition hat bisher die differenziertesten Vorstellungen über die Persönlichkeit des Menschen entwickelt,[16] und ist als hermeneutische Wissenschaft nicht nur der Theologie methodologisch

---

13 Vgl. Rössler (1986), 101: „Das Interesse der Praktischen Theologie am einzelnen Menschen muss zweifellos zuerst und zuletzt das Interesse an seiner Religiosität sein." Vgl. auch Rössler (1986), 64f.: „Für die Frage nach dem Wesen des einzelnen Menschen und nach der religiösen Subjektivität als dem Gegenstand der Praktischen Theologie wird die Religion zum ersten und zentralen Thema. Denn einmal sind Subjektivität und Religion so aufeinander bezogen, dass Religion geradezu als Ausdruck der Subjektivität erscheint. Es gibt ‚gelebte Religion' nur als Sache der Subjektivität. (...) In der Person des Einzelnen treffen die Bemühungen religiöser und kirchlicher Praxis auf das private Christentum des Christen. Dieses private Christentum ist die Form, in der die christliche Religion überall zuerst und zumeist in Erscheinung tritt und in der sie vor allem zur eigentlichen Aufgabe kirchlichen Handelns wird. Der Pfarrer hat es immer mit einzelnen und bestimmten und unverwechselbaren Menschen und ihrer Religiosität zu tun. Im Blick auf diese Aufgabe des Pfarrers haben kirchliches und öffentliches Christentum eine vergleichsweise geringere Bedeutung."
14 Vgl. Rössler (1986), 99–102 und 173–175.
15 Vgl. Scharfenberg (1985), 200f.
16 Vgl. Murken (1998), 17.

verwandt,[17] sondern wurde von Anfang an ein herausfordernder und kritischer Gesprächspartner für die Theologie. Allerdings besteht von ihren Wurzeln her das Problem, dass ihr Begründer, Sigmund Freud, aufgrund seiner Erfahrungen mit Religion ein Vorurteil in seine Forschungen hineintrug, das ihn veranlasste zu fragen, wie Religion als Illusion entlarvt und der Mensch befähigt werden könnte, ohne das Konstrukt eines Gottes in aufgeklärter, selbstverantworteter Weise zu leben.[18] Diese weltanschaulichen Prämissen Freuds brachten die Psychoanalyse für den Großteil der Theologie nachhaltig in Verruf, die Religion auf infantile oder neurotische Wünsche zu reduzieren und ihr prinzipiell feindlich gegenüberzustehen,[19] und wurden letztlich auch im Bereich der Psychologie so wirkmächtig, dass heute noch Psychologen hinsichtlich einer seriösen Erforschung religiöser Themen zum Teil sehr zurückhaltend sind.[20] C.G. Jung wiederum wandte sich der Religion zwar mit einer positiven Grundhaltung zu, die ontologischen Implikationen seiner Persönlichkeitstheorie schlossen aber den Glauben an einen in Freiheit handelnden personalen Gott im Sinne der jüdisch-christlichen Tradition als Gegenüber de facto aus.[21]

---

17 Vgl. Müller-Pozzi (1995), 9.
18 Wulff (1997), 33, fasst die Haltung Freuds prägnant zusammen: „Religious beliefs and practices, he (sc. Freud) argued in a series of publications, are rooted in the fears and wishes of childhood, especially those that constitute the oedipus complex. God the father is a re-creation of the omniscient and omnipotent father of infancy, who first inspired the love and fear that characterize the religious devotee's attitude toward the divine. The irrationality of religion's motives and the repression that keeps hidden its all-too-human origins are signaled, Freud argued, by the air of inviolable sanctity that surrounds religious ideas and the compulsive qualities of sacred rites reminiscent of neurotic ‚ritual'."
19 Siehe auch Wulff (1997), 33: „The psychoanalytic interpretation of religion was pursued for the most part by practicing psychoanalysts, although it found advocates in theological circles als well. (...) The disposition of psychoanalysis to reduce religion to infantile or neurotic tendencies rapidly won for it the reputation of being unequivocally hostile and destructive."
20 Siehe z.B. Henning (2000), 95, der dokumentiert, dass es für Psychologen nach wie vor eine Gefährdung der wissenschaftlichen Reputation darstellen kann, sich mit Fragen der Religion zu beschäftigen.
21 Siehe Heine (2000a), 164f., die in ihrem Artikel „Zur Aktualität ontologischen Denkens in der Psychologie" an den Beispielen C.G. Jung, Maslow und Rogers die Charakteristika einer „Ontopsychologie" aufzeigt. Sehr pointiert charakterisiert Fuller (1994), 111: „Jung claims to limit himself to what takes place in the psyche. This is not the case, however. Jung speaks condescendingly of believers who worship extrapsychic divine figures – such as Christ. Asserting that such figures are projections of the God in the psyche of God-image, Jung reduces them to the psyche. This is psychologism. Jung claims to know what does *not* exist outside the psyche. Despite his disclaimers, Jung has quite a lot to say about conditions outside the psyche. Through his doctrine of the microcosmic character of the psyche, moreover, Jung identifies individual human life with the universe as a whole. By defining the individual in cosmic terms, Jung leaves far behind the modest claims of an empirist only inter-

Es verwundert daher nicht, dass die Theologie gegenüber der Psychoanalyse oder auch Tiefenpsychologie ein zwiespältiges Verhältnis entwickelte, das bis zum heutigen Tag nicht als überwunden angesehen werden kann; auf der einen Seite bewunderte man ihre therapeutischen Erfolge, auf der anderen Seite belastete ihre weltanschaulich divergierende Positionierung das Gesprächsklima.[22] Verstärkt wurde diese Tendenz noch durch die Vorrangstellung der dialektischen Theologie nach dem Zweiten Weltkrieg, die eine prinzipiell skeptische Haltung gegenüber jeder Form von Psychologie einnahm und sie insbesondere auch in den Bereichen der Praktischen Theologie für unzuständig erklärte.[23]

Die Nachwirkungen dieser geschichtlichen Voraussetzungen können den Umstand teilweise erklären, dass in der wissenschaftlichen homiletischen und seelsorgerlichen Literatur bis zum heutigen Tag kaum ausdrückliche Reflexionen zum Zusammenhang zwischen Persönlichkeit und Gottesbild vorzufinden sind. Neben dem inhaltlichen Anliegen der vorliegenden Arbeit wird daher auch zu fragen sein, welche strukturellen oder konzeptionellen Gründe zur Vermeidung der Thematik geführt haben, sodass im deutschsprachigen Raum eine diesbezügliche wissenschaftliche Auseinandersetzung bis zum heutigen Tag ein Desiderat praktisch-theologischer Reflexion darstellen kann.

Im Bereich der Religionspädagogik hat die Gottesbildthematik zwar im Zusammenhang mit Überlegungen zur religiösen Entwicklung von Kindern und Jugendlichen scheinbar einen fixen Platz, die diesbezüglichen Arbeiten und Bezüge beschränken sich jedoch im wesentlichen auf die Rezeption der strukturgenetischen Stufenmodelle von Fowler und Oser/Gmünder.[24] Auf die anthropologischen und methodologischen

---

ested in the phenomena. Jung's psychology turns out in fact to be pantheistic metaphysics. Both Jungian pantheism and Freudian objectivism, attempting to account for the whole of everything, say too much." Vgl. auch Winkler (1995), 9–12, der unter der Hauptthese, „C.G. Jungs Zuordnung von Tiefenpsychologie und Religiosität entspricht einer weltanschaulichen Umarmungstechnik, die zugleich fasziniert und entdifferenziert", die Gefahr einer unreflektierten Übernahme jungscher Theoreme in der Theologie – vor allem auch hinsichtlich eines „gegenwärtig geradezu inflationär erklingenden und offensichtlich sehr wirksamen Rufes nach ‚Ganzheit' im Erleben und Handeln auf den verschiedensten Wissenschaftsgebieten." – prägnant zur Darstellung bringt.

22 Vgl. Henning (2000), 68.

23 Siehe z.B. Henning (2000), 69–72, der die theologische Ablehnung der Psychoanalyse an den Beispielen Friedrich Gogarten, Emil Brunner und Karl Barth zur Darstellung bringt. Wulff (1997), 36, meint sogar, dass die Religionspsychologie insgesamt im deutschsprachigen Raum durch die dialektische Theologie in der Entwicklung behindert wurde: „The waning of liberalism in the 1920s and the ascendancy of Barth's dialectical theology intensified the fear of Psychologism and seriously eroded institutional support." Siehe auch Utsch (1998), 24f.

24 Fowler (1991a), Oser/Gmünder (1996). Vgl. dazu paradigmatisch den Artikel zur „Religionspsychologie" von Bucher (2001), 1768f., in dem er darauf hinweist, dass die Religions-

Implikationen dieser Modelle wird zwar zumeist kritisch hingewiesen,[25] eine paradigmatische Neuorientierung in dieser Frage ist jedoch – außer bei Hans-Jürgen Fraas, auf den in Kapitel 3 mit seiner Konzeption einer „Religionspsychologie" näher eingegangen wird, und gelegentliche Bemerkungen bei anderen Autoren[26] –, nicht in Sicht. Die grundsätzliche Problemlage entspricht offenbar der Situation in Homiletik und Seelsorge. Aus diesem Grund sowie aus Platzgründen wird im vorliegenden Band auf die Aufarbeitung der sonstigen religionspädagogischen Literatur weitgehend verzichtet.

Die vorliegende Arbeit meint in Gestalt der Objektbeziehungstheorie einer Entwicklung innerhalb der psychoanalytischen Tradition begegnet zu sein, die nicht nur dem Phänomen der Religion im Allgemeinen offener gegenübersteht und von sich aus religionspsychologische Studien von einem neuen Blickwinkel her aufgenommen hat, sondern im angloamerikanischen Raum theologischerseits auch bereits deutliche Resonanz gefunden hat und insgesamt als wichtiges Korrektiv zur orthodoxen Psychoanalyse aufzufassen ist.[27] Es soll untersucht werden, ob und inwiefern die religionspsychologischen Impulse der Objektbeziehungstheorie die praktisch-theologische Reflexion insbesondere der Gottesbildfrage anregen und weiterführen kann.

Das erkenntnisleitende Interesse dieser Arbeit versteht sich als pastoralpsychologisch ausgerichtet, das heißt, das Gespräch mit der Psychologie suchend, um dortige Erkenntnisse für das theologisch zu verantwortende Nachdenken und Handeln einer Praktischen Theologie speziell zur inhaltlichen Problemstellung des persönlichen Gottesbildes fruchtbar zu machen. Die theologische Option besteht darin, dass von einer Beziehung zwischen Mensch und Gott ausgegangen wird, in welcher der

---

psychologie für die Religionspädagogik vor allem hinsichtlich der religiösen Entwicklung besonders relevant sei; die Religionspädagogik „braucht aber nicht die gesamte Religionspsychologie aufzuarbeiten", da ohnehin lediglich die Erkenntnisse zur Denkentwicklung (Goldmann) und zur Glaubensentwicklung (Fowler) sowie die Stufen des religiösen Urteils (Oser/Gmünder) relevant wären. Diese Arbeiten sowie Buchers eigene Untersuchungen könnten zu mehr „Kindgemäßheit" beitragen und akzentuierten „die menschliche Aspekte der Religiosität".

25 Siehe z.B. Hilger/Ziebertz (2001), 163-167, oder Grethlein (1998), 220-236, insbesondere auch schon Schweitzer (1987). Ohne jeden kritischen Einwand verfährt z.B. Kuld (2000), 57-73.

26 Siehe z.B. Nipkow (1998), 222, der im Zusammenhang seiner Überlegungen zu den Kindern als Theologen vom Wandel des „Gottes*bildes*" und der „Gottes*beziehung*" spricht (Hervorhebungen im Original), oder Ritter (2002), 92, der unter anderem ausdrücklich auf die Objektbeziehungstheorie verweist. Siehe auch Schweitzer (1987) und Schweitzer (1997).

27 Wulff (1997), 370: „Without question it (sc. object-relations perspective) stands as an important corrective to the orthodox psychoanalytic interpretation of religion, and it describes important trends in at least some religious contexts."

Mensch als von Gott Angesprochener mit seinem religiösen Erleben und Verhalten insbesondere im Gebet antwortet.[28] Die Psychologie wird als eigenständige Wissenschaft aufgefasst, die aus ihrer Perspektive eben dieses religiöse Erleben und Verhalten des Menschen untersucht und deren Erkenntnisse nach den allgemeinen Grundsätzen wissenschaftlicher Zusammenarbeit von der Praktischen Theologie rezipiert werden.[29]

Im Einzelnen wird dabei folgendermaßen vorgegangen: Im ersten Teil der Arbeit soll zunächst der bisherige homiletische und seelsorgerliche Diskurs daraufhin befragt werden, ob und wie das Thema „Persönlichkeit und Gottesbild" zur Sprache kommt und inwiefern das hier zugrundegelegte erkenntnisleitende Interesse jeweils Berücksichtigung findet. Neben der exemplarischen Darstellung paradigmatisch erscheinender Positionen von Vertretern der wichtigsten Strömungen innerhalb der Theologie soll daher auch ein besonderes Augenmerk auf die jeweilige Konzeptionalisierung des Verhältnisses zwischen Theologie und Psychologie gelegt werden. Auf Basis der Skizze des Grundkonzeptes der untersuchten Autoren werden unter metatheoretischem Blickwinkel die relevanten expliziten und impliziten anthropologischen Prämissen herausgearbeitet und auf ihre Bedeutung hinsichtlich der hier im Mittelpunkt stehenden Thematik hin befragt. Denn es ist zu vermuten, dass dort auch die Wurzeln für die Schwierigkeiten im Umgang mit der Gottesbildfrage zu verorten sein werden. Der Untersuchungsgang der ersten beiden Kapitel soll damit zum einen den Neueinsatz des Dialoges mit der Objektbeziehungstheorie im Kontext der wichtigsten homiletischen und poimenischen Grundpositionen verorten helfen, zum anderen durch die Berücksichtigung der jeweils vertretenen Anliegen die Perspektiven für die Weiterarbeit auf dem Hintergrund der pastoraltheologischen Traditionen schärfen.

Insofern sich die Praktische Theologie mit ihrer Theoriebildung auch auf das Verständnis von Religion und christlichem Glauben sowie auf das Bild von Kirche in der Öffentlichkeit bezogen weiß,[30] soll ein Exkurs die Behandlung der Gottesbildthematik in der populärwissenschaftlichen Literatur und die darin verbreiteten Auffassungen erheben sowie einer kritischen Analyse unterziehen.

Ein anschließendes Methodenkapitel greift die bereits angedeuteten Grundsatzfragen einer Religionspsychologie im Dialog zwischen Theologie und Psychologie auf und versucht auch im Rückblick auf diesbezügliche Ergebnisse aus der Analyse der theologischen Literatur sowie

---

28 Vgl. Ebeling (1982), 202f.
29 Vgl. Rössler (1986), 9.
30 Vgl. Rössler (1986), 17 und 405.

unter kritischer Prüfung des Konzeptes der theologischen Religionspsychologie von Hans-Jürgen Fraas zu Klärungen zu gelangen, die als Grundlage für den weiteren Fortgang der Untersuchung dienen und methodische Stringenz gewährleisten sollen.

Im Anschluss daran wird in einem vierten Abschnitt die so genannte „Objektbeziehungstheorie" vorgestellt, die als besondere Entwicklung innerhalb der psychoanalytischen Tradition aufzufassen ist und vorwiegend im angloamerikanischen Raum Verbreitung fand. Dass die deutschsprachige Pastoral- und Religionspsychologie bisher von dieser Entwicklung sehr wenig Notiz genommen hat, ist umso verwunderlicher, als von Seiten der Objektbeziehungstheorie geradezu Einladungen zum Dialog vorliegen, und, wie noch zu zeigen sein wird, angloamerikanische Theologen hiervon bereits ausführlich Gebrauch gemacht haben.[31] Erst in den letzten Jahren ist ein diesbezügliche allmähliche Öffnung feststellbar. Im Zentrum dieses vierten Kapitels stehen die Forschungen von Donald W. Winnicott, dessen Thesen vom „Übergangsobjekt" und vom „Übergangsraum" besonders nachhaltigen Einfluss auf den pastoral- und religionspsychologischen Bereich genommen haben.

Mit Ana-Maria Rizzuto soll schließlich im fünften Kapitel eine Vertreterin dieser psychoanalytischen Ausrichtung zu Wort kommen, die mit ihrer klinischen Studie zur Gottesbildfrage und ihrer eigenständigen Theoriebildung zur „Gottesrepräsentanz" den bisher profiliertesten Beitrag zur Thematik aus objektbeziehungstheoretischer Sicht erarbeitet hat. Es wird zu untersuchen sein, welche neuen Erkenntnisse Rizzutos Forschungen erbracht haben und wie ihre Positionierung auf dem Gebiet der Religionspsychologie einzuschätzen ist. Ausgewählte Beispiele für die Rezeption der Objektbeziehungstheorie und Rizzutos spezifischer Bearbeitung der Gottesbildthematik aus dem Gebiet der hermeneutischen Pastoral- und Religionspsychologie sowie dem Feld empirischer Forschungen sollen weiteren Aufschluss über die Leistungsfähigkeit und die kritischen Implikationen dieser Theoriebildung geben.

Abschließend werden die Ergebnisse des hier aufgenommenen Dialogs zusammenfassend gesichtet und der Versuch unternommen, die zu erwartenden neuen Gesichtspunkte auszuwerten sowie skizzenhaft für eine Revision der pastoralpsychologischen Dimension in einer Praktischen Theologie fruchtbar zu machen.

---

31 Während z.B. Wulff (1997) ein im Verhältnis zu der Behandlung Freuds, Jungs oder der humanistischen Tradition der „Object-relations Theory" ein quantitativ und qualitativ gleichwertiges Kapitel widmet (Wulff (1997), 320–371), wird in deutschsprachigen Lehrbüchern zur Psychologie, Psychoanalyse und Religionspsychologie von der Objektbeziehungstheorie kaum Notiz genommen.

1. Persönlichkeit und Gottesbild in der Homiletik

Im folgenden Abschnitt soll anhand von paradigmatischen Grundpositionen in der Homiletik exemplarisch untersucht werden, inwiefern die Thematik „Persönlichkeit und Gottesbild" im homiletischen Diskurs zur Sprache kommt oder auch keine Berücksichtigung findet. Darüber hinaus interessieren die jeweilige Konzeptionalisierung des Verhältnisses zwischen Theologie und Psychologie bzw. den Humanwissenschaften sowie die expliziten und impliziten Prämissen der Ansätze hinsichtlich der zur Disposition stehenden Fragestellung und ihrer möglichen Verortung im homiletischen Umfeld. Wolfgang Trillhaas kommt als Repräsentant der Tradition der dialektischen Theologie zu Wort, der bis in die 1970er Jahre hinein zur Homiletik publizierte und selbst den Anspruch einer Weiterentwicklung seines Konzeptes erhebt. Er vertritt ausdrücklich ein „pastorales" Anliegen; an seinem Werk können die Paradigmen anschaulich werden, die auch für andere Theologen in diesem theologischen Umfeld zu unserer Fragestellung Geltung haben. In der Folge wird Ernst Lange berücksichtigt, weil er mit seiner sozialwissenschaftlich-theologischen Konzeptualisierung der Homiletik und der damit zusammenhängenden besonderen Berücksichtigung des Hörers im Predigtgeschehen für eine Reihe von Veröffentlichungen in der homiletischen Fachliteratur bis in die jüngste Zeit hinein maßgeblich wurde. Da am ehesten von Werken, die das Gespräch mit der Psychoanalyse oder der Tiefenpsychologie suchen, zu erwarten wäre, dass sie sich auch zum Themenbereich „Persönlichkeit und Gottesbild" äußern, stehen diesbezügliche Arbeiten im dritten und vierten Abschnitt des Kapitels im Mittelpunkt des Interesses. Den Ausgangspunkt für diesen Untersuchungsgang bilden Otto Haendlers Arbeiten. Seine grundlegende Untersuchung zur Persönlichkeit des Predigers unter tiefenpsychologischen Gesichtspunkten wurde trotz aller Ambivalenz bzw. Ablehnung, die seinem Bemühen entgegengebracht wurde, bis zu den 1960er Jahren fünf Mal neu aufgelegt. Zugleich gilt er den Autoren, die sich vor allem zwischen 1970 und 1980 um das persönlichkeitsspezifische Moment in der Predigt bemühten, als erste Referenz, wenn diese ihre Arbeiten auch nicht mehr von C.G. Jung her, sondern von dem neopsychoanalytischen Persönlichkeitsmodell nach Fritz Riemann konzeptionalisierten. Die diesbezüglichen Arbeiten werden im vierten Teil dieses Kapitels auf ihren Umgang mit der Frage des Gottesbildes und ihre implizite Gesprächskonzeption zwischen Theologie und Psychologie hin untersucht.

1.1 Verkündigung des Wortes Gottes bei Wolfgang Trillhaas

Wolfgang Trillhaas repräsentiert mit seinen homiletischen Bemühungen – wie kaum ein anderer – eine bedeutende gedankliche Grundlinie der Protestantischen Theologie im 20. Jh. In seinen Arbeiten zu einer „Evangelischen Predigtlehre"[1] weiß er sich bis zuletzt der theologischen Tradition der dialektischen Theologie verpflichtet;[2] es lassen sich an seinem Werk, das als „letzte Homiletik ‚klassischer' Form" angesehen werden kann,[3] Tendenzen der Homiletikgeschichte von den Dreißigerjahren bis in die Mitte der 1970er Jahre verfolgen.[4] Hervorstechend an Wolfgang Trillhaas ist, dass er sich auch in eigenen Werken mit verschiedenen Disziplinen im Umkreis der Praktischen Theologie auseinander gesetzt hat.[5] Es ist vor allem ein „pastorales" Anliegen, das Wolfgang Trillhaas in den Diskurs einbringt und dem er in seiner spezifischen Weise bis zur „Einführung in die Predigtlehre"[6] immer mehr Raum gibt.[7] Inwiefern der Anspruch von Trillhaas auf schrittweise Neukonzeptionen seiner Homiletik

---

1 Siehe Trillhaas (1964) (Erstveröffentlichung im Jahr 1935), und Trillhaas (1974).

2 Trillhaas (1964), 5f: „Dieses Buch hat seine eigene Geschichte. Es war die erste Homiletik im Wirkungskreis Karl Barths, in ihrer entschlossenen Verbindung konservativer Positionen mit den Grundüberzeugungen der dialektischen Theologie durch den Kampf der Bekennenden Kirche geprägt. (...) Es bleibt auch im neuen Gewande der Vermittlung alter homiletischer und pastoraltheologischer Tradition verpflichtet, es hat vor allem den oft einsamen Boten des Evangeliums in unserer zwielichtigen Gegenwart brüderlich im Sinn."
Im Folgenden geben wir im Wesentlichen dem Begriff „dialektische Theologie", wie ihn Trillhaas in seiner Selbstpositionierung verwendet, den Vorzug gegenüber dem Begriff „Theologie des Wortes Gottes", den Müller (1985) bevorzugt. Wir schließen uns der Auffassung von Härle (1981), 683, an, der im Begriff „dialektische Theologie" das Spezifische dieser theologischen Tradition umfassender benannt findet.

3 Siehe Müller (1985), 546.

4 Die hier vertretene Ansicht unterscheidet sich von der Auffassung Müllers, dass sich an Trillhaas „wesentliche Stadien der Homiletikgeschichte" ablesen ließen (Müller, 1985, 546). Bei den Veränderungen in den Arbeiten von Trillhaas handelt es sich im Wesentlichen um das Bemühen, deutlichere Praxisbezüge und Bezüge zu den Humanwissenschaften herzustellen, ohne dass konzeptionelle Veränderungen wahrnehmbar wären.

5 Siehe z.B. Trillhaas (1953) mit seiner Publikation zur Religionspsychologie.

6 Trillhaas (1974).

7 Trillhaas (1964), 5: „Nachdem das Buch dann im Kriege lange Zeit vergriffen war, erfuhr es bei seinem Wiedererscheinen in dritter Auflage 1947 gewisse Auflockerungen in seinem pastoralen Teil. Auch kam das Bedürfnis nach größerer Nüchternheit und nach psychologischer Wahrheit zu seinem Recht, ohne dass doch die Grundlagen verändert worden wären." Vgl. auch Müller (1985), 545.

für unsere Fragestellung Geltung hat, wird noch zu erörtern sein.[8] Als Ausgangspunkt der folgenden Untersuchung wird die „Evangelische Predigtlehre" in der fünften und letzten Auflage herangezogen, da Trillhaas in ihr noch um eine geschlossene Darstellung der Homiletik bemüht ist. Andere Arbeiten, insbesondere die jüngere „Einführung in die Predigtlehre", werden ergänzend berücksichtigt.

Im Zentrum der Homiletik von Wolfgang Trillhaas steht seine Theologie vom Wort Gottes. Das Wort Gottes stellt Bedingung, Ausgangspunkt, Inhalt und Ziel jeder Bemühung in der Predigt dar. Das Wort Gottes sei es, das fern jeglicher menschlichen Verfügbarkeit – idealer Weise auch während der und durch die Predigt – dem Menschen in einer direkten Anrede durch Gott erfahrbar werden solle.[9] „Wort Gottes" wird dabei als ein Ereignis verstanden, das dem Menschen unmittelbar widerfährt und im „Herzen" des Menschen wahrnehmbar werde.[10] Signifikant an den beiden Begriffen „Wort Gottes" und „Herz" ist, dass sie sich jeder weiteren Lokalisierung, Beschreibung oder Hinterfragung entziehen. Eine Begegnung zwischen den beiden Dimensionen werde lediglich daran erkennbar, dass wir uns „von Gott als seine Kinder annehmen lassen",[11] es zu einer Art von „Bejahung"[12] des Evangeliums komme oder „Gehorsam" die Folge sei.[13] Aber auch diese Reaktionen beim

---

8 Trillhaas (1964), 6: „Diese neue Auflage der Predigtlehre ist so tief greifend verändert, dass es fast ein neues Buch geworden ist"; Trillhaas (1974), X: „Die vorliegende Einführung ist gegenüber meiner ‚Evangelischen Predigtlehre' eine völlig neue Konzeption. Ihr theologischer Charakter soll nicht darin bestehen, dass sie einem bestimmten (dogmatischen) Prinzip folgt, von dem dann alles Folgende abhängig wäre; die Theologie liegt vielmehr im Detail der Praxis selbst". Müller (1985), 545, urteilt: „Trillhaas' *Einführung in die Predigtlehre* (1974) hat dann zwar nicht einen vollständigen Bruch mit der dialektischen Theologie vollzogen, aber einer reichen phänomenologischen Erörterung der Predigtprobleme Raum gegeben. Allerdings ist schon in den Anfängen eine außerordentliche Nähe zur Praxis zu beobachten".
9 Trillhaas (1964), 24: „Das Wort der Predigt ist gebunden an das Wort über allen Worten, an das Wort vor allem menschlichen Wort. Die Theologie des Wortes hat daher ihren Rang, dass Gott selber mit unserem Herzen sprechen will. Im Sprechen Gottes mit unseren Herzen erfahren wir den Gnadenerweis des unbekannten Gottes: er macht sich mit uns bekannt und spricht uns an. Er tröstet uns und gibt uns in seinem Wort seinen Geist." Trillhaas (1964), 16: „Die Predigt kommt erst darin zum Ziel, dass wir das Wort annehmen und uns von Gott als seine Kinder annehmen lassen, dass wir das Eigentum des Dreieinigen werden. Darin hat die Predigt ihren existenziellen Ernst (...)."
10 Vgl. vor allem das Zitat Trillhaas (1964), 24, FN 7 oder 135: „Durch sokratisches Verfahren und durch volkstümliche, ehrliche, glaubhafte und verständliche Redeweise hat der Prediger dafür zu sorgen (soweit das überhaupt in Menschenmacht steht), dass der Hörer versteht, d.h., dass sich sein Herz der Wahrheit öffnet"; siehe auch Trillhaas (1964), 43: „Der Geist macht das gepredigte Wort in den Herzen lebendig und versetzt diese dadurch in die nova vita".
11 Trillhaas (1964), 16.
12 Siehe Trillhaas (1964), 137.
13 Trillhaas (1964), 136.

Menschen entzögen sich bezüglich der konkreten Feststellung oder rechtmäßigen Behauptung der letzten Beurteilung.[14] Wir stoßen hier nicht nur auf die prinzipielle „ontologische Dimension der Dialektik",[15] sondern mit dem Begriff des Herzens auch auf eine implizite ontologische Prämisse in der Anthropologie von Trillhaas.[16] Das „Herz" zeigt sich bei näherer Betrachtung als eine Art Referenzpunkt im Menschen, an dem das Wort Gottes anknüpft. Damit ist im Sinne von Trillhaas keine aktive Fähigkeit oder Tätigkeit des Menschen verbunden, wohl aber stellt es eine vorausgesetzte Anlage der Empfänglichkeit für das Wirken des Wortes Gottes dar. Dieser für das Predigtgeschehen bedeutsame Aspekt wird bei Trillhaas jedoch ohne weitere Ausführungen angenommen und an keiner Stelle näher hinterfragt oder reflektiert. Es wird noch zu erörtern sein, inwiefern an dieser Stelle gerade unser thematischer Fokus Relevanz gewinnen könnte.

Als explizite Prämisse von Wolfgang Trillhaas kann der absolute Vorrang des gesprochenen Wortes des Predigers vor allen anderen liturgischen Handlungen oder symbolischen Kommunikationsformen angesehen werden: „Das eigentliche Wort ist das gesprochene Wort."[17] In Ableitung vom alles überbietenden Wort Gottes kommt nach Trillhaas auch einzig dem erklärenden, deutenden oder benennenden Wort des Predigers die Funktion zu, die nötige Kontrolle über das jeweilige Geschehen für alle Seiten zu gewährleisten. Die Ebene des im Menschen wirkenden Heiligen Geistes[18] und die Ebene der Bilder und Symbole[19]

---

14 Siehe z.B. Trillhaas (1964), 137; an vielen Stellen gibt Trillhaas Anleitung zur Prüfung solcher „Bejahung" durch Menschen und weist darauf hin, dass jeder Behauptung einer Annahme des Evangeliums notwendig auch mit Misstrauen zu begegnen sei. Siehe z.B. auch Trillhaas (1964), 28: „Eine absolute Sicherung der Predigt vor Irrlehre, Unverstand, Missdeutung und Unglaube liegt nicht in Menschenhand".

15 Härle (1981), 687: „Dialektischer Weg und dialektische Selbstaufhebung verweisen zurück auf eine die dialektische Methode fundierende und fordernde *ontologische* Dimension der Dialektik, ist doch die ‚Wahrheit in der Mitte' nicht nur der (unerreichbare und unanschauliche) Zielpunkt dialektischen Redens, sondern auch der *Ursprung*, aus dem These und Antithese, Ja und Nein hervorgehen (...), von dem her sie ihre Begründung und Aufhebung erfahren". (Hervorhebungen im Original)

16 So kann Trillhaas an einer Stelle auch den Begriff des Herzens mit der „psychischen Seite" identifizieren: „Indem die Mitteilung des Heiligen Geistes an das Hören gebunden wird, wird gleichzeitig die psychische Seite der Geistesmitteilung aufgehellt. Was wir hören, erfüllt die Gedanken, von da aus bewegt es Herz und Gewissen." (Trillhaas, 1964, 44)

17 Trillhaas (1964), 24: „Das eigentliche Wort ist doch nur das gesprochene Wort, und zwar deshalb, weil es allein das deutliche Wort ist, das sich selbst interpretiert, während die Tat und gegebenenfalls das Schweigen in ihrem eigentlichen Sinne erst durch das gesprochene Wort interpretiert werden müssen."

18 Trillhaas (1964), 43: „Wenn der Geist nicht ohne das Wort gegeben wird, dann wird der sich auf den Heiligen Geist berufende Mensch *kontrollierbar*, und es kann sich fortan nicht mehr jeder auf den Heiligen Geist berufen." (Hervorhebungen im Original)

werden ebenso mit Skepsis betrachtet wie die „spiritualistische Versuchung" in der Sakramentstheologie[20] oder „unkontrolliertes Meditieren".[21] Dieses rationalisierende Moment[22] der Reduktion des menschlichen Kommunikations- und Erkenntnisgeschehens auf das gesprochen Wort, auf das Deutliche und Verständliche[23] im Werk von Wolfgang Trillhaas dient dem Bemühen um bestmögliche Objektivierung aller menschlichen Einflüsse auf das Ereignis des Wortes Gottes, dem alleine es zugestanden wird, sich zu Recht jenseits der menschlichen Vernunft zu vollziehen.[24]

Dem Bestreben, die Exklusivität des eigentlichen Gottesereignisses zu wahren, gilt durchgängig das ganze Bemühen von Trillhaas. An diesem Tabu,[25] diesen heiligen Bezirk, darf nicht gerührt werden – auch und gerade wenn es in seiner Predigtlehre um ganz praktische Aspekte der kirchlichen Verkündigungsarbeit gehen soll.[26] Zum Einen ergibt sich aus dieser Grundhaltung die Konsequenz, dass Trillhaas sich in all seinen

---

19 Siehe z.B. Trillhaas (1964), 61 und besonders 114ff. etwas differenzierter, aber mit gleich bleibender Grundaussage dann Trillhaas (1974), 96f.
20 Trillhaas (1964), 14f.
21 Trillhaas (1964), 111.
22 Siehe auch das Kapitel „Vernunftregeln für die Predigt": Trillhaas (1974), 75–86.
23 Vgl. vor allem Trillhaas (1964), 126ff. und 135ff. Die prinzipielle Verständlichkeit gilt auch für jeden Bibeltext, denn „dass das Wort Gottes, dass der Text von Hause aus verständlich und gedanklich fassbar ist, das darf im Ernst nicht bezweifelt werden"; – was daran geheimnisvoll bleibt, liegt am Unvermögen des Predigers, der „dieser Vernehmbarkeit nachzugehen, ihr zu trauen und ihr zu dienen" hat. (Trillhaas, 1964, 109)
24 In Trillhaas (1974), 94ff. findet sich ein ergänzendes Kapitel „Predigt als religiöse Sprache". Die Predigt wird hier von „außerhalb" betrachtet, als „Sonderfall religiöser Sprache" beschrieben, für die gilt: „Grundlegende Aussagen, Begriffe wie Sätze überschreiten in ihrer Bedeutung diejenige, welche sie in bloß verbalem Verständnis haben. Religiöse Sprachelemente sind insofern ‚religiöse', als sie über das verbal Bezeichnete hinaus ‚mehr meinen'. Die religiöse Sprache transzendiert die Umgangssprache." Es wird auf die Schwierigkeiten der Interpretation von religiösen Symbolen und Inhalten hingewiesen und auf die Spannung, in der die Predigt zwischen schnell veränderlicher Umgangssprache und religiöser Sprache steht. „Die religiöse Sprache will in Umgangssprache, und diese Umgangssprache soll für die Vermittlung der christlichen Botschaft aufgeschlossen werden." Denn letztlich ist zu beachten: „Es ist zu allen Zeiten eine Schicksalsfrage für das Christentum, ob es seine Sache deutlich und unmissverständlich zur Sprache bringen kann." (Trillhaas, 1974, 98)
25 Das Wort „Tabu" scheint dadurch gerechtfertigt, dass an vielen Stellen eine große Zahl von Kontrollen und Prüfungen für den Prediger angeführt wird, deren Kriterien – kaum genannt – auch schon wieder in Zweifel gezogen werden. Nichts Menschliches kann diesen Bereich letztlich schützen (Siehe z.B. Trillhaas, 1964, 28: „Eine absolute Sicherung liegt nicht in Menschenhand"). Das Motiv der Kontrolle überspannt die ganze „Evangelische Predigtlehre" – von der Einleitung mit ihrer Forderung nach „theologischer Kontrolle" (10) bis hin zur Forderung nach Askese im Zusammenhang mit der Vorbereitung für die Predigt in den letzten Sätzen (197).
26 Trillhaas (1964), 18: „Gottes Wort ist geheimnisvoll und weit mehr, als menschliche Predigt auszusagen und nachzuvollziehen vermag."

Ausführungen immer neu genötigt sieht, jede Aussage nach allen Seiten gegen mögliche Festlegungen abzusichern – sei es in den theoretischen Erörterungen seiner „prinzipiellen Homiletik"[27] oder in den praktischen Abhandlungen seiner „pastoralen Homiletik";[28] die für menschliche Vernunft widerspruchsvolle Dialektik[29] zwischen Gott und Mensch darf an keiner Stelle durch eine wie auch immer geartete Eindeutigkeit aufgehoben werden.[30] Zum anderen erwächst daraus die Konsequenz, dass Gott nicht als Gegenüber menschlich-persönlicher Vorstellung in den Blick kommen darf.[31] Denn in diesem Fall wäre der Bezirk des lebendigen Gottes verlassen und der Bereich des allgemein Religiösen[32] mit seinen diversen „Gottesbildern" betreten.[33] Wirkliche Gotteserkenntnis zeigt sich als ein „plötzliches" dynamisches Geschehen von „Horizontverschmelzung", das sich jeder Festlegung und jeder direkten Reflexion entzieht und das – wenn überhaupt – nur indirekt an der menschlichen Betroffenheit nachvollziehbar wird.[34]

---

27 Siehe z.B. Trillhaas (1964), 19: „Auf der einen Seite gilt unverbrüchlich: Die Predigt ist Gottes Wort. Die Predigt ist viva vox evangelii. (...) Diese qualitative Herabstufung (sc. die heutige Predigt als abgeleiteter Dienst) ist die andere Richtung, in der wir bei der theologischen Begründung der Predigt gehen müssen: Die Predigt ist ‚nur' Zeugnis."
28 Siehe z.B. Trillhaas (1964), 137: Im Zusammenhang mit der Frage der „Dialektik von Reden und Hören" (135f.) wird ausgeführt, dass der Prediger den Hörer „ernst zu nehmen" und „ihn zu befragen" habe – zugleich dürfe es aber nicht darum gehen, sich dem „Urteil" des Hörers zu „unterwerfen".
29 Vgl. zur grundsätzlichen Kritik am Dialektik-Begriff in der Tradition der „Theologie des Wortes Gottes" Müller (1985), 547.
30 Trillhaas (1964), 136: „Die Ebene der Predigt ist ‚höher als alle Vernunft'".
31 Vgl. Härle (1981), 687: „Angesichts dieser diastatischen ontologischen Grundstruktur scheide jede Gotteserkenntnis, jede Versöhnung mit Gott und jeder Gehorsam gegen Gott als *menschliche* bzw. *anschauliche* Möglichkeit a limine aus. Ja, jeder solcher Versuch (Religion) ist nur auf anschauliche Weise die Fortsetzung und Bestätigung der Sünde, die darin besteht, dass das Geschöpf Gott als ein kommensurables Gegenüber begegnen will" (Hervorhebungen im Original). Heine (2000a), 176, konstatiert zur Wort-Gottes-Theologie: „Auch dort, wo Gott als handelnde Person in ‚realer Existenz' vorgestellt wird, tritt er als etwas auf, das nicht zur menschlichen Welt gehören kann, sondern dieser äußerlich bleibt."
32 Trillhaas (1964), 85: „Mit dem modernen Begriff der ‚Religion' wird die Eigenart weder des Alten noch des Neuen Testaments begriffen."
33 Vgl. etwa die Ausführungen zum Umgang mit alttestamentlichen Stellen und seine Abgrenzung gegenüber der Wahrnehmung von „Gottesbildern" im Alten Testament, was verhindern würde, eine – wenn auch „geheime" und „unanschauliche" (Trillhaas, 1964, 87) – Identität Gottes innerhalb der beiden Testamente auffinden zu können: Trillhaas (1964), 82ff. – insbesondere 85f.
34 Vgl. Trillhaas (1964), 78; Den Begriff „Horizontverschmelzung" entlehnt Trillhaas von Gadamer und bemerkt dazu: „Der Begriff der ‚Horizontverschmelzung' ist von Gadamer in seiner grundlegenden philosophischen Hermeneutik ‚Wahrheit und Methode' (289f., 356f.) geprägt und begründet worden. Es [sic!] erscheint mir schlechterdings erhellend für die hier verhandelte Sache."

Was das persönliche Moment des Predigers in der Verkündigung angeht, so tritt hier das Grundproblem zutage, dass Trillhaas allem Menschlichen des Predigers – wie auch des Hörers – mit einer grundsätzlichen Skepsis gegenübersteht.[35] Selbst „subjektive" Entscheidungen bei der Textwahl werden strengen Kriterien und Regeln unterzogen,[36] „bis die klare Erkenntnis der Schriftwahrheit durch keine Affekte mehr gestört und belastet ist."[37] Viele Ermahnungen ergehen an ihn zur Askese hinsichtlich seines eigenen Wollens, seiner Absichten und seiner persönlichen Meinungen.[38] In diesem Bereich stehe die Predigt in Gefahr, ihr Idion und ihre Kraft zu verlieren.[39] „Subjektivität" dürfe es ausschließlich in der Hinsicht geben, dass der Prediger sich als erster Hörer den Text ganz zu Eigen machen solle[40] und für das, was er sagt, unbedingt einzutreten habe – einschließlich des Überhanges an Erkenntnis, den der Text beinhalte und der „höher als alle Vernunft" sei.[41] Psychologische Aspekte kommen bei Trillhaas im Sinne von „natürlicher Menschenkennerschaft" zur Sprache, die aus „lebendiger und nachdenklicher Erfahrung" gewonnen werde und etwas mit „Begabung" zu tun habe.[42] Sie werden aber aufgrund der allen humanwissenschaftlichen Disziplinen innewohnenden Gefahr der Dominanz über das Theologische an den Rand der Reflexionen verwiesen,[43] bzw. wird psychologisches Wissen,

---

35 Paradigmatisch Trillhaas (1964), 28: „Je mehr der menschliche Charakter der Predigt in den Vordergrund tritt, desto deutlicher wird ihre Unsicherheit, desto klarer treten die Schwächen hervor, unter welchen sie leidet, die Versuchungen, denen sie ausgesetzt ist."
36 Siehe Trillhaas (1964), 63f: „Die Perikopenordnungen überheben den Prediger einer subjektiven Entscheidung der Textwahl, sie dienen einer Versachlichung des Umgangs mit der Heiligen Schrift; d.h. der Prediger muss sich angesichts geltender Perikopenordnungen dem Wort der Schrift so, wie es auf ihn zukommt, unterwerfen." Vgl. auch die fünf Regeln zum Umgang mit der Wahl des Textes, deren vierte z.B. lautet: „Bleibe bei dem vorgenommenen Text um jeden Preis!" (65)
37 Trillhaas (1964), 65.
38 Vgl. z.B. Trillhaas (1964) 46ff.; unter Bezugnahme auf die Erfahrungen der Bekennenden Kirche, siehe besonders Trillhaas (1964), 55. In der praktischen Vorbereitung zur Predigt gelte neben vielen anderen Aspekten der Askese darüber hinaus: „Muss es noch besonders gesagt werden, dass die Askese vor der Predigt es unbedingt fordert, alle Zerstreuung, Vergnügen und Gesellschaft vor der Predigt zu meiden?" (Trillhaas, 1964, 197)
39 Siehe vor allem Trillhaas (1964), 182f.
40 Trillhaas (1964), 187: „Aber alles, was wir sagen, muss persönlich wahr sein. Was wir predigen, muss durch uns hindurchgegangen sein." In diesem Zusammenhang wird sogar Haendler zitiert und festgestellt: „Wir können das Evangelium lebendig verkündigen nur so, wie es uns lebendig geworden ist."
41 Siehe Trillhaas (1964), 79f.
42 Siehe Trillhaas (1964), 140f. Vgl. auch den diesbezüglichen Anspruch auf „psychologische Wahrheit" von Trillhaas (1964), 5.
43 Immerhin gesteht Trillhaas (1964), 141 zu: „Vielen anderen [Predigern] mangelt allerdings auch die Nähe zu den lebendigen Menschen und die Freiheit, auch solche Gründe und Motive dem Handeln, Denken und Fühlen der Mitmenschen beizumessen, die man für un-

„aus Büchern" oder „auf Kursen erlernt", überhaupt problematisiert,[44] da es die Gefahr beinhalte, dass „an die Stelle der Wahrheit" die „Technik der Menschenbehandlung" trete.[45] So bleibt es bei etwas vagen Theorien über den „versteckten Menschen", den „eigentlichen Hörer", den es „hinter seinen offiziellen Meinungen aufzusuchen gilt" und dessen „wahre Stimme des Herzens" angesprochen werden müsse.[46] Zwei kurze Hinweise in Nebensätzen erinnern daran, dass bei der Verkündigung neben dem Verstehen des Textes auch das „Verstehen meiner selbst" von Belang sein könnte,[47] oder dass der Prediger ein persönliches „Vorverständnis" mitbringt.[48] Letztlich gilt die Unterordnung alles Persönlichen unter die exklusive Dynamik des Gottes-Ereignisses.[49]

---

terwertig hält, wie sexuelle Reizbarkeit, oder die man dem Nächsten nicht gerne beimessen möchte, um sein Bild nicht zu verzerren, wie Ehrsucht oder Selbstsucht. Und doch kann uns nur die völlige Freiheit des Blicks, die gänzliche Unbefangenheit der Beurteilung zur Menschenkenntnis verhelfen, die dann allerdings unter diesen wichtigsten natürlichen Voraussetzungen durch die Kenntnis des Aufbaues und des Getriebes des seelischen Lebens nur vertieft und bereichert werden kann." Vgl. zu dem grundsätzlichen Misstrauen: Trillhaas (1964), 9f: „Mit der Annäherung an die Fragen des unmittelbaren Handelns gerät die praktische Frage leicht aus der theologischen Kontrolle heraus und unter fremde Gesetze. Die Katechetik wird zu einem Anwendungsfall allgemeiner Didaktik und Pädagogik, die Seelsorgelehre gerät unter das Gesetz der Psychologie, der Tiefenpsychologie und Psychotherapie, die Homiletik kam mindestens in früheren Generationen unter die Botmäßigkeit der Rhetorik." Siehe z.B. auch die Erwähnung der Gefahr, dass die Tiefenpsychologie zu einer „Ersatzreligion" werden könne; vgl. Trillhaas (1953), Religionspsychologie, 195.

44 Siehe z.B. Trillhaas (1964), 140. Siehe auch die Polemik gegen die tiefenpsychologische Exegese, bei der sich Trillhaas im Zusammenhang mit der Erörterung von „erschlichener Textgemäßheit" zu folgendem, saloppen Satz am Ende des angeführten Zitats hinreißen lässt: „Eine Psychologie des Kaufmanns aus dem Gleichnis Mt 13, 45f oder Nikodemus Joh 3,1f stellt nicht einmal dem psychologischen Vermögen des Predigers ein gutes Zeugnis aus, geschweige denn seiner Auslegungskunst, und sie erweist ihn höchstens als phantasievollen Romanerzähler. Woher weiß er denn all das Zeug, was er da erzählt und erfindet?" (Trillhaas, 1964, 61)

45 Trillhaas (1964), 153.

46 Siehe Trillhaas (1964), 139f.

47 Trillhaas (1964), 36. In Trillhaas (1974), 50, wird an einer Stelle etwas deutlicher formuliert und in der Folge sogar Haendlers Charakterisierung des jungen und des alten Predigers (Haendler, 1960, 72ff.) – allerdings ohne Zitation – kurz wiedergegeben: „Man kann nur frei predigen, wenn man die Sache der Predigt ganz in sich aufgenommen hat. Hier entscheidet es sich, ob der Prediger seine eigene Methode gefunden hat. Das setzt aber Wandlungen des Predigers voraus. (...) Auch ist der Sinn dieser Wandlung nicht der, es um jeden Preis anders zu machen, sondern es ist die Selbstfindung. Es geht nicht darum, eine andere, sondern die ‚eigene' Methode zu finden. Es ist ein Vorgang, der die Persönlichkeit des Predigers betrifft, eine innere Wandlung und in mancher Hinsicht auch eine ‚Bekehrung'."

48 Trillhaas (1964), 112.

49 Trillhaas (1964), 65f.: „Der stete Umgang mit der Heiligen Schrift, aber auch der Umgang mit der Gemeinde und die Befolgung bewährter Regeln helfen dazu, dass dem Prediger zur rechten Zeit die richtigen Texte begegnen" – und: „Das Ziel der Auslegung für die Predigt ist es, den Text als Evangelium zu vernehmen und dazu zu dienen, dass er sich selbst in

Die Hörer bzw. die hörende Gemeinde kommen wohl in einigen Abschnitten in den Blick, – die diesbezüglichen Reflexionen dienen jedoch in erster Linie theoretischen Fragestellungen zum Gemeindebegriff[50] mit entsprechender Distanzierung von soziologischen oder psychologischen Sichtweisen[51] sowie praktisch-formalen Korrekturen an Sprachgestalt und Ausdrucksformen in der Predigt.[52] Die „pastorale" Dimension meint bei Trillhaas in erster Linie, dass der einzelne, konkrete Mensch Adressat der Verkündigung sei und sich in persönlicher Hinsicht angesprochen fühlen solle.[53] Der Prediger solle als Seelsorger und im oben bereits beschriebenen Sinn als „Menschenkenner" verkündigen, „damit der Hörer sich verstanden, d.h. aber, dass er sich erkannt sieht".[54] Weiters sei von ihm zu fordern, dass er Seelsorger an „Leib und Seele" seiner Gemeinde ist.[55] Grundsätzlich betrachtet scheint besonders der Begriff „pastoral" bei Trillhaas mit dem assoziiert, was Müller „phänomenologische Erörterung" nennt,[56] – dabei ist wohl an die Einbeziehung der Erfahrung gedacht im Unterschied zur rein theoriegeleiteten Erkenntnisgewinnung. Dass es sich hier aber weder um Phänomenologie im wissenschaftstheoretischen Sinn noch um empirisch wissenschaftliche Arbeit handelt, liegt auf der Hand. Trillhaas benutzt die Befassung mit der Erfahrung nicht zur Generierung von Erkenntnis, sondern seine theoretischen Ansätze werden erfahrungsmäßig verortet.[57]

---

das Leben der gegenwärtigen Menschen hinein auslegt." Vgl. auch den Begriff „Herrschaft des Textes" (Trillhaas, 1964, 126).
50 Vgl. Trillhaas (1964), 34ff.
51 Siehe vor allem Trillhaas (1964), 40f.
52 Siehe z.B. Trillhaas (1964), 81. Vgl. auch die Menschenkenntnis-Theorie von Trillhaas (1964), 183f., mit der zu erklären sucht, warum im evangelischen Gottesdienst weniger Männer aufzufinden sind als im katholischen und die formale Konsequenz, die er daraus für die Predigt fordert. Vgl. auch die Ausführungen zur „Predigt in der Umgangssprache" in Trillhaas (1974), 90ff. oder die Analysen zur Zeitgemäßheit in Trillhaas (1974), 56ff.
53 Siehe Trillhaas (1964), 158f.
54 Siehe Trillhaas (1964), 142. Weiter dazu Trillhaas (1964), 148f: „Der Hörer hat ‚verstanden', wenn er im Gewissen getroffen ist und damit Gottes Anspruch an sich heimlich und unausgesprochen Recht gibt. Ob der Hörer der Predigt dann glaubt oder dem Glauben widersteht, ob er vollends gehorcht oder nicht, das liegt jenseits der Tatsache, dass er doch jedenfalls verstanden hat. Hier beginnt dann der Bereich der bewussten Verantwortung und auch der Schuld des Einzelnen."
55 Siehe die diesbezüglichen Forderungen und Regeln bei Trillhaas (1964), 153ff.
56 Müller (1985), 545.
57 Vermutlich basiert auch die Auffassung der konzeptionell neuen Orientierung seiner „Einführung in die Predigtlehre" auf diesem Verständnis. Der Begriff der Erfahrung wird bei ihm programmatisch als Quelle der Homiletik neben dem Glauben genannt und eine rein an „dogmatischen Prinzipien" orientierte Homiletik davon abgegrenzt (Trillhaas, 1974, 2). Allerdings findet, wie bereits erwähnt, der Paradigmenwechsel hin zu einer erfahrungsorientierten/empirischen wissenschaftlichen Erörterung an keiner Stelle statt, der alleine den Begriff einer völligen Neukonzeption berechtigen erscheinen lassen würde.

Zusammenfassend lässt sich Folgendes feststellen: Wolfgang Trillhaas repräsentiert eine einflussreiche Grundströmung protestantischer Theologie im 20. Jh., die ihren Ausgang in der dialektischen Theologie genommen hat. Ihre Stärke bezieht die Wort-Gottes-Theologie aus dem unbedingten Bewahren der Unverfügbarkeit der Wirklichkeit Gottes gegenüber den jeweiligen geistesgeschichtlichen und gesellschaftspolitischen Entwicklungen. Die in dieser Grundhaltung implizierte kritische Distanz zu jeder Art von säkularen Theorien und Methoden[58] ermöglicht auf der einen Seite, den Eigenraum theologischer Besinnung rund um das Ereignis des Gotteswortes zu schützen. Auf der anderen Seite führt diese Distanz jedoch auch zur Problematik, dass die jeweiligen theologischen Beiträge zum geistesgeschichtlichen und wissenschaftlichen Diskurs immer weniger kommunizierbar werden und keine Aktualität mehr zur Geltung bringen können.[59] Die tatsächliche Weiterentwicklung der eigenen Ansätze wird dadurch verhindert und potenziell hilfreiche Theorien und Methoden aus dem säkularen Bereich zugunsten der paränetischen Wiedergabe vorwissenschaftlicher Menschen- und Welterfahrung ausgeblendet.[60] Dies muss für das homiletische Werk von Wolfgang

---

58 Vgl. z.B. Härles Referat zu Emil Brunner: „Hier wie durchgängig in seiner späteren Theologie ist für Brunner der Gedanke bestimmend, dass die Anknüpfung des christlichen Glaubens an das allgemeine Denken sich – materialiter – nur als Anknüpfung im Widerspruch, also wiederum dialektisch, vollziehen könne." (Härle, 1981, 690)

59 Das wichtige Anliegen beispielsweise, dass der theologische Begriff der Gemeinde immer mehr als die konkret vorfindliche Gestalt einer Ortsgemeinde meint und dass dies auch insofern praktische Konsequenzen für die Predigt habe, als der Prediger sich nicht auf die Anrede eines definierten Hörerkreises beschränken darf, endet bei Trillhaas in einer generellen Polemik gegen die „Predigtpsychologie" und schon die „Reflexion auf die besondere Schichtung der Gemeinde" bedeute „eine Infragestellung des Gemeindegedankens" und damit eine Tabuverletzung gegenüber dem „Wunder der Predigt". (Trillhaas, 1964, 40f.). Für unseren Zusammenhang ist nebenbei zu bemerken, dass einzig Haendler in einer Fußnote (41 FN 6) von der generellen Verurteilung der „Predigtpsychologie" ausgenommen wird. Vgl. grundsätzlicher auch das Bemühen von Wolfgang Trillhaas, neuere Entwicklungen in der Theologie zu würdigen, und doch das dialektische „Aber" entgegensetzen zu müssen: „Heute hat sich die Frage nach dem Verstehen des ‚Wortes' verbunden mit der Frage nach dem Verstehen von Existenz, d.h. mit der hermeneutischen Problematik in ihrer ganzen Breite. Diese Wendung zur Hermeneutik, die nicht nur fremde Meinungen erfragen will, sondern im Verstehen des anderen im Grunde das Selbstverständnis meint, ist eine unwiderrufliche Entwicklung in der heutigen Theologie. Sie eröffnet methodisch weite Felder der Forschung und gibt der Theologie neuen Anlass, sich selbst als Geisteswissenschaft zu verstehen. Aber es ist wohl, in einem dialektischen Widerspiel zu dieser Sachlage, daran zu erinnern, dass die Theologie des Wortes und damit die der Predigt durch alle Verallgemeinerungen sich selbst verliert. Es gibt letztlich keine Theologie des Wortes und damit keine Predigtlehre abgesehen vom Inhalt dieses Wortes." (Trillhaas, 1964, 23)

60 Siehe dazu die von Trillhaas (1974), 2, projektierte Bezugnahme auf die „Erfahrung". Vgl. auch das Kapitel zu „Polemik und Apologetik" (Trillhaas, 1974, 51f.), die für ihn als „Zeichen innerer Unsicherheit" angesehen werden müssen oder das Kapitel „Kommunikati-

Trillhaas durch die Jahrzehnte hindurch auch gegen seinen eigenen Anspruch von „Neukonzeption"[61] festgestellt werden und gilt für alle dargestellten Prämissen seiner Arbeiten wie auch für die grundsätzliche methodische und inhaltliche Durchführung.[62] Die Theologie stellt die erkenntnisleitenden Paradigmen zur Verfügung, andere Wissenschaften kommen – wenn überhaupt – in hilfswissenschaftlicher Funktion in den Blick, insofern sie die eigenen Theorien zu veranschaulichen und zu präzisieren ermöglichen.[63]

Für unseren Untersuchungsbereich meint dies, dass Trillhaas die Dimension eines Zusammenhangs von Persönlichkeit und Gottesbild aufgrund seiner theologischen Prämissen nicht erfassen kann; einerseits steht dem der exklusive Begriff eines unfassbaren Wortes Gottes und andererseits der romantisierend verwendete ontologische Begriff des „bewegten Herzens" entgegen. Beides bleibt – wiewohl ausdrücklich unter dem Verdacht, dass es da auch nicht mit rechten Dingen zugehen

---

on" (Trillhaas, 1974, 52ff.): Trillhaas stellt zu Beginn des Kapitels fest: „Diese Probleme (sc. der Kommunikation) verweisen in die Tiefe der Person des Predigers, obwohl es sich um sachliche Fragen, um objektive, außerhalb der Person des Predigers liegende Phänomene zu handeln scheint" (52); tatsächlich werden in der Folge Themen abgehandelt wie die „Distanz der Vorbildung" oder das „Überlegenheitsbewusstsein", mit dem der Prediger auf Verstehensschwierigkeiten reagiere, oder die „Kompensation" der „Krise seines Kontaktes mit den Menschen" durch „die Inanspruchnahme von Autorität" und „Superioritätsgefühl" (53f.).

61 Siehe die jeweiligen Vorworte in Trillhaas (1964) und Trillhaas (1974).

62 So bleibt z.B. die grundsätzliche Haltung zu dem Dialog mit den säkularen Wissenschaften für die Predigtlehre auch in Trillhaas (1974) aufrecht. Auch wenn dort anderen theologischen Disziplinen und sogar der Praktischen Theologie zugestanden wird, ihre je „eigentümliche Nachbarschaft zu profanen Wissenschaften" zu haben, so gilt dies für die Homiletik ausdrücklich nicht. „Sie „nährt sich nämlich aus zwei sehr verschiedenen, aber wissenschaftlich nur schwer fassbaren Quellen. Die eine ist der Glaube selbst. (...) Die andere Quelle ist die Erfahrung, sei es die der Prediger, sei es die der Predigthörer" (Trillhaas, 1974, 1f.). Eine Art hilfswissenschaftliche Funktion wird vorsichtig folgenden Bereichen zugestanden: „Kirchensoziologie, Informationstheorie und Kommunikationsforschung" (Trillhaas, 1974, X); unter Nennung von „Religions- und Kirchensoziologie" sowie „Sprachphilosophie": Trillhaas (1974), 5. Die ausdrückliche Ablehnung einer zu intensiven Bezugnahme auf die Rhetorik findet sich z.B. in Trillhaas (1964), 10, und Trillhaas (1974), 2. Vgl. z.B. auch die geringfügigen Nachjustierungen im Kapitel zur Predigt alttestamentlicher Texte in Trillhaas (1974), 32ff., gegenüber Trillhaas (1964), 82ff.

63 Siehe z.B. die Art der Bezugnahme auf die von Trillhaas genannte Kommunikationswissenschaft oder Sprachphilosophie in den Kapiteln „Kommunikation" (Trillhaas, 1974, 52–55) oder „Sprachprobleme der Predigt" (Trillhaas, 1974, 87–100). Vgl. auch die Formulierung des Grundansatzes zur Religionspsychologie in Trillhaas (1953), 6: „Es kommt (...) darauf an, die Frage so richtig wie möglich zu stellen und den Entwurf einer Beantwortung aus der Situation der Zeit, aus der Überzeugung heraus mit einem Höchstmaß erreichbarer Wahrscheinlichkeit auszustatten"; hier wird auch deutlich, dass Trillhaas das Paradigma empirischer Psychologie gar nicht wahrnehmen kann, und er formuliert: „Alle Psychologie drängt zur Anthropologie hin" – womit bei Trillhaas eine theologische Anthropologie im Blick ist.

könne – mangels theoretischen Instrumentariums der Reflexion und damit dem willkürlichen Verständnis sowie der willkürlichen Verwendung ausgeliefert. Wenn die Erfahrung der Bekennenden Kirche der Tradition der dialektischen Theologie eine hohe Sensibilität gegenüber jeder Art von Manipulation und Ideologisierung ermöglicht hat,[64] so könnte es durchaus als Fortführung dieses Anliegens angesehen werden, gerade auch in diesen Bereichen mit anschlussfähiger Begrifflichkeit transparent zu machen, was man damit meint, wenn man theologischerseits von bewegtem Herzen durch das Wort Gottes spricht, und was nicht. Die exklusive Sphäre Gottes wird nicht dadurch in Frage gestellt, dass im Menschen etwas aufgefunden wird, was ihn in persönlicher Weise zum potenziellen Hörer des Wortes Gottes machen könnte. Denn die Annahme eines durch Gott bewegungsfähigen Herzens muss – wie gezeigt – auch in der dialektischen Theologie mitgedacht werden. Anthropologische und persönlichkeitstheoretische Erörterungen im offenen Gespräch mit den diesbezüglichen säkularen Spezialwissenschaften scheinen von daher selbst im Rahmen einer Theologie des Wortes Gottes möglich und angezeigt. Darüber hinaus könnte es in diesem Sinne auch förderlich sein, in Homiletik und Seelsorge das „methodische Bewusstsein"[65] durch breite wissenschaftliche Zugänge zur Reflexion gerade auch des persönlichen Aspektes von Gottesvorstellungen und Gottesbildern zu stärken. Dies würde allerdings voraussetzen, dass die Theologie die menschliche Disposition zur Gottesbegegnung und zum Glauben zu würdigen vermag. Auf welche psychische Konstellation mit welchen persönlichkeitsspezifischen Aspekten trifft das Wort Gottes, wenn es sich ereignet? Und mit welchen Kategorien und Begriffen kann das, was sich hier im Menschen vorfindet und ereignet, angemessen beschrieben werden? Dies sind Fragen, die uns in der Folge noch beschäftigen sollen. Bei ihrer Erörterung wird das Anliegen der Tradition der Dialektischen Theologie bezüglich der Wahrung des jeweiligen erkenntnistheoretischen Rahmens im Blick auf Stellungnahmen zur Wahrheitsfrage zu berücksichtigen sein. Psychologische Aussagen über den Menschen dürfen demnach nicht zu Rückschlüssen auf die theologischerseits geglaubte und verkündete Wirklichkeit Gottes führen.

---

64 Vgl. vor allem Trillhaas (1964), 55f.
65 Vgl. die am Anfang seiner „Evangelischen Predigtlehre" formulierte Forderung von Trillhaas (1964), 10: „Die Methodenfrage erinnert uns an die irdische Existenz der Kirche, sie kann die Realisierung der als wahr erkannten Grundsätze zur Gewissensfrage steigern. Die Methodenfrage kann – das ist nachdrücklich zu bestätigen – kein Gesetz des Handelns an sich reißen. Aber sie kann etwas viel Wichtigeres leisten: sie kann das methodische Bewusstsein wecken."

1.2 Die „homiletische Situation" bei Ernst Lange

Aus der Schule der dialektischen Theologie kommend, empfand Ernst Lange deren Antworten in Fragen der Homiletik angesichts der konkreten Predigtpraxis immer mehr als ungenügend. Wiewohl von ihm keine Monographie zur Predigtlehre vorliegt, befasste sich Lange in zahlreichen Vorträgen und Aufsätzen in so engagierter und richtungsweisender Art mit den Themenbereichen der „Kommunikation des Evangeliums", dass nicht nur die von ihm initiierten „Predigtstudien"[66] bis zum heutigen Tag hohe Akzeptanz genießen, sondern sich die unterschiedlichsten Veröffentlichungen bis in die jüngste Zeit hinein wesentlich auf seine Grundlegungen berufen.[67] Von Grundlegung kann insofern gesprochen werden, als Lange sehr bewusst beide großen theologischen Strömungen unseres Jahrhunderts, reflektierend und würdigend, einen Paradigmenwechsel in der theoretischen und praktischen Erörterung der Predigt vollzog. Lange greift auf den gedanklichen Strom der liberalen Theologie zurück,[68] verbindet ihn mit Aspekten der dialektischen Theologie[69] und bietet der Homiletik eine neue Denkbasis für ihr Selbstverständnis und die Formulierung ihrer Aufgaben. Seine eigene gedankliche Entwicklung ist auf sehr erhellende Weise nachvollziehbar, besonders in der Antrittsvorlesung an der kirchlichen Hochschule Berlin 1965 „Kirche für andere. Dietrich Bonhoeffers Beitrag zur Frage einer verantwortbaren Gestalt der Kirche in der Gegenwart", die in erweiterter Form erstmals 1967 veröffentlicht wurde.[70] In seinem Werk soll untersucht werden, ob und inwiefern die Fragestellung nach Persönlichkeit und Gottesbild vorkommt, bzw. welche Anhaltspunkte es für diese Thematik gibt, und wie das Verhältnis zwischen Theologie und Humanwissenschaften bestimmt wird.

---

66 Herausgegeben von Peter Krusche, Dietrich Rössler und Roman Roessler erscheinen die Predigtstudien seit 1968 zweimal jährlich im Kreuz Verlag. 1990 erfolgte eine grundsätzliche Überarbeitung des Konzeptes im Sinne des ursprünglichen Anliegens.
67 Siehe z.B. Gräb (1998), 147–169: Das gesamte achte Kapitel, „Gottesdienstliche Predigt als religiöse Lebensdeutung", wird von Gräb, basierend auf Lange, durchgeführt. Weitere Beispiele siehe am Ende des Kapitels.
68 Siehe dazu die Analyse bei Gräb (1997), 499; vgl. auch Rössler (1986), 341f.
69 Vgl. dazu z.B. Krusche (1981), 437.
70 Wieder veröffentlicht in Lange (1981), 19–63. Schloze bemerkt dazu in seinem Vorwort, 11f: „Ernst Lange hat ihm (dem Aufsatz) selbst große Bedeutung für die Klärung des Verhältnisses zu seinen theologischen Anfängen im Gefolge Karl Barths beigemessen. Der Aufsatz nimmt auch insofern eine Sonderstellung ein, als er eine bewusst akademische Arbeit ist, während die meisten anderen Beiträge weniger bekümmert um wissenschaftliche Gepflogenheiten eher dem Genus ‚theologischer Essayistik' zuzurechnen sind, für das es neben Ernst Lange kaum vergleichbare evangelische Vertreter gibt."

Den genannten Paradigmenwechsel vollzieht Lange in der Frage der Positionierung des Hörers beim Zustandekommen der Predigt. Der Hörer ist nicht mehr nur Adressat der Verkündigung, dessen Situation, Aufnahmefähigkeit und -bereitschaft vom Prediger berücksichtigt werden muss, sondern er wird zum substanziellen Ausgangspunkt der Predigtarbeit neben dem biblischen Text.[71] Der Hörer mit seiner konkreten Lebenswirklichkeit tritt an den Text heran, interpretiert ihn in je spezifischer Weise und bestimmt die Ausrichtung der Verkündigung essenziell mit. Lange pointiert an einer Stelle: „Predigen heißt: Ich rede mit dem Hörer über sein Leben. (...) Er, der Hörer, ist mein Thema, nichts anderes; freilich: er, der Hörer vor Gott. Aber das fügt nichts hinzu zur Wirklichkeit seines Lebens, die mein Thema ist, es deckt vielmehr die eigentliche Wahrheit dieser Wirklichkeit auf."[72]

Exemplarisch vorgezeichnet findet Ernst Lange dieses Verfahren in der Kasualpraxis der Kirche.[73] Den Anlass und Ausgangspunkt für die Predigt, z.B. bei einer Taufe, begründen die unmittelbar betroffenen Menschen in und mit ihrer Lebenssituation; von daher erst erschließen sich die Interpretation und Verkündigung des Textes.[74] Auch die sonntägliche Predigt will Lange in dieser Weise verstanden und ausgerichtet wissen. Im Unterschied zu bisherigen Positionen der liberalen Theologie hält Lange aber auch am Anspruch fest, dass der Text in seiner widerständig-verheißungsvollen und auf Situationsveränderung zielenden Potenz zu seinem Recht kommen und in keiner Weise nachgeordnet werden solle.[75]

Möglich wird die Neuorientierung durch verschiedene Neubewertungen und Vorentscheidungen, die Lange explizit und implizit vornimmt. Zunächst geht Lange von der problematischen Situation des sinkenden Gottesdienstbesuches und einer damit in Zusammenhang stehenden

---

71 Lange (1976), 58: „Denn der eigentliche Gegenstand christlicher Rede ist eben nicht ein biblischer Text oder ein anderes Dokument aus der Geschichte des Glaubens, sondern nichts anderes als die alltägliche Wirklichkeit des Hörers selbst – im Lichte der Verheißung. Darum ist das alte homiletische Schema von *explicatio und applicatio* so unbefriedigend. Es erweckt den Anschein, als wäre da zunächst der Text und sein Verständnis und dann die Frage, wie das Verständnis des Textes zu beziehen sei auf dieses Leben des Hörers. Aber diese Vorstellung ist nicht nur hermeneutisch falsch, weil es Verstehen ohne Betroffenheit nicht gibt. Sie ist auch nicht nur allgemein-theologisch gefährlich, weil sie das Missverständnis nahe legt, das Wort Gottes wäre in seinen historischen Niederschlägen dingfest zu machen. Sie ist auch homiletisch falsch. Sie macht die Predigt zur popular-theologischen Vorlesung, den Prediger zum Geschichtslehrer oder zum autoritären Verwalter einer kodifizierten Wahrheit. Sie stellt den Prediger vor die *falsche Aufgabe.*" (Hervorhebungen im Original)
72 Lange (1976), 58.
73 Siehe Lange (1976), 22.
74 Siehe Lange (1976), 22f.
75 Siehe Lange (1976), 47f.

„Krise der Predigt" aus.[76] Im Unterschied zu den Ansätzen im Großraum der dialektischen Theologie macht er jedoch nicht ein theologisch verflachtes Verständnis der Predigt oder ihren zu geringen Stellenwert als prominentester Ort der Gegenwart des Wortes des Gottes für die Krise der Kirche verantwortlich; Lange sieht das Hauptproblem auch nicht in einer negativ zu qualifizierenden säkularisierten, gottabgewandten Gesellschaft. In der Analyse der gesellschaftlichen Gegebenheiten und ihrem Zusammenhang mit Gottesdienst und Predigt verlässt Lange den kirchlichen Binnenraum mit seinen Urteilen und folgt strukturell einer sozialwissenschaftlich inspirierten Sichtweise[77] – wenn die einzelnen inhaltlichen Bestimmungen von Begriffen wie „Kirche" oder „Welt" auch bereits theologisch gefüllt sind.[78] Die Veränderungen in der Gesellschaft seien nicht als gegen die Kirche gerichtet zu interpretieren und zum Feindbild zu stilisieren,[79] sondern als positive Herausforderung zu verstehen, der sich die Kirche mit ihrem Auftrag zu stellen hat: „Welt ist die Werdewelt Gottes, ist Geschichte und als Geschichte *creatio continua*, gefährdete, vom Tod bedrohte *creatio*, aber *creatio*, Schauplatz des schöpferischen Handelns Gottes. (...) Kirche ist nicht Selbstzweck, und also kann sich ihr Auftrag nicht in der Verkirchlichung der Welt oder im Durchhalten von Kirche gegen die Welt[80] erschöpfen. Kirche ist Instrument des

---

76 Lange (1976), 15, konstatiert z.B.: „Er (sc. der kirchliche „Randsiedler") weiß, dass er fehlt, wo die evangelische Kirche nach seiner Ansicht ganz sie selber ist, und er fehlt bewusst. (...) Seine Begründung dafür, dass er fehlt, ist fast durchweg die unverständliche, langweilige, nichts sagende, irrelevante, abstrakte, autoritäre oder pathetische Predigt."
77 Sein programmatischer Artikel „Zur Theorie und Praxis der Predigtarbeit" (auf Grundlage eines Vortrags von 1967) in Lange (1976), 9–51, beginnt mit dem Zitat eines Sozialwissenschaftlers, das Lange in der Folge unter anderem so kommentiert: „Der weite und hochformalisierte Religionsbegriff der Gesellschaftswissenschaften erlaubt es doch immerhin, sich der unglücklichen Bannwirkung des Redens von der ‚religionslosen Welt' und dem ‚religionslosen modernen Menschen' begründet zu entziehen" (10). Rüdiger Schloz bemerkt zum grundsätzlichen Verhältnis Langes zu den Sozialwissenschaften in seinem Vorwort zu Lange (1981), 8: „Predigttheorie und Kirchentheorie Ernst Langes sind vom selben Ausgangspunkt her entwickelt: für die Kirche als ganze und für die Predigt im Besonderen ist ‚Kommunikation des Evangeliums' die konstitutive Funktion. Die Erfüllung dieser Funktion hängt davon ab, dass die Wirklichkeit getroffen wird, sei es die Situation des Predigthörers, sei es die empirische Gestalt der Kirche im gesellschaftlichen Kontext. Es geht um die Frage, ‚wie sich die Grundworte der christlichen Verkündigung an der Wirklichkeit auslegen und wie die Kirche aussieht, die dieser Verkündigung dient'. Deshalb bedient sich Ernst Lange mit Entschiedenheit der begrifflichen und methodischen Mittel, die die Sozialwissenschaften bereitstellen, um ‚der Welt' im Modus ihrer eigenen Erfahrung und Selbstauslegung nahe zu kommen, auch wenn das zunächst nur um den Preis einer theologischen Unschärfe möglich ist78 Siehe dazu die Analyse am Ende des Kapitels.
79 Vgl. z.B. Lange (1976), 10, wo er ausdrücklich den Begriff der „Baalisierung der Amtshandlungen" von Rudolf Bohren problematisiert.
80 Siehe zu diesem Punkt Langes würdigend-kritische Auseinandersetzung mit der Barmer Theologischen Erklärung, die er als eine wichtige aber vorübergegangene Phase im aufgetra-

Sendungshandelns, des Vollendungshandelns Gottes, dessen entscheidender Durchbruch das Christusgeschehen ist."[81] Auf Basis dieses vorausgesetzten Selbstverständnisses der Kirche als Botschafterin habe sie daher – weniger theologisch formuliert – die Aufgabe der Kommunikation mit der Welt, näherhin die umfassende Aufgabe der „Kommunikation des Evangeliums".[82]

Den Kommunikationsgedanken konsequent weiterdenkend kommt für Lange in der Folge der Hörer in einer neuen Rolle und Funktion in den Blick. Er sei der Suchende nach Religion, der sich über den Sinn seines Daseins vergewissern und mit anderen verständigen wolle. Dieser Mensch komme auf seiner Suche auch in die Kirche, um etwas zu finden, das seine Situation erhellen und verändern könnte. Betonend, dass die Menschen nicht „irreligiös" seien, nur weil sie der Kirche fernbleiben, sieht Lange das Charakteristikum der potenziellen Hörer in ihrem pragmatischen Suchen und Wählen unter den „religiösen Systemen", von denen keines mehr „Selbstverständlichkeit und Allgemeingültigkeit" von vornherein für sich beanspruchen könne: „Das Neue ist nicht, dass man ohne Religion lebt, sondern dass man religiöse Sinngebung wählt, und zwar unter dem Vorbehalt, ob sie sich in der Wirklichkeit des alltäglichen Daseins als gewissmachend bewährt."[83] Deshalb könne nach Lange der Hörer nicht einfach nur Adressat der Verkündigung sein; als „homo sociologicus" suche er das Gespräch, die Verständigung, er wolle mit seinem Bedürfnis ernst genommen und überzeugt werden. Die Wahrnehmung und Berücksichtigung dieses Bedürfnisses zählt für Lange daher zu den „Bedingungen möglicher Verständigung".[84] Der Hörer und sein Bedürfnis machen jede Predigt zu einer Art Kasualpredigt, in welcher der Anlass neben dem Text ein entscheidendes Gewicht erhalte – Anlass für die sonntägliche Predigt sei dann der besondere Mensch und sein Geschick.[85] Seine Fragen an das Evangelium zu ignorieren oder den Text zu

---

genen Anpassungsbemühen der Kirche in der Welt interpretiert, im Artikel: „Von der ‚Anpassung der Kirche' in Lange (1981), 161–176, besonders 166ff. Siehe auch Lange (1981), 193f. Vgl. auch Schloz im Vorwort zu Lange (1981), 9.

81 Lange (1981), 190.

82 Siehe z.B. Lange (1976), 13.

83 Lange (1976), 11. In seiner Anthropologie geht Lange von einer religiösen Anlage, einem religiösen Bedürfnis aus, das als „Medium der Begegnung" zwischen „Kirche und Zeitgenossen" vorausgesetzt werden könne (Lange, 1976, 11).

84 Lange (1976), 11.

85 Lange (1976), 22: „Es ist lange genug üblich gewesen, die kirchliche Predigt bei den Amtshandlungen vom Typus der Sonntagspredigt her (...) zu beurteilen und einzuordnen. Dann wird gerade die augenfällige Besonderheit der Kasualrede, nämlich ihr klarer Situationsbezug, dubios. Diesem Situationsbezug zu verfallen, wird der Prediger gewarnt und nachdrücklich auf seine eigentliche Aufgabe – Dienst an der Eigenbewegung des Wortes

predigen, ohne von vornherein darauf Bedacht zu nehmen, ob, inwiefern und wie er dem Hörer mit seinen Daseinsfragen etwas zu sagen haben könnte, wäre Ignoranz gegenüber dem kirchlichen Auftrag und ein grobes Missverständnis der Aufgabe der Predigt.[86]

Die Predigt selbst sei nach Lange in ihrem Stellenwert im Gesamtkontext des kirchlichen Auftrags hoffnungslos überbewertet und bedürfe einer Entmythologisierung, einer realistischen Einschätzung ihrer Möglichkeiten und einer darauf aufbauenden Konzentration auf das „Wie" der Erfüllung ihrer Aufgabe.[87] Scharf wendet er sich gegen die „gefährliche Isolierung und quasisakramentale Überhöhung" der Predigt im Gefolge der dialektischen Theologie mit ihrem Anspruch vom „Gotteswort im Menschenwort".[88] Sie sei in diesem „Kommunikationsprozess" nur eine „Phase",[89] nur „*eine* unter vielen Verständigungsbemühungen der Kirche",[90] deren Bedeutung gegenwärtig noch aus traditionsspezifischen Gründen hoch einzuschätzen sei und die lediglich aus Gründen der historisch gewachsenen Gestalt der Kirche und ihrer Gebräuche besondere

---

Gottes durch treue Textauslegung – verpflichtet. Es dient aber der von uns gesuchten Klarheit mehr, wenn man umgekehrt verfährt und, ohne die Kommunikationsformen zu vermischen, fragt, ob nicht die Sonntagspredigt in ihrer Problematik von der Kasualrede her verstehbar wird."

86 Siehe Lange (1976), 58; Lange (1976), 50, konstatiert: „Der heutige Hörer steckt ebenso wenig im Text wie seine gegenwärtige Situation. Die Frage nach dem Hörer und seiner Situation hat daher *selbständigen Rang* neben und in der Regel (zeitlich, wenn auch nicht theologisch) sogar vor der Frage nach der Überlieferung (z.B. bei der Kasualrede)." (Hervorhebung im Original)

87 Siehe vor allem Lange (1976), 19f. und 36f.

88 Siehe Lange (1976), 12f. Lange (1976), 13, formuliert weiter kritisch: Die von der dialektischen Theologie „problematisierte und überlastete Position Sonntagspredigt" werde „normativ gemacht für alle anderen Kommunikationsbemühungen der Kirche". Weiter: „'Verkündigung' in diesem Sinn, als Dienst an Gottes eigenem Wort durch treuliche Textauslegung, soll alle Kommunikation in der Kirche sein, auch die Rede bei der Amtshandlung, auch der Unterricht, auch das Gespräch bei der Seelsorge, auch die Volksmission usw. Und da diese anderen Kommunikationsbemühungen diesem Anspruch unterschiedlichen Widerstand leisten, mehr als die Sonntagspredigt, werden sie eben von daher stark problematisiert, was die Monopolstellung der Sonntagspredigt umgekehrt wieder zementiert. Ist die Behauptung vom Bedeutungsschwund der Sonntagspredigt nicht viel mehr an diesem Predigt*anspruch* als an der kirchlichen Wirklichkeit orientiert? Die Kritik dieses Anspruches, sowohl im Hinblick auf seine theologische Problematik als auch auf die kirchliche Wirklichkeit, ist in der Tat notwendig und überfällig." (Hervorhebung im Original)

89 Lange (1976), 12.

90 Lange (1976), 13: „Die sonntägliche Predigt ist *eine* unter vielen Verständigungsbemühungen der Kirche, die sich nach Situation, Funktion, Struktur und Vollzugsform voneinander klar unterscheiden und auch unterschieden werden müssen, die aber, sofern es sich in ihnen allen um den Wirkungs*zusammenhang* ‚Kommunikation des Evangeliums' handelt, auch einen Problem*zusammenhang* bilden." (Hervorhebungen im Original)

Beachtung verdiene;[91] „ihr institutionelles Gewicht bestimmt die Predigt im Gemeindegottesdienst als vorläufig wichtigste Kommunikationsform."[92] Auf eine theologische Definition zunächst bewusst verzichtend[93] führt diese Einordnung der Predigt in das gesamte Kommunikationsbemühen der Kirche zu der spezifischen Beschreibung von Funktion und Struktur des „homiletischen Aktes" einschließlich einer vorläufigen Relativierung der Stellung des Bibeltextes. Langes Anliegen, in dieser Frage „methodisch" weitgehend von der theologisch vorausgesetzten Verheißung des Auftrags zu „abstrahieren",[94] solle dazu führen, die homiletische Frage, „was man tue, wenn man predige, und wie man es verantwortlich tun könne", als selbständige Frage zu ermöglichen.[95] Die Funktion des homiletischen Aktes sei „die Verständigung mit dem Hörer über die gegenwärtige Relevanz der christlichen Verkündigung",[96] seine Aufgabe und sein Ziel sei die „Klärung der homiletischen Situation".[97]

Unter „homiletischer Situation" versteht Lange „diejenige spezifische Situation des Hörers bzw. der Hörergruppe, (...) durch die sich die Kirche, eingedenk ihres Auftrags, zur Predigt, das heißt zu einem konkreten, dieser Situation entsprechenden Predigtakt, herausgefordert sieht".[98] Der

---

91 Siehe die ausführliche Argumentation bei Lange (1976), 14–19. Ein Argument lautet z.B.: „Alle Bemühungen um einen gewandelten Kirchenbegriff (...) ändern vorläufig nichts daran, dass das zeitgenössische Bewusstsein die evangelische Kirche bei ihrem traditionellen Anspruch, die predigende Kirche zu sein, nach wie vor behaftet und sie hier auf die eigentliche Probe gestellt sieht. Die Kirche kann sich vorläufig aus dieser Testsituation nicht selbst entlassen oder in ihr entlasten." (Lange, 1976, 14f.)
92 Lange (1976), 21.
93 Lange (1976), 19: „Zu fragen ist in diesem Zusammenhang (sc. Funktion und Struktur des homiletischen Aktes) nicht nach *der* Predigt als praedicatio verbi divini, als Ursprung der Kirche, nach ihrem Wesen und ihrer Verheißung, sondern nach dem konkreten homiletischen Akt, nach der wöchentlichen Predigtaufgabe und ihrer Lösung. Die praedicatio verbi divini ist Gegenstand systematisch-theologischer Erwägung, das heißt der Bemühung um die Verantwortung der christlichen Wahrheit im Horizont der Welterkenntnis und Welterfahrung der jeweiligen Gegenwart. Der Predigtbegriff, der dabei zustande kommt, ist als solcher untauglich. Denn er entsteht, wie er aussieht, angesichts der Frage nach der Verheißung, die die Kirche mit ihrem Predigtauftrag hat, ohne ihn sich – das steckt schon im Begriff Verheißung – selbst erfüllen zu können. Die Praktische Theologie aber, als das Nachdenken über die Vollzüge der gegenwärtigen Kirche und ihre verantwortliche Wahrnehmung, fragt nach dem *Auftrag*, der diese Verheißung hat, und nach seiner verantwortlichen Erfüllung." (Hervorhebungen im Original)
94 Lange (1976), 19.
95 Lange (1976), 20.
96 Lange (1976), 20.
97 Lange (1976), 22.
98 Lange (1976), 22; Siehe auch 24: „Entscheidend ist, (...) dass jede Kommunikationsbemühung der Kirche durch eine bestimmte Hörersituation herausgefordert ist, die eben durch diese Herausforderung, die sie enthält, für die Kirche zur homiletischen Situation wird, und dass es die eigentliche Aufgabe der predigenden Kirche ist, nicht Texte zünftig auszulegen,

Begriff „Klärung der Situation" meint nach Ernst Lange einen zwischenmenschlichen Kommunikationsvorgang, der die soziale Situation einschließlich der religiösen Dimension verändere und ein verändertes Bewusstsein nach sich ziehe;[99] die Wirklichkeit erscheine nach der Begegnung anders als zuvor, bisherige Deutungen und Bedeutungen der Wirklichkeit verschieben sich.[100] Die Situation sei eine andere geworden – im Sinne des theologischen Verheißungsgedankens, der die Kommunikation im homiletischen Akt nach Lange inhaltlich bestimmt, verändere sich die Situation bedrängend erfahrener Wirklichkeit[101] im besten Fall hin zum Weg des Glaubens, bestimmt durch Freiheit, Wahrheit, Hoff-

---

sondern diese Situation zu *klären* dadurch, dass sie die Relevanz der christlichen Überlieferung für diese Situation und in ihr verständlich macht und bezeugt." (Hervorhebung im Original)

99 Lange flicht hier immer wieder zwei Ebenen des intendierten Kommunikationsvorgangs ineinander: einerseits die Ebene der zwischenmenschlichen Kommunikation selbst, andererseits die inhaltliche Ebene, dass in der Predigt Verheißung und erfahrene Wirklichkeit miteinander ins Gespräch gebracht, „miteinander versprochen" werden sollen, „sodass verständlich wird, wie die Christusverheißung auch und gerade diese den Glauben bedrängende Wirklichkeit betritt, aufbricht, in ihrer Bedeutung für den Glauben verändert und wie umgekehrt auch und gerade diese ihn umgebende Wirklichkeit im Licht der Verheißung auf eine eigentümliche Weise *für* Gott, *für* den Glauben und seinen Gehorsam in Liebe und Hoffnung zu sprechen beginnt" (Lange, 1976, 27; Hervorhebungen im Original). Zum Verständnis des partnerschaftlichen Miteinanders zwischen Prediger und Hörer, im „Hin und Her von Frage und Antwort, im Gespräch der Sachkundigen"; siehe auch Lange (1976), 61. Zum sozialwissenschaftlich-philosophischen Hintergrund des Begriffes der „homiletischen Situation" bei Lange stellt Krusche (1981), 440, die Verbindung zu Jaspers und Gadamer her und zitiert aus dem Werk Gadamers „Wahrheit und Methode" von 1960 zur näheren Erläuterung (285f.): „Der Begriff der Situation ist dadurch charakterisiert, dass man sich nicht ihr gegenüber befindet und daher kein gegenständliches Wissen von ihr haben kann. Man steht in ihr, findet sich immer schon in einer Situation vor, deren Erhellung die nie abgeschlossene Aufgabe ist. Das gilt auch für die hermeneutische Situation, d.h. die Situation, in der wir uns gegenüber der Überlieferung befinden (...) Wir bestimmen den Begriff der Situation eben dadurch, dass sie einen Standort darstellt, der die Möglichkeiten des Sehens beschränkt. Zum Begriff der Situation gehört daher wesenhaft der Begriff des Horizontes." Ergänzend dazu betont Krusche den „biblisch-theologischen Herausforderungscharakter", den Lange dem Situationsbegriff beimisst (440).

100 Siehe Lange (1976), 26f. Es ist davon auszugehen, dass Lange den Begriff „Wirklichkeit" auf der Basis seiner sozialwissenschaftlichen Prämissen zumeist im Sinne eines menschlichen Konstruktes von Wirklichkeit verwendet. Gleichzeitig benutzt er den Begriff aber auch, um die „Widerständigkeit" konkreter Welt- und Lebenserfahrung („Wirklichkeit", „Realität", „Tatsachen") gegen Hoffnung und Glauben zu bezeichnen (Vgl. z.B. Lange, 1976, 24f., 63). Bei allen gelegentlichen begrifflichen und argumentativen Unschärfen geht Lange im Gesamtzusammenhang seiner Argumentationen jedoch methodisch stringent vor.

101 Bedrängend ist bei Lange in doppelter Weise zu verstehen – einerseits als die Erfahrung der bedrängenden Suche des Menschen, der Religion braucht (vgl. Lange, 1976, 10f.), andererseits als die Erfahrung dass „die Wirkmacht der Verheißung" angesichts der vorfindlichen Realität „in Zweifel gerät" (Lange, 1976, 26). Hier unterscheidet Lange ebenfalls nicht immer ganz klar, welcher Argumentationsstrang gerade im Vordergrund steht.

nung und Liebe. Hier schränkt Lange aber auch gleich wieder ein: „Ob er gegangen werden wird, ist der Predigt entzogen."[102]

Aus dieser Perspektive betrachtet wird der Bibeltext schließlich „im Interesse der Verständigung gebraucht",[103] gibt doch der Text dem Bemühen des Predigers, die Relevanz der Verheißung gegenüber dem „Verdacht der Irrelevanz" zu erweisen,[104] durch seine Fremdheit die spezifische Herausforderung, das besondere Profil sowie die Möglichkeit zur Kontrolle der „Überlieferungsgemäßheit".[105] Der Prediger sei nicht „Zeuge des Textes, sondern Zeuge des Verheißungsgeschehens, er hat nicht das alte Wort des Textes nachzusagen, sondern das neue Wort zu wagen, das jetzt und hier notwendig ist; (...) dass er es nicht unbegründet und unkontrollierbar sagt, dafür sorgt die Textbindung".[106] Konsequent im Sinne des sozialwissenschaftlichen Kommunikationsgedankens legt Lange sein Hauptaugenmerk auch in der Frage der Bedeutung des Textes zunächst vor allem auf den relevanten Kommunikationsvorgang, der im Text festgehalten wurde. An vielen Stellen gegen die Idee eines selbstwirksamen Kerygmas im Text opponierend, betont Lange, dass nicht „nach dem isolierten Text als solchem" zu fragen sei, „sondern nach dem Vorgang des Relevantwerdens des Verheißungsgeschehens, nach der Struktur und der Bewegung des Interpretationsvorganges, der im Text Gestalt geworden ist".[107]

Fragt man nun nach den theologischen Grundlagen im Argumentationsgang Langes, so zeigen sich diese zunächst dort, wo er die menschlich erfahrbare „Wirklichkeit", die im streng sozialwissenschaftlichen Sinn bestenfalls als soziale Wirklichkeit oder überhaupt als Konstrukt sozialer Wirklichkeit in den Blick kommen kann, insgesamt als eine Gegebenheit qualifiziert, die in einem höheren Sinn mit Gottes Gegenwart und Wahrheit verbunden ist und mit seiner Verheißung rechnen kann.[108]

---

102 Lange (1976), 27.
103 Lange (1976), 23.
104 Lange (1976), 42.
105 Lange (1976), 42f.
106 Lange (1976), 43. Den Anspruch an Exegese und eine „zünftige" Auslegung des Textes relativiert Lange sehr deutlich: „Als historischer Text ist sie (sc. die Perikope) Zeugnis des Relevantwerdens der christlichen Überlieferung in einer ganz bestimmten, vergangenen Situation und als solche völlig irrelevant für das Hic et Nunc" (Lange, 1976, 42). Siehe z.B. auch Lange (1976), 23 und 40.
107 Lange (1976), 33.
108 Siehe z.B. Lange (1976), 58: „Er, der Hörer, ist mein Thema, nichts anderes; freilich: er, der Hörer vor Gott. Aber das fügt nichts hinzu zur Wirklichkeit seines Lebens, die mein Thema ist, es deckt vielmehr die eigentliche Wahrheit dieser Wirklichkeit auf. Und diese Wahrheit lässt sich nicht ‚an und für sich' zum Thema machen, sondern nur als Wahrheit *dieser* Wirklichkeit, als *diese* Wirklichkeit richtend und rettend, befreiend und beanspruchend." (Hervorhebungen im Original)

Auch seine Anthropologie mit der Anschauung von der grundsätzlichen Notwendigkeit einer religiösen Orientierung des Menschen ist bei ihm theologisch motiviert.[109] Im Begriff der Kirche als „Instrument des Vollendungshandelns Gottes"[110] spiegelt sich die Theologie im Anschluss an Dietrich Bonhoeffer mit dem Schlüsselgedanken der „Kirche für die Welt" wider.[111] In Langes klarer Option für die geglaubte und theologisch begründete „Christusverheißung"[112] „angesichts der Verheißungslosigkeit der andrängenden Wirklichkeit",[113] die im biblischen Text bezeugt wird und deren Relevanz für das Hier und Heute Mitte und Ziel jeder Verkündigungsbemühung darstellt,[114] radikalisiert er stellenweise noch manche Position der dialektischen Theologie.[115] Nur von diesen theologischen Voraussetzungen her ist Langes theoretisches und praktisches Engagement für die Kommunikationsvorgänge zwischen Kirche und Welt sowie sein damit verbundener Optimismus, durch eine Neuorientierung der Predigtaufgabe neue Chancen für den Auftrag der Kirche in der Welt eröffnen zu können, zu verstehen. Und diese theologische Basis ist es auch, die ihn den biblischen Text mit seiner in der Geschichte schon einmal erwiesenen Relevanz letztlich an entscheidende

---

109 Siehe z.B. Lange (1976), 10f.
110 Lange (1981), 190.
111 Siehe vor allem Langes Artikel „Kirche für andere" (Lange, 1981, 19–62), in dem er sich mit Bonhoeffers theologischem Werdegang hinsichtlich seines Kirchenbegriffs auseinander setzt und dem er selbst „große Bedeutung für die Klärung des Verhältnisses zu seinen theologischen Anfängen im Gefolge Karl Barths" beigemessen hat (Schloz im Vorwort zu Lange, 1981, 11). In seinem engagierten Schlusssatz formuliert Lange: „Nur so viel ist klar: Das Kirchesein der Kirche entscheidet sich in ihrem Für-Sein für die Welt. (...) Was dieses Sein-für-andere konkret bedeutet, wie sich daher die Grundworte der christlichen Verkündigung an der Wirklichkeit auslegen und wie die Kirche aussieht, die dieser Verkündigung dient, hat Bonhoeffer nur in Andeutungen sagen können. Es gibt aber eine Auslegung, die, wie ich meine, mit aller wünschenswerten Klarheit zeigt, worauf er hinauswollte: seine eigene Existenz, sein Weg." (Lange, 1981, 59)
112 Lange (1976), 64.
113 Lange (1976), 25.
114 Siehe z.B. Lange (1976), 62: „Der Hörer soll verstehen, wie der Gott, für den Jesus spricht, der Herr der Situation, der Herr auch seiner spezifischen Lebenssituation ist. Er soll verstehen, wie das Vertrauen auf diesen Gott und seine gegenwärtige Herrschaft vom Bann des ‚Gesetzes', das heißt der Zwangsgewalt der Strukturen der so genannten ‚Realität', von Schuld und Verzweiflung befreit und entlastet (Absolutio), das Leben mit Verheißung erfüllt und also seiner Zukunft gewiss macht (Promissio) und den Menschen zu einem neuen Leben in Liebe und Hoffnung ermächtigt (Missio)."
115 Siehe z.B. eine Formulierung wie: „Im Kern ist also, biblisch gesprochen, die homiletische Situation die Situation der Anfechtung, die Situation, in der Gott sich entzieht, als Grund des Glaubens entzogen ist, in der er angesichts der Verheißungslosigkeit der andrängenden Wirklichkeit unaussprechbar wird." (Lange, 1976, 25)

Stelle neben die Bedeutung des Hörers stellen lässt.[116] Sie veranlasst Lange vom Verstehenszirkel zwischen Text und Situation zu sprechen, in dem sich der eine Teil jeweils erst durch den anderen erschließe.[117] Der Text kritisiere die Situation des Hörers und könne ihn zur Wahrheit bringen; die Situation des Hörers, an welcher der Prediger Teil habe und bewusst partizipieren müsse, fordere den Text heraus, seine je neue Relevanz zu behaupten; erst das „mehrfache Abschreiten" dieses Zirkels könne zum entscheidenden Predigteinfall gegen den impliziten Widerstand[118] der homiletischen Situation führen, der die Wirklichkeit im Lichte der Verheißung Gottes kläre und verändere.[119] Wahrnehmung des Hörers und Wahrnehmung des Textes erscheinen als gleichberechtigte und gleichermaßen konstitutive Faktoren im Predigtgeschehen. Die spezifisch theologische Bedeutung und der eigenständige Stellenwert des Textes lassen Lange auch den entscheidenden Unterschied zwischen einer christlichen Predigt und einer religiösen Rede begründen, welche lediglich menschliche Bedürfnisse stille und durch die biblischen Texte vielleicht eine christliche Färbung erhalte.[120] Das erklärte Ziel der christlichen Predigtbemühung lautet: „Das in der Bibel bezeugte Verheißungsgeschehen wird in seiner Wirkkraft, in seiner Macht sichtbar, jetzt und hier Mut zu einem Leben in Glauben, Liebe und Hoffnung zu machen."[121] Lange bewegt sich somit letztlich voll inhaltlich auf theologi-

---

116 Krusche (1981), 439, setzt sich intensiv mit der Kritik Bohrens auseinander, dass bei Lange der Text hinter dem Hörer zurückstehen müsse, und versucht, die Frage mit dem Begriff der „Initiative" für das konkrete Predigtverfahren zu klären: „Die andere Bedeutungsebene der Frage nach dem Anfang betrifft das Predigtverfahren und damit die Predigt selbst: Ansatz beim Text oder der Hörersituation? Das von Lange zusammen mit anderen entwickelte Arbeitsschema der ‚Predigtstudien' stellt klar: Die Initiative liegt, entgegen Bohrens Befürchtung, beim Text (...)."
117 Lange (1976), 32.
118 Lange (1976), 24f. spricht vom Widerstand, den die homiletische Situation in vielfältiger Weise leiste und sie für den Prediger zur „Anfechtung" werden lasse. Dieser Widerstand sei das, „was jetzt und hier vielstimmig gegen Gott, gegen die Vertrauenswürdigkeit Gottes und gegen die Möglichkeit, den Sinn des Gehorsams gegenüber Gott spricht."
119 Siehe Lange (1976), 32f.
120 In seiner kritischen Distanzierung gegenüber einer sozialwissenschaftlichen Sichtweise in diesem Punkt formuliert Lange (1976), 11, z.B.: „Zu kritisieren ist (...) der Begriff der ‚Versorgung'. Denn er unterstellt, Kommunikation des Evangeliums laufe lediglich auf die Befriedigung der religiösen Bedürfnisse, des Bedürfnisses nach Sinnvergewisserung des Zeitgenossen hinaus. Das aber widerspricht der kritischen, der deformierenden und daseinserneuernden – richtenden und rettenden –, die Situation, den Status quo aufbrechenden, verändernden und auf den Aufbruch, die Veränderung verpflichtenden Bedeutung des Evangeliums. Vergewisserung findet statt, wo die Kommunikation des Evangeliums gelingt, aber nicht unbedingt so, wie sie weithin erfragt wird, als Rechtfertigung des status quo, sondern als seine Aufhebung."
121 Lange (1976), 63.

schem Boden und bleibt bei aller Provokation,[122] die seine „Entmythologisierung" der Predigtaufgabe beinhalten mag, selbst zu Grundsätzen der dialektischen Theologie hin anschlussfähig.[123]

Lange öffnet aber – in wesentlicher Hinsicht weiter gehend als dies in der dialektischen Theologie der Fall ist – mit seinem Konzept der methodischen Abstraktion von theologischen Vorverständnissen für die Frage nach dem Auftrag der Predigt den Weg für die Übernahme eigenständiger menschlicher Verantwortung in der Kunst der Vermittlungsarbeit des Wortes Gottes. Vielen Autoren nach ihm konnte er so als Referenz dienen. Sie fanden ihr Bemühen um einen je spezifischen Aspekt der Kunst der Predigtarbeit in seinem Ansatz vorbereitet.

Die Frage nach „Persönlichkeit und Gottesbild" scheint im Konzept von Ernst Lange – wenn auch an keiner Stelle ausdrücklich thematisiert – prinzipiell eröffnet. Der Zugang Langes zur Neubestimmung der Predigt über die Sozialwissenschaften legt den Schwerpunkt auf die funktionale Zuordnung von Prediger und Hörer, schließt aber die Frage nach den psychologischen Dimensionen der Verständigungsbemühung nicht aus. So wird beispielsweise der „unentbehrliche Beitrag" des Predigers „als Person", „als Individualität mit ihrer besonderen Begabung, Begrenzung und Ausbildung" grundsätzlich angesprochen, an anderer Stelle ist z.B. von „religiösen Symbolen"[124] oder von der spezifischen, persönlich angeeigneten Theologie[125] die Rede. Der Fokus der Argumentation wird aber stringenter Weise konsequent auf „Funktion" und „Rolle" gelegt.[126]

---

122 Vgl. auch Lange (1968), wo er die Überschrift des Vorwortes zum Predigtband „Die verbesserliche Welt – Möglichkeiten christlicher Rede erprobt an der Geschichte vom Propheten Jona" selbst als provozierende Formulierung versteht, schließlich aber definiert: Predigt ist „Rede mit dem Hörer über sein Leben im Licht der Verheißung." (Lange, 1976, 65)
123 Wenn diese auch den aufgezeigten Paradigmenwechsel niemals mit vollziehen würde – siehe z.B. die Kritik Rudolf Bohrens, der im Anschluss an Thurneysen feststellt, Lange sei letzten Endes dem „Hörer hörig" geworden (Bohren, 1986, 446); vgl. zu der Kritik Bohrens an Lange auch Müller (1995), 167. Siehe auch die kritische Äußerung Christian Möllers in seinem Vorwort (Möller, 1983, 10): „Ich halte Ernst Langes notwendige Frage nach der situationsgemäßen Predigt so lange für unzureichend, wie sie den biblischen Text nur als exemplum, nicht aber als sacramentum und d.h. als Gabe in den Blick bringt. Wenn Luther von ‚sakramentaler Meditation' der biblischen Texte spricht, will er die Alternative von einer am Text oder am Hörer orientierten Predigt schon im Ansatz überwinden, weil es ihm um die Predigt als ‚sacramentum audibile' geht, das den angefochtenen, erschrockenen Gewissen gilt." Vgl. dazu das Urteil von Wilhelm Gräb (1997), 499, sowie die skizzierte „Kontinuität" zwischen Barth und Lange bei Lämmermann (1999), 15f.
124 Siehe Lange (1976), 11.
125 Lange (1976), 18.
126 Lange (1976), 44. Im Vollzitat lässt sich gut sehen, wie die Frage nach Funktion und Rolle diesen Gedankengang einrahmen: „Ein neues Verfahren hätte (...) die Funktion des Predigers als Interpret und Zeuge klar zu definieren, auch hinsichtlich seines unentbehrlichen

Andere Humanwissenschaften – unter anderem die „Psychologie" an prominenter Stelle – finden sowohl in ihrer Relevanz für die theoretischen Aspekte der Homiletik als auch im Sinne der Bedeutung von Aus- und Weiterbildung für den Prediger Erwähnung.[127] Insofern kann sein homiletischer Ansatz auch eine Basis für die Frage nach dem Zusammenhang von Persönlichkeit und Gottesbild in den Kommunikationsbemühungen der Kirche bieten; denn schließlich hat sie es mit Menschen zu tun, deren „religiöses Bedürfnis" sie dazu treibt, „sich des Sinnes von Dasein zu vergewissern und sich mit anderen über diesen Sinn von Dasein in religiösen Symbolen zu verständigen und zu vereinigen".[128] Lange hat im entscheidenden Schritt die Predigt als Verständigungsbemühung aufgefasst, bei der sich die Kirche heute in Konkurrenz zu anderen „religiösen Systemen" begibt;[129] die Relevanz des Glaubens für das Leben des einzelnen, konkreten Menschen soll erwiesen werden.[130] Welche Rolle in dieser Bewährungsprobe an der persönlichen Bedeutsamkeit des Evangeliums ein homiletisches Bewusstsein über Entstehung, Bedeutung und Wirksamkeit von Gottesbildern zukommt – diese Frage steht noch zur Klärung aus.

Denn es ist festzustellen, dass auch keiner der zahlreichen homiletischen Entwürfe im Gefolge Langes die Fragestellung nach dem Zusammenhang von Persönlichkeit und Gottesbild thematisiert.[131] Dies hängt

---

Beitrags als Person, als Individualität mit ihrer besonderen Begabung, Begrenzung und Ausbildung, mit ihrer Schlüsselrolle im Beziehungsfeld Gemeinde." (Lange, 1976, 43f.)

127 Siehe z.B. Lange (1976), 37 und 45.

128 Lange (1976), 11. Vgl. dazu vor allem Riess (1970), 295, 297 und 302, der seine Bemühungen um die „pastoralpsychologische Problematik des Predigers" ausdrücklich in Langes Gesamtkonzeption einschreibt und seine Konzentration auf die Person des Predigers im Sinne einer Fortführung der Intention Langes verstanden wissen will: „In der homiletischen Theorie darf demzufolge die ‚Was-Frage' nicht länger dominieren und die spezifisch homiletischen Fragen desavouieren. Formelhaft ausgedrückt, geht es um dieses Feld von Fragen: ‚Wozu ist was, wem, wann, wo und wie zu predigen' (Lange). Fügen wir dieser Formel als weitere Frage hinzu: ‚und durch wen?', dann meinen wir, sie im Sinne der Konzeption von Ernst Lange korrigieren zu können." (297) Vgl. auch Köllermann (1970), der die Persönlichkeitstypologie nach Riemann auf den Hörer anwendet, um die Klärung der Situation des Hörers nach Lange methodisch zu unterstützen.

129 Siehe Lange (1976), 11.

130 Lange (1976), 57.

131 Wie bereits erwähnt, bietet die Konzeption Langes neben der Konsequenz einer neuen Art der Predigthilfe einen reichhaltigen Boden für homiletische Weiterarbeit (Siehe auch die Auswahl der Arbeiten für seine Untersuchung bei Cornelius-Bundschuh 2001, 19). Im Wesentlichen wurden von Autoren nach ihm einzelne Aspekte des thematischen Feldes herausgegriffen und einer eigenen Behandlung zugeführt. Mit der Berufung auf Lange konnte man sich eines homiletischen Fundamentes vergewissern, das theologisch und humanwissenschaftlich große Akzeptanz gewährleistete. Nicht immer wurde jedoch der Paradigmenwechsel in Langes Ansatz erkannt oder mitvollzogen. So zuletzt Müller (1995), der sich – vor allem beim Thema „Kunstregeln", welche die formale Homiletik liefern solle, – gerne auf

in erster Linie mit der allen genannten Entwürfen gemeinsamen sozial- und kommunikationswissenschaftlichen Ausrichtung zusammen, in der die Fragen nach Funktion, Rolle und Struktur der untersuchten Bereiche (wie z.B. Predigt, Prediger, Kommunikation zwischen Prediger und Hörern etc.) im Vordergrund des Interesses stehen.[132] Lediglich bei Wilhelm

Lange beruft und seine Sprache benutzt, ohne jedoch das Idion seines Ansatzes zu erkennen; die „Verständigungsbemühung" wird auf ein simplifiziertes Botschaft-Empfänger-Modell reduziert und schließlich – um der bei ihm aufrechtbleibenden Überforderung des Predigers zu wehren – der Tugendkatalog des Predigers mit Begriffen wie der notwendigen „Anstrengung des Herzens" und „Anstrengung des Gewissens" ummäntelt (siehe paradigmatisch unter zweimaliger ausdrücklicher Nennung Langes: Müller, 1995, 196–198). An der entscheidenden Stelle, wo es ausdrücklich um die Frage des Hörers im Beziehungssystem der Predigt geht und Lange mir Recht zu zitieren gewesen wäre, bleibt Müller bei der Forderung stehen, dass die Homiletik „zu einer Neueinschätzung der Hörerrolle" kommen sollte (Müller, 1995, 283). Gelegentlich diente Langes methodische Abstraktion von den theologischen Prämissen auch als Vorwand, die theologischen Implikationen im Predigtgeschehen zu vernachlässigen oder auszublenden (Siehe z.B. Otto, 1981). Albrecht Beutel kann hinsichtlich der immer wieder auftretenden Berufung auf Lange, wenn es um die Kritik am theologischen Predigtbegriff geht, von einem „fast stereotypen Rekurs auf Ernst Lange" sprechen (Beutel u.a. [Hg.], 1986, 39). Andernorts wurde die Homiletik kommunikationstheoretisch weiter ausgebaut (vgl. z.B. Theißen, 1994) oder auf das „Wie" des Weges zur Lebenswirklichkeit des Hörers durch Ausführungen zu Metapher und Erzählung beschränkt ohne eine substanzielle Weiterführung der Gedanken Langes zu ermöglichen (z.B. Hirschler, 1976; in seinem späteren Werk will Hirschler den biblischen Text „zum Umschlagplatz der Erkenntnis in der Predigt" machen [Hirschler, 1987, 19], und zitiert Lange – ohne Bezug zu dessen Gesamtkonzept – immer dann mit einzelnen Aspekten, wenn es für seinen jeweiligen Gedankengang gerade unterstützend erscheint).

132 Henning Schröer bringt unter dem Gesichtspunkt einer Vereinseitigung oder auch problematischen Vereinfachung des Anliegens der Homiletik seine Kritik an der so genannten „Adverbhomiletik" mit „E. Langes methodischer Trennung von dogmatischem und praktischem Predigtbegriff" in Verbindung (Siehe Schröer, 1981, 146, und Schröer, 1990, 14). Gemeint sind z.B. Titel wie „Konkret predigen" (Hirschler), „Persönlich Predigen" (Denecke), „Rhetorisch predigen" (Otto), „Seelsorglich predigen" (Möller) u.a.m. Vgl. dazu auch Ulrich Nembachs Begriff „Attributpredigten" in seinem „Handbuch" zur Predigt, unter dem er die gleichen Titel und noch zahlreiche mehr in einer alphabetischen Übersicht subsummiert (Nembach, 1996, 102–114). Das Problem liegt m.E. jedoch weniger in einer diesbezüglichen „Einseitigkeit" Langes (Schröer, 1990, 14), als vielmehr in dessen einseitiger Rezeption. So stellt bereits die Begriffswahl Schröers, wenn er von einer „methodischen Trennung" spricht, wo Lange selbst eine methodische *Abstraktion* anzielt, eine Vereinfachung dar. Denn im Interesse der praktischen Theologie „als das Nachdenken über die Vollzüge der gegenwärtigen Kirche und ihre verantwortliche Wahrnehmung" (Lange, 1976, 19) betrachtet Lange das Predigtgeschehen ergänzend aus sozialwissenschaftlicher Sicht und relativiert den alleinigen Anspruch dogmatischer Theologie in der Frage des Predigtbegriffs. In der Folge rückt er den Hörer an prominente Stelle im Predigtgeschehen, ermöglicht die Würdigung der menschlichen Verantwortung in der Predigt und zieht daraus Konsequenzen für einen neuen „praktischen" Umgang mit der Predigt. Dogmatik und Praktische Theologie bleiben jedoch stets miteinander verbunden und sind ohne einander nicht denkbar (Vgl. dazu auch Gräb, 1988, 246-248, der Lange gegen den Vorwurf der Trennung von „Dogmatik und Methodik" verteidigt). Wo aber eine Trennung in oben genannter Weise herausgelesen wurde, kam es in der Tat zu den von Schröer kritisierten Einseitigkeiten. Als Grundtendenz der

Gräb finden sich etwas deutlichere Überlegungen in diese Richtung angebahnt.[133] Auffällig ist darüber hinaus, dass die Frage des Verhältnisses zwischen Theologie und Humanwissenschaften bei keinem der Autoren eigens zur Sprache kommt.[134]

---

hier zur Debatte stehenden Ansätze kann jedoch festgestellt werden, dass die anthropologischen und theologischen Prämissen – wie z.B. bei Lange der Begriff der „Verheißung" oder bei Gräb der „Trost des Evangeliums" (Gräb, 1998, 19) – nicht weiter reflektiert und unmittelbar in die sozial- und kommunikationswissenschaftlichen Argumentationen eingeführt werden. Dies führt zu einem mehr oder weniger ausgewogenen Gespräch mit den Humanwissenschaften, welche die Funktion einer Klärung oder Unterstützung theologischer Anliegen übernehmen. Gelegentlich büßen diese ihr kritisches Potential, das Lange in ausgewogener Balance zur Geltung zu bringen verstand, gegenüber der Dogmatik wieder ein - vgl. z.B. die „Themenstudien" zur „Gottesfrage" (Krusche u.a. [Hg.], 1977): Ein systematisch-theologischer Gottesbegriff wird statuiert und diesen „redlich" zu verteidigen gelegentlich bereits in der „Situationsanalyse" paränetisch vom Prediger eingefordert – oder sie erhalten die Dominanz über das theologische Proprium, wie z.B. bei Gert Otto. Signifikant ist in diesem Zusammenhang auch die Vorgangsweise von Gerd Theißen (1994) in seiner „Zeichensprache des Glaubens. Chancen der Predigt heute", die er mit Hilfe von Kommunikationstheorie argumentiert ohne zu einer Neufassung der prinzipiellen Homiletik wie Ernst Lange sie gezeigt hat, zu gelangen (Lange wird von Theißen im Vorwort unter anderen Homiletikern als Referenz genannt, scheint jedoch in der ausführlichen Literaturliste nicht mehr auf). Auf der strukturellen Ebene verwendet er einen philosophisch-dogmatischen Gottesbegriff unter Bezugnahme auf Paul Tillich; sein „Kriterium für eine angemessene Rede von Gott" lautet: „Gott ist die Einheit von Sein und Sinn, von Wirklichkeit und Wert, von Macht und Güte" (Theißen, 1994, 85). Den Menschen begreift Theißen im Anschluss an Cassirer als *animal symbolicum*, „ein Lebewesen, das nicht nur in einer natürlichen Welt, sondern in einer gedeuteten Welt lebt" (21). Dessen ungeachtet wird jedoch die Möglichkeit, dass diese Auffassung vom Menschen auch Konsequenzen für das Verständnis für dessen Art der Gotteserkenntnis im Sinne von Gottesbildern haben könnte, nicht weiter reflektiert.

133 Im Zusammenhang einer ersten Erörterung seiner Symboltheorie stellt Gräb (1998), 18, fest: „Den symbolischen Deutungssinn religiöser Aussagen über Gott und die Welt hervorzuheben, heißt in keiner Weise, sie abzuwerten bzw. die Möglichkeit ihrer Wahrheit von vornherein zu bestreiten. Es ist damit vielmehr zum Einen gesagt, dass die Wahrheit des Glaubens nicht mit einer Tatsachenwahrheit verwechselt werden darf. Und es ist damit zum anderen gesagt, dass sie keine Verbindlichkeit beansprucht unabhängig von dem kommunikativen Geschehen, in dem sie sich in ihrer sinneröffnenden Kraft erschließt. Die religiöse Wahrheit ist eine Sinn- und Beziehungswahrheit. Und d.h., ich erkenne sie nur, sofern ich mich geistlich und leiblich in den Vorgang, durch den sie mir einen bestimmten Sinn für mein Leben in dieser Welt zeigt – was die Wissenschaft mit ihren Tatsachenwahrheiten nicht kann – einbezogen finde."

134 Dass die Frage des Verhältnisses zwischen Theologie und Humanwissenschaften nicht erörtert wird, ist auffällig. Auch Müller (1996), 168, konstatiert die fehlende Auseinandersetzung und führt in seiner Zusammenfassung der „Predigtprobleme der Gegenwart" die wenig aufschlussreiche Begründung an: „Die alte Diskussion, ob es sich dabei (sc. bei den Humanwissenschaften) nur um ‚Hilfswissenschaften' handelt, hat sich dabei (sc. in den neuen Ansätzen) nicht wiederholt, weil man sich von beiden Seiten, von der Theologie wie von den hier aufgebotenen empirischen Wissenschaften auf Rangfragen nicht mehr eingelassen hat." Dem Problem einer grundsätzlichen Reflexion des Stellenwertes und der Bedeutung des Verhältnisses zwischen Theologie und Humanwissenschaften entgeht man auch dann nicht, wenn man wie Bohren und Jörns versucht, ohne „Anleihen bei allerlei anderen Wissenschaf-

Im Folgenden soll daher untersucht werden, wie und ob Autoren, die gezielt das Gespräch mit der Psychologie aufnehmen, das Problem der Gottesbild-Thematik in ihre Überlegungen einbeziehen. Zunächst wird dabei der tiefenpsychologisch orientierte Otto Haendler zur Sprache kommen, der in unserem Jahrhundert als erster die Persönlichkeit des Predigers in den Mittelpunkt seines homiletischen Interesses stellt. Hierauf werden Autoren in die Überlegungen mit einbezogen, die ebenfalls das persönliche Moment des Predigtgeschehens schwerpunktmäßig berücksichtigen wollen und sich zumeist auf Otto Haendler als ersten Gewährsmann dieses Anliegens berufen, wenn sie auch, wie noch zu zeigen sein wird, ihre Arbeiten methodisch völlig anders konzeptualisieren.

1.3 Tiefenpsychologie und Persönlichkeit des Predigers bei Otto Haendler

In einer Zeit, in welcher der Großteil der Theologen und Pfarrer die aufstrebende Psychoanalyse und die Tiefenpsychologie grundsätzlich und

---

ten" auszukommen (Bohren, 1989, 7). Denn die Paradigmen der angrenzenden Humanwissenschaften, die sich mit einem Themenkreis beschäftigen (wie z.B. der Analyse von Reden), werden auch wirksam und müssen auf die eine oder andere Weise gehandhabt werden, wenn keine ausdrücklichen Bezüge hergestellt werden. Dokumentiert findet sich das doch vorhandene Bemühen um die gegenständliche Frage des Verhältnisses zwischen Theologie und Humanwissenschaften in einem Sammelband im Anschluss an das internationale Symposion „Practical Theology and Contemporary Culture" 1990 in Blaubeuren (Nipkow u.a. [Hg.], 1991). Karl Ernst Nipkow beispielsweise zeigt in seinem differenzierten Beitrag „Praktische Theologie und gegenwärtige Kultur. Auf der Suche nach einem neuen Paradigma" (Nipkow u.a. [Hg.], 1991, 132–154) die Problematik der Frage für die Praktische Theologie in ihrer ganzen Breite auf und zieht die Konsequenz, dass sich ein Paradigma, das die Einheit der Disziplin leiten könnte, im Augenblick am ehesten in Form disziplinärer Prinzipien beschreiben lasse – zu denen zweifellos auch der (ideologie-)kritische Umgang mit den Sozialwissenschaften gehört. Sein Beitrag endet übrigens mit einem klar an Lange orientierten Satz: „Die Praktische Theologie bleibt folglich auch für die Zukunft primär auf eine umfassende Verstehens- und Verständigungsaufgabe bezogen, auf die Kommunikation des Evangeliums unter geschichtlich seit längerem vorhandenen, heute verschärften Bedingungen." (151) Etwas schlichter dann der Beitrag von James W. Fowler mit dem Titel „Praktische Theologie und Sozialwissenschaften in den USA – Chancen und Grenzen der Zusammenarbeit" (155–169) – seine Warnung vor den „gefährlichen Versuchungen", der die Praktische Theologie bei ihrer „Wiederannäherung an die Sozialwissenschaften" ausgesetzt ist (167), bekommt die Grundfragen nicht in den Blick. Signifikant und weiterführend beschäftigt sich abschließend Friedrich Schweitzer mit dem Thema „Praktische Theologie, Kultur der Gegenwart und die Sozialwissenschaften – Interdisziplinäre Beziehungen und die Einheit der Disziplin" für den deutschsprachigen Raum (170–184). Neben einem Überblick über die Geschichte des Verhältnisses der Disziplinen in unserem Jh. zeigt Schweitzer thesenartig auf, wie die Praktische Theologie in ihrer Verbundenheit mit den Sozialwissenschaften verstanden werden kann und legt eine Skizze vor, wie die bisherigen Modelle der Verhältnisbestimmung zu korrigieren und dadurch auch die Einheit der Praktischen Theologie neu zu gewinnen sei.

vehement ablehnt,[135] wagt Otto Haendler den Versuch, die Predigt unter dem Gesichtspunkt „tiefenpsychologischer Grundlagen und Grundfragen" zu untersuchen.[136] In seinem zweimal neu aufgelegten Werk nennt er ausdrücklich „Das Subjekt des Predigers als Ausgangspunkt und ständigen Orientierungspunkt"[137] der Untersuchungen und kritisiert als Desiderat seiner Zeit speziell auch gegenüber Trillhaas,[138] dass das Problem des Subjektes mit seiner lebendigen Geschichte bisher nicht genügend berücksichtigt worden sei.[139] Im Folgenden soll zunächst Haendlers Arbeit im Bereich der Homiletik zur Sprache kommen und sowohl hinsichtlich seiner Art der Bezugnahme auf die Tiefenpsychologie C.G. Jungs als auch in Bezug auf das Thema „Gottesbild" untersucht werden. Im Anschluss daran wird eine Studie Berücksichtigung finden, die Haendler speziell für den Bereich Seelsorge verfasst hat, die aber für die Frage nach Persönlichkeit und Gottesbild höchste Relevanz besitzt und zusätzlich Erkenntnisse für das Verständnis seiner Gesamtkonzeption bieten kann.[140]

Haendlers Grundthese zur „Predigtnot" lautet, dass das Bemühen um Trennung von Subjektivem und Objektivem im Predigtgeschehen zu einer Entfremdung zwischen Theologie und Mensch geführt habe. Das bloße Erlernen von rechtgläubiger Dogmatik und die Konzentration auf den biblischen Text distanzierten sowohl die Predigt als auch die Seelsorge von der konkreten Gemeinde.[141] Haendler zeichnet ein düsteres Bild von der Ausbildung der Theologen, die nicht nur jeder persönlichen Auseinandersetzung und Reifung entbehre, sondern in vieler Hinsicht sogar dazu anleite, in eine oberflächlich-rationale Behandlung der Glau-

---

135 Siehe die Skizzierung der theologischen Landschaft in der Zwischenkriegszeit mit ihrer weitgehend Ablehnung der aufstrebenden Psychoanalyse und der Tiefenpsychologie bei Henning (2000), 71–77.
136 Hier zitiert nach Haendler (1960); Erstveröffentlichung: 1941.
137 Kapitelüberschrift in Haendler (1960), 15.
138 Zitiert werden Trillhaas (1964) nach der Erstveröffentlichung von 1935 und Schreiner, Helmuth (1936), Die Verkündigung des Wortes Gottes, Schwerin. Beide unterscheiden sich gegenüber der Wort-Gottes-Theologie Karl Barths durch die Betonung der seelsorgerlichen Dimension der Predigt (vgl. Müller, 1986, 545f.).
139 Haendler (1960), 18: „Denn erstens hat jede objektive Frage der Predigt für den, der Predigt arbeitet (sic!), zugleich eine *grundsätzliche* und *umfassende* subjektive Seite. Zweitens ist der Prediger nicht nur ein Mensch, bei dem man gleichsam selbstverständlich Glauben voraussetzen und fordern kann, dass er christliche Persönlichkeit sei und alles, was damit nicht übereinstimmt, überwindet. Sondern der Prediger, so wie er ist, ein Mensch, der mit seiner ganzen Persönlichkeit, *auch dem nicht überwundenen Unchristlichen*, seine Predigt arbeitet. In diesem Sinne ist das Problem des Subjektes mit *seiner lebendigen Geschichte* nicht genügend berücksichtigt." (Hervorhebungen im Original)
140 Hier zitiert nach Haendler (1971), 11–48; Erstveröffentlichung im Jahr 1953.
141 Siehe Haendler (1960), 10f.

bens- und Lebensfragen abzuleiten.[142] Die Konsequenz sei das gesunkene Vertrauen der Menschen in die Theologenschaft – es herrsche entweder das Vorurteil, dass sie nichts zur konkreten Lebensbewältigung zu sagen hätten, oder die Antworten lediglich in der Wiederholung von dogmatischen Standards bestünden. Haendler belegt diese Diagnose u.a. mit einer empirischen Untersuchung C.G. Jungs.[143] Die homiletische Literatur seiner Zeit kritisiert er hinsichtlich ihrer Beschränkung auf prinzipielle theologische Fragestellungen und unzureichend praxisnaher Hilfestellungen – sie lasse den Prediger in seiner konkreten Arbeit im Stich.[144]

Durch seine Fokussierung auf die Persönlichkeit des Predigers will Haendler diesem Problem gegensteuern. Von den drei „Objekten", mit denen es die Predigtlehre zu tun hat, „Evangelium", „Prediger" und „Gemeinde", will er – bei aller sachlichen Vorrangstellung des Evangeliums - der Person des Predigers seine Hauptaufmerksamkeit widmen:[145] „Wenn jemand Sonntag für Sonntag mit *seinem* Munde, mit Worten *seiner* Sprache, mit Hilfe *seiner* Erfahrung und Erkenntnis das Evangelium verkündet, so ist seine Person *um der Sache willen* so wichtig, dass wir ihr die größte Aufmerksamkeit zuwenden müssen."[146] Haendlers Grundidee besteht darin, dass bei aller notwendigen theologischen Sachrichtigkeit die Predigt erst dann eine Chance hat, bei den Hörern anzukommen, wenn der Prediger als Person hinter ihr stehen kann, ja mehr noch, wenn seine ganze Person mit ihrer je besonderen Gläubigkeit die Botschaft zur Sprache bringt: „Wir können das Evangelium lebendig verkündigen nur so, wie es uns lebendig geworden ist".[147] Die Idee, jemand könne sich in der Predigt auf objektive Inhalte unabhängig von seiner subjektiven Verfasstheit beschränken und dadurch das Wort Gottes recht zum Tragen kommen lassen, entlarvt er als Ding der Unmöglichkeit: „Jede Auslegung zieht das, was sie ‚Objektives' sagt, unbeschadet der Objektivität, in eine

---

142 Siehe Haendler (1960), 12ff.
143 Siehe Haendler (1960), 36ff. Die von ihm zitierte Erhebung zur Frage der Abwanderung von Gebildeten vom Pfarrer zum Psychologen ergibt, dass sich 57% der Protestanten für den Arzt/Psychotherapeuten entscheiden würden, lediglich 8% für den Pfarrer. Bei Katholiken stellt sich das Verhältnis in dieser Studie so dar, dass nur 25% zum Psychotherapeuten und 58% zum Pfarrer gehen würden. Haendler schließt sich Jung in der Beurteilung der Situation mit der Interpretation an, dass die katholische Seelsorge eine bessere Schulung in psychologischer Erkenntnis und Erfahrung habe.
144 Siehe Haendler (1960), 11f.
145 Vgl. Haendler (1960), 15f.
146 Siehe Haendler (1960), 17.
147 Siehe Haendler (1960), 49.

gewachsene Einheit hinein, die aus der Verschmelzung von objektiver und subjektiver Wirklichkeit entsteht."[148]

Bei der Frage, wie diese Neuorientierung gelingen und wodurch eine effektive Reflexion auf die Persönlichkeit des Predigers möglich werden könne, ist Haendler eindeutig: Die Psychologie hat nach seiner Auffassung einen Forschungsstand erreicht, bei dem man zwar noch nicht von endgültigen Ergebnissen ausgehen könne, aber doch über hinreichende seelenkundliche Erkenntnisse verfüge, die nicht mehr unberücksichtigt gelassen werden dürften.[149] Noch schärfer formuliert er an anderen Stellen, dass seiner Einschätzung nach ihre Bedeutung sowohl als eigenständige Wissenschaft als auch im Stellenwert des konkreten Lebens der Menschen so groß geworden sei, dass die Beschäftigung mit ihr für Theologie und Kirche unerlässlich geworden sei.[150] Haendler weist der Psychologie die Aufgabe zu, ergänzend zur theologischen Betrachtung der menschlichen Lebenswirklichkeit, das Augenmerk auf das seelische Ergehen innerhalb der konkreten Lebensbezüge zu richten. Denn der Prediger sei, „so wie er ist, ein Mensch, der mit seiner ganzen Persönlichkeit, auch dem nicht überwundenen Unchristlichen, seine Predigt arbeitet".[151] Die Psychologie solle helfen, die psychischen Kräfte besser zu verstehen, die beim Prediger am Werk seien, damit jener sich selbst besser verstehen und mit ihnen in Bezug auf seine Arbeit besser umgehen

---

148 Siehe Haendler (1960), 49. Haendler (1957), geht an verschiedenen Stellen ausführlicher auf die „ellipsoide Spannung der Lebensbasis" in der „Doppelheit von Amtsträger und Person" ein, die z.B. zwischen den Polen „Berufung" und „menschlicher Berufswahl" bestehe und „Fülle oder Zwiespalt" sein könne (112f.). „Seelsorge und Predigt (...) sind zweifellos priesterliche Funktionen und werden entmächtigt und entstellt, sobald sie nicht in völliger Demut ganz in priesterlicher Haltung, also ganz auf Auftrag und Gnade bauend, vollzogen werden. Zugleich aber werden in ihnen alle menschlichen Fähigkeiten beansprucht und mobilisiert, und von diesen ebenso hängt die Wirkung und der Segen ab" (113). Solange der Prediger diesen Konflikt nicht berücksichtige und seine Persönlichkeit aus der Reflexion seines Wirkens ausklammere, werde die „Inkongruenz zwischen Person und Verkündigungsträger" für die Hörer als „leise Gewaltsamkeit" spürbar, „dass hier etwas nicht in Ordnung ist." (235) Haendler fasst das Ziel seiner Bemühungen zusammen: „So ist es um der Gesundheit und Überzeugungskraft der Verkündigung willen nötig, dass der Verkünder soweit möglich aus diesem Zwiespalt herauskommt." (235)
149 Siehe Haendler (1960), 18. Vgl. Haendler (1957), 234ff.
150 Siehe z.B. Haendler (1960), VII: „In dem geistigen Geschehen der letzten Jahrzehnte hat die Tiefenpsychologie eine immer steigende Bedeutung gewonnen. Sie ist nicht nur zu einer selbständigen und wesentlichen Wissenschaft geworden, sondern auch zu einem immer wichtigeren, in Vielem fundamentalen Faktor des seelischen Lebens. Wo sie einmal in ihrer Wirklichkeitsbedeutung erkannt ist, pflegt sie eine Stellung im Leben des Menschen zu erobern, die an zentraler Bedeutung der der Religion nahe kommt, in vielen Fällen ihr gleichkommt oder an ihre Stelle tritt."
151 Haendler (1960), 18.

könne.¹⁵² Diese Hilfe wird selbstverständlich mit dem übergeordneten Ziel verbunden, der Wirklichkeit Gottes besser Gehör verschaffen zu können und ein tieferes Erfassen des Wirkens Gottes zu ermöglichen.¹⁵³

Dem Bemühen, die Gleichwertigkeit und die einander ergänzenden Möglichkeiten von Theologie und Psychologie herauszuarbeiten, widmet Haendler breiten Raum. Zahlreiche Missverständnisse und abwehrende Haltungen gegenüber der Psychologie allgemein und gegenüber seinem Umgang mit der Psychologie im Besonderen greift er auf, um seinen Ansatz zu argumentieren und zu rechtfertigen.¹⁵⁴ Vor allem der Vorwurf von subjektivistischer Engführung im Umgang mit dem Wort Gottes oder jener, dass die Psychologie den Gedanken der Selbsterlösung transportiere, werden erörtert. Ein Hauptproblem in diesem Zusammenhang sieht Haendler in der missverstandenen protestantischen Grundthese des „sola fide", die bei vielen die Einstellung bewirke, dass der Mensch „zum Reifen und zur Stärkung seines Glaubens nichts tun soll", und damit den „Rückschlag" zur Folge habe, dass „das doch unvermeidliche Handeln in unkontrollierte Sphären abgleitet".¹⁵⁵ Die Aufgabenteilung zwischen Theologie und Psychologie definiert er schließlich: „*Theologisch* bedeutet, dass ein Gegenstand wissenschaftlich untersucht wird in seinem *Bezogensein auf die Wirklichkeit Gottes*. Da diese Wirklichkeit Gottes alles betrifft, so kann auch alles theologisch untersucht werden. (...) ,Psychologisch' bedeutet, dass ein Gegenstand wissenschaftlich untersucht wird in seinem *Bezogensein auf die Wirklichkeit der Seele*.¹⁵⁶ Da diese Wirklichkeit alles betrifft, so kann auch alles psychologisch untersucht werden."¹⁵⁷ Wie noch näher zu zeigen sein wird, verfällt Haendler bereits mit diesem Grundsatz der impliziten Ontologie C.G. Jungs.¹⁵⁸ Wiewohl er sich explizit gegen ein ontologisches Verständnis des Seelenbegriffs abgrenzt,¹⁵⁹ dehnt er doch die Teilwirklichkeit der Seele auf das Ganze aus und setzt damit

---

152 Siehe Haendler (1960), 25. Vgl. Haendler (1957), 129ff. (Kapitel: Tiefenpsychologie).
153 Z.B. Haendler (1960), 6 und 23.
154 Nicht immer aber beschränkt sich Haendler auf Sachargumente – verweist er doch gelegentlich darauf, dass die Psychologie gerade von denjenigen am meisten abgelehnt werde, die sie am ehesten brauchten: siehe z.B. Haendler (1960), 24. Vgl. auch die ausführlichen Argumentationen in Haendler (1957), 129ff.
155 Haendler (1960), 23.
156 Den Begriff der Seele will Haendler an dieser Stelle verstanden wissen als „Inbegriff der psychischen Kräfte des Menschen, der Gesetze ihres Ablaufs und der Beziehungen des psychischen Geschehens". Er grenzt diese „allgemein-psychologische" Definition gegen das ontische oder ontologische Verständnis ebenso ab wie gegen die unklare Begrifflichkeit bei Jung (Haendler, 1960, 25).
157 Haendler (1960), 25 (Hervorhebungen im Original).
158 Siehe zur „Ontopsychologie" von C.G. Jung die Analyse bei Heine (2000a), 164–166.
159 Haendler (1960), 25.

die Wirklichkeit Gottes und die Wirklichkeit der Seele in einen ontologischen Gesamtzusammenhang.

Haendlers Referenzsystem im Dialog mit der Psychologie ist – wie eben zum Ausdruck gebracht – das der „komplexen Psychologie"[160] C.G. Jungs, welcher er gegenüber der psychoanalytischen Richtung Freuds und der Individualpsychologie Adlers den Vorzug einräumt, die „Grundsphäre" des Lebens thematisieren zu können, „in der der Einzelne sowohl wie die Gesamtheit in das kollektive Unbewusste und in die Hintergründe des Seins einbezogen sind".[161] Im Wesentlichen hat die Tiefenpsychologie in Haendlers Predigtlehre drei Funktionen: Erstens erscheint ihm die Tiefenpsychologie als Hoffnungsträger zur Rettung der Kirche und der Theologie. Da Haendler einen grundsätzlichen Wandel der gesellschaftlichen und geistesgeschichtlichen Situation annimmt, sieht er auch die Kirche und die Theologie herausgefordert, sich diesem Wandel zu stellen und selbst eine neue Gestalt anzunehmen.[162] Die Tiefenpsychologie habe in diesen Veränderungen seines Erachtens eine Bedeutung gewonnen, die sie nicht nur zu einer wichtigen Dialogpartnerin für die Theologie,[163] sondern sie sogar zu einer notwendigen Unterstützerin für Theologie und Kirche mache, um ihren eigenen Wandel vorantreiben zu können.[164] Zweitens dient Haendler die Tiefenpsychologie als

---

160 Haendler (1960), 33, führt diesen Begriff zur Benennung der Tiefenpsychologie Jungs ein und konkretisiert: „Jungs bedeutsamste Entdeckung ist die Herausarbeitung des kollektiven Unbewussten neben dem persönlichen Unbewussten."

161 Haendler (1960), 34; Prinzipiell unterscheidet Haendler drei Arten von Psychologie: die experimentelle Psychologie, die Charakterologie und die Tiefenpsychologie (29f.). Innerhalb der Tiefenpsychologie weist er der „komplexen Psychologie" Jungs den Vorrang vor der „psychoanalytischen Richtung" Freuds und der Individualpsychologie Adlers zu (33). Siehe näher dazu vor allem auch den Artikel „Psychologie und Religion von Sigmund Freud bis zur Gegenwart" in Haendler (1957), 48–69.

162 Programmatisch Haendler (1960), 5: „Die Kirche muss um der Verkündigung willen und im Dienste der Wahrheit zu neuer Gestalt bereit sein, und gerade diese Bereitschaft ist echter Ausdruck evangelischer Haltung." Und: „Sie (sc. die Kirche) muss sich anschicken, eine Gestalt zu erarbeiten, die der gegenwärtigen Lage auch insofern gerecht wird, als Fragende und Suchende aus einer anderen Welt herankommen und in bisher nicht da gewesenem Zweifeln und Erwarten dem Christentum, obwohl es ihre alte Heimat ist, neu begegnen."

163 Programmatisch Haendler (1960), VII.

164 Haendler sieht in der Psychologie vor allem die Chance zur „Zeitgemäßheit" – und auch hier mit Jung den ontologischen Wesensbegriff teilend formuliert er: „Zeit ist nicht Zeiterscheinung, sondern das Wesen, das hinter der Zeiterscheinung liegt. Wesen in diesem Sinne ist Fusion eines Ewigen mit einem ‚Gegenwärtigen', das den tiefsten und eigentlichsten Charakter der Zeit ausdrückt, das, was sie eigentlich meint." In diesem Sinne gilt für Haendler, dass „Verrat der Zeit echte Verkündigung ebenso unmöglich macht wie Verrat des Evangeliums" (Haendler, 1960, 9). An anderer Stelle zitiert er einen Satz von J. Jakobi (1940), Die Psychologie C.G. Jungs, Zürich, 63: „Die Einseitigkeit und Verwirrung des modernen Menschen aufzuheben, seine Einbettung in den großen Lebensstrom zu ermöglichen, ihm zu

erkenntnistheoretischer Rahmen für seine Untersuchungen. Zum Einen unterstützt die tiefenpsychologische Hinwendung zum Individuum mit ihrem Argumentationsinstrumentarium Haendlers Anliegen, die Persönlichkeit des Predigers in den Mittelpunkt des Interesses zu rücken.[165] Zum anderen aber greift er vor allem den Aspekt des „Kollektiven Unbewussten"[166] aus dem Jungschen Theoriegebäude heraus und verbindet ihn mit eigenen Prämissen, die er dadurch „psychologisch" zu begründen sucht: Die zentrale Prämisse Haendlers stellt seine Theorie von der notwendigen „Tiefendimension" dar, die er in allen Teilbereichen seiner Untersuchung als erstrebenswertes Gut voraussetzt und einfordert und mit Begriffen wie „echt", „wirklich" und „Schicksal" verbindet.[167] Darüber hinaus dient die Theorie vom kollektiven Unbewussten z.B. dazu, seine These vom „Fluidum", einer „irrationalen Wirklichkeit"[168] im Pre-

---

seiner Ganzheit, die seine lichte Bewusstseinsseite zur dunklen des Unbewussten wissend und wollend rückverbindet, zu verhelfen, ist Sinn und Zweck der Jungschen Seelenführung." Er konstatiert: „Die Atmosphäre und die Diktion dieses typischen Satzes zeigen, neben der grundsätzlichen Bedeutung der Psychologie für die Kirche, in wie hohem Maße sie durch ihren intensiven Ansatz in der Atmosphäre gegenwärtiger geistiger Situation imstande ist, die Verkündigung der Kirche in echter ‚Zeitgemäßheit' zu fördern." (Haendler, 1960, 45). Als konkretes Beispiel sei in diesem Zusammenhang seine Hoffnung auch für die Einzelbeichte und seine diesbezügliche psychologische Interpretation genannt: „Beichten bedeutet aber psychologisch, und das ist auch kirchlich wichtig, bei der Mutter sein. In der Beichte wird neben Gott, dem Vater, die Kirche zur Mutter. Sie hat nicht nur eine vergebende, sondern auch eine bergende Macht. In der evangelischen Kirche ist das Wissen um die Mutterrolle der Kirche weithin verloren gegangen." (Haendler, 1960, 43)

165 Siehe vor allem Haendler (1960), Kapitel II.

166 Haendler (1960), 60: „Für die Predigt ist nun, da sie, wie gesagt, durch die Gesamtpersönlichkeit entscheidend bestimmt wird, von größtem Gewicht die von C.G. Jung erarbeitete Tatsache des *kollektiven Unbewussten*." (Hervorhebungen im Original)

167 Haendler (1960), 52: „Eine weitere Verfestigung des Gesagten liegt darin, dass die Wirkung der Persönlichkeit in positiven wie in negativen Stücken nicht flächig, sondern plastisch ist. Sie hat Tiefendimension. Sie trägt nicht nur das augenblickliche Sein des Redenden an die Hörenden heran, sondern sie wirkt aus dem Ganzen der durchlebten Zeit und des durchschrittenen Raumes des Subjekts. Das Schicksal wirkt mit der gesamten Vergangenheit im jeweiligen Jetzt sich aus." Den Gedanken der Tiefendimension leitet Haendler zunächst aus der Tiefengliederung der Persönlichkeit von Jung ab. In der Folge bekommt der Begriff aber eine Eigendynamik im Sinne einer ontologischen Prämisse. Der Prediger solle aus der „zentralen Tiefe" schöpfen (55), er solle zu seinem „eigentlichen Selbst" kommen (57), das „nicht nur aus theoretischen Erwägungen, sondern aus praktischer Erfahrung heraus von vornherein in Verbindung mit der metaphysischen Wirklichkeit zu sehen" ist (58); „Die ganze Fülle christlicher Wahrheit muss mit den tieferen Schichten des Seins neu aufgenommen werden. Auch im Glauben liegt der Kern des Geschehens nicht im Bewussten, sondern im Unbewussten." (155) „Die Raumtiefe des Textes, die mit der Raumtiefe des Evangeliums verbunden ist, soll die Raumtiefe des Subjektes erfassen und durchdringen, und dazu soll die Predigt helfen durch zentrale und unmittelbare Verkündigung. Alles, was dazu dient, ist recht, alles, was daran hindert oder dafür belanglos ist, ist falsch." (220f.) Siehe dazu die Analyse in der Zusammenfassung unten.

168 Haendler (1960), 145.

digtgeschehen, zu stützen,[169] oder die Rede vom metaphysischen Kampf der Mächte begrifflich neu zu fassen.[170] In allen diesen Fällen verschwimmen die Grenzen zwischen tiefenpsychologischer und theologischer Argumentation, da schon die Jungsche Theorie vom kollektiven Unbewussten entscheidend von ontologischen Prämissen geprägt ist. Wenn auch an anderer Stelle ontologische Implikationen bei C.G. Jung in die Reflexionen mit einbezogen werden,[171] so bleiben sie in den genannten Bereichen unkritisch mit Haendlers Argumentationen verflochten. Stringenter hingegen argumentiert er in der tiefenpsychologischen Begründung der Bedeutung der Bildebene für die Predigtvorbereitung, die Haendler von der begrifflichen Erkenntnis unterscheidet und ihr vorordnet.[172] Drittens bildet die Persönlichkeitstheorie von C.G. Jung das Kernstück der praktischen Hinwendung Haendlers zum Subjekt des Predigers. Mit ihrer Hilfe will er den Prediger zu Selbsterkenntnis und bewusster Auseinandersetzung mit sich selbst führen und ihm ein Instrumentarium in die Hand geben, das ihm persönlich und für seine Arbeit hilfreich sein soll. Als Ausgangspunkt für alle diesbezüglichen Argumentationsgänge dient Haendler die Jungsche Theorie des Selbst.[173] Über weite Strecken besteht der Grundtenor in einer positiven Würdigung aller Anteile und Motive, die der Prediger in sich vorfindet. Deren Kenntnis solle ihm ein Bewusstsein über seine „Tiefenpersönlichkeit" ermöglichen und ihm helfen, den Zwiespalt zwischen dem äußeren An-

---

169 Haendler (1960), 144: „Aus allem, was im Prediger ist und aus ihm kommt, entsteht eine einheitliche Strömung, die auf die Hörenden sich auswirkt als ein ständiger und beim Einzelsubjekt im Wesentlichen sich gleich bleibender Lebensstrom. In Anbetracht seiner Vielgestaltigkeit und rationalen Ungreifbarkeit wird er am besten mit dem allgemeinen Wort *Fluidum* bezeichnet." (Hervorhebung im Original)

170 Haendler (1960), 60: „Für die Erarbeitung des Selbst liegt das eigentliche Problem der religiösen und weltanschaulichen Gestaltung darin, dass es erfüllt ist von Urvorstellungen, die in jedem Menschen irgendwie wieder heraufkommen und, oft ohne dass er es weiß, sein Denken, Empfinden und die Prägung seiner Überzeugungen bestimmen. Jung bezeichnet sie als Archetypen. (...) Wir müssen uns darüber klar sein, dass *alle* diese Mächte in uns wirken." Und dann der Ebenenwechsel: Der Prediger müsse in der „Ganzheit des Seins" stehen, um die „Wirklichkeit des lebendigen Gottes herauszustellen und ihren (sc. der Glaubenden) Sieg mit zu erringen, gegen Gewalten, die real wirksam und doch dem lebendigen Gott unterlegen sind" (61). Siehe dazu auch in Verbindung mit dem Begriff des Teufels: Haendler (1960), 252.

171 Vgl. die Bemerkungen zum Begriff der Seele bei Haendler (1960) 25.

172 Siehe vor allem Haendler (1960), 157ff. Siehe dazu auch Haendler (1971), 11–48 (Artikel „Unbewusste Projektionen auf das christliche Gott-Vaterbild und ihre seelsorgerliche Behandlung" von 1954).

173 Haendler (1960), 57, definiert: „Die Vokabel ‚Selbst' erscheint in der Psychologie vielfach ohne die eigentümliche Absetzung gegen das nur ‚Ich', die sie bei Jung u.a. hat, und auf die wir hier eben Wert legen. Denn es muss zum Ausdruck kommen, dass über dem ‚Ich' (oder der Persönlichkeit) ein Ziel steht, ein *Bild des, das sie werden soll.*"

spruch der Vorstellungen und Ideale des Amtes und seinem persönlichen Leben zu überwinden und beide für eine kraftvolle Verkündigung in Verbindung und Einklang zu bringen.[174] Die Charakterologie der extrinsischen und intrinsischen Persönlichkeit wie sie C.G. Jung verwendet, nimmt Haendler auf und ermutigt dazu, den Ausgleich zwischen diesen beiden typenbezogenen Grundtendenzen zu suchen.[175] Solange dieser Ausgleich nicht annähernd erreicht wird, bestehe die Gefahr, an die Predigt rein „äußerlich" heranzugehen, ohne „sich selbst zu geben und sein eigenes Wesen in der Predigtarbeit sich auswirken zu lassen".[176] Dies unterscheide nicht nur eine „subjektiv echte und eine subjektiv unechte" Verkündigung,[177] sondern markiere auch den Unterschied zwischen einer neurotischen Wirklichkeitsverarbeitung, die dem Schicksal ausweiche und mit Gott hadere auf der einen Seite, und einer „redlichen Art", sich dem Leben zu stellen, in der der Mensch „sich darum bemüht, seine Tiefenpersönlichkeit herauszuarbeiten und sein Selbst zu finden", auf der anderen Seite.[178] Andernorts differenziert Haendler zusätzlich die Fehlhaltung des „nur natürlichen" oder „naiven" Menschen, der seinem Schicksal ausweicht, „weil er nicht genug Halt und Kraft hat, ihm sich zu stellen", und dem Theologen, der „mit der Glaubenskraft sein Schicksal überfährt".[179] Denn gerade der Glaube, der „eine wirkliche Kraft ist und wirklich bewahrt und trägt", könne „falsch angewendet werden" und zur Fehlhaltung führen, dass der Glaubende den Halt sucht, „nicht indem er ihn ergreifend in sein Schicksal mit Leib, Seele und Geist hineingeht, sondern so, dass er sich durch den Glauben vor dem wirklichen Durchleben schützt".[180] Als Konsequenz daraus entstehe ein fehlender Realismus in der Verkündigung und die fehlende Kraft der unmittelbaren Überzeugung – die einzige Hilfe dagegen bestehe in der intensiven Selbstbeschäftigung mit den „Wurzelgründen" der Persönlichkeit, „in denen das Eigentliche geschieht" und „aus dem das sichtbare Sein erst

---

174 Siehe z.B. Haendler (1960), 65. Siehe auch Haendler (1957), 234f.
175 Haendler (1960), 62: „Es ist selbstverständlich, dass die beiden gegensätzlichen Bezeichnungen den idealisierten reinen Typ darstellen, der in Wirklichkeit nicht vorkommt. Jeder einzelne Mensch ist nicht entweder extravertiert oder introvertiert, sondern überwiegend das eine oder das andere und hat die Aufgabe, durch Herausarbeiten der geringeren der beiden Kräfte den gesunden und fruchtbaren *Ausgleich seines Wesens zu suchen*". Eine ausführliche Beurteilung der Charakterologie und eine diesbezügliche Literaturübersicht findet sich bei Haendler (1957), 139ff und 237f.
176 Haendler (1960), 65.
177 Haendler (1960), 65.
178 Haendler (1960), 66. Siehe dazu vor allem auch Haendler (1957), 235f.
179 Haendler (1957), 236.
180 Haendler (1957), 236. Zum näheren Zusammenhang von Sünde und Neurose siehe vor allem Haendler (1957), 138f. (= Kapitel Exkurs zur Tiefenpsychologie).

entspringt".[181] Haendler will mit seinem Engagement den Prediger ermutigen, den „Weg zum Selbst" zu gehen, dessen Beschwerlichkeit er aus eigener Erfahrung kenne: „Wenn die *Erarbeitung des Selbst* gründlich erfolgen soll, so ist sie ein langer, schwerer Weg, der nicht ohne beratende und führende fachkundige Hilfe begangen werden kann".[182] Es gehe dabei beispielsweise um die Integration des Schattens oder die Erkenntnis, dass das „Ich" des Menschen die Gesamtheit seiner Strebungen, „der guten *und* der bösen" sei, oder um die Loslösung aus „unechten" Bindungen u.a. m.[183] Das Ziel dieses Weges sieht Haendler in einer „Realisierung des eigenen Christentums" und einer „echten Bindung an Kirche und Theologie".[184]

Neben seinem Hauptengagement der Anleitung zu tiefenpsychologischer Selbsterkenntnis und zur Bewusstmachung der tiefenpsychologischen Bedingungen der Persönlichkeit des Predigers, die er mit großer Empathie gegen den erwarteten Widerstand des Lesers durchzuführen sucht, bemüht sich Haendler außerdem noch in dreierlei Hinsicht auf den persönlichen Bereich des Predigers einzuwirken: Erstens mittels moralischer Herausforderung auf Basis seiner Weltanschauung vom Schicksal,[185] zweitens mittels einer Anleitung zur Meditation, die er breiter und umfassend konzipiert,[186] und drittens mittels des Verweises auf die Notwendigkeit therapeutischer Selbsterfahrung.[187]

---

181 Haendler (1960), 66. Siehe auch Haendler (1957), 236f.
182 Haendler (1960), 66. (Hervorhebungen im Original)
183 Haendler (1960), 67ff. Siehe auch Haendler (1957), 238ff.
184 Haendler (1960), 69.
185 Hier kommen klassische Topoi zum Tragen, von der Aufforderung „Kein Schreibtisch eines Pfarrers ohne Bibel" (84) über die Ermahnung zur „wissenschaftlichen Allgemeinbildung" (122) bis hin zur Feststellung: „Das Pfarrhaus soll nicht den Eindruck erwecken, dass hier ‚noch' Grundsätze gelten, die weithin aufgelöst sind, sondern es soll durch die Art, wie hier die Ehe gelebt wird, nämlich im weitesten Sinne in Wahrheit und Liebe, die Erkenntnis neu beleben, dass die Grundsätze des Christentums lebenstragend und lebensfördernd sind" (127).
186 Haendler (1960), besonders 160ff. Siehe auch Haendler (1957), 119–129 mit ausführlichen Literaturhinweisen.
187 Haendler (1960), VIII, bezeichnet seine Erkenntnis selbst als nicht nur in theoretischer Auseinandersetzung mit der Psychologie erworben, sondern betont, dass sein Werk „geboren" und nicht „gedacht" ist – „Seine (sc. des Autors) Erkenntnisse sind bis ins Einzelne hinein mit schicksalhaftem Erfahren verwoben und haben sich aus ihm herausgehoben"; an anderen Stellen fordert er geradezu die Therapie, denn dem Prediger dürfe nichts fremd sein (232) und allem Oberflächlichen, Unechten könne Abhilfe geschaffen werden; im Schlusswort bedauert er die notwendige Beschränkung: „Einmal ist immer wieder der Hinweis notwendig geworden, dass die Zusammenhänge der Arbeit an der Predigt auf die Notwendigkeit der Erarbeitung der Tiefenpersönlichkeit, des Selbst führen. Wie diese Erarbeitung des Selbst erfolgt, konnte nicht mehr erörtert werden, da es eine umfassende Darstellung für sich erfordern würde" (320).

Bemerkenswert am Gesamtverfahren Haendlers in diesem Bereich ist seine Art der Adaption tiefenpsychologischer Erkenntnisse für die Theologie. Die Grundthese besteht – wie oben bereits erwähnt – darin, dass die gleichen Phänomene menschlicher Lebenswirklichkeit sowohl theologisch als auch psychologisch betrachtet und beurteilt werden könnten – wobei insgesamt der theologischen Sicht das höhere Maß an Wahrheit vorbehalten bleiben soll. Im Bereich der Psychologie kommt der „komplexen Psychologie" Jungs deshalb der Vorrang vor anderen tiefenpsychologischen Verfahren zu, da sie die Tiefengründe menschlichen Seins am ehesten erfassen könne.[188] Konkrete Einzelergebnisse der Tiefenpsychologie – wie z.B. die Charakterologie sind Haendler bedeutsam, da sie erhellende und hilfreiche Funktion auf dem Weg zur Selbsterkenntnis des Predigers übernehmen könnten, haben aber sekundären Stellenwert gegenüber der primären Erkenntnis, dass theologische Inhalte auf das Engste mit der Fähigkeit und der spezifischen Art der persönlichen Aneignung des Menschen verwoben sind. Nach Haendler stehen Theologie und Verkündigung ständig in Gefahr, etwas Äußerliches und Fremdes zu bleiben, was sowohl den persönlichen Glauben und die eigene Lebensgestaltung, als auch die praktische Durchführung von Verkündigung und Seelsorge behindert. Vor allem die Tiefenpsychologie Jungs könne seiner Ansicht nach dem gegenüber verständlich machen, wie Leben und Glauben zusammenhängen und dass authentischer Glaube und echte Verkündigung eine selbst-bewusste, reflektierte und entwickelte Persönlichkeit voraussetzen. Von der Anerkennung dieser Tatsache wie auch von der Bereitschaft, sich auf den „Weg zum Selbst" zu machen, macht Haendler das Gelingen der Verkündigung abhängig.[189] Das Problem der konkreten Durchführung seiner Argumentation besteht vor allem darin, dass Jungs Weltanschauung in die Position gerät, theologische Zusammenhänge *besser, verständlicher oder auch umfassender* erklären zu können als die Theologie. Sehr bewusst übernimmt Haendler die Tiefenpsychologie Jungs gerade hinsichtlich der Tatsache, dass dieser die Person in der „Totalität ihrer Daseinsbeziehungen sieht und von da aus seine Psychologie ansetzt";[190] er meint in diesem Ansatz die „volle Möglichkeit" ge-

---

188 Siehe z.B. Haendler (1960), 33f. Siehe auch Haendler (1957), 55ff.
189 Siehe z.B. Haendler (1960), 65: „Erst mit der Selbstfindung setzt die Möglichkeit wegweisender und helfender Verkündigung im tieferen Sinne ein. Denn der gegenwärtige Mensch in seiner entscheidungsreichen und gefahrenreichen Auseinandersetzung zwischen den Mächten kann sich nicht abfinden mit einer geistlichen Führung, der die unmittelbare einleuchtende Kraft und echte Weisheit fehlt, welche nur einer Verkündigung eigen ist, die aus dem *Einssein* der Tiefenpersönlichkeit, also *des Selbst, mit dem, was verkündigt wird*, kommt." (Hervorhebungen im Original)
190 Haendler (1957), 55.

funden zu haben, „die Tiefen des menschlichen Seins nach allen Richtungen hin" erforschen zu können.[191] Geradezu euphorisch äußert sich Haendler in Bezug auf die These vom kollektiven Unbewussten, deren „Unentbehrlichkeit" er gerade darin sieht, das Missverständnis überwunden zu haben, „die menschliche Psyche als eine bloß äußerliche Angelegenheit zu betrachten und sie ausschließlich von einem persönlichen Gesichtspunkt aus zu erklären".[192] Damit könne das „Selbst" von vornherein „in Verbindung mit der metaphysischen Wirklichkeit" gesehen werden.[193] Haendler kann an einer Stelle ohne weitere Begründungen lapidar feststellen: „Die These vom kollektiven Unbewussten ist umstritten, aber m.E. unbestreitbar".[194] Trotz der Erkenntnis, dass „Psychologie als Wissenschaft ebenso wie Psychotherapie als Praxis ein Gebiet mit eigenen Erkenntnissen und eigener Gesetzlichkeit ist und doch nur in der Verbindung mit der weltanschaulichen Vorentscheidung dessen, der sie betreibt, vorkommen kann",[195] rückt die konkurrierende Dimension der Ontologie Jungs zur Theologie nicht in seinen Gesichtskreis. Haendler scheint nicht bewusst zu werden, dass er damit den Boden der „empirischen" Psychologie gemeinsam mit Jung verlässt und eine Philosophie übernimmt, die auf einer erkenntnistheoretischen Ebene die theologische Grundannahme eines handelnden Gottes als Gegenüber des Menschen in Frage stellt.[196] Theologie und Psychologie werden miteinander identifiziert und theologische Inhalte unreflektiert in das System Jungs eingeordnet. Haendler konstatiert: „Die komplexe Psychologie C.G. Jungs hat eindrucksvoll aufgewiesen, dass Psychologie nicht nur (...) mit Religion und Christentum vereinbar ist, sondern dass Psychologie darüber hinaus sich in unbegrenztem Umfang und in begrenzter Tiefe mit den Problemen der Religion, des Christentums und der Kirche (...) beschäftigen kann."[197] In der konkreten Durchführung der Predigtlehre bedeutet dies, dass die Charakterologie beispielsweise nicht nur sichtbar mache, dass es lebensgeschichtliche Voraussetzungen für die Begegnung mit der Botschaft des Evangeliums gibt, die deren Rezeption eine persönliche Färbung verleihe, sondern dass sie nach Haendlers Auffassung den Abstand vom „echten" Glauben aufzeigt, der erst in der Aufhebung der Wider-

---

191 Haendler (1960), 33.
192 Haendler (1957), 56.
193 Haendler (1960), 58.
194 Haendler (1957), 56.
195 Haendler (1957), 59.
196 Siehe zu den problematischen Implikationen der Ontologie Jungs in Bezug auf christliche Gottesvorstellungen Heine (2000a), 178.
197 Haendler (1957), 67.

sprüche im „Ich" des Menschen überwunden werden könne.[198] Hier wie an anderen Stellen wird die Ontologie Jungs zum vorrangigen Theoriegebäude, das Haendler mit der Theologie harmonisiert. Entgegen seinem eigenen Anspruch des Vorranges einer theologischen Weltsicht übernimmt so die Tiefenpsychologie Jungs die weltanschauliche Dominanz; so gerät Haendler in den Bereich der „Psychologisierung", die er andernorts abwehren will. Die so rezipierte Tiefenpsychologie greift damit nach der Frage der Wahrheit, und hier beginnt Haendlers Gratwanderung, die ihn methodisch in Schwierigkeiten bringen muss und nicht nur die Stringenz seiner Argumentationen behindert, sondern ihm auch inhaltliche Grenzen auferlegt. In Konsequenz kommt es in weiten Teilen der Abhandlungen zu einer subtilen Vermischung theologischer und tiefenpsychologischer Begrifflichkeit und Argumentation sowie einer auffälligen Vermeidung, die eigenen theologischen Prämissen in die Reflexion mit einzubeziehen.

Auffällig und von daher zugleich verständlich ist, dass Haendler sowohl in seinem Werk zur Predigt als auch in seinem Grundriss der Praktischen Theologie bei aller Berücksichtigung z.B. der Übertragung von Elternbindungen auf Theologie und Kirche,[199] die Reflexion des Themas Persönlichkeit und Gottesbild vermeidet. Der durch Jungs Theoriegebäude übernommene implizite Ausgriff auf die Wahrheitsfrage[200] lässt Haendler vor der Thematisierung von psychologischen Fragen im Bereich der zentralsten aller Wahrheiten der Theologie, der Wirklichkeit Gottes, zurückweichen. Signifikanter Weise kritisiert Haendler Jung dort, wo dieser selbst die Frage der Gottesvorstellungen zum Thema macht, und korrigiert ihn mit Hinweis eben auf die Wahrheitsfrage, die Jung dann, wenn es um Gott geht, nicht zu stellen erlaubt sei, bzw. die zu „Fehlschlüssen" und zur „Psychologisierung Gottes" führen könnte; gegen die „normative Quelle der Gotteserkenntnis, nämlich die biblische Offenbarung" zu „verstoßen" stehe selbst Jung nicht zu, auch wenn er „ein ehrlich ringender Mann" sei.[201]

---

198 Vgl. z.B. Haendler (1960), 63.
199 Siehe z.B. Haendler (1960), 68.
200 Siehe Heine (2000a), 178.
201 Siehe Haendler (1957), 26f: „Zur Wahrheitsfrage als Voraussetzung der Seelsorgefrage ist also zu sagen: Wollen wir alle Projektionen als falsche Hinausverlegung eines inneren Bestandes ansehen und also mit Jung das Zurückziehen aller Projektionen fordern, so kommen wir zu dem Fehlschluss, dass das nicht Wirklichkeit sein könne, wovon wir durch falsche Parallelen ein falsches Bild bekommen können. Wir kommen so doch letztlich zur Psychologisierung Gottes, mindestens in der praktischen Auswirkung. (...) Jung, der ständig die Zurückziehung der Projektionen fordert, projiziert zwar auf das Gottesbild die Vorstellung, dass Projektionen von der Gotteswirklichkeit her eine inadäquate Art der Gotteserkenntnis seien, und verstößt damit, wie gesagt, gegen die normative Quelle der Gotteserkenntnis, nämlich

Zu unserer spezifischen Fragestellung ist folglich festzustellen: Jungs ontologische Prämissen kommen Haendlers Vorannahmen sehr entgegen und scheinen zunächst ein harmonisches Miteinander von Theologie und Tiefenpsychologie zu ermöglichen. An der Stelle jedoch, wo Haendler direkt auf den möglichen Zusammenhang zwischen Persönlichkeit und Gottesbild zu sprechen kommen könnte, weicht er einer psychologischen Betrachtungsweise aus genannten Gründen bewusst aus[202] und verwendet besonders oft und eindringlich Begriffe wie „echt", „wirkliche Tiefe" u.Ä.,[203] die sich als Umschreibung für den exklusiven Bereich Gottes erwiesen haben. Tatsächlich würde eine konsequente Fortführung seiner Art von Verbindung zwischen Tiefenpsychologie und Theologie zu einer Vereinnahmung des theologischen Gottesbegriffes durch die ontologischen Implikationen des Jungschen Theoriegebäudes und damit zu der von ihm abgelehnten „Psychologisierung" führen. Indem Haendler auf diese Weise die Frage der persönlichen Dimension der Gotteserkenntnis ausgrenzt, bleibt er dem dialektischen Grundansatz mit seinem bei Trillhaas aufgezeigten Tabu, Gott und subjektive Vorstellungen zusammenzudenken, treu; die Frage des Zusammenhangs von Persönlichkeit und Gottesbild bleibt der Reflexion entzogen.[204] Die Bewährungsprobe des Anspruchs, den Haendler gegen den „missverstandenen" Begriff des „sola fide" im Sinne der Notwendigkeit der Reflexion des „unvermeidlichen Handelns" des Menschen stellt, wird an dieser Stelle nicht gewagt und die persönlichkeitsspezifischen Aspekte menschlicher

---

die biblische Offenbarung." Es ist aber die Frage, ob Haendler Jung an dieser Stelle im Detail recht versteht – vgl. dazu die im Anschluss an den Hauptartikel wiedergegebene Auditoriums-Diskussion, die anlässlich seines ursprünglichen Vortrags geführt wurde: Haendler (1957), 36–42.

202 Paradigmatisch formuliert im Zusammenhang mit den „Lebenssphären des Menschen" („Ich-Sphäre", „Du-Sphäre und „Grundsphäre"): „Die religiöse Sphäre hat den größeren Ort, dass sie die drei genannten Sphären umfasst und in jeder von ihnen sich verwirklichen kann. Die hier vorliegende Situation ist zu behandeln nach der Erkenntnis, die Schlatter für die Dogmatik herausstellt: ‚Wir können die Begründung des Gottbewusstseins nicht als eine einzelne Aufgabe werten, neben die wir noch andere Ziele als gleichwertig setzen' und ‚hier wird jeder Tatbestand unter dem Gesichtspunkt erwogen, wie Gott durch ihn offenbar sei'. Wie Schlatters Dogmatik deshalb kein Einzelkapitel über ‚Gott' hat, so kann die Psychologie keine Einzelschicht ihrer Arbeit über die Sphäre der Begegnung mit Gott haben." (Haendler, 1960, 35)

203 Vgl. z.B. Haendler (1960), 26: „Glaube ist ein existentiell entscheidendes Geschehen im Menschen, welches seine Stellung zu Gott bestimmt. (...) Und niemand wird leugnen, dass echter Glaube den seelischen Zustand des Menschen wandelt, also beeinflusst, Geschehnisse in ihm hervorruft und ihn ändert. (Was übrigens unechter Glaube und Unglaube genau ebenso wirksam nur mit umgekehrten Vorzeichen tut). (...)." Siehe auch das Kapitel zur Meditation – dort im Speziellen 167ff.

204 Diesem Umstand verdankt Haendler wohl auch die in der Darstellung des Ansatzes von Trillhaas aufgezeigte positive Resonanz bei Trillhaas (1964), 36. 41 FN 6.187.

Gottesvorstellungen verbleiben auch bei Haendler zunächst in „unkontrollierte Sphären" verwiesen.[205] Diesen methodisch konsequenten Schritt wagt Haendler erst in einer gesonderten Untersuchung zum Thema „Unbewusste Projektionen auf das christliche Gott-Vaterbild".[206] Seine „tiefenpsychologischen Grundlagen und Grundfragen" zur Predigt bleiben – wie auch die gegenständlichen Ausführungen im Grundriss der Praktischen Theologie – unter dem Eindruck der ontologischen Dimension des Schicksals und der Frage, „ob Gott im Schicksal sei",[207] vor einer Erörterung des Zusammenhangs von Persönlichkeit und Gottesbild stehen.[208] Haendler relativiert zwar den dogmatischen Aspekt der Gotteslehre auf die persönliche Aneignung hin, greift aber zu dem Hilfsmittel einer anthropologisch-ontologischen Setzung von „Tiefem", „Wirklichem" und „Wahrem" und verhindert durch diese Engführung in der Tradition der Wort-Gottes-Theologie die Reflexion des Zusammenhanges zwischen Persönlichkeit und individuellem, persönlich bedeutsamen Gottesbild sowohl auf Seiten des Predigers als auch auf Seiten der Hörer. Daher kann an keiner Stelle der Homiletik die „wirkliche" Frage aufgeworfen werden, was der Prediger hinsichtlich des Gottesbildes in seiner Vermittlungsarbeit zu berücksichtigen hat.

Im Jahr 1954 meldet sich Haendler jedoch mit aller Vorsicht in einer Untersuchung zu Wort, die für unsere spezifische Fragestellung nach dem Thema Persönlichkeit und Gottesbild von besonderem Belang ist. In seinem Vortrag „Unbewusste Projektionen auf das christliche Gott-Vaterbild und ihre seelsorgerliche Behandlung"[209] stellt er sich der Frage

---

205 Siehe die am Beginn der Darstellung referierte Kritik Haendlers an der protestantischen Theologie (Haendler, 1960, 23).

206 Haendler (1957), 11–48.

207 Haendler (1960), 76: „So liegt heute die entscheidende Schwierigkeit der Seelsorge hinsichtlich etwa der christologischen Verkündigung darin, dass nicht die Frage Sünde-Gnade das Existenzproblem der Zeit ist (von ihr selbst aus gesehen), sondern die Frage des Schicksals und ob Gott im Schicksal sei."

208 Der Gedanke an ein Gottesbild im Zusammenhang mit den persönlichen Erkenntnismöglichkeiten des Menschen taucht an einer einzigen Stelle auf – und dort unter Zitation eines anderen Theologen (Haendler, 1960, 159: Zitiert wird Alfred Dedo Müller, 1926, Ethik, Berlin, 149f: „Auch im Gleichnis wird Klarheit gesucht, auch hier handelt es sich um Erkenntnis, auch hier wird gedacht. Aber es ist ein anderer Erkenntnisweg, und vollzieht sich nicht in Begriffen, sondern in Bildern. Und auf diesem Wege allein gibt es Gotteserkenntnis." Und Haendler fährt fort: „Es ist also nicht eine Akkommodation an die Unzulänglichkeit des Menschen oder gar an die vermeintliche Kindlichkeit des Altertums, wenn die Bibel von Gott in Bildern spricht, auch nicht nur ‚pädagogische Plastik', sondern sie geht damit den sachlich angemessenen und einzig möglichen Weg." Wo bei Haendlers Einführung in die Meditation mit allen Erörterungen zum Bildhaften das Thema der Gottesbilder in der Meditation nahe läge, bleibt es bei vagen Begriffen wie „Vertiefung in die Wahrheit der Offenbarung": z.B. Haendler (1960), 170.

209 Hier zitiert nach Haendler (1971), 11–48.

des persönlichkeitsspezifischen Aspekts der Gotteserkenntnis. Wiederholt betont Haendler, dass es sich um eine „psychologische Analyse" handle, die die „Unbedingtheit und die Wahrheit der Offenbarung Gottes" nicht berühre,[210] und schränkt ausdrücklich ein, dass lediglich das Thema „Gott-Vaterbild" Berücksichtigung finde und der Christus-Glaube nicht zur Disposition stünde.[211] An dieser Vorsicht und am abschließenden ausführlich hymnenartigen Abschnitt auf die heilende Wirkung des Glaubens an Christus, der über allen Bildern stehe und als „Quell der Gesundheit unseres Gottesbildes und alles dessen, was aus unserem Gottesbild folgt" angesehen werden müsse,[212] lässt sich ermessen, welches Wagnis Haendler mit dieser Thematik nach seinem Selbstverständnis eingeht. In der Homiletik erwähnt er den Begriff „Gottesbild" nur an einer einzigen Stelle, als er im Zuge der Abhandlungen zur Meditation deutlich machen will, dass das bildhafte dem begrifflichen Erfassen vorgeordnet sei, und das „Wesenhafte des Seins nur im Bilde fassbar ist", zitiert Haendler – ohne weiter darauf einzugehen – einen Satz von Dedo Müller, der durch Sperrung hervorgehoben wird und zum Ausdruck bringt, dass auch die Gotteserkenntnis nur im Bild möglich ist.[213] Im „Grundriss der praktischen Theologie" wird Haendler im Kapitel „Die Struktur der Person des Verkünders" in den Aussagen etwas deutlicher, die den Zusammenhang zwischen persönlicher Lebenshaltung, Glaubenshaltung und Theologie benennen: „Jeder hat in seiner Weise eine persönlich eigengeprägte Glaubenshaltung."[214] Diese Glaubenshaltung sei u.a. bestimmt durch die Auswahl von Glaubenswahrheiten aus der Theologie, die einem näher stünden als andere, und die in der Folge auch die unmittelbare Theologie des Verkünders prägten.[215] Hier verzichtet Haendler allerdings aus oben genannten Gründen noch auf deutlichere Bezüge zur Gotteserkenntnis. Erst im gegenständlichen Artikel wird unter dem Gesichtspunkt einer rein psychologischen Analyse der Gedankengang stringent auf den Zusammenhang „Lebenshaltung", „Glaubenshaltung" und „Gottesbild" fokussiert.

Möglich wird dies vor allem durch einen „psycho-theologischen" Kunstgriff Haendlers in der Definition des Phänomens der Übertragung.

---

210 Siehe z.B. schon die unvermittelt einsetzende Fußnote bei der ersten Erwähnung des Wortes „Gottesbild des Protestantismus": „Dieser Abschnitt ist eine psychologische Analyse unserer Wahrheitserkenntnis. Davon durchaus unberührt bleibt die Unbedingtheit und die Wahrheit der Offenbarung." (Haendler, 1971, 17)
211 Siehe z.B. Haendler (1971), 19 und 26.
212 Haendler (1971), 36.
213 Haendler (1960), 159.
214 Haendler (1957), 239.
215 Haendler (1957), 239f.

Zunächst referiert Haendler die Definition der Übertragung nach Kurt Sury als „Subjekt-Objekt-Beziehung mit besonderer Gefühlsbindung".[216] Hiervon unterscheidet er den seiner Ansicht nach allgemeineren Begriff der Projektion nach C.G. Jung als „Hinauslegung eines subjektiven Vorgangs in ein Objekt" – „wobei nicht gesagt ist, wie weit das Objekt real da ist oder durch die Projektion erst geschaffen wird, also psychologisch da ist".[217] Er selbst bietet schließlich folgende Definition an: „Projektion ist der die objektive Wirklichkeit uns verbindende und zugleich sie verändernde subjektive Faktor in unserer Vorstellung von dem jeweiligen Objekt."[218] Damit hält Haendler einerseits gegenüber Jung fest, dass es bei der Übertragung auf eine objektive Wirklichkeit ausgegriffen werde – im Fall des Gottesbildes auf die objektive Wirklichkeit Gottes. Andererseits öffnet er sich aber den Weg darüber zu reflektieren, dass keine menschliche Wahrnehmung ohne projektiven Vorgänge vorgestellt werden könnten – weder im persönlichen noch im wissenschaftlichen oder im theologischen Bereich.[219] Wir alle tragen nach Haendler „unkontrolliert eine Fülle von Vorstellungen in uns herum, nach denen wir uns richten, die unser Weltbild, unser Lebensgefühl und unsere Lebenshaltung bestimmen, durch die wir erst mit der objektiven Wirklichkeit Kontakt gewinnen und die doch ganz gewiss weithin die Wirklichkeit verzeichnet" – eben auch „weithin unser Bild von dem lebendigen Gott".[220]

---

216 Haendler (1971), 13; zitiert wird Kurt Sury mit seinem „Wörterbuch der Psychologie und ihrer Grenzgebiete" von 1951.

217 Haendler (1971), 13.

218 Haendler (1971), 13. Als bildhaften Einstieg in den Artikel vergleicht Haendler den Wahrnehmungsvorgang unserer Seele mit der „laterna magica", die ständig innere Bilder auf die äußeren Vorgänge mit projiziere: „Aber wichtiger als alle Bilder, die uns durch Apparate vermittelt werden, ist die grundlegende Tatasche, dass in uns selbst ein solches Seh- und Reflexorgan, eine magisch wirkende laterna ständig am Werke ist. In den geheimnisvollen Raum unserer Seele schiebt das Leben ununterbrochen Bilder hinein, farbige, intensive Bilder. Und die Lichtquelle unserer Seele, die seelische Sehkraft und Erkenntniskraft ist ständig am Werke, diese Bilder auf das Blickfeld vor unserem inneren Auge zu werfen, zu projizieren und damit unsere Vorstellungswelt zu speisen und zu bestimmen. Es ist ein sehr unbewusster und sehr unkontrollierter Vorgang, der sich da vollzieht, und er ist keineswegs immer objektiv, d.h. entsprechend dem Beobachteten und Erlebten." (Haendler, 1971, 12)

219 Für den wissenschaftlichen und theologischen Bereich bringt Haendler den Vergleich zwischen den Thesen Freuds und Pfisters zur Frage der Religion sowie Pfisters durch die liberale Theologie geprägtes Gottesbild, das diesem den Blick auf paulinische Aussagen verstelle (14). Weiters bietet Haendler das Beispiel der Untersuchung Jungs „Psychologische Typen" von 1950, in der „die gesamten theologischen Streitigkeiten der Kirche auf den Unterschied des extravertierten und des introvertierten Typs" zurückgeführt werden, und bemerkt dazu: „Selbst wenn damit ein psychologisches Prinzip übertrieben, vielleicht weit übertrieben sein sollte, kann doch ein Kern von Wahrheit darin nicht geleugnet werden, und das bedeutet, dass Projektionen, die zwangsläufig aus dem Charaktertyp folgen, für den ganzen Gang der Kirchengeschichte und der Glaubensgeschichte bedeutsam geworden sind." (15)

220 Haendler (1971), 12.

Neben der Feststellung, dass die unvermeidlichen Projektionen zugleich eine positive und eine negative Rolle spielen und im Blick auf die Erkenntnis von Wahrheit immer nur eine der Kritik bedürftige Teilerkenntnis ermöglichen,[221] findet Haendler den projektiven Vorgang nicht nur im subjektiven Bereich angesiedelt, sondern auch im „kollektiven" Bereich beispielsweise des Protestantismus - auch in dieser Hinsicht sei also mit Teilerkenntnissen zu rechnen, die der vollen Wahrheit und Gültigkeit entbehren.[222] Eine intensive Auseinandersetzung führt Haendler mit C.G. Jungs Forderung, alle Projektionen im Bereich der Religion zurückzuziehen,[223] um demgegenüber festzustellen, dass die biblische Offenbarung als „normative Quelle der Gotteserkenntnis" schon das Prinzip beinhalte, von Gott in Bildern zu reden, und der christliche Glaube sich aus diesen Bildern speisen müsse.[224] Haendler tritt hier dem Tiefenpsychologen Jung klar als christlicher Theologe gegenüber, um am Wahrheitsanspruch der biblischen Offenbarung festzuhalten und die Bibel sowie den durch sie wirkenden Geist – wenn es um die Frage der Gotteserkenntnis geht – als Korrektiv in Geltung zu stellen.[225] Das Ziel der Seelsorge sowie einer Psychotherapie im christlichen Sinn[226] sei

---

221 Haendler (1971), 16f.
222 Haendler (1971), 17.
223 Dass diese These Jungs in ihrer Bedeutung und Tragweite umstritten ist, zeigt die im Anschluss an den Artikel wiedergegebene Diskussion des ursprünglichen Vortrags (Haendler, 1971, 36–47; besonders 36ff.).
224 Haendler (1971), 26f. Nebenbei bemerkt: Freuds Religionskritik mittels der Projektionsthese wird sehr kurz mit dem Hinweis auf die Entgegnung Oskar Pfisters abgehandelt und schlussendlich selbst als Beispiel für die Wirkung eines Projektionsvorgang betrachtet: „Vor beiden (sc. Freud und Pfister) steht, rein objektiv gesehen, das Gottesbild des Christentums in den gleichen Grundzügen von der gleichen Kultureinheit her. Aber jeder projiziert, psychologisch gesehen, seine Voraussetzungen in es hinein. Freud sieht vom Unglauben aus die Wirklichkeit Gottes als Illusion. Pfister erfasst sie vom Glauben aus als Wahrheit und sieht sie darum auch als Wahrheit." (Haendler, 1971, 14)
225 Haendler (1971), 27: „Es besteht durchaus die Möglichkeit, dass das unvollkommene Abbild irdischer Vatererfahrungen uns leitet und begleitet und wir anhand der Bibel eben damit und daran eine echte, gereinigte und uns reinigende Vorstellung von der Vaterschaft Gottes haben. Man mag sagen, dass hier die eigentliche Wirkung des Geistes sich bemerkbar mache; aber anders ist es immerhin im breiten Strom christlichen Glaubenslebens nie gewesen."
226 Siehe dazu vor allem auch den Artikel „Psychologie und Religion von Sigmund Freud bis zur Gegenwart" in Haendler (1971), 48–68; besonders 67: „Die Möglichkeit, dass ein Christ einem nichtchristlichen Psychoanalytiker sich zu einer Analyse anvertraut, ist von dem Wesen und der Grenze der Tiefenpsychologie immer gegeben. Der Christ als Patient muss dabei darauf gerüstet sein, dass Teile seiner Glaubensüberzeugung als nur übernommen, als nicht gelebt erfahren werden, dass sie daher aufgelöst werden müssen. Bei rechter Analyse kommt dann die wirkliche Überzeugung klarer und fester heraus, und die vermeintliche Verarmung wird erkennbar als Entschlackung, die ein neues organisches Wachstum ermöglicht. Der Therapeut ist gehalten, ehrfurchtsvoll und vorsichtig dem Patienten zu der Möglichkeit

demnach dadurch zu bestimmen, die Projektionen, von denen es „gesunde und kranke, freie und gebundene" gebe, zu ordnen und reinigen; es gehe beispielsweise nicht um „die Loslösung unseres Gottesbildes von irdischen Vaterbildern, sondern um die bewusste Bereitschaft, mit und in ihnen ständig zu korrigieren, ständig tiefer zu erfahren, wie Gott ist (...) und die Fähigkeit, dazu die irdischen Vorbilder in Freiheit zu verwenden".[227] Den Kompetenzbereich des Seelsorgers von dem des Therapeuten klar unterscheidend[228] und jede Rezeptologie abwehrend[229] zeichnet Haendler in der Folge die Linie vor, die im seelsorgerlichen Handeln zu berücksichtigen sei: Der „führende Grundton" müsse darin bestehen, „ganz aus dem Glauben und ganz aus der Liebe heraus helfen zu wollen zu einem freien, freudigen, befreienden Glauben und zu freier, freudiger Liebe zu Gott, dem Vater".[230] Methodisch geht es auf diesem Weg zur „seelischen Gesundung" vor allem um die „Auflösung negativer Symbole" und Angebote zur Ergänzung fehlender Aspekte im Gottesbild sowie „korrigierender und aufklärender Symbole", die z.B. auch durch die Meditation von Bibelworten[231] eingebracht werden könnten.[232]

In der konkreten inhaltlichen Bearbeitung des Themas Gott-Vaterbild betont Haendler zunächst noch einmal, dass Gott als Vater nur nach Analogie des irdischen Vaterbildes vorgestellt werden könne,[233] und dass die Aufmerksamkeit des Seelsorgers vor allem auf „unerkannte und unbewusste Verschiebungen des Gott-Vaterbildes" zu richten sei, die „unter der Decke" ihre „heimliche und gefährliche Rolle spielen".[234] Alle

---

echter Entscheidung und Haltung zu helfen. In jedem Falle tut er ein Unrecht, wenn er über Religion – auch über ihm zu kompakt erscheinende – abfällig urteilt, und er begeht einen Kunstfehler, wenn er seine eigene Vorentscheidung als die auch für den Patienten richtige und eigentlich maßgebende ansieht. (...) Begibt sich der Christ in eine Analyse in der Art der komplexen Psychologie, so wird er der Offenheit des Therapeuten für alle religiösen Momente sicher sein können."
227 Haendler (1971), 27. 28.
228 Siehe vor allem Haendler (1971), 28: „Der Therapeut ist wesentlich geleitet durch die Träume des Patienten und hat an ihnen zugleich das entscheidende Material zur Analyse und Synthese. (...) Der Seelsorger als solcher hat weder die Möglichkeit noch Befugnis, nach Träumen zu fragen oder gar auf sie einzugehen, auch dann nicht, wenn er literarisch über Tiefenpsychologie gebildet ist."
229 Haendler (1971), 35: „Rezepte gibt es in der Seelsorge nicht."
230 Haendler (1971), 28.
231 Haendler (1971), 30: „Es ist eine große und feine seelsorgerliche Kunst, die Urkraft der Bibelworte zur rechten Stunde zur Geltung zu bringen. Sie gelingt nur, wenn man selbst in diesen Worten lebt und wenn man zugleich ganz sorgsam in die Seele des Betreuten hineinhört."
232 Siehe Haendler (1971), 29f.
233 Haendler (1971), 17.
234 Haendler (1971), 19; Haendler näherhin: „Der Seelsorger kann und darf sich nicht dabei beruhigen, dass der Betreute eine einwandfreie Gottesvorstellung, ein unanfechtbares

wesentlichen und häufig vorkommenden Projektionen seien in zwei Richtungen zusammenzufassen:
- Am häufigsten seien die „Despotenprojektionen" anzutreffen, welche die Färbungen *Tyrann, Richter* oder *Gesetzgeber* annehmen können und „am Vatergott den väterlichen Ernst, die väterliche Heiligkeit ins Brutale, ins Erbarmungslose und ins Steife hinein vereinseitigen und verfälschen".[235]
- Auf der anderen Seite gebe es die „Patriarchenprojektionen" mit den Färbungen *Majestät und Großvater,* in denen „die Güte und die Würde vereinseitigt und verfälscht" würden.[236] Geprägt würden diese Gottesbilder vor allem durch die Erfahrungen der Kindheit, die das Lebensgefühl und das Weltbild zunächst bestimmten, zeitlich und sachlich vor aller ausdrücklichen Begegnung mit religiös vermittelten Gottesvorstellungen anzusiedeln seien und unabdingbar in diese einflössen.[237] In den konkreten Beispielen – vor allem nach Therapieberichten aus der Literatur – reflektiert Haendler besonders auf die Erfahrungen mit den primären Bezugspersonen bzw. den innerlich entstehenden Bildern der realen Bezugspersonen,[238] die das Gottesbild einseitig prädisponieren und zu unzulässigen Verabsolutierungen[239] führen.[240] Ob es in der Kindheit eine religiöse Erziehung gab oder nicht, scheint zumindest nach den Beispielen, die Haendler bringt, demgegenüber sekundär. Wesentlich bedeutsamer als der Einfluss der Kirche erscheint für ihn auch im späteren Leben die konkrete Lebenserfahrung, die vorhandene Gottesbildprojektionen entweder in ihrer Einseitigkeit bestätigen oder aber auch zu deren Ableh-

---

kirchliches Bekenntnis hat. Ein wesentlicher Teil der Seelsorge wird vielmehr dadurch notwendig, dass der Betreute unter diesem ein unbewusstes, von seinem Bekenntnis divergierendes Gottesbild hat und dass er im praktischen Leben auf dieses unbewusste Gottesbild, nicht auf das bewusste Bekenntnis reagiert mit seinem Vertrauen, seiner Angst, seinem Verhalten gegenüber dem Schicksal, zumal gegenüber Katastrophen und anderem. Und an diesem Verhalten ist die Projektion erkennbar." (Haendler, 1971, 19)
235 Haendler (1971), 20.
236 Haendler (1971), 20f.
237 Haendler (1971), 21f.
238 Haendler (1971), 23: „Dabei ist zu beachten, dass das Wirkende oft nicht die reale Person, sondern eben das subjektive Bild von ihr ist."
239 Siehe auch das provokante Beispiel eines Pfarrers, der seine Dogmatik verabsolutiert, was den Theologen Haendler zu der leidenschaftlichen Bemerkung veranlasst: „Was die Dogmatik sein sollte: Hilfe zum Verstehen, Wegweisung zum Finden, Dienst am Erkennen, hat sich, weil es legitim normativ ist, illegitim selbständig gemacht, und es ist ihm die Absolutheit anprojiziert worden, die nur der lebendige Gott selbst hat, der in einem Lichte wohnt, da niemand zukommen kann." (Haendler, 1971, 22)
240 Dies ist insofern bemerkenswert, als zwar der Einfluss des religiösen Umfeldes mit seinen Glaubensfärbungen Berücksichtigung findet, diesem aber weit weniger Kraft oder gar „Schuld" zugeordnet wird, als das in der einschlägigen Literatur zum Thema „religiöse" oder „ekklesiogene" Neurose üblich ist. Näheres dazu siehe Exkurs.

nung im Atheismus führen kann.²⁴¹ Wenn Haendler die erste Wirkmächtigkeit der Lebenserfahrung zuspricht, die das Gottesbild beeinflusse, so gilt umgekehrt dann auch, dass das so entstandene Gottesbild über die entsprechende Glaubenshaltung auf das Lebensgefühl des Menschen rückwirke.²⁴² Kritische Ausführungen zu diesem Umstand sucht man jedoch vergeblich. Es bleibt auch offen, wie der direkte Einfluss von in der Erziehung durch Bezugspersonen oder Vertreter der Kirchen „gelehrten Gottesbildern" im Verhältnis zu den unbewusst „abgeleiteten Gottesbildern" zu beurteilen ist,²⁴³ oder wie der Zusammenhang zwischen den „bewussten Gottesvorstellungen" und dem „unbewussten Gottesbild" zu denken wäre.²⁴⁴ Haendler vermeidet ähnlich wie bei seinem Kunstgriff in der Definition der Übertragung, mit dem er jede Religionskritik im Zusammenhang mit dem Übertragungskonzept zu vermeiden trachtet, auch jede Kritik an Theologie oder Kirche und den von ihr vermittelten Gottesvorstellungen. Was später in der Literatur unter dem Thema „neurotisierende Gottesbilder" mit theologie- und kirchenkritischen Intentionen abgehandelt werden wird, versucht Haendler bewusst auszuklammern. Als Theologe beschränkt er sich auf das Einmahnen eines redlichen Umgangs mit dem Gottesbild am Kriterium des „totalen Gott-Vaterbildes des Neuen Testaments"; dieses sei gegen Vereinseitigungen zu verteidigen²⁴⁵ und müsse ein Leben lang erarbeitet werden, um sich in seiner befreienden und beglückenden Fülle zeigen zu können.²⁴⁶

---

241 Siehe vor allem des konstruierte Beispiel der beiden Konfirmandinnen und die daran anschließenden Reflexionen (Haendler, 1971, 25f.).
242 Haendler verführt in diesem inhaltlichen Teil seiner Ausführungen unsystematisch und mit raschem Wechsel der perspektivischen Ebenen, sodass dieser Aspekt zwar klar erkennbar aber inhaltlich unausgefüllt bleibt. Hier folgt ohne kritischen Übergang stets der Wechsel zum engagierten Theologen, der Gott in seiner Vielgesichtigkeit und Größe zur Geltung bringen will (siehe vor allem Haendler, 1971, 25).
243 Haendler (1971), 24; die beiden Aspekte werden von Haendler zwar eigens genannt, aber nicht weiter differenziert.
244 Haendler (1971), 33, geht lediglich von dem Umstand des möglichen Widerspruchs zwischen den beiden Faktoren aus, dem auf der Ebene der Gottesvorstellungen nicht beizukommen sei.
245 Haendler (1971), 25: „Vor allem wirkt die Unvollständigkeit, die Einseitigkeit der Vorstellung. In der biblischen Verkündigung ist Gott eben gerade nicht einfach der Herr aller Herren und aller Welt, sondern er ist dies im Einklang mit aller Güte und Liebe. Er ist nicht einfach die Liebe, sondern er ist die Liebe im Einklang mit seiner Majestät."
246 Haendler (1971), 25f.: „An diesem *Einklang* (die Liebe mit seiner Majestät) und an der Größe ihrer Wesenszüge, am Erfassen und Erfahren des *totalen Gott-Vaterbildes des Neuen Testaments* arbeiten wir unser Leben lang. Jeder Zweifel, jedes Ringen um Glauben, jedes Leiden an den Rätseln der Führung Gottes ist eine Not um diesen Einklang und diese Größe." (Hervorhebungen im Original) Weiter schreibt Haendler: „Und selbst da, wo der Glaube (...) mit Freuden bejaht wird, wer will sagen, dass ihm die wahre, tiefe Erkenntnis des Vatergottes

Konzeptuell agiert Haendler in dieser Untersuchung sehr klar als Theologe, der psychologische Erkenntnisse unter der Prämisse der nicht zu hinterfragenden und psychologisch nicht erreichbaren Wirklichkeit Gottes und seiner Offenbarung in Jesus Christus dazu verwendet, den besonderen Aspekt problematischer Vater-Übertragungen im Glaubensgeschehen des Menschen begrifflich zu fassen. Bei den Infragestellungen einseitiger Gottesbilder betont Haendler stets die Dimension der auch darin enthaltenen objektiven Teilerkenntnis Gottes, deren Wahrheitsgehalt nicht zur Disposition stünde. Die Urheberschaft Gottes in Bezug auf den Glauben und die originäre Qualität der Offenbarung dürfen bei Haendler in keinem Moment zweifelhaft erscheinen. Wenn damit auch psychologische Theorien ohne Rücksicht auf deren anthropologische Verortung im Zusammenhang theologisch in Anspruch genommen werden,[247] und der Bündnispartner Tiefenpsychologie diesmal unter umgekehrter Perspektive für die Ziele christlicher Theologie vereinnahmt wird, so kann Haendler auf seine Weise doch die menschliche Seite im Kontakt mit der „objektiven Wirklichkeit" Gottes[248] einer eingehenden Reflexion zuführen,[249] einzeln Problembereiche einer Analyse unterziehen und Anhaltspunkte für den eigenen Beitrag markieren, den der Mensch leisten könne, um die Erkenntnis Gottes im Sinne von „Echtheit" und „Vollständigkeit"[250] voranzutreiben. Für den Theologen, den Seelsorger und den Prediger[251] hält Haendler nicht nur Anregungen für

---

nicht noch in ihren befreiendsten, beglückendsten Zügen bevorsteht? Dass er noch wahrhaft erlösende Erkenntnis finden kann?" (Haendler, 1971, 26)

247 Siehe z.B. auch Haendler (1971), 30, wo er beim Thema Schuld lapidar feststellen kann: „Der Christenglaube meint, dass jede seelische Krankheit mit Schuld zusammenhängt. Die Psychotherapie gibt dieser These in überraschender Weise recht"; sogar für Freud gelte in diesem Zusammenhang, dass er „so paradox es klingen mag, ein Befürworter des Christentums" werde (Haendler, 1971, 31).

248 Siehe Haendler (1971), 12.

249 Das Menschenbild Haendlers beinhaltet prinzipielle Aktivität und damit auch Verantwortlichkeit. Die unwillkürlichen und unbewussten Projektionsvorgänge sind als aktiver Vorgang zu werten, das mit dem „Gesamtsein des Menschen verkettet" ist und in seiner Geschöpflichkeit begründet liegt. Siehe sehr prägnant Haendler (1971), 42f.

250 Siehe Haendler (1971), 35. Hier begegnet wieder der normativ vorausgesetzte Auffassung Haendlers, dass es etwas „Echtes" und „Reines" gebe, das es zu erreichen gelte. So stellt er z.B. fest: „(...) hier (in diesem Artikel) ging es uns um den Blick für unerkannte Projektionen auf das Gott-Vaterbild, die meist nicht nur unerkannt, sondern zugleich unbewusst sind, und darum, dass an ihre Stelle die echten Projektionen treten, d.h., dass wir Gott, den Vater, erkennen lernen an den Abbildern seiner Vaterschaft, die als Urbilder für unser Erkennen ihn, das Urbild in Wirklichkeit, möglichst rein, wenigstens positiv, spiegeln." (Haendler, 1971, 35)

251 Haendler beschränkt sich im gegenständlichen Artikel auf den Bereich Seelsorge, an anderen Stellen in ähnlichem Zusammenhang erweitert er den Blick aber stets auch auf die Predigt (siehe z.B.: Artikel „Lebensgestaltung als Glaubenshilfe" in Haendler, 1971, 254–268;

die Reflexion der eigenen Glaubenshaltung und der persönlichen Gottesbilder, sondern auch Hinweise und Perspektiven für die Unterstützung der Betreuten und Hörenden auf ihrem Weg des Glaubens unter Entwicklung bzw. „Reinigung" der in ihnen jeweils lebenden Gottesbilder bereit. Auch die Ebene der seelischen bzw. „psychologischen" Gesundheit des Menschen ist bei Haendler im Blick und zumindest indirekt impliziert sein Anliegen der Entwicklung des Gottesbildes im neutestamentlichen umfassenden Sinn auch einen Beitrag zum seelischen Wohlbefinden, den der Seelsorger und Prediger durch seine spezifische Arbeit in Ergänzung zum Psychotherapeuten und zum Arzt leisten könne.[252] Umgekehrt bedenkt Haendler auch die Bedeutung, die eine vorgängige Neuorientierung in Lebenshaltung und Lebensgestaltung für eine mögliche Neuorientierung im Bereich des Glaubens und des Gottesbildes haben könne und manchmal sogar haben müsse.[253] Die Komplexität des Zusammenhanges: Lebenshaltung, Weltbild, Glaubenshaltung und Gottesbild findet sich bei Haendler zumindest implizit berücksichtigt – wenn der Gesamtzusammenhang auch unsystematisch und nur rudimentär thematisiert wird.

Offen lässt Haendler in seinen Ausführungen zu den „unbewussten Projektionen auf das christliche Gott-Vaterbild und ihre seelsorgerliche Behandlung" die Frage einer psychoanalytischen Theorie der Entstehung

---

besonders 268). Insofern scheint die Einbeziehung der Predigt an dieser Stelle berechtigt und durchaus der Intention Haendlers zu entsprechen.

252 Siehe z.B. Haendler (1971), 17 FN 10. 19. 29. Vgl. dazu auch die Artikel „Medizinisches und theologisches Denken in Spannung und Begegnung" (Haendler, 1971, 101–120) und „Vom Geheimnis des Vertrauens im ärztlichen und seelsorgerlichen Dienst" (Haendler, 1971, 204–220).

253 Siehe z.B. Haendler (1971), 33: „Am schwierigsten sind die Fälle, in denen der Betroffene weiß, was er glauben soll, und wie Gott der Vater nach dem Neuen Testament ist, aber ebenso weiß, dass er dem hilflos gegenübersteht; also der klaffende Widerspruch zwischen der bewussten Gottesvorstellung und dem unbewussten Gottesbild. Direkte Überzeugungsversuche sind da sinnlos; die stellt der Geplagte ja sozusagen ständig schon selbst mit sich an. Hier gilt wieder die grundlegende These von der Ganzheit. Man beginne irgendwo, von einem im Betreuten vorhandenen hellen Punkt aus sein Leben ein Stückchen weiter zu erhellen. Am besten, wenn man gar nicht so sehr darauf aus ist, möglichst bald das Gottesbild zu korrigieren. Der Mensch braucht Zeit zu aller nicht nur gedanklichen, sondern dynamischen Umstellung." Siehe auch das Beispiel Haendler (1971), 34, mit der abschließenden Bemerkung: „Es muss die Gesamteinstellung zu den Menschen und zum Leben korrigiert werden. Das macht freier für eine heilsame Korrektur des Bildes von Gott und empfänglicher zugleich für die heilende und korrigierende Einwirkung der echten Verkündigung und Seelsorge, der echten Wahrheit auf ein verzerrtes Gottesbild." Vgl. insbesondere auch den eigenen Artikel „Lebensgestaltung als Glaubenshilfe" (Haendler, 1971, 254–268) mit ausführlichen Beispielen wie der Weg von einer Veränderung der Lebensgestaltung zu einer neuen „philosophischen" oder „religiösen Weltanschauung" bis hin zum Glauben im christlichen Sinn führen könne (z.B. 263f.).

von Gottesbildern – Haendler setzt sehr gezielt erst bei den bereits vorhandenen Gott-Vater-Bildern ein und arbeitet mit ihrer Symptomatik – auch wenn die konzipierte Beschränkung auf das Phänomen Gott-Vaterbild an vielen Stellen inkonsequent erscheint, da zwar inhaltlich ausschließlich Beispiele aus diesem Bereich entnommen, dann aber strukturell sehr wohl generelle Aussagen zum Kontakt mit Gott im umfassenden Sinn getroffen werden. Psychologisch-anthropologische Fragen, inwiefern die „Erkenntnis des Transzendenten"[254] als menschliches Grunddatum anzusehen ist, und wie ein diesbezüglicher Kontakt bzw. eine diesbezüglich gelingende oder misslingende Projektion im Sinne des Atheismus anthropologisch oder psychoanalytisch zu beurteilen sei, stehen nicht zur Debatte, da nach Haendlers Definition der Mensch von vornherein mit der „objektiven Wirklichkeit" Gottes verbunden zu denken ist. Bei aller Würdigung der Weite des Horizonts Haendlers und seiner grundsätzlichen Hinwendung zu einem theologischerseits tabuisierten Themenbereich, ist festzustellen, dass eine weitere Öffnung des Theologen Haendler zur Auseinandersetzung über eine prinzipielle psychologische Theorie zur Frage nach Herkunft, Entstehung, Qualität und Bedeutung von Gottesbildern ausgeschlossen bleibt und als Desiderat markiert werden muss.

Insgesamt ist jedoch festzustellen, dass Haendler die Bedeutung der Persönlichkeit des Predigers im Verkündigungsgeschehen, wie kein anderer vor ihm oder nach ihm, in der ganzen Breite und Vielgestaltigkeit der persönlichen Dimensionen der Verkündigung kompromisslos in den Mittelpunkt des Interesses gerückt hat. Wenn die Art und Weise seiner Rezeption der Tiefenpsychologie Jungs auch der Kritik bedarf, so hat er sich doch bis zur der Frage der Dimension authentischen Glaubens vorgewagt und von diesem Zentrum her tiefenpsychologische Erkenntnisse für alle Aspekte des Verkündigungsvorganges wie die Berücksichtigung der Charakterologie, des Weges vom Text zur Predigt, der Hörerschaft, zentraler Themen der Theologie und der Zeitgeschichte u.a.m. gestellt. Es wird noch zu zeigen sein, wie sich Autoren nach ihm nur mehr an Teilbereiche des persönlichen Aspektes im Verkündigungsgeschehen heranwagen und diese einer (tiefen)-psychologischen Untersuchung zuführen. Haendlers besonderes Verdienst besteht im Aufzeigen des Beitrages, den der Mensch bzw. der Prediger durch die bewusste Arbeit an sich selbst zur Entfaltung seines Glaubens, zur Authentizität der Verkündigung und damit zum Erfolg der Vermittlung der Botschaft des

---

254 Haendler (1971), 16.

Evangeliums leisten kann, ohne dass die reformatorischen „Sola" in Frage gestellt werden müssten.²⁵⁵

1.4 Die Persönlichkeitstypologie nach Fritz Riemann in der Homiletik

Otto Haendlers Vorstoß, die Persönlichkeit des Predigers in den Mittelpunkt des Interesses der Homiletik zu rücken, blieb im Bereich der fachspezifischen Literatur über Jahrzehnte hin eine Randerscheinung – sowohl hinsichtlich des thematischen Anliegens als auch im Blick auf seine Methode, tiefenpsychologische Erkenntnisse für das Thema fruchtbar zu machen.²⁵⁶ Erst in den 1970er Jahren lässt sich eine breitere Hinwendung zur Frage der persönlichkeitsspezifischen, subjektiven Komponente im Predigtgeschehen für einen begrenzten Zeitraum von etwa 10 Jahren beobachten.²⁵⁷ Die betreffenden Autoren nennen fast durchgängig Haend-

---

255 So sieht sich Haendler (1960), 344, im Nachwort zur dritten Auflage nochmals genötigt zu betonen: „Die Tatsache, dass erstlich und letztlich Gott alles wirkt, schränkt nicht die Tatsache ein, dass er durch Menschen wirkt und dass es gute und schlechte Predigt gibt, wobei weithin wir selbst schuld daran sind, wenn unsere Predigt nicht so gut ist, wie sie sein könnte." Die skeptische Distanz von Seiten der Kollegenschaft, die Haendlers Herangehensweise über Jahrzehnte hervorgerufen hat, spiegelt sich im Vorwort zu der von Joachim Scharfenberg und Klaus Winkler herausgegebenen Festschrift (Haendler, 1971) wider: „Schüler und Freunde grüßen mit dieser Sammlung verstreuter Aufsätze den 80-jährigen, der es mit Gelassenheit und Humor ertrug, über lange Zeiträume seines Lebens hin als ‚unzeitgemäß' empfunden zu werden." (Haendler, 1971, 7)

256 Vgl. z.B. Scharfenberg und Winkler im Vorwort zu Haendler (1971), 7; Piper (1976), 11; Denecke (1979), 32; oder Schröer (1981), 149. Dannowski (1990), 53, bemerkt dazu: „Die Homiletik hat sich schwer damit getan, diese Bedeutung der Persönlichkeit des Predigers für den Entstehungsprozess einer Predigt in den Blick zu nehmen. Eine wichtige Rolle hätte die Homiletik von Otto Haendler spielen können (...). Eine gelegentliche ‚völkische' Begrifflichkeit und Zielsetzung (...) machten es leicht, die wichtigen Ansätze von Haendler zu übersehen oder sie zur Abgrenzung polemisch zu missbrauchen." Schröer (1982), 149, bemerkt zu Haendlers Werk, dass die Theologen seiner Generation davor „früher nur gewarnt wurden".

257 In chronologischer Reihenfolge wären dazu vor allem folgende Arbeiten zu nennen, die um des besseren Überblicks willen im Folgenden ausführlich zitiert werden: Tschirch, Reinmar (1969): Tiefenpsychologische Erwägungen zum Charakter christlichen Lebensgefühls und kirchlicher Predigt, in: Wege zum Menschen 21 (1969), 257–272 (Von uns zitiert nach der Wiederveröffentlichung in: Riess, 1974: Perspektiven der Pastoralpsychologie, Göttingen, 202–217). Klostermann, Ferdinand (1970): Die Träger der Verkündigung, in: Dreher, Bruno; Greinacher, Norbert; Klostermann, Ferdinand (Hg.) (1970), Handbuch der Verkündigung I, Freiburg/Basel/Wien, 363–409. Riess, Richard (1970): Zur pastoralpsychologischen Problematik des Predigers, in: Stollberg, Dieter (Hg.) (1970): Praxis ecclesiae. FS für Kurt Frör, München, 295–321. Köllermann, Heinz (1970): Hilfen zum Verstehen unserer Zuhörer, in: Lange, Ernst u.a. (Hg.) (1970): Predigtstudien V, 1, 1970/1971, Berlin, 9–19. Riemann, Fritz (1974): Die Persönlichkeit des Predigers in tiefenpsychologischer Sicht, in: Riess, Richard (Hg.) (1974), Perspektiven der Pastoralpsychologie, Göttingen, 152–166 (der

ler als den ersten Gewährsmann ihres Interesses, ohne sich jedoch mit seinem Werk intensiver auseinander zu setzen oder seinen methodischen Ansatz zu reflektieren. Ermöglicht wird diese neue Hinwendung zum Thema der Persönlichkeit des Predigers vor allem durch das Bekannt-Werden einer griffigen, der Komplexität tiefenpsychologischer Theoriebildung enthobenen Charakterologie der menschlichen Persönlichkeit aus dem Bereich der neoanalytischen Schule. Fritz Riemanns Veröffentlichung der „Grundformen der Angst" von 1961[258] bot nicht nur den Vorteil einer eingängigen, lebensnahen Darstellung der Persönlichkeitstypologien mit Blickrichtung auf den grundsätzlich „gesunden" Menschen, sondern zugleich eine Systematisierung unter dem anthropologisch bedeutsamen und theologisch anschlussfähigen Grunddatum der Angst. Im Wesentlichen wurde Riemann selbst oder geringfügige Abwandlungen seines Ansatzes[259] zur Basis der einschlägigen Bemühungen.[260] Im Unterschied zur komplexen und vielschichtigen Herange-

---

Artikel basiert laut Vorbemerkung auf einer Veröffentlichung von 1972). Josuttis, Manfred (1974): Praxis des Evangeliums zwischen Politik und Religion. Grundprobleme der Praktischen Theologie, München. Denecke, Axel (1975): Das Ich des Predigers, in: wp 12 (1975), 31–42. Heue, Rolf; Lindner, Reinhold (1975): Predigen lernen, Gladbeck. Piper, Hans-Christoph (1976): Kommunikation und Kommunikationsstörungen in der Predigt, Göttingen. Albrecht, Horst (1977): Zwanghafte Predigt? Pastoralpsychologische Einsichten zur Homiletik, in: Evangelische Theologie 37 (1977), 325–343. Liersch, Helmut (1977): Der Gottesdienst und die vier tiefenpsychologischen Grundmuster, in: Wissenschaft und Praxis in Kirche und Gesellschaft 66 (1977), 215–230. Fuchs, Ottmar (1978a): Die lebendige Predigt, München. Denecke, Axel (1979): Persönlich predigen. Anleitungen und Modelle für die Praxis, Gütersloh. - Vgl. auch das Urteil Schröers (1982), 147, dass die Homiletik der 1980er Jahre von den Ansätzen in den 1970er Jahren lebe, als deren übergreifendes Thema die Frage nach dem Prediger angesehen werden könne.
258 Hier zitiert nach Riemann (1975), der bis dahin 10. Auflage.
259 Immer wieder gab es das Bemühen, vor allem die Sprachwahl bei der Bezeichnung der einzelnen Charakterisierungen vom Geruch der Krankheitswertigkeit zu befreien. Wo Riemann noch klar in der psychoanalytischen Tradition von schizoid, depressiv, zwanghaft und hysterisch spricht, versucht z.B. Denecke (1979) die Typen der Prediger zu benennen als „einfühlsamer Prediger der Liebe", „tiefsinniger Prediger der Erkenntnis", „verantwortungsvoller Prediger der Ordnung" und „wandlungsfähiger Prediger der Freiheit". Fuchs (1978a) versucht die Typisierung stärker vom Wunsch des Predigers als von seiner Angst her zu begreifen.
260 Außer Klostermann (1970), der sich vor allem im Abschnitt „Die Persönlichkeit des Predigers und seine Zurüstung" ausschließlich auf Haendler bezieht und diesen teilweise wörtlich übernimmt, und Josuttis (1974), der unter dem Abschnitt „Der Prediger in der Predigt" die Frage des „Ich" auf der Kanzel in den Mittelpunkt des Interesses stellt beziehen sich sämtlich oben angeführte Autoren unmittelbar auf das Riemannsche Modell. Josuttis zeigt zunächst die theologischen und gesellschaftlichen Gründe für eine Tabuisierung des Ich und die darin implizierte Problematik auf. In Abgrenzung gegen das verifikatorisches Ich (91), das den Glauben mit Hilfe der eigenen Person begründen will und im Bereich des Pietismus wesentlich verbreitet ist, plädiert Josuttis für das konfessorische, biographische, repräsentative, exemplarische und fiktive Ich (92ff.), um zur authentischen Predigt im Dialog mit

hensweise Haendlers in intensiver Auseinandersetzung mit der Tiefenpsychologie wurde die vorliegende Typologie immer stärker als unhinterfragtes heuristisches Prinzip verwendet, um Mangelerscheinungen in der Predigtlandschaft aufzuzeigen, die Kommunikationsstrukturen zu analysieren und damit den kommunikativen Vorgang in der Predigt zu verbessern. Das Bemühen um ein umfassendes Verständnis des Faktors „Person und Persönlichkeit im Predigtgeschehen" rückt demgegenüber ebenso in den Hintergrund wie prinzipielle anthropologische, theologische oder allgemeine homiletische Fragestellungen. Unter der Prämisse, dass Predigt zumindest zum Teil als Kommunikationsgeschehen zu begreifen sei, das „lebendig" oder „persönlich" sein sollte, bot das Modell der polaren Antinomien des Lebens ein praktikables Analyse-Schema für vorhandene Stärken und Schwächen dieser Kommunikation. Nicht zuletzt die unmittelbare Verwendungsmöglichkeit in der praktischen Aus- und Weiterbildung der Prediger dürfte zur raschen Verbreitung und zur Popularität des Riemannschen Modells beigetragen haben.[261] Auf die Frage der Relevanz zugrunde liegender Lebenshaltungen, Glaubenshaltungen, Welt- oder Gottesbilder wurde – wenn überhaupt – nur noch peripher reflektiert und diese, ebenso wie grundsätzliche Fragen zum Verhältnis

---

der Gemeinde zu gelangen. Dies könne der Prediger am ehesten in Selbsterfahrungsgruppen lernen wie sie z.B. im Bereich der „Themenzentrierten Interaktion" (TZI) als eigenständiger Therapierichtung angeboten werden (88f.). Piper (1976) würdigt mit einem kurzen Literaturbericht die Bearbeitung des Problems des Predigers mittels der „Typenlehre" nach Riemann und findet darin Haendlers Anliegen aufgenommen, tiefenpsychologische Aspekte der Predigt und des Predigers zu berücksichtigen (11), bringt aber selbst ein qualitativ-empirisches Predigtanalyse-Modell zur Anwendung, in dem er auf „systematisch geordnete Grundregeln für die Homiletik" sowohl in der Herangehensweise als auch in den Folgerungen verzichten will, da die Zeit noch nicht reif sei und weitere Untersuchungen erforderlich seien, um zu allgemein gültigen Sätzen kommen zu können (127; vgl. dazu die kritische Stellungnahme von Otto Fuchs, 1978a, 85f., der dem „assoziativen, sporadischen und zufälligen Charakter" dieser Art von Analyse seine „dicht am einzelnen Text operierende und diesen objektivierende Analyseprozedur" entgegenhält). Diese Selbstbeschränkung Pipers hat allerdings spätere Autoren nicht gehindert, seine 16 vorgelegten Predigertypen (vom „geängstigten Prediger" bis hin zum „misstrauischen Prediger") nach dem Riemannschen Modell zu systematisieren. So stellt Denecke (1979), 129, beispielsweise „nach eingehender Analyse" fest, dass 13 der 16 Predigten den Kommunikationsprofilen „Ordnung" und „Liebe" (zwanghaft und depressiv) zuzuordnen wären. Insgesamt ist festzustellen, dass Piper mit seinen Bemühungen, die verschiedenen Facetten der tiefenpsychologischen Persönlichkeitstheorie in seinen „Folgerungen" (127–136) von der Frage der Vermittlung von Befindlichkeit im Predigtgeschehen über das Thema „Schatten" bis hin zum Thema der Verbindung des Wortes Gottes zum eigenen emotionalen Erleben anzusprechen, wesentlich unmittelbarer an den Bemühungen Haendlers anschließt, als die meisten anderen Autoren.
261 Siehe auch den Umstand, dass fast alle etablierten Therapierichtungen unterschiedlichster Provenienz spätestens seit den 1980er Jahren ein viergliedriges Schema von Typisierungen mit mehr oder weniger expliziten Bezügen auch zu Riemann in ihren Theorien und Methoden benutzen.

zwischen Theologie und Psychologie, gelegentlich der aufkommenden Pastoralpsychologie überantwortet. Riemann selbst demonstrierte nach dem ersten Ansatz von Reinmar Tschirch im Jahr 1969, der mit einem deutlich kirchenkritischen Akzent verbunden war, und der ein Jahr später erschienenen Arbeit Heinz Köllermanns zur Persönlichkeitsstruktur der Hörer, im Jahr 1972 eine „originale" Anwendung des Persönlichkeitsstruktur-Modells auf die Predigt, die im oben genannten Sinn zum Leitbild für die darauf folgenden Arbeiten wurde. Mit Axel Deneckes Arbeit „Persönlich predigen" von 1979 scheint die Befassung mit dem Thema in der Literatur erschöpft zu sein und ein vorläufiges Ende gefunden zu haben. In der Folge verstärkt sich wieder die Auseinandersetzung mit der grundsätzlichen Frage, ob und inwiefern Predigt als Kommunikationsgeschehen zu begreifen sei, und wie unter diesem Gesichtspunkt qualitative Verbesserungen zu erreichen seien – diesmal vor allem mit Hilfe sozialwissenschaftlicher Zugänge und der Rhetorik. Andere Modelle der Kommunikationsanalyse aus persönlichkeitsspezifischer Sicht treten nur mehr vereinzelt in Erscheinung.[262]

Reinmar Tschirch, der sich als erster hinsichtlich des Predigtgeschehens auf Riemann bezieht, stellt seine Rezeption der psychoanalytischen Tradition ganz unter das Vorzeichen einer herben Kritik am „christlichen Lebensgefühl" und an der „kirchlichen Predigt". Er soll an dieser Stelle deshalb etwas ausführlicher zu Wort kommen, da er unter anderem als erster Vertreter einer Literaturgattung gelten kann, die theologischerseits die psychoanalytische Theoriebildung benutzt, um ihre eigene theologische Kritik an der Gestalt der Kirche und ihren Gottesbildern zu stützen und zu untermauern.[263] Es ist zu vermuten, dass diese Art der Vorgehensweise weiterhin zu einer Desavouierung psychoanalytischer Thesen im Raum der Theologie geführt haben und damit auch das Gespräch zwischen Psychoanalyse und Theologie zusätzlich zu der vorhandenen grundsätzlichen Skepsis oder Ablehnung mittelfristig behindert wurde.[264] Vergleichbare Argumentationsgänge finden sich in der Folge nur mehr im populärwissenschaftlichen Bereich.[265]

Mittels der Typologie von Riemann, welcher der Vorzug zukomme, nicht nur „auffällige, psychische Krankheitsbilder" zu beschreiben, son-

---

[262] Siehe z.B. Engemann (1992), der in seiner Arbeit „Persönlichkeitsstruktur und Predigt" die Theorie der Transaktionsanalyse auf die Predigt anwendet.
[263] Tschirch (1969), 203: „Dieses Impuls-Modell (sc. Riemann) lässt sich natürlich auch benutzen, um das psychische Klima christlicher Frömmigkeit und Verkündigung daran zu untersuchen."
[264] Vgl. auch die Entschärfung, Zurechtrückung und Abschwächung der Thesen von Tschirch bei Riess (1970), 312f.
[265] Siehe Exkurs.

dern eine „Tönung menschlichen Erlebens und Verhaltens, das sich auf der Skala von normalen, gut angepassten bis zu schwer gestörten, neurotischen oder gar psychotischen Verhaltensweisen und Phänomenen bewegt",[266] will er vor allem den Prediger, aber auch die Hörer, auf die persönliche „Erlebens- und Verhaltensstruktur" mit ihren impliziten Vorverständnissen aufmerksam machen,[267] sowie „das psychische Klima christlicher Frömmigkeit und Verkündigung" untersuchen.[268] Tschirchs Grunddiagnose, bei der er ausdrücklich Paul Tillich, Manfred Josuttis und Harvey Cox als theologische Referenz angibt,[269] lautet, „dass in christlicher Frömmigkeit und Verkündigung atmosphärisch mehr jene Gestimmtheiten im Vordergrund standen und stehen, die in der Systematik tiefenpsychologischer Strukturenlehre depressiv und zwanghaft zu nennen wären, während schizoide und hysterische Erlebens- und Verhaltensweisen kaum in ähnlicher Stärke in Erscheinung treten".[270] Auf Basis dieser „Gestimmtheiten" komme es zum „Missbrauch" der christlichen Verkündigung durch „ideologische Rechtfertigung" der eigenen „Erlebensausfälle und Verhaltenszwänge"; die Predigt werde nicht nur derart benützt, um „spezifische psychische Gestimmtheiten und Reaktionsweisen entweder zu ideologisieren oder abwertend zu dämonisieren", es würden auch „bestimmte soziale Verhältnisse ideologisch verbrämt und sanktioniert".[271] Tschirch konstatiert: „Die besondere Gefahr besteht heute m.E. darin, dass christliche Verkündigung depressive und zwanghafte Züge beim Einzelnen wie in der Gesellschaft stützt und verstärkt."[272] Greifbar wird für ihn diese Tatsache vor allem im traditionellen Symbol „Gottes als des Vaters". Abgesehen von der Frage, inwieweit dieses und andere Gottesbilder „zu Grabe getragen" werden müssten, weil sie unter den neuen gesellschaftlichen Bedingungen[273] keinen positiven Aussagewert mehr erlangen könnten,[274] sei zu beobachten, dass „die

---

266 Tschirch (1969), 203.
267 Tschirch (1969), 207.
268 Tschirch (1969), 203.
269 Tschirch (1969), 204.
270 Tschirch (1969), 205.
271 Tschirch (1969), 205.207.
272 Tschirch (1969), 207.
273 Gemeint ist vor allem das positiv interpretierte Phänomen der Säkularisierung, das die Entwicklung zur „Mündigkeit" des Menschen und zur „vaterlosen Geschwistergesellschaft" beinhalte und von Tschirch in Analogie zum Auszug Israels aus Ägypten gesehen wird (Siehe Tschirch, 1969, 213).
274 Siehe Tschirch (1969), 208.214 und 216. „Im Kontext unserer sozialen Erfahrung bedeutet Väterlichkeit nicht mehr ein Vater-Sein, das sich nur selbst erhält und die Kinder zur gefügigen Anpassung an väterliche Autorität bringt, unter der sie zeitlebens bleiben. Dies erschiene uns heute mit Recht als Pervertierung von Väterlichkeit, als ein Vatersein, dem es eben nicht um die ihm Anbefohlenen, sondern nur die eigene Selbstbewahrung zu tun wäre.

evangelische Predigt und Lehre, mehr noch Gebet und Liturgie, im Gottesdienst die Beziehung Gott-Mensch völlig ungeschützt als ein paternalistisch-autoritäres Oben und Unten darstellen",[275] das „infantilen Kinderglauben" und „Delegierung von Verantwortung" bei den Hörern befördere.[276] Demgegenüber stehe der „eigentliche Wille des Evangeliums" oder das „dynamische Moment im Evangelium", das auf die „Freisetzung der Söhne" ziele und „die Gemeinschaft mit dem Sohn in einer Gemeinde der Brüder, einer Gemeinschaft, in der der Geist des Herrn wohnt, der Freiheit schenkt und ermöglicht (2.Kor. 3,17)", erreichen wolle.[277] Angesichts der „autoritären Verzerrungen des Symbols Gottes" dürfe es nicht wundern, wenn Alexander Mitscherlich eine „religiöse Befreiung" des Menschen fordere oder Freud seine Religionskritik gegen das Christentum richte.[278] Im Gegenteil, man müsse diesen „Gesprächspartnern" sogar dankbar sein, dass sie darauf aufmerksam machen, „dass sich hinter christlichen Selbstverständlichkeiten und Unbefragtheiten nicht nur theologische Verhärtungen, Vorurteile, Überinterpretationen und Ideologien verbergen, sondern eben auch Vorverständnisse, Gestimmtheiten, Bedürfnisse, Ängste und Ideologien, die ihre Wurzeln im psychischen Erleben besitzen".[279]

Es liegt auf der Hand, dass das neopsychoanalytischen Persönlichkeitsmodell in diesem Artikel von Tschirch benutzt wird, um eine gegenüber der Theologie erweiterte Begrifflichkeit für die Kritik an den bestehenden Verhältnissen zur Verfügung zu stellen.[280] Denn die eigentliche

---

Vater symbolisiert unter uns vielmehr eine zeitlich begrenzte Funktion: Der rechte Vater ist darauf aus, sich selbst zunehmend überflüssig zu machen in dem Maße, wie er den Sohn auf dem Wege der Reifung zu Mündigkeit, Selbständigkeit und Eigenverantwortung voranbringt." (Tschirch, 1969, 214) Unter diesen gesellschaftspolitischen Prämissen, wird für Tschirch das Gleichnis vom verlorenen Sohn zum „klassischen Prüfstein dafür, ob der Prediger Texte missbraucht, um ein im Zusammenhang unserer gesellschaftlichen Notwendigkeiten sich infantil ausnehmendes, paternalistisch-autoritäres Lebensgefühl zu vermitteln" (Tschirch, 1969, 211f.).

275 Tschirch (1969), 209.
276 Tschirch (1969), 208.211.
277 Tschirch (1969), 215.
278 Tschirch (1969), 208f. An einer Stelle wird die Linie der Religionskritik nach Freud folgendermaßen pointiert: „Zusammengefasst lautet der psychoanalytische Vorwurf gegen den christlichen Glauben etwa so: Die paternalistisch-autoritäre Atmosphäre der Vaterreligion setzt eine ‚Denkhemmung' und lebt von ihr, eine Denkhemmung, die den Gläubigen künstlich unmündig und infantil sein lässt und die Reifung des Menschen zu Selbstverantwortung und Selbstbestimmung, zu kritischem Bewusstsein verhindert." (Tschirch, 1969, 209)
279 Tschirch (1969), 216f.
280 Siehe auch die Eigenaussage Tschirchs, der sich selbst als Anwalt einer „kritischen Theologie" versteht (Tschirch, 1969, 217): „Die Tiefenpsychologie kann die theologische Kritik an christlicher Verkündigung nicht ersetzen. Es liegt aber auf der Hand, dass die

Argumentation orientiert sich an Werten, die teils theologischen, teils gesellschaftspolitischen Bezugssystemen entstammen und jedenfalls von einem sozial-emanzipatorischen Interesse getragen sind, dem sich die Kirche offenbar entgegenstelle.[281] Theologische Positionen,[282] die Religionskritik Freuds und Riemanns Begrifflichkeit werden plakativ, ohne System und ohne Rücksicht auf ihre eigenlogische Intention aneinander gereiht. Mit Haendlers Bemühen um ein Fruchtbarmachen tiefenpsychologischer Erkenntnisse für Homiletik und Seelsorge hat Tschirchs Arbeit nur mehr vordergründig zu tun.

In einer gegenüber Tschirch sehr differenzierten Analyse stellt sich Richard Riess im Jahr 1970 der „pastoralpsychologischen Problematik des Predigers",[283] die er bisher nur in wenigen Ansätzen berücksichtigt findet.[284] Riess geht davon aus, dass an der beobachtbaren Krise der Predigt vor allem die Persönlichkeit des Predigers „in reziproker Reaktion" partizipiere.[285] Nach der Erarbeitung der grundsätzlichen Berechtigung und der Notwendigkeit, der Person des Predigers aus methodischen,[286] existenziellen[287] und prophylaktischen Gründen[288] besondere

---

Themen, auf denen die größte Aufmerksamkeit tiefenpsychologischer Kritik ruht, in anderer Begrifflichkeit, unter anderen Namen schon immer die theologische Debatte bestimmt haben." (Tschirch, 1969, 216)

281 Siehe z.B. die Zusammenfassung Tschirchs: „Wenn es stimmt, dass die Säkularisierung ihren Ansatz im Glauben selbst hat, dann wird auch der Theologe Einspruch erheben müssen gegen eine Predigt, eine Gebetspraxis, eine liturgische Sprache, die angeblich um des Glaubens willen gerade diese Säkularisierung aufhalten möchte und die darin ermöglichte und beschlossene Entwicklung zu freierer Vernünftigkeit, Sachlichkeit, Verantwortlichkeit in einer weltlichen Welt zu diffamieren nicht unterlassen kann." (Tschirch, 1969, 217)

282 Auch Gogarten oder Bonhoeffer oder Niebergall werden als Referenz z.B. hinsichtlich einer positiven Interpretation des Phänomens der Säkularisierung genannt.

283 Riess (1970).

284 Mit kurzen Referaten versehen finden vor allem folgende Autoren Erwähnung: Otto Haendler (1960), Eckhard Altmann (1963), Ernst Lerle (1965), Rudolf Affemann (1965).

285 Riess (1970), 316.

286 Hier argumentiert Riess vor allem gegenüber der Kommunikationsforschung, dass es – ohne die Komplexität des Predigtgeschehens aus den Augen zu verlieren – ein legitimer Schritt sei, „sich auf eine Variable zu konzentrieren und deren Faktoren zu klassifizieren" (Riess, 1970, 302). Riess stimmt Ernst Lange zu, dass die „Was-Frage" nicht länger das Predigtgeschehen dominieren und „die spezifisch homiletischen Fragen desavouieren" dürfe; dessen Orientierungsfrage „Wozu ist was, wem, wo und wie zu predigen" will Riess mit Hilfe der weiteren Frage „und durch wen" korrigieren und versteht diese Ergänzung als der Intention Langes entsprechend (Riess, 1970, 297).

287 Hier hat Riess vor allem das Leiden und die daraus resultierenden Schuldgefühle des Predigers im Blick, ständig hinter äußeren und inneren Ansprüchen zurück zu bleiben (Riess, 1970, 302f.)

288 Richard Riess beschäftigt sich an dieser Stelle mit dem Begriff der ekklesiogenen Neurose, demgegenüber er zwar zur Vorsicht mahnt, ihm aber doch hinreichende Berechtigung zuspricht, um im Sinne einer „Prophylaxe" einer „Entneurotisierung der Prediger" das Wort zu sprechen: „Wenn es nämlich schon in frühester Kindheit im sozialen Milieu der Familie

Aufmerksamkeit zukommen zu lassen, stellt sich für ihn die Frage, welche Theorie aus dem Bereich der Persönlichkeitsforschung am geeignetsten wäre, der Homiletik ein hilfreiches Instrumentarium zur Verfügung zu stellen. Die Untersuchung mündet schließlich im Ergebnis, dass das „psychoanalytische Persönlichkeitsmodell" am ehesten den erforderlichen Kriterien[289] entspreche und die „mit Hilfe klinischen Befunds formulierte und kasuistisch belegte" Typologie nach Riemann deren ansprechendste Ausformulierung repräsentiere.[290] Als „Arbeitsmodell" soll es im Sinne eines heuristischen Prinzips dazu dienen, bestimmte Vorgänge rund um das Predigtgeschehen aus persönlichkeitsspezifischer Sicht zu verdeutlichen[291] und die Arbeit in den pastoralpsychologischen Praktika für Prediger unterstützen. Im letzten Abschnitt seines Artikels stellt Riess „individualtherapeutische" und „gruppentherapeutische" Ansätze vor, die seines Erachtens in der theologischen Ausbildung Berücksichtigung finden sollten, da „jeder Reifungsschritt in Richtung einer besser integrierten Persönlichkeit sich auch auf das Predigtgeschehen auswirkt".[292]

---

zu primären neurotischen Prägungen kommen kann, dann ist es nicht zulässig, der Religion allein – oder sagen wir hier der Verkündigung – die neurotische Fehlentwicklung anzulasten. Diese Einschränkung bestreitet jedoch keineswegs einen bestimmten Zusammenhang von Verkündigung und Neurose: dass nämlich gewisse Interpretationen von Texten neurotische Tendenzen beim Menschen verstärken können." (Riess, 1970, 304)

289 Abgesehen vom Kriterium der grundsätzlichen Praktikabilität und der grundsätzlichen Offenheit für Weiterentwicklungen, bringt Riess aus wissenschaftstheoretischer Sicht folgende Aspekte nach Eugen Roth in Anschlag: Die Theorie muss empirisch überprüfbar und in sich widerspruchsfrei sein sowie: „Die in sie eingehenden Sätze müssen allseitig aufeinander beziehbar bzw. auseinander ableitbar sein." (Riess, 1970, 308f.). Freuds Persönlichkeitsmodell erlaube sowohl die Darstellung intraindividueller Spannungen als auch der interindividuellen Differenzen, müsse sich aber Kritik gefallen lassen und sich anhand ihrer Impulse weiterentwickeln: „Über den topographischen, dynamischen, genetischen Aspekt hinaus in Richtung des soziokulturellen und prospektiv-holistischen" Aspektes (Riess, 1970, 309).

290 Riess (1970), 313. Das Modell von Riemann wird relativ ausführlich geschildert bei Riess (1970), 310f. Zu der Frage der klinischen Begrifflichkeit bemerkt Riess (1970), 309: „Der klinische Erfahrungsbereich, dem sie entnommen ist und der ihre Terminologie bestimmt, ist entgegen mancher Einwände eher ein gutes Argument für sie, weil damit die ganze Skala zwischen ‚normal' und ‚pathologisch' eingefasst und therapeutischem Bemühen zugänglich wird."

291 Exemplarisch stellt Riess die oben präsentierte Arbeit Tschirchs (1969) vor, die er als „interessant", aber auch „etwas summarisch" bewertet (Riess, 1970, 312f.).

292 Riess (1970), 314f. Folgende „individualtherapeutische" Modelle werden mit jeweiligen Hinweisen auf einschlägige Literatur benannt: „Begleitende seelsorgerlich-therapeutische Beratung während der Ausbildung", „Längsschnittuntersuchungen während des Studiums und über das Studium hinaus", „Intensives klinisches Praktikum mit individualtherapeutischer Behandlung durch einen Supervisor (Clinical Pastoral Training)" und „Psychoanalytische Kurztherapie mit dem Focus der Predigtkrise"; als „gruppentherapeutische Modelle" werden genannt: „Gruppendynamische Übungen während des Studiums, insbesondere parallel zu homiletischen Seminaren", „Ein intensives klinisches Praktikum mit täglichen gruppentherapeutischen Sitzungen (Clinical Pastoral Training)", „Sensitivy training in Prediger-

Folgende Zusammenhänge mahnt Riess abschließend zur weiteren Bearbeitung des Predigtgeschehens in pastoralpsychologischer Hinsicht ein: Abwehrvorgänge, Schuldgefühle, Ausdrucksgeschehen und kreativer Prozess.[293] Seines Erachtens ist es Aufgabe der Pastoralpsychologie, sich mit den persönlichkeitsspezifischen Fragen rund um das Predigtgeschehen zu befassen, welcher inzwischen in Form der personologischen Forschung und psychotherapeutischer Modelle Instrumentarien zur Verfügung stehen, „die zur Hoffnung berechtigen, einen eigenständigen, konstruktiven Beitrag in das partnerschaftliche Bemühen um die Predigt einzubringen".[294]

Bevor Fritz Riemann seine eigene „authentische" Übertragung des Persönlichkeitsstruktur-Modells auf das Predigtgeschehen präsentieren wird, befragt Heinz Köllermann im Jahr 1970 die „Grundformen der Angst" auf „Hilfen zum Verstehen unserer Zuhörer".[295] Eingebettet in das Hauptanliegen Ernst Langes, die Bedeutung des Hörers neu zu würdigen,[296] lautet sein Leitgedanke für die „psychologische Exegese des Hörers":[297] „Soll Predigt ein Kommunikationsvorgang sein, so ist es eine wichtige Voraussetzung, dass darin auch die *Welt- und Selbsterfahrung des Hörers* zur Sprache kommt. Für die monologische Predigtform bedeutet das: Der Prediger muss selbst die (vermeintliche) Erfahrung seines Hörers verbalisieren und daran anknüpfen. Das setzt voraus, dass er die Erfahrung und das Bezugssystem des Hörers kennt, das heißt, er muss wissen, wie dieser sich selbst, seine Mitmenschen und die Welt erlebt und darauf reagiert."[298] Ohne irgendeine Art von grundsätzlichen Überlegungen anzustellen, übernimmt Köllermann das Riemannsche Typen-Modell als heuristisches Prinzip im Sinne der „vier grundlegenden Forderungen", mit denen sich der Einzelne in den wechselnden Situationen seines Lebens konfrontiert sieht,[299] um zu beschreiben, wie die unterschiedlichen Hörerpersönlichkeiten die Predigt im Allgemeinen und hinsichtlich

---

seminaren, Pastoralkollegs, bei mehrtägigen Retraites mit kirchlichen Mitarbeitern", „Gruppendynamische Seminare für Pfarrer, besonders mit dem Aspekt, auch Predigten als ‚verbatims', als Protokolle, auf Gefühle hin zu analysieren, zu reflektieren, zu interpretieren, analog zu den verbatims im Clinical Pastoral Training", „Ergänzung der monologischen Predigt durch dialogische Predigtarbeit in Form von Vorgesprächen, Verkündigungsgesprächen, Nachgesprächen".
293 Siehe Riess (1970), 313.
294 Riess (1970), 317.
295 Köllermann (1970).
296 Siehe oben Kapitel zu Ernst Lange. Köllermann dürfte seinen Artikel als inhaltlichen Beitrag zur Klärung der Situation des Hörers, die Lange einmahnt, verstehen.
297 Köllermann (1970), 17.
298 Köllermann (1970), 9. (Hervorhebungen im Original)
299 Köllermann (1970), 9f.

spezieller Inhalte aufnehmen könnten. Die Kenntnis dieser Zusammenhänge soll dem Prediger ein Instrumentarium in die Hand geben, das ihm hilft, seine Hörer zu „gewinnen".[300] Dabei geht Köllermann davon aus, dass die Grundimpulse des Lebens – „Selbstwerdung, Selbsthingabe, Dauer und Wandlung" – Persönlichkeitstypen ausformen, die neben den möglichen neurotischen Ausprägungen vor allem als „Normalformen" anzusehen seien, „zu denen wir alle in Abstufungen mehr oder weniger gehören".[301] Es bestehe ganz allgemein die Gefahr, dass das „fremde Wort" des Evangeliums nicht zur Geltung kommen könne, da der Hörer aufgrund seiner individuell verschiedenen, typischen Erlebens- und Verhaltensweisen die Auswahl und die Verarbeitung des Gehörten mitbestimme und filtere.[302] „Wirkliche Kommunikation unter dem Evangelium" setze aber voraus, dass der Hörer „seine Schutzvorrichtungen abbauen, sich selbst in Frage stellen lassen und die Angst vor dem nächsten Reifungsschritt überwinden kann".[303] Unter diesem Gesichtspunkt folgert Köllermann nach ausführlichen Erläuterungen der einzelnen Hörertypen mit ihrem spezifischen Hörverhalten und den jeweiligen Gefahren der Verstärkung von einseitigen Orientierungen durch die Predigt,[304] dass der Prediger durch „Selbstkritik und Selbsterkenntnis" in „existenzieller Kommunikation" seine persönlichen Einseitigkeiten und die damit verbundenen „theologischen Abwehrmanöver" aufdecken und abbauen solle, dass er das Grunddatum der Angst in der Predigt inhaltlich positiv aufnehmen und den typischen Abwehrmechanismen gegenüber der Angst zum Abbau verhelfen müsse, und dass er schließlich zu beachten habe, in der Predigt das rechte Maß zwischen Verunsicherung und Annahme durch das Evangelium zu finden.[305] Darüber hinaus bietet Köllermann unter dem Stichwort „Gruppen-Kommunikation" zwei methodische Ideen an, die dem eben genannten Anliegen förderlich sein könnten:[306] Erstens Kleingruppengespräche nach der Predigt, in denen es nicht um theologische Inhalte gehen sollte, sondern darum, die „emo-

---

300 Siehe Köllermann (1970), 17.
301 Köllermann (1970), 10.
302 Köllermann (1970), 18.
303 Köllermann (1970), 18.
304 So beinhalte beispielsweise eine „weltverneinende Erbauungspredigt" für den schizoiden Typen die Gefahr, ihn in seinem Rückzug aus der Wirklichkeit zu unterstützen und Misstrauen und Aggression gegen die ‚böse Welt' durch theologische Argumente zu befördern (11f.), „Gesetzlichkeit" und „Sündentheologie" könnten den „alten Menschen" des Depressiven verstärken usw.
305 Köllermann (1970), 18f.
306 Die Leitfrage an dieser Stelle lautet: „Wie kann man nun das emotionale Gleichgewicht von Verunsicherung und Geborgenheit in der Predigt praktisch durchhalten und dem Hörer die Verarbeitung der Angst ermöglichen?" (Köllermann, 1970, 19)

tionalen Probleme" der Gemeindeglieder auffangen und verarbeiten zu können,[307] und zweitens die Predigt in neuer Form als „Gruppen-Kommunikation" zu gestalten, um „unbewusste Abwehrvorgänge" sofort beachten und die Verarbeitung von Information verbindlich machen zu können.[308]

Abgesehen von den theologischen Implikationen dieser Ideen[309] und der Frage ihrer praktischen Durchführbarkeit wird deutlich, dass Köllermann der Predigt hier einen therapeutischen Charakter verleiht und eine Zielrichtung intendiert, die sowohl über das Anliegen eines besseren Verständnisses des Hörers als auch über das Anliegen einer bloßen Verbesserung des Kommunikationsgeschehens hinausgeht. Man könnte von einer pastoralpsychologischen Intention für das Predigtgeschehen als solches sprechen, die er auf Basis des persönlichkeitstheoretischen Ansatzes von Riemann formuliert und mit der er über die Folgerungen von Richard Riess für die praktische Ausbildung der Prediger hinausgeht. Insgesamt fällt auf, dass Köllermann den Aspekt der Persönlichkeit des Predigers in den Hintergrund rückt und Begriffe wie „Neurotisierung", oder „ekklesiogene Neurose" ebenso vermeidet wie kritische Äußerungen gegenüber der kirchlichen Verkündigung. Nur an einer Stelle wird Tschirchs Artikel zitiert, um auf eine Überbetonung der depressiven und zwanghaften Züge christlicher Verkündigung aufmerksam zu machen und darauf hinzuweisen, wie wichtig die „homiletische Berücksichtig

---

307 Siehe z.B. Köllermann (1970), 19: „Wo die monologische Predigtform im Prinzip beibehalten werden soll, könnte in verschiedenen Gottesdiensten dem Text entsprechend jeweils *eine* Erlebens- und Verhaltensweise, das heißt *ein* Persönlichkeitstyp in besonderer Weise angesprochen werden. Dass dabei auch wirklich die verschiedenen Typen einmal berücksichtigt würden und nicht nur ganz bestimmte, wäre dann ein Hinweis auf eine von kritischer Selbstreflexion begleitete Exegese. Bekommt bei den so akzentuierten Gottesdiensten die *Verunsicherung* des jeweils angesprochen Typus' das Übergewicht, so ist diese nur dann fruchtbar, wenn sie in Gruppengesprächen (*Geborgenheit*) nach der Predigt aufgefangen und verarbeitet werden kann." (Hervorhebungen im Original)

308 Köllermann (1970), 19.

309 Siehe dazu vor allem die kritischen Einwände bei Fuchs (1978a), 27: „Die monologische Rede ist auch und gerade heute nicht aus dem öffentlichen Leben politischer Bildungs- und Entscheidungsorgane wegzudenken. Schon aus diesem Grund ist es nicht ratsam, dass sich die Verkündigung hauptsächlich in Kleingruppen hineinbegibt. Weder der Predigtmonolog noch das Gespräch ist einfachhin mit Wortverkündigung gleichzusetzen. Die Verengung der Verkündigungsarbeit auf Diskussions- und Gruppenarbeit raubt ihr auf die Dauer den öffentlichen Charakter. Ohne öffentliche Rede im kirchlichen Raum würde außerdem die Kirche selbst allmählich den Charakter einer missionarisch orientierten ‚Volkskirche' verlieren. In einer lebendigen Gemeinde, die in vielen verschiedenen Gruppierungen das erschließende Gespräch übt, ist die Predigt ohnehin nur ‚in actu' monologisch: Im Prozess der gemeinsamen Wahrheits- und Normsuche im Horizont des Evangeliums ist sie ein wichtiger Beitrag, um Gemeindeimpulse zusammenzufassen, zurückzuspiegeln oder neu einzubringen, um so neue Gespräche zu ermöglichen."

psychologischer Tatbestände" sei, um alle Persönlichkeitstypen und insbesondere auch die Jugend als Hörer der Predigt ansprechen zu können.[310] Das Thema Gottesbild wird an keiner Stelle reflektiert – lediglich in der Beschreibung des zwanghaften Typs taucht der „strenge und rächende Vater-Gott" wie eine Art von psychoanalytisch-literarischerem Topos auf.[311]

Fritz Riemann selbst beschäftigt sich mit der „Persönlichkeit des Predigers aus tiefenpsychologischer Sicht", ohne auf die genannten vorhergehenden Arbeiten Bezug zu nehmen.[312] In den einleitenden Bemerkungen relativiert er zunächst den Anspruch und die Tragweite seines Ansatzes[313] und qualifiziert ihn als einen möglichen Zugang zur Frage der Persönlichkeit des Predigers und der Hörer unter genetisch-biographischem Gesichtspunkt.[314] Konkret will Riemann die einzelnen frühkindlichen Phasen skizzieren, ihre Auswirkungen auf die Persönlichkeitsentwicklung beschreiben und das so Erarbeitete auf den Prediger anwenden; er fügt hinzu: „Dabei soll auch der Aspekt gestreift werden, wodurch die beschriebenen Predigertypen ecclesiogene Neurosen setzen können."[315] In der Durchführung wird jeweils der „Idealtyp" einer Persönlichkeitsstruktur als Prediger oder auch Pfarrer plastisch beschrieben, die dazugehörige mögliche Glaubenshaltung ebenso wie das Gottesbild in seiner Phänomenologie erörtert,[316] potenzielle Motive für die Berufs-

---

310 Köllermann (1970), 17.
311 Köllermann (1970), 15.
312 Riemann (1974); der Artikel basiert laut Vorbemerkung auf einer Veröffentlichung von 1972.
313 Riemann (1974), 152f.: Jede Lehrtätigkeit und alle Forschung unterliege der persönlichen Beurteilung und Deutung von Phänomenen, die sich „immer wieder" mit vier Grundeinstellungen in Zusammenhang bringen ließen und eine besondere Rolle in Fragen des Glaubens oder der Ethik spielten. „Unabhängig vom Wandel der Zeiten, vom Zeitgeist, von sozialen, völkischen, rassischen oder sonstigen Bedingungen – die lediglich Verschiedenheiten in der Prävalenz oder Häufigkeit einer der vier Grundeinstellungen bedingen können – finden wir sie im Geistesleben auf allen Gebieten." Riemann konstatiert: „Das lässt eine Gesetzmäßigkeit vermuten, für die wir heute noch keine befriedigende Erklärung haben (...) Mit diesen Grundeinstellungen erfassen wir jeweils Teilaspekte des Lebens und der Welt, die, wie beim Vierfarbendruck, erst zusammen sich der Ganzheit, der ‚Wahrheit' nähern, die sich also ergänzen sollen, anstatt sich zu bekämpfen mit dem Anspruch auf alleinige Gültigkeit nur eines der vier Aspekte."
314 Riemann (1974), 153: „*Eine* der Erklärungsmöglichkeiten für diese Vierheit ist die tiefenpsychologisch-genetische oder biographische, nach welcher vier Persönlichkeitsstrukturen – mit ihren extremen Ausformungen in den vier großen Neurosen – entstehen, je nachdem wie ein Mensch die vier Stufen der frühkindlichen Entwicklung durchlaufen hat." (Hervorhebung im Original)
315 Riemann (1974), 153.
316 Für den schizoiden Typ sei Gott „der schöpferische Ursprung des Seins" (Riemann, 1974, 156, für den depressiven sei die Suche nach dem „persönlichen Gott" charakteristisch (158), beim zwanghaften Typ sei Gott identifiziert mit der „göttlichen Ordnung", dem „Ge-

wahl benannt und schließlich die jeweiligen „ecclesiogenen Schädigungen" konstruiert, welche die persönlichen Engführungen des Predigers hervorrufen können.[317] Zwischen einer Ausprägung der Persönlichkeitsstruktur „im gesunden Rahmen" und „neurotischen Vertretern" einer Richtung wird jeweils differenziert. Abschließend deduziert Riemann aus seinen Erörterungen, den Boden psychologischer Theoriebildung verlassend, „vier prinzipielle Einstellungen zum Religiösen", „die erst zusammen unser religiöses Erleben ausmachen und die mit unserer Existenz gegeben sind" – sie entstammten „wohl Grundbedürfnissen unseres Menschseins, die zu unserer Natur gehören und in uns allen angelegt" seien.[318] Dem Bedürfnis nach Erkenntnis entspreche der „Weg der Metaphysik", dem Bedürfnis nach Aufgehobensein in einem Überpersönlichen der „Weg der Mystik", der Sehnsucht nach zeitloser Gültigkeit die „religiös fundierte Ethik" und der Sehnsucht nach freier Selbstentfaltung und Selbstverwirklichung der „Weg der Transzendenz".[319] Der Prediger müsse alle vier Elemente religiösen Erlebens ansprechen und insbesondere das Bedürfnis nach Erkenntnis berücksichtigen, das, „angeregt durch die Fortschritte der Naturwissenschaften und der Psychologie", heute bei vielen stärker ausgeprägt sei als früher; er sollte „die neuen Er-

---

setz" und dem „moralischen Prinzip" (160f.) und für den hysterischen Typ wäre Gott schließlich einziges Sinnbild für Freiheit, Hoffnung, Daseinsfreude und Lebensbejahung (165).
317 So gilt nach Riemann (1975), 156, für den schizoiden Typ: „Ecclesiogene Schädigungen können die neurotischen Vertreter dieses Typus am häufigsten dadurch setzen, dass sie durch zu subjektive und utopische Vorstellungen bzw. Forderungen die Gläubigen überfordern, sie zu Schritten veranlassen, denen diese nicht gewachsen sind, wie es ja oft bei Sekten vorkommt. (...)" Beim depressiven Typ heißt es: „Prediger dieses Typus können beim Gläubigen ecclesiogene Neurosen dadurch setzen, dass sie – aus eigener Angst und Unsicherheit – es schon als Vermessenheit auffassen, wenn der Gläubige Bedenken, Zweifel oder Kritik an kirchlichen Institutionen oder gar an Gott hat. Das erscheint ihnen als Blasphemie; sie drohen dann nicht, wie der gleich zu besprechende zwanghafte Typ, mit Strafen; aber sie erwecken im Gläubigen den Eindruck, dass er sich so die Liebe Gottes verscherze (...)" (158f.) Im Zusammenhang der zwanghaften Persönlichkeitsstruktur konstatiert Riemann: „Dieser Typus kann in höchstem Maß ecclesiogene Neurosen auslösen. Er behandelt die Gläubigen wie unmündige Kinder, die mit Geboten und Verboten erzogen werden müssen, mit Strafe und Belohnung. Schon der leiseste Zweifel am Glauben ist Sünde, schlechte Gedanken ebenfalls, sodass er einen Perfektionismus vertritt, der unerfüllbar ist und seine Gemeindeglieder sich immer während als Sünder erleben lässt. Im Ablass ist seinerzeit die Verquickung von Religion und Macht besonders krass zum Ausdruck gekommen. (...)" (161) Beim hysterischen Typ ist nach Riemann festzustellen: „Durch seine Unechtheit und die Widersprüchlichkeit zwischen Amtspersona und Lebensführung, vor allem wenn er dabei gleichzeitig den Anspruch, Stellvertreter Gottes auf Erden zu sein, stellt, kann er den Hörer in Zweifel stürzen, die seine Glaubensbereitschaft erschüttern und zu Krisen führen, die vielleicht weniger Neurosen setzen, aber die Abwendung von der Kirche bewirken." (165)
318 Riemann (1974), 165.
319 Riemann (1974), 166.

kenntnisse einbeziehen und nicht mehr einen unreflektierten Glauben fordern, zu dem viele sich heute nicht mehr fähig fühlen".[320] Darüber hinaus fordert Riemann von der Kirche mehr „tätige Liebe" in der Seelsorge durch eine neue „Zusammenarbeit mit der Psychotherapie"[321] sowie ihre „Macht" insgesamt für „humane Aufgaben" zu nützen, um das Weiterbestehen der Kirche langfristig zu garantieren; dem Prediger sollten „Selbsterfahrung in Einzel- und Gruppentherapie" und Erkennen seiner Persönlichkeitsstruktur „mit ihren Chancen und Gefahren" in ihrer Rückwirkung auf die Gemeinde „ein echtes Anliegen" sein.[322] Neben diesen paränetischen Appellen an Prediger und Kirche, die nicht in argumentativen Zusammenhang zu seinen psychologischen Ausführungen stehen, und sich im Unterschied zur Vorgehensweise von Tschirch auch nicht mit psychoanalytischer Begrifflichkeit konnotiert finden, zeigt Fritz Riemann insgesamt ein ausgewogenes Engagement im Bemühen, dem Prediger dazu zu verhelfen, sich „der Grenzen seiner Persönlichkeit bewusster zu werden" und ihn davor zu bewahren, „seine persönliche Einstellung als die alleine gültige zu sehen und sie auch von anderen zu fordern".[323] Von seinem Menschenbild her gehören Religion und Glaube zur „Natur" des Menschen,[324] Neurotisierungen im Sinne der „ecclesiogenen Neurose" sind in allen Persönlichkeitsvarianten denkbar, werden aber nicht der Kirche als solcher angelastet, sondern ausschließlich im Kommunikationszusammenhang zwischen Persönlichkeit des Predigers und Persönlichkeit des „Hilfesuchenden" verortet.[325] Außer der Aufforderung an den Prediger, Ausgewogenheit für sich und in seiner Arbeit anzustreben und dafür die von ihm dargebotenen Erkenntnisse aus der Tiefenpsychologie sowie die Möglichkeit zur psychotherapeutischen Selbsterfahrung zu nützen, zieht Riemann keine direkten Konsequenzen für Richtlinien bezüglich Inhalt oder Methode der Predigt.

Riemann selbst präsentiert folglich mit seiner Arbeit zum „Prediger aus tiefenpsychologischer Sicht" eine moderate und inhaltliche differenzierte Form der Anwendung des neoanalytischen Typen-Modells auf das

---

320 Riemann (1974), 166.
321 Siehe Riemann (1974), 166: „Anstatt Gottes Liebe zu predigen, sollte durch die Kirche mehr tätige Liebe bewiesen und durch ihre Vertreter vorgelebt werden. In Zusammenarbeit mit der Psychotherapie können die seelsorgerlichen Möglichkeiten ausgebaut werden. Selbsterfahrung in Einzel- und Gruppentherapie können dem Prediger hilfreich sein, eigene neurotische Verhaltensweisen zu erkennen und abzulegen, ihn aber auch besser erkennen lassen, wenn Gemeindeglieder in ihren Konflikten einer Psychotherapie bedürfen und nicht nur auf religiösem Wege zu heilen sind."
322 Riemann (1974), 166; Vgl. auch Riess (1970), 314f., mit seinen Konkretisierungen.
323 Riemann (1974), 166.
324 Siehe Riemann (1974), 165.
325 Siehe z.B. Riemann (1974), 153.

Predigtgeschehen – konzentriert auf die Persönlichkeit des Predigers. Sie könnte einerseits als Absage an Tschirchs Instrumentalisierung des Modells für dessen Art der Kirchenkritik verstanden, andererseits gegenüber Köllermann als Unterstreichung der Notwendigkeit angesehen werden, dass der Prediger vor der Analyse seiner Hörer bei sich selbst ansetzen müsse, wenn er mit Hilfe der Tiefenpsychologie seine Arbeit verbessern wolle.[326] Am ehesten ließe sich Riemanns Artikel als ausführliche Variante des betreffenden Abschnittes in der Arbeit von Richard Riess verstehen, der das Gesamtthema wesentlich breiter im pastoralpsychologischen Horizont abklärt und verortet.[327] Es kann festgehalten werden, dass Riemann selbst grundsätzliche Fragestellungen des Dialogs zwischen einer tiefenpsychologischen Persönlichkeitstheorie einschließlich aller Facetten von Verdrängung, Übertragung, Projektionen u.Ä. mit der Theologie ausklammert, und lediglich ein Ergebnis tiefenpsychologischer Theoriebildung, nämlich die Persönlichkeitstypologie, auf den spezifischen Fall der Persönlichkeit des Predigers pragmatisch anwendet, um dessen Kommunikationsbemühungen im kirchlichen Auftrag verbessern zu helfen. Riemann führt die von ihm gewählte Aufgabenstellung inhaltlich und methodisch stringent durch. Mehrperspektivische Analysen, wie sie bei Haendler sichtbar wurden, und die auch der Frage nach dem Zusammenhang zwischen Persönlichkeit und Gottesbild im Gespräch zwischen Psychologie und Theologie näher auf den Grund gehen ließen, können von daher nicht erwartet werden.

Nach zwei weiteren Artikeln von Horst Albrecht[328] und Helmut Liersch,„[329] in denen Riemanns Modell auf die Analyse der zwanghaften

---

326 Köllermanns einziger Hinweis auf die Person des Predigers bestand in dem Satz: „Was wir von der Persönlichkeitsstruktur des Hörers als Faktor bei der Auswahl und Verarbeitung der Predigt sagten, gilt mutatis mutandis für den Prediger selbst (...) Den dadurch bedingten Einseitigkeiten und Einstellungen wird er nur entgehen durch Selbstkritik und Selbsterkenntnis, die er aber nicht durch Bücherstudium, sondern nur in existentieller Kommunikation, in der seine eigenen theologischen Abwehrmanöver aufgedeckt werden, erwerben kann." (Köllermann, 1970, 18) Köllermann geht aber mit keinem Hinweis näher darauf ein, was er dem Prediger mit dem Begriff „existentielle Kommunikation" genau empfiehlt und seine beiden vorgeschlagenen Modelle eines neuen Predigtverfahrens legen den Verdacht nahe, dass hier den Hörern eine verdeckte Form von Therapie verordnet werden sollte, in der die „emotionalen Probleme" besprochen werden könnten (Siehe Köllermann, 1972, 19).
327 Siehe die Ausführungen oben zu Riess (1971).
328 Albrecht (1977). Horst Albrecht konzentriert sich auf eine „zwanghafte" Fernsehsprache des Zeitgenossen Pfr. Hans Georg Lubkoll, die er im Wortlaut wiedergibt und ohne methodisches Konzept auf ihre Zwanghaftigkeit hin analysiert. Die schablonisierende Tendenz der Arbeit, die sich nicht scheut, den Prediger selbst indirekt auf kindheitsgeschichtliche Erfahrungen hin zu „analysieren" und auf seine Probleme in der analen Phase anzusprechen, kann auch durch eine mit abgedruckte kritische Stellungnahme von Lubkoll in ihrer inhaltlichen oder methodischen Qualität nicht verbessert werden. Nach der in der Tat kritiklosen

Predigt bzw. auf den Gottesdienst angewendet wurde, erschien im Jahr 1978 zunächst die Arbeit von Ottmar Fuchs über die „lebendige Predigt".[330] Die Ausgangsthese für Ottmar Fuchs lautet, dass „die emotionale Dimension menschlichen Redens und Hörens besonders ausschlaggebende Bedeutung für die Wirkung hat".[331] Deshalb erscheint es ihm angezeigt, sich besonders im Blick auf die Praxis der Predigttätigkeit „mit der affektiven Seite des Sprechens aus der Perspektive des Predigers" zu beschäftigen.[332] Ein tieferes Verständnis seiner eigenen Gefühlswelt und ihrer Bedeutung im Predigtgeschehen könne den Prediger bewusster mit seinen persönlichen Sehnsüchten und Wünschen umgehen lassen und

---

Anwendung des Riemannschen Modells mit ähnlichen Zügen wie sie bereits bei Tschirch festgestellt wurden, der auch häufig zitiert wird, erscheint es gänzlich unverständlich, dass am Ende der Arbeit Riemann einerseits ein „harmonisierendes Vollkommenheitsideal" und andererseits die Tendenz zum „homiletischen Verhaltenstraining" unterstellt wird, wodurch nur ein „oberflächlicher Wandel" beim Prediger herbeigeführt werden könne (393f.). Ohne einen nachvollziehbaren Zusammenhang herzustellen, wird demgegenüber Freuds Persönlichkeitstheorie favorisiert (340) und schließlich mit Denecke gefordert, dass es für den Prediger zu lernen gälte, seine Persönlichkeitsstruktur und die dazu gehörigen Sprechhandlungen zu erkennen, zu akzeptieren und vor anderen auszusprechen, ihre Valenz für die Kommunikation zu prüfen und außerdem das Kommunikationsprofil der Hörer mitzubedenken (341).

329 Liersch, Helmut (1977). In dieser sehr differenzierten und originellen Anwendung des Riemannschen Modells nach Riemann auf Typen von Gottesdienstauffassungen, werden liturgische Traditionen der evangelischen Kirche anhand von konkreten Beispielen beleuchtet und aufgezeigt, inwiefern jeweils bestimmte Grundtendenzen Betonung oder Ausblendung erfahren. Dem „Streben nach Dauer" wird die Agende I der VELKD von 1955 mit der Tendenz „kultisch-liturgisch" zugeordnet, der Trennung zwischen „Erkennen und Erleben" die Gottesdienstauffassung der dialektischen Theologie mit dem Adverb „kerygmatisch". Unter dem Kapitel „Nähe zum Anderen" mit dem Stichwort „politisch-meditativ" findet sich das politische Nachtgebet reflektiert und unter dem Kapitel „Freiheit für das Neue" werden Liturgie-Formen nach Harry Haas u.ä. abgehandelt, deren Eigenart gerade darin besteht, sich nicht wiederholen zu wollen. Am Ende stehen Perspektiven, „voneinander zu lernen" und jeweils ausgeblendete Aspekte zu integrieren (226ff.), eine theologische Relativierung jeden Anspruchs, die „wahre" Liturgie zu vertreten sowie ein Liste von „Grundanforderungen", die jeder Gottesdienst liturgisch erfüllen sollte: Durchschaubarer Ablauf als zwanghafte Komponente, Entfaltungsmöglichkeiten für den Einzelnen als hysterischer Aspekt, Klar erkennbare Verkündigung unter schizoidem Gesichtspunkt sowie eine Atmosphäre von Vertrauen und Gemeinschaft als depressive Komponente (230).
330 Fuchs (1978a).
331 Fuchs (1978a), 9; mit Hinweis auf eine Wirkungsuntersuchung bei Dahm: Fuchs (1978a), 26.
332 Fuchs (1978a), 9 und 26: Es ist „dringend nötig, sich über den emotionalen Prozess im homiletischen Sprechen und Hören klarer zu werden, damit es etwas mehr in verantworteter Weise gelingt, den Hörer durch emotionales Engagement zu alternativen Perspektiven und entsprechendem Verhalten zu bewegen. Auf argumentativem Weg ist hier ziemlich wenig auszurichten."

ihn einfühlsamer gegenüber seinen Hörern machen.[333] Damit verbindet Fuchs schließlich die Hoffnung, dass die Predigt „lebendig" bleibt – „zugunsten einer lebendigen Gemeinde".[334] Um den diffusen Bereich der Emotionen der Kommunikation zugänglich zu machen und darin „Sprachfähigkeit" zu gewinnen, erscheint ihm das tiefenpsychologische Strukturmodell der Persönlichkeitsdynamik nach Riemann[335] besonders geeignet[336] – im Unterschied zu Riemanns Fokussierung auf die Angst, zentriert Fuchs seine Überlegungen aber von vornherein um den Begriff der „Sehnsucht" bzw. des „Wunsches". Die „Wunschrichtungen und Wunschwelten" des Predigers sind Gegenstand der Überlegungen.[337] Aufgrund der These, dass die Antinomie „Dauer gegen Wandel" „eine kirchenpolitisch aktuelle Problematik" widerspiegle, wird besonders auf den Aspekt der zwanghaften und hysterischen Dominanz eingegangen.[338] Zur Demonstration und als Beispiel für die praktische Bedeutung seiner Herangehensweise verwendet Fuchs ein Sprachanalyse-Verfahren aus der strukturalen Semantik, das er auf zwei exemplarische

---

[333] Die praxisorientierte Intention von Fuchs wird bereits im Vorwort deutlich: Er habe auf „Aus- und Fortbildungsveranstaltungen verschiedener Art immer wieder erfahren, wie erlösend die humanwissenschaftlich vorbereitete Erkenntnis sein kann, dass die Unterschiedlichkeit menschlicher Wunschvorstellungen besonders auch in unserem Glaubensleben nicht eine Frage der Schuld, der Qualität oder boshafter Sturheit ist, sondern mit dem jeweiligen Charakter des Einzelnen zu tun hat, wofür er nichts kann, der auch gut ist, solange der die spannungsvolle und fruchtbare Einheit mit anderen Charakteren sucht." (Fuchs, 1978a, 7)

[334] Fuchs (1978a), 11. Um sich gegen Missverständnisse abzugrenzen betont Fuchs: „*Das Wort Gottes ist unverfügbar*". Es kann auch nicht durch eine noch so gute affektive Rhetorik verfügbar gemacht werden. Homiletische Selbstbesinnung und Kritik an Predigten kann daher nicht nach dem aktuellen pneumatischen Potential fragen, sondern hat den homiletischen Übertragungskanal für das gegenwärtige Wirken des Geistes Gottes von Blockierungen freizuhalten. Ob der Geist Gottes diesen ‚Kanal' auch benutzt, ist nur aus der Glaubenserfahrung von Sprecher und Hörer beantwortbar." (Fuchs, 1978a, 27, Hervorhebungen im Original)

[335] In der Einführung des Modells wird Riemann kaum erwähnt; im inhaltlichen Referat wird Riemann jedoch stets an prominentester Stelle referiert.

[336] Fuchs (1978a), 64: „Wenn wir im Folgenden das auf Freud zurückgehende psychoanalytische Strukturmodell menschlicher Persönlichkeit vorstellen, dann tun wir das in einer doppelten Hinsicht: einmal in der Vermutung, dass dieses Modell relativ qualifiziert über menschliche Strebungen Aussagen machen kann, ist es doch ein weithin anerkanntes und zumindest diskutierbares Modell innerhalb der Persönlichkeitspsychologie; zum anderen gebrauchen wir dieses Modell heuristisch und erwarten also, dass wir mit ihm eine qualifizierte *Sprachfähigkeit* gewinnen, über menschliche Impulse zu sprechen".

[337] Siehe z.B. Fuchs (1978a), 10.

[338] Fuchs (1978a), 68 und 140; An anderer Stelle bemerkt Fuchs: „An der Vermittlung unserer beiden entgegengesetzten Wunschrichtungen und an der Möglichkeit, dass beide Dominanzen in unserer Kirche sich gegenseitig anerkennen und zugleich befruchten, hängen Einheit und Lebendigkeit der Kirche." (Fuchs, 1978a, 117)

Predigten[339] zum gleichen Bibeltext anwendet.[340] Die Ergebnisse sollen zeigen, wie stark und auf welche Weise die beiden Predigten von den jeweiligen persönlichen „Bedeutungswelten" der Autoren gekennzeichnet sind, und vor Augen führen, wie stark die Aussageintentionen und die tatsächlich formulierte Botschaft auseinander klaffen können.[341] Auf diese Weise will Fuchs die abschließenden Aufforderungen an die Prediger, Mut zur Selbsterkenntnis und zum Selbst-Bewusstsein zu gewinnen und sich der vorgestellten oder anderer Methoden des Zugangs zu den dominanten Wunschrichtungen ihrer Predigten zu bedienen, evident machen.[342] Ziel sei nicht der unbedingte Ausgleich zwischen den Wunschrichtungen, sondern eine verantwortete „individuelle Charakteristik" der Verkündigung, die durch das „Ich-Engagement des Predigers" möglichst viele Hörer erreichen solle.[343]

Mit der Arbeit von Ottmar Fuchs zur lebendigen Predigen liegt zweifellos das methodisch am meisten durchdachte[344] und begrifflich am deutlichsten präzisierte[345] Konzept einer Anwendung der tiefenpsychologischen Persönlichkeitsstruktur-Theorie nach Riemann als heuristischem Modell für die Homiletik vor. Grundsätzliche Auseinandersetzungen in Fragen des Dialogs zwischen Tiefenpsychologie und Theologie sind nicht intendiert und das Verfahren wird in erster Linie pragmatisch be-

---

339 Die Predigten sind im Unterschied zur Vorgehensweise von Köllermann anonymisiert.
340 Dieses Sprachanalyseverfahren hat Fuchs in seiner Dissertation für die kirchliche Verkündigung fruchtbar gemacht (Fuchs, 1978b: Sprechen in Gegensätzen. Meinung und Gegenmeinung in kirchlicher Rede, München). Er bemerkt dazu, dass er selbst ein Stück dafür Sorge tragen wolle, „das dort entwickelte Instrumentarium und die damit verbundenen Einsichten vom relativ hohen Abstraktionsniveau interdisziplinärer praktisch-theologischer Forschung gleichsam auf die Erde der alltäglichen Verkündigungsarbeit konkreter Prediger zu bringen" (Fuchs, 1978a, 7).
341 Siehe dazu auch Fuchs (1978a), 137.139.
342 Fuchs (1978a), 152f.
343 Fuchs (1978a), 146. Näherhin bemerkt Fuchs: „*Zur Reife des christlichen Predigers* gehört es, dass er sich in seiner Relativität und Einseitigkeit bewusst wird, diese Einseitigkeit zunächst akzeptiert und sich ihrer auch ruhig im hermeneutischen Prozess der Predigtvorbereitung bedient. Das macht ja oft faszinierende Predigten aus, dass sie einseitig sind und von dieser Einseitigkeit her das Evangelium plastisch und profiliert verkünden. *Verantwortet* ist diese Einseitigkeit auf Dauer aber nur, wenn die ihr zugrundeliegende und immer ambivalente Wunschdominanz nicht allzu viel negative Züge aufweist und wenn sich diese Einseitigkeit nicht derart versteinert, dass der Prediger andere Lebens- und Glaubensmöglichkeiten überhaupt nicht mehr in den Blick bekommt (...)." (Hervorhebungen im Original)
344 Abgesehen vom qualifizierten Gebrauch des Sprach-Analyse-Modells siehe z.B. die methodologische Einführung und Begründung der Verwendung des Strukturmodells nach Riemann (Fuchs, 1978a, 64).
345 Siehe z.B. die zahlreichen begrifflichen Präzisierungen schon im ersten Kapitel des Argumentationsganges zur „Macht menschlicher Rede" oder die Ergänzungen zu Riemann durch andere Autoren im inhaltlichen Referat der Persönlichkeitstypen.

gründet.³⁴⁶ Der Zusammenhang zwischen Persönlichkeit und Gottesbild wird peripher und, wie bei Riemann selbst, am Phänomen orientiert beschrieben. Im Mittelpunkt des Interesses steht die Kommunikation zwischen Prediger und Hörer und ihre qualitative Verbesserung durch einen erhöhten Grad an Bewusstheit und verantworteter Emotionalität des Predigers.³⁴⁷

Letzterem Anliegen weiß sich auch Axel Denecke mit seinem Plädoyer für „Persönlich predigen" verpflichtet.³⁴⁸ Er will dem Prediger Lernschritte zur Erweiterung seiner Kommunikationskompetenz anbieten³⁴⁹ und methodische Gesichtspunkte suchen, um die Persönlichkeit des Predigers und seine Fähigkeit, persönlich zu predigen, offen zu legen.³⁵⁰ Das begrifflich modifizierte Strukturmodell nach Riemann³⁵¹ soll als heuristische Arbeitshypothese³⁵² dem Prediger ermöglichen, seinen persönlichen Stil zu identifizieren³⁵³ und das individuelle Kommunikationsprofil

---

346 Siehe z.B. die Begründung der Beschäftigung mit der affektiven Dimension der Predigt aufgrund vorliegender Wirkungsuntersuchungen, die dieses nahe legen (Fuchs, 1978a, 9 und 26) oder die Begründung der Übernahme des Riemannschen Modells mit seiner verbreiteten Rezeption im Bereich der „modernen Pastoralpsychologie." (Fuchs, 1978a, 67)

347 Darüber hinaus denkt Fuchs ausdrücklich daran, dass diese präsentierte Verfahrensweise der Analyse von Predigten in homiletischen Arbeitsgruppen wie auch vom Prediger alleine angewendet werden könnte und sollte (Fuchs, 1978a, 86, 128f. und 152).

348 Denecke, Axel (1979).

349 Siehe die Auflistung der notwendigen Lernschritte von der Selbstbeobachtung über die gezielte Arbeit an bewusst gewordenen Kommunikationsschwächen bis hin zur Berücksichtigung von Hörerreaktionen bei Denecke (1978a), 150.

350 Siehe Denecke (1979), 44.

351 Denecke verwendet für seine Arbeit mit dem Modell die Bezeichnungen: „Der verantwortungsvolle Prediger der Ordnung", „Der wandlungsfähige Prediger der Freiheit", „Der tiefsinnige Prediger der Erkenntnis" und „Der einfühlsame Prediger der Liebe" und begründet dies folgendermaßen: „Die aus dem Pathologischen stammende Begrifflichkeit kann nicht ungebrochen auf den ‚Normalfall' übertragen werden. Wenn in Begriffen ‚schizoid', ‚depressiv', ‚zwanghaft', ‚hysterisch' vor allem Defiziterscheinungen angesprochen sind, so soll die von mir im Folgenden gewählte Begrifflichkeit nicht nur auf die positiven Möglichkeiten der einzelnen Persönlichkeitsstrukturen hinweisen, sondern es soll vor allem auch eine für den konkreten Predigtvollzug möglichst nahe und unmittelbar umsetzbare Begrifflichkeit eingeführt werden." (Denecke, 1979, 59)

352 Denecke (1979), 54. Erkenntnistheoretisch solle das Typenmodell nach Riemann im Sinne der „usuellen Verbindlichkeit" regionaler ethischer Entscheidungen nach Dibelius Arbeiten zur paulinischen Ethik verstanden werden; die „usuellen regionalen Normen" seien als „heuristische Ideen" zu werten, als Arbeitshypothesen mit vorläufigem Versuchs- und Annäherungswert, „die solange Gültigkeit behalten, wie sie sich als zweckvoll zum Verständnis der differenzierten Wirklichkeit erweisen und nicht durch eine bessere ‚Idee', die wirklichkeitsgemäßer ist, überholt werden"; – dementsprechend begibt sich Denecke mit Riemann auf die Suche nach den ‚usuellen Eigenschaften' im Prediger, die Einmaliges und überindividuell Verbindendes zur gleichen Zeit zum Ausdruck bringen können (Denecke, 1979, 52f.).

353 Denecke (1979), 51: „Jeder Prediger ist verschieden. Keiner ist so wie der andere. Der Satz ist so trivial wie leider auch halb-wahr. In der Wahrheit dieses Satzes liegt die Grenze al-

so zu erweitern, dass es der idealtypischen Form angenähert wird.[354] Deneckes Anspruch ist hoch, denn er will sowohl die Lücke schließen, die bei Haendler[355] hinsichtlich einer Konkretisierung des Bezuges zwischen Predigt und Persönlichkeitstyp offen blieb,[356] als auch Josuttis[357] Ansatz beim „Ich in der Predigt" im Blick auf die methodische Umsetzung weiterführen und damit über ihn hinausgehen,[358] und schließlich Pipers[359] Konzept der Predigtanalyse einen systematischen Rahmen geben.[360] Sein engagiert vertretener Grundgedanke lautet, dass „christlich predigen" nur „persönlich predigen" heißen kann,[361] und dass erst die Persönlichkeit in der Predigt diese theologisch „sachgemäß" werden lässt.[362] Die Bedingung für die Gültigkeit dieser These liegt nach Denecke allerdings im bewussten,[363] kontrollierten[364] und direkten[365] Einbringen der Person in die Predigt; denn diese präge immer schon indirekt das Predigtgeschehen und könne ohne Reflexion „gefährliche" und „heimtückische" Kommunikationsbarrieren verursachen.[366] Im Einzelnen wer-

---

ler Konkretionsversuche begründet. So konkret kann keine Predigerhilfe sein , als dass sie die unaustauschbare einmalige Persönlichkeit des Predigers abdeckt. Dieser Anspruch wäre vermessen. Jeder Prediger muss tatsächlich *seinen* Stil finden (...)." (Hervorhebung im Original)

354 Denecke (1979), 57, bemerkt dazu differenzierend: „Ziel müsste des also sein, das Kommunikationsprofil so zu erweitern, dass es der idealtypischen Form in größtmöglicher Weise angenähert wird. Dies jedoch nicht so, dass alle vier Grundbestrebungen in jeder Situation in gleicher Weise ausgewogen vorhanden sind – das wäre Gleichgültigkeit, ja Konturenlosigkeit –, sondern so, dass alle vier Grundbestrebungen im Menschen vorhanden sind und je nach Situation abgerufen werden können, dass durch die Dominanz einer oder zweier Bestrebungen ‚je nach Umständen' die Kommunikation gefördert oder gar erst möglich wird".

355 Haendler (1960).
356 Siehe Denecke (1979), 32.
357 Josuttis (1974).
358 Siehe Denecke (1979), 36.
359 Piper (1976).
360 Siehe Denecke (1979), 39.
361 Denecke (1979), 40: „Ich wage daher die These: ‚Christlich predigen heißt persönlich predigen'. Persönlich zu predigen, das ist nicht nur eine Möglichkeit neben anderen, sondern eine Notwendigkeit christlicher Predigt überhaupt. Es ist die Zuspitzung christlicher Verkündigung des Wortes Gottes unter den Bedingungen der endlichen, zweideutigen Welt. Die unumkehrbare Tendenz des Wortes Gottes, sich in dieser profanen Welt mit all ihrer Unvollkommenheit einzunisten, zwingt uns geradezu dazu, persönlich zu predigen. (...) Denn das Wort Gottes hat sich verleiblicht und will eben in dieser Leiblichkeit gefunden werden. (...) Der konkrete Ort dieser Verleiblichung ist in der Predig zunächst der Prediger selbst."
362 Denecke (1979), 44.
363 Siehe z.B. Denecke (1979), 37.
364 Siehe z.B. Denecke (1979), 33 und 58.
365 Siehe z.B. Denecke (1979), 130f.
366 Siehe Denecke (1979), 38, 51 und 131.

den nach einer kurzen Beschreibung der jeweiligen Predigertypen[367] exemplarische Ansprachen vorgestellt und frei assoziierend im Sinne des dazugehörigen „Kommunikationsprofils" analysiert. Angeschlossene Hörerreaktionen sollen das so Demonstrierte weiter bestätigen und die jeweils abschließend angebotenen, stichwortartigen „Lernschritte" durch zusätzliches Hintergrund-Material veranschaulichen.[368] Für die Praxis der kirchlichen Verkündigung will Denecke erreichen, dass sie ihre Bevorzugung der Kommunikationsprofile „Ordnung" und „Liebe" aufgibt und die Pole „Wandel" und „Distanz" neu entdeckt;[369] dadurch sollten Predigt und Gottesdienst auch wieder offen werden für den „unwahrscheinlichen" „tiefsinnigen Hörer der Erkenntnis" und den „wandlungsfähigen Hörer der Freiheit".[370] Mit einer Skizze von vier Varianten einer Weihnachtspredigt zum gleichen Text demonstriert Denecke am Ende seiner Arbeit eine weitere Möglichkeit der praktischen Anwendung seines Kommunikationsmodells für die Predigtkonzeptualisierung.[371] Insgesamt ist die Schwerpunktverlagerung von einer intensiven theoretischen Beschäftigung mit dem Faktor der Persönlichkeit des Predigers im Dialog zwischen Theologie und Psychologie, wie sie bei Haendler zu beobachten war, hin zur anwendungsorientierten Rezeption eines partiellen Ergebnisses aus der Tiefenpsychologie für die Praxis bei Denecke am deutlichsten zu erkennen;[372] in vorliegender Arbeit rücken auch Begriffe wie

---

367 Im Unterschied zu den intensiven Bemühungen um eine konzentriert zusammenfassende Darstellungsweise unter breiter, facettenreichen Bezugnahme auf die zu dieser Zeit gängige tiefenpsychologischen Literatur bei Fuchs (1978a), fallen die jeweiligen Beschreibungen bei Denecke lediglich stichwortartig aus.

368 Unter methodischem Gesichtspunkt ist anzumerken, dass die jeweiligen Abschnitte „Zusammenfassende Beschreibung und Formulierung von Lernschritten" keinen unmittelbaren argumentativen Bezug auf die vorauslaufenden Ausführungen nehmen und auch ohne die exemplarischen Dokumentationen und Analysen angeboten werden könnten.

369 Siehe unter Bezugnahme auf Tschirch u.a. vor allem Denecke (1979), 134ff. oder die engagiert und im Schriftsatz deutlich hervorgehobene Bemerkung an früherer Stelle: „Wenn es gelingt, in unseren Predigten die positiven Kommunikationsmöglichkeiten der schizoiden Struktur neu zum Tragen zu bringen, dann werden unsere Gottesdienste geöffnet für Menschen, die bisher aus ihnen mit ihrem zwanghaften und depressiven Übergewicht emigriert sind. Es wäre hier die Möglichkeit gegeben, das Kommunikationsprofil unserer Gottesdienste insgesamt zu erweitern." (Denecke, 1979, 98)

370 Denecke (1979), 138f.

371 Siehe Denecke (1979), 154ff.

372 Siehe z.B. auch schon im Vorwort zu Denecke (1979), 10: „Das vorgelegte konkrete Modell ‚Persönlich predigen' ist mit einzelnen Vikarsgruppen sowohl in der Theorie (in vielen Diskussionsrunden) als auch vor allem in der Praxis (mit einzelnen vokalen Übungen vor dem Videorecorder) durchprobiert worden. Die Ergebnisse des lebendigen Meinungs- und Erfahrungsaustauschs sind in die Konzeption dieses Buches eingegangen. Von daher hoffe ich, dass das hier entwickelte Modell nicht fernab von der Praxis am Schreibtisch entstanden ist, sondern in schneller und kurzfristiger Theorie-Praxis-Theorie-Rückkoppelung reflektiert und diese Reflexion wieder neu in Predigtpraxis umgesetzt ist."

„Kommunikation", „Kommunikationsprofil" oder „Grundmuster der Kommunikation" am markantesten ins Zentrum der Darstellung.[373] Voraussetzungen und Implikationen des Persönlichkeitsstruktur-Modells werden weder in psychologischer noch in theologischer Hinsicht reflektiert und die Verwendung der Theorie noch stärker rein pragmatisch begründet als dies bei Fuchs der Fall war.[374] Allerdings bleibt Denecke hinsichtlich der von ihm beanspruchten Konkretionen weit hinter dem Bemühen von Ottmar Fuchs zurück und kann auch seine Vorhaben gegenüber Haendler, Josuttis oder Piper mangels methodischer[375] und begrifflicher Reflexion[376] nicht einlösen. Festzustellen ist allerdings, dass Denecke in der Literatur der 1980er und 1990er Jahre stets als prominentester oder verdienstvollster Autor in der Frage der Bedeutung der Persönlichkeit des Predigers angesehen und genannt wird, während gegenüber profilierten Arbeiten wie jener von Fuchs eher Zurückhaltung geübt wird.[377]

Gerade diese erklärte und durchgeführte pragmatische Intention Deneckes scheint auch hinsichtlich seiner Rezeption maßgeblichen Einfluss ausgeübt zu haben – So favorisiert z.B. Schröer (1982), 149f., Denecke gegenüber allen anderen Autoren, die sich mit der Person des Predigers beschäftigt haben, mit dem abschließenden Hinweis: „Deneckes Buch sollte in Pfarrkonferenzen gründlich studiert werden".

373 Siehe z.B. die Übersichtstabelle zu den „Grundmustern der Kommunikation" bei Denecke (1979), 68.

374 Denecke (1979), 54: „Ich habe den Eindruck gewonnen, und dies wurde mir auch von verschiedensten Seiten her bestätigt, dass die diesen (sc. tiefenpsychologisch orientierten wie Riemann, Horney, Toman u.a.) und anderen Autoren gemeinsamen einheitlichen Grundaussagen als durch empirische Forschungen gesichert und als tiefenpsychologische Standarderkenntnisse allgemein akzeptiert angesehen werden können. (...) Es geht für mich hier darum – und so verstehe ich Interdisziplinarität zwischen den einzelnen Wissenschaften –, gesicherte Erkenntnisse, sofern von ‚Sicherheit' wissenschaftstheoretisch überhaupt die Rede sein kann, aufzunehmen und in den theologischen Bereich, hier konkret in die homiletische Fragestellung, zu übertragen." – Vgl. Fuchs (1978a), 67.

375 So wird vor allem das methodische Vorgehen in der Analyse der exemplarischen Predigten zu den einzelnen Predigertypen ebenso wenig erläutert oder begründet wie die Selektion und der Umgang mit den Hörerreaktionen.

376 Beispielsweise bleibt bis zuletzt der Begriff „persönlich" sehr unterschiedlich verwendet. Zum einen geht es um die „unvermeidliche subjektive Wirkung" der Person des Predigers, die „hilfreicher" für den Hörer eingesetzt werden soll (Denecke, 1979, 12), zum anderen lässt das einleitend berichtete persönliche Erlebnis einer „Bekehrung" im Predigtverständnis vermuten, dass es vor allem darum geht, von sich selbst zu erzählen (17f.), weiters kann „persönlich predigen" heißen, dass sich die Hörer persönlich angesprochen fühlen (12), sodann, dass die Predigt das dialogische Moment des persönlichen Gespräches beinhaltet (11) oder an Authentizität gewinnt (39) und schließlich meint „persönlich predigen" auch schlicht, den Abstraktionsgrad der Predigt in der rechten Maß zu halten (19).

377 Siehe z.B. Schröer (1982), 149f., der Denecke und Haendler referiert, Denecke trotz seiner zu geringen theologischen Reflexion aber gegenüber Haendler bei weitem favorisiert und bemerkt: „Deneckes Buch sollte in Pfarrkonferenzen gründlich studiert werden, man wird mit ihm über ihn hinauskommen (sc. in theologischer Hinsicht)"; Siehe auch Albrecht

Insgesamt ist festzustellen, dass in den 1970er Jahren das ganze Feld des Predigtgeschehens unter dem Blickwinkel des neopsychoanalytischen Persönlichkeitsstruktur-Modells nach Fritz Riemann beleuchtet wurde: der Prediger selbst, der Hörer, der Gottesdienst und ansatzweise die biblischen Texte und Autoren.[378] In der späteren Literatur wird auf die dort gezeigten Ergebnisse verwiesen, ohne im gegenständlichen Sachbereich substanzielle Weiterentwicklungen anzubieten.[379] Es ist auch zu beobachten, dass die religiöse Dimension menschlicher Lebenswirklichkeit immer mehr in den Hintergrund rückt. Die Frage der menschlichen Vorgänge im Akt des Glaubens mit ihren subjektiven Komponenten und persönlichen Bedingungen des Erlebens, Gestaltens und Kommunizierens wird stark reduziert bzw. ganz aufgegeben.[380] Demgegenüber tritt der Aspekt der Effektivität kirchlicher Verkündigung und ihrer Steigerung oder der Gedanke der Konkurrenzfähigkeit in einer pluralistischen Gesellschaft in den Vordergrund des Interesses.[381] Das Stichwort „Krise

---

(1985), 32ff., der bei Denecke „die gründlichste Darstellung der Riemannschen Typenlehre" zu finden meint, oder Gräb (1988), 260f., der neben Haendler ausschließlich Denecke zur Sprache bringt. Siehe auch Dannowski (1990), 51–60, der seine Skepsis gegenüber Fuchs gerade mit dessen Bemühen um methodisch Seriosität begründet: „Dieses Verfahren (sc. bei Fuchs) könnte – gerade durch die objektivierte Form eines strukturalistischen Modells – auf Prediger noch einengender und bedrohlicher wirken. Dem Prediger, der dieses Verfahren beherrscht oder an dem es probiert wird, ist kaum ein Ausweg gelassen." (57). Siehe auch Daiber (1991), 262ff., der urteilen kann: „Am klarsten theoretisch begründet und ausformuliert ist die Predigttypologie in der Gestalt einer Typologie der Predigerprofile. Sie ist von Fritz Riemann zuerst eingeführt und Axel Denecke entfaltet worden." Siehe auch Theißen (1994), 139, Müller (1996), 292, oder zuletzt Winkler (1997), 80, der bei Denecke eine „Weiterführung dieser Typologie" nach Riemann ortet.
378 Siehe dazu vor allem die Ansätze bei Fuchs (1978a), 121–125 und 129–132, sowie bei Denecke (1979), 151–163.
379 Vgl. z.B. Rothermund (1984), bes. 56ff. mit seiner Rezeption Riemanns und eines Teils der hier vorgestellten Arbeiten hinsichtlich der Kommunikationsstrukturen in der Predigt, oder Albrecht (1984), 32ff. Vgl. Fraas (1990), 132–134; Daiber (1991), 262ff.; Winkler (1993), 68; Theißen (1994), 139; Müller (1996), 292. Vgl. auch Engemann (1992), der seinen transaktionsanalytischen Ansatz an zahlreichen Stellen mit der hier untersuchten Literatur von Haendler bis Denecke verknüpft und in einem eigenen Abschnitt Riemann in das Modell der Transaktionsanalyse einzuarbeiten sucht (70–74). Vgl. auch das Urteil von Schröer (1982), 147, der generell konstatiert, dass die Homiletik der 1980er Jahre von den Ansätzen der 1970er Jahre lebe, als deren übergreifendes Thema die Frage nach dem Prediger angesehen werden könne.
380 Vgl. die Fragestellung, bei der z.B. Scharfenberg (1985), oder Fraas (1990), unter ausdrücklicher Bezugnahme auf Haendler später ansetzen werden.
381 Siehe z.B. programmatisch Denecke (1979), 8: „Wenn es uns gelingt, auf der Kanzel neu die Fähigkeit zu entdecken, ‚persönlich zu predigen', diese Fähigkeit zu akzeptieren und zu lernen, dann hat die öffentliche Wortverkündigung gerade in der gegenwärtigen gesellschaftlichen Situation eine neue Chance und Verheißung (...) Ich sehe die besondere Chance der christlichen Predigt heute darin, in Konkurrenz zu den verschiedenen ‚Mundhäusern' in einer pluralistischen Gesellschaft ihren Platz nicht nur in einem defensiven Rückzugsgefecht

der Predigt" zieht sich von Haendler bis Denecke durch, und die Arbeiten zur Homiletik unter dem Gesichtspunkt der Persönlichkeit des Predigers und des Hörers werden dem Anliegen verpflichtet, erfolgreiche Wege aus dieser Krise aufzuzeigen und anzubahnen. Als Kriterium für den Erfolg gilt die Erhöhung der Attraktivität der Predigt für die Hörer unter dem Gesichtspunkt, dass sie sich in ihrer konkreten Lebenswirklichkeit persönlich angesprochen und ernst genommen fühlen, Anstöße für ihr Handeln bekommen oder, allgemein formuliert, Lebenshilfe erfahren sollten, um so auch den Weg in den Gottesdienst wieder finden zu können.[382] Zur quantitativen Erfolgskontrolle an der Zahl der Gottesdienstbesucher treten qualitative Momente wie Zufriedenheit des Predigers[383] und vor allem die Breite der in der Hörerschaft vertretenen Per-

---

zu behaupten, sondern den ihr zustehenden und von ihrem Auftrag ihr zugewiesenen Platz ganz selbstverständlich auch einzunehmen." (9f.) Vgl. dazu auch die Beurteilung Rösslers (1986), 178, der die vergleichbare Entwicklung des Gedankens der „Effizienzsteigerung" im Bereich der Seelsorge beschreibt. Rössler stellt fest, dass in dieser Entwicklung die „Programme psychologischer Praxis ganz in den Vordergrund getreten sind"; „In großer Zahl haben sich Richtungen, Schulen, Methoden und Verfahrensweisen gebildet, die nicht mit dem Anspruch einer Theorie zur Erklärung des Seelenlebens, sondern zu therapeutischen Zwecken, zur Effizienzsteigerung von Arbeitsprozessen zur Persönlichkeitsentwicklung angeboten werden". Rössler (1986), 180, weiter: „Die psychologischen Arbeitsformen verdanken sich in der Regel nicht einem umfassenden und theoretischen Erklärungszusammenhang, sondern methodisch aufbereiteter Erfahrung."

382 Vgl. z.B. die bei Riess (1970), 314, referierten Kritikpunkte an der Predigt, in denen eine Änderung herbeizuführen wäre, oder Fuchs (1978a), 26, unter Berufung auf empirische „Wirkungsuntersuchungen". Fuchs kommt schließlich zu drei Postulaten an die Verkündigung – sie müsse „mit den ständigen Alltagserfahrungen und den in ihnen erlebten Gefühlen und Strebungen Verbindung aufnehmen", „sich bemühen, ihr Sinnangebot als eine neue und bessere Perspektive menschlichen Lebens plausibel machen", „von einer Gruppe, also der Gemeinde getragen sein, die sich die Plausibilitätsstruktur für das neue Sinnangebot immer wieder gegenseitig auffrischt, bespricht und erhält" (63). Denecke (1979), 12 formuliert schlicht: „Ich möchte begreifen lernen, wie ich die unvermeidliche subjektive Wirkung meiner Person in der Predigt hilfreicher für den Hörer einsetzen kann". Die Veränderung des Verständnisses kirchlichen Handelns in Richtung „Lebenshilfe" beobachtet auch Rössler (1986), 177, für den Bereich der Seelsorge unter dem Einfluss der amerikanischen Seelsorgebewegung. Siehe auch den Gedanken Köllermanns (1970), 19, Predigt als eine Art von „Gruppentherapie" zu gestalten.

Vgl. auch Lange (1976), mit seinem Programm unter Bezug auf sozialwissenschaftliche Erkenntnisse. Wenn allerdings bei Lange noch klar von der „Verheißung des Evangeliums" die Rede ist, die den Hörer erreichen soll, so treten in der hier analysierten Literatur selbst theologische Formulierungen dieser Art in den Hintergrund und es wird beispielsweise nur mehr vom „guten Wort" gesprochen, das entsprechend „kongruent" verkündet werden soll (Siehe Riess, 1970, 314).

383 Riess (1970), 295, beginnt seine Ausführungen mit der Diskrepanz zwischen dem Anspruch an Zufriedenheit, die der Predigtdienst dem Prediger vermitteln sollte, und der inneren Angefochtenheit der Prediger, ihren Schuldgefühlen, Gewissensnöten und Unzufriedenheiten. Schließlich wird die „existenzielle" Not des Predigers mit seinem Auftrag zu einem

sönlichkeitsprofile.[384] Auf ausführliche Theoriediskurse zu grundsätzlichen Fragen der Übernahme einer Persönlichkeitstheorie in den Bereich der Theologie wird in allgemeiner Hinsicht zunehmend,[385] bezüglich der speziellen Frage nach Glaube und Religiosität von vornherein verzichtet.[386] Glaube und Formen der Religiosität einschließlich des Aspektes von Gottesbildern werden – wenn überhaupt[387] – phänomenologisch unter dem Gesichtspunkt ihres Erscheinungsbildes in den typologischen Kategorien betrachtet und beurteilt.[388]

---

von drei Hauptargumenten, sich mit der „pastoralpsychologischen Problematik" des Predigers beschäftigen zu müssen (302f.). Siehe z.B. auch Fuchs (1978a), 9.

384 Siehe z.B. Riemann (1974), 166, oder Fuchs (1978a), 120, mit seinem Gedanken des „Universalkerygmas", unter dem die Kirche steht, das den Anspruch erhebt, „dass Menschen aller tiefenpsychologischen Strukturdominanzen und Gruppenzugehörigkeiten von der Botschaft gemeint sind", oder die Forderung Deneckes (1979), 137ff., den Gottesdienst für den „unwahrscheinlichen Hörer" schizoider und hysterischer Charakterprägung zu öffnen.

385 Siehe die bei Riess (1970), 305f., immerhin noch vorhandenen Erörterungen zu den Kriterien einer Persönlichkeitstheorie – wenn sie auch schließlich bei der Übernahme des Typologie-Modells nicht mehr überprüft werden und die „Praktikabilität" das einzige Argument darstellt (309). Siehe demgegenüber selbst Fuchs (1978a), der bei aller methodischen Transparenz und theoretischen Differenzierung, in diesem Punkt rein pragmatisch argumentiert (10, 64 und 67). Vgl. auch eine Position wie sie von Schütz (1977), 69, im Bereich der Seelsorge eingenommen wird: „Soll Seelsorge sich an eine natur- oder geisteswissenschaftlich orientierte Psychologie anschließen, an die Gestaltpsychologie ...? Mit Haut und Haaren verschreiben kann sie sich keiner von ihnen. Eine Lehre von der Seelsorge ist nicht an einen systematischen Gesamtentwurf der wissenschaftlichen Psychologie gebunden; sie ist pragmatisch und selektiv in der Auswahl und Übernahme einleuchtender, klärender und erhellender psychologischer Zusammenhänge und Erkenntnisse, soweit sie sich im Rahmen der Seelsorge verifizieren lassen und sich im Umgang mit Menschen bestätigen."

386 Schon bei Riess gibt es keinen argumentativen Bezug zu theologischen Fragestellungen – die Kriterien für eine Persönlichkeitstheorie werden ausschließlich aus dem psychologischen Diskurs entnommen (Siehe Riess, 1970, 309).

387 Vorrangig noch bei Tschirch (1969), peripher bei Riemann (1974), indirekt bei Liersch (1977), mit seinem Thema der liturgischen Formen und dann noch einmal bei Denecke (1979).

388 Vgl. dazu die kritischen Anfragen von Gräb (1988), 259ff., der die Grundlage dieser Verfahrensweise in einer unreflektierten Verobjektivierung der Subjektivität „zu einer Wirklichkeit sui generis" und damit einer „Scheinsubjektivität" sieht, die dann dem Glauben und dem homiletischen Akt als vorausgesetzt gegenüber steht. Diese Tendenz findet Gräb bereits bei Haendler gegeben und von Denecke fortgeführt, sodass schließlich die Predigt „als eine durch den psychogenetisch determinierten Persönlichkeits*typ* präformierte Predigt" erscheint und nichts anderes mehr ist als „die eher bewusste oder eher unbewusste Wiederholung und Exposition dieses Lebensgesetzes, die die homiletische Exposition dieses Lebensgesetzes, die die homiletische Theorie mit Hilfe ihrer Typologie nachträglich dann auch noch zu einem Idealbild hochstilisieren kann". Demgegenüber mahnt Gräb unter Berufung auf die reformatorische Unterscheidung von Gesetz und Evangelium ein, dass der homiletische Akt für den Vorgang der Subjekt*werdung* offen gehalten werden müsse, „indem die ihn vollziehende Subjektivität in den Prozess ihres eigenen Zustandekommens hineingenommen" bleibt. (Hervorhebungen im Original)

In den Untersuchungen geht es zum Einen um die Problemstellung, welche Persönlichkeit der Prediger sein sollte, wie er mit den Diskrepanzen zwischen Ideal und erlebter Wirklichkeit und daraus resultierenden Schuldgefühlen umgehen sollte,[389] welche Konfliktstrategien er anwenden[390] und welches Maß an Ausgeglichenheit und Frustrationstoleranz er erreichen müsse,[391] um angemessen und erfolgreich predigen zu können.[392] Wenn bei Otto Haendler hier noch vieles aus der „Lebensweisheit" oder der Erfahrung als Prediger geschöpft wird,[393] so beziehen die späteren Autoren ihre diesbezüglichen Anforderungen an die „Reife des christlichen Predigers"[394] in erster Linie aus dem theoretischen Rahmen des neopsychoanalytischen Persönlichkeitsstrukturmodells, das Selbsterkenntnis, Selbstbewusstsein, persönliche Ausgewogenheit und Kontrolle hinsichtlich der vier Grundbestrebungen des Lebens, Kongruenz zwischen Intellekt und emotionaler Reife, Einfühlungsfähigkeit, Individualität und Authentizität, oder Kommunikationsfähigkeit mit einer breiten Hörerschaft u.Ä. als Kriterien für eine erwünschte Predigerpersönlichkeit formulieren lässt.[395] „Entneurotisierung der Prediger" ist das zusammen-

---

389 Siehe z.B. Riess (1970), 302f.
390 Siehe z.B. die Liste der problematischen Konfliktstrategien bei Riess (1970), 303, von „Umsetzung von Frustration in Aggression" über „Resignation und Depression" bis hin zur „Somatisierung von Konflikten". Chancen der diesbezüglichen Veränderung und Neuorientierung sieht Riess vor allem in Individualtherapie und Gruppentherapie für den Prediger (314f.)
391 Siehe z.B. Riess (1970), 315.
392 Riess (1970), 314: „Wir sind überzeugt, dass jeder Reifungsschritt in Richtung einer besser integrierten Persönlichkeit sich auch auf das Predigtgeschehen auswirkt. Nur so wird der Prediger fähig, sich in die Situation seines Gegenübers einzufühlen, zu verstehen und ihm das gute Wort konkreter zu verkündigen." Vgl. dazu die Beobachtungen Rösslers (1986), 177f., für den Bereich der Seelsorge: „Die Veränderung im Verständnis der Seelsorge betrafen dabei vor allem die Person des Seelsorgers selbst und seiner Absichten"; „Für die kommunikativen Fähigkeiten des Seelsorgers und für die Praxis des seelsorgerlichen Gesprächs werden psychologische Verfahrensweisen eingeführt, die die Kompetenz der Seelsorge für ihre eigenen Aufgaben und Ziele stärken und steigern sollen."
393 Siehe auch noch der ganz an Haendler orientierte Klostermann (1970), 407, mit Sätzen wie: „Wenn man übermüdet ist, Sorgen hat, ist man reizbar, nervös, sagt man Dinge, die man sonst nicht sagen würde, oder sagt sie in einem Ton, in dem man sie sonst nicht sagen würde."
394 Fuchs (1978a), 146.
395 Vgl. Riess (1970), 314f. oder Fuchs (1978a), 146: „Zur Reife des christlichen Predigers gehört es, dass er sich in seiner Relativität und Einseitigkeit bewusst wird, diese Einseitigkeit zunächst akzeptiert und sich ihrer auch ruhig im hermeneutischen Prozess der Predigtvorbereitung bedient (...)".

fassende Stichwort, an dem sich eine „moderne Kirche" im Engagement für ihre Prediger orientieren müsse.[396]

Unklar bleibt allerdings das Menschenbild, das sich hinter diesem Ziel der „Entneurotisierung" verbirgt: Geht es um „Reife",[397] „Erwachsen-Werden" oder „Reifeschritte in Richtung einer besser integrierten Persönlichkeit"[398] im Sinne eines zu erreichenden Ideals an „psychischer Gesundheit" und „Normalität" nach der Intention bei Freud, oder geht es um die Idee der „Ganzheit", wie sie im ontologischen Konzept C.G. Jungs in Erscheinung tritt, oder geht es unter Kritik an jeglichem Begriff der „Reife" um „Selbstentfaltung", „Hinauswachsen", fortwährender „Wandlung" und „unaufhaltsamer Bewusstseinserweiterung" nach den Prämissen der humanistischen Psychologie.[399] Sehr anschaulich wird diese Diffusität in den anthropologischen Prämissen schon bei Riess, der zunächst die „psychologische Deutung des schöpferischen Werkes" nach Freud auf das Predigtgeschehen übertragen will und Freuds Persönlichkeitsmodell für seine Untersuchung bevorzugt,[400] sodann Jungs Persönlichkeitstheorie als Instrument für die Anwendung auf das Predigtgeschehen nach dem Beispiel Haendlers kritisiert,[401] und schließlich Riemanns Typologie mit folgendem zusammenfassenden Kommentar favorisiert: „Jede schicksalhafte Situation (...), jede menschliche Beziehung und Begegnung hat alle vier Antwortmöglichkeiten in sich. Erst alle

---

[396] Siehe Riess (1970), 305, oder Fuchs (1978a), 151, der vom „individuellen Gesunden" des Predigers spricht, das ein „soziales Gesunden" im Raum der Kirche nach sich ziehen solle.

[397] Siehe z.B. die ausdrücklich Freud-Rezeption bei Tschirch (1969), 309, mit dem sich auf ihn beziehenden Reifebegriff: „Zusammengefasst lautet der psychoanalytische Vorwurf gegen den christlichen Glauben etwa so: Die paternalistisch-autoritäre Atmosphäre der Vaterreligion setzt eine ‚Denkhemmung' und lebt von ihr, eine Denkhemmung, die den Gläubigen künstlich unmündig und infantil sein lässt und die Reifung des Menschen zu Selbstverantwortung und Selbstbestimmung, zu kritischem Bewusstsein verhindert".

[398] Riess (1970), 314.

[399] Vgl. Winkler (1974), 119. Vgl. dazu die Übersicht bei Rössler (1986), 193–195, der die „hauptsächlichen Richtungen praktischer Psychologie" benennt, die als Anleitung für die seelsorgerliche Praxis übernommen wurden. Dazu zählt er neben Freud und die Berliner Richtung der Neopsychoanalyse mit der „sehr vereinfachten Form der Verarbeitung" durch Riemann, vor allem die Einflüsse aus dem Bereich der humanistischen Psychologie durch Rogers mit seiner Gesprächstherapie, der Themenzentrierte Interaktion nach Cohn, der Transaktionsanalyse nach Berne und der Gestalttherapie nach Perls. Rössler (1986), 179, urteilt zusammenfassend: „Die Entwicklung im Verhältnis von Seelsorge und Psychologie hat in jüngster Zeit vor allem zur Rezeption praktischer Methoden aus der Psychologie geführt." Siehe zur Rezeption der humanistischen Psychologie in Gestalt der Transaktionsanalyse in der Homiletik vor allem die Arbeiten von Schnatmann/Born (1977) oder Harsch (1979); später wurde die Transaktionsanalyse noch einmal für die Homiletik fruchtbar zu machen gesucht durch Engemann (1992).

[400] Siehe Riess (1970), 305 und 309.

[401] Siehe Riess (1970), 309.

vier ergeben die volle, lebendige Wahrheit, die Ganzheit. Jeder von uns wird freilich aufgrund seiner Biographie und seiner Persönlichkeit seine Möglichkeiten und Grenzen haben, seine Begrenzungen bejahen und echt leben oder sich der Ganzheit nähern, indem er Ungelebtem Raum gibt. Jede Angst kann – als Hinweis verstanden – einen schöpferischen Aspekt zeigen, eine Chance sein, über unsere jeweilige Reifungsstufe hinauszuwachsen in eine neue Freiheit und Ordnung, kurz, sie kann eine Chance sein für echte Wandlung."[402] Dass in diesen Formulierungen – entgegen dem intendierten Vorhaben von Riess – am wenigsten Freuds Anthropologie und viel eher Jungsche oder humanistisch-psychologische Philosophie durchklingt,[403] liegt auf der Hand. Die eben zitierte Begriffswahl einer „echten" Wandlung erinnert zudem an die Vorgehensweise bei Haendler, der durch Formulierungen dieser Art bei aller tiefenpsychologischen Argumentation den Wirkbereich Gottes in Evidenz gehalten hat. In der Tat ist Riemann bezüglich seiner Anthropologie schwer einzuordnen.[404] Der Mangel an Bereitschaft, einen grundsätz-

---

402 Riess (1970), 311.

403 Riess selbst denkt an ein „weiterentwickeltes" Persönlichkeitsmodell nach Freud und fordert als Kriterien eine „soziokulturelle und prospektiv-holistische" Dimension ein (309). Diese findet er gegeben in den Werken von Adler, Jung, Bühler, Maslow, Rogers, Erikson, Allport und Frankl (308). Die jeweiligen Paradigmenwechsel in den einzelnen Persönlichkeitstheorien offenbar nicht berücksichtigend, zeigt Riess an dieser Stelle einmal mehr die Diffusität seiner eigenen Anthropologie und es ist schwierig, seine von Freud abgesetzten Prämissen eindeutig zuzuordnen; so wie Riess den Begriff der „Ganzheit" verwendet, kann er sowohl im Sinne Jungs als auch im Sinne der humanistischen Psychologie verstanden werden. Vgl. auch Fuchs (1978a), 120, mit seinem Gedanken des „Universalkerygmas" der Kirche.

404 Vgl. die immer wieder referierte Einleitung zu seinem Werk „Grundformen der Angst", in der Riemann (1975) eine Analogie zwischen kosmischen Vorgängen und den Grundtendenzen in der Persönlichkeit des Menschen als philosophischen Rahmen ohne weitere Reflexion des damit im Rahmen von Persönlichkeitstheorien Gemeinten voranstellt. Auch die diesbezüglichen Referate bei den hier vorgestellten Autoren enthalten dazu keine Kommentare (siehe z.B. Riess, 1970, 310).

Riemann selbst verwischt die Spuren seiner Herkunft aus der psychologischen Tradition schon in der Einleitung zu seiner Arbeit „Der Prediger aus tiefenpsychologischer Sicht": Als erste Voraussetzung seiner Untersuchung nennt er „merkwürdige Gesetzmäßigkeiten", „für die wir heute noch keine befriedigende Erklärung haben"; „Unabhängig vom Wandel der Zeiten, vom Zeitgeist, von sozialen, völkischen, rassischen oder sonstigen Bedingungen (...) finden wir sie im Geistesleben auf allen Gebieten" (Riemann, 1974, 152). Erst in der Folge leitet er über: „Eine Erklärungsmöglichkeit für diese Vierheit ist die tiefenpsychologisch-genetische oder biographische, nach welcher vier Persönlichkeitsstrukturen (...) entstehen, je nachdem wie ein Mensch die vier Stufen der frühkindlichen Entwicklung durchlaufen hat" (153). Signifikanter Weise passt sich Liersch (1977), 215, dieser Einführung des Strukturmodells in argumentativer Hinsicht dadurch an, dass er sich zunächst auf den Theologen Josuttis bezieht, der vier Positionen in der Theorie des Gottesdienstes unterscheidet, um fortzufahren: „Von einer Vierheit der Ausformungsmöglichkeiten spricht auch die Tiefenpsychologie in ihrer Beschreibung der menschlichen Persönlichkeiten, so in besonders

lichen Dialog zwischen Theologie und Psychologie bezüglich der Prämissen in einem potenziellen „partnerschaftlichen Bemühen um die Predigt"[405] zu führen, macht sich aber hier am deutlichsten bemerkbar und hat u.a. zur Folge, dass auch die konkreten Ziele einer an der Persönlichkeit des Predigers orientierten Theorie der Vermittlungsaufgabe im Horizont der wissenschaftlichen Disziplin „Praktische Theologie" letztlich unklar bleiben, und sich die Untersuchungen schließlich auf die Demonstration des praktischen Nutzens der Typologie Fritz Riemanns beschränken müssen[406] – ohne Impulse für eine Weiterarbeit in grundsätzlicher Hinsicht hinterlassen zu können.

In unmittelbarem Zusammenhang damit ist auch zu sehen, dass das konstruktiv-kritische Potential des neopsychoanalytischen Persönlichkeitsmodells nur begrenzt genutzt werden kann, die darin enthaltenen religionskritischen Implikationen aus der psychoanalytischen Tradition jedoch gelegentlich in problematischer Weise zur Geltung kommen. Wie bei Tschirch zu zeigen war, erhält seine Kritik an den bestehenden Ver-

---

klarer Weise Fritz Riemann in seiner Studie ‚Grundformen der Angst'. (...) Es scheint mir nun reizvoll zu sein, dieses doppelte Auftauchen einer Vierheit der Auffassungen nicht als Zufälligkeit hinzunehmen, sondern der Frage nachzugehen, ob sich nicht die vier grundlegenden menschlichen Kommunikationsformen, wie Riemann sie aufzeigt, auch in der zentralen christlichen Kommunikation – dem Gottesdienst – niederschlagen". Abgesehen von der Frage, ob nicht schon Josuttis – wie später z.B. Scharfenberg (1985) (siehe die Ausführungen zu Scharfenberg unten) – von der „Vierfalt" Riemanns in seiner Differenzierung als beeinflusst angesehen werden muss, wird deutlich, wie eine theoretische Begründung des Gespräches mit der Tiefenpsychologie einschließlich einer damit verbundenen Prämissen-Diskussion vermieden wird, um das „reizvolle" Instrument des Strukturmodells für die pragmatische Sichtung von „Tendenzen und Fehlentwicklungen" nutzen zu können.
405 Riess (1970), 317, benennt so das intendierte Programm für die Zukunft.
406 Sehr plastisch ist dieser Schritt bei Riess (1970) nachvollziehbar. Riess setzt sich – im Unterschied zu Autoren nach ihm – z.B. noch sehr intensiv mit den Erfordernissen einer Persönlichkeitstheorie auseinander, die dem Proprium der nie ganz einordenbaren menschlichen Persönlichkeit gegen positivistische Tendenzen, gerecht werden könnte (305ff.). Haendlers Konzeption wird ausführlich gewürdigt und gegen Niebergalls kritische Einwände verteidigt (300f.). An der entscheidenden Stelle wird Riemann jedoch mit dem Schlüsselargument der Praktikabilität eingeführt. Signifikanter Weise wird Riemann an dieser Stelle zudem von Freud her verstanden und eine „psychoanalytische" Persönlichkeitstheorie im Gefolge Freuds gegenüber einer „analytischen Psychologie" im Gefolge Jungs der Vorzug gegeben. Im Wortlaut heißt es: „Eine kritisch erweiterte und durch permanente Kritik offen gehaltene psychoanalytische Persönlichkeitstheorie liefert ohne Zweifel auch für unsere Thematik ein geeigneteres Instrumentarium, als es die Analytische Psychologie Jungs seinerzeit für Haendlers Vorgehen vermocht hat. So weit wir sehen, bietet die psychoanalytische Persönlichkeitstheorie in der Tat eine praktikable *Typologie*, die durch den genetisch-dynamischen Aspekt gestützt und klinisch erprobt erscheint." (Riess, 1970, 309 – Hervorhebungen im Original)
Wie gezeigt wurde, verzichten spätere Autoren gänzlich auf den theoretischen Diskurs und benutzen unmittelbar das pragmatische Argument – nicht zuletzt unter Bezugnahme auf Riess.

hältnissen in Kirche und Verkündigung eine deutlich religionskritische Schlagseite. Einerseits erscheinen die kritischen Äußerungen gegenüber der kirchlichen Verkündigungspraxis oder dem „christlichen Lebensgefühl"[407] in der Stoßrichtung diffus und wirken willkürlich, da die Prämissen dieser Kritik nicht greifbar werden. Auf der anderen Seite führt die Riemannsche Terminologie mit den anthropologischen Prämissen Freuds versehen,[408] zu einer impliziten prinzipiellen Religionskritik, wenn Tschirch seine Arbeit z.B. mit dem Aufruf beendet, dass der „Säkularismus" endlich als Fortschritt gewürdigt werden möge und die „Söhne in die Freiheit" gehen sollten.[409] Signifikanter Weise findet sich diese Tendenz von Tschirch in der Rezeption durch Riess[410] wieder zurechtgerückt und unter dem Hinweis auf eine „etwas summarische" Beurteilung und – noch distanzierender – mit der Bemerkung abgeschwächt, dass man zu der „Vermutung", Verkündigung und Frömmigkeit hätten durchgängig depressive und zwanghafte Züge, „stehen mag wie man will".[411] Riess selbst baut – so wie andere Autoren – mehr auf die „Tatsache", dass Einseitigkeiten beim Predigen dazu führen könnten, christliche Verkündigung zu benutzen, um „spezifische psychische Strukturen, Ängste und Impulse zu ideologisieren oder abwertend zu dämonisieren", und dass die tiefenpsychologische Strukturenlehre dazu helfen könne,

---

407 So eine Formulierung im Titel der Arbeit von Tschirch (1969).

408 Siehe die signifikante Zusammenfassung der freudschen Position im Sinne einer Solidaritätserklärung bei Tschirch (1969), 209: „Zusammengefasst lautet der psychoanalytische Vorwurf gegen den christlichen Glauben etwa so: Die paternalistisch-autoritäre Atmosphäre der Vaterreligion setzt eine ‚Denkhemmung' und lebt von ihr, eine Denkhemmung, die den Gläubigen künstlich unmündig und infantil sein lässt und die Reifung des Menschen zu Selbstverantwortung und Selbstbestimmung, zu kritischem Bewusstsein verhindert."

409 Siehe z.B. Tschirch (1969), 209 und 215, sowie den markanten, zusätzlich mit biblischem Hintergrund versehene Satz: „Abschied von den Vätern und Aufbruch in neue Zukunft statt Bleiben unter dem Vater und starre Wiederholung seiner Lebensformen ist die geschichtliche Übersetzung des Exodus aus der Knechtschaft und der Freiheit vom Gesetz" (215). Die nähere Erläuterung seiner Kritik an einer „christlichen Ideologie" wird bei Tschirch (1969), 207, mit den Worten eingeleitet: „In Predigt, Gebet und Liturgie, in Unterricht und Lehre werden ständig traditionelle Gottessymbole gebraucht"; es gänge nicht darum, zu fragen, ob sie noch verständlich seien, sondern vielmehr darum, „ob diese Symbole nicht falsche Assoziationen auslösen und unechte menschliche Haltungen unterstützen" (208). Vor allem beim Symbol Gottes als des Vaters gehen Tschirchs Überlegungen so weit, ob dieses auf dem Weg zur „vaterlosen Geschwistergesellschaft" nicht „umgebracht" werden müsse (314).

410 Riess (1970), 312f., referiert einige Gedanken von Tschirch (1969) zur „Anregung".

411 Riess (1970), 313. Tschirchs Arbeit hat den Vorteil, dass sie auch prominente theologische Kritik an Kirche und Verkündigung in Anschlag bringt und diese mit seiner „tiefenpsychologischen Kritik" verbindet. Immerhin räumt Tschirch selbst ein, dass die Tiefenpsychologie die „theologische Kritik an christlicher Verkündigung nicht ersetzen" könne (Tschirch, 1969, 216).

diese Einseitigkeiten im Sinne von „Ganzheit" zu vermeiden.[412] Hier versieht Riess die Riemannsche Lehre wieder mit einer an Jung oder auch am Menschenbild der humanistischen Psychologie orientierten Anthropologie als Basis und verwehrt sich ausdrücklich gegen eine psychoanalytische Kritik der Religion: Neurotische Tendenzen könnten mit jeder Art von Lehre „kaschiert" werden, und es sei nicht zulässig, der Religion alleine die neurotischen Fehlentwicklungen anzulasten.[413] Während sich Horst Albrecht (1977) eher auf der Linie Tschirchs befindet und mit seiner vernichtenden Analyse einer zwanghaften Predigt ausdrücklich Freud zum Vater der von Riemann dargestellten Persönlichkeitstheorie macht,[414] befinden sich Liersch (1977),[415] Fuchs (1978)[416]

---

[412] Riess (1970), 313. Vgl. auch Fuchs (1978a), 68, der sich gegen Freuds Anthropologie abgrenzt und lediglich die Bearbeitung einer „kirchenpolitisch aktuelle Problematik" mit ihren einseitigen Tendenzen (vor allem „Dauer gegen Wandel") im Sinne einer „Nachentwicklung vernachlässigter Teilaspekte" unterstützen will; „Abrundung und Vollständigkeit des Charakters" ist sein Ziel – unter der Prämisse, dass die Kirche unter dem „Universalkerygma" steht, „dass Menschen aller tiefenpsychologischen Strukturdominanzen und Gruppenzugehörigkeiten von der Botschaft gemeint sind" (120). Siehe auch Denecke (1979), 126ff., mit seiner Analyse „des herrschenden Kommunikationsprofils kirchlicher Verkündigung" und seinen Lösungsvorschlägen durch seinen von Jung her verstandenen Ansatz „persönlich predigen" im Sinne der zu erreichenden Ganzheit.
[413] Siehe Riess (1970), 304. Bezeichnender Weise wird hier auch nicht differenziert zwischen einer Kritik der Religion im Sinne Freus und einer Kritik an der christlichen Verkündigung, wie sie auch von anderen Voraussetzungen her geführt werden könnte. Keineswegs zu bestreiten sei aber ein bestimmter Zusammenhang von Verkündigung und Neurose – „dass nämlich gewisse Interpretationen von Texten neurotische Tendenzen beim Menschen verstärken könnten" (304).
[414] Die Ambivalenz und eigene Unklarheit bezüglich der anthropologischen Voraussetzungen ist bei Albrecht (1977), besonders deutlich zu erkennen. Einerseits wird Riemann beinahe euphorisch ohne weitere Grundsatzfragen eingeführt: „Die junge Disziplin der Pastoralpsychologie vermag der Homiletik Einsichten zu verschaffen, die tiefer reichen und einen weiter greifenden Wandel ermöglichen als manches, was in homiletischen Lehrbüchern steht. Besonders fruchtbar erscheint dabei das Riemannsche Konzept der vierfachen Typologie von Predigern" (325). Andererseits wird derselbe Riemann am Ende der Arbeit in anthropologischer Hinsicht heftig kritisiert: „Spätestens an dieser Stelle (sc. Riemanns Plädoyer für mehr „Hysterie" in der Predigt) liegen Riemanns Voraussetzungen offen zu tage. Das deutlich stoische, harmonisierende Vollkommenheitsideal erscheint überaus angreifbar" (339). Gegenüber dem riemannschen „homiletischen Verhaltenstraining" sei dann dann doch Freud mit seinem Konzept der „Spannung von Es und Über-Ich" vorzuziehen und – Albrecht wörtlich –"auch Riemann setzt bei dieser Feststellung an" (340). Es ist mit Händen zu greifen, dass bei der Übernahme des Strukturmodells in der Fassung Riemanns aus rein „pragmatischem Grund" (337), die von den jeweiligen Autoren hinterlegte Anthropologie über die tendenzielle Ausrichtung der Arbeiten entscheidet. Wenn Albrecht nach der eben gezeigten „grundsätzlichen Klärung" (338) die Frage für offen erklärt, „was eine theologische für eine tiefenpsychologische Anthropologie bedeutet" (338), wird darauf hinzuweisen sein, dass zunächst zu erörtern wäre, mit welcher tiefenpsychologischen Anthropologie man sich auseinander setzen will.

oder Denecke (1979)[417] auf der letzt genannten Linie. Die Religionskritik Freuds war theologischerseits prinzipiell zurückgewiesen worden, Jungs psychologische Ontologie hatte im protestantisch-theologischen Bereich mit größter Skepsis zu rechnen, die Anthropologie der humanistischen Psychologie zeigte sich zu diesem Zeitpunkt vor allem gegenüber Jung noch ohne eigenständiges Profil, und eine eigenständige „pastoralpsychologische" Anthropologie wurde in der Riemann-Rezeption der 1970er Jahre gerade erst vorsichtig angedacht.[418] Von daher wird evident, dass die solcherart geäußerten theologie- und kirchenkritischen Anklänge im Raum der Theologie auf Widerstand stoßen mussten, und so zum Einen das Anliegen der psychoanalytisch fundierten Berücksichtigung der Persönlichkeit des Predigers im homiletischen Diskurs erschwert wurde, zum anderen die Frage des Gottesbildes ausgeklammert blieb. Autoren wie Fuchs (1978) oder Denecke (1979) beschränkten sich in der Folge zweckmäßiger Weise ganz auf die Demonstration der praktische Relevanz eines scheinbar weltanschaulich „neutralen" Persönlichkeitsmodells unter pragmatischer Perspektive für die Praxis der Verkündigung.[419]

---

415 Liersch (1977), benennt am deutlichsten die ontologische Dimension in den Prämissen Riemanns: Bisher sei wenig beachtet worden, dass Riemann die vier Typen mit den ‚vier mächtigen Impulsen' in Beziehung setzt, die unsere Welt bestimmen, was auch seinem Werk „Lebenshilfe Astrologie" von 1976 deutlich werde – darin ginge es Riemann um „einen wissenschaftlich verantwortbaren Umgang mit dem astrologisch-ganzheitlichen Denken und Symbolverständnis, das uns wieder der ‚groß göttlich Ordnung' innewerden lassen soll, ‚deren Vorbild wir immer notwendiger brauchen',"(Liersch, 1977, 229, FN 67). Den Verdacht, dass sich dadurch „unbiblisches Ganzheitsdenken einschleiche" versucht er dadurch zu entkräften, dass er den trinitarischen Gedanken mit einbringt: „Quer zur Quaternität des Menschen steht allerdings die Trinität" (229).

416 Fuchs (1978a) verwehrt sich ausdrücklich gegen eine Übernahme des Strukturmodells der Psyche nach Freud und möchte die Auseinandersetzung über die theoretischen Grundlagen eines Persönlichkeitsmodells bewusst vermeiden: „Wichtig ist für uns nur, dass bestehende Strebungen der Menschen (egal wie sie entstanden sind und woher sie kommen) durch neue sozial vermittelte Erfüllungsangebote lenk- und differenzierbar sind" (Fuchs, 1978a, 163, FN 33).

417 Denecke (1979), 32, deklariert sein Vorverständnis zu Riemann am deutlichsten: „Unser eigenes, im Folgenden entwickeltes Modell knüpft an eine der Jungschen Typenlehre verwandte Typologie an (...)".

418 Vgl. vor allem Riess (1970), 317, und Fuchs (1978a), 67.

419 Dass es den Gedanken einer möglichen „weltanschaulich neutralen" Übernahme psychologischer Theorien und Methoden auch explizit gab, lässt sich am Beispiel Winklers (1974), 118, dokumentieren. Dort vertritt Winkler die These, dass der pastoralpsychologische Aspekt „sich von den Umständen her als mehr oder weniger erforderlich erweisen" könne, er ließe sich aber „jedenfalls weltanschaulich neutral in Gebrauch nehmen". Weiter heißt es dann: „Gerade diese weltanschauliche Neutralität der Pastoralpsychologie wird theologischerseits immer wieder in Frage gestellt. Es besteht die Gefahr, dass die Auseinandersetzung in lähmender Weise an diesen Punkt fixiert bleibt. Dieser unheilvollen Fixierung ist jedoch nicht nur durch immer weitere intellektuelle Differenzierung des Problems zu wehren. Ihr sollte vor allem durch verbreitete emotionale Erfahrung im anthropologischen Bereich

In diesem Sinn ist weiters auch zu beobachten, dass der Fokus zunehmend auf das „Wie" der Predigt bis zur vollständigen Vernachlässigung des „Was" in der Predigt und der eventuell daraus resultierenden Prämissen oder Konsequenzen für ihre Gestaltung zentriert wird.[420] Immer weniger interessiert allerdings das weite Feld der Predigtvorbereitung durch Meditation, dem persönliche Umgang mit dem Text oder den kreativen Prozessen bis zur Verschriftlichung der Predigt;[421] in der ge-

---

begegnet werden. (...) In diesem Sinne kann und soll Pastoralpsychologie als die *unserer Situation entsprechende Wahrnehmungshilfe* im Hinblick auf die anthropologische Wirklichkeit von der praxisbezogenen Theologie in Gebrauch genommen werden. Wird der Pastoralpsychologie innerhalb der Praktischen Theologie diese allgemein Funktion zugestanden, so erübrigen sich alle theologisierenden Interpretationen im Detail!" (Hervorhebungen im Original). Vgl. auch die Position bei Schütz (1977), 69: „Soll Seelsorge sich an eine natur- oder geisteswissenschaftlich orientierte Psychologie anschließen, an die Gestaltpsychologie ...? Mit Haut und Haaren verschreiben kann sie sich keiner von ihnen. Eine Lehre von der Seelsorge ist nicht an einen systematischen Gesamtentwurf der wissenschaftlichen Psychologie gebunden; sie ist pragmatisch und selektiv in der Auswahl und Übernahme einleuchtender, klärender und erhellender psychologischer Zusammenhänge und Erkenntnisse, soweit sie sich im Rahmen der Seelsorge verifizieren lassen und sich im Umgang mit Menschen bestätigen." Im Anschluss an Gedanken dieser Art ist exemplarisch für eine Arbeit späteren Datums auch die Verwendung des Riemannschen Modells bei Plieth (1994) unter völliger Abstinenz gegenüber jeglicher methodischer Reflexion zu sehen. Für ihre „Theoretische Verhältnisbestimmung – Kategorial erfasst" (139–165) zwischen Seelsorge und Psychologie bietet ihr Riemann mit seinen Grundformen der Angst eine Schlüsselfunktion (156–165): „So wie F. Riemann von ,neurotischen Varianten der Strukturtypen' (...) redet, kann ich – bezogen auf das Verhältnis von Seelsorge und Psychologie (Psychotherapie) – von schizoid, von depressiv, von zwanghaft und von hysterisch geprägten Zuordnungsmustern (,Gegnungs-Modellen') sprechen (158). Plieths Schlussplädoyer lautet schließlich: „Je mehr Seelsorger sich der Vollständigkeit und Ausgewogenheit der verschiedenen Weisen des In-der-Welt-Seins annähern und diese auch auf sich zukommenden Fremdgrößen applizieren, desto geringer wird das Maß der Angst vor Selbst- und Fremdwahrnehmung werden. Und je besser sie sich selbst und andere wahrzunehmen und einzuschätzen lernen, desto eher können sie es wagen, am anderen zu partizipieren bzw. den anderen an sich partizipieren zu lassen." (165)

420 Die durchgängige Kritik an der Dominanz eines dogmatischen Predigtbegriffs (vgl. auch Lange, 1976) in den 1970er Jahren wird auch von Riess vertreten: „In der homiletischen Theorie darf demzufolge die „Was"-Frage nicht länger dominieren und die spezifisch homiletischen Fragen desavouieren." Unter Bezug auf Ernst Lange („Wozu ist was, wem, wann, wo und wie zu predigen?") ergänzt Riess die Fragerichtung für die Homiletik: „und durch wen?" (Riess, 1970, 297). Gerade bei Riess ist dann allerdings zu beobachten, dass das „Was" der Predigt sich auf „das gute Wort" reduziert, das es einfühlsam und konkret zu verkündigen gilt (314). Vgl. auch Fuchs (1978a), 60: Es ginge vor allem darum, „dass der Prozess der Verkündigung, das ,Wie' (ob er nun vom Anspruch oder von der Gnade Gottes, vom Kreuz als Forderung oder als Heil spricht), die Erfahrungen der Menschen ernst nimmt, sodass sie in jeder Predigt eine Anerkennung ihrer selbst erfahren und damit ein Stück sich selber geschenkt werden."

421 Riess (1970), 313, nennt am Ende des inhaltlichen Teiles noch folgende Zusammenhänge, die einer Behandlung zugeführt werden könnten: „Predigtgeschehen und Abwehrvorgang, Predigtgeschehen und Schuldgefühle, Predigtgeschehen als Ausdrucksgeschehen, Predigtgeschehen als kreativer Prozess"; diese Themen, die bei Haendler noch einen

genständlichen Linie der Literatur wird die Beschäftigung hinsichtlich der Vorgangsweise bei der Predigtgestaltung auf die Fragestellung eingeschränkt, wie dem Hörer durch bewusste und „kontrollierte" Gestaltung des Kommunikationsprofils der Predigt bestmöglich persönliche Hilfestellung angeboten werden könnte, damit für ihn der Gottesdienstbesuch wieder attraktiv werde.[422]

Das Anliegen eines therapeutisch konnotierten Lebenshilfe-Gedankens reicht schließlich bis zur pointierten Idee Köllermanns, den Akt der Predigt zu einer Art therapeutischem Gruppengespräch zu gestalten.[423] Das Ziel der Vermittlung einer – wie auch immer akzentuierten – Botschaft des Evangeliums für den Menschen, die zum Glauben führen soll, tritt kaum mehr in Erscheinung, und das sekundäre Moment, einer dadurch möglicherweise zu erreichenden Verbesserung der Lebensqualität einschließlich der Abdeckung der „religiösen Bedürfnisse",[424] wird vorrangig behandelt.[425] Hoffnung wird in erster Linie daraus geschöpft, dass die Kommunikationsstrukturen im Sinne der vier Antinomien des Lebens im Predigtgeschehen bewusst optimiert und gezielt eingesetzt wer-

---

gewichtigen Stellenwert innehatten, verschwinden in der hier behandelten Literatur in der Folge jedoch völlig und werden erst später teilweise wieder aufgegriffen (Siehe z.B. Rothermund, 1984, 143ff., mit seinen Ausführungen zur „Kreativen Predigtarbeit").

422 Siehe programmatisch Riemann (1974), 153: „Alle seelsorgliche Tätigkeit spielt sich ab zwischen einem Seelsorger und einem oder mehreren Hilfe, Trost oder Führung Suchenden. Die Wirkung des Predigers hängt unter anderem sehr wesentlich davon ab, ob und wie tief er sein Gegenüber versteht, sich in es einfühlen, es ‚erreichen' kann. Jeder, der auf einem ähnlichen Gebiet tätig ist, weiß, wie verschieden Menschen angesprochen werden wollen, je nachdem, was ihnen ‚fehlt', welche Hilfe sie brauchen. Denn auch die Hilfe Suchenden gehören in verschiedener Akzentuierung zu diesen vier Persönlichkeitsstrukturen. Die Persönlichkeit des Predigers steht also immer verschiedenen Fremdstrukturen gegenüber; so wenig es ‚den' Prediger als gleichartige Persönlichkeit gibt, so wenig gibt es ‚den' Christen oder ‚den' Atheisten". Siehe z.B. auch Köllermann (1970), 9f., oder Fuchs (1978a), 84, der mit seiner Methode „Diagnose" und „Therapie" für die Predigt anbieten will, um „die mögliche Produktion ganz anderer Texte mit anderen Strebungsdominanzen durch die gleiche Person" zu befördern (methodische Vorschläge: 135f.). Siehe auch die Demonstration anhand eines Textes für die Weihnachtspredigt bei Denecke (1979), 155ff.

423 Siehe Köllermann (1970), 19.

424 Dieses Motiv wird sehr plastisch greifbar bei Riemann (1974), 165f., wenn er auf Basis seiner Typologie vier religiöse Bedürfnisse des Menschen benennt, die es zu erfüllen gelte. Demgegenüber wesentlich differenzierter z.B. Fuchs (1978a), 26.

425 Vgl. im Unterschied dazu Klostermann (1970), der noch ganz auf Haendler fußt und nach der Beschäftigung mit der „subjektiven Wirklichkeit der Persönlichkeit" die „spirituelle Bildung und Weiterbildung des Verkünders" einfordert, da er nur als Zeuge seines persönlichen Glaubens das eigentliche Ziel erreichen könne, auch im Hörer Glauben zu wecken (407). Siehe dazu auch Rössler (1986), 177f., mit dem durch den Einfluss der amerikanischen Seelsorgebewegung sich in den Vordergrund drängenden Aspekt der „Lebenshilfe" im Bereich der Seelsorge.

den.[426] In weiterer Linie wird dieser Ansatz dann mit Sprachwissenschaft oder Rhetorik verknüpft, die als Transportmittel dieser Hilfestellung für den Menschen in Erscheinung treten.[427]

Schließlich ist als ergänzender, sich immer mehr herauskristallisierender Schwerpunkt das Persönlichkeitstraining im Sinne von Kommunikationstrainings sowie Einzel- und Gruppentherapie zu beobachten.[428] Dieser wird für Aus- und Weiterbildung von Predigern eingemahnt und soll eine adäquate Umgangsweise mit der Predigt, den dazugehörigen Predigtanalysen und deren Kommunikation gewährleisten bzw. eine „persönliche" Basis für alle Ebenen der Vermittlungsarbeit in der Verkündigung legen.[429]

1.5 Zwischenbilanz

Bei der Sichtung der homiletischen Literatur ist zunächst zu sehen, dass Wolfgang Trillhaas als Vertreter der Tradition der Dialektischen Theologie trotz eines ausdrücklich pastoralen Anliegens von einer Exklusivität der „objektiven Wirklichkeit Gottes" ausgeht, die eine Frage nach dem Zusammenhang von Persönlichkeit und Gottesbild weder konzeptionell noch im Sinne seiner eingeforderten „Menschenkennerschaft" in den Blick kommen lässt. Die absolute Unverfügbarkeit Gottes und das menschlich unfassbare Ereignis des Wortes Gottes, von dem der Mensch im Herzen bewegt und zur „Bejahung" geführt wird, lassen keine Infragestellung oder „Psychologisierung" dieses Geschehens zu. Das persönliche Moment im Predigtgeschehen kann im Rahmen der Homile-

---

426 Siehe z.B. Riemann (1974), 166: „In einer Zeit der Krise der Kirche und des christlichen Glaubens, wie in der Gegenwart, erscheint es als besonders wichtig, dass die Prediger alle vier Elemente religiösen Erlebens anzusprechen verstehen."
427 Siehe Fuchs (1978a); Vgl. auch später Rothermund (1984).
428 Siehe z.B. Riess (1970), 314ff. oder Riemann (1974), 166: „Selbsterfahrungen in Einzel- und Gruppentherapie können dem Prediger hilfreich sein, eigene neurotische Verhaltensweisen zu erkennen und abzulegen (...)". Fuchs (1978a), 128f und 140f., will Trainings mit Hilfe des Strukturmodells eher in der Fortbildung von Predigern positioniert wissen, da sonst „die erste Spontaneität junger Seelsorger" zu früh „gedrosselt" würde; und vertritt den Gedanken einer „homiletischen Therapie", die durch die „pastoralpsychologische Analyse" von Predigten initiiert würde (144f.).
429 Vgl. dazu das Urteil Rösslers (1986), 193, im Blick auf die Seelsorge: Den im kirchlichen Raum für die Seelsorgeausbildung neu übernommenen psychologischen Methoden liegt folgendes „Ausbildungsprinzip" zugrunde: „Die Kompetenz des Seelsorgers wird nicht durch die Aneignung einer Methode erworben, sondern durch die Bildung, die seine gesamte Persönlichkeit und also seine individuellen, intellektuellen und die seiner religiösen Subjektivität entsprechenden Fähigkeiten so fördert, dass er das ihm mögliche Maß an seelsorgerlicher Vertrauenswürdigkeit gewinnt."

tik nur insofern zum Thema werden, als es nach Möglichkeit unter Kontrolle zu bringen ist, damit die Erkenntnis des Wortes Gottes nicht durch die menschlichen „Affekte" gestört wird. Trillhaas setzt voraus, dass es eine „wahre" Erkenntnis Gottes gibt, deshalb bedarf es bei ihm auch keiner Überlegungen zu Fragen des Gottesbildes. Darüber hinaus betrachtet er die Psychologie insofern mit Skepsis, als sie das Theologische unter Kontrolle bringt oder zu einer Ersatzreligion macht.

Die bereits am Ende der Ausführungen zu Trillhaas angestellte Überlegung, dass die Reflexion des als anthropologische Prämisse vorausgesetzten, bewegungsfähigen „Herzen" als das persönliche Moment im Glaubensgeschehen „die Unbedingtheit und Wahrheit der Offenbarung Gottes" nicht antasten muss, wird bei Otto Haendlers Untersuchung zum Gott-Vater-Bild deutlich. Haendler erarbeitet für Seelsorge und Homiletik Gesichtspunkte zur „Reinigung" des Gottesbildes von irdischen Vaterbildern, stellt aber im Gespräch mit der Tiefenpsychologie von C.G. Jung auch grundsätzliche Überlegungen zur Gottesbildthematik an. Sein dabei angewandter „psycho-theologischer" Kunstgriff, mit dem er psychologische Theorien seinen theologischen Prämissen einordnet, hält zwar einer kritischen Betrachtung der Inverhältnissetzung von Psychologie und Theologie ebenso wenig stand wie seine Vorgehensweise in der Predigtlehre, wo die theologischen Grundwahrheiten hinter der Ontologie Jungs zu verschwinden drohen, sein Engagement um die Frage der „Persönlichkeit des Predigers" wurde jedoch für die homiletische Literatur eines ganzen Jahrzehnts richtungsweisend.

In den 1970er Jahren findet sich das ganze Feld des Predigtgeschehens unter dem Blickwinkel des neopsychoanalytischen Persönlichkeitsstrukturmodells nach Riemann untersucht: der Prediger selbst, der Hörer, der Gottesdienst und ansatzweise die biblischen Texte und Autoren. In der späteren Literatur wird auf die dort gezeigten Ergebnisse verwiesen, ohne im gegenständlichen Sachbereich substanzielle Weiterentwicklungen anzubieten. Das umfassendere Anliegen Haendlers mit seiner Art der Frage nach der Persönlichkeit des Predigers blieb jedoch auf der Strecke und machte einem pragmatischen Interesse Platz, das sowohl auf grundsätzliche theologische Fragestellungen als auch auf die Erörterung der Implikationen, welche die Übernahme einer Persönlichkeitstheorie aus der psychoanalytischen Tradition für die theologische Inanspruchnahme erfordert, verzichtete. Die bei Haendler zumindest außerhalb der unmittelbaren homiletischen Erörterungen in den Blick genommene Frage nach dem Zusammenhang von Persönlichkeit und Gottesbild taucht zwar bei Reinmar Tschirch kurz auf, wird aber bei diesem zum Zweck der Kirchenkritik auf eine Weise instrumentalisiert, dass sich weitere Autoren davon distanzieren und keine weiteren Überlegungen in diese Richtung anstellen. Man beschränkt sich auf den Ruf nach Ausgewogenheit zwischen den vier Grundstrebungen im menschlichen Leben auf allen Gebieten der Homiletik und insbesondere im Blick auf die Persönlichkeit des Predigers und seine Kommunikationskompetenz, um die Qualität der Predigt zu verbessern und die Kirchen wieder füllen zu können.

Die Kernfrage, wie der Zusammenhang zwischen Persönlichkeit und Gottesbild auf Basis eines offenen Gesprächs mit der Psychoanalyse ohne gegenseitige Vereinnahmungen verstanden werden, und was diesbezüglich im Bereich der Homiletik berücksichtigt werden könnte, bleibt offen. Die homiletische Konzeption Langes wendet sich – fast zeitgleich zum Rezeptionsvorgang der Neopsychoanalyse im homiletischen Diskurs – sozialwissenschaftlichen Aspekten des Predigtgeschehens zu und widmet seine Hauptaufmerksamkeit der „homiletischen Situation" und dem „Hörer", dessen konkrete Lebenssituation es zu berücksichtigen gelte. Unter kritischer Abgrenzung gegen die verhängnisvolle Dominanz des dogmatischen Aspektes in der Homiletik der Dialektischen Theologie will er der Predigt durch Wahrnehmung des Hörers und durch Konzentration auf das „Wie" der Predigt neue Impulse vermitteln. Lange gelingt es in seinen Ausführungen, die Elemente seines „Verstehenszirkels" von Text, Prediger und Hörer, in ausgewogenem Maß zu berücksichtigen und in einem theologischen Gesamtkonzept zu verorten. Diese Stärke des homiletischen Ansatzes lässt Lange, abgesehen von der hohen Akzeptanz der von ihm initiierten „Predigtstudien", bis zum heutigen Tag zur Referenz für eine eigenständige Linie in der fachspezifischen Literatur werden. Der Horizont der von Lange inspirierten Literatur reicht von den Bemühungen um die Rhetorik über die Integration neuerer soziologischer Ansätze in die Homiletik bis hin zur Aufmerksamkeit auf den Aspekt „gelebter Religion"[430] auf Seiten der Hörer. Wenn Lange das „psychologische" Thema von Persönlichkeit und Gottesbild auch selbst nicht thematisiert, so eröffnet sein homiletisches Konzept doch den Raum zu dessen Untersuchung. Unter Umständen könnte Langes sozialwissenschaftlich inspirierter theologischer Ansatz, der sowohl zentrale Anliegen der Tradition der liberalen Theologie in sich aufnimmt als auch wichtige Aspekte der dialektischen Theologie berücksichtigt, eine Möglichkeit bieten, pastoralpsychologische Forschungen mit weiteren zentralen Komponenten der Praktischen Theologie zu verknüpfen.[431]

---

430 Siehe den Untertitel der jüngsten Veröffentlichung von Gräb (1998): „Eine praktische Theologie gelebter Religion".

431 Vgl. dazu bereits Gräb (1998), mit seinen „Lebensgeschichten, Lebensentwürfen, Sinndeutungen".

2. Persönlichkeit und Gottesbild in der Seelsorge

Bei der exemplarischen Untersuchung der Literatur zur Seelsorge soll zunächst Eduard Thurneysen zur Sprache kommen, da er unter anderem aufgrund seiner engen Verbindung zu Karl Barth als genuiner Vertreter der dialektischen Theologie anzusehen ist, und sich die polarisierte Debatte um die Konzeptualisierung der Seelsorge bis zum heutigen Tag vor allem auf Thurneysen bezieht.[1] Als Vertreter eines alternativen, pastoralpsychologischen Ansatzes soll Joachim Scharfenberg in die Diskussion einbezogen werden. Neben vielen anderen Autoren, die es sich vor allem unter dem Einfluss der amerikanischen Seelsorgebewegung zur Aufgabe gemacht haben, die therapeutische Dimension der Seelsorge hauptsächlich unter dem pragmatischen Gesichtspunkt der Effizienzsteigerung zu betonen,[2] wie z.B. auch Dietrich Stollberg,[3] bietet Scharfenberg als Einziger den Versuch einer umfassenden theoretischen Begründung und Ausrichtung seines Konzeptes.

Da die Seelsorgetheorie-Debatte der letzten Jahrzehnte von der Differenz zwischen dem Verkündigungs-Paradigma der dialektischen Theologie und dem therapeutischen Paradigma geprägt ist, melden sich andere Versuche der Konzeptionalisierung von Seelsorge, wie zum Beispiel die von Isolde Karle in Auseinandersetzung mit Scharfenberg eingemahnte gesellschaftstheoretische Begründung der Seelsorge,[4] Christoph Morgenthalers systemtherapeutische Seelsorge[5] oder Schneider-Harpprechts

---

1 Vgl. Hauschildt (2000), 61.

2 Vgl. dazu die Bemerkung von Rössler (1986), 177: „Eine neue Konstellation für das Verhältnis von Seelsorge und Psychologie entstand durch die amerikanische Seelsorgebewegung, die seit Beginn der 1960er Jahre in der Praktischen Theologie und in der kirchlichen Ausbildung mit großer Zustimmung aufgenommen wurde (...). Die Veränderungen im Verständnis der Seelsorge führten dazu, dass die Aufgabe der ‚Lebenshilfe' jetzt deutlicher an praktischen Methoden für das seelsorgliche Gespräch und an deren Resultaten orientiert wurde." An anderer Stelle fragt Rössler kritisch, ob die notwendige Relativierung der methodischen Schwerpunktsetzung auf den theologischen Begriff der seelsorgerlichen Aufgabe hin genügend berücksichtigt werde, und ob das Problem der mit den psychologischen Methoden übernommenen Anthropologien hinreichend reflektiert werde (Rössler, 1986, 179f.); siehe auch den Exkurs zur „Praxis der Seelsorge" bei Rössler (1986), 193–197.

3 Siehe z.B. Stollberg (1972) oder Stollberg (1978). Eine prägnante Darstellung der Gesamtwerkes von Stollberg im Kontrast zu Thurneysen bietet Winkler (1997), 23–74.

4 Siehe Karle (1996).

5 Siehe Morgenthaler (2000).

„Interkulturelle Seelsorge"[6] erst in den letzten Jahren vorsichtig zu Wort.[7] Dass vor allem die soziologische Perspektive hoch relevante Gesichtspunkte für die verschiedenen Bereiche der Praktischen Theologie bereithält, wurde bereits am Beispiel Ernst Langes deutlich. Da die erwähnten punktuell eingebrachten Ansätze, die häufig einer psychoanalytisch-therapeutischen Engführung der Seelsorge entgegenwirken wollen, keine direkten Impulse für die Gottesbildfrage vermitteln, werden sie im Folgenden keiner eigenständigen Analyse zugeführt.

2.1 Seelsorge als Verkündigung des Wortes Gottes bei Eduard Thurneysen

In enger persönlicher und fachlich-theologischer Verbindung zu Karl Barth stehend[8] hat sich Eduard Thurneysen in besonderer Weise für den Bereich der Seelsorge verantwortlich gesehen[9] und kann mit seinem Engagement als „Gewährsmann" einer Ausrichtung angesehen werden, die unter dem Begriff „kerygmatische Seelsorge" in die Fachliteratur eingegangen ist.[10] Ein wesentliches Interesse seiner Polemik besteht darin, gemeinsam mit Karl Barth den Schrift- und Offenbarungsglauben gegenüber der „natürlichen Theologie", die vor allem in Gestalt des „Neu-

---

6 Siehe Schneider-Harpprecht (2001).
7 Vgl. dazu Hauschildt (2000), 66–70, der die Ansätze der letzten Jahre nach dem Gesichtspunkt eines bisher zu wenig berücksichtigten Aspekts in der Seelsorgetheorie systematisiert; diese seien: Gleichheitsdefizit, Soziologiedefizit, Pluralitätsdefizit, und Alltagsdefizit.
8 Siehe Winkler (1997), 29f.
9 Winkler (1997), 30, stellt fest: „Bei näherem Hinsehen wird sehr schnell deutlich, dass sich Barth sehr wenig originell und speziell um das Gebiet der Poimenik bemüht, sondern sich auf die ‚Mitarbeit' seines Freundes Thurneysen voll und ganz verlässt." Siehe auch den bei Quervain (1977), 31f. angeführten Briefwechsel zwischen Barth und Thurneysen zu Fragen der Seelsorge.
10 Vgl. z.B. Riess (1973), 154: „Thurneysen ist der Sicht der kerygmatischen, aufs Wort konzentrierten Seelsorge durch alle seine Arbeiten hindurch in einem Maße treu geblieben, dass er geradezu als ihr Gewährsmann gelten muss." Winkler (1997), 45, stellt fest, dass Thurneysen in der poimenischen Literatur „als Inaugurator und einflussreicher Vertreter der sog. ‚kerygmatischen Seelsorge' gilt und seine ‚Lehre' unter diesem Vorzeichen ihren geschichtlichen Stellenwert erhalten" habe; „unter diesem zusammenfassenden Begriff" sei sie „in großer Breite nachvollzogen, ausdifferenziert und auch massiv kritisiert worden." Thurneysens erste grundlegende Arbeit wurde 1928 unter dem Titel „Rechtfertigung und Seelsorge" veröffentlicht (Thurneysen, 1928). Diesen grundlegenden Ansatz hat er in der Folge in den beiden großen Seelsorgebüchern ausgeführt (Thurneysen, 1994, „Die Lehre von der Seelsorge" – Erstveröffentlichung im Jahr 1946; Thurneysen, 1968, „Seelsorge im Vollzug", in denen sein kerygmatischer Grundentwurf durchgehend fortgeschrieben und entfaltet wurde); vgl. Rössler (1962), 30, für den inneren Zusammenhang der beiden genannten Werke, sowie insgesamt Ziemer (2000), 81. Im Zentrum der folgenden Darstellung und Analyse der Positionen Thurneysens steht seine „Lehre zur Seelsorge", da er sich in ihr am umfassendsten mit den relevanten Fragestellungen auseinander setzt.

protestantismus" anzutreffen sei, auf neue Weise vor allem für eine „wirkliche" Seelsorge zur Geltung zu bringen.[11] Die befreiende Botschaft des Wortes Gottes bildet für Thurneysens Verständnis Ausgangspunkt und Ziel allen kirchlichen Denkens und Handelns, das sich in der Verkündigung konkretisiert. Die Praktische Theologie widme ihre Aufmerksamkeit „dem Ausrichten und dem Ausgerichtetbekommen dieser Wahrheit", das heißt dem Predigen in einem grundsätzlichen Sinn, zu dem neben der Predigt „als öffentliche Verkündigung des Wortes Gottes" oder der Katechetik als „hinführende Vorbereitung der Unmündigen" auch die Seelsorge als Verkündigung an den Einzelnen in einer „privaten Gestalt" zu rechnen sei.[12] Dem, was mit der Predigt für alle begonnen wurde, soll nach Thurneysen durch die Seelsorge im konkreten Gespräch mit dem Einzelnen im Kontext seiner Lebensumstände zur Geltung und zur Vervollständigung verholfen werden, oder der Einzelne muss unter Umständen überhaupt erst zum Wort Gottes geführt und in die Gemeinde eingegliedert werden.[13] Der genuine Ort der Seelsorge sei der Lebensvollzug der Gemeinde, näherhin die Aufgabe der Gemeinde, welche sich traditioneller Weise mit dem Begriff der „Kirchenzucht" bezeichnet findet und die darauf ausgerichtet ist, darüber zu wachen, „dass die vom Wort und Sakrament ausgehende Kraft an den Gliedern der Kirche wirklich wirksam" werde.[14] Die moralisierende Tendenz, die dem

---

11 Siehe Thurneysen (1994), 82f.: „Wir haben noch eine letzte Feststellung zu machen, diese nämlich, dass nicht nur in der neuzeitlichen Welt, sondern auch in der *neuzeitlichen Kirche* dieses der Schrift widerstreitende Menschenverständnis Einzug gehalten hat. Hier ist der verheerenden Wirkung des Einbruches einer ‚*natürlichen Theologie*‘ in den Raum von Kirche und Gemeinde zu gedenken. Es ist darunter jenes Denken und das im entsprechende ‚Glauben' zu verstehen, das meint, seine Gotteserkenntnis aus zwei Quellen schöpfen zu können, aus der Offenbarung *und* aus der Vernunft, aus der Heiligen Schrift *und* aus dem im Menschen natürlicherweise fließenden Quell eigenen Denkens, Erfahrens und Erlebens. (...) Wir aber haben sie (sc. die Anthropologie der natürlichen Theologie) in der Neuzeit vor Augen in der Gestalt dessen, was wir *Neuprotestantismus* heißen. Neuprotestantismus und natürliche Theologie sind geradezu ein und dasselbe. (...) Weil aber natürliche Theologie in vielfacher Gestalt unser ganzes theologisches und kirchliches Denken und Tun durchdringt, weil sie die immer wieder gegebene Voraussetzung auch im Denken und Reden unserer Gemeindeglieder und des Menschen von heute überhaupt darstellt, sollte kein Prediger und kein Missionar, der es mit diesem Menschen von heute zu tun hat, vor allem aber auch kein Seelsorger es unterlassen, sich an der von *Barth* geleisteten, abschließenden Untersuchung der Wurzeln und des Wesens aller natürlichen Theologie und ihrer immanenten Gegensätzlichkeit zu allem Schrift- und Offenbarungsglauben zu orientieren." (Hervorhebungen im Original)
12 Thurneysen (1994), 10-13.
13 Thurneysen (1994), 13. 26. Siehe auch Thurneysen (1968), 25f.
14 Thurneysen (1994), 30. Die von Thurneysen an allen Stellen, an denen nur der geringste Zweifel aufkommen könnte, dass menschliches Handeln etwas zum eigentlichen Heilsgeschehen beitragen könnte, betonte Souveränität Gottes wird an dieser Stelle beispielsweise so weiter formuliert: „Die Kirche meint nicht etwa, durch ihr Zucht könne sie selber die wahre Heiligung oder Buße bewirken. Diese wird allein durch das Wort selber gewirkt. Aber die

Wort „Zucht" im Sinne eines Verhältnisses zwischen Lehrer und Schüler innewohne, sei dadurch ausgeglichen, dass der Lehrer, um den es hier geht, die Heilige Schrift selbst sei.[15] Ausgerichtet ist das seelsorgerliche Gespräch auf das Heil der Seele, die im biblischen Sinn als „personale Ganzheit des Menschen nach Leib, ‚Seele' und Geist unter dem Anspruch Gottes" aufzufassen sei.[16] Zur „Ganzheit seiner Existenz" kann nach Thurneysens Auffassung einer „theologischen Anthropologie" der Mensch nur finden, wenn der Dualismus zwischen Leib und Seele im Handeln Gottes aufgehoben wird und seine Personalität und Humanität damit zu ihrem eigentlichen Sinn kommen.[17]

Das „Verständnis vom Menschen", dass er für das Wort Gottes geschaffen sei und erst in ihm zur vollen Verwirklichung seiner Existenz zurückfinden könne, bestimme Wesen und Gegenstand der Seelsorge und mache diese jeder „natürlichen Anthropologie" und jedem Handeln auf Basis der „natürlichen Menschenerkenntnis" überlegen.[18] Allerdings dürfe das „strenge Gegenüber des Wortes und Geistes Gottes" niemals aufgegeben werden – „der Mensch ist und bleibt das Unten, dem das Oben Gottes als ein vom Menschen her Unerreichbares und Unverrückbares gegenübersteht" und der nur durch Gnade „die in Christus wiederhergestellte Ebenbildlichkeit" erlangen könne.[19] Insofern muss nach Thurneysen der Mensch in der Seelsorge zunächst auf sein Sündersein angesprochen werden, damit er die Notwendigkeit der „Heiligung" erkennen und ein neues Leben durch den „wirksamen" und „kräftigen"

Kirche meint allerdings dadurch halte sie das ihr gegebene und von ihr verkündigte Wort in Ehren, dass sie die Glieder der Gemeinde in der Einzelvermahnung nach ihrer Buße und Heiligung frage."

15 Thurneysen (1994), 42.
16 Thurneysen (1994), 45.
17 Thurneysen (1994), 51f. Die begriffliche Unterscheidung wird näherhin definiert: „Pneuma, Geist, wäre dann die eigentliche Benennung für den Anruf Gottes und das darin gründende, verantwortliche Stehen des Menschen vor Gott; mit *Seele* aber wäre der kreatürliche Ort im Menschen bezeichnet, an dem dieses Ansprechen und Verantwortlichwerden des Menschen sich ereignet. (...) Die innere und die äußere Natur, Seele und Leib, stehen nebeneinander, die Seele als das dem Leib Übergeordnete, beide aber haben das Handeln Gottes sich gegenüber als ein Drittes, das an Seele und Leib des Menschen sich ereignet. Dieses Dritte ist aber, auch wo es unausgesprochen bleibt, Gottes Geist und Wort. Denn Gottes Handeln an uns geschieht nie anders als durch seine Anrede im Geist." (51)
18 Thurneysen (1994), 52.
19 Thurneysen (1994), 53f. Dieses für die „wirkliche" Seelsorge unerlässliche „Menschenverständnis" sieht Thurneysen sowohl im Pietismus, als auch im Neuprotestantismus und vor allem im Katholizismus gefährdet (Thurneysen, 1994, 70). Noch schlimmer sei es um eine „vom Wort Gottes gelösten modernen Seelenpflege" bestellt (74). Ohne ganze Erkenntnis der Sünde „mit einem bis an die Wurzeln greifenden illusionslosen Ernst" werde aber auch das kompromisslose Heil für den Menschen im Wort Gottes verstellt (72).

Freispruch Gottes erhalten könne; „Seelsorge heißt darum immer, Gottes Gebot verkündigen und den Menschen in den Gehorsam stellen."[20]

Im seelsorgerlichen Gespräch ginge es zwar auch um ein „Aufgreifen der menschlichen Lebenslage, wie sie sich uns beim Gesprächspartner gerade darbiete", jedoch müsse Gott „zu seinem Recht kommen mit seinem Worte in allen Lebensgebieten der Menschen".[21] Der Seelsorger dürfe der Versuchung nicht erliegen, auf die zumeist mitgebrachten Erwartungen einzugehen, Hilfe durch moralische, mystische oder intellektuelle Beratung zu erlangen, denn die Suche nach einem „gnadenlosen Weg" sei als der natürliche, sündige Widerstand gegen Gottes Wort zu verstehen; irgendwann im Laufe des Gesprächs muss es nach Thurneysen zu einem „Bruch" kommen, „indem wir alles daran setzen, mit ihm aus dem innermenschlich-psychologischen Bereich herauszutreten in jenen ganz anderen, durch das Wort Gottes eröffneten Bereich hinüber".[22] Wenn im Gespräch auch die „natürliche Wortmächtigkeit" des Menschen in Anspruch genommen werde, so könne – ebenso wie Humanität und Personalität – das „Geheimnis der Sprache" als Ausdruck der „Gottebenbildlichkeit" erst wirksam werden, wenn durch den Heiligen Geist das „verbum alienum" Gottes ausdrücklich werde.[23] Das seelsorgerliche Gespräch müsse als gescheitert angesehen werden, wenn es im „bloß weltanschaulichen, philosophischen oder dichterischen Reden" stecken bliebe und nicht im Lesen der Heiligen Schrift und im Gebet zu seinem eigentlichen Wesen fände.[24] Erst wenn es gelänge, „in diesem zunächst vielleicht ganz auf der profanen Ebene anhebenden Gespräch

---

20 Thurneysen (1994), 58.
21 Thurneysen (1994), 109.
22 Thurneysen (1994), 81. Siehe zum Versuch einer würdigenden Aufnahme des häufig als problematisch beurteilten Konzeptes vom „Bruch" bei Thurneysen vor allem Winkler (1988), 447–449, der gegenüber einer „regressiven Tendenz" in manchen Seelsorgekonzepten, die vor einer Konfrontation mit der Identitätsfrage einer „christlichen Seelsorge" zurückscheuen, feststellt: „'Bruch' heißt Wende im selbstverständlichen Verhalten, heißt Störung, harte Zumutung, Verzicht auf Anpassung durch psychologische, juristische, moralische, gesellschaftliche, religiöse Zuordnungsmodelle und Absicherungen. Sie ist damit eine sehr konkrete Ichleistung. Ob sie – ebenso wie die pastoralpsychologische Verordnung, Ambivalenzen auszuhalten und mitzuteilen – in aller Regel eine Überforderung darstellt, ist eine andere Frage. Jedenfalls liegt die Bruchlinie im Gespräch als Herausforderung quer zu jeder Form ,ungebrochener' Regression. Das macht Thurneysens Anliegen in der gegenwärtigen Auseinandersetzung mit dem Zeitgeist plötzlich wieder interessant und aktuell. Lässt sich seine Formel bzw. die mit ihr verbundene Intention vielleicht doch oder gerade heute als kritisches Prinzip und d.h. ,wirklichkeitsentdeckend' in Gebrauch nehmen?" (448f.). Siehe weiters zum Versuch einer positiven Rezeption der These vom notwendigen „Bruch" im seelsorgerlichen Gespräch unter Hinweis auf korrelierende Annahmen z.B. in der Gesprächsführung bei Rogers den diesbezüglichen Diskurs in Winkler (1997), 34f.
23 Thurneysen (1994), 89f.
24 Thurneysen (1994), 94f.

miteinander unter die Gewalt des Wortes Gottes sich zu stellen, dann ist das seelsorgerliche Gespräch zustande gekommen".[25] Denn die „lebendige Seele des Menschen" sei der Gegenstand der Seelsorge[26] und diese könne ausschließlich von ihrer „durch die Menschwerdung Jesu Christi gestifteten Beziehung zu Gott und seinem Wort" recht verstanden werden und zu ihrer Heiligung gelangen.[27]

Da in dem Augenblick, in dem Gott zu Wort komme, ein fundamentaler Ebenenwechsel vollzogen, alles Menschliche von einer völlig anderen Warte aus betrachtet und mit seinem Urteilen und dem daraus folgenden Verhalten in seiner ganzen Vorläufigkeit erkannt werde, durchziehe jedes seelsorgerliche Gespräch die „Bruchlinie" hin zum alles überragenden Urteil des Wortes Gottes.[28] Alles menschliche Reden müsse sich messen lassen „an der Frage, ob es bestehen kann vor der Botschaft des Wortes Gottes oder nicht"; Thurneysen konstatiert: „Je nachdem ist es eine nutzlose, eine unfruchtbare, eine faule Rede, die dem, der sie vernimmt, nichts gibt, eine Rede, die nicht weiterführt, aus der nichts erwächst und wird, oder es ist jene Rede, die dem, der sie vernimmt, Anteil gibt an der Gnade, in der wir selber stehen dürfen."[29] Die „Bruchlinie" markiere den entscheidenden Unterschied zwischen „wirklicher" Seelsorge und „der bloßen Psychologie, der gesellschaftlichen Ideologie und des moralischen Urteils",[30] denn der „Bruch" sei die „Türe, die in ein neues Leben hinüberführt".[31]

Das Ziel der Seelsorge bestehe darin, „dass es im Gespräch selber zu der großen, seelsorgerlichen Wendung, der Störung und Brechung des

---

25 Thurneysen (1994), 95. Nach Thurneysen bleibt für das „menschliche Miteinandersprechen" generell auszusagen, dass es ohne diesen eigenen „Raum der Sprache des Wortes Gottes" (102) lediglich zum Ausdruck bringe, wie fern und fremd Menschen einander seien (100f.); das im Turmbau zu Babel ausgedrückte prinzipiell „Auseinanderbrechen der Gemeinschaft" unter den Menschen (101) könne erst in der Erkenntnis aufgehoben werden, „dass ihr einander Nichtverstehen seinen Ursprung hat in ihrer Sünde, ihrem Getrenntsein von Gott" (102). Die Sprache des Wortes Gottes würde dann zum Raum eines neuen Miteinanders, da es auch den Fremdesten und Feindlichsten zusagt, „dass diese ihre Sünde vergeben ist in Jesus Christus, und dass es in der Kraft dieser Vergebung nun auch ein neues Reden gibt vom Einen zum Anderen, ein Reden, in welchem sich die Fernen zu Nahen, die Feinde zu Brüdern werden" (102). Das seelsorgerliche Gespräch sei insofern ein Spezialfall des Redens unter dem Wort Gottes und ruhe „ganz und gar auf dieser Wirklichkeit einer durch Gottes Wort gestifteten Begegnung" (102). Siehe dazu auch Thurneysen (1968), 77–96, wo er sein theologisches Konzept von der Gesprächsbegegnung als „Seelsorge in Begegnung" ausführlicher entfaltet.
26 Thurneysen (1994), 104.
27 Thurneysen (1994), 100.
28 Thurneysen (1994), 114f.
29 Thurneysen (1994), 99.
30 Thurneysen (1994), 126.
31 Thurneysen (1994), 128.

Gesprächs durch das Hören auf das Wort Gottes komme".[32] Dennoch sei es ein „wirkliches Gespräch", das nicht als „doktrinäres Vorhaben" missbraucht werden dürfe[33] und in dem es zu einer „Doppelbewegung" entlang der Bruchlinie kommen müsse, die im „Aufnehmen und Mitnehmen", im „Zuhören" und „Zusprechen" bestünde.[34] Der Seelsorger müsse sich aller ihm zur Verfügung stehenden Mittel und Kenntnisse bedienen und alles psychologische, juristische, moralische und gesellschaftliche Wissen zur Beurteilung der menschlichen Lage des Ratsuchenden nützen, damit die Bewegung des „Aufnehmens" möglichst gut gelingen kann.[35] Letztlich ginge es aber um eine Entscheidung, die sowohl vom Seelsorger als auch von seinem Gesprächspartner gefordert wird, bei der sich „ein Übergang vollzieht in der Existenz des Menschen von etwas altem Bisherigen zu etwas Neuem".[36]

Da das Wort Gottes von der Sünde und ihrer Vergebung als Zumutung an den Menschen ergehe und mit der berechtigten Angst verknüpft sei, dass das ganze bisherige „ideologische Lebensgebäude" ins Wanken geraten könnte, hat der Seelsorger in der Vorstellung Thurneysens auch mit erheblichem Widerstand gegen das Wort Gottes zu rechnen – der Mensch wehrt sich unter Umständen dagegen, „wie man sich wehrt gegen einen Feind, der einem ans Leben will".[37] Insofern könne das Seelsorgegespräch auch zum „Kampfgespräch" werden, „in welchem um die Durchsetzung des Urteils Gottes zum Heil des Menschen gerungen wird".[38] Der zentrale Inhalt des seelsorgerlichen Gesprächs aber sei – wie in der Verkündigung der Kirche generell – „die Ausrichtung der Vergebung der Sünden in Jesus Christus", und Thurneysen fügt hinzu: „Die Kraft des Trostes, der davon ausgeht, hängt ganz und gar daran, dass die Vergebung bedingungslos ausgerichtet wird, und das heißt frei von aller Gesetzlichkeit und gerade so im Gehorsam gegen das Wort Gottes."[39] Gesetz und Evangelium seien untrennbar miteinander verbunden zu sehen, und die Bedingungslosigkeit der Anrede Gottes gelte es stets in der zweifachen Form von Zuspruch und Anspruch auszurichten.[40] Gesetzlichkeit entstehe dort, wo menschliche Bedingungen an das eine oder das andere geknüpft würden und damit der „Vollzug" der Seel-

---

32 Thurneysen (1994), 121.
33 Thurneysen (1994), 120f.
34 Thurneysen (1994), 116.
35 Thurneysen (1994), 116f.
36 Thurneysen (1994), 127.
37 Thurneysen (1994), 126.
38 Thurneysen (1994), 114, 127.
39 Thurneysen (1994), 129.
40 Thurneysen (1994), 225.

sorge als umfassende „Beschlagnahme" des Menschen durch das von oben kommende, richtende und rettende Wort Gottes getrübt werde.[41] Thurneysen stellt fest: „Je strenger und gewaltiger das Gebot ergeht, desto völliger ist die Beschlagnahme durch die Hand dieses Herrn, desto völliger aber auch unser Geborgensein in dieser Hand (...)";[42] und er kritisiert demgegenüber vor allem eine Art von Betreuung des Menschen, „bei der die kräftige Botschaft von der Rechtfertigung des Sünders aus Gnade allein nicht mehr recht zu hören ist, dafür ein mattes *Sowohl-Als auch,* sowohl Gott und seine Hilfe als auch der Mensch und seine Möglichkeiten, sich selber zu helfen, sowohl Gnade als auch der gute Wille".[43] Wenn der Hilfe Suchende die Möglichkeit zu echter Buße erhalte und des Werkes Christi recht erkennen könne, dann werde er an diesem *objektiven Tatbestand* „subjektiv Anteil im Glauben" erhalten, und es komme durch die zugesprochene Vergebung zu einem umfassenden „Friedensschluss" mit Gott, der das ganze Leben umschließt.[44] Nach Thurneysens Auffassung soll der Seelsorger den Gesprächspartner von vornherein unter der Perspektive sehen, dass er potenziell zum Frieden mit Gott finden kann – Seelsorge sei so betrachtet im Kern Sorge um diesen tiefsten Frieden und könne selbst als „Akt des Glaubens" verstanden werden; keine noch so gute Beratung menschlicher Art könne damit verglichen werden.[45]

Alle Regeln zur Gesprächsführung, die ohnehin für den Einzelfall schwer zu benennen seien, erwiesen sich gegenüber dem Glauben des Seelsorgers und der Entscheidung, jede Gesprächsbegegnung unter dem

---

41 Thurneysen (1994), 143, 225.
42 Thurneysen (1994), 228.
43 Thurneysen (1994), 231. Thurneysen hat hier vor allem das Judentum als „die klassische Gestalt der Verderbnis der Seelsorge" und die Seelsorge der „katholischen Kirche" vor Augen, die nicht mehr die Botschaft von der „freien Gnade" verkünde, da sie ein „Gedankensystem" im Hintergrund habe, dessen Prinzip und Inhalt im Zusammenwirken von Natur und Gnade bestehe (232f.). So könne die Gnadenbotschaft nicht mehr „rein" und „evangelisch" verkündet werden (234), Wiedergeburt und „freudige Buße" seien in ihrem eigentlichen Wesen verstellt (242).
44 Thurneysen (1994), 134f.
45 Thurneysen (1994), 135f; näherhin führt Thurneysen aus: „Solches Ansehen und Anreden des Menschen als Eigentum Gottes ist seinem Wesen nach etwas völlig anderes als eine psychologische oder sonst wie der Vernunft und Erfahrung des Menschen entspringende Feststellung. Es ist reiner Akt des *Glaubens,* ja, es ist *der* Akt des Glaubens schlechthin. Glauben heißt: sich sehen (...) *nicht* als unser Eigen, sondern sich sehen als Jesu Christi Eigen, sich sehen als ganz und gar in seiner Hand liegend. (...) Und wir verstehen nun erst recht, wieso es zu jenem *Bruch* kommt im seelsorgerlichen Gespräch. Diese Bruch ist nichts anderes als das sichtbare Zeichen dafür, dass die Vergebung der Sünden und ihre Erkenntnis in einem grundsätzlichen Unterschied steht zu allem anderen Menschenverständnis." (136; Hervorhebungen im Original)

göttlichen „Von-Vornherein" zu betrachten, als sekundär: „Ob einfach ein Tatbestand abgeklärt wird, ob eine bestimmte Entscheidung zu treffen ist, ob ermahnt oder getröstet wird, ob es um eine Ermutigung geht oder um ernste Zurechtweisung – unser ganzes Reden ströme ab von der Höhe der Vergebung, sein ganzer Inhalt sei ausgesprochen oder unausgesprochen Verkündigung der Barmherzigkeit Gottes in Jesus Christus."[46] Auch wenn der Akt dieser eigentlichen Seelsorge immer ein Wagnis sei, kann der Seelsorger nach Thurneysens Verständnis davon ausgehen, dass es eine Ansprechbarkeit des Menschen für das Vergebungswort Gottes gebe.[47] Er habe laut heiliger Schrift ein „hörendes Herz" als die „subjektive Seite des Glaubens", durch das sich der Mensch von Gott ansprechen lassen könne – insofern sei er auch als der aktiv „beteiligte Hörer des Wortes" zu verstehen.[48] Im Sinne der dialektischen Theologie Thurneysens ist jedoch jedem möglichen Missverständnis, dass es hier zu einem „Zusammenwirken" Gottes mit dem Menschen komme, zu entgegnen, dass Gottes Handeln in der Vergebung „kein Mitspielen des Menschen" kenne – „auch nicht in feinster Gestalt".[49] Für das absolut freie und souveräne Handeln Gottes könne es keine „natürlichen Voraussetzungen" geben[50] – wenn das Herz des Menschen zum Hören komme und damit die Türe für das Wort Gottes öffne, dann sei dies allein als das Werk seiner „Erwählung" zu verstehen, die er durch den Heiligen Geist bewirkt.[51] Da es hier folglich um Zu-

---

46 Thurneysen (1994), 139.

47 Siehe Thurneysen (1994), 155.

48 Thurneysen (1994), 158; „Man könnte die Ansprechbarkeit vergleichen mit einer Türe, durch die hindurch das Vergebungswort eingeht in den Lebensraum des Menschen, um sich dort auszubreiten und von ihm Besitz zu nehmen. Kraft dieser Ansprechbarkeit kommt es zu jenen vom Vergebungswort bewirkten sichtbaren und greifbaren Wandlungen und Wendungen im geistig-psychischen Bereich des Menschen, die die unerlässlichen Anzeichen der Buße sind. Die Vergebung geht ein ins ‚Fleisch', sie wird, was sie von Haus aus gewiss nicht ist, zu einem menschlich fassbaren Tatbestand. Die ganze Realität der Vergebung hängt daran, dass es zu solchen psychischen Wandlungen und Bewegungen kommt, die zwar nicht die Vergebung selber sind, die aber als Entsprechung der ergangenen Vergebung auf Seiten des Menschen auftreten und so gleichsam die menschliche Außenseite und Oberfläche der Vergebung darstellen." (158f.)

49 Thurneysen (1994), 159.

50 Thurneysen (1994), 160.

51 Thurneysen (1994), 161; „Wir sind geöffnet für die Gnade, aber wir sind es nicht von Natur, nicht durch irgendeine uns verliehene Begabung, nicht kraft eines noch so geheimen, seelischen Vermögens, sondern wir sind es, weil und insofern Gott in der unbegreiflichen, grundlosen Freiheit seiner (gnädigen!) Wahl seine Hand nach uns ausstreckt und uns anruft und aufruft, und wir in Kraft dieses seines Wählens und Rufens vor ihm leben. Unsere Ansprechbarkeit für Gott heißt und ist also zuerst und zuletzt unser Erwähltsein von Gott, heißt und ist das alleinige Werk des Heiligen Geistes, der das erwählende Wort spricht und hörbar macht." (161f.)

sammenhänge geht, die letztlich alles Bemühen des Menschen bei weitem übersteigt, kann Seelsorge im eigentlichen Sinn nur als Gebet aufgefasst werden – „Beten ist also nicht nur ein Mittel der Seelsorge, wie man es oft hören kann, auch nicht das hauptsächlichste Mittel":[52] „Es ist vielmehr die Mitte selber alles seelsorgerlichen Tuns", „Seelsorge ist Beten."[53] Wenn dennoch eine „Weisung zum Gebet" ausgesprochen wird, dann gilt sie zunächst dem Bitten um den Heiligen Geist, weiters dem Gebet für sich selbst und für den anderen und schließlich dem Gebet mit dem anderen.[54]

Als wichtigste Voraussetzung, die der Seelsorger als Person mitzubringen hat, gilt daher für Thurneysen: Er muss vor allem den persönlichen Glauben haben, durch den er im Gebet Gottes Wort empfängt, der ihn zu einem lebendigen Glied der Gemeinde macht und der zugleich als Zeichen seiner Berufung anzusehen ist; darüber hinaus muss er die „Versenkung ins Wort Gottes" pflegen und sich schließlich selbst einen Seelsorger suchen.[55]

Es ist die metaphysische Gesamtsicht, die bei Thurneysen ganz im Vordergrund seiner „Lehre von der Seelsorge" und seinen Ausführungen zur „Seelsorge im Vollzug" steht. Sein Engagement wendet sich dem theologischen Kern einer kirchlichen Seelsorge zu, die aus seiner Sicht deshalb in Schwierigkeiten gekommen sei, weil die „moderne Seelenpflege und Seelenleitung, wie sie außerhalb der Kirche, wenn auch von außen tief in sie hineingreifend, sich vorfindet", ihre Mitte verloren habe und auch die kirchliche Seelsorge oft nur mehr „in irgendeiner Form säkulare Lebensweisheit, Persönlichkeitspflege oder Psychologie betreibe".[56] Ein Psychologe wie C.G. Jung habe darauf aufmerksam machen müssen, dass „parallel mit dem Niedergang des religiösen Lebens die Neurosen sich beträchtlich vermehrt hätten".[57] Gegenüber der allgemeinen „seelischen Verwahrlosung in der Gesellschaft" und dem „unerhör-

---

52 Thurneysen (1994), 213, formuliert sogar: „Nichts Schlimmeres als geistliche Therapeuten, die gleich heidnischen Medizinmännern den Glauben und das Gebet als *Mittel* benützen, um Heilerfolge zu erzielen! Von solcher Absichtlichkeit führt ein direkter Weg in die Magie."
53 Thurneysen (1994), 166.
54 Siehe Thurneysen (1994), 165–172.
55 Siehe Thurneysen (1994), 300–306. Zusammenfassend formuliert Thurneysen (1994), 298: „Der Seelsorger ist Träger und Übermittler der Botschaft von der Vergebung. Er handelt nicht in eigener Kraft und Vernunft, sondern aus Berufung. Dazu muss er selber im Wort und in der Gemeinde wurzeln und aus dem Glauben an die Vergebung leben. Er soll die Menschen nicht an sich, aber er darf sie an den Herrn der Kirche binden, indem er sie zum Worte führt und für sie im Gebet verharrt."
56 Siehe Thurneysen (1994), 73f. Siehe dazu vor allem auch Thurneysen (1968), 45–57 zur „Krisis unserer seelsorgerlichen Praxis", die er in sieben einzelnen Punkten entfaltet.
57 Thurneysen (1994), 75.

ten Zerfall der Kirchlichkeit" sei es an der Zeit, zur „wirklichen" Seelsorge zurückzufinden und dem Menschen mit seinem „tiefen Mangel an innerem Halt, an Klarheit und Kraft seines seelischen Lebens" wieder Orientierung zu geben.[58] Thurneysens theologische Option, die eine umfassende Gesamtsicht der Vorgänge zwischen Mensch und Gott beinhaltet, wird konsequent in alle Einzelheiten der seelsorgerlicher Belange hinein entfaltet. Diese Art von Seelsorgetheorie kann wie eine eigene, abgeschlossene gedankliche Welt wirken, die sich selbst gegen jede Art von Relativierung oder Infragestellung abschottet und von Apologetik gegen die verschiedensten anderen theologischen oder säkularen Weltanschauungen und Konzeptionen durchzogen ist. Dass die Erkenntnis Gottes und das Verständnis der Bibel in irgendeiner Form der Beschränkung durch die Subjektivität der persönlichen Rezeption unterliegen könnten, wird rigoros abgelehnt. Der Glaube an das Wort Gottes mit den darin wurzelnden Erklärungen und Deutungen der Wirklichkeit, wie Thurneysen sie versteht, sei keine Weltanschauung, die mit irgendetwas anderem verglichen werden könne.[59]

Dass diese Art von Haltung und Einstellung in mancherlei Hinsicht den Blick auf die Wirklichkeit, wie andere sie wahrnehmen, stark beschränken und letztlich auch zu einem Verlust an Wirklichkeitsbezug führen kann, liegt auf der Hand.[60] Vor allem im Blick auf die Praxis der Seelsorge stellt sich die Frage, wie und ob die von Thurneysen theoretisch immer wieder neu bemühte Gratwanderung zwischen Gesetz und Evangelium durch die Vertreter einer „kerygmatischen Seelsorge" auf dem Hintergrund des exklusiven Anspruch auf das rechte Menschenverständnis aufrecht erhalten und praktisch verwirklicht werden kann. Weiters muss kritisch gefragt werden, wie die bei Thurneysen im Zuspruch der Vergebung verankerten Begriffe vom „Kampfgespräch", dem „Patrouillengang" zu den vielfältigen Anliegen des Menschen[61] oder der

---

58 Siehe Thurneysen (1994), 75.
59 Siehe Thurneysen (1994), 185: „Nicht dass der christliche Glaube seinerseits eine eigene These weltanschaulicher Art über die Natur des Menschen ins Feld zu stellen hätte. Das Menschenverständnis des Glaubens hat nichts zu tun mit weltanschaulicher Deutung der Menschennatur."
60 Rössler (1962), 96, urteilte am Ende seiner Untersuchung zum „Menschenbild der neueren Seelsorgelehre und des modernen medizinischen Denkens im Zusammenhang der allgemeinen Anthropologie", dass die besonders von Thurneysen beanspruchte Exklusivität der Theologie hinsichtlich der Anthropologie zu einem „Wirklichkeitsverlust" führen würde, und damit „ein entscheidendes Problem für die neuere Seelsorgelehre gegeben sei."
61 Siehe Thurneysen (1994), 109.

„Beschlagnahmung des Menschen durch Gott" von manchen Praktikern rezipiert und praktisch umgesetzt werden.[62]

Thurneysen selbst scheint geprägt durch positive persönliche und berufliche Erlebnisse mit Seelsorge, die den Erfahrungshintergrund seiner theoretischen Erörterungen darstellen und denen er theologisch nachzudenken trachtet.[63] Seine prinzipiellen Annahmen und anthropologischen Prämissen verstellen zumindest bei ihm selbst nicht den würdigenden Blick auf das, was sich jenseits der „eigentlichen" Wirklichkeit im Bereich der „natürlichen Menschenkenntnis" entwickelt.[64] Mitten zwischen dem großen „Oben" und „Unten", für deren Vermittlung es keine

---

62 Vgl. dazu auch Riess (1973), 180f. sowie 185f., wo dieser z.B. konstatiert: „Das überwiegend direktive Vorgehen der kerygmatischen Seelsorge mit Hilfe von Appell, Ermahnung, Verkündigung oder Weisung läuft Gefahr, gerade die Überich-Struktur zu aktivieren. Nicht ohne Grund ist die kirchliche, insbesondere die parochiale Seelsorge immer noch mit einem Bild behaftet, das Seelsorgesuchenden den Schritt über die Schwelle erschwert. Seit alters als Schiedsrichter und als Sittenrichter angesehen, fällt es dem Seelsorger nicht leicht, das Odium des Moralismus loszuwerden." Vgl. dazu weiters Winkler (1997), 36, oder Ziemer (2000), 83: „Er (sc. Thurneysen) deutet selbst an, wo die Probleme und Missverständnisse eines kerygmatischen Seelsorgeansatzes liegen könnten. Thurneysen will wirklich verstehen, was die Menschen bewegt. Aber wird sein geradliniger Theorieansatz nicht dazu führen, dass kommunikativ weniger begabte Seelsorger schnell bei einer unfruchtbaren, die Ratsuchenden belehrenden Seelsorgepraxis landen – in dem Bewusstsein, damit den göttlichen Auftrag ausgeführt zu haben?." Vgl. auch die kritische Analyse bei Winkler (1988), 450: „Gegen solche Beschreibungen seelsorgerlicher Tätigkeit sind wir Pastoraltheologen von Anfang an und immer wieder Sturm gelaufen. Wir sagen aus guten Gründen: Solche Einstellungs- und Haltungsanweisung an den Seelsorger ist zwar theologisch wohl durchdacht und sauber abgeleitet. Sie kann auch tapfer und kompromisslos in die Tat umgesetzt werden. Aber ihre unbeabsichtigten Folgen sind fatal! (…) Die ‚neue Psychologie' ist – pastoralpsychologisch gesehen – zwar denkbar. Aber sie ist nicht erlebbar zu machen!"

63 Thurneysen (1994), 107, führt als „Beispiel im eigentlichen Sinne des Wortes" für das von ihm entwickelte Seelsorgekonzept seine Erfahrungen mit dem jüngeren Christoph Blumhardt an: „Was mich (…) aufs erste Anhören hin für Blumhardt und seine Botschaft gewann, das waren nicht so sehr seine Andachten und Predigten, sondern seine *Gespräche*. Ich denke dabei zunächst an die seelsorgerliche Unterredung im engern Sinne, die er einem gewährte, und von der eine so merkwürdig heraushelfende, richtende und aufrichtende Kraft ausging. Man wusste wieder, wenn man nach solch einer Unterredung sein Zimmer verließ, wo man innerlich hingehörte, man war wie heimgeholt aus aller Verlorenheit. Und oft war es, als ob im Gespräch mit ihm unsichtbare Bande, in denen ein Mensch gefesselt war, wie mit einem scharfen Schwerte durchschnitten würden. Ich denke aber auch an die weiteren Gespräche, die Blumhardt mit allen seinen Gästen führte, und an denen das Geheimnis seiner Gesprächsführung besonders deutlich werden kann (…). Und das Besondere bestand darin, dass Blumhardt die Fragenden und ihre Fragen alle ungemein ernst nahm, das Gespräch dann aber auf ganz ungesuchte Weise und in großer Überlegenheit und Weite sub specie aeternitatis und das hieße bei ihm immer sub specie verbi divini führte. Das menschliche Leben, das Leben der Zeit, in der man stand, wurde ausgebreitet, aber es lag wie unter einem Lichte, das durch die Gesprächsführung Blumhardts darauf gefallen war."

64 Zu der sich in der Praxis des Pfarramtes immer mehr entwickelnden seelsorgerlichen Kompetenz Thurneysens und seiner wachsenden Aufgeschlossenheit gegenüber der Psychotherapie siehe die diesbezüglichen Darstellungen bei Quervain (1977), 36–40.

menschlichen Mittel oder Werkzeuge gibt, erkennt er Kenntnisse und Fähigkeiten an, die er auch seinem Seelsorger zur Aneignung empfiehlt. Insbesondere von Psychologie und Psychotherapie sind auch nach Thurneysens dialektisch-theologischem Urteil Einsichten und Methoden entwickelt worden, die der Seelsorge zugute kommen könnten. Unter der Voraussetzung, dass kein Seelsorger auf die Idee kommen solle, diese der natürlichen Menschenkenntnis entstammenden Einsichten mit dem „eigentlichen" Menschenverständnis und dem „eigentlichen" seelsorgerlichen Handeln zu verwechseln,[65] und unter der Gewissheit „des Beistandes des Heiligen Geistes" kann Thurneysen feststellen: „So paradox es erscheinen mag, so sachentsprechend ist es doch, dass wir im Auftrag des Geistes und Wortes Gottes alle psychologischen und pädagogischen Mittel aufbieten und anwenden, um jener Anknüpfung und Vermittlung zu dienen, die doch Wort und Geist Gottes allein bewirken und vollbringen."[66] Zum rechten „Menschenverständnis", das nur durch Glauben und nur aus der Heiligen Schrift zu gewinnen sei,[67] solle auch „psychologische Menschenkenntnis" auf natürlichem Weg gesucht werden. „Rechte Seelsorger" seien auch immer „rechte Psychologen" gewesen[68] – da sich jedoch in der Zwischenzeit eine eigene psychologische Wissenschaft etabliert habe, sei neben der „Selbsterkenntnis", dem „lebendigen Umgang mit anderen Menschen" und dem Studium von „Darstellungen des Lebens", wie sie sich bei „ganz weltlichen und profanen Schriftstellern" finden ließen, vor allem auch die „psychologische und psychiatrische Fachliteratur" zu Rate zu ziehen.[69]

---

65 Thurneysen (1994), 166: „Wir kennen in der Seelsorge überhaupt kein ‚Mittel', sofern darunter irgendeine Handlung zu verstehen wäre, kraft deren wir von uns aus ein Ziel zu erreichen vermöchten. Das Ziel ist ja das Ansprechen des Menschen durch das Wort Gottes. Und zu diesem Ziel führt kein Weg von uns her. Weg und Ziel fallen hier zusammen. Wie eine Zugbrücke muss der Weg gleichsam hernieder gehen aus dem Ziele selber heraus, und wie eine Kraft muss es noch einmal vom Ziele selber her in uns fahren, dass wir diese Brücke nun wirklich betreten und zum Ziele kommen. Wir stehen also im Blick auf das eigentliche Geschehen der Seelsorge aller Mittel beraubt da."
66 Thurneysen (1994), 163.
67 Siehe Thurneysen (1994), 181.
68 Thurneysen (1994), 176.
69 Siehe Thurneysen (1994), 177. Dabei solle man nicht mit den zahlreichen popularisierenden Darstellungen beginnen – „und zwar auch dann nicht, wenn diese in besonderem Hinblick auf Seelsorge geschrieben sein sollten" (177). Zunächst solle man sich einen „möglichst objektiven Überblick über alle die vielfältigen Strömungen auf diesem Gebiete" aus einem modernen Lehrbuch der Psychologie oder Psychiatrie verschaffen (177), dann aber „greife man zu den Hauptwerken der psychologischen und psychiatrischen Bewegung" von Freud, Jung und Adler (178). Insgesamt seien die von Ärzten geschriebenen Bücher auch für den Seelsorger lehrreicher und fundierter „als einige von Theologen stammende" – dies gelte zum Beispiel für Oskar Pfister, der sein Schrifttum in „enger Anlehnung an die freudsche

Als „Hilfswissenschaft"[70] für die Seelsorge wird der Psychologie bei Thurneysen eine mehrfache Funktion zugebilligt – einerseits könne sie dem Seelsorger methodisch helfen, „die rechte Stelle ausfindig zu machen, wo er mit seiner Botschaft landen kann",[71] andererseits könne man zum Beispiel bei C.G. Jung „ganz neu lernen, wie Religion als seelisches Gebilde aus den tiefsten Kräften der inneren Natur des Menschen heraus entsteht und sich entfaltet", was als „Religionspsychologie" für das Verständnis der „großen Fremdreligionen" von großem Nutzen sei,[72] und schließlich demonstriere die Tiefenpsychologie auf eindrucksvolle Weise „ein äußerst komplexes Bild der seelischen Zuständlichkeit" des sündigen Menschen, „das Bild einer Kampflage, die ständig zwischen Sieg und Niederlage hin und her schwankt", wo irrationale Kräfte ins Spiel kommen, „die sich nur zum geringsten Teil vom wachen Bewusstsein des Menschen beeinflussen, kontrollieren oder gar steuern" ließen.[73]

Die „moderne Psychologie", die sich in Gestalt der Psychoanalyse nach Freud, Adler oder Jung präsentiere, kommt nach Thurneysen in

---

Psychoanalyse verfasst" habe und von daher „unanfechtbar" sein mag, „umso anfechtbarer und ungenügender" aber sei es in theologischer Hinsicht (178).

70 Siehe Thurneysen (1994), 176. Siehe zu diesem „Reizwort", das „bis in die jüngste Vergangenheit hinein heftige Kontroversen um Grundsatzfragen auslöst", die Diskussion bei Winkler (1997), 39f. Winkler (1988), 453, stellte bereits früher Folgendes fest: „Dieser Begriff (sc. ‚Hilfswissenschaft') hat sich als äußerst praktikabel erwiesen und Generationen von Seelsorgern die theologische Legitimation geliefert, unbefangen eine dem Einzelnen gerade passend erscheinende psychologische Wahrnehmungseinstellung und Methode in Gebrauch zu nehmen. Selbst Joachim Thilo, Pioniergestalt der Pastoralpsychologie und Repräsentant einer ‚beratenden Seelsorge', stellt sich mit seinem Ansatz expressis verbis in die Tradition Thurneysens. Mit der eben genannten Praktikabilität einerseits und Unbefangenheit andererseits wird aber gleichzeitig ein ebenso praktikables und unbefangenes wie letztlich harmloses und unrealistisches Konkurrenzverhalten von Thurneysen übernommen."

71 Siehe Thurneysen (1994), 176: „Der rechte Seelsorger ist immer ein Übersetzer des Wortes. Wir denken bei dem Wort ‚übersetzen' an einen Strom, bei dem man von einem Ufer zum anderen hinübersetzen muss. Für den, der dieses Hinübersetzen ausführen soll, gilt es, die rechte Stelle ausfindig zu machen, wo er mit seiner Botschaft landen kann. Er muss also die Uferlandschaft, er muss die Menschen da drüben sehr gut kennen, um sie in der rechten Weise anzureden. (...) Es braucht Weisheit, es braucht Kenntnis und das heißt hier Kenntnis des Menschen. In der Erarbeitung solcher Kenntnis aber vermag uns die Psychologie wesentliche Dienste zu tun."

72 Siehe Thurneysen (1994), 191.

73 Siehe Thurneysen (1994), 200. Quervain (1977), 41, bemerkt zu der Art Thurneysens, in psychoanalytischen Theorien theologischen Entsprechungen aufzufinden: „Thurneysens Überlegungen zur Psychoanalyse werden erst dadurch unklar und widersprüchlich, dass er, allen Vorbehalten zum Trotz, versucht, die Psychoanalyse in die Theologie zu integrieren, indem er in psychoanalytische Erkenntnisse einen theologischen Gehalt hineindeutet, der ihre ursprüngliche Bedeutung grundlegend ändert, ja sogar im Widerspruch zu dieser ursprünglichen Bedeutung steht." Allerdings werden derartige Interpretationen durch Thurneysen erst in dessen „Seelsorge im Vollzug" in dem von Quervain kritisierten Sinn verstärkt deutlich – siehe z.B. Thurneysen (1968), 69f.

mancher Hinsicht dem biblischen Menschenverständnis nahe; so wende sie nicht nur einen Begriff von Seele an, um die „inwendige Natur des Menschen" in einem „vorläufig technischen Sinn" zu bezeichnen, sondern spreche auch davon, dass diese „personal" strukturiert sei – auch wenn die „Ganzheit" des Menschen und die sie begründende personale Existenz in ihrem Ursprung und Wesen für jede profane Anthropologie ein letztes Geheimnis bleiben müsse.[74] Mit der Formulierung der „Dimension des Unbewussten" habe die Psychoanalyse auf dem Gebiet der Psychologie einen Umschwung vollzogen, der in der Physik mit der Entdeckung der Relativitätstheorie vergleichbar sei.[75] Dadurch sei das „materialistische Denken" endlich überholt, und die neue „Grundlagenpsychologie" mache es möglich, „das seelische Leben aus neuen, ihm angemesseneren Voraussetzungen heraus zu erforschen und darzustellen".[76] Mag auch Freud von einem „naturalistisch-mechanistischen Denken" geprägt sein, in dem der Mensch „als ein Roboter seines eigenen seelischen Mechanismus" erscheine, und diese seine „Weltanschauung" nicht zum Bleibenden seines Werkes gehören, so gäbe es hinter die Entdeckung des Unbewussten doch kein Zurück mehr.[77] Demgegenüber sei es „die Leistung und das Verdienst" von C.G. Jung, „die weltanschauliche Orthodoxie Freuds durchbrochen und unter Mitnahme aller durch die Psychoanalyse gewonnenen psychologischen Erkenntnisse die Psychologie auf einen neuen, freieren und weiteren Boden gestellt zu haben"; die von ihm entwickelte Forschung stelle mit der Entdeckung des „kollektiven Unbewussten" „den gegenwärtig bedeutendsten Schritt zur Neubegründung der ganzen Psychologie dar".[78]

---

74 Siehe Thurneysen (1994), 180.
75 Thurneysen (1994), 187f.: „Die Psychotherapie, aber im Zusammenhang damit auch die gesamte Forschung der Psychologie hat durch die hier (sc. Psychoanalyse nach Freud) ihren Ausgang nehmende Arbeit der genannten Forscher (sc. Freud, Adler, Jung) und ihrer Schüler eine tief greifende Wandlung, Erweiterung und Vertiefung erfahren. Es hat sich auf dem Gebiet der Psychologie dadurch ein Umschwung vollzogen, der sich vielleicht vergleichen lässt mit dem Umschwung in der modernen Physik. Wie dort durch die Relativitätstheorie gezeigt wurde, dass der Beschreibung der Außenwelt ein vierdimensionales Kontinuum zugrunde liegen muss, das mit den Mitteln der bisherigen Euklidischen Geometrie nicht mehr erfasst werden kann, so ist durch die Psychoanalyse in der Betrachtung der inneren Natur des Menschen eine ganz neue Dimension eingeführt worden, die *Dimension des Unbewussten*. Dadurch ist die alte Anschauung von einer in den drei Bereichen des Denkens, Wollens und Fühlens sich ausbreitenden und erfahrbaren Bewusstseinwelt überholt worden. Erfahrung und Begriff dessen, was ‚Seele' als die innere Natur des Menschen sei, werden ganz neu zum Problem. Das seelische Leben gewinnt einen bisher nicht gekannten Umfang und eine nue, bisher nicht erforschte Tiefe." (Hervorhebungen im Original)
76 Thurneysen (1994), 188.
77 Siehe Thurneysen (1994), 189.
78 Thurneysen (1994), 190.

Der Konfliktpunkt mit der Psychologie bestehe allerdings darin, dass sie „weltanschauliche Deutungen" zwischen die „psychologischen Tatbestände" einfließen lasse[79] und von „spekulativen Bestimmungen" einer „philosophischen Immanenzlehre" durchzogen sei.[80] Es wird nach Thurneysen durch die Psychologie „der Versuch gemacht, die innere Natur aus ihren eigenen Voraussetzungen heraus zu begreifen und zu erklären", und so würden „letzte Unter- und Hintergründe dieser Natur aufgedeckt als Quellorte der Kräfte und Gestaltungen des seelischen Lebens", denen schließlich der Charakter von „Jenseitig-Göttlichem" zukomme; auf diese Weise werde nichts anderes vollzogen „als die Vergöttlichung der inneren Natur des Menschen und damit des Menschen selbst".[81] Gegen diese „drohenden weltanschaulichen Übergriffe" habe sich die „echte Seelsorge" zu verwehren,[82] und es sei von der Psychologie der klare Verzicht auf jede Art von Metaphysik sowie die Selbstbeschränkung auf die phänomenologisch-naturwissenschaftliche Forschung zu fordern.[83] Wenn C.G. Jung auch die Grenze zur Philosophie und Weltanschauung mit seiner eigenen „mystischen Weltanschauung und Religiosität" überschritten habe,[84] so sei er doch als Vorbild darin anzusehen, dass er sich selbst als Naturwissenschafter und Empiriker verstanden habe, der von einem phänomenologischen Standpunkt aus seine Forschungen betreiben und sich nach dem eigenen Verständnis jeder metaphysischen oder philosophischen Betrachtungsweise enthalten wollte.[85] Mit der klaren Unterscheidung zwischen „Menschenkenntnis" und „Menschenverständnis" sei nach Thurneysen „der psychologischen Forschung das Feld für die ihr zukommende Aufgabe freigegeben, aber zugleich auch abgesteckt und begrenzt": Eine „Freigabe" der Psychologie erfolge insofern, „als mit der über die innere Natur des Menschen ge-

---

79 Thurneysen (1994), 185.
80 Thurneysen (1994), 184.
81 Thurneysen (1994), 184.
82 Siehe Thurneysen (1994), 185.
83 Siehe Thurneysen (1994), 183: „Die Begrenzung, die die Menschenerkenntnis der Psychologie vom Menschenverständnis der Bibel her erfährt, liegt darin, dass es endlich zu einem klaren Verzicht kommt auf jede Art von Metaphysik. Dieser Begriff ist hier ganz wörtlich verstanden. Das heißt, es sei kein Versuch mehr unternommen, von der Psychologie her Aussagen zu machen, die über die Erforschung und Darstellung der inneren Natur des Menschen hinausgreifen in irgendwelche weltanschauliche und spekulative Bereiche. Die Psychologie soll bei ihrem Gegenstand bleiben. Sie soll phänomenologisch betrieben werden. Sie soll nicht anderes sein wollen als Naturwissenschaft im weitesten Sinn. Das ist noch einmal nicht als Abwertung der psychologischen Arbeit zu verstehen. Im Gegenteil, die Psychologie ist jedes Mal auch als Wissenschaft dann zur Geltung gekommen, wenn sie sich diese Begrenzung gefallen ließ."
84 Siehe Thurneysen (1994), 190f.
85 Siehe Thurneysen (1994), 181.

troffenen Bestimmung der Gegenstand der Psychologie festgestellt" und „klar umrissen" sei.[86] Sie brauche nicht mehr „zu schwanken zwischen Empirie und Spekulation", sondern erhelle die innere Natur des Menschen" und bringe sie nach Möglichkeit zur Darstellung.[87] Thurneysen konstatiert: „Die Seelsorge aber übernimmt ihre Ergebnisse, um sie in den Dienst der ihr gebotenen Wortverkündigung zu stellen", denn mit ihrer klar umrissenen Forschung stelle die Psychologie „auch von der Heiligen Schrift aus gesehen" ein „durchaus legitimes und gebotenes Beginnen dar, ein Stück Erfüllung der im Schöpfungsbericht ergangenen Weisung: ‚Macht euch die Erde untertan'."[88] Zum Einen solle es die Seelsorge nicht irritieren, dass die Psychologie von Forschern betrieben werde, „die nur zum kleinen Teil im Raum des christlichen Glaubens" stünden, da auch dort, wo nicht geglaubt werde, sich „Gottes Reich und Herrschaft in Jesus Christus" erstrecke, zum anderen sei es sinnlos, eine „gläubige Psychologie" zu begründen, da es ja auch keine „christliche Zoologie oder Physik" gebe.[89] Selbstverständlich könnten „naturwissenschaftliche Forschung und Glaube an das Wort Gottes zusammengehen", und es liege auf der Hand, dass die Menschenerkenntnis der

---

[86] Thurneysen (1994), 182. Seine durchaus realistische Einschätzung der Möglichkeit von Selbstbeschränkung der Psychologie hinsichtlich notwendiger Interpretationsvorgänge bringt Thurneysen darin zum Ausdruck, dass er nicht den Verzicht auf jede Art von Interpretation fordert, sondern das Bewusstsein, dass alle „Allgemeinbegriffe" vorläufige „Arbeitshypothesen" bleiben müssten und eine „natürliche Theologie" nicht überhand nehmen oder Absolutheit beanspruchen dürfe: „Diese Kritik an den weltanschaulich-spekulativen Substruktionen betrifft selbstverständlich nicht die ordnenden Allgemeinbegriffe, unter denen die Psychologie ihr Erfahrungsmaterial zusammenfasst. Ohne Anwendung solcher Allgemeinbegriffe gibt es überhaupt kein Verstehen und also auch keine Erkenntnis. Wie jede naturwissenschaftliche Forschung muss auch die Psychologie Überlegungen anstellen, welche über die bloße Anhäufung und Klassifizierung von Wahrnehmungen hinausgreifen. Schon der Vollzug des Begriffes ‚Seele' stellt eine solche Substruktion dar, die unumgänglich ist. Diese Allgemeinbegriffe dienen der psychologischen Forschung und Praxis als Arbeitshypothesen und üben, so gebraucht, eine notwendige, aber auch streng zu begrenzende Funktion aus. Es wird letztlich jenes in allem Seelischen verborgene Geheimnis des Ich, des personalen selber sein, das zu solchen Substruktionen drängt. Und weil dabei der Bereich des übernatürlichen mindestens gestreift werden muss, so könnte gesagt werden, es gehe in keiner Psychologie ab ohne einen Schuss natürlicher Theologie. Aber meist ist nicht nur ein Schuss, sondern eine sehr kräftige Dosis davon vorhanden. Denn die deutenden und zusammenfassenden Allgemeinbegriffe haben es an sich, dass sie absolut gesetzt werden, dass feste Axiome daraus entstehen, dass sie sich zu einer mehr oder weniger lückenlosen Systematik verdichten und sich mit der Bedeutung und dem Glanz von Glaubenssätzen umgeben. So aber kommt es zu jenen bösen Grenzüberschreitungen, die nicht mehr hingenommen werden können."
[87] Thurneysen (1994), 182.
[88] Thurneysen (1994), 182.
[89] Thurneysen (1994), 182.

Psychologie vom Menschenverständnis der Bibel „Unendliches" gewinnen könne.[90]

In der konkreten Gemeindearbeit sei hinsichtlich der Seelsorgeliteratur, die bereits dazu übergeht, „auf Grund und unter Gebrauch psychologischer Erkenntnisse Seelsorge selber zu üben", jeweils zu prüfen, „ob und in welcher Stärke die Darstellung durchdrungen und vielleicht sogar beherrscht" sei von den „weltanschaulichen Voraussetzungen der modernen Psychologie".[91] Thurneysen stellt fest: „Je nach der Antwort, die auf diese Frage zu geben ist, werden solche Bücher von einer besonnenen Seelsorge innerhalb der Gemeinde zuzulassen sein oder abgewiesen werden müssen".[92] Die Erfolge der modernen Psychotherapie und Psychiatrie[93] seien jedenfalls nicht „in Zweifel zu ziehen, zu beargwöhnen oder gar durch eine eigene ‚fromme' Therapie zu ersetzen", und eine verantwortungsvolle Seelsorge werde die ihr anvertrauten Menschen nicht hindern, „sich psychiatrisch behandeln zu lassen", sondern nach Möglichkeit sogar mit dem zuständigen Therapeuten oder Psychiater zusammenarbeiten.[94] Das psychotherapeutische Gespräch sei nicht nur „unerlässlich für die Diagnose einer seelischen Erkrankung", sondern es habe sich erwiesen, „dass einer methodisch durchgeführten Analyse als solcher auch schon heilende Kraft innewohnen" könne und es zum „Vorstoß in seelische Tiefenschichten und damit zur Aufdeckung und Lösung der dort verankerten seelischen Störungen" komme.[95] Thurneysen warnt den Seelsorger sogar vor jedem Versuch, psychotherapeutischen oder medizinisch-psychiatrischen „Dilettierens".[96] Darüber hinaus könne die praktische Arbeit der Seelsorge von der Psychologie lernen und sich zum Beispiel durch das „in jedem Lehrbuch der praktischen Psychologie" nachzulesende „Phänomen der Übertragung" auf die Gefahr von verhängnisvollen Bindungen aufmerksam machen lassen.[97] Selbstverständlich bleibe aufrecht, dass nur die recht verstandene, in Gottes Wort gegründete Seelsorge die wesensmäßige Krankheit des Menschen im umfassenden Sinn diagnostizieren und mit ihrer Botschaft von der Vergebung der Sünden zum umgreifenden Heil führen könne, aber sie solle dennoch nicht „das psychotherapeutische Heilgespräch verdrängen oder ersetzen" wollen; im Gegenteil – es sei von „höchster

---

90 Siehe Thurneysen (1994), 183.
91 Thurneysen (1994), 191.
92 Thurneysen (1994), 191f.
93 Thurneysen verwendet diese beiden Begriffe zumeist beinahe synonym.
94 Siehe Thurneysen (1994), 212f.
95 Thurneysen (1994), 215.
96 Siehe Thurneysen (1994), 214.
97 Siehe Thurneysen (1994), 304.

Wichtigkeit", dass sie diese Art von Heilgespräch „mit ihrem eigenen Gespräch unterbaue und begleite, damit es zur wahren Heilung komme in der Vergebung der Sünden".[98] Damit werde zugleich jeder Gefahr gewehrt, „die die analytische Behandlung in sich trägt, wenn sie ohne den barmherzigen Schutz der Seelsorge die Wunde im Innern des Menschen öffnet".[99]

Insgesamt ist folglich festzustellen, dass Thurneysen die Bemühungen, die am „anderen Ufer des Stromes"[100] um den Menschen stattfinden, für wertvoll erachtet und sich aus den dort gewonnenen Erkenntnissen auch für die Seelsorge wichtige Anregungen und Hilfestellungen erwartet.[101] Von seinen theologischen Prämissen her kann er die Psychologie nur als „Hilfswissenschaft" verstehen – dies nicht deshalb, weil die Psychologie keine eigenständige, im Bereich der natürlichen Menschenkenntnis angesiedelte und darin auch wertzuschätzende Wissenschaft wäre, sondern weil Thurneysen die Theologie als an einem Ort beheimatet erachtet, der absolute Exklusivität für sich beanspruchen muss.[102] Die Kommunikation zwischen Theologie und Psychologie hat keine wechselseitige Basis –

---

98 Thurneysen (1994), 219.

99 Thurneysen (1994), 219.

100 Siehe das oben bereits zitierte Bild Thurneysens für den Seelsorger als „Übersetzer des Wortes", der vom Ufer des Wortes Gottes aus an das andere Ufer der Menschen in ihrer sündigen Verfasstheit „übersetzen" müsse (Thurneysen, 1994, 176).

101 In dieser Hinsicht unterscheidet sich Thurneysen sehr prägnant von der ebenfalls kerygmatisch-seelsorgerlichen Position Hans Asmussens, der in der Psychoanalyse insgesamt eine „satanische Gefahr" vermutete – siehe dazu Riess (1973), 169.

102 Darin unterscheidet sich das hier getroffene Urteil von der Beurteilung beispielsweise durch Riess (1973), 166, der feststellt: „Der christologische Ausschließlichkeitsanspruch hat Thurneysen auch dazu bewogen, außertheologische Anthropologien, beispielsweise die psychoanalytische, abzuwerten. Freilich nicht so, dass er etwa die freudschen Forschungsergebnisse in Frage stellt. Gleichwohl hat ihn sein in solchen Zusammenhängen ständig vorgebrachter Weltanschauungsverdacht davon abgebracht, sich schon seinerzeit für ein unvoreingenommenes Gespräch aufzuschließen." Der Exklusivitätsanspruch der theologischen Anthropologie Thurneysens ist offensichtlich; demgegenüber meint die hier erfolgte Untersuchung feststellen zu können, dass er sehr wohl das Gespräch mit Freud oder Jung aufnimmt und ihre Erkenntnisse ohne Abwertung würdigen kann. Der Weltanschauungsverdacht Thurneysens scheint sich inhaltlich nicht von der bei Riess selbst gegenüber der Tiefenpsychologie eingeforderten kritischen Frage zu unterscheiden, ob sich diese „in der Tat so weltanschauungsneutral" verhalte, wie sie es vorhabe, „oder ob nicht immer wieder auch metapsychologische Mythologumena zu einer Weltanschauung werden können" (Riess, 1973, 76). Im gleichen Sinn spricht die vorliegende Analyse zu Thurneysen von einer klaren theologischen Option und nicht von einer „tiefen Aversion Thurneysens gegenüber der Psychologie" oder einer „tiefverwurzelten Ambivalenz" wie Riess (1973), 170f. Vgl. zu der hier vertretenen Auffassung die in eine ähnliche Richtung weisende Analyse bei Plieth (1994), vor allem 71–79, wo auch zusätzliche kleinere Veröffentlichungen und Vorträge von Thurneysen zu Wort kommen und sogar von einem „komplexen Entsprechungsverhältnis" zwischen Psychologie und Theologie bei Thurneysen die Rede ist.

nichts kann und darf auf den Bereich des Glaubens übergreifen, der dem Wort Gottes untersteht. Die Eindeutigkeit dieser theologischen Option von Thurneysen kann als Stärke seines Konzeptes erachtet werden; bei allen oben bereits genannten kritischen Fragen zur Praxis einer Seelsorge im Gefolge des Konzeptes seiner „kerygmatischen" Seelsorge ist die aufmerksame Wahrung der absoluten Freiheit und Souveränität Gottes gegenüber jeder menschlichen Erkenntnis als Verdienst seines Blickwinkels auf einen möglichen Dialog zwischen Theologie und Psychologie zu würdigen. Dennoch bleibt bei einer Formulierung wie dieser immer zu berücksichtigen, dass, wenn es um den eigentlichen Gegenstand der Theologie und damit auch der Seelsorge geht, die Theologie nach Thurneysen keinen in Frage kommenden Dialogpartner kennt. Ungeachtet dessen kann Thurneysen auch eine Religionspsychologie anerkennen, die verständlich macht, wie „Religion als seelisches Gebilde aus den tiefsten Kräften der inneren Natur des Menschen heraus entsteht und sich entfaltet".[103] Seine differenzierte Wahrnehmung der Frage nach den impliziten ontologischen Prämissen der Psychologie entspricht in vielem dem heutigen Stand der Diskussionen um die Voraussetzungen eines gelingenden Dialogs zwischen Theologie und Psychologie auf dem Hintergrund eines bewussten theologischen Engagements für Religionspsychologie oder Pastoralpsychologie.[104]

Wenn oben von einem potenziellen „Wirklichkeitsverlust" des Seelsorgeansatzes nach Thurneysen für den Bereich der praktischen Umsetzung seines dialektischen Konzeptes die Rede war, so scheint diese Kritik für die Wahrnehmung der grundsätzlichen Probleme eines Gespräches zwischen Theologie und Psychoanalyse nicht in Anschlag

---

103 Siehe Thurneysen (1994), 191, zu der „Religionspsychologie" von C.G. Jung.
104 Vgl. z.B. Henning (2000), Fraas (2000) oder Riess (1973), 75f.: „Sicherlich lässt sich die Suche nach Sinn nicht auf einen gesellschaftlichen Sektor, wie zum Beispiel den kirchlichen, beschränken. Umso mehr werden Theologie und Kirche die Tiefenpsychologie und die Psychotherapie zu fragen haben, ob sie Raum für einen personalen Prozess wie den Glauben freilassen oder ob sie ihn und wie sie ihn besetzen, ob sie sich in der Tat so weltanschauungsneutral verhalten, wie sie es vorhaben, oder ob nicht immer wieder auch metapsychologische Mythologumena zu einer Weltanschauung werden können, ob nicht eine Diskrepanz, die zwischen der wissenschaftlichen Theoriebildung und der Ideologisierung einzelner Ideen oder bestimmter Befunde entsteht, in der eigenen Disziplin verleugnet, anderen aber umso heftiger vorgehalten wird. Dann hätte die theologische Ideologiekritik ein gutes Recht, Tiefenpsychologie oder Psychotherapie an die Intentionen und Implikationen ihres eigenen Wissenschaftsverständnisses zu erinnern und auf Inkonsequenzen und Grenzüberschreitungen aufmerksam zu machen." Einschränkend ist allerdings festzustellen, dass beispielsweise Riess auch der Tiefenpsychologie und der Psychotherapie das Recht zugesteht, der Theologie und ihrer Praxis kritische Rückfragen zu stellen (Siehe Riess, 1973, 75).

gebracht werden zu können.[105] Thurneysens diesbezügliche Diskussionen beinhalten nicht nur die Frage der Selbstbeschränkung der psychologischen Forschung auf phänomenologische oder realwissenschaftliche Verfahrensweisen, sondern setzen sich auch mit dem Problem einer in jedem interpretativen Verfahren implizit zum Tragen kommenden Ontologie konstruktiv auseinander.[106] Von daher betrachtet wäre grundsätz-

---

105 Vgl. dazu die Diskussion, die Winkler (1988) mit den Urteilen von Riess (1973) aufnimmt. Riess (1973), 184, kritisiert Thurneysen folgendermaßen: „Die gewaltige Spannung, die sich aus seinem Gottesbegriff ergibt und die in sein theologisches System sowie seine praktische Seelsorge eingeht, wird nicht in ihrer ganzen Ambivalenz ausgehalten, sondern bei aller formaler Absicherung letztlich doch einseitig aufgelöst." Riess bringt in der Folge vor allem das Argument, dass dies in der seelsorgerlichen Praxis zu greifen sei – ein Aspekt, in dem auch die vorliegende Untersuchung bereits ihre kritischen Fragen angemeldet hat. Riess schließt seine Kritik an Thurneysens Konzeption mit der Gesamtbeurteilung: „Nicht, dass die Kerygmatische Seelsorge, wie sie bei Thurneysen konkret wird, die Einheit der Wirklichkeit dialektisch zu erfassen versucht, ist ihm anzulasten, sondern dass die Dialektik nicht ausgehalten wird" (184f.). Winkler (1988), 445f., stellt fest, dass Riess in seiner Analyse von dem „für das subjektive Verständnis von Säkularisierung so wesentlichen Ambivalenzbegriff" ausgeht – Seelsorge müsse sich diesem Begriff stellen und Ambivalenz anzuerkennen und auszuhalten lernen sowie einen uneingeschränkten Realitätsbezug zu verwirklichen trachten. Winkler konstatiert zunächst: „Riess repräsentiert eine weit verbreitete Einstellung gegenüber dem ‚Klassiker' Thurneysen. Wir Pastoraltheologen haben uns in aller Regel und uneingeschränkt mit dieser Einschätzung identifiziert" (446). In der Folge kommt er aber zu der selbstkritischen Frage: „Wie aber, wenn wir gerade in, mit und unter dieser Identifizierung den Gebrauch des Begriffes ‚Säkularisierung' so vollziehen, dass er (...) ‚sein eigentümliches theologisches Pathos' bekommt? Auf diesem Hintergrund könnte das Postulat, sich den Ambivalenzen unter möglichst allen Umständen zu stellen, sie auszuhalten, über sie zu kommunizieren, in doppelter Weise zur hochproblematischen Aufforderung werden: Einmal könnte die nützliche Einsicht von gestern unbemerkt zum Verstehenswiderstand von heute werden. D.h., ein ambivalentes Erleben der Säkularisierung gewinnt Wert an sich. Es wird selbst Teil des Säkularisierungsprozesses. So aber verliert es den Aufforderungscharakter, sich mit dem Phänomen ‚Säkularisierung' theologisch-kritisch auseinander zu setzen. Zum anderen könnte sich die Forderung, Ambivalenzen auszuhalten und zu kommunizieren, für viele oder die meisten Betroffenen als Anstoß zur Idealbildung erweisen (...)" (446). Demgegenüber beurteilt Winkler die klare Stellungnahme Thurneysens zur Psychoanalyse im Bereich des Menschenverständnisses als konstruktives Konkurrenzverhalten auf dem Hintergrund, dass der Konkurrent Psychoanalyse „als Gegenüber ernst genommen und in seiner faktischen Potenz gewürdigt" werde,(453) und konstatiert: „Wer Seelsorger ist oder werden möchte, sollte sich solcher Zumutung, wirklich und wirksam weltanschaulich zu konkurrieren, nicht entziehen. Er sollte an dieser Stelle paradigmatisch handeln" (455). Abschließend formuliert Winkler: „Eduard Thurneysen und die Folgen für die Seelsorge: Wenn – wie wir meinen – das Säkularisierungsproblem uns Christenmenschen weiter herausfordernd im Griff hält; wenn die Frage nach dem nicht nur situationsadäquaten, sondern auch weltanschaulich verantwortbaren Methodengebrauch immer neu zu reflektieren ist; wenn es schließlich für den Seelsorger entgegen bloßer rückzüglicher Festungsstrategie oder aber illusionärer Vereinnahmungstendenz gilt, ein identitätsstiftendes Konkurrenzverhalten einzuüben – dann ist der vor hundert Jahren geborene Lehrmeister der Seelsorge in merkwürdiger Weise ‚Zeitgenosse' geblieben." (455)

106 Siehe den diesbezüglichen Diskurs Thurneysens zu den notwendigen „Allgemeinbegriffen", unter denen die Psychologie ihr „Erfahrungsmaterial" zusammenfassen muss und

lich auch die hier interessierende Frage nach dem Zusammenhang zwischen Persönlichkeit und Gottesbild ein für Thurneysen akzeptables Thema für eine Religionspsychologie. Die Seelsorge könnte sich am Rande dafür interessieren – allerdings höchstens, um bessere Kenntnis für ihre „Übersetzungsarbeit" zu erlangen oder den Zustand der in der Sünde verharrenden Seele noch genauer begrifflich erfassen zu können. Definitiv kann die Frage von Persönlichkeit und Gottesbild nach Thurneysen keinen Gegenstand theologischer Reflexion darstellen, da die Theologie auf der anderen Seite des „Ufers" nachdenkt und höchstens den prinzipiellen Bruch festzustellen hat, der sich zwischen möglichen persönlichen Gottesbildern und dem „objektiven Tatbestand" des Werkes Christi[107] auftut. Weder könnte eine derartige Reflexion für ihre zentralen Auffassungen über die Wirklichkeit noch für ihr grundsätzliches methodisches Vorgehen in der Seelsorge etwas Substanzielles beitragen. Eine Korrektur ihrer theoretischen Konzeptionalisierung durch psychologische Erkenntnisse wäre überhaupt undenkbar, da für sie allein das Wort Gottes normierende und korrigierende Kraft haben kann.

Abschließend sei gegenüber Thurneysens engagiertem Bemühen, die Seelsorge ganz im Wort Gottes zu verankern, noch einmal kritisch festgehalten: Wenn zuvor das Geltendmachen der geglaubten Wirklichkeit Gottes gegenüber jeder andernorts begründeten Anthropologie oder Weltanschauung als besonderes Verdienst des Engagements von Thurneysen festgestellt wurde, so entspricht dieser Stärke auf der anderen Seite die Schwäche, dass Thurneysen das eigene „Vor-Urteil" im Sinne einer menschlichen Option mit dem „göttlichen Urteil" gleichsetzt und sich dadurch jeder Korrektur entzieht.[108] Im Interesse der aufrechtzuerhaltenden Spannung von Gesetz und Evangelium, wie sie Thurneysen selbst einmahnt,[109] kann es auch für den auf das Wort Gottes Hörenden noch nicht zu einer „Synthese" zwischen dem eigenen menschlichen

---

welche nicht „ohne einen Schuss natürlicher Theologie" auskommen könnten (Thurneysen, 1994, 184f.).

107 Siehe Thurneysen (1994), 134.

108 Vgl. z.B. Thurneysen (1994), 115: „Man (sc. der Seelsorger) fasst im seelsorgerlichen Gespräch schon den Tatbestand auf als Einer, der nichts anderes weiß, als dass die Vergebung der Sünden im Worte Gottes über diesem Tatbestand mächtig werden muss. Man beurteilt von vornherein alles als Einer, der zwar nicht ein menschliches, dafür aber umso unzweideutiger das göttliche Vorurteil über allem menschlichen Geschehen kennt und davon lebt. Dieses Geltendmachen eines über allem Menschlichen im buchstäblichen Sinne als *Vor-*Urteil waltenden göttlichen Urteils und das dadurch bedingte Hineinstellen aller menschlichen Dinge in das neue Licht dieses Urteils – das ist gemeint, wenn hier vom Bruch im seelsorgerlichen Gespräch die Rede ist als einem für dieses Gespräch geradezu entscheidenden formalen und mehr als formalen Charakteristikum." (Hervorhebungen im Original)

109 Siehe Thurneysen (1994), 233.

Urteil und dem Urteil Gottes kommen.[110] Was für die Psychologie gilt, die sich um Interpretationen der menschlichen Lebenswirklichkeit bemüht, dass sie immer „einen Schuss natürlicher Theologie" beinhaltet,[111] muss von daher konsequenter Weise auch für die Theologie als solche in Anschlag gebracht werden. Auch in das Reden der Theologie mischen sich, solange es von Menschen betrieben wird, persönliche Erfahrungen und damit zusammenhängende persönliche Vorstellungen,[112] die gerade um der Souveränität des Wortes Gottes willen der kritischen Reflexion bedürfen – nicht zum Zweck der Zurückweisung aufgrund einer vorausgesetzten Bruchlinie zwischen göttlicher und menschlicher Sphäre, sondern im positiven Sinn aufgrund der ebenfalls von Thurneysen vorausgesetzten Ansprechbarkeit des Menschen mit seinem menschlichen „hörenden Herz".[113] Die uneingeschränkte Freiheit Gottes und seiner Offenbarung könnte gerade dann gewahrt bleiben, wenn die vielfältigen Einflüsse der Persönlichkeit auf das jeweils bedeutsame persönliche Gottesbild und den damit zusammenhängenden Vorstellungen vom Geschehen zwischen Gott und Mensch erkannt und reflektiert würden. Insofern könnte die religionspsychologische Untersuchung des Zusammenhanges zwischen Persönlichkeit und Gottesbild als genuin theologisches Anliegen bezeichnet werden, das eben auch in einer theologischen Lehre von der Seelsorge Aufnahme finden könnte, um dem menschlich letztlich unzugänglichen vielgestaltigen Wirken Gottes den ihm gebührenden Raum zu ermöglichen.

---

110 Vgl. Thurneysen (1994), 53, wo er selbst einmahnt: „Was aber auf keinen Fall geschehen darf, das ist eine von uns hergestellte Synthese von natürlicher und geistlicher Erkenntnis, wobei das strenge Gegenüber des Wortes und Geistes Gottes aufgelöst wird und Göttliches und Menschliches miteinander vermengt werden. (...) Auch das höchste Geistige im Menschen ist nicht so hoch, und sein tiefstes Seelisches nicht so tief, dass es über diese Grenze hinausgriffe, dass der Mensch also aufhören würde, Geschöpf zu sein und er eins würde mit seinem Schöpfer." Vgl. dazu auch den Vorwurf von Riess (1973), 184f., dass die vorausgesetzte Dialektik bei Thurneysen selbst nicht immer durchgehalten und an vielen Stellen zugunsten des „ganz Anderen" aufgelöst werde.

111 Siehe Thurneysen (1994), 182.

112 Siehe auf einer ganz praktischen Ebene auch die Fülle von häufig direkt aus der persönlichen Erfahrung argumentierten moralischen Wertvorstellungen und Urteilen in der „Konkreten Seelsorge" Thurneysens (Thurneysen, 1968, 97–239).

113 Vgl. auch Thurneysen (1994), 10, wo als Gegenstand der Praktischen Theologie definiert wird: „Es ist zu bedenken, dass das Ereignis des Gesprochenwerdens des Wortes Gottes durch Gott selber allerdings niemals und unter keinen Umständen menschlicher Betrachtung zugänglich sein wird. Aber dieses Ereignis hat sozusagen seinen Niederschlag, seine Entsprechung in der Sphäre des menschlichen Geschehens, so wahr ja das Wort Gottes ein von Gott zum Menschen hin gesprochenes Wort ist. Und diese Entsprechungen, also das menschliche Verkündigen, dessen sich das göttliche Reden bedient, und das menschliche Hören, das es bewirkt, das allerdings kann und muss von uns als Gegenstand einer Lehre aufgenommen werden. Um diese Lehre handelt es sich in der Praktischen Theologie."

2.2 Seelsorge als Gespräch bei Joachim Scharfenberg

Joachim Scharfenberg kann als der profilierteste Repräsentant der Seelsorgebewegung angesehen werden, die sich seit den 1960er Jahren um eine neue Ausrichtung der Seelsorge bemühte.[114] Kritisiert wurde vor allem die fehlende „Wirklichkeitsnähe" der dogmatisch ausgerichteten „kerygmatischen" Poimenik mit ihrem Konzept der Seelsorge als Verkündigung. Deren Methoden wurden als autoritär und an den Menschen mit ihren konkreten Nöten vorbei gehend empfunden und für die Krise der herkömmlichen kirchlichen Seelsorge verantwortlich gemacht.

Scharfenberg selbst empfand das Übergewicht der theoretischen Erörterungen zum „Wort Gottes" als so erdrückend, dass er sich in vielen Schriften bewusst nicht der Polemik enthalten wollte,[115] und seine Vorstellungen von Seelsorge vor allem gegen Eduard Thurneysen oder Hans Asmussen mit ihrem „Missbrauch des Gesprächs in der evangelischen Seelsorge" abgrenzte.[116] Die Theorie habe sich in der kerygmatischen Seelsorge so weit von der Praxis entfernt, dass die säkularen Methoden der Beratung praktisch konkurrenzlos das Feld der Sorge um den Menschen übernommen hätten. Als das Herzstück des Engagements von Scharfenberg kann daher das Anliegen angesehen werden, Theorie und Praxis wieder miteinander zu verbinden und der kirchlichen Seelsorge wieder zu einer eigenständigen und konkurrenzfähigen Identität zu verhelfen.[117] Im Unterschied zu anderen Vertretern, wie beispielsweise Hans-Joachim Thilo oder Dietrich Stollberg, denen Scharfenberg vorwirft, dass diese lediglich die praktischen Methoden der amerikanischen Seelsorgebewegung übernehmen würden, ohne sie theoretisch mit dem Proprium einer theologisch fundierten Seelsorge zu verknüpfen,[118] will er mit seinen Thesen „bis zum Kernstück der theologischen Reflexion selber" vordringen.[119] Methodisch geht Scharfenberg dabei so vor, dass er nicht mehr einen theologischen Begriff, wie den der Verkündigung, als das Proprium der Seelsorge konstituiert, von dem aus die Grenzen zu säkularen Formen der Beratung und der Therapie markiert und verteidigt werden, sondern dass er den „theologischen Gehalt" in Theorie und Praxis der säkularen Psychologie aufzufinden trachtet.[120]

---

114 Vgl. z.B. Winkler (1997), 248, und Karle (1996), 70.
115 Siehe Scharfenberg (1972b), 5.
116 Siehe z.B. Scharfenberg (1972b), 14–19.
117 Siehe Scharfenberg (1972b), 9f., oder Scharfenberg (1985), 7.
118 Siehe Scharfenberg (1972b), 10f., 18 und 20.
119 Scharfenberg (1972b), 10.
120 Scharfenberg (1972b), 11.

Der Nachweis der möglichen Parallelität zwischen theologischen und psychologischen „Denkbewegungen"[121] soll das „spezifisch Seelsorgerliche" anders als bisher zur Geltung bringen – im Nachvollzug der erfolgreichen „nichttheologischen Bemühungen um den Menschen" unter differenzierter Auseinandersetzung mit den „theologischen Implikationen" der im Hintergrund stehenden Theorien und schließlich der Integration ihrer Bemühungen in eine theologische Theorie und Praxis von Seelsorge und Pastoralpsychologie.[122] Gegenüber einer Psychologie, die sich den kausal-mechanistischen Methoden der Naturwissenschaften verschrieben habe, sieht Scharfenberg in der Psychoanalyse Freuds den adäquaten Ansprechpartner. Vor allem in ihrer weiteren Fortführung habe sie sich aus der naturwissenschaftlichen Enge und einem damit verbundenen „tragischen Selbstmissverständnis" befreit und zu einer hermeneutisch arbeitenden Geisteswissenschaft entwickelt.[123] Der neueren Psychoanalyse könne sogar der Charakter einer „Fremdprophetie" zugesprochen werden, mit der das Tor aufgestoßen sei „zu einer Beziehung zwischen Psychoanalyse und Religion, die sich nicht nur auf dem Boden einer Religionsphänomenologie zu treffen vermag und damit im Vorfeld bleibt, sondern die mitten ins Herz der theologischen Reflexion selber vordringt".[124] Wer sich ihrer Religionskritik gestellt habe, könne sich anschließend „in neuer Unbefangenheit" nicht zuletzt auch „unter dem Einfluss Tillichs" der Religion zuwenden.[125] Scharfenberg, selbst Theologe und Psychoanalytiker, favorisiert den grundlegenden hermeneutischen Zirkel der Psychoanalyse bis zuletzt als Grundmodell auch eines theologischen Denkens für die Seelsorge. Sein Gesamtkonzept einer pastoralpsychologischen Begründung der Seelsorge, das Scharfenberg zum ersten Mal in seiner Arbeit „Seelsorge als Gespräch" formuliert,[126] findet sich in zwei weiteren Werken fortgeführt: in „Mit Symbolen leben" von 1980[127] und seiner „Einführung in die Pastoralpsychologie" von 1985.[128]

---

121 Scharfenberg (1972b), 10f., bezieht sich dabei auf die von Paul Tillich vorgeschlagene „theologische Methode der Korrelation."
122 Siehe Scharfenberg (1972b), 10f.
123 Siehe z.B. Nase/Scharfenberg (1977), 1–3.
124 Nase/Scharfenberg (1977), 19.
125 Nase/Scharfenberg (1977), 20.
126 Scharfenberg (1972b).
127 Scharfenberg/Kämpfer (1980).
128 Scharfenberg (1985). Neben vielen anderen Publikationen sind vor allem Scharfenbergs Einstieg in das Thema Psychoanalyse und Theologie durch seine Habilitationsschrift „Sigmund Freud und seine Religionskritik als Herausforderung für den christlichen Glauben" (Scharfenberg, 1968) sowie seine 1957 beginnende Mitherausgeberschaft der Zeitschrift „Wege zum Menschen. Monatsschrift für Arzt und Seelsorger, Erzieher, Psychologen und soziale Berufe" zu erwähnen.

Im Folgenden sollen die hauptsächlichen Gedankengänge der ersten und der letzten hier genannten Veröffentlichungen nachgezeichnet werden, um anschließend eine Einschätzung seines Konzeptes unter besonderer Berücksichtigung der hier interessierenden Thematik zu ermöglichen.

In der 1972 erschienen Publikation „Seelsorge als Gespräch" vertritt Scharfenberg die These, dass die besondere Struktur des Gesprächs, wie sie von der „Tiefenpsychologie" zur Geltung gebracht wurde,[129] theologisch betrachtet bereits das „spezifisch Seelsorgerliche" enthalte.[130] Denn die Sprache als Medium des Gesprächs sei mehr als Informationsträger zur Weitergabe objektiver Tatsachen – in ihrer Zirkelstruktur sei subjektiv Aufgefundenes und objektiv Vorgegebenes untrennbar miteinander verbunden. Durch die Sprache sei der Mensch mit der Wirklichkeit in Verbindung, durch sie werde Wirklichkeit nicht nur strukturiert, sondern der Mensch erfahre sich gleichzeitig als Empfangender.[131] Der Ort, an dem sich „der hermeneutische Zirkel der Sprache" konkretisiere, sei die mitmenschliche Beziehung, an die Verstehen damit ebenso gebunden ist, wie an den größeren Kontext einer Gemeinschaft oder Gesellschaft.[132] Gespräch heißt damit nach Scharfenberg „prinzipielle Offenheit, Zweideutigkeit, heißt bipolares Hin und Her von menschlicher Rede"; mit dem Stichwort „Gespräch" werden Impulse der Partnerschaft gegeben, „wie sie sich im Bundesgedanken ausgedrückt haben und wie sie unter Verzicht auf Endgültigkeit und Eindeutigkeit in immer neu gesetzten Zielen Zukunft, Freiheit und neue Lebens- und Lösungsmöglichkeiten eröffnen".[133]

---

129 Scharfenberg (1972b), 12.
130 Scharfenberg (1972b), 10.
131 Scharfenberg (1972b), 34: „Wir stellen fest: Einem deutlichen Zug zum Objektivieren und zur Information gegenüber, wie er vor allem in der Neuzeit zur Auswirkung kam, sieht man heute stärker die Zirkelstruktur der Sprache, die Objekt und Subjekt zusammenschließt im immer neuen Ereignis und sich von dem Exaktheitsideal früherer Zeiten löst. Glaubte man lange, die Sprache bilde die Wirklichkeit nur ab, die sich in nichtsprachlichen Räumen befindet, so tritt heute eindeutig hervor, dass Sprache die Wirklichkeit strukturiert, ja, dass der Mensch nur in der Sprache mit ihr in Verbindung ist. Hatte man früher die Sprache wesentlich als Ausdruck des menschlichen Inneren angesehen, so tritt heute immer stärker zutage, dass der Mensch der Sprache gegenüber auch ein Empfangender ist. Glaubte man früher, die Verstehbarkeit der Sprache mit der stets gleichen und unwandelbaren Menschennatur erklären zu können, so weiß man heute, wie stark das Verstehen eine Funktion der Beziehung und der Gemeinschaft und damit der Gesellschaft ist. Konnte man sich früher der Sicherheit hingeben, dass die Sprachentwicklung eine stete Vorwärts- und Aufwärtsentwicklung darstellt, so wendet man heute die Aufmerksamkeit gerade jenen Bereichen zu, die, gemessen an der früheren Entwicklungsidee, eigentlich vergangen und überwunden sein müsste."
132 Scharfenberg (1972b), 27.
133 Scharfenberg (1972b), 26.

Für Scharfenberg kann daher „Heilung" nur als „Sprachgeschehen" aufgefasst werden und er findet den „Sinnzusammenhang zwischen Wort und Heilung" bereits in der Bibel begründet.[134] Die kerygmatische Seelsorge habe durch ihr objektivierendes, einseitiges und autoritäres Verständnis von Seelsorge als Verkündigung im Rahmen eines „Gespräches" diesen Sinnzusammenhang auseinander gerissen – „Wort Gottes" sei dadurch zu etwas geworden, das „in einem zwangsläufig autoritären Gefälle von dem Einen auf den oder die anderen übergeht".[135] Das einzige Ergebnis sei, dass dadurch „mit Hilfe von passenden Schriftworten eine Triebunterdrückung" zustande komme, die zu „ekklesiogenen Neurosen" führen würden.[136] Scharfenberg ist der Ansicht, dass erst durch die situationsbedingte und konkrete Deutung der Lebenssituation im partnerschaftlichen Dialog das Wort zu einer Erfahrung wird, die neue Perspektiven eröffnen und damit Befreiung ermöglichen kann.[137] Die Sprache ermögliche es, den Mächten, denen man sich ausgeliefert fühlt, einen Namen zu geben und in der Artikulation eine Bewusstheit herbeizuführen, die Situation oder die Krankheit aus dem Bereich des reinen Verhängnisses in den Bereich des menschlich zu Verantwortenden rücke.[138] Was ein erfolgreicher Seelsorger wie Johann Christoph Blumhardt methodisch intuitiv angewandt habe, das entspreche in einer „überraschenden Parallele"[139] der Umgestaltung der Beziehung zwischen Arzt und Patient, die Sigmund Freud vornahm, der dem Patienten durch das Gespräch ein größtmögliches Stück an Freiheitsspielraum zur Verfügung

---

134 Scharfenberg (1972b), 35f.: „Es bleibt verwunderlich, dass der Zusammenhang zwischen Heilung und Sprache bisher so wenig Aufmerksamkeit erfahren hat, da doch der gesamte biblische Sprachgebrauch dem Wort die schlechterdings entscheidende heilende Funktion zumisst."
135 Scharfenberg (1972b), 26.
136 Scharfenberg (1972b), 18.
137 Scharfenberg (1972b), 36f. exemplifiziert die befreiende Kraft des deutenden Wortes anhand von Blumhardts Seelsorgebericht über Gottliebin Dittus: „Bei einem dieser Besuche (sc. Blumhardts) folgt er einem plötzlichen Impuls, springt an das Krankenbett, fasst die starrkrampfigen Hände der Gottliebin, ruft ihren Namen und sagt: ‚Lege die Hände zusammen und bete: Herr Jesu, hilf mir, wir haben lange genug gesehen, was der Teufel tut, nun wollen wir auch sehen, was der Herr Jesus vermag'. (...) Was hat Blumhardt mit diesen Worten getan? Er hat den Krankheitserscheinungen eine bestimmte Deutung gegeben, die die Kranke selbst zunächst von der Verantwortung entlastete. Es waren ja der Teufel und die Dämonen, die in ihr wirkten, und so konnte sie diesen Mächten die Möglichkeit geben, sich zu artikulieren, in Sprache umgesetzt zu werden." Scharfenberg bezeichnet Blumhardt als „einen der Stammväter einer psychosomatischen Betrachtungsweise" und stellt fest: „Die Möglichkeit der sprachlichen Kommunikation ließen für Blumhardt die Befreiung von der Vergangenheit zum Ereignis werden und die Freiheit zur Zukunft in einer sinnvollen und lebensfördernden Gemeinschaft der Liebe aufscheinen." (40)
138 Siehe Scharfenberg (1972b), 39f.
139 Scharfenberg (1972b), 35.

stellen wollte, um ihm damit die eigenständige Arbeits- und Genussfähigkeit zurückzugeben.[140] Gegen den Widerstand des Patienten, der ein Autoritäts- und Abhängigkeitsverhältnis herzustellen trachte, bemüht sich Freud, Verantwortung und Entscheidungsfähigkeit beim Patienten zu belassen bzw. diese wieder herzustellen, indem der Patient lernt, sich seine Geschichte durch Artikulation bewusst zu machen und durch die Deutungsangebote des Therapeuten in einen individuellen und zugleich umfassenderen Sinn- und Überlieferungszusammenhang zu stellen; Scharfenberg konstatiert: „An die Stelle der hierarchischen Struktur von Anweisungen und Gehorsam ist damit die dialogisch-zirkelhafte Struktur des Verstehens getreten."[141]

Die Psychoanalyse habe in der Folge nicht nur eine Begrifflichkeit entwickelt, die Heilungsvorgänge im Sprachgeschehen benennbar und methodisch fassbar werden lässt, sondern Scharfenberg kann sogar feststellen: „Mit der Einführung der Sprache als Therapeutikum hat die Tiefenpsychologie – darin hellsichtigen Seelsorgern ähnlich – ein Paradigma für den nichtautoritären zwischenmenschlichen Umgang im Gespräch geschaffen."[142] Er vertritt die Überzeugung, dass die Psychoanalyse lediglich wiedergefunden und in besonderer Prägnanz zum Ausdruck gebracht hätte, was in der biblischen Botschaft immer schon formuliert gewesen, aber bereits sehr früh verloren gegangen sei.[143] Das Gespräch als Ort des Heilungsgeschehens zu verstehen und zu nutzen sei deshalb schon an sich das spezifisch Christliche und das Proprium der Seelsorge. Die Psychoanalyse helfe der Seelsorge lediglich, dieses Verständnis, das den Kern des theologischen Bemühens um die Seelsorge berühre, wieder in Geltung zu setzen und die Missverständnisse der theologischen Tradition zu korrigieren. Das psychotherapeutische Gespräch im Sinne der Psychoanalyse sei somit zum Paradigma des seelsorgerlichen Gesprächs zu „erheben",[144] und Scharfenberg wagt insgesamt die Feststellung:

---

140 Scharfenberg (1972b), 40f.
141 Scharfenberg (1972b), 41f.
142 Scharfenberg (1972b), 12. Vgl. dazu bereits ausführlich in der Veröffentlichung Scharfenbergs auf Grundlage seiner Habilitationsschrift „Sigmund Freud und seine Religionskritik als Herausforderung für den christlichen Glauben" – Scharfenberg (1968), 99-134.
143 Scharfenberg (1972b), 36: „Auch die synoptischen Heilungsberichte versuchen in Abgrenzung gegen heidnischen Zauber oder eine die einzelnen möglichen Methoden schildernde Bildhaftigkeit, wie wir sie etwa bei Plato finden, die wesentlich im Wort sich vollziehende Heilungsart Jesu in den Vordergrund zu stellen. Der Sinnzusammenhang zwischen Wort und Heilung muss aber bereits sehr früh verloren gegangen sein, sodass die biblischen Heilungsberichte über Jahrhunderte hin bis in unsere Tage eine Quelle der stets neuen Verlegenheit für die Ausleger wurden, obwohl es nicht an ständig neuen Versuchen gefehlt hat, diesen Sinnzusammenhang wieder herzustellen."
144 Siehe Scharfenberg (1972b), 42.

„Es dürfte eine Schicksalsfrage für die Lebensäußerungen der Kirche sein, ob das Gespräch in ihr zum Strukturelement werden kann. Unser Vorschlag geht dahin, gerade hierin das seelsorgerliche Element kirchlichen Handelns zu sehen".[145]

Für die Praxis der Gesprächsführung lassen sich nach Scharfenberg folgende Konsequenzen aus diesen Erkenntnissen und seiner Entscheidung für eine paradigmatische Orientierung an der Psychoanalyse ziehen:[146] Keiner der beiden Gesprächspartner hat die Führung im Dialog – „Rede und Gegenrede bewirken ein Fortschreiten des Gesprächs, ohne dass in ihm ein vorher festgelegtes Programm absolviert werden könnte". Die Asymmetrie, die sich durch die Deutungsangebote des Psychotherapeuten ergibt, enthält dadurch keine autoritäre Objektivierung des Gesprächsvorganges, da diese dem Patienten zur Verifizierung und Falsifizierung überlassen wird. Von daher interpretiert Scharfenberg: „In einem so verstandenen Gespräch vollzieht sich die Zustellung eines Stückes Freiheit nicht nur der Natur und der Herrschaft gegenüber, sondern sich selbst gegenüber." Zugleich finde aber auch eine Einübung in diese Freiheit statt, denn das Erlernen der Fähigkeit, Empfindungen und Gefühle in Wort zu verwandeln, bedeute insgesamt einen Zuwachs an Freiheit gegenüber triebhafter Gebundenheit. Schließlich ist im Verständnis Scharfenbergs diese Art des Gesprächs darüber hinaus als eine „Fundstelle der ethischen Entscheidung" zu betrachten, da sich in ihm Möglichkeiten erschließen könnten, an die keiner der beiden Partner zuvor gedacht habe.

Die Prinzipien Partnerschaftlichkeit, Gleichberechtigung, Bewusstwerdung, Förderung oder Wiederherstellung der Eigenverantwortung als „Zustellung" und Einübung von persönlicher Freiheit bleiben auch in den weiteren Entfaltungen der „Seelsorge als Gespräch" bei Scharfenberg erkenntnisleitend. Der Verzicht auf „besseres Wissen", Objektivität und autoritäre Grundhaltung sollen der Seelsorge „zu einer so lautstark geforderten Wirklichkeitsgemäßheit" verhelfen und ihr wieder eine Zukunftschance geben.[147] Vom „freien Gespräch" unterscheidet Scharfenberg das „Lehrgespräch", das „Explorationsgespräch" oder die „helfende Beziehung" der modernen amerikanischen Sozialarbeit.[148] Das Seelsorgegespräch sei nicht als eine zu den übrigen hinzutretende Sonderform des Gesprächs aufzufassen, sondern bediene sich aller vier unterschiedenen Formen – schwerpunktmäßig finde es aber Orientierung an der hel-

---

145 Scharfenberg (1972b), 43.
146 Siehe Scharfenberg (1972b), 42f.
147 Scharfenberg (1972b), 46.
148 Siehe Scharfenberg (1972b), 44–64.

fenden Beziehung, welche die Seelsorge „im Verstehenshorizont dessen, was den Menschen unbedingt angeht", zu deuten sucht.[149] Die verschiedenen Formen und Dimensionen von Gespräch und Glaube sind nach Scharfenberg untrennbar miteinander verbunden: „Der Glaube hat nicht die Wahl, ob er sich dem Gespräch stellen will. Er überlebt nur im Gespräch. Er bleibt nur Glaube im Gespräch. So ist der Glaube unwiderruflich ins Gespräch gerufen".[150] Entscheidend sei daher die Grundhaltung des Seelsorgers, die echtes Gespräch ermöglichen könne.[151] Unter Verzicht auf eine falsch verstandene „theologia gloriae" müsse der Seelsorger davon ausgehen, „dass er über eine Antwort auf die Frage des anderen nicht selbst verfügt, sondern sie mit ihm gemeinsam suchen und empfangen muss".[152] Nach Scharfenberg sollte „an die Stelle der Unerschöpflichkeit unqualifizierter christlicher Antworten" endlich „das Eingeständnis vom vielfachen Nichtwissen" treten, das für das Wirken des Heiligen Geistes öffnet und aus der „Solidarität menschlicher Ratlosigkeit" zum Auffinden bisher nicht wahrgenommener neuer Möglichkeiten verhilft.[153] „Hilfe zur Selbsthilfe" als der Erweis und die Bewährung der „Wahrheit des Christus" im Gesprächsvorgang selbst, entsprächen am besten der empfangenen Verkündigung von Jesus Christus, der selbst den Boden für eine neue Möglichkeit der Gesprächsführung bereitet habe.[154]

Um den dennoch möglichen „illusionären Charakter" der Gesprächsbeziehung in der Seelsorge zu vermeiden, macht Scharfenberg unter Zuhilfenahme der psychoanalytischen Theorie von Übertragung und Gegenübertragung[155] auf die „interpersonale Dynamik" und auf „kritische Punkte der Gesprächsführung" aufmerksam und gibt zahlreiche methodische Anregungen von der Fragetechnik[156] über die „kritische Selbstprüfung des Seelsorgers"[157] bis hin zum Setting einer Seelsorge als Gespräch.[158] Auf keinen Fall könne jemand dem „psychischen Grundgesetz", von Übertragung und Gegenübertragung, „das immer in Kraft ist", entkommen – sich mit diesen Phänomenen bewusst auseinander zu setzen müsse daher von jedem Seelsorger verlangt werden,[159] damit er

---

149 Scharfenberg (1972b), 44.
150 Scharfenberg (1972b), 63.
151 Siehe auch Scharfenberg (1972b), 93–101.
152 Scharfenberg (1972b), 63f.
153 Scharfenberg (1972b), 64.
154 Scharfenberg (1972b), 62.
155 Scharfenberg (1972b), 65.
156 Siehe Scharfenberg (1972b), 104–108.
157 Siehe Scharfenberg (1972b), 80–85.
158 Siehe Scharfenberg (1972b), 142–146.
159 Scharfenberg (1972b), 67 und 72.

mit der notwendigen „Doppelfunktion" als „Partner des Ratsuchenden" auf der einen Seite und als „Vertreter der Realität" auf der anderen Seite angemessen umzugehen lerne.[160] Angesichts des Methodenpluralismus säkularer Beratung will Scharfenberg das „theologische Kriterium" in Anschlag bringen, wie dem Gesprächspartner „ein größtmögliches Maß an Freiheit" vermittelt werden könne.[161] Gegenüber einer verhaltenstherapeutisch orientierten Gesprächsführung, die einen „anthropologischen Pessimismus" impliziere und für eine Seelsorge wieder „zu einer völligen Absolutierung des ‚extra nos'" führen könne,[162] oder der Klientenzentrierten Gesprächsführung nach Carl Rogers, die einen verfehlten „anthropologischen Optimismus" vertrete und die „lähmende und versklavende Macht vergangener Erfahrungen" übersehe,[163] sei jedenfalls die Tiefenpsychologie mit ihrem „anthropologischen Realismus" und ihrer „unmittelbaren Nähe zu bestimmten grundlegenden biblischen anthropologischen Einsichten" zu bevorzugen.[164]

Eine besondere Stärke der Tiefenpsychologie sieht Scharfenberg in ihrer Berücksichtigung auch der überindividuellen Zusammenhänge, durch die eine „dialektische Bewegung zwischen Überlieferung und persönlicher Eigentlichkeit" eröffnet und jede Art subjektivistischer Engführung vermieden werd.[165] In der Publikation „Seelsorge als Gespräch" identifiziert Scharfenberg die Bezugnahme Freuds auf „das archaische Erbe der

---

160 Scharfenberg (1972b), 77f.
161 Siehe Scharfenberg (1972b), 111f. Siehe auch Scharfenberg (1972b), 25: „Somit besteht der theologische Ansatz, der im tatsächlichen Gesprächscharakter das seelsorgerliche Element zu finden versucht, in dem Stichwort von der Freiheit. Es kann mit herzlicher Zustimmung der theologische Ansatz Otto Haendlers für das seelsorgerliche Gespräch zitiert werden, der sehr klar darstellt, dass das Ziel seelsorgerlichen Gesprächs die Freiheit eines Christenmenschen sei und dass rechte Seelsorge in dem Betreuten das deutliche Empfinden wach halten müsse, dass er von Freiheit zu Freiheit geführt werde."
162 Siehe Scharfenberg (1972b), 114.
163 Siehe Scharfenberg (1972b), 117.
164 Siehe Scharfenberg (1972b), 117–119: „Mir scheint, dass mit der Erwähnung des ‚Widerstandes', der sich gegen jeden Einsatz einer helfenden Beziehung erhebt, sei sie nun therapeutischer oder seelsorgerlicher Art, sich ein anthropologischer Realismus zu Wort meldet, der weder dem Klienten die grundsätzliche Fähigkeit abspricht, das für ihn Wichtige selbst vornehmen zu können, noch meint, dass mit der Rückführung auf den Klienten selbst und dessen eigene Gefühle das Wesentliche bereits geschehen sei. Mit der Behauptung, dass sich gegen jede Bewusstseinserweiterung und damit auch Bewusstseinsveränderung ein Widerstand des Menschen erhebt, scheint mir die Tiefenpsychologie in unmittelbarer Nähe zu bestimmten grundlegenden biblischen anthropologischen Einsichten zu kommen. Dem scheint mir die Erkenntnis zu entsprechen, dass auch die seelsorgerliche Gesprächsführung mit einem solchen Widerstand rechnen muss, dass sie ihn in ihre methodischen Überlegungen einbeziehen und zu seiner angemessenen Bearbeitung und Berücksichtigung über das entsprechende Rüstzeug verfügen muss."
165 Siehe Scharfenberg (1972b), 42.

Menschheit" noch unmittelbar mit dem „kollektiven Unbewussten" von C.G. Jung[166] und kann formulieren: Die tiefenpsychologische Theorie versuche das, „was als sinnloser Widerstand die Gesprächssituation erschwert (...) als sinnvollen Wiederholungszwang einsichtig zu machen und mit Hilfe der Modelle, die Geschichte gewordene Menschheitserfahrung gesammelt und in den großen Dokumenten religiöser Erfahrungen aufbewahrt hat, auch in einen überindividuellen Deutungszusammenhang zu bringen. (...) Es scheint mir diese Einordnung in ein Sinnganzes zu sein, die Unsägliches und bisher Unerhörtes in eine sinnvolle mitmenschliche Erfahrung verwandelt, die es dem Klienten allmählich ermöglicht, (...) dass auch er neue Erfahrungen machen kann, seine Welt so verändern kann, dass auch ihm Glücksmöglichkeiten offen stehen."[167]

Indem Scharfenberg das Wort Gottes direkt in den Ereigniszusammenhang eines gelingenden Gespräches einordnet und jeden Anspruch auf objektive Erkenntnis außerhalb des hermeneutischen Verstehenszirkels fallen lässt, nimmt er eine markant unterschiedliche theologische Position gegenüber der Tradition der kerygmatischen Seelsorge ein. Das seelsorgerliche Gespräch selbst wird als Begegnung verstanden, innerhalb derer der Heilige Geist sein Wirken gerade dann entfalten könne, wenn der Seelsorger auf jeden eigenen Anspruch, das Wirken Gottes gezielt betreiben zu wollen, verzichtet und sich nach Zustellung und Einübung von Freiheit selbst wieder „überflüssig" macht.[168] Mehr noch – auf Basis des „theologischen" Leitkriteriums „Freiheit" scheint Scharfenberg sogar der Ansicht zu sein, dass Wort Gottes sich gerade dort ereignen kann, wo es weltanschaulich bezweifelt werde.[169] Scharfenberg ortet einen „tiefen Gegensatz" von verschiedenen „Denkstrukturen und

---

[166] Siehe Scharfenberg (1972b), 48f.: „Wer verdrängen muss, begibt sich aber auch der Möglichkeit einer Teilhabe am Unbewussten einer bestimmten Zeitsituation. Es wird ihm dann in besonderer Weise die Allgemeinverständlichkeit seiner Ausdrucksmittel ermangeln. Die Sprache vieler Theologen könnte hierfür als eindrucksvolle Illustration dienen. Es gilt schließlich auch zu bedenken, dass durch die Verdrängung der Mensch sich von dem entfremdet, was Sigmund Freud das archaische Erbe der Menschheit genannt hat, das wir mit C.G. Jung das kollektive Unbewusste nennen können und das, so lange die Menschheitsgeschichte dauert, unablässig seine Energien abgibt und freisetzt."

[167] Scharfenberg (1972b), 118f.

[168] Siehe z.B. Scharfenberg (1972b), 61: „Nicht an dem Maß der persönlichen Würde des Seelsorgers kann einem Menschen das aufgehen, was ihn unbedingt angeht, sondern allenfalls an der Art, wie der Seelsorger versucht, sich selbst überflüssig zu machen und dem anderen seine Freiheit zu lassen."

[169] Vgl. z.B. auch Scharfenberg (1972b), 23: „Es bleibt die herausfordernde Frage, warum in bestimmten, zahlenmäßig zunehmenden Fällen sich der seelsorgerliche Zuspruch als wirkungslos, das psychotherapeutische Bemühen dagegen als wirkungskräftig erwiesen hat, und warum man, wenn man psychotherapeutisch arbeitet, auch denen helfen kann, bei denen die seelsorgerlichen Methoden nicht zu helfen vermochten."

Bewusstseinslagen", der sich in den Begriffen „Gespräch" und „Verkündigung" als zentralem Punkt der Seelsorge ausdrückt[170] und kann sogar fordern, das Gespräch nach seiner auf dem Hintergrund der Psychoanalyse getroffenen Definition zum Leitkriterium des gesamten kirchlichen Handelns zu erheben.[171] Die psychoanalytische Theorie zur Gesprächsführung und ihrer Methodik wird als Fremdprophetie aufgefasst, die das biblische Verständnis von Heilung auch für Kirche und Seelsorge wiederfinden lässt und die Fehlformen korrigieren hilft. Hilfe zum Leben und Hilfe zum Glauben seien untrennbar miteinander verbunden, das eine greife automatisch in das andere über; es scheint Scharfenberg geradezu „unmöglich" zu sein, die Gottesbeziehung getrennt von dem menschenmöglichen Maß[172] an Bewusstheit und Freiheit zu sehen.[173]

Kritisch betrachtet wird der psychoanalytischen Theorie allerdings mehr als nur der Status der Fremdprophetie eingeräumt – denn sie wird nach der Feststellung der Parallelität zwischen dem noch unreflektierten Vorgang von gelingender Seelsorge und dem bewusst angestrebten Umgang zwischen Arzt und Patient bei Freud[174] umgehend zum begrifflichen und konzeptuellen Leitschema für alles, was es zur Seelsorge als Gespräch zu sagen gibt. Prinzipiell sollte der Seelsorger am besten eine psychoanalytische Ausbildung absolvieren, um mit den anthropologischen Konstanten von Verdrängung oder Übertragung und Gegenübertragung optimal umgehen zu können. Denn dies würde voraussetzen, dass er selbst zumindest „die Schattenbereiche seines eigenen Lebens so weit einer Klärung" zugeführt hat, „dass sie sich nicht störend in andere seelsorgerliche oder beratende Beziehungen eindrängen" oder es nicht zum Missbrauch der Gesprächssituation durch das Bedürfnis nach Befriedigung eigener ungestillte Wünsche und Sehnsüchte kommt.[175] Theologische Begriffe wie „Glaube", „Gottesbeziehung" oder „Vergebung" erhalten in Scharfenbergs Zugang keine eigenständige theologische Kon-

---

170 Siehe Scharfenberg (1972b), 26.
171 Siehe Scharfenberg (1972b), 43.
172 Scharfenberg (1972b), 49, spricht davon, dass die „totale Bewusstheit die ideale Voraussetzung für das Gespräch" bieten würde, dass dies allerdings „keine Möglichkeit der geschichtlichen Existenz des Menschen darstellt."
173 Vgl. Scharfenberg (1972b), 61f.: „Es erscheint mir (...) unmöglich zu sein, bei der Frage nach dem Seelsorgegespräch von zwei voneinander getrennten Bereichen her zu denken, wie dies in der Gegenwart noch immer versucht wird, dass man meint, alle Gleichgewichtsstörungen des Menschen mit seiner Umwelt oder auch in sich selber den säkularen Institutionen überlassen zu können, während es lediglich darauf ankomme, eine Diagnose zu stellen, die feststellt, ob der Mensch in seinem Gleichgewicht gegenüber Gott gestört ist, dass also sein Gottesverhältnis in Ordnung ist."
174 Siehe Scharfenberg (1972b), 35–43.
175 Scharfenberg (1972b), 80.

zeptualisierung mehr. So wird beispielsweise auch die Beichte dort im urchristlichen Sinn verwirklicht gesehen, wo der Einzelne „in Gestalt selbstkritischer Gruppenaussprache" bereit ist, „seine eigenen Fehler und Vorurteile zuzugeben und in der Gemeinschaft zur Diskussion zu stellen".[176]

Man könnte demnach feststellen, dass Scharfenberg in seinem Seelsorgeverständnis von einer psychoanalytischen Anthropologie in theologischer Perspektive ausgeht. Bewusstheit statt Verdrängung, Freiheit von Triebgebundenheit und „objektiver Befangenheit",[177] eigenverantwortliche Entscheidungen, Vertrauen in die „entwicklungsfähigen Eigenkräfte des Klienten"[178] oder bewusste Teilhabe am archaischen Erbe der Menschheit bzw. am „kollektiven Unbewussten" sind die anthropologischen Kriterien, die eine „Seelsorge als Gespräch" bestimmen. Hinzu kommen von Scharfenberg vorausgesetzte Werte wie „Partnerschaftlichkeit" oder „Gleichberechtigung", die eine wesentliche Rolle spielen und gelegentlich die Frage aufwerfen, ob das psychoanalytische Setting, unter diesen Idealen gesehen, noch mit hinreichendem Realitätsbezug erfasst wird.[179] Der „anthropologische Realismus", den Scharfenberg in der Tiefenpsychologie gegeben findet,[180] lässt ihn teilweise kritiklos deren implizite ontologische Prämissen übernehmen und einer nachträglichen theologischen Interpretation[181] zuführen. Es geht zum Beispiel um die Frage, „ob wir die unserer geschichtlichen Situation angemessene Stufe der Bewusstheit zu erreichen und nachzuvollziehen vermögen", die uns am „kollektiven Unbewussten" teilzuhaben ermöglicht, das „unablässig seine Energien freigibt und freisetzt".[182] Theologisch interpretiert kann dann die „in den großen Dokumenten religiöser Erfahrung" weitergetragene Menschheitserfahrung den Einzelnen befähigen, sich in ein größeres „Sinnganzes" eingebettet zu erleben und für neue Erfahrungen bereit zu machen: „Was einer an Versagungen durch die Mutter erlebte, ist nicht mehr deren individuelle Unfähigkeit, sondern gemeinsames Erfahrungsgut aller ‚oral Frustrierten', die die Fleischtöpfe Ägyptens verlassen mussten zur entbehrungsreichen und ungewissen Wüstenwanderung."[183]

---

176 Siehe Scharfenberg (1972b), 25.
177 Siehe Scharfenberg (1972b), 50.
178 Scharfenberg (1972b), 60.
179 Vgl. z.B. Scharfenberg (1972b), 42, wo die dem psychoanalytischen Gespräch als wichtigstes Prinzip unterstellte Partnerschaftlichkeit angesichts der „Asymmetrie", die im Verhältnis zwischen Psychotherapeut und Klient doch festgestellt werden muss, nur noch mit Mühe argumentiert werden kann.
180 Scharfenberg (1972b), 117.
181 Vgl. das Urteil von Karle (1996), 96f.
182 Siehe Scharfenberg (1972b), 49.
183 Siehe Scharfenberg (1972b), 119.

Nachdem Scharfenberg einmal festgestellt hat, dass die Psychoanalyse nicht den Glauben als solchen in Frage stellt, sondern lediglich die Formen der religiösen Regression kritisiert, die das nicht herbeizuführen vermögen, was Religion zu leisten verspricht,[184] scheint keine kritische Auseinandersetzung mit ihren anthropologischen Prämissen und Implikationen bezüglich einer theologischen Inanspruchnahme mehr stattzufinden. Der Aspekt, dass die Psychoanalyse „kritische Gesichtspunkte bereitstellen kann, die für eine Läuterung der Gestaltungen des christlichen Glaubens von Wichtigkeit" sind,[185] tritt konzeptionell und methodisch ganz in den Vordergrund der Bemühungen Scharfenbergs um die Seelsorge.

Unter Beibehaltung der grundlegenden Ausrichtung der „Seelsorge als Gespräch" veröffentlicht Scharfenberg 1985 seine „Einführung in die Pastoralpsychologie". Die Schlüsselrolle als Bindeglied zwischen Psychoanalyse und Theologie, die in Scharfenbergs früherem Werk sein Verständnis des Gespräches einnimmt, wird nun allerdings durch das Konzept vom „Symbol" und der „symbolischen Kommunikation" ersetzt.[186] Die symbolische Kommunikation stellt für Scharfenberg die spezifisch menschliche Kommunikationsform schlechthin dar.[187] Im Symbol werde die „unselige Spaltung von Subjekt und Objekt",[188] die seit Descartes das Wissenschaftsideal bestimmt,[189] überwunden; denn „das Symbol verbindet auf großartige Weise innere und äußere Erfahrung, die zwar unterschieden, aber auch zusammengeworfen und miteinander verbunden werden können".[190] Durch eine geeignete Symboltheorie könne die Pastoralpsychologie ihren Beitrag leisten, auch das Entweder-Oder von Theologie und Psychologie hinter sich zu lassen, die Überwindung dieses Gegensatzes sei sogar als „das dringendste Erfordernis für die Lernprozesse der Pastoralpsychologie" anzusehen.[191] Das „Symbolfeld" sei auf der einen Seite durch das „Klischee" begrenzt, „das Unbewusstheit andeutet", und auf der anderen Seite durch das *Zeichen,* „durch das der Sinn auf einen eindeutigen Begriffsinhalt festgelegt wird, der sich nicht mehr

---

184 Siehe Scharfenberg (1968), 154.155–180.
185 Scharfenberg (1968), 154.
186 Die Grundlagen dazu arbeitete Scharfenberg in dem gemeinsam mit Horst Kämpfer veröffentlichten Werk „Mit Symbolen leben. Soziologische, psychologische und religiöse Konfliktbearbeitung" aus – Siehe Scharfenberg/Kämpfer (1980).
187 Am prägnantesten erläutert wird diese These anhand von „anthropologischen Überlegungen" in Scharfenberg/Kämpfer (1980), 30–45.
188 Scharfenberg (1985), 150f.
189 Scharfenberg (1985), 23.
190 Scharfenberg (1985), 19.
191 Scharfenberg (1985), 197.

mit Gefühlen und Konflikten in Verbindung zu setzen vermag".[192] Für das spezifisch „religiöse Symbol" gilt, „dass jedes lebendige Symbol, das die Gefühle von Angehörigen einer Symbolgemeinschaft an sich zu bin-

---

192 Scharfenberg (1985), 87. Scharfenberg entwickelt seinen Symbolbegriff vor allem in Scharfenberg/Kämpfer (1980), 46–80. Die Fähigkeit zur Symbolisierung als Grundäußerung des menschlichen Geistes war demnach in der klassischen Psychoanalyse nach Freud noch nicht erkannt worden. Ursprünglich seien Symbole, wie sie sich zum Beispiel im Traum inhaltlich manifestieren, als Ausdruck von Verdrängungsprozessen im Zusammenhang mit neurotischen Konflikten gesehen und damit dem Bereich der Symptombildung zugeordnet worden. Erst mit den Entwicklungen innerhalb der psychoanalytischen Tradition von der Trieb- zur Ich- oder Selbst-Psychologie habe sich eine entscheidende Wandlung und Revision des psychoanalytischen Symbolbegriffs vollzogen. Die Symbolbildungsprozesse seien nun mit der Repräsentanzenlehre in Verbindung gesetzt und als notwendige Vorgänge einer gesunden menschlichen Entwicklung beschrieben worden. Im Anschluss an Lorenzer verwendet Scharfenberg den Begriff „Klischee" für die Art von Symbolbildung, die bei Freud der Neurosenbildung zugeordnet wurde. Er unterscheidet daher: „Die bewussten Repräsentanzen haben den Charakter von Symbolen, die unbewussten Repräsentanzen sind dagegen nicht-symbolische Strukturen (Klischees). Klischees, d.h. unbewusste Repräsentanzen stammen von symbolischen Repräsentanzen ab, die im Sozialisierungsprozess gebildet – und im Vorgang der Verdrängung ‚exkommuniziert', d.h. aus der Kommunikation in Sprache und Handeln ausgeschlossen werden" (66). Auf diese Weise wird für Scharfenberg die bewusste symbolische Kommunikation zum Kriterium für seelische und körperliche Gesundheit. Denn: „Nicht die Verdrängung ruft die Notwendigkeit zur Symbolisierung hervor, sondern der Verzicht auf den Umgang mit Symbolen schafft die Verdrängung. Das Symbol ist nicht das Symptom einer Menschheitsneurose, sondern dann, wenn man die symbolische Kommunikation einstellt, droht die Neurose" (67). Scharfenberg fasst schließlich seine Ergebnisse zusammen: „(a) Die Geschichte des psychoanalytischen Symbolverständnisses zeigt eines mit Deutlichkeit: Der Versuch, eine symbolfreie menschliche Kommunikation anzustreben, muss als ein Irrweg angesehen werden. (b) Das Kennzeichen der neurotischen Kommunikation ist die Klischeebildung. (c) Sie kann ganz individuell und privatisiert erfolgen, dann sprechen wir von einem neurotischen Symptom. (d) Die Therapie besteht darin, den verloren gegangenen Sinn – und wohl auch den gleichsam geronnenen Protest – wieder zu finden und das Klischee in ein Symbol zurückzuverwandeln, und damit die falsche Interpretation aufzugeben. (e) Die Symbole der Überlieferung können auch zu Klischees werden, wenn mit ihnen in kleinen Gruppen zwanghaft und unkreativ umgegangen wird. Sie benötigen dann so etwas wie eine reformatorische Befreiung. (f) Als Klischees wirken aber auch bestimmte sinnentleerte gesellschaftliche Übereinkünfte nichtreligiöser Art, die dann mit quasireligiösen Gefühlen besetzt werden. (g) Mit Zeichen kommuniziert der Naturwissenschaftler, und das hat zu erstaunlichen Ergebnissen in der Naturforschung geführt. Sobald man aber versucht, die Gesamtwirklichkeit menschlicher Emotionalität mit einer objektivierenden Methode einzufangen, wird man wieder in die Irre gehen. (h) Menschen, die nur noch mit Zeichen kommunizieren, werden emotional verkümmern und sind eine leichte Beute jener kleinen Minderheiten, die mit Hilfe der Massenmedien Gefühle und Verhaltensweisen zu manipulieren versuchen. (i) Was benötigt wird, ist eine kritische Symbolkunde, die mit Hilfe der tiefenpsychologischen und anderen wissenschaftlichen Erkenntnissen das Überlieferungsmaterial der Symbole daraufhin untersucht, welche Symbole ganz untergegangen sind, welche nur noch als Klischees wirken und welche zu Zeichen herabgesunken sind. (j) Umgekehrt wird, (...) die religiöse Überlieferung immer wieder als kritisches Prinzip zum Wachhalten der Fragen nach dem spezifisch Menschlichen eingesetzt werden müssen, denn unserer Meinung nach sollte es nicht nur eine psychologische Religionskritik, sondern auch eine religiöse Psychologiekritik geben."

den vermag, und das damit über die private Bedeutung hinaus mit der Ursprungsgeschichte einer solchen Gemeinschaft verbindet, das Unbedingte repräsentiert und eine Identität schafft, als ein religiöses Symbol bezeichnet werden kann".[193] Im Symbol und im Mythos drücke sich die grundlegende Art menschlicher Erkenntnis aus, die, wenn sie Bedeutung für die Lebensbewältigung habe, immer „identifikatorische Erkenntnis" sei; lange vor jeder Wissenschaft seien im individuellen Leben und in der Menschheitsgeschichte Symbole und Mythen nötig gewesen, um „innere Konflikte und innere Widersprüche zu bearbeiten".[194] Scharfenberg stellt fest, dass „die großen sprachlichen Dokumente der alten Welt einschließlich der Bibel" darin übereinstimmen, „dass sie Innen- und Außenwelt zwar unterscheiden, aber keineswegs trennen" und deshalb von einer „impliziten Psychologie" durchdrungen sind.[195] Zudem zeige das Vorbild „der theologischen Anthropologien von Paulus über Augustin bis hin zu Luther", dass dort die Rede von Gott und die Rede vom Menschen immer so verbunden ist, „dass sie sich wechselseitig bedingen und auslegen"; „die Doppelheit menschlicher Grunderfahrung" lasse sich sowohl theologisch als auch psychologisch auslegen.[196] Von daher sei es Aufgabe der Pastoralpsychologie, „die verborgenen ‚religiösen' Wurzeln auch in der scheinbar ‚objektivsten' Erkenntnis bewusst zu machen, und aufgrund dieser Einsichten Kriterien dafür zu entwickeln, welche psychologischen Theorien sich für die pastorale Praxis eignen und als vertrauenswürdig anzusehen sind".[197] Scharfenberg fasst in der Folge den Verstehenshorizont der klassischen Psychoanalyse als „fünfgliedrigen hermeneutischen Zirkel" auf, der sich zwischen Analytiker, Patient, einer vertieften Selbstwahrnehmung, der zeitgenössischen Fokussierung und dem Mythos entspannt.[198]

---

[193] Scharfenberg (1985), 87. In Scharfenberg/Kämpfer (1980), 197, werden als besondere Wirkungsweisen der religiösen Symbolen genannt: „Religiöse Symbole können (1.) Grundambivalenzen, wie sie zu allen Zeiten bei allen Menschen bestehen, ‚*aufheben*' (2.) Grundstrukturen, wie sie von Mensch zu Mensch verschieden sind, *ausdrücken* und (3.) Grundkonflikte, die lebens- und weltgeschichtlich wandelbar sind, *bearbeiten*." (Hervorhebungen im Original)
[194] Scharfenberg (1985), 18f.
[195] Scharfenberg (1985), 21.
[196] Scharfenberg (1985), 197.
[197] Scharfenberg (1985), 162.
[198] Scharfenberg (1985), 32: „Der Analytiker (1) und sein Patient (2) sind durch das Wechselspiel von Übertragung und Gegenübertragung zusammengeschlossen. Dies zwingt den Analytiker zu einer vertieften Selbstwahrnehmung (3), durch die er Konflikte und Probleme des Patienten auch bei sich selbst zu entdecken vermag. Die Wahrnehmung des Patienten wird durch die Fokussierung auf ein zeitgenössisches Problem (4) strukturiert, zu deren Benennung der Oedipus-Mythos der Überlieferung (5) herangezogen wird."

Diese formale Struktur des psychoanalytischen Paradigmas will Scharfenberg auch als das „grundlegende Paradigma" für die Pastoralpsychologie beibehalten und die drei „variablen Faktoren" neben den Grundfaktoren „Analytiker" und „Patient" inhaltlich neu bestimmen, wie dies bereits innerhalb der Weiterentwicklungen der psychoanalytischen Tradition selbst geschehen sei.[199] Damit soll für die Pastoralpsychologie zugleich eine „eigene Psychologie" geschaffen werden, die sich weder einem einzigen psychologischen Ansatz ganz verschreibt und damit einer individualistischen Einengung verfallen könnte, noch auf Basis der Auffassung von der Psychologie als „Hilfswissenschaft" willkürlich psychologische Elemente in den theologischen Zusammenhang integriert.[200] Von dieser eigenständigen Psychologie fordert Scharfenberg,[201] dass sie erstens eine hermeneutische Psychologie sein muss, um „der prinzipiellen Zirkelstruktur der Verstehensvorgänge Rechnung tragen" und das Verstehen von Menschen mit dem Verstehen von Texten verbinden zu können, dass sie zweitens der innerpsychischen Dynamik der spezifisch menschlichen Kommunikationsvorgänge gerecht werden muss, dass sie drittens eine psychohistorische Orientierung aufzuweisen hat, „um die Zusammenhänge zwischen individueller Biographie und geschichtlich-symbolischen Manifestationen zu erfassen", und dass sie viertens „eine Konfliktpsychologie" sein muss, „um den tragenden Einsichten religiöser Anthropologie gerecht zu werden". Wie Scharfenberg dieses Programm einlösen will, soll im Folgenden kurz erläutert werden.

Kristallisationspunkt für Scharfenbergs weitere Entfaltungen seiner Pastoralpsychologie bietet in der Folge das Schema einer Konflikttheorie, das er in Anlehnung an die vierdimensionale Persönlichkeitstypologie der Neopsychoanalyse, wie sie insbesondere durch Fritz Riemann populär geworden ist,[202] entwirft.[203] Den beiden Grundambivalenzen von

---

199 Scharfenberg (1985), 33. Scharfenberg (1985), 33–43, demonstriert die Veränderungen, die hinsichtlich der vertieften Selbstwahrnehmung, dem Bezug zur mythischen Überlieferung und der Fokussierung des Patienten auf einen typischen zeitgenössischen Konflikt bei Kohut, Erikson und Pfister bereits vorgenommen wurden.
200 Scharfenberg (1985), 48f.
201 Siehe Scharfenberg (1985), 49.
202 Siehe Riemann (1975).
203 Siehe dazu vor allem die Graphiken bei Scharfenberg (1985), 56 und 220. Scharfenberg (1985), 53f., vergewissert sich zuvor, dass der Einsatz einer Konflikttheorie bei den menschlichen Gefühlen sich der theologischen Tradition verdankt: „Die fundamentale Einsicht, dass der Konflikt seinen Ursprung im unruhigen menschlichen Herzen hat, verdanken wir als Pastoralpsychologen sicher stärker Augustin als irgendwelchen empirischen Untersuchungen der Gegenwart." Die von Scharfenberg gewählte Begrifflichkeit unterliegt dem Kriterium, dass sie „der Grundeinsicht der Überlieferung" nicht widersprechen darf. Schließlich wird im Blick auf die Anlehnung an das neopsychoanalytische Modell gefolgert: „Dies

„Autonomie" in Spannung zur „Partizipation" und „Progression" in Spannung zur „Regression" ordnet Scharfenberg ergänzend noch eine dritte Ebene zu, die den Bezug zur Wirklichkeit in der Spannung zwischen „Phantasie" und „Anpassung" zum Ausdruck bringen soll.[204] Der Vorteil dieses „genetischen Modells" liegt nach Scharfenbergs Auffassung im Sinne seiner Kriterien für eine Pastoralpsychologie darin, dass „die Verschiedenheit der menschlichen Charaktere als die unbewussten Erinnerungsspuren von menschlichen Konfliktsituationen" ansichtig würden, „die zwar von allen durchlaufen werden, die aber auf völlig verschiedene Weise erlebt werden können"; „sie erscheinen außerdem noch als die Niederschläge von kollektiven Erfahrungen im Verlauf der Menschheitsgeschichte interpretierbar."[205] Die Differenzierung der vier Charakterstrukturen würde „ein wenig Orientierungshilfe bieten im Gewirr der Verschiedenartigkeit der Charaktere" und darüber hinaus so weit tragen, dass auch „religiöse Phänomene und Kulturepochen" daraufhin zu befragen seien, „welches der geschilderten Elemente in ihnen dominant sein könnte".[206] Auch die Religionspsychologie könnte nach Ansicht Scharfenbergs bei aller Disparatheit ihrer theoretischen und methodischen Bezüge unter der strukturierenden Orientierung des vierfachen Schemas eine „integrative Kraft" entfalten und zu einem Ort werden, „an dem der angehende Pastoralpsychologie es lernen kann, die verschiedenen Horizonte von Selbst- und Lernerfahrung miteinander zu verschmelzen".[207] Als „genetische Religionspsychologie", die „das Werden des Glaubens in Verbindung mit Entwicklungsphasen der menschlichen Reifung zu verstehen versucht", könne sie ein „Integrationssystem" und „einen Leitfaden" anbieten, an dem „die verschiedenen Theorieebenen und Betrachtungsweisen verbunden und aufgereiht werden".[208]

Im diesbezüglichen Schema werden dann die vier Grundphänomene menschlichen Lebens – Verschmelzung, Beziehung, Ordnung und Aufbruch – aufgereiht und mit weiteren Aspekten in Verbindung gesetzt;[209] dem jeweiligen Grundphänomen entsprechen jeweils ein Konflikt, ein

---

(sc. kein Widerspruch zur Überlieferung) scheint nun in besonderer Weise bei der ‚genetischen Methode' der Fall zu sein."
204 Vgl. dazu bereits Scharfenberg/Kämpfer (1980), 170–197, wo Scharfenberg zum ersten Mal nach dem hier referierten Schema „Anthropologische Grundlagen einer Theorie des religiösen Symbols" entwirft und den Polen der Ambivalenzen jeweils Bibelstellen unter den Überschriften „Ich bin ein Fremdling", „Ich leide", „Ich gehorche" und „Ich hoffe" zuordnet.
205 Scharfenberg (1985), 54.
206 Scharfenberg (1985), 59.
207 Siehe Scharfenberg (1985), 209.
208 Siehe Scharfenberg (1985), 216.
209 Siehe das Schema bei Scharfenberg (1985), 220.

Pol der Grundambivalenzen, ein theologischer sowie ein psychologischer Begriff, ein biographischer Ort, eine Epoche in der Geschichte der Menschheit, ein Mythos und ein Symbolfeld.[210] Scharfenberg ergänzt seine Aufreihung durch eine fünfte Dimension, in der das Prinzip „Hoffnung" zur Geltung kommen soll, das in der Dogmatik als „Die letzten Dinge" thematisiert wird.[211] Auf dem Weg der Korrelation nach Paul Tillich lasse sich darüber hinaus jedem Satz aus der Theologie ein anthropologischer Satz komplementär zuordnen, der die „Funktion einer Vermittlung zwischen theologischer Deutung und menschlicher Erfahrung" zu übernehmen habe[212] – die auf Basis der „vier anthropologischen Grunderfahrungen" formulierten Entsprechungen korrelieren wiederum vier verschiedenen therapeutischen Ausrichtungen mit ihren methodischen Schwerpunkten.[213] So entspreche beispielsweise der „Redeweise vom ‚Gott in Beziehung', die christologisch als die Annahme des Sünders durch Jesus bezeugt wird", das „In-Beziehung-Sein des Menschen in der Zweierbeziehung, das in der Gestalt des Urvertrauens Anpassung an eine vorgegebene Umwelt ermöglicht"; letzteres wiederum entspreche dem „verhaltenstherapeutischen Modell", wo „das Schwergewicht auf das ‚extra nos' des In-Beziehung-Seins durch die Systematisierung von sublimen Formen von Lohn und Strafe" gelegt sei.[214]

Die spekulative Dimension der Anwendung der neopsychoanalytischen Persönlichkeitstypologie als heuristisches Prinzip für sämtliche Bereiche einer Pastoral- und Religionspsychologie wird deutlich, und an vielen Stellen ließe sich die Berechtigung der Zuordnung von theologischen Aussagen oder Therapierichtungen zum einen oder anderen Grundphänomen diskutieren. Unübersehbar wird an den genannten Beispielen jedoch, dass Scharfenberg seine „Konfliktpsychologie", mit der er der biblischen Sicht des Menschen gerecht werden will, zum allgemeinen Bezugspunkt oder auch erkenntnistheoretischen Filter der Pastoralpsychologie erhebt, in dem auch die christliche Überlieferung jeweils nur insofern und nur mit den Inhalten zum Zug kommen kann, die sich in die vorgängige Systematik einreihen lassen. Scharfenberg formuliert als

---

210 Dem Phänomen der Beziehung entspricht zum Beispiel auf der Konfliktebene der „Hass", die zugehörige Ambivalenz ist die „Partizipation", als theologische Begriffe gehören zu dem Phänomen „Erlösung und Liebe", als psychologische Begriffe „Objektbeziehung" und „depressiv", der biographische Ort ist die „orale und anale Phase", geschichtlich betrachtet gehört hierher der „Kapitalismus", aus der Perspektive der Mythologie der Mythos von der „großen Mutter", und schließlich wird das Phänomen symbolisch erfasst in den „Zuwendungssymbolen" (Scharfenberg, 1985, 220).
211 Siehe Scharfenberg (1985), 219.
212 Siehe Scharfenberg (1985), 207f.
213 Siehe Scharfenberg (1985), 208.
214 Siehe Scharfenberg (1985), 207f.

Einleitung zu seinen Korrelationsbemühungen auch ausdrücklich: Im Folgenden soll versucht werden, „vier Themengruppen aus dem Grundbestand christlicher Überlieferung herauszuheben, deren anthropologische Verifizierbarkeit mit den Mitteln gegenwärtiger psychologischer Erkenntnis möglich erscheint".[215]

Die Praxis der Pastoralpsychologie Scharfenbergs steht ganz unter dem Blickwinkel der Bedeutung des Symbols und der symbolischen Kommunikation. Diese könnten im pastoralen Feld die nötige „Aufhebung" der Grundambivalenzen im hegelschen Sinn sowie die Bearbeitung von Konflikten in ihren unterschiedlichen Gestalten leisten.[216] Das Bewusstsein über die besondere Bedeutung der Symbole, die sich auch im kirchlichen Raum vielgestaltig auffinden ließen, sowie die Fähigkeit zum sprachlichen und handelnden Umgang mit Symbolen vor allem in der Seelsorge, aber auch in Gottesdienst und Predigt, zeichne den geschulten Pastoralpsychologen aus, dessen hervorragendste Fähigkeit in der „integrativen Kompetenz" zu sehen sei.[217] Generell müsse vorausgesetzt werden, dass „nach dem Konsensus aller verschiedenen Schulen innerhalb der pastoralpsychologischen Bewegung" die pastoralpsychologische Tätigkeit nur durch eine hinreichende „Selbsterfahrung" persönlich abgedeckt werden könne.[218] Denn „die Pastoralpsychologie kann sich ihres ‚Gegenstandes' auf keine andere Weise innewerden als durch das Medium subjektiver Erfahrung, wobei sie menschliches Selbstbewusstsein nicht als ein ‚Gegebenes' aufzufassen vermag, sondern als den unaufhörlichen Prozess individueller und kollektiver Bewusstwerdung im Sinne einer ‚Evolution des Geistes', wie ihn neben vielen anderen vor allem Teilhard de Chardin beschrieben und Gerd Theissen für die Theologie aufgearbeitet haben".[219]

Eine Hauptaufgabe des Pastoralpsychologen sieht Scharfenberg beispielsweise darin, den Menschen in der heutigen Zeit, die auf der einen Seite durch „Überstrukturierung und Bürokratisierung der äußeren Wirklichkeit" und auf der individuellen Seite durch „ein Defizit oder einen Verlust an innerer Struktur" gekennzeichnet sei, bei der Entwicklung von innerer Struktur zu helfen.[220] Wenn der Objektbeziehungstheoretiker Donald W. Winnicott als Grundlage innerer Strukturbildung das

---

215 Scharfenberg (1985), 207. Vgl. auch die teilweise diskussionswürdige Auswahl von Bibelstellen, die den Grundkonflikten in Scharfenberg/Kämpfer (1980), 170–197, zugeordnet wird.
216 Scharfenberg (1985), 60.
217 Siehe Scharfenberg (1985), 221 und Siehe Scharfenberg (1985), 60–105.
218 Siehe Scharfenberg (1985), 160.
219 Scharfenberg (1985), 159.
220 Scharfenberg (1985), 89f.

„Übergangsobjekt" voraussetze und eine „enge Verwandtschaft zwischen Übergangsobjekt und religiösem Symbol hinsichtlich der Funktion innere Struktur zu ermöglichen und aufzubauen" angenommen werden müsse,[221] erhebe sich die Frage, wie es vorstellbar sei, dass das religiöse Symbol dem Erwachsenen das leiste, was dem kleinen Kind das Übergangsobjekt leistet, „nämlich die Loslösung aus der indifferenzierten Mutter-Kind-Symbiose, die Abkehr von eigenen narzisstischen Allmachtsphantasien, das Aufgeben des Wunsches nach Verschmelzung mit einem grandiosen Selbst-Objekt und damit die Bearbeitung von Trennung, die Bildung von Ich-Kernen und von innerer Struktur".[222] Dies sei im seelsorgerlichen Gespräch vor allem durch Kommunikation mit Hilfe von religiösen Symbolen zu erreichen, die „Ausdruck und Strukturierung von überwältigender innerer Erfahrung ermöglichen und sie mit der äußeren Wirklichkeit vermitteln".[223] Biblische Erzählungen bezögen sich in ihrer Konfliktbearbeitung auf „anthropologische Konstanten", die über alle Zeiten hinweg in Geltung stünden, und könnten durch narrative Vermittlung zur identifikatorischen Erkenntnis der persönlichen Konflikte und ihrer Bearbeitung führen.[224] Durch das „aktive Zuhören" des Pastoralpsychologen werde die sprachliche Kommunikation schließlich so strukturiert, dass der Gesprächspartner seine Lebensgeschichte auf dem Hintergrund der „Geschichte Jesu" in eine Sinngeschichte verwandeln könne, die ihn auch in neuer Weise zur Teilhabe beispielsweise am Gottesdienst befähige.[225] Als Grundunterscheidung der „Pastoralpsychologie unter vier Augen" gegenüber einer Psychotherapie setzt Scharfenberg die „möglichst weit gehende Erkennbarkeit des Pastoralpsychologen als eine ‚religiöse Figur'" voraus, um das besondere Phänomen der „religiösen Übertragung" zu ermöglichen, bei dem die Suche nach Integration von schicksalhaften Erfahrungen, die an das Unbedingte rühren, im Zentrum des Konfliktes stehe.[226]

---

221 Scharfenberg (1985), 91.
222 Scharfenberg (1985), 92.
223 Scharfenberg (1985), 92.
224 Scharfenberg (1985), 93.
225 Scharfenberg (1985), 93f.
226 Siehe Scharfenberg (1985), 114–119. Scharfenberg erklärt zu dem Phänomen der „religiösen Übertragung" nur sehr skizzenhaft: „Ich habe es erst in Jahrzehnten psychoanalytischer Praxis gelernt, mein Augenmerk auf eine Art von Übertragungsäußerungen zu richten, die sich durch eine Besonderheit auszeichnen: sie sind komplizierter gebaut, sozusagen höher symbolisiert. Die betreffenden Menschen verhalten sich nicht einfach neu auftauchenden Personen gegenüber so, als ob diese der Vater (oder die Mutter) seien, oder als ob man sich in ihnen zu spiegeln vermöchte, sondern als seien sie Symbole von etwas anderem, tiefer liegenden Unbekannten." Gegen das Konzept des Pastoralpsychologen als „religiöser Figur" spricht sich Raguse (2000), 56, aus; es sei irreführend, „weil der Psychoanalytiker in genau

Was Scharfenberg mit seiner „pastoralpsychologischen Kommunikation" auf dem Hintergrund des Grundambivalenzen-Schemas meint, wird z.B. auch in seinen Ausführungen zur „Pastoralpsychologie der Gruppe" deutlich.[227] Gegenüber den beiden Hauptausrichtungen der Gruppendynamik, wie er sie wahrnimmt – dem Verständnis der Gruppe auf Basis der Wiederholung von Situationen aus der familiären Primärgruppe und einer Gruppendynamik der Bewusstwerdung und Einübung des Verhältnisses zwischen Individuum und sozialem System – will Scharfenberg im Sinn eines neuen, pastoralpsychologischen Paradigmas die Gruppe unter dem Gesichtspunkt des „Gegenübers von Jesus und seiner Jüngergruppe" betrachten und von daher einen „Lebenslauf der Gruppe" rekonstruieren.[228] Scharfenberg schlägt auch angesichts von „unmittelbaren Strukturparallelen zur Situation der Gruppe früher Christen unter dem Vorzeichen der Parusieverzögerung"[229] vor, die möglichen Gruppenerfahrungen, die er wieder grundsätzlich auf die vier allgemeinen menschlichen Grundkonflikterfahrungen bezogen versteht, jeweils von den Jünger-Erfahrungen her zu deuten und durch diesen religiösen Bezug „eine größere Weite und eine intensivere Tiefe" herzustellen, „als wenn nur auf der Ebene des Hier und Jetzt, des Gegenübers von Leiter und Gruppe oder auf der Ebene der biographischen Erfahrungen einzelner Gruppenmitglieder diskutiert wird".[230] Scharfenberg stellt fest: „Meine Vermutung besteht nun in Kürze darin, dass der Einbezug religiöser Symbole in den Durcharbeitungsprozess in einer Gruppe ein Vehikel des Transfers darstellen könnte, weil es demjenigen, der religiös sozialisiert ist, durch den Zusammenhang von psychologischem und religiösem Kontext eine Resymbolisierung und damit Verlebendigung und Verflüssigung seiner religiösen Klischees und Zeichensysteme ermöglicht. Demjenigen aber, der vom Umgang mit religiösen Symbolen entwöhnt ist, bietet sie eine heilsame ‚Regression im Dienste des Ich'".[231]

Bei näherer Betrachtung fällt an der hier gewählten Vorgehensweise Scharfenbergs gegenüber dem früheren Entwurf einer „Seelsorge als Ge-

---

dem Sinne, wie der Pastoralpsychologe als ‚religiöse Figur' erscheint, ebenfalls in Erscheinung tritt." Demgegenüber stellt Raguse fest: „Der Unterschied zwischen psychoanalytischer Psychotherapie und christlicher Seelsorge liegt darin, dass die theoretischen Vorverständnisse sich deutlich voneinander unterscheiden." (Raguse 2000, 57)

227 Siehe Scharfenberg (1985), 142–148. Vgl. dazu auch das Kapitel „Symbolische Kommunikation in religiösen Selbsterfahrungsgruppen" in Scharfenberg/Kämpfer (1980), 230–249, oder die ersten Ansätze zur Beschäftigung mit der Gruppendynamik aus pastoralpsychologischer Sicht in Scharfenberg (1972a), 50–62.
228 Scharfenberg (1985), 142.
229 Scharfenberg (1985), 143.
230 Scharfenberg (1985), 145.
231 Scharfenberg (1985), 143.

spräch" auf, dass der ausdrücklich inhaltliche religiöse Aspekt auf dem Weg seiner Symboltheorie wesentlich stärker in den Mittelpunkt des Interesses rückt. Die Symbol-Kompetenz und der absichtsvolle Umgang mit religiösen Symbolen kennzeichnet nicht nur den Pastoralpsychologen als solchen, sondern die gesamte biblische Überlieferung dient als unerschöpfliches Reservoir an Inhalten, die zur Symbolbildung und identifikatorischen Erkenntnis im Sinne der persönlichen und gemeinschaftlichen Konfliktbearbeitung genutzt werden sollen. Demgegenüber wird jedoch deutlich, dass die erkenntnisleitenden Prinzipien für das Konzept einer Pastoralpsychologie einerseits dem psychoanalytischen Paradigma und andererseits der Typologisierung der Neopsychoanalyse entnommen sind. Auch die anthropologische Grundausrichtung der dortigen Paradigmen werden übernommen, und sowohl der einzelne Mensch als auch die Menschheitsgeschichte durch die Brille der von Anfang an im Mittelpunkt menschlicher Lebensbewältigungspraxis stehenden „Grundkonflikte" betrachtet. Die Werte-Orientierung, die in der „Seelsorge als Gespräch" noch ganz im Zeichen von Bewusstheit und Freiheit, Gleichberechtigung und Partnerschaftlichkeit stand, wandelt sich nun zu einer Vorstellung von „Integration auf einer höheren Ebene" und „Ganzheit"[232] gegenüber der wissenschaftlich und individuell fatalen Subjekt-Objekt-Spaltung. Wenn auch die „theologische Grundüberzeugung" vorausgesetzt wird, „dass nur im biblischen Zeugnis der Bezug zur Wirklichkeit als einer Ganzen sich ausspricht",[233] erscheinen die im Sinne von Symbolen verwendeten biblischen Erzählungen doch austauschbar und durch andere Bilder und Mythen ersetzbar. Dies wurde zum Beispiel an der „Pastoralpsychologie der Gruppe" besonders deutlich. Die Gruppensituation und die angezielten Entwicklungsimpulse bleiben durch den neopsychoanalytischen Zugang vorstrukturiert, lediglich das inhaltliche Material für die Interventionen durch den Leiter soll der Geschichte Jesu mit seinen Jüngern entnommen werden. Ein neues Paradigma für die Gruppendynamik kommt dadurch nicht in Sicht, und es wäre sogar zu fragen, ob ein Gruppendynamik-Training, das auf Basis psychologischer oder soziologischer Theorien durchgeführt wird, durch die Präjudizierung auf die Verwendung ausschließlich biblischen Materials nicht sogar in seiner genuinen Lernchance behindert würde. Wenn die biblischen Inhalte im Mittelpunkt des Gruppengeschehens stehen sollen, dann würde die Ebene der Gruppendynamik als eigenständiges

---

[232] Siehe Scharfenberg (1985), 161.
[233] Siehe Scharfenberg (1985), 168.

Lernsetting verlassen und es käme zur Durchführung einer Bibliodrama-Gruppe, die Scharfenberg an anderer Stelle beschreibt.[234]

Die Eigenständigkeit einer Pastoralpsychologie wird somit über eine pragmatisch-inhaltliche Ebene definiert, die den theoretischen psychologischen Unterbau strukturell nicht affiziert und auch dessen psychologisch-anthropologische Prämissen in ihr Konzept übernimmt. Begriffe und Symbole aus der biblischen und christlich-theologischen Tradition werden ohne eigenständige Konzeptualisierung nachträglich mit den durch die Psychologie gewonnenen Erkenntnissen identifiziert und unter deren theoretischen und methodischen Prämissen in Verwendung genommen.[235]

Von daher wird auch verständlich, dass die Frage des Zusammenhangs zwischen Persönlichkeit und Gottesbild nicht eigens thematisiert wird. Scharfenberg bemüht sich um eine „psychologische Begrifflichkeit, die es ermöglicht, die Gottesbeziehung von der subjektiven Innenseite her zu beschreiben" und sieht in Schleiermacher den ersten Theologen, der mit der „genialen Struktur" seiner Anthropologie als erster eine „explizite Psychologie" formuliert hat.[236] Allerdings bringt das neopsychoanalytische Persönlichkeitsmodell, wie es Scharfenberg verwendet, zum Ausdruck, dass der Mensch der „Wirklichkeit", und damit auch Gott, immer nur unter dem Vorzeichen der Dominanz einer der vier Grundkonflikte begegnen kann. Scharfenberg bemüht sich in seiner Pastoralpsychologie daher, dem Menschen, gegen alle Tendenzen der Vereinseitigung und destruktiven Polarisierung, auf dem Weg der symbolischen Interaktion, zu „Integration" und „Ganzheit" zu verhelfen. Das individualistische Menschenbild der klassischen Psychoanalyse und der Neopsychoanalyse in der Rezeption Scharfenbergs reduziert die Perspektive menschlicher Kommunikation auf die Phänomene von Übertragung und Gegenübertragung. Auch im Verhältnis des Menschen zu Gott bliebe daher bei aller Neubewertung des Symbolverständnisses durch Scharfen-

---

234 Siehe Scharfenberg (1985), 178f.
235 Vgl. dazu das Urteil bei Karle (1996), 96f.: „Scharfenberg ist aufgrund seiner einheitlichen Hermeneutik so sehr davon überzeugt, dass die mythologische Betrachtungsweise nicht nur historisch der wissenschaftlichen Weltsicht vorausliegt, sondern gleichzeitig ‚auch aus den tieferen Schichten von Ablagerungen unserer individuellen Entwicklungsgeschichte abrufbar' ist, dass er bedenkenlos antike Mythen und psychoanalytisch interpretierte Grundkonflikte miteinander identifiziert. Dies impliziert nun aber für die Verwendung der *biblischen* Symbole, dass sie gegenüber dem psychoanalytischen Deutehorizont weder neue Konfliktinterpretationen, noch neue oder andere Dimensionen menschlicher Konfliktbewältigung überhaupt erschließen können. Sie werden vielmehr *sekundär* der psychoanalytischen Interpretation menschlicher Konflikte zugeordnet und dienen in der Konsequenz primär als Interpretamente *psychoanalytischer* Anthropologie." (Hervorhebungen im Original)
236 Scharfenberg (1985), 200f.

berg das hauptsächliche Kriterium, ob dieser seine unbewussten Klischees auf Gott überträgt und damit in dumpfer Unbewusstheit und Einseitigkeit sein Leben führt, oder ob er Gott mit einem Zeichen verwechselt und damit einem „naiven Biblizismus"[237] und der Einseitigkeit des Objektivismus verfällt, oder ob es ihm gelingt, einen Umgang mit Symbolen auch hinsichtlich seines Verhältnisses zu Gott zu erwerben, der ihm zur „Verwirklichung des vollen Menschseins"[238] hilft. Wenn Scharfenberg auf dieser anthropologischen und symboltheoretischen Basis das Gottesbild zum Thema machen würde, stünde gleichzeitig die Wahrheitsfrage zur Debatte und Scharfenberg müsste sich mit den impliziten ontologischen Prämissen seiner psychoanalytischen Referenzsysteme auseinander setzen.

Dass es sich bei dem Verhältnis des Menschen zu Gott um eine eigenständige Beziehungsqualität handeln könnte, deren Bedeutung und Dynamik über die Gesetzmäßigkeiten von Übertragung und Gegenübertragung hinaus reichen, kann in Scharfenbergs Pastoralpsychologie nicht in den Blick kommen. Dies würde voraussetzen, dass in der zugrundegelegten Anthropologie der Beziehungscharakter menschlichen Lebens mit bedacht wäre, was er bei den „großen Theologen" Paulus, Augustinus oder Luther anerkennend beobachtet, aber mit seiner Art der Bezugnahme auf die psychoanalytische Tradition nicht leisten kann.[239] Wenn Scharfenberg daher einerseits auf eine implizite Religionskritik wie sie bei Tschirch auf der Basis der Riemannschen Typologie durchgeführt wurde,[240] verzichten will und andererseits die Wirklichkeit Gottes nicht im

---

237 Siehe Scharfenberg (1985), 183.
238 Siehe Scharfenberg (1985), 196.
239 Offenbar empfindet Scharfenberg bezüglich seiner psychologisch-anthropologischen Grundlegung selbst einen Mangel, wenn er unter Hinweis auf die „großen Theologen" der christlichen Tradition feststellt: „Es wäre schön, wenn der Pastoralpsychologe es lernen könnte, sich dafür offen zu halten, dass sowohl Paulus wie Augustin und Luther Konflikte formulierten, die der heutigen psychologischen Forschung noch gar nicht zugänglich sind, die aber eine Richtung markieren, auf die hin unser anthropologischer Verstehenshorizont sich erweitern müsste. Ich habe auf das Phänomen der ‚religiösen Übertragung' hingewiesen als Ausdruck von so tiefen Ängsten und Sehnsüchten, dass sie in ihrer Symbolik den Bereich der menschlichen Konfiguration verlassen und sich nicht einfach als verzerrte Grunderfahrungen von Vater und Mutter deuten lassen, und statt mit unserer reduzierten psychologischen Begrifflichkeit viel angemessener mit der Symbolsprache großer Seelenkenner ausdrückbar und beschreibbar werden. Auch darin dürften Paulus, Augustin und Luther übereinstimmen, dass der ‚süße Kern' aller theologisch-anthropologischen Erkenntnis das Hineingenommensein in eine Beziehungswirklichkeit zu Christus ist, die zwar auch frühkindliche Erfahrungen umfasst, sie aber auch übersteigt, und von der her allein die menschliche Grundstruktur als eine Beziehungsstruktur coram Deo aufschlüsselbar erscheint." (Scharfenberg, 1985, 197)
240 Siehe Tschirch (1969).

„archaischen Erbe der Menschheit", im kollektiven Unbewussten,[241] oder im „unaufhörlichen Prozess individueller und kollektiver Bewusstwerdung"[242] aufgehen lassen will, muss er die Frage des Zusammenhangs zwischen Persönlichkeit und Gottesbild auch in seiner „integrativen" „genetischen Religionspsychologie" ausklammern lassen und seine Seelsorge auf die Hilfe zur religiös-symbolischen Sprachfähigkeit beschränken. Bei allen innovativen und orientierenden Impulsen, die von der Pastoralpsychologie Scharfenbergs für die verschiedenen Bereiche der Praktischen Theologie ausgehen können, bleibt doch festzustellen, dass diese im anthropologischen Deutehorizont der von ihm bevorzugten psychoanalytischen Theoriebezüge gefangen bleibt und den Bezug zur pastoralen Praxis lediglich auf dem Weg der pragmatischen Einbeziehung theologischer und biblischer Inhalte herzustellen vermag.

2.3 Zwischenbilanz

Ähnlich wie bei der homiletischen Position von Trillhaas wurde auch bei der Sichtung des Seelsorgeansatzes Thurneysens deutlich, dass die Gottesbildfrage im Kontext der praktisch-theologischen Reflexionen der dialektischen Theologie keinen Platz finden kann. Das „wahre Verständnis vom Menschen" der dialektischen Theologie besagt, dass er unter der Sünde steht, und alles, was von ihm ausgeht – einschließlich seiner möglicherweise vorhandenen Gottesbilder – zum Scheitern verurteilt ist, solange er nicht zur Buße findet und das Heil seiner Seele durch die Gnade Gottes erlangt. Die „Bruchlinie", die nach Thurneysen das seelsorgerliche Gespräch durchziehen muss, macht es auch für die Seelsorge „im Vollzug" letztlich unerheblich, was der Mensch, der die Vergebung der Sünden noch nicht erhalten hat, von Gott wahrzunehmen meint. Der Seelsorger muss demnach vor allem „fest im Glauben stehen" und im Gebet auf das Wort Gottes ausgerichtet sein.

Neben dieser grundsätzlichen theologischen Bestimmung der Seelsorge, gegen die vor allem auch Scharfenberg mit bewusster Polemik aufgetreten ist, fand sich bei Thurneysen aber auch eine überraschende Würdigung der Psychoanalyse und der Tiefenpsychologie. Es hat sich gezeigt,

---

241 Siehe Scharfenberg (1972b), 48f.
242 Siehe Scharfenberg (1985), 159: „Die Pastoralpsychologie kann sich ihre ‚Gegenstandes' auf keine andere Weise innewerden, als durch das Medium subjektiver Erfahrung, wobei sie menschliches Selbstbewusstsein nicht als ein ‚Gegebenes' aufzufassen vermag, sondern als den unaufhörlichen Prozess individueller und kollektiver Bewusstwerdung im Sinne einer ‚Evolution des Geistes', wie ihn neben vielen anderen vor allem Teilhard de Chardin beschrieben und Gerd Theissen für die Theologie aufgearbeitet haben."

dass in Thurneysens Sicht unter Umständen sogar eine religionspsychologische Untersuchung der Gottesbildfrage möglich wäre, wenn diese auch als „natürliche Menschenkenntnis" nur von begrenztem Nutzen für die Seelsorge sein könnte und von Seiten der Theologie nicht anzustreben wäre.

Im Kontrast dazu hat sich Scharfenberg sehr bewusst auf die psychoanalytische Theorie und Praxis eingelassen, um mit ihrer Hilfe den Niedergang der kirchlichen Seelsorge, die aufgrund der vorherrschenden Prägung durch die dialektische Theologie gegenüber den säkularen Beratungsangeboten keine Konkurrenz mehr darstellen könne, zu verhindern. Nach der Überzeugung von Scharfenberg liegt die Heilung im Gespräch selbst und die „symbolische Kommunikation" kann den Menschen zur „Freiheit" und „Ganzheit" führen. Biblische Symbole und Symbole der christlichen Tradition können und sollen genutzt werden, da sie in besonderer Weise Überindividuelles und Überzeitliches repräsentieren und dadurch zur inneren Strukturierung und lebensgeschichtlichen Sinnfindung verhelfen. Auf der einen Seite ist Lebenshilfe zugleich Glaubenshilfe, da erst mit zunehmender Selbstverantwortung und Sprachfähigkeit der Glaube zur Entfaltung kommen kann. Auf der anderen Seite helfen die religiösen Symbole zum Leben, da sie von Urzeiten an dazu geschaffen wurden, den Menschen bei der Bewältigung seiner anthropologisch bedingten Grundkonflikte zu unterstützen. Die neopsychoanalytische Persönlichkeitstypologie nach Riemann ermöglicht in der Pastoralpsychologie Scharfenbergs nicht nur gute Menschenkenntnis, sondern übernimmt sogar die Funktion, als erkenntnisleitendes Prinzip seine integrative „genetische Religionspsychologie" zu strukturieren.

In der Konzeptualisierung seiner „Seelsorge als Gespräch" und der „Pastoralpsychologie" entspricht die Art der Bezugnahme Scharfenbergs auf die psychoanalytische Tradition in mancher Hinsicht erstaunlich derjenigen von Haendler in seiner Predigtlehre. Angefangen bei der Auffassung von der „Doppelheit menschlicher Grunderfahrung", der gemäß sich alles sowohl theologisch und psychologisch auslegen lasse und auch in den scheinbar „objektivsten Erkenntnissen" die „verborgenen religiösen Wurzeln" ausfindig gemacht werden könnten,[243] über die vorbehaltlose Identifizierung theologischer Grundannahmen mit den Theoremen der psychoanalytischen Tradition oder die Forderung, dass die methodischen Erkenntnisse der Gesprächsführung und vorauszusetzende Selbsterfahrung weitgehend in das Konzept der Seelsorgepraxis zu übernehmen seien, bis hin zum Begriff der „Wirklichkeitsnähe"[244] bzw.

---

243 Scharfenberg (1985), 197, und Scharfenberg (1985), 162; Vgl. Haendler (1960), 25.
244 Siehe z.B. Scharfenberg (1972b), 5.

"Zeitgemäßheit"[245] oder der "Ganzheit",[246] die es zu erreichen gelte. Beide setzen sich mit ihren jeweiligen Hauptreferenzpartnern auch kritisch auseinander, Haendler kritisiert Jungs "ontologischen" Seelenbegriff[247] und Scharfenberg befasst sich eingehend mit der Religionskritik Freuds;[248] beide übernehmen aber an anderen grundlegenden Stellen die impliziten anthropologischen Prämissen ihrer Gesprächspartner – wo Haendler vor allem das kollektive Unbewusste Jungs favorisiert, übernimmt Scharfenberg nicht nur den hermeneutischen Zirkel der Psychoanalyse, sondern auch Riemanns Anthropologie der Grundkonflikte als Basisannahme seiner Pastoralpsychologie.

Darüber hinaus bleiben sowohl Haendler als auch Scharfenberg im Kontext ihrer jeweiligen theologischen Hauptentwürfe aus eben diesem Grund vor einer Behandlung der Gottesbild-Thematik stehen: Die Art ihrer Identifizierung der psychoanalytischen Theorien mit theologischen Grundannahmen lässt eine religionspsychologische Untersuchung des Zusammenhanges von Persönlichkeit und Gottesbild nicht zu, ohne damit gleichzeitig die Frage der Wirklichkeit Gottes implizit zu problematisieren. Haendler konnte seine betonter Maßen auf das Gott-Vaterbild eingeschränkte Untersuchung am Rande seiner Hauptarbeiten schließlich nur durchführen, indem er seine theologische Prämisse in die psychoanalytische Definition des Übertragungsbegriffes eintrug und damit die transzendente Wirklichkeit Gottes außer Frage stellte.[249] In diesem Zusammenhang trat er auch C.G. Jung klar als Theologe entgegen und ließ keinen Zweifel an der für ihn geltenden Objektivität der Offenbarung.

So betrachtet wird die eindeutige theologische Positionierung Thurneysens gegenüber der Psychoanalyse als Stärke wahrnehmbar. Bei aller Kritik an der Art, wie der exklusive Anspruch auf die Erkenntnis der Wahrheit des Wortes Gottes in den Konzepten von Trillhaas oder Thurneysen vertreten wird, sowie unter Berücksichtigung der beispielsweise von Ernst Lange oder von Scharfenberg vorgetragenen Problematisierung der jeweiligen homiletischen oder seelsorgerlichen Praxis, ist doch festzustellen, dass die klare Trennung, die Thurneysen zwischen Theologie und Psychologie vornimmt, einer Religionspsychologie mehr Raum eröffnet, als dies bei Haendler oder Scharfenberg der Fall zu sein scheint.

---

245 Siehe z.B. Haendler (1960), 45.
246 Siehe z.B. Scharfenberg (1985), 161, und Haendler (1960), 61.
247 Siehe z.B. Haendler (1960), 25.
248 Siehe Scharfenberg (1968).
249 Siehe Haendler (1971), 13.

Sowohl die dialektisch-theologische Auffassungen als auch diejenigen Konzeptionen, welche die psychoanalytische Tradition als Korrektiv der homiletischen und seelsorgerlichen Theorie und Praxis rezipieren, lösen jedoch die Spannung zwischen der geglaubten Wirklichkeit Gottes und dem Bemühen des Menschen um „objektive" Erkenntnis seiner selbst jeweils einseitig auf. Während die Einen die geglaubte Wirklichkeit verobjektivieren und als unhinterfragbare „Tatsache" voraussetzen, dominiert bei den anderen der Versuch, die religiöse Dimension menschlicher Wirklichkeit über die Subjektivität der Erkenntnisvorgänge zu erfassen. Aus keiner der gewählten Perspektiven kann daher der Zusammenhang zwischen Persönlichkeit und Gottesbild so beschrieben und reflektiert werden, dass diese Beschreibung sowohl dem psychologischen als auch einem theologischen Erkenntnisrahmen gerecht zu werden vermag. Während im einen Fall die persönliche Deutung und die subjektiv verliehene Bedeutung der geglaubten Wirklichkeit Gottes als irrelevant und in keinem konstitutionellen Zusammenhang zwischen Mensch und Gott befindlich erachtet wird, findet sich im anderen Fall die theologischerseits vorausgesetzte und geglaubte Wirklichkeit Gottes implizit problematisiert und steht in Gefahr, auf die deutende Subjektivität reduziert zu werden.

Das Thema „Persönlichkeit und Glaube" sowie „Persönlichkeit und Gottesbild" konnte auf diese Weise so sehr zum Desiderat der homiletischen und seelsorgerlichen Reflexionen werden, dass sich schließlich Anfang der 1990er Jahre ein Vertreter der systematischen Theologie, Jürgen Werbick, zu Wort meldete, um als „praktisch engagierter Theologe" für die „religionspädagogischen, kerygmatischen und homiletischen *Vermittlungsprobleme*" Impulse zum Thema Gottesbilder zu erarbeiten[250] – diesmal zwar ohne Dialog mit der psychoanalytischen Tradition, jedoch wieder unter besonderer Berücksichtigung des „subjektiven Faktors" in der Glaubensvermittlung[251] und unter Einforderung „biographischer Selbstreflexion".[252]

Insgesamt ist allerdings auch grundsätzlich festzustellen, dass die impliziten anthropologischen Prämissen der – in den bisher bedachten Konzepten der Homiletik und der Seelsorge als Referenz gewählten – psychoanalytischen Theoriebildung sowohl in der Ausprägung nach Freud oder der Neopsychoanalyse als auch in der Konzeptualisierung

---

250 Werbick (1992), 10.
251 Werbick (1992), 21.
252 Werbick (1992), 321: „Nur in biographischer Selbstreflexion kann ich lernen, Gott nicht missbräuchlich bei seinem Namen zu nennen; kann ich lernen, meine Geschichte in *seine* Geschichte hineinzuerzählen; können seine Namen wahr werden in meiner Biographie." (Hervorhebung im Original)

nach Jung, die Schwierigkeit in sich bergen, die Beziehungsdimension menschlicher Lebenswirklichkeit hinreichend berücksichtigen und damit den Glauben an Gott als Beziehungsgeschehen erfassen zu können. Wie schon Scharfenberg in der Beobachtung der Theologen Paulus, Augustinus oder Luther feststellte, zählt die Beziehungserfahrung zu den zentralen Momenten des Selbstverständnisses von Glaubenden.[253] Es wird daher zu fragen sein, ob das hier in Aussicht genommene Gespräch mit der Objektbeziehungstheorie, die als jüngste eigenständige Entwicklung innerhalb der psychoanalytischen Tradition den Menschen als Beziehungswesen bestimmt, zum Thema Persönlichkeit und Gottesbild weiterführende Perspektiven anbietet.

Es wäre zu wünschen, dass der diesbezügliche Diskurs sowohl theologischem als auch psychologischem Selbstverständnis gerecht zu werden vermag und auf eine Weise geführt wird, die auch die Gottesbildfrage auf Basis fundierter psychologischer Erkenntnisgewinnung in die homiletischen und seelsorgerlichen Reflexionen einzubeziehen ermöglicht. Die Art der Inbeziehungsetzung zwischen Theologie und psychoanalytischer Tradition, methodische Transparenz, kritisches Potential gegenüber der geübten Praxis sowie die Art der erkenntnistheoretischen Erfassung der subjektiven Dimension von Gottesbildern können in einem derartigen Dialog als Prüfsteine für die Qualität und Tragweite der gezeitigten Ergebnisse betrachtet werden. Bevor der inhaltliche Aspekt der vorliegenden Arbeit fortgeführt wird, soll daher eine methodologische Reflexion auf die Rahmenbedingungen und die Kernprobleme einer Religionspsychologie im Namen des Dialoges zwischen Theologie und Psychologie erfolgen.

---

253 Siehe Scharfenberg (1985), 197.

Exkurs: Das Thema *Gottesbild* in der populärwissenschaftlichen Literatur

Anders als in der Fachliteratur zu Homiletik und Seelsorge findet das Thema *Gottesbilder* in der populärwissenschaftlichen Literatur seit Anfang der 1970er Jahre anhaltend große Resonanz. Ein bestehender Zusammenhang zwischen Persönlichkeit und Gottesbild wird zumeist ohne weitere Reflexion vorausgesetzt, die Entstehung von *dämonischen, erschreckenden, pathogenen* oder *neurotischen* Gottesbildern vor allem mit der Erziehung durch Kirche und/oder Eltern in Verbindung gebracht.

Je nachdem, ob sich die Kritik eher gegen Kirche oder Christentum im Allgemeinen wendet, oder das Problem der neurotischen Gottesbilder stärker in der Erziehung durch die Eltern verortet wird, spielt der Begriff der „ekklesiogenen Neurose" eine Rolle oder wird sogar bewusst abgelehnt, da mit ihm den gläubigen Menschen Unrecht getan werde. Der persönliche Hintergrund der Autoren stellt sich ebenso unterschiedlich dar wie ihr jeweiliger beruflicher Schwerpunkt. Häufig gibt es eine Verbindung zwischen Theologie und Psychotherapie,[1] andere sind ausschließlich Psychotherapeuten oder Psychiater, die im weitesten Sinn einer evangelikalen Frömmigkeit zuzuordnen sind und die „echte" Erkenntnis Gottes in Jesus Christus durch die Bibel befördern wollen;[2] wieder andere sind Psychotherapeuten, die ihre eigene Lebensgeschichte mit einer neurotisierenden „religiösen Erziehung" in Verbindung bringen und gelegentlich die Kirche in ähnlicher Weise wie schon Tillmann Moser[3] wegen „Gottesschädigung" anklagen.[4] Wenige Autoren sind in der pastoralpsychologischen kirchlichen Praxis der Kirchen beheimatet, wenden sich an eine breitere Öffentlichkeit und bemühen sich um eine differenzierte Auseinandersetzung mit der Gottesbild-Frage.[5] Entsprechend dem dominanten Referenzsystem werden die Argumentationen eher von C.G. Jung her geführt und in der „Ganzheit" die Lösung gesucht,[6] von der Neopsychoanalyse nach Fritz Riemann her aufgebaut

---

1 Siehe z.B. Müller (1994).
2 Siehe z.B. Pfeifer (1993).
3 Moser (1976).
4 Siehe z.B. Zellner (1995).
5 Siehe z.B. Frielingsdorf (1997), Funke (1993), oder Eibach (1992).
6 Siehe z.B. Schweizer (2000).

und die „Ausgewogenheit" zwischen den Gottesbildern angestrebt,[7] über Freud vorangetrieben und eine befreiende Praxis für einen neuen Umgang mit Gott erwünscht,[8] oder schließlich von der Prämisse eines „echten" und „reifen" Glaubens an Jesus Christus her strukturiert, den es wiederzufinden gelte.[9] Im Folgenden sollen einige markante Beispiele genannt werden, um einen Einblick zu vermitteln, wie am Rande oder außerhalb des wissenschaftlich-theologischen Fachbereichs mit dem Thema „Gottesbilder" umgegangen wird. Wie die teilweise hohen Auflagen dieser Literaturgattung zeigen, erfreut sich das Nachdenken über den „erschreckenden Gott" vor allem in der breiteren Öffentlichkeit hoher Beliebtheit, und es scheint daher angezeigt, in einem kurzen Abriss darauf einzugehen, welche Arten der Argumentation dabei meinungsbildend wirken.

Zunächst sei eine Veröffentlichung aus dem pastoralpsychologischen Kontext, des katholischen Theologen Karl Frielingsdorf, genannt, die den Titel trägt: „Dämonische Gottesbilder".[10] Seine Hauptthese besteht darin, dass die Eltern durch ihre Erziehung für die Entstehung von „negativen Gottesbildern" verantwortlich zu machen seien,[11] und es durch die Übertragung problematischer Elternerfahrungen auf Gott[12] zur Ausbildung der „dämonischen Gottesbilder" in der Kindheit komme.[13] Diese Bilder zeigten sich dann als Vorstellungen vom „Richtergott", dem

---

7 Siehe z.B. Hark (1984).
8 Siehe z.B. Funke (1993) und Funke (1995).
9 Siehe z.B. Pfeifer (1993).
10 Frielingsdorf (1997). Frielingsdorf scheint entsprechend der hauptsächlich verwendeten Begriffe wie z.B. „Lebensskript" oder „Schlüsselwort" dem Umfeld des Neurolinguistischen Programmierens (NLP) zuzuordnen sein.
11 Siehe Frielingsdorf (1997), 9.
12 Frielingsdorf (1997), 35; unter Bezugnahme auf Bernhard Grom konstatiert Frielingsdorf: „Am stärksten wird der Einfluss der Eltern bei der Entstehung der Gottesvorstellung eingeschätzt. Die Eltern-Kind-Beziehung wird praktisch auf die Beziehung zu Gott übertragen."
13 Siehe Frielingsdorf (1997), 25: „Ausgehend von der ‚erbsündlichen Verfasstheit' des Menschen brennen ‚dämonische Gottesbilder' die Auswirkungen der Dimension des Bösen vom Beginn des menschlichen Lebens an. Auf dem Hintergrund unseres pastoralpsychologischen Verständnisses bedeutet dies: Durch die negative Schlüsselposition veranlasst, entwickelt sich in den ersten Lebensjahren unbewusst ein ‚dämonisches Gottesbild', das für ein Gottesbild gehalten wird. Als dämonisches Gottesbild übt es von nun an verborgen seine Macht bis ins Erwachsenenalter aus. Vom Bösen stammend widerspricht es Gott und seinen Lebensverheißungen. Der ‚böse Geist' tritt also in der Gestalt des ‚guten Geistes' (Gottes) auf und formt ein Gottesbild korrelativ zu den negativen Schlüsselerfahrungen des Kleinkindes. Dieses vorgetäuschte, dämonische Gottesbild ist zu entdecken und zu entlarven, indem die unbewusste Vergangenheit aufgedeckt und in der Schlüsselposition die Wurzeln des verfälschten Gottesbildes aufgespürt werden."

„Todes-Gott", einem „Buchhaltergott" oder dem „Leistungsgott".[14] Eine empirische Studie an 600 katholischen Gläubigen erweise für neunzig Prozent der Fälle, dass die „unbewusst entstandenen", „dämonischen Gottesbilder" direkt mit den Elternbildern korrespondieren.[15] Frielingsdorf stellt fest: „Das dämonische Gottesbild übernimmt auch die lebensvernichtenden und –behindernden Schlüsselbotschaften der Eltern, insbesondere der Mutter, und beeinflusst die religiöse Einstellung und das religiöse Verhalten nachhaltig bis ins Erwachsenenalter".[16] Abgesehen von der Hoffnung auf das direkte heilsame Wirken Gottes sei es daher von Bedeutung, die „eigene religiöse Vergangenheit bewusst anzuschauen und sich kritisch mit den eigenen unbewussten Gottesbildern auseinander zu setzen", um zu „geistlichem Wachstum" gelangen zu können.[17] Frielingsdorf sieht darüber hinaus in der Vermittlung von „heilsamen Gottesbildern" in der religiösen Beratung und Erziehung die Chance, Menschen zur „Aussöhnung mit ihrem Leben" zu verhelfen und dem offenbarungsgemäßen „Urbild von Gott" näher zu kommen.[18] Das Engagement Frielingsdorfs zur „Überwindung" der „dämonischen Gottesbilder" schließt zahlreiche Übungen zur Aufdeckung und Bearbeitung der dämonischen Gottesbilder mit ein[19] und mündet in eine vorsichtige Kirchenkritik mit der Hoffnung auf eine „Neu-Evangelisierung von Grund auf".[20]

In der Argumentationslinie der Arbeit von Frielingsdorf vergleichbar ist das Büchlein des katholischen Theologen und Psychotherapeuten Wynfritz Noll: „Wenn Frommsein krank macht".[21] Allerdings zeigt sich darin ein deutlich stärker ausgeprägtes kirchenkritisches Engagement, und der Begriff „ekklesiogene" Neurose wird mit dem Problem von „Neurotikern in kirchlichen Spitzenpositionen" in Verbindung gebracht,[22] die gemäß Noll einerseits direkten problematischen Einfluss auf Menschen nehmen, andererseits das Klima in der Kirche durch „falsche Verkündigung" vergiften und über die Eltern und Erzieher bis in die

---

14 Siehe Frielingsdorf (1997), 107–161.
15 Frielingsdorf (1997), 105: „Bei 586 der 591 an der Untersuchung Beteiligten konnte (...) deutlich gemacht werden, dass korrelativ zu der jeweiligen persönlichen Schlüsselposition in der frühen Kindheit unbewusst ein ‚dämonisches Gottesbild' entstanden ist. Dieses dämonische Gottesbild entspricht in seiner leiblichen Gestaltung in mehr als 90 Prozent den korrespondierenden Elternfiguren."
16 Frielingsdorf (1997), 105.
17 Frielingsdorf (1997), 106.
18 Siehe Frielingsdorf (1997), 162f. und 166f.
19 Siehe Frielingsdorf (1997), 84–106.
20 Frielingsdorf (1997), 172–174.
21 Noll (1989).
22 Siehe Noll (1989), 23f.

Kinderstube hineinwirkten und so schon früh „krank machende Gottesbilder" entstehen ließen.[23] Auf diese Weise werde Infantilität gefördert,[24] die „Not mit der Sexualität" befördert oder sogar herbeigeführt,[25] und die „Angst vor der Frau" am Leben erhalten.[26]

Als ebenfalls der argumentativen Basis von Frielingsdorf verwandt können einige Veröffentlichungen angesehen werden, die dem weiteren Umfeld „evangelikaler" Frömmigkeit zuzuordnen sind und hauptsächlich die Motivation zeigen, den Vorwurf einer „ekklesiogenen Neurose" abzuwehren,[27] neurotisierende Tendenzen in der religiösen und allgemeinen Erziehung zu identifizieren[28] und demgegenüber zu „reifem", „echtem" oder „ausgewogenem" Glauben durch ein „neues Leben in Christus" oder eine „neue Hinwendung zu Gott" anzuleiten.[29]

Als bei weitem differenziertestes Beispiel dieser Literaturgattung kann Samuel Pfeifers provokante Frage: „Glaubensvergiftung – Ein Mythos?" angesehen werden.[30] Samuel Pfeifer ist Chefarzt einer Psychiatrischen Klinik und verbindet die klinische Fachkenntnis mit seiner Glaubenshaltung, die ihn vom Begriff eines „reifen Glaubens" und „echter Hingabe an Gott" ausgehen lassen.[31] Vom neopsychoanalytischen Persönlichkeitsmodell her analysiert er den Zusammenhang von Lebensstil und Glaubensstil[32] und fordert für Seelsorge und Verkündigung ein, dass sie auf Basis eines „ausgewogenen Evangeliums" „auf biblische Ausgewogenheit im Leben ihrer Zuhörer hinwirken" sollten.[33] Immer wieder betont Pfeifer, dass der Glaube gerade Menschen mit seelischen Problemen helfen könne,[34] und keine vorschnellen Kausalzusammenhänge hergestellt werden sollten.[35] Der Begriff „ekklesiogene Neurose" habe vielen Menschen Unrecht getan sowie häufig „die Ursachenzuschreibung verla-

---

23 Siehe Noll (1989), 33f.
24 Siehe Noll (1989), 55–69.
25 Siehe Noll (1989), 70–86.
26 Siehe Noll (1989), 87–95.
27 Siehe z.B. Dieterich (1992), 54f. Vgl. Ruthe (1995), 32, oder Pfeifer (1993), 26.
28 Siehe z.B. Dieterich (1992), 62–78. Vgl. Ruthe (1995), 47–96.
29 Siehe z.B. Dieterich (1992), 56–62. Vgl. Müller (1994), 34–40; unter ausführlicher Bezugnahme auf Fritz Riemanns Persönlichkeitstypologie Müller (1994), 66–77.
30 Pfeifer (1993).
31 Siehe z.B. Pfeifer (1993), 173.
32 Siehe das Schaubild Pfeifer (1993), 109.
33 Pfeifer (1993), 173; Pfeifer erläutert: „Ein ausgewogenes Evangelium bedeutet: kein mittelmäßiges Evangelium, aber ein Evangelium der Mitte in Jesus Christus, kein kraftloses Evangelium, aber ein Wort auch für die Kraftlosen, keine billige Situationsethik, aber ein Wort Gottes in die Situation des Einzelnen hinein, keine egoistische Selbstbezogenheit, aber eine gesunde Rückbesinnung auf den Wert, den Gott jedem Menschen gegeben hat."
34 Siehe z.B. Pfeifer (1993), 48.
35 Siehe Pfeifer (1993), 35f.

gert und umfassende Hilfe verhindert", weshalb er abzulehnen sei.[36] Dennoch sollten gemäß Pfeifer Eltern und Erzieher ihr Verhalten und die Vermittlung biblischer Geschichten sorgfältig hinterfragen und „immer wieder die heilenden, vergebenden und tröstenden Seiten Gottes betonen"[37] sowie „den verzagten menschlichen Geistern immer wieder bestätigen, dass sie Gottes Kinder sind".[38]

Wenn der evangelische Theologe und Psychotherapeut Helmut Hark mit seiner Frage nach „Ursachen und Heilung" der „religiösen Neurosen"[39] vor allem auf C.G. Jung und Fritz Riemann mit ihren jeweiligen Persönlichkeitstypologien referiert, so kommt er zunächst ähnlich wie Pfeifer zur Forderung nach Ausgewogenheit. Im Unterschied zu letzterem favorisiert er jedoch den Begriff der „ekklesiogenen Neurose" vergleichbar mit Wynfrith Noll und definiert diesen so, dass der christliche Glaube häufig die „Gegensatzproblematik" verstärke, und es so zu Furcht erregenden Gottesbildern komme.[40] In erster Linie sei die religiöse Neurotisierung auf eine „fragwürdige religiöse Erziehung" zurückzuführen, durch die das „liebende und menschfreundliche Gottesbild verdunkelt und verstellt" werde.[41] Die Therapie müsse in der Folge darauf ausgerichtet sein, den Betreffenden von dem jeweiligen „neurotisierten Gottesbild" zu „kurieren"[42] und danach trachten, ein „ganzheitliches Gottesbild" zu ermöglichen, wie es insgesamt im Verein mit einem neuen und „ganzheitlichen Menschenbild" in Kirche und Gesellschaft anzustreben sei.[43] In der Frage, wie dieses „ganzheitliche Gottesbild der Zukunft" aussehen könne, findet Helmut Hark schließlich bei C.G. Jung die entscheidenden Anregungen und konstatiert: „Ich bin der Überzeugung, dass uns das astrologische Symbol des Aquarius, des Wassermanns, einige Hinweise darauf geben kann, zumal wir am Beginn des so genannten

---

36 Pfeifer (1993), 26.
37 Pfeifer (1993), 152.
38 Pfeifer (1993), 154.
39 Hark (1984).
40 Hark (1984), 20, erklärt: „Die in jedem Leben vorhandenen Gegensätze und seelischen Ambivalenzen werden durch den Glauben noch verstärkt. Die Gegensätze zwischen Irdischem und Himmlischem, zwischen Natur und Geist, können durch die Frömmigkeit in einem derartigen Kontrast erscheinen, dass ein Mensch nicht nur an einer Psychoneurose erkrankt, sondern wegen der religiösen Problematik an einer ekkesiogenen Neurose leidet. Während die Neurose ein vorläufiger Kompromiss ist für eine noch nicht gefundene Versöhnung der menschlichen und seelischen Gegensätze, ist die ekklesiogene Neurose ein fragwürdiger Kompromiss zwischen dem Gotteskomplex und der heilenden Frömmigkeit." Siehe auch Hark (1984), 179f.
41 Hark (1984), 179f.
42 Hark (1984), 183.
43 Siehe Hark (1984), 164–169.

Wassermann-Zeitalters stehen."[44] Das Christusbild sei von daher neu zu interpretieren als Symbol der Gegensatz-Vereinigung[45] und diejenigen, die an dem Aufbruch in die neue Zeit teilhaben wollten,[46] müssten, wie im Mythos des Gralskönig beschrieben,[47] sich auf die befreienden und heilenden Kräfte der Ganzheitssymbole und des neuen Gottesbildes konzentrieren, denn: „So wie ein neurotisiertes Gottesbild zur Seelenkrankheit beitragen kann, so können ein ganzheitliches Gottesbild und ein Selbstsymbol heilen."[48]

Zwei extreme Beispiele für die Betonung jeweils eines der beiden Elemente, „ekklesiogene Neurose" und neue „Ganzheit" im Anschluss an C.G. Jung finden sich in den Veröffentlichungen von Lorenz Zellner und Andreas Schweizer, die beide jüngeren Datums sind und deshalb hier noch Erwähnung finden sollen.

Lorenz Zellner, katholischer Theologe und systemischer Familientherapeut, präsentiert seinen Gedanken einer „Gottestherapie", die der „Befreiung von dunklen Gottesbildern" dienen soll.[49] Er hat nach eigener Aussage sein Buch „erlebt" und „erlitten" und muss prinzipiell feststellen: „Das, was mit ‚Gott' gemeint ist, hat in Theologie, Katechese und religiöser Praxis eine Füllung, einen Klang, ein Gesicht bekommen, das über weite Strecken pathologisch bzw. pathogen bezeichnet werden kann (...). Dieses Buch greift die gängige Theologie und die sie stützenden Institution an. Es erhebt den schweren Vorwurf, dass weiterhin zugelassen, wenn nicht gar gefördert wird, dass Menschen an ‚Gott' erkranken bzw. das Interesse an Gott überhaupt zerstört ist."[50] Wenn bei Hark oder Noll

---

44 Hark (1984), 165.

45 Siehe z.B. Hark (1984), 166: „Wenn ich mein Christusbild anschaue, entdecke ich manches Gemeinsame (sc. mit dem Symbol des Wassermanns). Beide zeigen kein statisches, festgeschriebenes Gottesbild, sondern ein dynamisch fließendes, für das das ausgegossene Wasser ein Sinnbild ist. Der Wassermann gibt etwas hin, wie Jesus sein Leben hingegeben hat und wie sich Menschen in Liebe verströmen. Der zentrale Sinngehalt des Symbols ist für mich der im Wasser naturhaft erscheinende Geist, der Geistiges und Natürliches im fließenden Strom des Lebens vereint".

46 Siehe Hark (1984), 168f.: „Im Wassermann-Zeitalter scheint es mehr auf das Sich-Verströmen anzukommen. Damit steht uns wohl wiederum ein Exodus und ‚Aufbruch' bevor. Wie einst Israel die ‚Fleischtöpfe Ägyptens' hinter sich lassen musste, so müssen die nach Selbstverwirklichung Strebenden wohl das schöne Gefäß der Geborgenheit verlassen und im Strom des Lebens und im Fluss der Zeit ein Sprachrohr des inspirierenden Geistes sein."

47 Siehe Hark (1984), 170–175.

48 Hark (1984), 175.

49 Zellner (1995).

50 Zellner (1995), 9f. An anderer Stelle formuliert Zellner als Bekenntnis aus der eigenen Lebensgeschichte: „Als sich später (sc. nach der Kindheit) dann mein Leben in den religiösen Sackgassen verlor, fand ich in Jesus keinen Erlöser und Retter, der mich aufrichtete, ich entdeckte in meiner Tiefe den Richter, der mich wie ein Richtergott aburteilte und zugrunde

noch die Rede davon war, dass auch die allgemeine Erziehung bei der Entstehung des Gottesbildes eine Rolle spielt, so sieht Zellner die Hauptursache dafür, wie sich „Gott in der Seele" darstellt, in Theologie und Verkündigung gegeben.[51] Der „Gott der Theologie" werde als Waffe missbraucht und für kirchliche und politische Interessen eingesetzt;[52] dieser Gott habe „pathologische und pathogene Züge"[53] und werde in vieler Hinsicht widersprüchlich und als autoritäre Instanz verkündigt, was entsprechende schizophrene und zwanghafte Neurotisierungen hervorrufe.[54] Zellner konstatiert: „Gott ist krank – und die Psyche vieler religiöser Menschen ist es auch."[55]

Die „Gottestherapie" müsse dementsprechend in einem dreifachen „Umbruch" bestehen – die Klärung der „wirklichen Natur der Bibel" sei endlich vorzunehmen, in der es auch viele „menschlichen Worte" gebe, die als „Blech" und „Schund" aufgefasst werden müssten,[56] die „quasigöttliche Instanz des Lehramtes" sei zu entmythologisieren[57] und das Jesusbild bedürfe eines „Abschminkens", damit er wieder als „wohl tuender, lauterer, wahrer, reiner, offener, liebender und mutiger Mensch" sichtbar werde.[58] Zellners Buch ist mit zahlreichen Beispielen aus seiner therapeutischen Praxis und mit vielen Kurzmeditationen biblischer Texte durchzogen; es klingt in einem paränetischen Aufruf zur prophylaktischen Arbeit gegen die „Gottesvergiftung" und zur Ermöglichung „reifen" Menschseins aus.[59] Wenn viele Stellen auch deutliche Erinnerungen an eine Religionskritik freudscher Observanz erwecken, so kann Zellner

---

richtete. Heute weiß ich: Ich trug nicht den echten Jesus in mir, sondern eine Karikatur. Ich bin nicht dem echten Jesus nachgefolgt, sondern einer kirchlichen Verfremdung. Dieses Eingeständnis fiel mir sehr schwer."
51 Siehe Zellner (1995), 15.
52 Siehe Zellner (1995), 14f.
53 Siehe Zellner (1995), 68.
54 Siehe Zellner (1995), 59–69. In einer seiner „Diagnosen" fasst Zellner zusammen: „Die genaue Beschäftigung mit der Situation hat zur der Diagnose geführt: In der Seele vieler Menschen und in der kirchlichen Lehre lebt ein defektes Gottesbild, gefesselt an ein dogmatisches Lehrgebäude und vielfach auch an eine zwanghafte Religiosität. Gott ist leidend, Gott ist Patient, seine Gestalt trägt pathologische und pathogene Züge." (Zellner, 1995, 68)
55 Zellner (1995), 59.
56 Siehe Zellner (1995), 177.
57 Siehe Zellner (1995), 180.
58 Zellner (1995), 185. Weiters formuliert Zellner: „Für mich ist Jesus ist die Einladung zur Entfaltung und zur Heilung des Lebens. Und er ist der große Befreier. Er hatte den Rücken frei von bedrückender und beängstigender Theologie, frei vom ‚Gottespaket' seiner Zeit. Er war frei von einer pessimistischen und den Menschen als böse und gottesunfähig diffamierenden Anthropologie. Und sein Weltbild war frei von Weltverachtung und Misstrauen zum Erdhaft-Stofflichen."
59 Siehe Zellner (1995), 212–217.

doch feststellen: „Jesus gehört zu meinem Leben, zu meiner Lebens-‚Einrichtung', zu meiner Lebens-‚Ausrüstung'."[60]

Andreas Schweizers Veröffentlichung, „Der erschreckende Gott",[61] steht ganz im Zeichen einer Jung-Rezeption, die dessen Ontologie zu einer eschatologischen Schau des „neuen Gottesbildes" im Zeichen des Wassermann-Zeitalters überhöht und sowohl die herkömmlichen Kirchen als auch das Christentum als solches für überholt erachtet. Schweizer konstatiert unumwunden: „Jungs Art, das Unbewusste zu sehen, vor allem aber seine praktischen Hinweise, wie wir dieses konkret in unser Leben einbeziehen können, sind im Vergleich zum Bisherigen so grundsätzlich anders, dass wir nicht zögern sollten, von einem *neuen Gottesbild* zu sprechen (...). Jung hat uns einen Weg aufgezeigt, wie wir dem sich im Menschen inkarnierenden Gott begegnen können. Wem immer der Glaube abhanden gekommen ist, kann diesen Weg beschreiten und dabei entdecken, dass Gott *in ihm selbst* erkannt werden will."[62] Diejenigen, die mit Recht die Antworten der christlichen Kirchen auf die Gottesfrage nicht mehr verstünden und dadurch ihre religiöse Heimat verloren hätten, müssten es sich zur Aufgabe machen, dem „sich im Unbewussten offenbarenden Gottesbild" zu begegnen.[63] Dieses aber dränge immer auch mit seinem „Schrecken" heran, wie selbst an der jüdisch-christlichen „Bewusstseinsentwicklung" aufgezeigt werden könne,[64] und sei am zutreffendsten mit dem Begriff „deus absconditus" zu bezeichnen.[65] An den Beispielen von Paulus, Vertretern der Mystik oder auch Martin Luther versucht Schweizer die jeweils schon enthaltene Erkennt-

---

60 Zellner (1995), 187.
61 Schweizer (2000).
62 Schweizer (2000), 10. (Hervorhebungen im Original)
63 Siehe Schweizer (2000), 12f. Weiter wird zur Begrifflichkeit Jungs erklärt: „Die Jung'sche Psychologie kann nicht auf die Aufgabe der rein persönlichen Entfaltung des Ich reduziert werden. Insofern ist der gängige Ausdruck der ‚Selbstverwirklichung' irreführend. Mit dem Selbst ist eine umfassende Wirklichkeit gemeint, in welcher der Einzelne das Göttliche berührt, beziehungsweise an dieses angeschlossen ist. Wo wir psychologisch von Gott oder vom Göttlichen sprechen, ist ein dynamisches, innerpsychisches Bild von größter Wirksamkeit gemeint, das heißt die psychische Realität einer, wie immer gearteten, transzendenten Wirklichkeit. Dabei ist der Begriff der Transzendenz nicht metaphysische zu verstehen, sondern im Sinne der objektiven Psyche, deren Inhalte nicht unmittelbar, sondern nur in ihrer objektiven Wirkung auf das Ich erfahren werden können."
64 Vgl. zur „Bewusstseinsentwicklung" auch die Auffassung von Schweizer (2000), 36: „Wir können sagen, dass (...) unter den aktuellen zeitgeschichtlichen Ereignissen ein unterirdischer, archetypischer Strom fließt, der den jeweiligen Zeitgeist, das politische Schicksal eines Volkes, vor allem aber das jeweilige Gottesbild entscheidend mitbestimmt. Es handelt sich dabei, wie C.G. Jung und M.-L. von Franz nachgewiesen haben, um schöpferische Prozesse im kollektiven Unbewussten, die alle Wandlungsvorgänge, ob realhistorischer oder geistesgeschichtlicher Art, letztendlich verursachen."
65 Siehe Schweizer (2000), 14.

nis des „dunklen Gottes" aufzuzeigen und die „Überschätzung des Bewusstseins"[66] als Hemmnis der „fortschreitenden Inkarnation" Gottes[67] und der Rettung der Welt[68] zu entlarven. Die „animalischen Instinkte" im Menschen bedürften der Beachtung, denn gerade diese scheinen den Menschen vor einer „Überwältigung durch das Böse" bewahren zu können – Schweizer ist überzeugt: „Wer mit seiner Tierseele verbunden bleibt, lebt im Einklang mit dem Unbewussten, das immer ein Stück Natur bedeutet."[69] Wer mit der christlichen Botschaft, „dass das Reich Gottes in uns ist", Ernst machen wolle, der müsse auch die „abgründigen Seiten des Göttlichen" annehmen.[70] Damit seien aber auch die bisher so überschätzten konfessionellen Gemeinschaften der Geschichte überantwortet; denn wenn der Mensch daran ginge, die dunkle Seite Gottes zu erleiden, entstehe „Heimat" nur mehr dort, „wo der Einzelne die numinose Gewalt seiner Seele" erfahre.[71] Die noch ausstehenden Katastrophen der Entwicklung vom Fische- zum Wassermannzeitalter[72] seien gemäß Schweizer dadurch leichter zu ertragen, dass die Apokalypse des Johannes hierauf die „Hochzeit des Lammes" in Aussicht stelle, „die keines irdischen Lichtes mehr bedarf".[73]

Insgesamt kann festgestellt werden, dass die Hauptschwierigkeit der meisten Abhandlungen im Herstellen vereinfachter Kausalzusammenhänge, dem unreflektierten Voraussetzen von weltanschaulichen Prämissen und im Angebot einfacher „Lösungen"[74] besteht. Lediglich Autoren wie Ulrich Eibach oder Dieter Funke bieten reflektierte und mehrperspektivische Zugänge zur Thematik an und setzen sich z.B. auch mit der Verhältnisbestimmung zwischen Theologie und Psychologie sowie Prämissenfragen auseinander.[75] Meistens wird das Problem der neurotischen Störungen von religiösen Menschen zunächst einlinig mit deren Religiosität in Verbindung gebracht und hierauf im Sinne des Verursacherprin-

---

66 Siehe z.B. Schweizer (2000), 57: „Das Wissen um das verborgene Wesen Gottes, das die jüdischen Weisheitslehrer so betont haben, könnte den aufgeklärten Menschen von der Überschätzung des Bewusstseins befreien und damit von der Befangenheit in sich selbst." Vgl. auch Schweizer (2000), 228.
67 Siehe Schweizer (2000), 230–233.
68 Siehe z.B. Schweizer (2000), 253f.
69 Schweizer (2000), 229.
70 Schweizer (2000), 230.
71 Schweizer (2000), 231–233.
72 Siehe näher z.B. Schweizer (2000), 230f.
73 Schweizer (2000), 255.
74 Zellner (1995), verwendet den Begriff der Lösung z.B. häufig sogar explizit als Überschrift für Unterabschnitte in den einzelnen Kapiteln, die auf die Schilderung der jeweiligen „Problemlage" folgen (siehe z.B. Zellner, 1995, 177, 180 oder 185.
75 Eibach (1992), Funke (1993) und Funke (1995).

zips einseitig in der kirchlichen Verkündigung oder in der „falschen" religiösen Erziehung durch die Eltern gesehen. Lediglich Samuel Pfeifer macht auf die „Fragwürdigkeit" solcher „ekklesiogenen Beweisketten" aufmerksam.[76] Allerdings vertritt z.B. Pfeifer selbst Ideale vom „reifen" Menschen oder einem „reifen" Glauben, die es zu erreichen gelte, und in denen die Lösung aller Probleme gefunden werden könne, sodass die von Eibach kritisierte Einseitigkeit der Deutung der biblischen Botschaft gleichzeitig von ihm selbst implizit weitergeführt wird. Vergleichbares gilt für die „Betroffenheitsliteratur" eines Lorenz Zellner, welcher der von ihm kritisierten Dogmatik der Kirche eine ebenso rigide und unreflektierte Dogmatik seiner „Lebensausrüstung Jesus" entgegenstellt.

So gesehen würde im Hintergrund der Auseinandersetzungen das Problem der „schwarzen Pädagogik" als Folge von problematischen Implikationen der Aufklärungskultur generell thematisiert, das sich unter anderem auch in der religiösen Erziehung ausdrückt.[77] Vordergründig aber wird diese prinzipielle Fragestellung unter Beibehaltung des zugrundeliegendes aufklärerischen Paradigmas, zum Teil mit deutlich biblizistischem Akzent, an der Gottesbildthematik abgehandelt, ohne dass das Thema Persönlichkeit und Gottesbild als solches in den Blick kommt.

Besonders signifikant erscheint in diesem Zusammenhang auch die Beobachtung, dass fast durchgängig das Verhältnis zwischen Mensch und Gott im Sinne der Übertragungstheorie gedeutet wird und es in erster Linie darauf anzukommen zu scheint, dass das „Richtige" auf Gott übertragen wird oder, wie vor allem bei Zellner, Gott an der „richtigen"

---

76 Pfeifer (1993), 35f.
77 Vgl. dazu Werbick (1992), 185–199, der feststellt, dass die Erziehermetapher zur Gott-Rede des Alten und des Neuen Testaments wesentlich dazugehöre und in der Folge auch „das Gottverstehen der Theologie wie der Frömmigkeitsgeschichte in bedeutsamer Weise mitbestimmt" habe; sie komme vor allem im allgemein gültig-weisheitlichen Bereich sowie im Zusammenhang der Paränese und der Tröstung vor und sei als Widerspiegelung des für die Antike selbstverständlichen Gedankens der „Züchtigung des Zöglings" zu sehen. Die Erziehermetapher gehe jedoch bei genauerer Betrachtung an vielen Stellen über den Aspekt der Züchtigung weit hinaus und müsse häufig im „hebräischen Sinne des Vertrautwerdens" interpretiert werden. Ungeachtet dessen müsse sich die Theologie dem Problem stellen, dass die Grundüberzeugung der ‚schwarzen Pädagogik', dass jede bewusste oder unbewusste Grausamkeit der Erziehenden Ausdruck ihrer Liebe sei, bis in die Gegenwart hinein ebenso bereitwillig theologisch legitimiert wie auch auf den Gott-Erzieher selbst übertragen wurde und die Religionskritik des 19. und 20. Jahrhunderts mit Recht provozierte. Das theologische Kernproblem bestehe in der Auffassung der Metapher vom ‚Handeln Gottes in der Geschichte' und bedürfe der eingehenden Reflexion. Theologisch völlig auswegslos werde der Gebrauch der Erzieher-Metapher, „wenn er den Gedanken assoziiert, der Erzieher-Gott bediene sich des (schlimmen) Schicksals als Erziehungsmittel" (197). Vgl. dazu auch den Lösungsvorschlag schon bei Erwin Ringel (1986), 260, der zur alternativen Orientierung an einem „christlichen Humanismus" für Kirche und Gesellschaft aufruft und dadurch der „neurotisierten Institution Kirche" einen Ausweg anbieten will.

Stelle, nämlich im Schattenbereich des eigenen Unbewussten, gesucht wird. Religiosität oder Glaube als Beziehungsgeschehen kommt nicht einmal bei einem Jörg Müller in den Blick, der zu einem „neuen Leben in Jesus" aufruft und „Wege zu einem befreienden Gottesverhältnis" aufzeigen will.[78] Die Religionskritik Freuds auf Basis seiner spezifischen anthropologischen Prämissen lebt in der populärwissenschaftlichen Auseinandersetzung mit der Gottesbildthematik implizit weiter und tradiert gleichzeitig ein aufklärerisches Menschenbild in „christlichem" Gewand, dessen Überforderungsaspekte schließlich zu der in anderen Abhandlungen vertretenen Hoffnung auf Erlösung von aller Verantwortung durch das Vertrauen auf die selbsttätig wirkende Natur ontologischer Denkmodelle führt.[79] Von daher wird die immer wieder anzutreffende Ausrichtung der Hoffnung auf eine möglicherweise zu erreichende „Ganzheit" und der damit zusammenhängende Versuch der Relativierung eines Bewusstheits-Ideals auf das selbsttätige Wirken der heilenden Kräfte von Ganzheitssymbolen und des „natürlichen", überzeitlich wirkenden kollektiven Unbewussten, wie es in extremer Ausformung bei Andreas Schweizer beobachtet werden konnte, verständlich.[80] Die Spannung der beiden Pole wird bei Helmut Hark im Kontext ein und derselben Arbeit greifbar; Hark kann fast unvermittelt von der Forderung nach Bewusst-

---

[78] Siehe Müller (1994), 110–114. Vgl. dazu Eibach (1992), 186–193, der als einziger, vor allem gegenüber der impliziten Ontologie Jungs bei Drewermann, eine „relationale" biblische Anthropologie betont und von daher den Sünden-Begriff Drewermanns kritisiert, den dieser ausschließlich vom Gedanken einer Verfehlung der „Bestimmung" des Menschen in den Blick bekommen kann.

[79] Vgl. dazu Heine (2000a), 175: „Denn unsere Aufklärungskultur hat den Begriff des Subjekts kreiert, das sich in Freiheit selbst bestimmt, aus Vernunft das Gute erkennen kann und imstande ist, eine gerechte Gesellschaft zu schaffen. Damit hat sich der Mensch letztlich die Verantwortung für alles zugeschrieben, für die eigene gelungene Biographie wie für das gesamte Weltgeschehen. Darin gründet die Fortschrittsidee mit ihrem unermüdlichen Aktionismus, der aufs Ganze gesehen nie zu einem vollendeten Ziel kommt, schon gar nicht in der kurzen Spanne eines individuellen Lebens, und alles Mögliche zurücklässt: ein permanentes schlechtes Gewissen, Resignation oder heillose Überforderung. Ein einseitiger Rückzug auf die Selbsttätigkeit der Natur, die von selbst der Vollendung zustrebt, stellt die Reaktion auf eine ebenso moralisierte Kultur dar und steht im Dienste der Entlastung."

[80] Heine (2000a), 178f., bemerkt in ihrer Analyse zur „Aktualität ontologischen Denkens in der Psychologie" dazu bereits Folgendes: „In einer Kultur einerseits des strengen natur- und realwissenschaftlichen Geistes, andererseits der moralischen Überforderung des selbstverantwortlichen Subjekts kann die Ontopsychologie Entlastung bieten und eine Haltung der Gelassenheit möglich machen. Was etwa die christliche Rechtfertigungslehre nicht mehr vermitteln kann, wird durch die Ontopsychologie nachvollziehbar, dass nämlich der Indikativ vor dem Imperativ kommt, das Sein dem Sollen vorausgeht, das Tun dem Empfangen folgt." Vgl. dazu auch die ausführliche Kritik an Drewermanns „Mischung aus neuplatonischer Substanzmetaphysik und idealistischem Denken" bei Eibach (1992), 178–195, oder die sich ebenfalls auf Jung und dessen Rezeption durch Drewermann beziehende Kritik bei Funke (1995), 94–97, und 167f.

machung und Vervollständigung einseitiger Übertragungen auf Gott im Anschluss an Riemann auf den Gedanken der „Selbstverwirklichung und Ganzwerdung" im Sinne des Wassermannzeitalters übergehen.[81] Bei aller Auseinandersetzung mit der Gottesbildthematik in der populärwissenschaftlichen Literatur bleibt diese doch letztlich den beiden Spielarten psychoanalytischer Religionskritik auf das Engste verbunden – entweder in der Variante Freuds, der durch umso stärkere Betonung von „echtem" Glauben und „wirklicher" Erkenntnis der Offenbarung zu begegnen gesucht wird, oder in der Variante der reduktionistischen Sichtweise Jungs, die Gott mit dem Unbewussten identifiziert und schließlich sogar das „Christusbild" vom Symbol des Wassermanns her verstehen lässt.[82] Es scheinen sich die bereits in der Fachliteratur zu Seelsorge und Homiletik festgestellten Problemlagen, die in der obigen Analyse als Grund für die dortige Vermeidung der Gottesbildthematik angesehen wurde, in der populärwissenschaftlichen Literatur, die sich aus unterschiedlichsten Motiven ausdrücklich mit den Gottesbildern zu beschäftigen trachtet, in extensiver Form widerzuspiegeln.

So betrachtet wird die Notwendigkeit einer grundsätzlichen Reflexion der Gottesbild-Frage für eine Praktische Theologie auf Basis des Gesprächs mit der psychoanalytischen Tradition einmal mehr deutlich. Diesem Anliegen soll im nächsten Hauptteil dieser Arbeit weiter nachgegangen werden.

---

81 Siehe z.B. Hark (1984), 160–164, und 170–175.
82 Siehe Hark (1984), 166.

3. Religionspsychologie im Namen des Dialogs zwischen Theologie und Psychologie

3.1 Die Begriffe Religionspsychologie, Pastoralpsychologie *und* Dialog

Die vorliegende Arbeit sucht von einem praktisch-theologischen Anliegen her das Gespräch mit der Psychologie, um von ihren Erkenntnissen über den Menschen zu lernen, sowie eigene Annahmen speziell zu Fragen der Vermittlung zu überprüfen und eventuelle Impulse aufzugreifen – insofern ist sie von einem *pastoralpsychologischen Interesse* geleitet. Da näherhin die Frage nach dem möglichen Zusammenhang zwischen Persönlichkeit und Gottesbild im Zentrum dieser Untersuchung steht, tritt die *Religionspsychologie* als eigenständiges Forschungsgebiet über das menschliche Verhalten und die psychologisch erkennbaren Bedingungen dieses Verhaltens im Bereich von Religiosität und Religion in das Blickfeld des pastoralpsychologischen Interesses. Sowohl in der Pastoralpsychologie als auch in der Religionspsychologie wird die Frage des Verhältnisses zwischen Theologie und Psychologie vor allem auf theologischer Seite seit langem heftig diskutiert. Im Konflikt zwischen kerygmatischer Seelsorge und pastoralpsychologisch orientierter Seelsorgebewegung wurde sichtbar, dass sich die Verhältnisbestimmung zumeist an den Polen „Psychologie als Hilfswissenschaft"[1] und „Dialog zwischen Theologie und Psychologie"[2] orientiert. Da bisher aber sowohl das Verständnis einer Pastoralpsychologie als auch einer Religionspsychologie sowie das darin jeweils enthaltene Verhältnis zwischen Theologie und Psychologie und seiner Kriterien ungenügend definiert erscheint,[3] wird im Folgenden die hier zugrundegelegte Auffassung kurz dargestellt und entwickelt.

Zunächst soll der vorliegenden Untersuchung ein *Dialog-Begriff* zugrundegelegt werden, der davon ausgeht, dass zwei Partner um eines gemeinsamen Interesses willen das Gespräch miteinander suchen.[4] Da in der Pastoralpsychologie schon vom Begriff her ein theologisches Interesse vorliegt, für die Vermittlungsbemühungen im pastoralen Kontext Kenntnisse und Methoden zu erlangen oder heuristische Prinzipien für

---
1 Vgl. Thurneysen (1994), 176.
2 Vgl. Scharfenberg (1972b), 10f.
3 Vgl. Baumgartner (1990), 33, oder Winkler (2000), 93.
4 Vgl. Wahl (2000), 68, oder Leavy (1990), 56.

ein differenzierteres Verständnis der praktisch-theologischen Anliegen in Anspruch zu nehmen, die von der Psychologie entwickelt wurden,[5] handelt es sich um ein *Gespräch* in der Hoffnung auf Hilfe durch eine andere wissenschaftliche Disziplin; da kein genuines Interesse der Psychologie an einem derartigen Gespräch besteht, erscheint dafür der Begriff *Dialog* nicht zutreffend.[6] Allerdings wird auch der belastete Begriff der „Hilfswissenschaft" als problematisch zu erachten sein, da dieser Begriff die Psychologie ausschließlich von einer Verhältnisbestimmung zur Theologie her definiert und damit nach dem heutigen Differenzierungsstand des wissenschaftlichen Betriebes an den Universitäten weder ihrem Selbstverständnis noch ihrer tatsächlichen Funktion im Kanon der wissenschaftlichen Disziplinen gerecht wird.[7] Insofern erscheint die Begründung eines eigenen Gegenstandsbereiches „Pastoralpsychologie" im Rahmen des Faches der „Praktischen Theologie" als angemessen, da die Pastoralpsychologie mit ihrem spezifischen Interesse an der Vermittlungsfrage im Gespräch und mit Hilfe der Psychologie eigenständige Forschungen anstellt, die in das größere Ganze des Gegenstandsbereiches der Praktischen Theologie einfließen.[8] Von der theoretisch-

---

5 Vgl. Baumgartner (1990), 53, der definiert: „Mit der Pastoralpsychologie (...) verbindet sich die Idee einer theologischen Lektüre psychologischer Erkenntnisse im Zusammenhang nicht nur der Praxis des Seelsorgers, sondern der Praxis der Kirche insgesamt" – wobei es nicht um „Anwendung" psychologischer Methoden in der Praxis ginge, sondern der Pastoralpsychologie als Teilgebiet der Praktischen Theologie eine handlungswissenschaftlichen Ausrichtung zugrunde zu legen sei (34–36).

6 An dieser Stelle unterscheidet sich die hier vertretene Auffassung von dem Anliegen Wahls (2000), 68, der bedauert, dass im Rahmen der *Pastoralpsychologie* der „interdisziplinäre Dialog faktisch weitgehend als Einbahnstraße" stattfindet; die Psychologie kann lediglich auf der Ebene einer eigenständig begründeten Religionspsychologie ihr genuines Interesse einbringen. Vgl. auch Henning (2000), 96, der sich wundert, dass die Resonanz auf pastoralpsychologische Fragen von Seiten der Psychologie nach wie vor gering sei. Die Ansicht jedoch, dass die Pastoralpsychologie auf ein „religionspsychologisch tragfähiges Fundament" angewiesen ist (Wahl, 2000, 71), wird auch im Rahmen der vorliegenden Arbeit vertreten; in diesem Sinn müssen die Bedingungen eines Dialogs zwischen Psychologie und Theologie auch von theologischer Seite her reflektiert und nach Möglichkeit geklärt werden. Vgl. auch Utsch (1998), 211, der die häufig undifferenzierte Verwendung des Dialog-Begriffs kritisiert und feststellt: „Dieser täuscht meist mehr, als dass er aufklärt oder gar einen solchen Dialog wirklich konstruiert."

7 Siehe zu diesem „Reizwort", das „bis in die jüngste Vergangenheit hinein heftige Kontroversen um Grundsatzfragen auslöst", die Diskussion bei Winkler (1997), 39f.

8 Vgl. dazu Wahl (2000), 71, der das Anliegen einer Pastoralpsychologie vertritt, „die sich ‚regional' als Teilgebiet und vor allem ‚dimensional' als Grundzug der Praktischen Theologie versteht". Vgl. früher schon Scharfenberg (1985), 48f., dessen grundsätzlichen Anliegen damit zugestimmt wird; als problematisch erachtet der Verfasser jedoch den Anspruch Scharfenbergs damit gleichzeitig eine „eigene Psychologie" begründen zu wollen, die theologische und psychologische Sichtweise integrieren müsste. Dieses Anliegen vertritt offenbar auch noch Henning (2000), 96, wenn er formuliert: „Offen ist weiterhin die Anerkennung der Pas-

konzeptionellen Dimension der Pastoralpsychologie[9] ist die Frage einer pastoralpsychologischen Praxis zu unterscheiden, wie sie zum Beispiel von Scharfenberg in den Blick genommen wurde[10] oder im Aus- und Weiterbildungsanliegen der Deutschen Gesellschaft für Pastoralpsychologie Gestalt gewinnt.[11]

Aufgrund des spezifischen, pastoralpsychologischen Interesses der Praktischen Theologie an Fragen der Religiosität oder des religiösen Verhaltens des Menschen bedarf sie der Grundlegung durch die Forschungen im Bereich der Religionspsychologie.[12] Nach dem hier zugrundegelegten Begriff von *Religionspsychologie* begegnen sich in diesem Fall Theologie und Psychologie in ihrem beiderseitigen Interesse daran, was aus menschlicher Sicht über das „religiöse Erleben und Verhalten" und die menschlichen Bedingungen dieser Dimensionen in Erfahrung zu

---

toralpsychologie als spezifischer Psychologie von Seiten der Psychologie". Siehe demgegenüber Baumgartner (1990), 31: „Der Entwurf einer Pastoralpsychologie kann nicht außerhalb einer Einbindung in die Praktische Theologie entwickelt werden."

9 Am eindeutigsten deklariert das vorrangige Interesse an der Pastoralpsychologie in dieser Hinsicht Wahl (2000), 68, der darüber hinaus eine „pastoralpsychologische Dimensionierung" der Theologie insgesamt anstrebt: „Im Blick auf die Theologie und in deren eigenem Interesse darf m.E. die Pastoralpsychologie nicht nur als ein, wenn auch wichtiges, materiales Teilgebiet gelten; sie muss vielmehr zugleich auch eine unverzichtbare Grunddimension der Theologie überhaupt, vornehmlich der Praktischen Theologie, darstellen. Während inhaltlich und methodisch das Einbeziehen und der Einsatz der Psychologie in Seelsorge und Beratung heute zumindest prinzipiell anerkannt ist, stellt freilich eine durchgehende pastoralpsychologische Dimensionierung der Theologie, wie ich sie einfordere, weitgehend noch immer ein Desiderat dar. Ich halte jedoch dieses Desiderat im Interesse einer Praktischen Theologie, die sich als handlungs- und kommunikationswissenschaftlich fundierte, symbolisch-kritische Theologie christlich-kirchlicher Praxis in der jeweiligen Gesellschaft und Kultur begreift, für unaufgebbar, zumal sich die modernen Praktische Theologie heute nicht mehr als ‚Anwendungswissenschaft' begreift, die einfach die Resultate historischer und systematischer Theologie rezipiert und sie dann deduktiv auf die pastorale Praxis ‚appliziert'."

10 Vgl. Scharfenberg (1985), 114–119, wo er das Seelsorgegespräch als „Pastoralpsychologie unter vier Augen" konzeptionalisiert. Auch Klaus Winkler reflektiert in seinen Stellungnahmen das Verhältnis zwischen Pastoralpsychologie und Psychoanalyse (Psychotherapie) zumeist auf auf der *Handlungsebene* (Siehe Winkler, 1974; 1993; 2000) und plädiert hinsichtlich der Praxis für ein konstruktives „Konkurrenzverhältnis" zwischen den Disziplinen, das sowohl vor dem „Kurzschluss" „Hilfswissenschaft" als auch „Auslieferung" bewahren solle (Siehe z.B. Winkler, 2000, 104).

11 Siehe zur Deutschen Gesellschaft für Pastoralpsychologie (DGfP) z.B. Henning (2000), 89f.

12 Vgl. dazu Rössler (1986), 101: „Die Religionspsychologie überhaupt repräsentiert ein Programm, in dessen Mittelpunkt der religiöse Mensch, die gelebte Religion des einzelnen, die religiöse Subjektivität stehen. Die damit aufgenommene Frage kann in ihrer Bedeutung für die Praktische Theologie kaum überschätzt werden: Das Interesse der Praktischen Theologie am einzelnen Menschen muss zweifellos zuerst und zuletzt das Interesse an seiner Religiosität sein. Vgl. auch Wahl (2000), 71, der in der Religionspsychologie ein Fundament der Pastoralpsychologie sieht.

bringen ist;[13] die wissenschaftlichen Paradigmen und Methoden entstammen dem breiten Spektrum der Psychologie, die Theologie bietet die reichhaltige Erkenntnistradition zum spezifischen Gegenstand Glaube und Religion – insofern kann von dem Vorteil der Interdisziplinarität einer Religionspsychologie als spezifischer Disziplin ausgegangen werden, die strukturell weder der Theologie noch der Psychologie eindeutig zugeordnet werden kann, auch wenn diese in universitätsorganisatorischer Hinsicht jeweils fakultätsbezogen verankert sein wird.[14] Dem differenzierten Erscheinungsbild der Psychologie entsprechend zeigt sich auch die Religionspsychologie in ihrer jeweiligen theoretischen und methodischen Schwerpunktsetzung als uneinheitliche und zum Teil kontroversiell ausgerichtete Disziplin, deren Identitätsfrage nach wie vor als umstritten angesehen werden kann.[15] Insofern Religionspsychologie – in welcher konkreten Form sie auch konzeptualisiert wird – aus einem Theologie und Psychologie verbindenden Interesse heraus betrieben wird, scheint der Begriff *Dialog* für diesen Bereich angemessen.

In der vorliegenden Arbeit wird die Verfahrensweise daher so verstanden, dass nach Feststellung eines Desiderates im Bereich der praktisch-theologischen Reflexion, das aus einer pastoralpsychologischen Sichtweise identifiziert wurde, der Rekurs auf die Religionspsychologie erfolgt, um dort möglicherweise Forschungsergebnisse ausfindig zu machen, die dem pastoralpsychologischen Interesse der Praktischen Theologie hinsichtlich der Reflexion ihrer Vermittlungsfragen hilfreich sein könnten. Insofern damit auch der Dialog zwischen Theologie und Psychologie – in diesem Fall der psychoanalytischen Tradition der Objekt-

---

13 Siehe Utsch (1998), 14, der „Religiosität" als „religiöses Erleben und Verhalten" definiert, um die direkte Verbindung zur Psychologie herzustellen, die gemäß Forscherkonsens „die Wissenschaft vom menschlichen Erleben und Verhalten" sei.

14 Vgl. Utsch (1998), 13f., der in seinem „grundlagenwissenschaftlichen Beitrag zum Verständnis der psychologischen Aspekte von Religion, Religiosität und Spiritualität" eine „dialogische Vorgehensweise zwischen Empirie und Anthropologie" vorschlägt und damit das Gleichgewicht zwischen „methodisch festgelegter Naturwissenschaft und inhaltlich bestimmter Geisteswissenschaft" aufrecht zu halten sucht. Der komplexe Gegenstand religionspsychologischer Forschung gebiete eine interdisziplinäre Vorgehensweise, durch welche „die perspektivische Einseitigkeit einer Wissenstradition" vermieden werden könnte, „ohne den psychologischen Standpunkt aufzugeben"; siehe auch die Ausführungen zur „interdisziplinär fundierten Religionspsychologie in Utsch (1998), 188–193. Vgl. auch Grom (1992), 14: „Aufgrund ihrer Fragestellungen und Untersuchungsmethoden ist die Psychologie imstande, die subjektiven – psychosozialen und intrapsychischen – Bedingungen faktischen religiösen Erlebens, Denkens und Verhaltens erfahrungswissenschaftlich zu erforschen". Die Religionspsychologie wird von Grom jedoch eindeutig als „Anwendungsfach der Psychologie" bestimmt (369).

15 Utsch (1998), 245–270, systematisiert in seiner „Synopse der Religionspsychologie" zwanzig verschiedene religionspsychologische Theorieansätze.

beziehungstheorie – verbunden ist, sollen im Folgenden noch die Kriterien für diesen angestrebten Dialog geprüft werden.

3.2 Die Frage der ontologischen bzw. anthropologischen Prämissen

Als wichtigstes Kriterium für das Gelingen des Gesprächs oder den erfolgreichen Dialog zwischen Theologie und Psychologie wird in der einschlägigen Literatur – wie auch hier – die Klärung der jeweiligen ontologischen bzw. anthropologischen Prämissen angesehen, die in der Frage der Übernahme psychologischer Erkenntnisse in den Bereich der Theologie oder im religionspsychologischen Diskurs eine entscheidende Rolle spielen.[16] Die Frage der Ontologie ist allerdings insofern vorbelastet, als der Begriff häufig mit der traditionellen Metaphysik scholastisch-theologischer Observanz assoziiert wird, die vielfach als erkenntnistheoretisch überholt angesehen wird.[17] Die Psychologie auf ihre jeweiligen impliziten ontologischen Prämissen anzusprechen stellt deshalb zumeist schon an sich eine Zumutung dar, und auch innerhalb der Theologie zählt eine diesbezügliche Reflexion nicht zu den Selbstverständlichkeiten.[18] Wie in der Zusammenfassung der bisherigen Ergebnisse im Anschluss an die Sichtung der praktisch-theologischen Literatur zu Homiletik und Seelsorge bereits sichtbar wurde, besteht die gegenseitige Kritik und das jeweilige Misstrauen eben in den grundsätzlich verschiedenen Vorverständnissen, die auf die konkreten Inhalte Auswirkung haben und deren Geltung in Frage stellen. Die Frage der Ontologie scheint allerdings weniger theologische Positionen auf der einen und psychologische Positionen auf der anderen Seite zu diversifizieren, als vielmehr bestimmte Ansätze quer durch die Disziplinen, sodass gelegentlich psychologische und theologische Theorien einander näher zu sein scheinen, als die Ausrichtungen innerhalb der Wissenschaftsbereiche selbst. Zunächst soll jedoch versucht werden, die erkenntnistheoretischen Voraussetzungen von Theologie und Psychologie exemplarisch zu umreißen, um hierauf die Frage nach den ontologischen bzw. anthropologischen Prämissen als Kriterium des Gesprächs oder Dialogs zwischen den Disziplinen zu erörtern.

---

16 Utsch (1998), 272f., konstatiert, dass auch neuere Ansätze psychologischer Wissenschaftstheorie generell darauf hinweisen, dass eine „Voraussetzungsbewusstheit" einzufordern sei; die dafür verwendeten Begriffe seien z.B. „implizite Metaphysik", „anthropologisches Vorverständnis", „metaphysische Werte" u.a.
17 Siehe z.B. Pöhlmann (1980), 106–111. Vgl. Utsch (1998), 116f.
18 Siehe Utsch (1998), 118f.

Die *Grundvoraussetzung theologischen Denkens* besteht – so wird hier vorgeschlagen – in der Annahme der Existenz eines Gottes, der mit dem Menschen etwas zu tun hat.[19] Der systematische Theologe Gerhard Ebeling zum Beispiel geht von einer „relationalen Ontologie" aus, innerhalb derer er theologischerseits eine Seinsaussage über Gott machen will. Inhaltlich schreibt Ebeling seiner relationalen Ontologie ein „Zusammensein von Welt und Gott" ein, in dem Gott dem Menschen „Gegenüber" ist.[20] Die dreifache „coram-Relation", Mensch „coram Deo", „coram mundo" und „coram me ipso", stellt für ihn den „ontologischen Schlüssel" zu seiner theologischen Anthropologie dar.[21] Wie auch immer unterschiedliche Strömungen in der Theologiegeschichte das Sein Gottes aufgefasst oder beschrieben haben, welche Ontologie sie zugrunde gelegt haben, um dieses Verhältnis von Gott und Mensch, den Zusammenhang von menschlicher und göttlicher Wirklichkeit systematisch im Anschluss an „Vernunft" und „Erfahrung" zu erfassen[22] – die jeweilige Anthropologie schließt die Annahme eines göttlichen Seins, das in irgendeiner Form auch als „Tätigsein" oder aktives Zugewandtsein im Zusammenhang mit dem Menschen aufgefasst wird,[23] als Prämisse mit ein. Als vorgängige Option christlicher Theologie kann im Allgemeinen die Wahrheit des Glaubens an die Offenbarung Gottes in Jesus Christus angesehen werden, über die es Rechenschaft abzulegen gilt und die im Denken zu bewähren ist; der praktische Vollzug des Glaubens stellt die primäre Bewährung des Glaubens dar, demgegenüber die Bewährung im Denken als nachrangig verstanden wird, da die Wahrheit, um die es in der Theologie letztlich geht, dieser stets voraus liegt und z.B. nach Ebeling weder philosophisch noch naturwissenschaftlich beweisbar oder widerlegbar ist.[24]

---

19 Vgl. Utsch (1998), 25, der allgemein konstatiert: „Die aus unterschiedlichen Kontexten entnommenen Bestimmungen der Religion gleichen sich dahingehend, dass sie von der religiösen Natur als innerlicher, spiritueller Dimension des Menschen als einem anthropologischen Tatbestand ausgehen, in der sich eine transpersonale, überseelische Wirklichkeit ausdrückt und abbildet."
20 Ebeling (1982), 223f. 348.
21 Ebeling (1982), 346–355.
22 Siehe Ebeling (1982), 14.
23 Vgl. Ebeling (1982), 230–235, wo Ebeling den Gedanken des Tätigsein Gottes sowohl im Zusammenhang der Kontroverse zwischen einer Substanzontologie und der relationalen Ontologie, wie er selbst sie vertritt, als auch bei unterschiedlichen Theologen wie Luther oder Schleiermacher diskutiert.
24 Ebeling (1982), 15–17: „Dogmatik des christlichen Glaubens steht im Zeichen des für sie konstitutiven Namens einer bestimmten geschichtlichen Person: Jesus Christus (...). Die in dieser Weise der Dogmatik vorgegebene Wahrheit ist so wenig gedankenlos übernehmbar, dass sie im Gegenteil, weil in höchstem Maße angefochten, ständig der Bewährung bedarf. Was sich dabei als Bewährung im Denken vollzieht, ist freilich nur ein sekundärer Vorgang

Im Unterschied dazu könnte es als *Grundvoraussetzung der Psychologie* angesehen werden, das menschliche Verhalten unter Verzicht auf die Annahme eines außerhalb der menschlichen Lebenswirklichkeit tätigen Seins als in sich logisch zu beschreiben und zu verstehen oder zu erklären. Man konnte für eine wissenschaftliche Psychologie z.B. feststellen, dass die Argumentationen ihrer theoretischen und methodologischen Modelle sich auf die menschlichen Bedingungen beziehen und keine „weltanschaulichen" Prämissen enthalten sollten; Geltungsansprüche oder „Sollensforderungen" gehen in die Untersuchungen mit ein, „aber nicht als Voraussetzungen, sondern als ihr Gegenstand".[25] Am konsequentesten scheint diese Grundvoraussetzung dann erfüllt werden zu können, wenn sich die Psychologie ausschließlich auf die beobachtbaren Erfahrungen stützt und alle Theoreme, die den Bereich des Nicht-Beobachtbaren erfassen, durch die Entwicklung von geeigneten Methoden der Beobachtung zuführt und dadurch empirisch belegbar macht. Nicht überprüfbare Theorien z.B. zur Persönlichkeit des Menschen geraten unter Druck und gefährden ihre wissenschaftliche Reputation, solange nicht eine Methode entwickelt wird, diese empirisch zu belegen.[26] Die erfolgreichen Methoden naturwissenschaftlicher Erkenntnisgewinnung und Theoriebildung entwickelten sich daher zunehmend zum Paradigma auch der Psychologie und ihrer Forschungen zum menschlichen Verhalten. Allgemeine Gesetzmäßigkeiten sollten aufgefunden und das Verhalten des Menschen dadurch vorhersagbar werden. Die hermeneutisch-interpretative Psychologie hingegen geriet gegenüber der Dominanz objektivierender psychologischer Verfahren ins Hintertreffen.[27]

---

gegenüber der Bewährung im Lebensvollzug, die dieser Wahrheit primär gemäß ist. Deshalb liegt die Wahrheit, um die es in der Dogmatik letztlich geht, dieser stets voraus und ist philosophisch oder gar wissenschaftlich weder widerlegbar noch beweisbar."

25 Siehe z.B. Roth (1969), 7: „Insofern sich die Psychologie als ‚Wissenschaft' versteht, muss sie rational sein, d.h. sie muss allein logischen Prinzipien genügen und arationale Voraussetzungen, wie weltanschauliche, ethische oder religiöse Annahmen, von vornherein ausschließen. Die Psychologie beschreibt und erklärt das Verhalten nicht, wie es sein soll, sondern so, wie es ist. Sollensforderungen gehen freilich auch in die Untersuchung ein, aber nicht als Voraussetzungen, sondern als ihr Gegenstand". Siehe zu ähnlichen Versuchen der Begründungen einer „weltanschauungsneutralen" psychologischen Forschung Utsch (1998), 48f.

26 Vgl. z.B. Bischof (1982), 25: „Wahrscheinlich liegt die größte Schwierigkeit bei der Überprüfung einer Persönlichkeitstheorie darin, dass viele Theorien in ihren Konzepten gar nicht empirisch überprüfbar sind. Wie könnte man einen zu verantwortenden Versuchsplan aufstellen, mit dem man Jungs Synchronizität testen könnte? Einige Theorien grenzen ans Übernatürliche und Metaphysische, während andere sich eher wie ein Roman lesen. Der ernsthaft forschende Psychologe ist davon frustriert, weil sein Können und sein Instrumentarium zu etwas anderem bestimmt sind."

27 Siehe Utsch (1998), 31f.

Das Problem eines Dialoges zwischen Theologie und Psychologie liegt demnach in der scheinbaren Differenz zwischen einer weltanschauungsgebundenen Theoriebildung mit der empirisch nicht verifizierbaren Prämisse *Gott* und einer „weltanschauungsneutralen" Forschung und Theoriebildung. Diese Art der Wahrnehmung des Verhältnisses der beiden Disziplinen führt im Allgemeinen zum Abbruch des Dialoges, da keine gemeinsame Ebene in Sicht ist, auf der kommuniziert werden könnte.[28] Wissenschaft und Weltanschauung sollen nach einer gängigen Wissenschaftsauffassung prinzipiell auseinander gehalten werden, und deshalb erscheint auch eine mögliche Partnerschaft zwischen Theologie und Psychologie hinsichtlich einer wissenschaftlichen Kooperation von vornherein als aussichtslos.[29]

Die vorliegende Untersuchung geht demgegenüber von der Annahme aus, dass jede Form wissenschaftlicher Theoriebildung eine bestimmte Anthropologie und damit eine Auffassung vom Wesen des Seienden beinhaltet, auch wenn sie sich mit ihrem Gegenstand auf einen definierten Ausschnitt von Wirklichkeit beschränkt.[30] Dies gilt insbesondere dann, wenn es sich der Mensch zur Aufgabe macht, sich selbst zu erforschen und sich selbst zum Gegenstand vernunftgemäßer Untersuchung und reflexiver Theoriebildung zu machen. Das Kriterium der Wissenschaftlichkeit liegt nicht im Verzicht auf vorgängige ontologische Prämissen als Ausgangspunkt der objektivierenden Selbsterforschung, sondern in der Reflexion dieses erkenntnisleitenden Vorverständnisses, der daraus resultierenden Anthropologie sowie dessen konstitutionellem Zusammenhang mit den Fragerichtungen und der Interpretation der Forschungsergebnisse.[31] Wenn beispielsweise der Theologe Gerhard Ebeling von einer „relationalen Ontologie" ausgeht, so entspricht sein Seinsverständnis denjenigen psychologischen Konzepten, die den Menschen von Natur her als Beziehungswesen definieren und sowohl ihre Forschungen als auch die Geltung des Gesamtkonzeptes ihrer Theorien daran ausrichten. Eine relationale Ontologie selbst ist noch nicht an sich theologisch, kann aber sowohl einer Theologie als auch einer Psychologie zugrundegelegt wer-

---

28 Vgl. Utsch (1998), 25.
29 Vgl. Petersen (1993), 8.
30 Vgl. Utsch (1998), 57, der von der „wissenschaftstheoretischen Einsicht" ausgeht, „dass empirische Forschung ohne theoriegeleitete Hypothesen wenig Sinn macht und theoretische Modelle abhängig sind von anthropologischen und metaphysischen Vorentscheidungen"; seinen Standpunkt sieht er durch Arbeiten zur wissenschaftstheoretischen Grundlegung der Psychologie bestätigt, die zunehmend ausdrücklich davon ausgingen, „dass psychologisch-empirische Erkenntnisse abhängig von ontologischen Leitbegriffen sind" (57 und 272; Siehe die dortige Dokumentation zahlreicher Belege).
31 Vgl. Utsch (1998), 54–57.

den.³² Die Frage der *Grenze zwischen Theologie und Psychologie* ist nach Vorschlag des Verfassers darin zu sehen, dass die Theologie – wie vermutlich jede Art religiös motivierter Theoriebildung – sehr allgemein gesprochen in ihrem Seinsverständnis ein dem Menschen begegnendes, tätiges Sein mit voraussetzt,³³ oder noch anders ausgedrückt, dass das Sein des Menschen mit einem anderen tätigen Sein in Verbindung gesehen wird.³⁴ Die Psychologie als realwissenschaftlich orientierte Disziplin hingegen versucht ihre Forschungen und Theoriebildungen auf Basis eines Seinsverständnisses aufzubauen, das auf diese Implikation verzichtet. Es wird versucht, die Bedingung der Möglichkeit menschlichen Verhaltens so weit wie möglich auf Basis einer Ontologie zu erklären, die noch ohne die Einführung der Bedingung eines nicht verifizierbaren, außerhalb des Menschen liegenden tätigen Seins auskommt.³⁵ In der vorliegenden Untersuchung wird die Auffassung vertreten, dass gerade die Wahrung dieser Grenze zwischen Theologie und Psychologie die Qualität eines Dialoges im Namen der Religionspsychologie ermöglichen könnte, von dem beide Seiten profitieren; denn dem hoch bewährten theoretischen und methodischen Instrumentarium der Psychologie in der Erforschung menschlichen Erlebens und Verhaltens steht auf theologischer Seite eine hochdifferenzierte und reflektierte Erkenntnistradition gegenüber, die

---

32 Siehe Ebeling (1982), 348: Es wäre falsch anzunehmen, „die Ontologie der Relation sei spezifisch theologisch"; „Sie wäre nicht Ontologie, wenn sie sich nicht unabhängig von der Theologie bewährte, wie sich ja auch außerhalb der Theologie mannigfache Ansätze dazu finden. (...) Die Ontologie der Relation drängt sich besonders dann auf, wenn darauf reflektiert wird, dass und wie sich im Menschen das Ganze der Wirklichkeit versammelt". Siehe auch Utsch (1998), 67, der die „Bezogenheit" des Menschen, „Bezogenheit zur Welt, auf Bedeutung/Sinn hin, auf Zeit, auf mich selber (Bewusstsein) und auf meinen Leib" als anthropologisches Grundmerkmal einiger psychologischer Theorien identifiziert.

33 Das Kriterium des „Tätigseins" als Unterscheidungsmöglichkeit zwischen theologischer und psychologischer Ontologie wird von Utsch (1998) nicht in den Blick genommen, weshalb nach der hier vertretenen Auffassung auch seine Bemühungen um die Klärung der Transzendenzfrage (122–146) letztlich die Unschärfen nicht überwinden können und es „umstritten" bleibt, „ob und wie Transzendenz aus psychologischer Sicht gelten kann" (115).

34 Vgl. z.B. die Definition des Religionsbegriffs bei Leavy (1990), 47: „I define religion as the recognition by a community of a real being or of beings transcending sense experience, with whom the members of the community exist in a mutual relationship".

35 Siehe z.B. Murken (1998), 12f.: Aufgabe von Psychologen ist es, mit dem Instrumentarium der empirischen Sozialforschung Zusammenhänge zwischen psychologischen Variablen und religiösen Merkmalen zu erkennen und zu verstehen. Denn zu Aussagen über das Wirken oder den Einfluss der Transzendenz an sich, im Sinne von ‚Gottes Handeln' oder ‚dem Einfluss der Gestirne' kann die Psychologie keine Stellung nehmen, sondern einzig und allein zum menschlichen Umgang mit den jeweiligen Vorstellungen".

die Fokussierung des jeweiligen religionspsychologischen Forschungsbereichs theoretisch und methodologisch präzisieren kann.[36]

Für ein Gespräch oder einen Dialog zwischen Theologie und Psychologie ergeben sich aus diesem prinzipiellen Unterschied hinsichtlich der ontologischen Prämissen mehrere zu beachtende Gesichtspunkte als Qualitätskriterien. Einen ersten kritischen Punkt stellt die *Wahrheitsfrage* dar.[37] Der Begriff „Wahrheitsfrage" bezieht sich dabei auf die Frage der Existenz Gottes als Bezugspunkt oder Gegenüber des religiösen Verhaltens des Menschen oder – wieder allgemeiner formuliert – auf die Frage eines außerhalb der realwissenschaftlichen Verifizierbarkeit liegenden tätigen Seins, und generell darauf, ob wahre Aussagen über ontologische Optionen im Rahmen der Klärung empirischer Kausalzusammenhänge gemacht werden können.[38] In der Literatur wird für den religionspsychologischen Diskurs immer wieder ein „Sistieren" oder „Einklammern" der Wahrheitsfrage oder ein „methodischer Atheismus" eingefordert.[39]

---

36 Vgl. auch das „Verbindungsmodell zwischen Psychologie und Theologie" bei Utsch (1998), 273f.: „Die Religionspsychologie steht in besonderer Weise im Spannungsfeld zwischen Weltanschauung und Wissenschaft. Um eine Vermischung zwischen dem expliziten und dem impliziten Forschungsvorgehen zu vermeiden, schlage ich vor, die Religionspsychologie als eine Dialogwissenschaft zwischen Weltanschauung und Wissenschaft, zwischen expliziter und impliziter Erkenntnis entstehen zu lassen. Anders als im szientistischen, fundamentalistischen oder dualistischen Integrationsmodell können bei einer dialogischen Verbindung von Psychologie und Theologie von dem Grundgedanken des ‚Getrenntseins in Bezogenheit' her die Ergänzungsbedürftigkeit monopolarer Erkenntnis berücksichtigt und der komplementäre Aspekt der gegensätzlichen Perspektive wahrgenommen, kritisch reflektiert und integriert werden."

37 Vgl. Murken (1998), 12: „Die zentrale Schwierigkeit des Psychologen bei der Auseinandersetzung mit Religion ist sein Standpunkt zur Wahrheitsfrage der Inhalte, wie sie von den Religionen postuliert werden."

38 Vgl. Utsch (1998), 116f.

39 Siehe z.B. Vgl. z.B. Vergote (1970), 15f.: „Die besondere Sicht des Psychologen erfordert es deswegen, jedenfalls zu Beginn seiner Arbeit, zwei Ansprüche miteinander zu vereinen, die man manchmal als völlig konträr angesehen hat. In der Religionspsychologie muss man von Anfang an der Regel des methodologischen Ausschlusses des Transzendenten zustimmen (...). Der Psychologe darf Gott nicht als beobachtbare Gegebenheit in seiner Wissenschaft einführen. (...) Er ist dem Psychologen nur insoweit gegenwärtig, als der Mensch sich durch eigentlich menschliche Handlungen auf ihn bezieht. Andererseits darf der Psychologe auch nicht das religiöse Leben mit dem psychischen zusammenwerfen. Er muss den verweisenden oder intentionalen Charakter des religiösen Bewusstseins und Handelns im Blick behalten." An anderer Stelle formuliert Vergote programmatisch: „Grundsätzlich wirft also die Religionspsychologie die Frage nach der Existenz Gottes nicht auf; und sie beruft sich auch nicht auf göttlichen Einfluss. In diesem Sinn ist sie neutral oder – um einen paradoxen Ausdruck zu verwenden – atheistisch. Aber dennoch ist sie selbstverständlich keineswegs anti-theistisch" (Vergote, 1970, 21). Vgl. auch Murken (1998), 12f.: Es ist psychologischer Perspektive ausgeschlossen, „zu den Wahrheitspostulaten der Religionen (...) Stellung zu beziehen"; „die Wahrheitsfrage bleibt also ausgeklammert, d.h. sie wird auch nicht psychologisch-reduktionistisch beantwortet."

Demgegenüber wird hier vorgeschlagen, die Wahrheitsfrage so zu verstehen, dass die Erkenntnis einer letzten Bedingung möglichen Seins prinzipiell hypothetischen Charakter hat und von daher im religionspsychologischen Diskurs generell offen gehalten werden sollte.[40] Die Religionspsychologie würde demnach versuchen, ihre Forschungen und Theorien im Kontext menschlichen Seins unter dem Vorbehalt zu entwickeln, dass sie die letzten Bedingungen der Religiosität des Menschen nicht klären und deren Begründet-Sein in einem außerhalb des Menschen liegenden tätigen Sein auch nicht ausschließen kann.[41] In diesem Zusammenhang ist der zweite kritische Punkt in der *Geltungsfrage* zu sehen – wessen theoretisches Modell, wessen Hypothese im Verständnis des Menschen der Wahrheit näher kommt und deshalb die höhere Geltung für sich beanspruchen kann. Der Anspruch auf die Lösung der Wahrheitsfrage führt zu einer dogmatischen Positionierung, die andere Lösungen prinzipiell in Zweifel zieht. Es ist hinlänglich bekannt, dass der Streit um Wahrheit und Geltung alle Formen von der tolerierenden Distanz bis hin zur gegenseitigen Destruktion annehmen kann und von daher kein neuer Erkenntnisgewinn zu erzielen ist. Nach dem hier vorgeschlagenen Modell sollte jede Theorie ihren Geltungsanspruch in Anschlag bringen können, solange sie ihn mit einem Gewissheitsvorbehalt zur Sprache bringt, und die Wahrheitsfrage als gemeinsames Anliegen in der Forschung des Menschen über sich selbst weiterhin geöffnet bleibt.[42] Im *Dialog* zwischen Psychologie und Theologie über den gemeinsam interessierenden Forschungsgegenstand Mensch hinsichtlich seines religiösen Verhaltens hieße das konkret, dass von Seiten der Psychologie die Zusammengehörigkeit von Mensch und Gott weder auszuschließen noch das Phänomen des Glaubens rein psychologisch zu definieren wäre – ebenso wie von Seiten der Theologie die Wahrheit einer rein natürlichen Auffassung über den Menschen ohne die Annahme der Existenz Gottes weder auszuschließen noch das Phänomen des Glaubens prinzipiell

---

40 Vgl. dazu auch die Stellungnahme des Psychiaters und Psychoanalytikers Stanley A. Leavy (1990), der sich in seinem Artikel „Reality in Religion and Psychoanalysis" unter anderem mit der Wahrheitsfrage kritisch auseinander setzt. Seine Grundthese lautet, dass für einen seriösen und neuen Umgang mit der Frage des Glaubens an Gott von Seiten der Psychoanalyse sowohl in der therapeutischen Praxis als auch in der Wissenschaft unter gegenseitigem Respekt schlicht offen gelassen werden müsse, welcher Realitätsstatus irgendeinem religiösen Glauben oder einer anderen Weltanschauung zukomme und wer für seine Weltanschauung das größere Recht beanspruchen könne.
41 Vgl. bereits Vergote (1970), 16: „Das Studium des Psychischen muss die Eigenart des menschlichen Bewusstseins, nämlich seine Offenheit zur Welt, zu den andern oder zu Gott respektieren. Reduziert man die Religion auf den geschlossenen Bereich des bloß Menschlichen, verfälscht man den Gegenstand der Religionspsychologie als solchen".
42 Vgl. die Intention von Utsch (1998), 115–122.

theologisch zu definieren wäre.[43] Wenn die Theologie behaupten würde, die Existenz Gottes müsse in der religionspsychologischen Forschung vorausgesetzt werden, so agiert sie dogmatisch und treibt möglicherweise Theologie mit psychologischen Forschungsmethoden, aber nicht Religionspsychologie im interdisziplinären Sinn. Wenn z.B. Sigmund Freud behauptet, dass die Annahme der Existenz Gottes auf jeden Fall eine Illusion darstellt, so beansprucht er als Psychologe damit eine Erkenntnis der Wahrheit, die bereits selbst wieder dogmatischen Charakter hat. Wenn Psychologie und Theologie aus bestimmten wissenschaftlichen Interessen bei der Erforschung menschlicher Lebenswirklichkeit kooperieren wollen, kann diese kritisch-selbstkritische Haltung und der Verzicht auf gegenseitige „anthropologische Übergriffe" als Bedingung für einen gelingenden Dialog vorausgesetzt werden.[44] Religionspsychologische Forschung in einer interdisziplinären Perspektive könnte sich sogar dem Anliegen verpflichtet sehen, die Offenheit für die Möglichkeit der Berechtigung einer anderen Weltanschauung immer wieder bewusst herzustellen, um damit auf neuen Erkenntnisgewinn im umfassenden Sinn ausgerichtet zu bleiben.

Einen weiteren heiklen Punkt im Dialog zwischen Psychologie und Theologie stellen die Begriffe *Wirklichkeit* und *Transzendenz* dar. Sie werden sowohl von psychologischer als auch von theologischer Seite gebraucht und enthalten als solche noch keine Aussage darüber, ob zur „Wirklichkeit" auch eine jenseitige Dimension im Sinne eines vom Menschen unabhängigen tätigen Seins zu rechnen wäre, auf die der Mensch hin „transzendiert" oder nicht.[45] Erst im jeweiligen konkreten Zusam-

---

43 Vgl. dazu die engagierte Stellungnahme von Leavy (1990), 58, wo er sowohl von der Psychologie als auch von der Theologie einerseits die Respektierung der unterschiedlichen Erkenntnisrahmen und andererseits die grundsätzliche Offenheit einfordert, „that there are more things in heaven and earth than are dreamt of in our philosophy".

44 Siehe dazu Leavy (1990), 56, der feststellt, dass einige Autoren immer wieder zu einem „anthropological grasp" tendieren: „The *anthropological grasp* that these authors present is no small thing itself, but it is one that holds at a distance the idea of the transcendent reality, God. I call it ‚anthropological' because it can include the idea of God only as a man-made symbol. Contrariwise, at the heart of religion is the conviction that the symbol is not totally man-made, not a golden calf, not just the product of the yearning of the soul, but is a point in which the encounter with a self-revealing transcendent Other is made concrete" (55; Hervorhebungen im Original). Demgegenüber stellt Leavy die Frage, wie es zu einem Dialog zweier anderer kommen könne, die sich gegenseitig in ihrer Unterschiedlichkeit ohne anthropologische Übergriffe respektieren würden (56).

45 Vgl. dazu auch Leavy (1990), der die Frage des Wirklichkeitsbegriffs im Dialog zwischen Psychologie und Theologie in den Mittelpunkt seiner Überlegungen stellt und konstatiert: „What is the stake here is the concept or reality – of that which exists in itself and is not just part of private experience" (46); „It is here the approach to religion needs to begin. Religion differs from other fields of interest to psychoanalysis with respect to its central reality, God" (47). Zur Problematik des Transzendenz-Begriffs in der Religionspsychologie siehe

menhang ist zu fragen, welche kategorialen Voraussetzungen mit den Begriffen in Verbindung gebracht werden und ob sie der Variante theologischer oder psychologischer Voraussetzungen zuzurechnen sind.[46] Wenn z.B. C.G. Jungs Wirklichkeitsbegriff die Annahme beinhaltet, dass das Unbewusste eine „allgemeine seelische Grundlage überpersönlicher Natur" repräsentiert und einen „reinen Naturvorgang" darstellt, der sich in einer „selbständigen, produktiven Tätigkeit" vollzieht,[47] so kritisieren Psychologen und Theologen mit Recht, dass hier bereits Aussagen getätigt werden, die einer im hier definierten Sinn theologischen oder kryptotheologischen Ontologie zuzurechnen wären und den Boden religionspsychologischer Erforschung menschlichen Verhaltens verlassen.[48] Wenn die Theologie dagegen psychologische Aussagen über Wirklichkeit oder Transzendenz in Anspruch nimmt und diese im Sinn ihres ontologischen Vorverständnisses als Argumente für die Berechtigung des Glaubens an Gott interpretiert, so versteht sich die Psychologie durch diesen *Kategorienwechsel* missverstanden oder entgegen ihrem Selbstverständnis instrumentalisiert.[49] Psychologische Aussagen können von der

---

vor allem Utsch (1998), 122–147, der feststellt: „Fasst man Transzendenz als ‚Überstieg' auf und sucht nach dieser Funktion – losgelöst von den philosophischen Implikationen – in der Psychologie, sind Entsprechungen schnell zu finden. Zentrale psychologische Prozesse wie Wachstum, Veränderung und Entwicklung sind ohne eine transzendierende Fähigkeit des Menschen nicht denkbar." (128)

46 Vgl. Winkler (1995), 6: Beim Begriff „Transzendenz" sei „entgegen Harmonisierungstendenzen" eine klare Unterscheidung im weltanschaulichen Bereich zu treffen, „wo der Begriff ‚Transzendenz' entweder (tiefen)psychologisch oder theologisch ins Spiel gebracht und damit einer höchst unterschiedlich vorgezeichneten Anthropologie zugeordnet wird."

47 Siehe Heine (2000a), 164f., die in ihrem Artikel „Zur Aktualität ontologischen Denkens in der Psychologie" an den Beispielen C.G. Jung, Maslow und Rogers die Charakteristika einer „Ontopsychologie" aufzeigt.

48 Vgl. auch Winkler (1995), 10f., der sich mit der Verführbarkeit von Theologen durch die Ergebnisse der scheinbar reich empirischen Psychologie Jungs auseinander setzt und eine Tendenz auf Seiten der Theologie feststellt, Jungs Symbolbegriff mit dem Symbolbegriff Tillichs vorschnell zu identifizieren: „Es lohnt, die verschiedenen Aussagen über das Symbol bei C.G. Jung und Paul Tillich zu vergleichen und dabei wahrzunehmen, wie verwechselbar ähnlich sie bei aller Unterschiedenheit der jeweiligen ‚Vor-Urteile' im anthropologischen Bereich lauten. Genau dieser formale Gleichklang und die damit verbundene Verwechselbarkeit verführt den Theologen resp. Pastoralpsychologen unter bestimmten Voraussetzungen und bei bestimmten ‚Wunschdenken' zu einer spezifischen Entdifferenzierung: Das ‚Unbewusste' wird an einen romantischen Traditionsstrang angebunden. (...) Dann werden ‚Symbole' allerdings nicht nur zu ‚Brücken zum Unbewussten', sondern zu Brücken, die alle verschiedenen Zugänge zum unfassbar ‚Eigentlichen' verbinden und damit die nur scheinbaren Gegensätze zwischen einer theologisch und tiefenpsychologisch vorgezeichneten Anthropologie harmonisierend einebnen."

49 Vgl. Utsch (1998), 148. Siehe auch die Notiz bei Petersen (1993), 8: „Ein eher geringes Interesse an der existierenden religionspsychologischen Forschung dürfte nicht nur aus persönlichen Haltungen der Wissenschaftler zur Religion zu erklären sein", sondern daraus, dass „die Vermischung von Theologie und Psychologie in vielen religionspsychologischen For-

Theologie höchstens im Sinne einer formalen Übereinstimmung in Anspruch genommen werden, um ihre eigenen Annahmen über den Zusammenhang von Gott und Mensch zu verdeutlichen.[50] Die Stringenz der jeweils gewählten argumentativen Ebene bildet das Fundament für einen fruchtbaren Dialog zwischen den Partnern *Psychologie und Theologie* im Rahmen einer Religionspsychologie und ermöglicht eine gemeinsame Ausgangsbasis und Perspektive für interdisziplinäre religionspsychologische Forschungen. Hier wird im Sinne eines fruchtbaren Dialogs die Auffassung vertreten, dass das Gegenüber im Zweifelsfall auf Basis der jeweils beanspruchten Hauptargumentationsebene ernst zu nehmen ist, sowie eventuelle Inkonsequenzen aufgezeigt und nicht zum eigenen Zweck im apologetischen Sinn ausgenützt werden sollten.

Das Charakteristikum der hier entwickelten Definitionen und Kriterien soll im Folgenden im Gespräch mit Hans-Jürgen Fraas verdeutlicht und geprüft werden, der sich selbst einer Religionspsychologie von einem theologischen Standort aus verpflichtet sieht, in dem „die Theologie ein nicht nur praxis-bezogenes, sondern theoretisches eigenständiges Interesse an der Religionspsychologie hat, und auch einen spezifischen Beitrag zum Gespräch mit der Psychologie zu leisten in der Lage ist".[51]

3.3 Der religionspsychologische Ansatz von Hans-Jürgen Fraas

Hans-Jürgen Fraas geht es „um die Religionspsychologie als eigenständiges wissenschaftliches Arbeitsfeld und um die Frage, wie Psychologie und Theologie als jeweils selbständige Gesprächspartner aufeinander bezogen werden können".[52] Als Hauptkriterium im angestrebten Dialog reflektiert er die „Anthropologie als Basis des Diskurses zwischen Theologie und Psychologie" und strebt die „Offenlegung der ontologischen Prämissen, die jeder Theorie zugrundeliegen", an.[53] In dieser Partnerschaft wäre die Theologie „auf Beiträge der empirischen anthropologischen Wissenschaften angewiesen" und in ihren Entwürfen sogar durch

---

schungsarbeiten als ärgerlich für die meisten Psychologen" einzuschätzen sei. Siehe auch Henning (2000), 94, der am Beispiel von Stollberg aufzuzeigen sucht, wie es zu einer „Verzwecklichung" der Religionspsychologie durch die Theologie kommt und feststellt: „Angesichts solcher Verzwecklichung durch die Theologie erstaunt es einen nicht, dass in der akademischen Psychologie das Thema Religion bis in die 90er Jahre kaum eine Rolle spielt und dort selten ein positives Verhältnis zur Poimenik gesucht wird."
50 Siehe z.B. den Ansatz bei Wahl (1994), 231.
51 Fraas (2000), 105f.
52 Fraas (2000), 106, FN 1.
53 Fraas (2000), 119.

diese „falsifizierbar".[54] Fraas teilt unsere Annahme hinsichtlich der zugrundeliegenden ontologischen Implikationen jeder Theoriebildung und konstatiert: „Jede Methode, die über das bloße Abbilden oder Aufzählen von Phänomenen hinausgeht, ist grundsätzlich von ontologischen Leitbegriffen abhängig."[55] Allerdings spielt er im Folgenden seine theologische Ontologie gegen eine psychologische aus, indem er die theologische Prämisse, dass der Mensch durch eine Beziehungsebene zu einer jenseitigen Transzendenz definiert ist, zur Leitdimension von Ontologie überhaupt erklärt und feststellt: „Theologie fragt nach dem Selbstverständnis, d.h. den Konstitutions-Bedingungen der Persönlichkeit und nach deren symbolischen Ausdrucksformen. Mit ihrem Versuch, den Menschen in seiner Komplexität als Ganzes zu sehen, vermag sie die unterschiedlichen psychologischen Perspektiven und Theorie-Modelle miteinander zu vergleichen und aufeinander zu beziehen, ist somit geeignet für eine synoptische Betrachtung im Hinblick darauf, was die unterschiedlichen psychologischen Forschungs-Ansätze für die ganzheitliche Interpretation des Menschen in seinem religiösen Verhalten austragen."[56] Fraas unterstellt damit, dass die Theologie als Einzige den Menschen „ganzheitlich" im Blick hat und haben darf, da keine der psychologischen Optionen mit ihren welt-immanenten Erklärungsversuchen den Menschen je als Ganzen in den Blick bekommen kann. Dementsprechend „ist jeweils der Nachweis notwendig, dass die kategorialen Leitannahmen, die den theologischen und den humanwissenschaftlichen Erkenntniszusammenhang steuern, miteinander kompatibel sind"[57] und es gilt zu überprüfen, ob der methodische Ansatz einer jeweiligen psychologischen Theorie „so gewählt ist, dass ein exklusiv-immanentes Ergebnis herauskommen muss, oder ob er für das Selbstverständnis der Theologie prinzipiell offen ist".[58] Wir können Fraas darin zustimmen, dass ein exklusiver Geltungsanspruch einer psychologischen Theorie hinsichtlich der Deutung menschlicher Lebenswirklichkeit den Charakter einer weltanschaulichen Dogmatik hat und der Diskurs damit die Ebene religionspsychologischer Forschung verlässt.[59] Die Forderung aber, dass eine psychologische Theorie sich der Beantwortung der Wahrheitsfrage enthalten sollte, müsste im Interesse einer Religionspsychologie als „eigenständigem wissenschaftlichem Forschungsfeld"[60] auch für die Theologie

---

54 Fraas (2000), 111.
55 Fraas (2000), 108.
56 Fraas (2000), 112f.
57 Fraas (2000), 112.
58 Fraas (2000), 114.
59 Vgl. Fraas (2000), 109.
60 Fraas (2000), 106.

gelten. In dem Augenblick, in dem die Theologie ihre eigenen ontologischen Prämissen zum Kriterium für die Beurteilung psychologischer Theorien in Anschlag bringt, nimmt sie entgegen dem Anspruch auf Selbstbeschränkung bei Fraas eben doch die Position einer „Über-Wissenschaft"[61] ein und stellt die Dialog-Ebene zwischen Theologie und Psychologie in Frage.[62]

Einen Kategorienwechsel vollzieht Fraas vor allem an folgender Stelle: Zunächst definiert er „die kategorialen Leitannahmen der Theologie" im Anschluss an Herms dahingehend, „dass 1. die Weltwirklichkeit im Sinn ihrer Beziehungshaftigkeit als wesentlich sinnhaft strukturiert gedacht wird und 2. diese Sinnstrukturen als von jenseits ihrer selbst her, das heißt als sich gegeben erfasst werden und damit dem Zugriff menschlicher Initiative unverfügbar sind."[63] Es wird also zusätzlich zum menschlichen Sein von einem Sein ausgegangen, das in der Lage ist, der Weltwirklichkeit im Ganzen, innerhalb derer sich auch der Mensch befindet, einen Sinn zu verleihen. Fraas fährt fort: „Diese Leitannahmen sind mit der Psychologie insoweit kompatibel, wie auch dort der Sinnbegriff oder ein semantisches Äquivalent in Anwendung gebracht sind und eine grundsätzliche Offenheit der Weltinterpretation im Sinn des Sich-Gegebenseins gewahrt ist";[64] Fraas bemerkt dazu in der Fußnote, dass auch die Religionspsychologen Oser und Reich „die Sinnfindung als den roten Faden religiöser Bemühungen" betrachten.[65]

In der Tat kann von Seiten der Theologie eine „Kompatibilität" hergestellt werden, in dem sie, wenn eine Psychologie den Menschen als Sinnsuchenden beschreibt, daran anknüpft und behauptet, dass sie die Antwort für diese Sinnsuche mit ihrer Rede von einem sinngebenden Gott bereithält. Nicht kompatibel sind aber die ontologischen Prämissen der beiden Disziplinen, denn die Psychologie könnte davon sprechen, dass der Mensch sich als gegeben erfährt und bemüht ist, seinem Leben einen Sinn zu verleihen – ihre Ontologie beinhaltet aber deshalb noch keine Annahme eines vorgegebenen Sinns. Im Rahmen einer theologischen Anthropologie könnte auf derartige psychologische Beschreibun-

---

61 Fraas (2000), 111: „Theologie tritt also nicht als Über-Wissenschaft in das Gespräch mit der Psychologie ein, sondern als Partner, der auf Beiträge der empirischen anthropologischen Wissenschaften angewiesen und in seinen Entwürfen durch diese auch falsifizierbar ist."

62 Vgl. Utsch (1998), 218: „Die von Fraas gewünschte Religionspsychologie mit theologischer Theoriebildung entspricht gerade nicht der Vorstellung einer gleichwertigen Partnerschaft bei gegenseitiger Korrektur, sondern einer Vorherrschaft der Theologie mit einer Hilfsfunktion der Psychologie."

63 Fraas (2000), 114.
64 Fraas (2000), 114.
65 Fraas (2000), 114 FN 8.

gen des Menschen durch die Psychologie zurückgegriffen und daran die eigenen Theorien verdeutlicht werden. Im Rahmen einer Religionspsychologie als „eigenständigem wissenschaftlichen Arbeitsfeld"[66] spielt jedoch die Differenz in der Ontologie eine wesentliche Rolle insofern die Entscheidung, religionspsychologisch zu arbeiten, auch das Einlassen und Ernstnehmen des wissenschaftlichen Rahmens der Psychologie beinhalten muss. Die Berücksichtigung der Paradigmen psychologischer Forschung und ihrer durch die impliziten ontologischen Prämissen gesetzten Grenzen ist besonders dann einzufordern, wenn die Theologie sich mit Religionspsychologie beschäftigt, da die geringe Dialogbereitschaft von Seiten der Psychologie im religionspsychologischen Diskurs, wie bereits oben diskutiert, wesentlich auf dem Misstrauen gegenüber den weltanschaulichen Prämissen der Theologie beruht, durch die sie vereinnahmt oder instrumentalisiert zu werden befürchtet.

Mit einem ähnlichen Kategorienwechsel verfährt Fraas zum Beispiel auch dort, wo er von einer dreidimensionalen Verfasstheit des Menschen spricht, ihn als „Körperwesen", als „soziales Wesen" und als „geistiges Wesen" beschreibt, und der geistigen Dimension eine „transzendentale Beziehungsebene" zuordnet, mit der sich die Religion beschäftigt.[67] Diese Aussage entspricht in etwa den Annahmen des Dogmatikers Gerhard Ebeling.[68] Fraas schließt aus seiner Argumentation: „Der religiöse Phänomen-Bereich wäre damit, noch vor aller inhaltlichen Bestimmung, an der Struktur der Selbst-Erfahrung festgemacht, Religionspsychologie die Erforschung der Art, wie der Mensch mit diesem Bereich seiner Selbst-Erfahrung umgeht."[69] Als Theologe definiert Fraas somit ein prinzipielles „Eigenverständnis religiöser Phänomene"[70] verbunden mit einem Wahrheits- und Geltungsanspruch, das in allen weiteren Dialogbemühungen zur Geltung gebracht werden soll. Geprüft wird dann zum Beispiel, „ob der von Freud in den Blick gefasste Aspekt der Wirklichkeit mit seinem kategorialen Instrumentarium ontologisch zureichend erfasst

---

66 Fraas (2000), 106 FN 1.
67 Siehe Fraas (2000), 113: „Das Gegenüber konstituiert den Menschen als Beziehungswesen, und zwar in einer dreifachen Dimension als Körperwesen, als soziales Wesen und als geistiges Wesen, d.h. als Wesen, das sich selbst in seiner Bedingtheit als Einheit erfasst in Bezug auf das, wovon es sich unterscheidet. In der bewussten Ausgestaltung dieser dreifachen Beziehungshaftigkeit besteht die Kultur. Expliziter Gegenstand der Religion ist die dritte, die transzendentale Beziehungsebene. Religion ist also ein Beziehungsphänomen, und zwar dasjenige, das sich mit der Bedingtheit personalen Seins, mit der Beziehungshaftigkeit als solcher befasst, Religiosität die Art, in der der Mensch mit diesem Bereich seiner Selbst-Erfahrung umgeht."
68 Siehe oben zu Ebeling.
69 Fraas (2000), 113.
70 Fraas (2000), 119.

ist", um schließlich festzustellen, dass das Wirklichkeitsverständnis Freuds sich als „unfähig erweist, die Eigenart der Sachverhalte (sc. der Religion) angemessen zu begreifen" und ihre Grenze von selbst auf die theologische Ontologie von Fraas hin „sprengt".[71] Selbstverständlich beeilt sich Fraas zu betonen, dass Freud deshalb „wahrlich nicht religiös" sei, dass aber Freuds Anthropologie so betrachtet „mit der theologischen kompatibel" würde.[72] Allerdings liegt in diesem Denkvorgang von Fraas der Kategorienwechsel mehrfach zu Tage, sodass sich grundsätzlich die Frage erhebt, ob so betrachtet nicht alle psychologischen Erkenntnisse auf die Berechtigung der Voraussetzung der „Coram Deo"-Dimension hinweisen würden; deshalb muss Fraas am Ende seines Artikels zur „Anthropologie als Basis des Diskurses zwischen Theologie und Psychologie" betonen: „Noch einmal: Es wäre ein grobes Missverständnis, wenn aus diesen Überlegungen gefolgert würde, dass psychologische Erkenntnis zwangsläufig auf die Notwendigkeit des Gottesglaubens hinausgeführt werden solle."[73]

Tendenziell fordert Fraas letztlich auch eine Selbstbeschränkung der Psychologie auf eine „empirisch-deskriptive" Ebene, worunter er versteht, dass „menschliche Verhaltensweisen auch im streng empirischen Sinn, d.h. naturhaft interpretierbar" seien,[74] und behält die „kategorial-normierende" Ebene der Theologie vor.[75] An anderer Stelle spricht er davon, dass die Psychologie bzw. die Sozialwissenschaften für den „Verwirklichungszusammenhang" mit „empirisch-deskriptiven Überlegungen" zuständig sei, während das genuine Feld der Theologie in Konzepten zum „Ermöglichungszusammenhang" mit „theologisch-transzendentalen Überlegungen" bestehe.[76] Bei dieser Art von „ontologischer Flurbereinigung" entsteht darüber hinaus das Problem, dass die Anthropologien psychologischer Entwürfe in ihrer Eigenständigkeit nicht mehr in den Blick kommen, sondern unter dem Primat einer theologischen Ontologie „Kompatibilitäten" konstruiert werden, welche einerseits die befürchteten „reduktiven kategorialen Elemente" psychologischer Erkenntnisse wiederum in die Reflexionsbemühungen der Theologie über-

---

71 Siehe Fraas (2000), 114f. Vgl. zur Problematik der Vorgehensweise bei Fraas im Kontext der Religionspsychologie auch Utsch (1998), 218: „Wenn die Theologie ‚die psychologischen Meta-Theorien' daraufhin zu befragen (hat), ob ihr Rahmen, in dem sie das empirische Material deutet, die theologisch-anthropologischen Prämissen nicht ‚ausschließt', ist dieses Verhältnis kaum als ein ‚Wechselgespräch' vorstellbar, sondern eher als gegenseitige Kontrolle."
72 Fraas (2000), 115.
73 Fraas (2000), 119.
74 Fraas (2000), 112, Fußnote 6.
75 Siehe Fraas (2000), 111.
76 Fraas (1990), 81f., Fußnote 95.

nehmen⁷⁷ und andererseits gerade keine kritischen Korrekturen theologischer Entwürfe mehr möglich machen.⁷⁸ Dies wird deutlich nachvollziehbar in dem bereits im Jahr 1990 erfolgten Versuch von Fraas, einen eigenständigen Entwurf zur Religionspsychologie zu konzeptionalisieren.

Von einem „theologischen Standort" aus⁷⁹ will er mit seinem Ansatz einen „integrativen Prozess" zwischen Theologie und psychoanalytischer Tradition vorantreiben.⁸⁰ Die „transzendentale Fragestellung" soll nach Fraas die empirisch-kausale Frage nach der Konstitution der Persönlichkeit in Richtung auf den „Ermöglichungsgrund von Identität überhaupt" sprengen und damit einen „dritten Weg" zwischen Selbstgegebenheit und gegenständlich-sozialer Herkunft ermöglichen.⁸¹ Hauptsächlich auf dem Hintergrund der Persönlichkeitstheorie und der Symboltheorie des religionspsychologischen Ansatzes von Müller-Pozzi⁸² fügt Fraas sein protestantisches „Selbstverständnis des Glaubens"⁸³ in die Zusammenschau von weiteren psychologischen und theologischen Positionen ein und entwickelt auf diese Weise eine Sicht des Menschen, der den „Bezug zu Gott als dem Umgreifenden" und dessen „symbolische Präsenz" braucht,⁸⁴ um zu ganzheitlicher Identität, die er als Erfahrung der Gnade interpretiert, zu gelangen.⁸⁵ Dem eigenen Anspruch zufolge will Fraas allerdings den Glauben nicht als „unbefragbare Tatsache" verstehen oder gar eine „offenbarungspositivistische Position" einnehmen, sondern versuchen, „im Sinn des hermeneutischen Zirkels die Wechselbeziehung

---

77 Siehe Fraas (2000), 119: „Wenn von der Theologie solche psychologische Erkenntnisse adaptiert werden, die reduktive kategoriale Elemente enthalten, sind daraus abgeleitete Handlungsimpulse problematisch."

78 Siehe den ausdrücklichen Anspruch bei Fraas (2000), 111.

79 Fraas (1990), 9: „Unbeschadet des theologisch-psychologischen Doppelcharakters, der sich in der Verbindung von ‚Religion' und ‚Psychologie' ausdrückt, ist der hier vertretene Standort ein theologischer".

80 Fraas (1990): „Eine theologische Religionspsychologie darf sich nicht einer bestimmten psychologischen Schule verschreiben, sondern wird Vergleiche anstellen: Vergleichbare Resultate, die auf verschiedenen Wegen gewonnen sind, können eine umso höhere Geltung beanspruchen. Diese integrative Tendenz setzt allerdings die Vergleichbarkeit der anthropologischen Vorgaben der einzelnen Theorien voraus, wenn es nicht zu einer mehr oder weniger zufälligen Anhäufung von nur äußerlich ähnlichen Ergebnissen kommen soll."

81 Fraas (1990), 102: „Der hier beschrittene (dritte) Weg besteht darin, die empirisch-kausale Frage nach der Konstitution der Persönlichkeit in Richtung auf die Frage nach deren Voraussetzungen zu sprengen (transzendentale Fragestellung). Das heißt nicht mehr nur, nach der gegenständlich-sozialen Herkunft des jeweiligen Ich zu fragen, sondern nach dem *Ermöglichungsgrund* von Identität überhaupt." (Hervorhebungen im Original)

82 Fraas (1990), 25, bezieht sich in dieser Hinsicht ausdrücklich auf Müller-Pozzi (1975), dessen Ansatz er für geeignet hält, „den integrativen Prozess voranzutreiben."

83 Fraas (1990), 105.

84 Siehe Fraas (1990), 287.

85 Siehe Fraas (1990), 214.

zwischen Persönlichkeit und christlicher Glaubensüberlieferung mit psychologischen Mitteln verständlich zu machen".[86]

In der Durchführung wäre seine Arbeit am besten als eine theologische Anthropologie in religionspsychologischer Perspektive zu verstehen, in dem zahlreiche pastoral- und religionspsychologisch relevante Themen angesprochen und bewertet werden.[87] Vor allem im „Genetischen Teil" zur „lebensgeschichtlichen Entfaltung der Persönlichkeit"[88] richtet Fraas sein Augenmerk immer wieder auf die Notwendigkeit einer religiösen Erziehung im christlichen Sinn und kommentiert allgemeine Erkenntnisse der Entwicklungspsychologie von daher mit unterschiedlichem Differenzierungsgrad theologisch[89] und religionspädagogisch.[90]

---

86 Fraas (1990), 28.
87 Siehe z.B. Fraas (1990), 115f., mit seiner These von den „drei Grundmodellen" von Religiosität, in welcher der „Theismus" als Einziger ohne Einschränkung dem Bereich der „Religion" zugeordnet werden kann: Es ergeben sich „drei Grundmodelle", das Verhältnis zum Daseinsgrund zu erleben. Einmal steht die Einigungstendenz bis zur Auflösung des Selbst in eine symbolfreie All-Einheit im Vordergrund (Mystik). Im Gegensatz dazu werden Gegenstandsbezüge ihres Symbolcharakters entkleidet und die Gegenstände als Letztwert erlebt (Fetischismus), während die Dialektik von Geborgenheit und Freiheit ihren Transzendenzbezug im gegenstandsvermittelten Umgreifenden, d.h. im Symbol offen hält und in der Ausgestaltung dieser Beziehung sich konkretisiert (Theismus). Indem sich die mystische Aufhebung der Transzendenzbeziehung und die Leugnung oder Verweigerung einer solchen überhaupt (pragmatischer oder empathischer Atheismus) in einem gewissen Sinn berühren, wird verständlich, dass darüber diskutiert werden kann, ob die Mystik der Religion oder dem Atheismus zuzuordnen ist"; Lediglich eine „theistische Mystik", in welcher der „Schöpfer als das Gegenüber zum Ganzen schlechthin" aufgefasst bleibt, hält dem Kriterium der notwendigen Dialektik wahrer Religiosität stand (118). Vgl. dazu das Urteil von Utsch (1998), 217, der von einer „christlichen Religionsphilosophie" bei Fraas spricht: „Fraas' Ausführungen nehmen bei dieser Fragestellung (sc. empirisch-kausale Frage nach den Konstitutionsbedingungen der Persönlichkeit) deshalb besonders in dem systematischen Teil B seines Werkes religionsphilosophischen Argumentationscharakter mit theologischem Standpunkt an, sodass zumindest dieser Teil nicht ‚Religionspsychologie', sondern ‚christliche Religionsphilosophie' benannt werden müsste".
88 Fraas (1990), 157–304.
89 Siehe z.B. Fraas (1990), 180: „Auch die Identifikation mit der Mutter nach dem Motto ‚bin ich ein Teil des Umgreifenden – so bin ich selber das Umgreifende' muss mit einer Enttäuschung enden und nach dem wahrhaft Umgreifenden, dem nicht Enttäuschenden suchen lassen, dem Umgreifenden, das das Selbst endgültig befriedigend konstituiert. Letztlich ist hier die psychische Triebkraft der Religiosität angesiedelt, im Sinn des Augustin-Zitats: ‚Unser Herz ist unruhig, bis es Ruhe findet, Gott, in Dir'."
90 Siehe z.B. Fraas (1990), 192f: „Das Kind ist von Natur aus bezogen auf das Umgreifende, das anonym bleibt, wiewohl es Elemente der Elternbeziehung trägt. Um zu einer christlichen Gottesvorstellung zu gelangen, bedarf das Kind eines entsprechenden Angebots bzw., kirchlich gesprochen, der Verkündigung. Das Angebot erfolgt zunächst schon durch das Gebet und durch symbolische Gegenstände und Handlungen im Bezugsfeld des Kindes, und dann in erster Linie durch das Erzählen. Das Angenommensein durch den bergenden, liebenden Gott, das Bewahrtsein in der Exodus-Problematik, der die Ablösung des Kindes von der Mutter entspricht, und schließlich die durch das Kirchenjahr bedingten Stoffe wer-

Die pauschale Behandlung und Beurteilung verschiedenster religionspsychologischer Ansätze unter dem übergeordneten Kriterium einer theologischen Ontologie lässt eine neue Perspektive im Dialog zwischen Psychologie und Theologie nicht in Sichtweite kommen. So lautet die am Beginn des „Systematischen Teils" zum Thema „Persönlichkeit und religiöse Erfahrung" getroffene Feststellung, dass nach einer „metapsychologischen Theorie" zu suchen sei, „die den möglichen empirischen Fragestellungen vorangeht" und „die Entstehungs-Bedingungen der Persönlichkeit" zu beschreiben hat".[91] Gefunden wird diese schließlich in der transzendental-theologischen Antwort, dass der Mensch eine Beziehung zum „transzendenten Grund seines Seins" braucht,[92] denn er vermag zwar auch „unter den natürlichen Gegebenheiten an seiner Selbstverwirklichung zu arbeiten, ohne aber damit sein Heil, seine Rechtfertigung, seine Ganzheit erlangen zu können".[93] Auf dem Weg dorthin finden sich die Theorien von Freud, Piaget, James oder auch Winnicott unter der Perspektive der angestrebten Antwort kurz abgehandelt, in ihrer Begrenztheit und Widersprüchlichkeit beurteilt[94] und schließlich als auf das „Unbedingte" verweisend interpretiert.[95] Fraas folgt in seiner

---

den die wichtigsten Themen darstellen. (...) Der Ablösungs- und Differenzierungsprozess und das Angebot der Gottesvorstellung stehen normalerweise in Wechselbeziehung. Denn die Gottesvorstellung bildet den angemessenen Integrationspunkt für das kindliche Selbst, das auf die Stützung durch die Eltern zu verzichten lernt"; In der Folge werden die möglichen Probleme aufgezeigt, die entstehen, wenn keine angemessen Gottesvorstellung vermittelt wird (erschwerte Ablösung, „Fixierung auf das Ich-Ideal" oder ein „phantasierter Bezugspol" für die „Selbst-Stabilisierung" in Gestalt von „Superman").

91 Fraas (1990), 85.
92 Siehe Fraas (1990), 108.
93 Fraas (1990), 107.
94 Siehe z.B. Fraas (1990), 91f.: „Die dargestellten Theorieansätze stimmen darin überein, dass der allgemeine Ausgangspunkt der menschlichen Entwicklung in der Ichlosigkeit des Bewusstseins gesehen wird. Der empirische Befund ist eindeutiger und konsequenter als der Rahmen, der der Deutung dieses Befundes jeweils zur Verfügung steht: Dort wird vielfach für das im Prozess sich konstituierende Ich eine Ich-Instanz vorausgesetzt, die, anstatt ihrerseits erst als Ergebnis dieses Prozesses verstanden zu werden, unerklärt eingeführt wird. Die empirischen Befunde dagegen entsprechen weitgehend dem Sich-Gegeben-Sein des Menschen, was die Konstituierung des Ich (bzw. weiter gehend der Persönlichkeit) vom vorgegebenen Kontext her nahe legt. Sofern die Deutung oder Auswertung des Materials andere Wege geht, gerät sie dem gemäß in Widersprüche."
95 Siehe z.B. Fraas (1990), 109: Nach der Auffassung von Fraas, besitzen bereits die Körpersymbole und die sozialen Symbole, wie sie in den psychologischen Theorien behandelt werden, eine religiöse Dimension – aber erst in der Verwendung wirklicher religiöser Symbole fände der Mensch den Weg zu seiner Ganzheit: „Im Gegensatz zur religiösen Dimension der Körper- und der sozialen Symbole thematisieren die religiösen Symbole den Ermöglichungsgrund ganzheitlichen personalen Seins als universaler Sinnvorgabe auf direkte Weise. In ihnen spiegelt sich das geistige Selbst. Es gewinnt sich in der Begegnung mit dem Unbedingten, ‚in, mit und unter' den innerweltlichen Beziehungen und wird so zum Wurzelgrund

Argumentation der „Anthropologie in theologischer Perspektive" von Pannenberg[96] wenn er unter ausdrücklichem Bezug auf ihn z.B. feststellt: „Indem religiöse Erfahrung nur anhand innerweltlicher Erfahrung gemacht werden kann, besitzen Körpersymbole und die sozialen Symbole selbst eine *religiöse Dimension*. Diese besteht in deren Tendenz, über sich hinauszuweisen. Das Vertrauen hängt zwar primär an den nächsten Bezugspersonen, richtet sich aber ‚auf eine Instanz', *die die Unbegrenztheit solchen Vertrauens zu rechtfertigen vermag*. Damit kann jeder Erlebniszusammenhang zum Hinweis auf die umfassende Bedingtheit des Menschen werden."[97]

Der Vorgang der Interpretation psychologischer Theoreme unter der Prämisse eines vorausgesetzten „unbedingten" Seins, das dem Menschen „begegnet",[98] und der damit verbundene Kategorienwechsel erscheinen im Sinne einer Religionspsychologie als eigenständigem Forschungsfeld mit Theologie und Psychologie als gleichwertigen Partnern grenzüberschreitend.[99] Die oben erwähnte Übernahme „reduktiv kategorialer Elemente" wird bei Fraas darin sichtbar, dass er sich im Kapitel „Erscheinungsformen des Religiösen" wesentlich auf die Persönlichkeitstheorie der Neo-Psychoanalyse in der von Fritz Riemann präsentierten Form bezieht, ohne Herkunft oder anthropologische Implikationen dieser Typologie zu reflektieren.[100] Da im neopsychoanalytischen Theoriekonzept keine eigenständige Möglichkeit vorliegt, die Frage der Entstehung des Gottesbildes in positiver Weise zu beschreiben, kann auch der Zusammenhang von Persönlichkeit und Gottesbild letztlich nur phänomenologisch erfasst werden. Die kategorial vorausgesetzte Bezogenheit des Menschen auf die „dritte Dimension" lässt die kritischen Implikationen der Projektionstheorie im Blick auf die Gottesvorstellung unerheblich werden[101] und zu einer pragmatischen Beschreibung „Persönlichkeitsspezifischer Typen von Religiosität" greifen, die aus pastoralem oder klinischen Interesse pastoralpsychologisch hilfreich sein mag, aber im

---

der Autonomie; denn das Individuum vermag sein letztlich jenseits aller sozialen Beziehungen begründetes Selbstbewusstsein auch gegen die soziale Einschätzung geltende zu machen, gegen soziale Ablehnung oder gegen den Verlust sozialer Beziehungen: ‚Ihr gedachtet es böse mit mir zu machen, aber Gott gedachte es gut zu machen' (Gen 50, 20)".

96 Pannenberg (1983).
97 Fraas (1990), 108. (Hervorhebungen im Original)
98 Siehe Fraas (1990), 109.
99 Vgl. Utsch (1998), 217, der in der Diskussion des Ansatzes von Fraas bemerkt: Fraas unterlaufe mit seiner „transzendentalen Persönlichkeitstheorie" eine „Grenzüberschreitung", indem religionsphilosophische Hypothesen empirisch überprüft und belegt werden sollen".
100 Siehe Fraas (1990), 129–134: „Persönlichkeitsspezifische Typen von Religiosität" und 149–155: „Gesunde und kranke Religiosität".
101 Vgl. Fraas (1990), 114.

Kontext einer Religionspsychologie der Differenzierung bedürfte – insbesondere dann, wenn Fraas selbst an anderer Stelle einer relationalen Ontologie den Vorrang einräumen will.[102]

Abschließend sei gemeinsam mit Hans-Jürgen Fraas für eine Religionspsychologie im Namen des fruchtbaren Dialogs zwischen Theologie und Psychologie allerdings festgehalten: „Es geht (...) zunächst um die Offenlegung der ontologischen Prämissen, die jeder Theorie zugrunde liegen, die über bloße Abbildung hinausgeht, und weiter gehend darum, ob und inwieweit eine psychologische Theoriebildung die Frage nach dem Wirklichkeitsanspruch religiöser Erfahrung von ihrem eigenen Realitätsverständnis her offen lässt oder aber eine Verkürzung des Wahrnehmungsraumes impliziert, die dem Eigenverständnis religiöser Phänomene prinzipiell nicht gerecht zu werden vermag";[103] hinzuzufügen wäre noch, dass umgekehrt auch für die Theologie gilt, dass das ontologische Wirklichkeitsverständnis den psychologischen Theorien weder unterstellt noch übergeordnet werden sollte, solange der Dialog angestrebt wird.

3.4 Persönlichkeit und Gottesbild als Thema der Religionspsychologie

In der Frage des Zusammenhangs zwischen Persönlichkeit und Gottesbild stellen Ontologie bzw. Anthropologie im Dialog zwischen Theologie und Psychologie eine besonders heikle Frage dar. Abgesehen von der Tatsache, dass die Frage der Gotteserkenntnis schon in der Theologie selbst ein umfassendes und durchaus kontrovers diskutiertes Thema darstellt,[104] berührt das Anliegen, sich von Seiten einer psychologischen Persönlichkeitstheorie mit dem Thema „Gott" zu beschäftigen, den innersten Kern und Ausgangspunkt der Theologie.[105] Im oben bereits ausgeführten Sinn stellen Begriffe wie „Wirklichkeit" oder „Transzendenz" in ihrer Verwendung sensible Schnittstellen dar, an denen immer wieder der Konflikt um das noch angemessene oder bereits grenzüber-

---

102 Siehe z.B. Fraas (1990), 86f.: „Die Identität des Menschen erweist sich somit als Schnittpunkt zwischen Leib, Bewusstsein und Gesellschaft"; (...) „Die Persönlichkeit ist offenbar weder mit dem Ich noch mit dem Selbst identisch; ihr Ursprung ist in der Spannung von Ich und Selbst zu suchen"; oder Fraas (2000), 113: „Der Mensch führt ein Leben im Gegenüber (...) Das Gegenüber konstituiert den Menschen als Beziehungswesen."
103 Fraas (2000), 119.
104 Siehe z.B. Pöhlmann (1980), 99–128.
105 Siehe z.B. Ebeling (1982), 158: „Weil alles, was in der Dogmatik zu erörtern ist, Aussagen des Glaubens betrifft, geht es in allem um Gott. Denn Glaube, strikt verstanden, ist Gottesbezug. Darum heißt das Ganze christlicher Lehre Theologie, obwohl darin auch von vielem anderen außer von Gott die Rede ist."

schreitende Verständnis entbrennt.[106] Worum handelt es sich, und wohin orientiert sich der Mensch mit seiner Persönlichkeit, wenn er in seinem Verhalten und glaubenden Selbstverständnis die vorfindliche Wirklichkeit „transzendiert" und auf die Frage der Bedeutung und des Sinns hin überschreitet? Muss aufgrund dieser Beobachtung die Existenz einer Wirklichkeit vorausgesetzt werden, die den Menschen zu dieser Transzendenzbewegung auf Gott hin nötigt? Wenn diese Frage auch nur andeutungsweise positiv beantwortet wird, handelt es sich um eine theologische Aussage, welche die Grenzen psychologischer Erkenntnismöglichkeit verlässt.[107] Wird dieses Phänomen mit allen dazugehörigen Ausdrucksmöglichkeiten ausschließlich im Zusammenhang mit natürlichen Bedürfnissen des Menschen *erklärt*, die ihn dazu veranlassen, seine Phantasietätigkeit auf die Annahme einer jenseitigen Wirklichkeit zu erstrecken, so erscheint der Bezugspunkt von Religion und Theologie als Phantasiegebilde;[108] damit wäre auch bei positiver Bewertung der religiösen Motivation des Menschen nicht nur eine prinzipielle Religionskritik im Sinne Freuds wieder in Kraft gesetzt, sondern die Religionspsychologie würde zugleich ihren Gegenstand „verfälschen".[109] Es ist also davon auszugehen, dass jeder Versuch, den Zusammenhang zwischen Persönlichkeit und Gottes *Existenz* zu thematisieren den Rahmen des religionspsychologischen Diskurses sprengt.[110] Ein Dialog zwischen Theologie

---

106 Siehe dazu z.B. unten die Analysen bei McDargh oder bei Meissner.
107 Siehe dazu z.B. unten die Analyse zu Meissner.
108 Vgl. auch Murken (1998), 19, der sich mit der Wahrheits- und Geltungsfrage auseinander setzt und in Freud und Jung die beiden Pole sieht, von wo aus Religion jeweils auf unterschiedlich reduktionistische Weise *erklärt* wird: „Freud und Jung bilden somit die Spanne der tiefenpsychologischen Zugangsweise zur Religion: dezidiert atheistisch auf der einen Seite bis hin zu den im Numinosen begründeten Archetypen Jungs auf der anderen Seite."
109 Siehe Vergote (1970), 16: „Das Studium des Psychischen muss die Eigenart des menschlichen Bewusstseins, nämlich seine Offenheit zur Welt, zu den andern oder zu Gott respektieren. Reduziert man die Religion auf den geschlossenen Bereich des bloß Menschlichen, verfälscht man den Gegenstand der Religionspsychologie als solchen."
110 Vgl. dazu Leavy (1990): Die Psychoanalyse könne sich der Idee einer realen Existenz Gottes nur aus dem Blickwinkel eines vom Menschen gemachten Symbols annähern, der Bezugpunkt des religiösen Glaubens sei für die Psychoanalyse „unergründlich": „I hope that the point will not be missed, however, that religious belief rests on the psychologically unfathomable – which might be a definition for the ‚reality', or for the waking state, as it is conceived by the believer's mind. Where we *have* the psychological explanation, the reality has been reduced to a form of dreaming. This is a fully legitimate task of the analytic process itself, to get at an understanding within the analytic situation of the meanings implicit in religious statements of all kinds, including belief. But it tells nothing about the reality on which the religion stands." (57; Hervorhebungen im Original). Natürlich sei in der therapeutischen Praxis das Bemühen wesentlich, zwischen der Welt der Träume und einem möglichen Glaubensbezug zur religiösen Wirklichkeit zu unterscheiden – dies gelte aber sowohl für den Therapeuten, der sich selbst religiös verstehe und andere Formen von Glauben respektieren müsse, als auch für den Agnostiker, der sein Weltverständnis nicht zum Maßstab für andere

und Psychologie kann aber dann fruchtbar werden, wenn das menschliche Phänomen des Glaubens an Gott – und die damit verbundenen Fragen der Entstehung oder des Stellenwertes von Gottes*bildern* in der menschlichen Psyche – im Rahmen einer Persönlichkeitstheorie erörtert und erforscht wird, deren Anthropologie die Berechtigung des Ausgreifens auf Transzendenz als prinzipielle Möglichkeit offen lässt, ohne sie mit Letztbegründungen im Rahmen anderer ontologischer Prämissen, die denen der Theologie wieder vergleichbar wären, zu verknüpfen. Die Theologie auf der anderen Seite kann ihr differenziertes Verständnis des Glaubens an Gott als reflektierten Ausdruck einer möglichen Verwirklichung von Religion einbringen, um die Angemessenheit der religionspsychologischen Theoriebildungen und Forschungsmethoden zu gewährleisten, ohne ihre Prämissen im Sinn eines Kategorienwechsels direkt mit den gezeitigten Ergebnissen zu verbinden.[111]

In den folgenden Analysen sollen die formulierten Dialog-Kriterien eine Orientierungshilfe darstellen, auf die hin der Dialogpartner Psychologie angesprochen und – wenn notwendig – kritisiert wird, auf die hin aber auch die theologische Rezeption psychologischer Ergebnisse befragt werden wird. Die vorliegende Untersuchung vertritt die Ansicht, dass der Dialog zwischen Theologie und Psychologie nur auf Basis einer diesbezüglichen Reflexion fruchtbar und ohne Ressentiments gegeneinander geführt werden kann. Aus der im Folgenden geführten religionspsychologischen Untersuchung der Frage von Persönlichkeit und Gottesbild sollen schließlich pastoralpsychologische Perspektiven entwickelt werden, die über die bisher begrenzte Reflexion der Thematik in Homiletik und Seelsorge hinausführen.

---

machen und eine Wirklichkeit Gottes ausschließen dürfe (58). Der Differenz zwischen den unterschiedlichen Erkenntnisrahmen von Religion und Psychoanalyse dürfe nicht durch einen „anthropological grasp" (55) in der einen oder anderen Richtung aufgelöst werden.
111 Vgl. dazu z.B. die Vorgehensweise von Murken (1998), 18, der sich Psychologe für die Konzeptualisierung seiner empirischen Untersuchung in der Begriffsklärung ausdrücklich auf das Selbstverständnis der Theologie bezieht und diesem mit seiner Vorgehensweise gerecht zu werden trachtet.

4. Die Objektbeziehungstheorie als Dialogpartner für die Theologie

Donald W. Winnicott hat als wichtiger Vertreter der Objektbeziehungstheorie im amerikanischen Raum bereits deutliche Impulse für Neueinsätze in den Bereichen Pastoralpsychologie und Religionspsychologie vermittelt. Dies gilt insbesondere für die hier im Zentrum stehende Frage nach Persönlichkeit und Gottesbild, die durch eine einschlägige Studie von Ana-Maria Rizzuto auf Basis der Thesen Winnicotts theoretisch und praktisch untersucht wurde. Im Sinne des pastoralpsychologischen Anliegens dieser Arbeit mit der Intention, das Thema Gottesbild auf Basis des Gesprächs zwischen Theologie und Psychologie für das kirchliche Handeln in Predigt und Seelsorge fruchtbar zu machen, wird daher zunächst der objektbeziehungstheoretische Ansatz Winnicotts in seiner Relevanz für die zugrundeliegende Fragestellung näher beleuchtet werden. Im Anschluss daran wird die auf ihm basierende religionspsychologische Untersuchung von Ana-Maria Rizzuto zur Sprache kommen, die sich auf Basis von empirischem Material aus einer klinischen Studie bemüht, die Entstehung und die Valenz von Gottesbildern religionspsychologisch zu erfassen.

4.1 Die Objektbeziehungstheorie

Spätestens gegen Ende der 1980er Jahre hatte sich der objektbeziehungstheoretische Ansatz als eigenständige Weiterentwicklung der psychoanalytischen Theorien nach Freud zumindest im angloamerikanischen Raum[1] so weit durchgesetzt, dass der New Yorker Psychoanalytiker Fred Pine von den „vier Psychologien der Psychoanalyse" sprechen konnte.[2] Damit meinte er „vier konzeptuell trennbare Perspektiven über die Dynamik seelischer Prozesse" – Triebpsychologie, Ich-Psychologie, Psychologie der Objektbeziehungen und die Psychologie des Selbst-Erlebens.[3]

---

[1] Im deutschsprachigen Raum fristen die objektbeziehungstheoretischen Ansätze nach wie vor ein Schattendasein und werden nur gelegentlich rezipiert; vgl. dazu Bobert-Stützel (2000), 74f.
[2] Pine (1990), 232–249.
[3] Pine (1990), 232.

Die späte Etablierung der so genannten Objektbeziehungstheorie liegt u.a. darin begründet, dass deren erste prominente Vertreter höchst eigenständige Ansätze präsentierten und untereinander teilweise noch keine Bezüge herstellten. Michael Balint, Ronald Fairbairn, Harry Guntrip und Donald W. Winnicott konzentrierten ihre Arbeiten, angeregt durch die Forschungen Melanie Kleins und die so genannte „englische Schule", auf die präödipale Entwicklung des Kleinkindes und verlagerten das metapsychologische Schwergewicht von der Triebtheorie Freuds auf die zentrale Bedeutung der frühkindlichen Beziehungen zu den primären Bezugspersonen.[4] Die entscheidende Annahme, dass der Mensch von vornherein als *Mensch in Beziehung* zu sehen sei und seine Entwicklung auf dem Hintergrund ständiger Interaktion mit der Umwelt und nur im Zusammenhang mit Beziehungen verstanden werden müsse, lassen von einem Paradigmenwechsel innerhalb der psychoanalytischen Theoriebildung sprechen.[5] Die konsequente Infragestellung bisheriger Theoreme freudscher Provenienz führten auch zur Distanzierung zwischen der Schule nach Melanie Klein, in der noch wesentlich stärker das Bemühen im Vordergrund stand, neue Einsichten mit den Annahmen Freuds zu harmonisieren, und den Objektbeziehungstheoretikern.[6] Eine pointierte Bezeichnung dieser psychoanalytischen Ausrichtung gestaltete sich insofern schwierig, als das einheitliche Merkmal in den verschiedenen Spielarten des Paradigmenwechsels bei den einzelnen Vertretern nur schwer begrifflich zu fassen war. Gelegentlich wird von der so genannten „britischen Gruppe" gesprochen, um diese von der „englischen Gruppe" um Melanie Klein zu unterscheiden.[7] Es wurde auch vorgeschlagen, von einer „Zweipersonenpsychologie" oder den „Sozialkonstruktivisten" zu sprechen.[8] Zurecht hat sich aber mittlerweile der Begriff der Objektbe-

---

4 Vgl. Sutherland (1980), 829f.
5 Siehe z.B. Mertens (1996), 83. Zu den jeweiligen Differenzen zwischen den genannten Autoren und Melanie Klein siehe vor allem Sutherland (1980), 830f., der die Abgrenzungen im Einzelnen referiert; Zu den Hauptkritikpunkten zählen vor allem Inkonsequenz in der Systematisierung der Forschungsergebnisse für eine neue Theoriebildung und eine Reduktion der Bedeutung der externen Objekte auf die reine Phantasietätigkeit, die durch die Instinkte hervorgerufen werde. Vgl. dazu auch Wulff (1997), 329f.
6 Vgl. Mertens (1996), 83: Ein wichtiger Aspekt sei z.B., dass Melanie Klein und ihre Schule noch stark von der Triebhaftigkeit vor allem der Aggressivität ausgingen – demgegenüber werde der Akzent auf die Bedeutung der Affekte für die Persönlichkeitsentwicklung verschoben und betont, „wie sehr der Mensch von Säuglingsbeinen an der andere Mensch nicht nur zur Triebbefriedigung benötigt wird, sondern überwiegend zur Bindung und zur Regulierung somatischer und psychischer affektiver Zustände." Siehe auch Wulff (1997), 330.
7 Sutherland (1980), 830; Wulff (1997), 321.
8 Siehe Sorenson (1994), 644. Vgl. auch Wulff (1997), 364: „Although a synthesis would seem to be a reasonable compromise, the two perspectives are actually based on fundamentally different premises. Freud's drive model takes as its basic unit of study the individual

ziehungstheorie durchgesetzt, da dieser zum Einen den Bezug zu einem Aspekt der klassischen Psychoanalyse herstellt, wenn er auch lange Zeit eine periphere Rolle in der Theorie spielte, und zum anderen die inhaltliche Benennung eines zentralen Ausgangspunktes der vielfältigen Ansätze dieser Richtung ermöglicht.

Zur Orientierung ist anzumerken, dass der Begriff „Objekt" in diesem Zusammenhang auch ein irreführendes Moment enthält, denn im Mittelpunkt der Theoriebildung stehen die Beziehungen des Subjekts zu den ihn umgebenden Subjekten und nicht mehr – wie noch bei Freud – die „Objekte" der Umwelt, deren Funktion darin gesehen wurde, die Trieberregung aufzuheben.[9] Unter „Objekt" wird in diesem Zusammenhang folglich der reagierende Partner verstanden, „der die kindlichen Verhaltensweisen mit seinen Verhaltensweisen beantwortet, der geliebt, herbeigesehnt, gebraucht und gehasst wird; der auf vielfältige Weise ein Modell für Imitation und Identifikation darstellt, mit dem das Kind eine symbiotische Dualunion erlebt und einen ‚Dialog' unterhält, an dessen Erwartungen es sich anzupassen lernt, dessen Sichtweisen es aufnimmt und sein Selbsterleben danach ausrichtet usf.".[10] Näherhin ist noch zu betonen, dass das Interesse der Objektbeziehungspsychologie sich nicht auf die von außen beobachtbaren Interaktionen zwischen Personen richtet, sondern auf die intrapsychisch phantasierten bzw. vorgestellten Beziehungen, die mit vielfältigen Gefühlen, Erinnerungen, Gedanken und Erwartungen verbunden sind. Um dies zu verdeutlichen, wird der Begriff der *Repräsentanzen* in dem Sinn verwendet, „dass man von seinem eigenen Selbstbild und Selbstverständnis ausgehend (= Selbstrepräsentanz) eine vorgestellte Beziehung zu einem Interaktionspartner eingeht (= Objektrepräsentanz), dass also Selbst- und Objektrepräsentanzen vorstellungsmäßig miteinander in Beziehung gesetzt werden";[11] *Repräsentanz* meint folglich ein komplexes, gegenwärtiges Geschehen, „eine innere phantastische Kreation des Subjekts, geprägt von seinen Wünschen, Einstellungen und Phantasien über das Objekt",[12] das sich zwar primär aus der sinnlichen Erfahrung entwickelt, in dem aber Wahrnehmungen der Rea-

---

mind driven to seek private configuration of its biological needs. In contrast, the relational model takes as its irreducible unit the individual in his or her relational context; fulfillment takes the form of satisfying and enduring relationships with others. Tracing the roots of these two models – one individualistic, the other social – back into the history of Western social and political philosophy, Greenberg and Mitchell suggest that they are no more reconcilable than Hobbes is with Rousseau and Marx. Any combination of them is bound to be unstable."

9 Siehe z.B. Mertens (1996), 67.
10 Mertens (1996), 67.
11 Mertens (1996), 69.
12 Müller-Pozzi (1995), 81.

lität und Phantasien in individueller und je einmaliger Weise verknüpft werden.[13] Die Begriffe *inneres Bild, Imago/Imagines, inneres Objekt* oder *subjektives Objekt*, die in der einschlägigen Literatur ebenfalls verwendet werden, sind zum Großteil synonym zum Begriff der Repräsentanzen im eben beschriebenen Sinn zu verstehen.[14]

Vom Standpunkt der Objektbeziehungstheorie aus wird – allgemein gesprochen – das Subjekt vorwiegend unter dem Gesichtspunkt aus der frühen Kindheit herrührender innerer Dramen gesehen, die mit ihrer Beziehungsdimension bewusst oder unbewusst im Gedächtnis erhalten bleiben und alle neuen Erfahrungen prägen und mitbestimmen. Für die „klinische Bedeutung der Objektbeziehungs-Psychologie ist die Neigung wichtig, diese alten Familiendramen zu wiederholen; eine Wiederholung, die durch Suche nach Liebe, durch das Streben, die alten Dramen zu bewältigen, oder durch beides in Gang gesetzt wird".[15] Die Abkehr vom ursprünglichen Menschenbild der Organisation von Defiziten, die aus unerfüllten triebbedingten Wünschen und Bedürfnissen entstammen und dementsprechende Konflikte nach sich ziehen, bedingt im klinischen Bereich nicht nur eine Konzentration auf die Frage der Wiederholungen und der Entwicklung,[16] sondern konnte auch die Perspektive einer Familientherapie eröffnen, wie sie Helm Stierlin exemplarisch konzeptualisiert und in ihrer Entwicklung aus der psychoanalytischen Tradition dokumentiert hat.[17]

Die Besonderheit der Objektbeziehungstheorie für unseren Zusammenhang rührt unter anderem von ihrer prinzipiell positiven Haltung der

---

13 Müller-Pozzi (1995), 79 und 81.
14 Müller-Pozzi (1995), 81; Wahl (1994), 94. Siehe dazu auch die Definition, die Wahl (1994), 94, anbietet: „Der Ausdruck ‚Repräsentanz' bezeichnet jene Vorstellungen, Gefühle, Erinnerungen und Erwartungen, die sich aus komplexen Mikro-Erfahrungen mit sich selbst und der Objektwelt zu innerseelischen ‚Bildern' vom eigenen Selbst (real oder ideal) und von den Objekten organisieren und sozusagen die psycho-mentalen ‚Niederschläge' (Freud) dieser Erfahrungen darstellen: Repräsentanzen – so könnte man zugespitzt sagen – stellen innerseelisch *dar*, was man sich (von sich und der Welt) *vorstellt*. Auf sie kann man auch ohne externe Beziehung und in Abwesenheit der Objekte zurückgreifen" (Hervorhebungen im Original). Stierlin (1992), 107f., bemüht sich allerdings um eine Differenzierung von unterschiedlichen Aspekten in der Auffassung der Funktion „innerer Objekte" bei den einzelnen Autoren von Freud über Melanie Klein bis hin zu Fairbairn. Seiner Ansicht nach sind drei Funktionen der „inneren Objekte" zu unterscheiden: die Funktion, ein inneres Bezugssystem im Sinne von „inneren Strukturen" herzustellen, für die er das Wort „Objektrepräsentanz" am zutreffendsten hält; die Funktion von „inneren Leitbildern" für die Gestaltung gegenwärtiger und zukünftiger zwischenmenschlicher Beziehungen, bei der er den Begriff „Imago" bevorzugen und die er die „gyroskopische Funktion" nennen würde; und schließlich eine „autonomiefördernde Funktion", welche die Bedeutung äußerer Objekte verringert.
15 Pine (1990), 234.
16 Pine (1990), 248.
17 Siehe Stierlin (1992).

Religion gegenüber her.[18] Dies hängt vor allem mit der Neufassung des Begriffes *Illusion* zusammen, der zu einem fundamentalen Bestandteil für das Verständnis der frühkindlichen Entwicklung avancierte und in scharfem Kontrast zur freudschen Position zu stehen kam.[19] Wenn bei Freud das Ziel der menschlichen Entwicklung entsprechend seinem Menschenbild noch darin gesehen werden konnte, die Illusion zu überwinden und zu einem reifen, realitätsbezogenen Menschen zu werden, so wird in der Objektbeziehungstheorie die Phantasietätigkeit des Menschen geradezu als ein zentrales menschliches Merkmal aufgefasst, das ihn ein Leben lang begleitet und ihn befähigt, seinem Leben in der Welt Bedeutung und Gestalt über die bloße Existenz hinaus zu verleihen. Ebenso wie die Bereiche Kreativität, Spiel oder Kultur wird insbesondere auch der Bereich der Religion dementsprechend einer Neubewertung zugeführt und für einschlägige Forschungsinteressen geöffnet. Vor allem Donald W. Winnicott erwies sich mit seiner theoretischen Annahme des *Übergangsraumes* in der menschlichen Psyche als bahnbrechend und regte mit seinen Hinweisen zahlreiche Forscher in den Bereichen Pastoralpsychologie und Religionspsychologie zu weiterführenden fachspezifischen Studien an.

Die Beiträge der einzelnen Objektbeziehungstheoretiker der ersten Generation für die Religionspsychologie sind unterschiedlich akzentuiert. David M. Wulff rechnet zu den für die Religionspsychologie besonders relevanten Vertretern: Ian Suttie, Ronald Fairbairn, Harry Guntrip, Donald W. Winnicott und in dessen Gefolge Paul Pruyser und Ana-Maria Rizzuto.[20] Vorläufer für eine umfassendere Erschließung der Dimensionen religiöser Erfahrung in einem objektbeziehungstheoretischen Sinn sieht Wulff in Harald und Kristian Schjelderups Arbeiten von 1932, die drei Formen der religiösen Erfahrung drei unterschiedliche Phasen der kindlichen Entwicklung zuordneten und neben dem Typ der Vater-Religion eine Mutter-Religion und eine Selbst-Religion herausarbeiteten.[21] Ian Suttie, der als Einziger in besonderer Weise auch an der Religionsgeschichte interessiert gewesen sei, habe bereits in den Zwanziger- und Dreißigerjahren herausgearbeitet, dass Religion in erster Linie durch „personal relations" definiert sei; wenn er auch ungerechtfertigter Weise von den meisten ignoriert werde, lebten doch seine Gedanken vor allem

---

18 Vgl. dazu Wulff (1997), 364.
19 Vgl. dazu vor allem die detaillierte Analyse bei Sorenson (1994), 635f.
20 Siehe Wulff (1997), 320–370. Siehe auch die vergleichende Übersichtstabelle bei Wulff (1997), 347.
21 Wulff (1997), 321.

bei Fairbairn weiter.²² Guntrip hat sich am intensivsten mit Fragen der religiösen Erfahrung auseinander gesetzt. Als studierter Theologe und direkter Schüler von Fairbairn sowie beeinflusst von den Gedanken Winnicotts,²³ befasst er sich immer wieder mit dem Thema Religion²⁴ und setzt das unabdingbare Bedürfnis des Menschen nach Beziehung mit dem Bedürfnis nach Religion in Verbindung.²⁵ Obwohl Winnicott am Phänomen der Religion nie direkt interessiert war und eher in Randbemerkungen darauf Bezug nahm, erfuhr jedoch – wie bereits erwähnt – seine These von der Religion als Übergangsphänomen die stärkste und nachhaltigste Resonanz in den Bereichen der Religions- und der Pastoralpsychologie.²⁶ Bei Wulff werden darüber hinaus noch Heinz Kohut und Erik H. Erikson zu dem weiteren Umfeld der Objektbeziehungstheorie gerechnet, was aber vor allem angesichts des Selbstverständnisses von Kohut, der sich mit seiner Selbstpsychologie bewusst nicht zu diesem Kreis rechnen will, als diskussionswürdig angesehen werden kann.²⁷ Als allen Genannten gemeinsame neue Anliegen ortet Wulff drei Themen: „The origin of religious conceptions in early parental relations; the

---

22 Wulff (1997), 335.
23 Siehe vor allem Sutherland (1980), 848f., der nicht nur die persönlichen und gedanklichen Bezüge zwischen Fairbarin, Guntrip und Winnicott aufzeigt, sondern auch die theologische und philosophische Schulung, die Fairbairn und Guntrip verbinden, betont. Vgl. McDargh (1983), 209f.
24 In einem eigenen Artikel z.B. Guntrip (1969).
25 Siehe z.B. Guntrip (1969), 331: Menschliche Religiosität ist „a way of experiencing the universe that does not condemn us all to meaningless schizoid isolation, but relates us to a personal heart of reality, that we refer to by the indefinable term ‚God' experienced, but not explained, the ‚ultimate indefinable mystery'." Vgl. auch Wulff (1997), 337f. Vgl. auch die weiter unten skizzierte Position von McDargh (1983), der seine Argumentation allerdings nicht auf Guntrip, sondern auf Winnicott und Rizzuto aufbaut.
26 Vgl. zu dieser Einschätzung Wulff (1997), 339. Auch beispielsweise McDargh (1983), der zu ähnlichen Schlussfolgerungen kommt wie Guntrip, baut nicht auf dessen Thesen, sondern auf Winnicott auf (siehe Kapitel 5.3.1). Jones (1991), 57, bemerkt dazu: „As is clear from the foregoing survey, the work of D.W. Winnicott has been central to the post-Freudian rethinking of the psychoanalysis of religion. Whether one finds his ideas helpful or is skeptical to them, Winnicott has become a powerful figure in this area. Particulary important has been his discussion of transitional phenomena (…)."
27 Siehe die von ihm zu den „mixed model theorists" geführte Diskussion: Wulff (1997), 330 und 361f. Zu beachten ist allerdings, dass Kohut mit seiner Theorie der Selbstobjekt-Beziehung für objektbeziehungstheoretisch arbeitende Pastoral- und Religionspsychologen immer wieder als maßgebliche Referenz herangezogen wird: vgl. Rizzuto (1979), 185–188, oder Jones (1991), 16–22. 64f. Von Bobert-Stützel (2000) werden Kohuts Thesen als „Weiterentwicklung von Winnicotts Konzept der Übergangsobjekte" verstanden und so in ihre Arbeiten integriert, dass Bobert-Stützel von einer „selbstpsychologisch gewendeten Objektbeziehungstheorie" sprechen und auf dieser ihre Argumentationen aufbauen will (Bobert-Stützel, 2000, 85ff.). Bei Erikson wird von Seiten der Religions- und Pastoralpsychologen objektbeziehungstheoretischer Observanz in erster Linie auf seine These vom „basic trust" Bezug genommen: siehe z.B. Rizzuto (1979), 45f., oder McDargh (1983), 219.

interest of religion in promoting mature object-relations; and the vulnerability of religion to distortion, both in individual lives and historic tradition."[28]

Ana-Maria Rizzuto hat sich am eingehendsten aus objektbeziehungstheoretischer Sicht mit der Frage des Gottesbildes in Form ihrer Theorie der „Gottesrepräsentanz" beschäftigt.[29] Auf ihre Forschungen wird daher im Bemühen um einen Dialog zwischen Objektbeziehungstheorie und Theologie zur Frage von Persönlichkeit und Gottesbild der zentrale Fokus gesetzt werden. Die entscheidende Basis für ihre Untersuchungen und die theoretische Konzeptualisierung ihres spezifischen Zugangs zur Thematik stellt Winnicotts These von den Übergangsobjekten und dem Übergangsraum dar. Im Folgenden soll daher zunächst Winnicotts Theoriebildung einer eigenständigen Analyse unterzogen werden, um die spezifische Rezeption seines Ansatzes bei Rizzuto nachvollziehen zu können und zu einer Einschätzung der Tragfähigkeit und Tragweite ihres Beitrages zu gelangen.

4.2 Religion als „Übergangsphänomen" bei Donald W. Winnicott

Donald W. Winnicott, Kinderarzt und Psychoanalytiker war lange Zeit Schüler Melanie Kleins, auch wenn er sich nie als „Kleinianer" verstehen wollte.[30] Im Mittelpunkt seines Werkes stehen Überlegungen und Theorien über die frühe emotionale Entwicklung des Kindes, die im Unterschied zu Melanie Kleins Ansatz sowohl die intrapsychischen Prozesse als auch die Rolle der fördernden Umwelt berücksichtigen.[31] Neben vielen Arbeiten, die er als Kinderarzt, „der sich psychoanalytisch orientiert hat", schrieb, gibt es einige Arbeiten, die er selbst als seinen „persönlichen Beitrag zur gegenwärtigen Theorie und Praxis der Psychoanalyse" verstand – dazu gehört vor allem ein 1953 erstmals veröffentlichter Vortrag von 1951 mit dem Originaltitel: „Transitional objects and transitio-

---

28 Wulff (1997), 346.
29 Utsch (1998), 255, nennt Rizzuto sogar als Hauptvertreterin eines eigenständigen religionspsychologischen Theorieansatzes.
30 Winnicott (1997), 10.
31 Auf dem Hintergrund der „Spaltung der psychoanalytischen Bewegung" zwischen Anna Freud und Melanie Klein kann Joch Stork resümieren: „Winnicott war einer der ersten, der Hypothesen entwickelte, in denen die Rolle der fördernden Umwelt neben den frühen intrapsychischen Prozessen, harmonisch ineinander verschränkt, Platz hat" (Winnicott, 1997, 11); Siehe dazu z.B. Winnicotts eigene Auseinandersetzung mit Melanie Klein in Winnicott (1997), 311f.

nal phenomena".[32] Ohne auf die hochdifferenzierte Theoriebildung Winnicotts mit der ganzen Breite und Vielfältigkeit der Impulse für die unterschiedlichsten thematischen Schwerpunkte im Bereich der psychoanalytischen Forschung eingehen zu können,[33] soll im Folgenden der für die Religions- und Pastoralpsychologie bedeutsam gewordene Aspekt der Übergangsphänomene einer näheren Betrachtung unterzogen werden, um die dortige Rezeption in ihrem Verhältnis zum originalen Ort der Entstehung einschätzbar zu machen. Der eben genannte Vortrag soll dabei als Grundlage dienen.

Ausgehend von der Beobachtung der Entwicklung vom Daumenlutschen des Säuglings hin zur Liebe zu einer Puppe oder einem Teddybären entwickelt Winnicott seine spezifische Theorie des inneren Zusammenhangs zwischen diesen beiden Phänomenen.[34] Die Frage des Übergangs von der rein innerlichen Welterfahrung zur Anerkennung einer unterschiedenen äußeren Realität mit den dazugehörigen Gefühlsentwicklungen des Kindes sei seines Erachtens in der psychoanalytischen Literatur noch zu wenig berücksichtigt bzw. zu leicht als selbstverständlich vorausgesetzt worden.[35] Um diesen Übergang beschreibbar zu machen, führt Winnicott daher den Begriff der Übergangsphänomene bzw. des Übergangsobjekts ein.[36] Diese stünden zwischen der indifferenten Wahrnehmung der Umwelt durch das Kind als Teil seiner selbst, das seiner Omnipotenz und seiner magischen Steuerung unterliegt, und der Anerkennung einer äußeren Wirklichkeit in Gestalt von Objekten, die außerhalb seiner selbst lägen und eine eigenständige Subjektivität beanspruchen dürften. Das Übergangsobjekt ermögliche eine allmähliche und

---

32 Hier im Folgenden zitiert nach der Wiederveröffentlichung in deutscher Übersetzung in Winnicott (1997), 300–319; es ist darauf hinzuweisen, dass die in Kutter (1982), 82–105, vorliegende Übersetzung an vielen Stellen unpräzise ist. Winnicott (1997), 30. Die Bedeutung, die Winnicott diesem seinen Artikel beimisst wird auch daran deutlich, dass er ihn de facto unverändert an den Beginn seiner letzten Veröffentlichung von 1971 (hier: Winnicott, 1973) stellt.
33 Siehe z.B. die Analysen im „Versuch einer Einführung in das Werk von D.W. Winnicott" von Jochen Stork in: Winnicott (1997), 9–29.
34 Winnicott (1997), 300.
35 Winnicott (1997), 312.
36 Winnicott (1997), 301: „Zur Bezeichnung des Zwischenbereichs des Erlebens zwischen dem Daumen und dem Teddybär, zwischen der Oralerotik und echten Objektbeziehungen, zwischen der primären schöpferischen Aktivität und der Projektion dessen, was bereits introjiziert worden ist, (...) habe ich die Ausdrücke ‚Übergangsobjekt' und ‚Übergangsphänomen' eingeführt. Nach dieser Definition gehören das Lallen eines Säuglings oder die Art, wie ein älteres Kind vor dem Einschlafen sein Repertoire von Liedern und Melodien wiederholt, in den Zwischenbereich der Übergangsphänomene; ebenso gehört dazu der Gebrauch, den der Säugling von Objekten macht, die nicht Teil seines Körpers sind, jedoch nicht ganz als etwas erkannt werden, das zur äußeren Realität gehört."

vorsichtige Annäherung an diese Akzeptanz und erhalte die Bedeutung des ersten „Nicht-Ich"-Besitzes,[37] an dem die Auseinandersetzung mit äußeren Objekten erprobt und entwickelt werden könne. Die besondere Chance, die gemäß Winnicott z.B. ein Polsterzipfel oder ein Teddy bietet, liege darin, dass diese Objekte zur gleichen Zeit die Einverleibung ermöglichten, unter der Kontrolle des Kleinkindes seien und als etwas Äußeres erlebt werden könnten, an dem sich die verschiedensten – auch aggressiven[38] – Impulse des Kindes bewähren könnten. Da diese Gegenstände zwar für die Brust der Mutter[39] stünden, diese aber nicht seien, erlebe das Kind im Umgang mit dem Übergangsobjekt zugleich die Freiheit von den komplizierten und schwerwiegenden Gefühlen, die den direkten Kontakt mit der Mutter bestimmten – es entstehe ein Spielraum des freien Umgangs mit sich und der Welt, oder wie Winnicott auch sagt, ein „Ruheplatz",[40] der befreit sei von den Anstrengungen und existenziell erlebten Gefahren,[41] die der Umgang mit den äußeren Objekten in sich berge. Ein konstanter Realitätsbezug entsteht nach Winnicott aus der weiter gehenden Erfahrung, dass Objekte den Versuch der Destruktion überlebten, dadurch als etwas Eigenständiges mit Eigenrecht wahrgenommen würden und es so von der grundsätzlichen Objektbeziehung zur Objektverwendung käme; Winnicott stellt fest: „Objektbeziehungen kann es bereits zu subjektiven Objekten geben, während Objektverwendung voraussetzt, dass das Objekt als Teil der äußeren Realität wahrge-

---

37 Siehe z.B. Winnicott (1997), 300.
38 Zu der richtungsweisenden Revision des Aggressionsverständnisses siehe vor allem den Aufsatz „Die Beziehung zwischen Aggression und Gefühlsentwicklung" in Winnicott (1997), 91–112, sowie die prägnante Darstellung in seiner letzten Veröffentlichung von 1971: Winnicott (1973), 108f. In der Aggression, die jeder Ich-Integration vorangehe, liegen nach Winnicott die Wurzeln für Wirklichkeitsgefühl und Lebensfähigkeit, sie bedarf eines Minimums an „Störungen jeder Art von außen" und eines angemessenen Raumes für ihre Entwicklung.
39 Zu dem plakativen Begriff „Brust der Mutter" betont Winnicott, dass darin „die ganze Technik der Bemutterung" mitverstanden werden müsse, und schließt die Möglichkeit der Flaschenfütterung mit ein. Darüber hinaus sieht er in dieser erweiterten Auffassung eine Brücke zwischen den Ansätzen Melanie Kleins und Anna Freuds: „Wenn man sich diese umfassende Bedeutung des Wortes ‚Brust' bewusst hält und sich der Ansicht anschließt, dass der Ausdruck auch für die Technik der Bemutterung gilt, dann entsteht eine Brücke zwischen der Art, wie Melanie Klein die früheste Entwicklung beschreibt, und der Formulierung Anna Freuds. Ein Unterschied bleibt nur in den Daten übrig; er ist in Wirklichkeit unwichtig und wird im Lauf der Zeit von allein verschwinden" (Winnicott, 1997, 314). Zur Frage der „Primary Maternal Preoccupation" siehe näherhin den Artikel von 1956 in Winnicott (1997), 157–198. Zum Prozess der Desillusionierung siehe vor allem Winnicott (1997), 316.
40 Siehe z.B. Winnicott (1997), 302.
41 Speziell die nach Winnicotts Aggressionsbegriff notwendige zeitweilige Zerstörung des Objekts, die für das Erlernen der Akzeptanz eines außerhalb der Kontrolle des Kindes liegenden Subjekts mit Eigenrecht Voraussetzung ist, gehört zu den dramatischen Momenten in der frühkindlichen Entwicklung (Siehe dazu vor allem Winnicott, 1973, 104f. 108f.)

nommen wird."⁴² Deshalb werde die versuchte Zerstörung des begegnenden Objekts „zum unbewussten Hintergrund für die Liebe zum realen Objekt" und ein prinzipielles Vertrauen in das Leben könne aufgebaut werden.⁴³ Gestört werden könne diese Entwicklung dadurch, dass die Mutter die destruktiven Tendenzen des Kindes, d.h. seine Tendenzen der Erprobung von Trennung, sanktioniere.⁴⁴

Zusätzlich zu den Dimensionen der realen äußeren Beziehungen und der inneren Realität müsse man nach Winnicott eine „dritte Dimension im Leben eines Menschen" annehmen, „eine Dimension, die wir nicht unbeachtet lassen können, einen Zwischenbereich des *Erlebens*, zu dem sowohl die innere Realität als auch das äußere Leben beitragen".⁴⁵ „Es ist ein Bereich, der nicht in Frage gestellt wird, denn er begründet seinerseits keinen Anspruch, es sei denn den, dass er als Ruheplatz für das Individuum vorhanden sein muss, wenn es mit der lebenslänglichen menschlichen Aufgabe beschäftigt ist, die innere und die äußere Realität getrennt und dennoch miteinander verknüpft zu halten."⁴⁶ Den Aspekt, dass die Erfahrungen in diesem Übergangsbereich nicht in Frage gestellt werden dürften, betont Winnicott wiederholt. So kann er auch von einer „Gewährung" seitens der Eltern oder einer „stillen Übereinkunft" zwischen Eltern und Kind sprechen, dass im Blick auf das Übergangsobjekt keine Realitätsprüfung eingefordert wird, und dieses Prinzip schließlich generell für den Umgang mit den Phänomenen im Übergangsraum der Kultur geltend machen.⁴⁷

---

42 Siehe Winnicott (1973), 110.
43 Winnicott (1973), 110: „Folgende Entwicklungsstufen sind nacheinander beobachtbar: 1. Das Subjekt steht in *Beziehung* zum Objekt. 2. Anstatt in die äußere Welt gestellt zu werden, wird das Objekt vom Subjekt aufgefunden. 3. Das Subjekt *zerstört* das Objekt. 4. Das Objekt überlebt diese Zerstörung. 5. Das Subjekt kann das Objekt *verwenden*. Das Objekt wird immer wieder zerstört. Diese Destruktion wird zum unbewussten Hintergrund für die Liebe zum realen Objekt, das außerhalb des Bereichs der omnipotenten Kontrolle des Subjekts steht. Die Untersuchung dieses Problems führt zur Feststellung, dass Destruktivität einen positiven Aspekt hat. Überlebt das Objekt die Destruktion, so erhält es dadurch, also bedingt durch Destruktion, eine Position außerhalb desjenigen Objektbereichs, der durch die psychischen Projektionsmechanismen des Subjekts aufgebaut wird. So entsteht eine Welt erlebter Realität, die das Subjekt verwenden kann und aus der es seine ‚Nicht-ich'-Substanz beziehen kann." (Hervorhebungen im Original)
44 Siehe Winnicott (1973), 108f.; Winnicott (1997), 302f.
45 Winnicott (1997), 302. (Hervorhebungen im Original)
46 Winnicott (1997), 302.
47 Siehe z.B. Winnicott (1997), 315f.: „Man kann vom Übergangsobjekt sagen, es sei gleichsam zwischen uns und dem Baby ausgemacht, dass niemals die Frage gestellt wird: ‚Hast du dir dies ausgedacht, oder ist es dir von außen dargeboten worden?' Das Wichtige ist, dass in dieser Hinsicht keine Entscheidung erwartet wird. Die Frage soll nicht gestellt werden." An anderer Stelle formuliert Winnicott: „Die Übergangserscheinungen können dem Kleinkind zugestanden werden, weil die Eltern intuitiv erkennen, welche Anstrengung der

Insofern verknüpft Winnicott auch den Beginn der geistigen Entwicklung mit dieser Übergangsphase[48] und kommt zu seiner völligen Neubewertung der *Illusion* im menschlichen Leben. Die anfängliche Illusion des Kindes im Einssein mit der nicht von sich unterschiedlich wahrgenommenen Mutter müsse im anspruchsvollen und fehleranfälligen Prozess der Entwöhnung durch angemessene Desillusionierung enttäuscht werden.[49] Da für eine gesunde Entwicklung[50] allerdings zunächst die Etab-

---

objektiven Wahrnehmung innewohnt, und hier, wo sich das Übergangsobjekt einschaltet, verlangen wir von dem Kleinkind im Hinblick auf Subjektivität oder Objektivität keine Stellungnahme. Wollte ein Erwachsener von uns verlangen, wir sollten seine subjektiven Phänomene als etwas Objektives akzeptieren, würden wir ihn als verrückt erkennen oder diagnostizieren. Wenn es dem Erwachsenen jedoch gelingt, den persönlichen Zwischenbereich zu genießen, ohne Ansprüche zu stellen, dann können wir uns unsere eigenen entsprechenden Zwischenbereiche eingestehen, und wir freuen uns, wenn wir Beispiele von Überschneidungen finden, d.h. gemeinsame Erfahrungen bei Mitgliedern einer Gruppe in Bezug auf Kunst oder Religion oder Philosophie." (Winnicott, 1997, 317). Prinzipiell konstatiert Winnicott (1997), 316f.: „Ich gehe hier von der Annahme aus, dass die Aufgabe der Annahme der Realität niemals zu Ende geführt wird, dass kein Mensch der Anstrengung enthoben ist, die innere und äußere Realität zueinander in Beziehung zu setzen, und dass ein Zwischenbereich des Erlebens, der nicht in Frage gestellt wird (Kunst, Religion usw.), Befreiung von dieser Anstrengung bietet." An anderer Stelle bezieht sich Winnicott (1997), 302, auf den gesellschaftlichen Umgang in Fragen der Kunst und der Religion und stellt fest: „Es ist ein Zeichen von Verrücktheit, wenn ein Erwachsener die Gutgläubigkeit anderer Menschen zu sehr strapaziert und sie zwingen möchte, eine Illusion mit ihm zu teilen, die nicht die ihre ist."

48 Siehe Winnicott (1997), 313. Zur Entwicklung des Geistes siehe näherhin Winnicotts Artikel „Die Beziehung zwischen dem Geist und dem Leibseelischen" von 1949 in Winnicott (1997), 165–182.

49 Von Winnicott stammt das einprägsame Wort von der „hinreichend guten Mutter" (engl.: „good enough mother"), das jede Vorstellung der möglichen Definition einer perfekten Mutter relativiert; die „hinreichend gute Mutter", die auch nicht notwendigerweise die eigene Mutter des Kindes sein muss, „ist eine Person, die sich aktiv an die Bedürfnisse des Kleinkindes anpasst und diese Anpassung allmählich gemäß der parallel dazu wachsenden Fähigkeit des Kleinkindes zurücknimmt, ausbleibende Anpassung zu berücksichtigen und die Folgen von Versagungen zu ertragen." (Winnicott, 1997, 312)

50 Winnicott geht immer wieder auf mögliche problematische Entwicklungen ein und bringt auch ein Beispiel, in dem die Mutter selbst das Übergangsobjekt repräsentiere. In diesem Zusammenhang soll aber auf die Sonderformen, Deprivationen und pathologischen Entwicklungsformen nicht näher eingegangen werden, um die Fokussierung auf die hier relevante Fragestellung zu ermöglichen. Zur Veranschaulichung sei an dieser Stelle lediglich das Problem der Überanpassung durch die Mutter im Prozess der Desillusionierung exemplarisch genannt, wie es Winnicott charakterisiert: „Wenn alles gut geht, kann der Säugling tatsächlich aus dem Erleben der Frustration einen Gewinn ziehen, da die unvollständige Anpassung an seine Bedürfnisse Objekte real werden lässt, d.h. sowohl gehasst als auch geliebt. Daraus folgt, dass, wenn alles gut geht, der Säugling durch eine enge Anpassung an seine Bedürfnisse, die zu lange fortgesetzt und der nicht erlaubt wird, in natürlicher Weise abzunehmen, geschädigt werden kann, da eine genaue Anpassung der Zauberei ähnlich ist: Das Objekt, das sich vollkommen verhält, ist nicht besser als eine Halluzination. Trotzdem muss zu Anfang die Anpassung fast vollkommen sein, und nur wenn sie das ist, kann der Säugling

lierung dieser Illusion notwendig sei, stellt das Phänomen der Illusion nach Winnicott zugleich einen psychischen Grundbaustein dar, der als solcher nicht aufgehoben werden könne und dürfe[51] und schließlich im Übergangsraum die wichtige Funktion der kreativen Phantasietätigkeit übernehme. Geistigkeit des Menschen und Illusion gehören nach Winnicott in konstruktiver Weise zusammen und bilden die Voraussetzung jeder Art kultureller Aktivität des Menschen. Winnicott selbst stellt zusammenfassend fest: „Dieser Zwischenbereich des Erlebens, bei dem nicht die Frage gestellt wird, ob er zur inneren oder zur äußeren (mit anderen geteilten Realität) gehört, macht den größeren Teil im Erleben des Kleinkindes aus und wird in dem intensiven Erleben beibehalten, das der Kunst, der Religion, der Phantasietätigkeit und der schöpferischen wissenschaftlichen Arbeit eigen ist. Wir können daher sagen, die Illusion habe einen positiven Wert."[52] Bei normaler Entwicklung in dieser hochkomplexen Phase benutzt nach Winnicott jedes Kleinkind ein Übergangsobjekt, das innerhalb aller Übergangsphänomene eine Sonderrolle innehat.[53] Die Bedeutung dieses speziellen Objekts gehe dann allmählich

---

beginnen, die Fähigkeit zu entwickeln, eine Beziehung zur äußeren Realität zu erleben oder sich einen Begriff von der äußeren Realität zu machen." (Winnicott, 1997, 313)

51 Winnicott (1997), 316: „Diese Frage der *Illusion* ist eine zutiefst menschliche Frage, und kein Individuum kann dieses Problem für sich endgültig lösen, wenn auch eine *theoretische* Erklärung eine *theoretische* Lösung dafür liefern kann." (Hervorhebungen im Original)

52 Winnicott (1997), 319.

53 Die „besondere Qualität" der Beziehung zu dem Übergangsobjekt benennt Winnicott mit folgenden Punkten (Winnicott, 1979, 305f.): „(1.) Das Kind macht Rechte an dem Objekt geltend, und wir stimmen diesem Anspruch zu. Trotzdem ist eine gewisse Preisgabe der Omnipotenz von Anfang an festzustellen. (2.) Das Objekt wird sowohl zärtlich liebkost als auch erregt geliebt und verstümmelt. (3.) Es darf sich niemals verändern, es sei denn, das Kind verändert es selbst. (4.) Es muss triebhafte Liebe und auch triebhaften Hass überleben, ebenso, falls sie vorkommt, reine Aggression. (5.) Es muss jedoch dem Kind so erscheinen, als gebe es Wärme ab, als bewege es sich, als habe es eine Struktur oder als könne es etwas tun, das anzuzeigen scheint, dass es eine eigene Lebendigkeit oder Wirklichkeit hat. (6.) Nach unserer Anschauung kommt es von außen, nicht aber nach der Anschauung des Babys. Es kommt auch nicht von innen; es ist keine Halluzination. (7.) Das Schicksal dieses Objekts besteht darin, dass ihm allmählich die Besetzung entzogen wird, sodass es im Lauf der Jahre nicht so sehr vernachlässigt wird als vielmehr der Vergessenheit anheim fällt."

„Auf der Grundlage der allgemein akzeptierten psychoanalytischen Theorie" formuliert Winnicott weiters folgende theoretische Bemerkungen zum Übergangsobjekt (Winnicott, 1997, 311): „(1.) Das Übergangsobjekt vertritt die Brust oder das Objekt der ersten Beziehung. (2.) Das Übergangsobjekt tritt vor der gefestigten Realitätsprüfung auf. (3.) In Bezug auf das Übergangsobjekt geht das Kleinkind von der (magischen) omnipotenten Lenkung zur Lenkung durch Manipulation über (die an der Muskelerotik und Koordinationslust beteiligt sind). (4.) Das Übergangsobjekt kann sich gegebenenfalls zu einem Fetisch-Objekt entwickeln und in dieser Form als Merkmal im Sexualleben des Erwachsenen weiterbestehen. (5.) Das Übergangsobjekt kann wegen der analerotischen Organisation auch Faeces vertreten."

verloren, wenn die emotionale und geistige Entwicklung des Kindes weiter fortschreite, dieser dritte Bereich, der Übergangsraum, sich ausweite und an Sicherheit und Vielfältigkeit gewinne.[54] Der Umgang mit dem ersten „Nicht-Ich"-Besitz gebe den Weg zu den ersten tatsächlichen Objektbeziehungen frei. Die Notwendigkeit, innere und äußere Wirklichkeit, innere Objekterfahrung und Akzeptanz des Eigenrechts äußerer Objekte zu balancieren, hält nach Winnicott ein Leben lang an und kann zu keinem Abschluss kommen.[55] Der ganze Bereich der Kultur, einschließlich Kunst und Religion, bilde für den Erwachsenen in anhaltender Weise den notwendigen dritten Raum, der ihm geistige und emotionale Freiheit, innere Ruhe, Genuss ohne Ansprüche und spielerische Aktivität ermögliche.[56] Winnicott kann auch davon sprechen, dass dieser Erfah-

---

54 Winnicott (1997), 306: „Es (sc. das ursprüngliche Übergangsobjekt) verliert seine Bedeutung, und zwar deshalb, weil die Übergangsphänomene verstreut, über das ganze Zwischenterritorium zwischen der ‚innerseelischen Realität' und ‚der Außenwelt, wie sie von zwei Menschen gemeinsam wahrgenommen wird' ausgebreitet worden sind, d.h. über das Gesamtgebiet der Kultur. An dieser Stelle erweitert sich mein Thema und bezieht das Spiel, die künstlerische Kreativität und den Kunstgenuss, das religiöse Gefühl, das Träumen, ebenso aber auch Fetischismus, Lügen und Stehlen, Ursprung und Verlust zärtlicher Gefühle, Drogensucht, den zauberhaften Schutz von Zwangsritualen usw. mit ein."
55 Siehe Winnicott (1997), 316f.
56 Siehe z.B. Winnicott (1997), 317. In seiner letzten Veröffentlichung von 1971 (hier: Winnicott, 1973) beschäftigt sich Winnicott noch einmal intensiv mit dem Thema des dritten Raumes, „potenziellen Ortes" oder „Möglichkeitsraumes" (engl. „potential space"; ich schließe mich der Auffassung von Wahl, 1994, 182, an, dass die zutreffendste Übersetzung wohl „Möglichkeitsraum" wäre; letztlich wird es aber immer darauf ankommen, dass in der formalen und inhaltlichen Verwendung des Begriffs – in welcher Übersetzung auch immer – die ursprüngliche Intention Winnicotts wiedergegeben wird). Winnicotts dortige Ausführungen sollen aufgrund der Wirkungsgeschichte, die sie erlangten, im Folgenden skizzenhaft wiedergegeben werden – beginnend mit der Einstiegsfrage: „Es gibt also zwei Orte, den Ort innerhalb und den Ort außerhalb des Menschen. Aber ist das alles?" (121) (...) „Wo sind wir, wenn wir tun, was wir doch so oft in unserem Leben tun: zum Beispiel wenn wir genießen? (...) Es wird deutlich werden, dass es mir hier um die differenzierte Freude des Erwachsenen am Leben, am Schönen oder an abstrakten Gedankenkonstruktionen geht, gleichzeitig aber auch um die kreative Gestik des Kleinkindes, das etwa nach dem Mund der Mutter greift und ihre Zähne fühlt, ihr in die Augen schaut und sie auf kreative Weise wahrnimmt. (...) Wenn meine Darstellung zutrifft, gelangen wir damit zu drei anstelle von zwei menschlichen Erlebnisbereichen, die miteinander vergleichbar sind." (123); „Ich stelle als mögliches Konzept die These zur Diskussion, dass der Ort, an dem sich kreatives Spiel und Kulturerfahrung einschließlich ihrer differenziertesten Erscheinungsformen ereignen, das *Spannungsfeld* zwischen Kleinkind und Mutter ist" (124, Hervorhebungen im Original); „Das Kleinkind kann die Trennung von Objektwelt und Selbst nur vollziehen, weil es zwischen beiden keinen leeren Raum gibt, da der *potentielle* Raum in der von mir dargestellten Weise ausgefüllt ist" (125, Hervorhebungen im Original). „Herrscht in einer Beziehung Vertrauen und Verlässlichkeit, so entsteht ein potentieller Raum, ein Raum, der zu einem unbegrenzten Bereich der Trennung werden kann, den das Kleinkind, das Kind, der Jugendliche und Erwachsene mit Spiel erfüllen kann, aus dem sich später die Freude am kulturellen Erbe entwickelt. Es ist die Besonderheit dieses Ortes, an dem Spiel und Kulturerleben sich ereignen, dass er *existentiell von*

rungsbereich im Spannungsfeld zwischen dem Einzelnen und der Umwelt vor allem von Erfahrungen abhängig sei, „die Vertrauen schaffen" und „für den Einzelnen gewissermaßen etwas Geheiligtes" sei, „denn in diesem Bereich erfährt er, was kreatives Leben ist".[57] Vor allem an dieser Stelle haben später Autoren mit ihren Überlegungen zur pastoralpsychologischen Dimension beispielsweise einer praktisch-theologischen Symboltheorie, des Gebetes oder der Liturgie angesetzt.

Zu den wichtigsten Charakteristika der Phänomene im Bereich des Übergangsraumes gehört, dass die Übergangsobjekte *sowohl geschaffen als auch gefunden* werden. Die Idee der Erschaffung des Objektes stammt nach Winnicott aus dem ursprünglichen illusionären, narzisstischen Omnipotenzgefühl des Kindes – der Aspekt des Findens aus dem sich entwickelnden Realitätsbezug.[58] Nur wenn diese beiden Momente der Erfahrung zusammenkämen, entstehe Bedeutsamkeit, welche die dritte Dimension des Übergangsraumes füllen könne, nur dann erlange ein Objekt Bedeutung für das Kind. Die Bedeutsamkeit bestehe – und das ist Winnicott im Sinne des theoretischen Bezugsrahmens „Objektbeziehungstheorie" immer wieder wichtig zu betonen – nicht im Objekt als

---

der lebendigen Erfahrung abhängt und nicht von Anlagefaktoren" (126, Hervorhebungen im Original); wir bewerten „Spiel und Kulturerfahrung ganz besonders hoch, denn sie verbinden Vergangenheit, Gegenwart und Zukunft. Und sie *umfassen Raum und Zeit*. Sie fordern und erlangen unsere ungeteilte Aufmerksamkeit, eine Aufmerksamkeit, die jedoch nicht ausschließlich sein kann." (126, Hervorhebungen im Original)

57 Winnicott (1973), 119: „Ich habe versucht, die Aufmerksamkeit auf die theoretische und praktische Bedeutung eines dritten Bereiches, den des Spiels zu lenken, der sich auf das kreative Leben und auf das gesamte menschliche Kulturleben erstreckt. Diesem dritten Bereich steht die innere, persönliche psychische Realität und die wirkliche, äußere Welt, in der der Einzelne lebt und die objektiv wahrnehmbar ist, gegenüber. Ich nehme diesen wichtigen Erfahrungs-Bereich im Spannungsbereich zwischen dem Einzelnen und der Umwelt an, der ursprünglich das Kind mit der Mutter verbindet und es gleichzeitig von ihr trennt, wenn die mütterliche Liebe, stellvertretend für menschliche Verlässlichkeit, dem Kind ein Gefühl von echter Zuversicht und Vertrauen gegenüber der Umwelt gibt (...). Das Spannungsfeld zwischen Kleinkind und Mutter, zwischen Kind und Familie, zwischen dem Einzelnen und der Gesellschaft oder der Welt hängt von Erfahrungen ab, die Vertrauen schaffen. Es ist für den Einzelnen gewissermaßen etwas Geheiligtes, denn in diesem Bereich erfährt er, was kreatives Leben ist."

58 Winnicott (1997), 313f.: „Die Mutter ermöglicht zu Anfang dem Säugling durch eine fast hundertprozentige Anpassung die Illusion, ihre Brust sei Teil seiner selbst. Sie ist gleichsam magisch steuerbar. (...) Omnipotenz ist eine nahezu reale Erfahrung. Die Aufgabe der Mutter besteht darin, dem Kind allmählich seine Illusion zu nehmen, aber sie kann nicht auf Erfolg hoffen, wenn sie nicht zunächst fähig war, ihm ausreichende Gelegenheit zur Illusion zu geben. Mit anderen Worten: Der Säugling erschafft immer wieder aus seiner Liebesfähigkeit oder (wie man auch sagen kann) aus seinem Bedürfnis heraus die Brust aufs Neue. Im Baby entwickelt sich ein subjektives Phänomen, das wir die Brust der Mutter nennen. Die Mutter stellt die wirkliche Brust gerade dort bereit, wo der Säugling sie zu erschaffen bereit ist, und noch dazu im richtigen Augenblick." Vgl. auch Winnicott (1997), 315 und 319.

solchem und auch nicht in der Funktion der Befriedigung eines Bedürfnisses,[59] sondern in der aktuellen Vergegenwärtigung von Beziehung zwischen dem Kind und der umgebenden Welt.[60] Winnicott sieht hierin einen spezifischen Ansatz für die Symboltheorie und stellt selbst einen ersten Bezug zu der Verwendung der Oblaten im Abendmahl bei Katholiken und Protestanten her.[61] Zu beachten ist insgesamt die besondere Behutsamkeit, mit der sich Winnicott um das Verständnis der inneren Objekte unter den Rahmenbedingungen der „dritten Dimension" bemüht und wie er in seinen Formulierungen immer neu die Balance zwischen vereinseitigenden Missverständnissen sucht.[62] Dies wirft ein besonderes Licht auf den Begriff der „Objektrepräsentanz", wie er oben allgemein für das weite Feld der Objektbeziehungstheorie beschrieben wurde – ein Begriff, den Winnicott selbst kaum verwendet, der aber z.B.

---

59 Winnicott ist immer wieder daran gelegen, den Stellenwert der Bedürfnisse nicht zu schmälern, und betont z.B. im gegenständlichen Zusammenhang: „Es ist klar, dass hier etwas anderes als orale Erregung und Befriedigung wichtig ist, wenn diese auch die Grundlage von allem anderen sein mögen." (Winnicott, 1997, 301)

60 Vgl. z.B. Winnicott (1997), 302: „Ich hoffe, ich habe klar gemacht, dass ich nicht präzise vom Teddybären des kleinen Kindes spreche, und auch nicht vom ersten Gebrauche, den der Säugling von seiner Faust (seinem Daumen, seinen Fingern) macht. Ich untersuche auch nicht das erste Objekt der Objektbeziehungen. Es geht mir um den ersten Besitz und um den Zwischenbereich zwischen dem Subjektiven und dem, was objektiv wahrgenommen wird;" weiters Winnicott (1997), 306: „Es tritt zu, dass das Stück Wolldecke (oder was immer es sein mag) symbolisch für ein Teilobjekt wie z.B. die Brust steht. Trotzdem ist das Wichtige an ihm nicht so sehr sein Symbolwert, sondern vielmehr seine Aktualität. Dass es nicht die Brust (oder die Mutter) ist, ist ebenso wichtig wie die Tatsache, dass es die Brust (oder die Mutter) vertritt." Schließlich konstatiert Winnicott prägnant: „Die Übergangsphänomene stellen die Frühstadien im Gebrauch der Illusion dar; ohne sie hat die Vorstellung von einer Beziehung zu einem Objekt, das von anderen als etwas außerhalb des betreffenden Menschen Liegendes wahrgenommen wird, keine Bedeutung für diesen Menschen." (Winnicott, 1997, 314)

61 Winnicott (1997), 306f. Als jüngeres Beispiel der Entwicklung einer pastoralpsychologischen Symboltheorie auf Basis des winnicottschen Ansatzes siehe Wahl (1994); Wahl zeigt allerdings auf, dass bei aller Würdigung, die er Winnicotts Ansatz für die Symboltheorie als Grundlage für seine eigenen Ausführungen zukommen lässt, dieser mit seinem Bezug auf das Abendmahl einem „populärtheologischen" Missverständnis erliegt (Wahl, 1994, 173f.).

62 Siehe auch die direkte Auseinandersetzung mit Melanie Klein in Winnicott (1997), 311f.: „Es ist interessant, das Konzept des Übergangsobjektes mit Melanie Kleins Konzept des inneren Objektes zu vergleichen. Das Übergangsobjekt ist *kein inneres Objekt* (denn dieses ist ein geistiges Konzept) – es ist ein Besitz. Aber es ist (für das Kleinkind) auch kein äußeres Objekt. Man muss die folgende komplexe Aussage treffen: Das Kleinkind kann dann ein Übergangsobjekt verwenden, wenn das innere Objekt lebendig und real und gut genug (nicht zu persekutorisch) ist. Aber dieses innere Objekt ist in Bezug auf seine Eigenschaften vom Vorhandensein, der Lebendigkeit und dem Verhalten des äußeren Objekts (Brust, Mutterfigur, allgemeine Versorgung durch die Umwelt) abhängig. (...) Das Übergangsobjekt kann daher die ‚äußere' Brust vertreten, aber nur *indirekt*, indem es eine ‚innere Brust' vertritt. Das Übergangsobjekt wird niemals magisch beherrscht wie das innere Objekt, und es steht auch nicht außerhalb jeder Kontrolle wie die wirkliche Mutter." (Hervorhebungen im Original)

in den Analysen von Rizzuto ganz ins Zentrum ihrer Reflexionen und Theoriebildungen rückt und in späteren Arbeiten gelegentlich mit Prämissen verbunden wird, welche die Balance zugunsten anderer Theoreme einseitig aufheben.[63]

4.3 Anthropologische Prämissen der Objektbeziehungstheorie nach Winnicott

Wendet man sich nun der Frage der Anthropologie Winnicotts zu, ist davon auszugehen, dass Winnicott seiner psychoanalytischen Theorie implizit eine relationale Ontologie zugrundelegt. Die Beziehungsdimension gehört zum Wesen des Menschen und ein Kleinkind kann gemäß Winnicott nicht außerhalb seiner Beziehung zur Mutter beschrieben werden.[64] Winnicotts Menschenbild fußt auf einer Anthropologie der Beziehung; Entwicklung bedeutet zunehmende Differenzierung der Beziehungsdimension im Kontext von Selbstwahrnehmung und Wahrnehmung des Gegenübers mit allen Schwierigkeiten, immer wieder eine diesbezügliche Balance herzustellen. Winnicott geht in seiner Thesenbildung davon aus, dass die Beziehungsdimension der „Natur des Menschen" nicht auf die „Beziehungen zwischen Personen" beschränkt zu betrachten sei, sondern – wie vor allem Melanie Kleins Arbeiten gezeigt hätten – dass eine prinzipielle Beziehung zwischen einer „inneren Realität" zu einer „äußeren Realität" vorauszusetzen sei, die der Gestaltung bedürfe; das Idion der Theorie Winnicotts besteht darin, dass er diese Beziehungsgestaltung zwischen innerer und äußerer Realität als einen eigenen Bereich des „Erlebens" qualifiziert, der notwendig zum Menschsein gehört und als „Zwischenbereich zwischen dem Subjektiven und dem, was objektiv wahrgenommen wird",[65] anzusehen ist.[66] Seine

---

63 Vgl. z.B. den Bezug, den Bobert-Stützel (2000), 165f., zu der Analytikern Marian Tolpin herstellt, die allerdings das Übergangsobjekt in ihre spezifische Strukturtheorie einbaut und damit das winnicottsche Grenzphänomen zugunsten einer „inneren Struktur" verschiebt. Bobert-Stützel reflektiert diese Differenz in dem Zusammenhang nicht. Siehe auch die Feststellung bei Neubaur (1987), 72: „Das populäre Missverständnis hinsichtlich des Übergangsobjekts besteht in der Betonung des Status des Übergangsobjekts (...) als vollendeten Produkts anstatt einer Erfahrungsbewegung."
64 Vgl. Stork (1997), 11f.
65 Winnicott (1997), 302.
66 Winnicott (1997), 301f.: „Es wird allgemein anerkannt, dass eine Aussage über die Natur des Menschen ganz unzureichend ist, wenn sie sich nur auf Beziehungen zwischen Personen bezieht, auch wenn man den Ausbau der Funktionen in der Einbildung, die ganze bewusste und unbewusste Phantasie, einschließlich der verdrängten unbewussten Phantasie, mit einbezieht. Es gibt eine andere Art, Menschen zu beschreiben, die aus den Forschungen

ontologische Prämisse beinhaltet drei Aspekte: Beziehung zu sich selbst, Beziehung zu den mir begegnenden Menschen und Beziehung zur „äußeren Realität" oder „Welt" in einem allgemeinen Sinn.[67] In allen drei Momenten geht es um die Erfahrung von Bedeutsamkeit, die Winnicott wiederum in einer dreifachen Dimension von Erlebnisbereichen beschreiben kann: erstens als Beziehung „zur äußeren Realität und der Beziehung des Einzelnen zur Außenwelt vom Standpunkt der Objektbeziehungen und Objektverwendung", zweitens als „die innere, psychische Realität, den individuellen Besitz jedes Einzelnen" und drittens als den „Handlungsbereich" des Menschen, der dem Kulturerleben und dem kreativen Spiel entspricht und bei einzelnen Menschen die größte Variabilität beinhaltet.[68] In einer Entwicklung, in der „alles gut geht",[69] gelingt

---

der letzten beiden Jahrzehnte erwachsen ist; hier wird angenommen, dass man von jedem Individuum, das die Stufe erreicht hat, auf der es zu einer Einheit geworden ist (mit einer begrenzenden Membran und einem Außen und Innen), sagen kann, es habe eine *innere Realität*, eine innere Welt, die reich oder arm, friedlich oder im Kriegszustand sein mag. Ich behaupte: Wenn eine Notwendigkeit für diese doppelte Aussage besteht, muss man noch eine dritte hinzufügen; es gibt noch eine dritte Dimension im Leben eines Menschen, eine Dimension, die wir nicht unbeachtet lassen können, einen Zwischenbereich des Erlebens, zu dem sowohl die innere Realität als auch das äußere Leben beitragen. Es ist ein Bereich, der nicht in Frage gestellt wird, denn er begründet seinerseits keinen Anspruch, es sei denn das, dass er als Ruheplatz für das Individuum vorhanden sein muss, wenn es mit der lebenslänglichen menschlichen Aufgabe beschäftigt ist, die innere und die äußere Realität getrennt und dennoch miteinander verknüpft zu halten."

67 Es ist zu beachten, dass Winnicott den Ausdruck Beziehung zur „Welt" nur sehr selten gebraucht - z.B. Winnicott, 1997, 317: „Im Kleinkindalter ist dieser Zwischenbereich erforderlich, damit sich eine Beziehung zwischen dem Kind und der Welt anbahnen kann (...). Wesentlich für dies alles ist die Kontinuität (in der Zeit) der äußeren emotionalen Umwelt und bestimmter Elemente der physikalischen Umwelt, z.B. der Übergangsobjekte oder Objekte." - In der Rezeption Winnicotts beispielsweise durch Rizzuto wird zu sehen sein, dass der Begriff „Welt" in besonderer Weise für weiter gehende Interpretationen offen ist und es hier zu anthropologischen Bestimmungen kommen kann, deren Verhältnis zur Intention Winnicotts jeweils zu klären sein wird.

68 Winnicott (1973), 123: „Wenn meine Darstellung zutrifft, gelangen wir damit zu drei anstelle von zwei menschlichen Erlebnisbereichen (sc. Beziehung zu Objekten, inneres Erleben des Menschen), die miteinander vergleichbar sind. Betrachten wir diese drei menschlichen Erlebnisbereiche, so werden wir feststellen, dass es ein ganz bestimmtes Kriterium ist, das den Bereich des so genannten kulturellen Erlebens (oder das Spielen) von den beiden anderen unterscheidet. Wenden wir uns zunächst der äußeren Realität und der Beziehung des Einzelnen zur Außenwelt vom Standpunkt der Objektbeziehungen und Objektverwendung zu. Wir stellen dann fest, dass die äußere Realität als solche fest vorgegeben ist. Aber darüber hinaus ist auch die Triebanlage, die den Hintergrund für Objektbeziehung und Objektverwendung darstellt, als solche für den Einzelnen fest vorgegeben, obwohl sie sich mit dem jeweiligen Entwicklungsstand, dem Alter und der Freiheit des Menschen, sich der Triebe zu bedienen, verändert. Wir sind hier also mehr oder weniger frei, wie es ja auch im Einzelnen in der psychoanalytischen Literatur als Gesetzmäßigkeiten des Lebens formuliert wird. Betrachten wir als zweites die innere, psychische Realität, den individuellen Besitz jedes einzelnen, soweit er in seiner Entwicklung eine reife Integration und den Aufbau eines einheit-

es immer neu, die Balance des Beziehungscharakters herzustellen und diese weder durch einen Rückzug in den reinen Innenbereich noch durch eine Auslieferung an das mir begegnende Außen aufzulösen, sondern im intermediären Bereich des Erlebens getrennt und doch verbunden zu halten. Der Zwischenbereich der Erfahrung stellt einen entscheidenden Bestandteil seiner impliziten Ontologie dar; Kunst oder Religion gehören somit zu den Grundbedingungen der Anthropologie Winnicotts. Wenn Winnicott von der „dritten Dimension", dem Übergangsraum, spricht, dann will er damit eine Aussage über die „Natur des Menschen" treffen:[70] Die Frage der Illusion sei eine „zutiefst menschliche Frage", die kein Individuum je ganz lösen könne,[71] mit den Übergangsphänomenen sieht Winnicott jedem Menschen „etwas in die Wiege gelegt, was für ihn sein Leben lang bedeutsam bleibt, einen neutralen Bereich des Erlebens, der nicht in Frage gestellt wird",[72] und schließlich sieht Winnicott in dem Bedürfnis, „illusionäre Erfahrungen" – insbesondere auch die religiösen – mit anderen zu teilen, die „natürliche Wurzel der Gruppenbildung unter Menschen",[73] mithin auch die „natürliche Wurzel" der Ausbildung von organisierten Religionen. Kultur und Religion werden hier ganz in der Natur der menschlichen Entwicklung und der damit verbundenen, nie einlösbaren Herausforderung, Innenwelt und Außenwelt gleichzeitig zu unterscheiden und zu verbinden, verortet. Winnicott würdigt folglich gegenüber der psychoanalytischen Theoriebildung Freuds den Bereich der Illusionen und auch der Religionen als notwendig zum Menschsein gehörig und etabliert damit eine Anthropologie, welche die Religiosität des Menschen als „natürliche" Qualität beinhaltet. Als entscheidendes Kriterium der Argumentation Winnicotts ist jedoch zu beachten, dass er die „äußere Realität" nicht näher qualifiziert

---

lichen Selbst mit Innenwelt, Außenwelt und Grenzschicht erreicht hat. Auch hier ergeben sich aus dem Erbgut und dem Persönlichkeitsaufbau, aus introjizierten Anteilen der Umwelt und projizierten Anteilen der Persönlichkeit fest vorgegebene Voraussetzungen. Im Gegensatz dazu ist der Handlungsbereich des Menschen im Sinne des dritten *Erfahrungs*bereiches (dem des Kulturerlebens oder des kreativen Spiels) bei einzelnen Menschen nach meiner Meinung äußerst variabel. Dies liegt daran, dass dieser dritte Bereich das Ergebnis von *Erfahrungen des einzelnen*, ob Kleinkind, Kind, Jugendlicher oder Erwachsener, in der ihn umgebenden Umwelt ist. Es besteht hier also eine Variabilität, die sich ganz wesentlich von der der Phänomene der inneren psychischen Realität und der äußeren, erlebbaren Realität unterscheidet. Die Ausprägung dieses dritten Bereiches kann je nach dem Ausmaß realer Erfahrungen äußerst gering oder sehr groß sein." (Hervorhebungen im Original)

69 Siehe zu dieser immer wiederkehrenden Formulierung als Ausdruck für die „normale" Entwicklung des Menschen z.B. Winnicott (1997), 313.
70 Winnicott (1997), 301.
71 Winnicott (1997), 316.
72 Winnicott (1997), 315.
73 Winnicott (1997), 316.

und ihr keinen eigenständigen Einfluss oder eigene Aktivität zuspricht.[74] Weder wird diese ausschließlich realwissenschaftlich definiert, wie Freud das tat, oder mit einer außermenschlichen, göttlichen Wirklichkeit in Verbindung gebracht, wie die theologische Annahme lauten würde, noch wird ihr eine eigene energetische Kraft zugeordnet, die als „selbsttätig wirksame Natur" aufzufassen wäre, wie das bei Jung der Fall war.[75]

Methodisch geht Winnicott in seiner Argumentation dabei so vor, dass er die „äußere Realität" in seinen Formulierungen mit sozialkonstruktivistischen sprachlichen Wendungen einführt und damit die Interpretation des Wesens dieser äußeren Wirklichkeit offen lässt. Die „äußere Realität" wird von Winnicott zunächst und vor allem unter dem Blickwinkel einer „mit anderen geteilten" Realität beschrieben,[76] die „seinen" Menschen jeder Beanspruchung durch ein Weltbild, das mit einer transzendenten Realität außerhalb der menschlichen Wirklichkeitswahrnehmung rechnet oder diese ausschließt, entzieht. Die Frage einer, um einen eigenständigen transzendenten Wirklichkeitsbereich erweiterten Anthropologie wird bewusst offen gehalten. Für eine Religionspsy-

---

74 Winnicott verwendet Begriffe wie „real" oder „Realität" immer wieder mit unterschiedlichen Konnotationen. So wird beispielsweise eine Objekt „real", wenn es zugleich geliebt und gehasst werden kann (Winnicott, 1997, 313). Anderseits muss in der Herausforderung des Kindes zwischen Innen und Außen zu unterscheiden eine prinzipielle „äußere Realität" angenommen werden, deren Verständnis weiter zu fassen ist als lediglich durch die soziale Vermittlung in der Beziehung zur Mutter bedingt. So spricht Winnicott auch von der „Beziehung zur äußeren Realität" oder der Notwendigkeit, sich einen „Begriff von der äußeren Realität" zu machen: Die Anpassung der Mutter an das Kind müsse am Anfang vollkommen sein – und „wenn sie das ist, kann der Säugling beginnen, die Fähigkeit zu entwickeln, eine Beziehung zur äußeren Realität zu erleben oder sich einen Begriff von der äußeren Realität zu machen." (Winnicott, 1997, 313). In eine ähnliche Richtung weist auch der von Winnicott gelegentlich formulierte Gedanke der Notwendigkeit einer Beziehung zwischen dem Kind und „der Welt" – siehe z.B. Winnicott (1997), 317: „Im Kleinkindalter ist dieser Zwischenbereich erforderlich, damit sich eine Beziehung zwischen dem Kind und der Welt anbahnen kann (...). Wesentlich für dies alles ist die Kontinuität (in der Zeit) der äußeren emotionalen Umwelt und bestimmter Elemente der physikalischen Umwelt, z.B. der Übergangsobjekte oder Objekte."

75 Siehe zur kritischen Analyse der so genannten „Ontopsychologie", wie sie z.B. von Jung konzeptualisiert wurde, Heine (2000a).

76 Winnicott betont diesen Umstand an mehreren Stellen – insbesondere noch einmal in seiner Zusammenfassung, indem er durch einen Hinweis in Klammer den Begriff der „äußeren Realität" ausdrücklich definiert als die „mit anderen geteilte" Realität (Winnicott, 1997, 319). An anderer Stelle wird als Minimaldefinition für die äußere Realität die Formulierung eingeführt: „die Außenwelt, wie sie von zwei Menschen gemeinsam wahrgenommen wird"; im vollen Zitat heißt es: „Es (sc. das Übergangsobjekt) verliert seine Bedeutung (...), weil die Übergangsphänomene verstreut, über das ganze Zwischenterritorium zwischen der ‚innerseelischen Realität' und ‚der Außenwelt, wie sie von zwei Menschen gemeinsam wahrgenommen wird' ausgebreitet worden sind, d.h. über das Gesamtgebiet der Kultur." (Winnicott, 1997, 306).

chologie stellt diese Art der Selbstbeschränkung Winnicotts einen nicht zu unterschätzenden Qualitätsvorsprung dar; denn der Bereich der Religion wird damit der Erforschung auf einer Ebene zugänglich, die ihn anthropologisch einschließt, ohne ihn von vornherein zu qualifizieren oder auf die menschliche Wirklichkeit zu reduzieren. Sowohl Psychologie als auch Theologie können sich in dieser Anthropologie Winnicotts wiederfinden und den Dialog in dem Wissen um die grundsätzliche Akzeptanz ihrer jeweiligen Optionen aufnehmen.[77] Winnicotts Art des methodischen Offen-Haltens der Wahrheitsfrage lässt für die Gratwanderung zwischen „methodischem Atheismus" und theologischer Ontologie eine Dialog-Perspektive in Greifweite rücken, die nicht nur Phänomenen wie Religion oder Glaube gerecht zu werden vermag, sondern auch eine für alle Seiten akzeptable religionspsychologische Untersuchung der heiklen Frage der Gottesbeziehung selbst in den Blick kommen lässt.

Das hier angelegte Analysekriterium hinsichtlich der ontologischen Prämissen ermöglicht es, die schmale Grenze, an der Winnicott sich aus religionspsychologischer Sicht bewegt, wahrzunehmen, welche die Diskussion um den Realitätsbegriff so dringlich macht[78] und immer wieder

---

77 Siehe z.B. Neubaur (1987), 68, die in Winnicotts Anthropologie gegenüber Freud einen „neuen Sinn für die Äußerlichkeit" gegeben findet und feststellt: „Was auftaucht, ist der Sinn der Externalität als unvergänglicher Tatsache des Lebens"; weiters konstatiert sie: „Als Fluchtpunkt der psychoanalytischen Entwicklung wäre also die Rückkehr der ‚Wirklichkeit' zu sehen", und sieht damit die klassische Religionskritik Freuds als endgültig überwunden an: „Will man diesen Gedanken ins Theologische wenden, so bedeutet dies: das klassische Muster einer psychoanalytischen Religionskritik aufgeben, welche die ‚absolute Wirklichkeit', also Gott, auf Introjekte und Projektionen wie Vater und Mutter reduziert." Wahl (1994), 230, urteilt ebenfalls: Mit diesem neuen Realitätsgefühl von ‚self-with-other' im freudigen Schock des Andersseins, mit der ‚Übergangs-Erfahrung' und dem ‚Objektgebrauch' ist Winnicott sowohl Freuds kulturellem Realitätsprinzip wie den introjektiv / projektiven Dramen Kleins *ontologisch* überlegen (...). Wenn aber die wirklich entscheidenden Prozesse noch weit fundamentaler sind als Internalisierung und Projektion, dann ist die klassische psychoanalytische *Religionskritik* faktisch aufgehoben (...)." (Hervorhebungen im Original)
78 Vgl. dazu auch die Stellungnahme des Psychiaters und Psychoanalytikers Stanley A. Leavy (1990), der sich in seinem Artikel „Reality in Religion and Psychoanalysis" mit der Frage des Realitätsbegriffes auseinander setzt und Winnicotts diesbezügliche Bemühungen würdigt. Er stellt am Beginn seiner Überlegungen fest, dass auch bei methodischer Sistierung der Wahrheitsfrage ein Begriff von Wirklichkeit von Seiten der Psychoanalyse vorausgesetzt wird, der die subjektive Wirklichkeit von einer äußeren Wirklichkeit unterscheidet, auch wenn diese unterschiedlich interpretiert wird (47). Seine Grundthese lautet, dass für einen seriösen und neuen Umgang mit der Frage des Glaubens an Gott von Seiten der Psychoanalyse sowohl in der therapeutischen Praxis als auch in der Wissenschaft unter gegenseitigem Respekt schlicht offen gelassen werden müsse, welcher Realitätsstatus irgendeinem religiösen Glauben oder einer anderen Weltanschauung zukomme und wer für seine Weltanschauung das größere Recht beanspruchen könne. Dies sei unter anderem auch das spezielle Verdienst Winnicotts gegenüber Freud, dass er begonnen habe, die Religion als mögliche menschliche Beziehungsform zur Wirklichkeit in die psychoanalytischen Überlegungen einzubeziehen:

zu grundlegenden gegenseitigen Missverständnissen führt. So kann Winnicott von einzelnen Autoren ebenso sehr verdächtigt werden, die Religion wieder ganz in die psychische Wirklichkeit zu verlagern und damit die Religionskritik Freuds in raffinierterer Form weiter zu betreiben,[79] wie andere bei Winnicott eine verdeckte Theologie identifizieren zu können meinen.[80] Denn die Versuchung wäre beispielsweise nahe liegend, in der anthropologischen Notwendigkeit des Übergangsraumes einen Hinweis auf die Notwendigkeit von Religion zu vermuten oder letztere gar darin begründet zu sehen. Darüber hinaus könnte das Theorem Winnicotts vom „Ruheplatz", der „für das Individuum vorhanden sein muss",[81] oder dem Möglichkeitsraum, der für den Einzelnen „etwas Geheiligtes" darstellt,[82] vorschnell als Hinweis auf einen Transzendenzbezug in einem theologischen Sinn interpretiert werden. In der Tat finden

---

„Advances such as these have facitlitated our understanding of religion within the bounds of our science" (55). Winnicott selbst bemerkt dazu: „Das Problem (sc. „von Kreativität als Tönung der gesamten Haltung gegenüber der äußeren Realität") wird undurchsichtig, weil das Ausmaß der Objektivität, mit der wir rechnen, wenn wir im Einzelfall über äußere Realität sprechen, unterschiedlich groß ist. Objektivität ist in gewissem Umfang ein relativer Begriff, weil objektiv Wahrgenommenes per Definition in gewissem Maß subjektiv Erfasstes ist." (Winnicott, 1973, 78)

79 Siehe z.B. Richardson (1992) der vermutet, dass man es im Blick auf das religionskritische Erbe Freuds bei Winnicott und anderen Autoren lediglich mit einer raffinierteren Form der prinzipiellen Religionskritik zu tun habe„But when all is said and done, after Winnicott gets finished talking about ‚inside'/'outside', is this ‚outside' genuinely transcendent to this ‚inside', or simply its outer edge? In other words, we have seen how Meissner, following Winnicott, legitimates religious language, but, if we go this route, is there any way to talk about God as genuinely transcendent? Or do we simply have a more sophisticated manner to talk about subjective experience in religious terms with a little more self-respect than Freud's conception allows" (Richardson, 1992, 430). Demgegenüber fordert Richardson von der Religionspsychologie, zu einer möglichen außerseelischen Wirklichkeit Stellung zu nehmen und den Realitätsstatus Gottes mittels einer eigenen Kategorie des „Realen" abzuklären. Vgl. zur prinzipiell religionskritischen Dimension der Psychoanalyse auch Winkler (1987) und Winkler (1995), 1–9, wo allerdings die Zumutung an die Religion bzw. die Theologie vor allem darin gesehen wird, dass die von ihrer Seite behauptete Existenz Gottes religionspsychologisch betrachtet immer ebenso in Frage stehen wird wie die gegenteilige Behauptung der Unmöglichkeit der Existenz Gottes.

80 Siehe z.B. Schlauch (1990), 59, der bei Winnicott eine verdeckte Theologie identifiziert, die nach seinem Urteil dann bei Meissner, McDargh und Rizzuto zur Entfaltung gekommen sei: „It is obvious that Winnicott did not set out to write a ‚theology' of any sort, and that he did not develop a theory of God. Nonetheless, it has also become increasingly clear, following Meissner, Rizzuto and McDargh, that his concept of transitional object lends itself to the religious and theological imagination."

81 Siehe Winnicott (1997), 302: „Es (sc. der Zwischenbereich des Erlebens) ist ein Bereich, der nicht in Frage gestellt wird, denn er begründet seinerseits keinen Anspruch, es sei denn den, dass er als Ruheplatz für das Individuum vorhanden sein muss, wenn es mit der lebenslänglichen Aufgabe beschäftigt ist, die innere und die äußere Realität getrennt und dennoch miteinander verknüpft zu halten."

82 Winnicott (1973), 119.

sich – wie noch zu zeigen sein wird – in der Rezeption Winnicotts die unterschiedlichsten Spielarten der Umgewichtung oder Vereinseitigung seines Balance-Aktes zugunsten theologischer oder krypto-theologischer Stellungnahmen.

Es liegt auf der Hand, dass der objektbeziehungstheoretische Ansatz Winnicotts für die Bereiche der Religions- und Pastoralpsychologie hoch relevante Anknüpfungspunkte bietet und zum Dialog geradezu einlädt. Umso bemerkenswerter erscheint die Tatsache, dass im deutschsprachigen Raum erst etwa vierzig Jahre nach dem hier referierten Vortrag Winnicotts Thesen aufgenommen und für den theologischen Bereich fruchtbar gemacht wurden. Einige markante Beispiele sollen im Folgenden kurz zu Wort kommen. Bereits Ende der 1980er Jahre wurden seine Beiträge zur psychoanalytischen Theoriebildung von der religionspsychologisch interessierten Ana-Maria Rizzuto aufgegriffen, die durch ihre Studie „The birth of the living God"[83] in Winnicotts Konzept die „Geburt" der Gottesbeziehung zu verorten trachtete und aus psychoanalytischer Sicht Impulse für eine neue Sicht der Entstehung und der besonderen Qualität des persönlichen Gottesbildes von Menschen lieferte.

4.4 Die Rezeption Winnicotts in der deutschsprachigen Pastoralpsychologie

Da die grundsätzliche Auseinandersetzung und Bezugnahme auf die Theoriebildung Winnicotts in der deutschsprachigen Pastoralpsychologie nach wie vor eher eine Ausnahmeerscheinung darstellt und die amerikanische Literatur im Zusammenhang des nächsten Kapitels noch ausführliche Berücksichtigung findet, sollen im Folgenden vor allem vier deutschsprachige Veröffentlichungen zu Wort kommen, die sich jeweils mit unterschiedlichen Themenbereichen der Praktischen Theologie beschäftigen und an denen die Tragweite der winnicottschen Thesen deutlich wird. Heribert Wahl wird insofern ausführlicher diskutiert, als an seiner Arbeit zu „Glaube und symbolische Erfahrung"[84] die Chancen und Schwierigkeiten einer konzeptionellen Bezugnahme auf die Objektbeziehungstheorie von theologischer Seite am signifikantesten greifbar werden. Hans-Günter Heimbrock beschäftigt sich mit dem Gottesdienst als „Spielraum des Lebens",[85] Wolfgang Drechsel mit dem Thema „Pastoralpsychologische Bibelarbeit",[86] und Sabine Bobert-Stützel schließlich

---

83 Rizzuto (1979).
84 Wahl (1994).
85 Heimbrock (1993).
86 Drechsel (1994).

setzt sich für ein Verständnis der „Frömmigkeit als Symbolspiel" ein.[87] Neben diesen grundlegenden Arbeiten zur Pastoralpsychologie sei an dieser Stelle auch auf Ellen Stubbe hingewiesen, die Winnicotts Übergangsraum-These für einen pastoralpsychologischen Zugang zum Thema „Engel" fruchtbar macht.[88]

Heribert Wahls detail- und kenntnisreiche Arbeit will für dessen praktisch-theologische Symboltheorie vor allem die symboltheoretischen Impulse Winnicotts fruchtbar machen. Wahls erklärtes Anliegen besteht darin, der Praktischen Theologie für ihren Symbol-Diskurs einen „psychoanalytisch-anthropologischen Unterbau" zu verschaffen, „ohne den die Symbolrede in der dünnen Luft noch so ‚richtiger' theologischer Sätze über symbolische Gehalte, ihre ‚Ambivalenz' etc., hängen bleibt und leicht ideologischen Charakter annimmt"; die Theologie müsse damit ernst machen, „dass sie mit dem Gebrauch des Symbolbegriffs von einer spezifischen Gestalt von Erfahrung spricht, die nicht plausibel zu machen ist, ohne die Genese und damit die humanspezifischen Voraussetzungen und Umgestaltungen dieser Erfahrungsstruktur zu kennen".[89] In seiner eigenen anthropologischen Positionierung geht Wahl von einer „relationalen Grundfigur des Lebens" aus, nach der er auch seine Symboltheorie „modellieren" will.[90] Wahls Vorhaben richtet sich auf die Suche nach „Elementen und Ansätzen in der modernen Psychoanalyse und anderer Kulturwissenschaften", die dem „theologischen Praxisinteresse kritisch dienen" könnten.[91] Durch eine Übertragung der Erkenntnisse auf dem Weg der Analogie will er den Dialog mit der Psychoanalyse fruchtbar machen, ohne durch direkte Rückschlüsse die Grenzen der jeweiligen Fachbereiche zu überschreiten. Ein wesentliches Element für

---

87 Bobert-Stützel (2000).

88 Stubbe (1995). Die Beschäftigung mit dem Thema Engel kann als Desiderat praktisch-theologischer Forschung angesehen werden. Insofern ist Stubbes Arbeit in besonderer Weise zu würdigen und zeigt gleichzeitig, dass Winnicotts Impulse bisher schwer zu erfassende Themenbereiche der Pastoralpsychologie auf neue Weise zugänglich machen. In der konkreten Durchführung ihrer Argumentation berücksichtigt Stubbe die Grenze zwischen Psychologie und Theologie jedoch nicht immer in hinreichender Weise. Stubbe will die Ergebnisse der Psychologie im Sinne Pannenbergs „theologisch in Anspruch nehmen" (115) und gelangt über die Einbeziehung der Archetypenlehre Jungs (128–134) zu einem undifferenzierten Wirklichkeitsbegriff, der bei der „Lesung" von Beiträgen der Systematischen Theologie aus der Sicht Winnicotts (siehe z.B. 260–265) mehrfache Kategorienwechsel nach sich zieht.

89 Wahl (1994), 85.

90 Wahl (1994), 86: „Anthropologisch gehe ich aus von der bleibenden Bedürftigkeit und Angewiesenheit des Menschen auf ihm entsprechende, zu ihm passende (Selbstobjekt)Beziehungen und entwickle diese relationale Grundfigur des Lebens im Gespräch mit der neueren Psychoanalyse, um eine Symboltheorie grundzulegen, die nach dieser Figur modelliert ist."

91 Wahl (1994), 18f.

die angestrebte pastoralpsychologische Fundierung findet Wahl in Winnicotts Beitrag zu einer psychoanalytischen Kultur- und Symboltheorie gegeben. Während er in Kohuts Selbstpsychologie noch eine „autozentrische" Perspektive feststellt, die das „widerständige Andere" aus dem Blick verliert,[92] biete Winnicotts Anthropologie eine die Selbstpsychologie ergänzende und vervollständigende Blickrichtung an. Winnicotts Beitrag wird gerade in der „ontologischen Überlegenheit"[93] seiner Theoriebildung durch die Aufrechterhaltung der dialektischen Spannung zwischen „Subjektivierung" und „Objektivierung" des Symbolischen[94] gewürdigt. Winnicotts Symbolbegriff, der die Differenz beinhaltet, dass etwas Reales nicht das ist, was es symbolisch repräsentiert, entspreche „konstitutiv" dem von Wahl intendierten Symbolbegriff[95] – wenn er auch einschränkt, dass Winnicott die wiederum bei Kohut mit seiner Selbstobjekt-Matrix ausgearbeitete „früheste Differenzierungsleistung des Kindes" zu wenig berücksichtige und noch an einer „totalen symbiotischen Verschmelzungseinheit zwischen Mutter und Kind" festhalte, was dessen Thesen zu den kulturellen Phänomenen unscharf und verschwommen erscheinen lasse.[96] Wahl entdeckt in Winnicotts Anthropologie eine „triadische Grundstruktur" vorgezeichnet,[97] die seines Erach-

---

92 Wahl (1994), 98f.
93 Wahl (1994), 230.
94 Wahl (1994), 186: „Der Einwand eines subjektiven Aktualismus in dieser Fassung symbolischer Erfahrung prallt daran ab, dass Winnicott gerade am Pol des notwendig vorgegebenen ‚Objektiven' festhält. Doch ist es vermutlich das schwer Aushaltbare an diesem so wenig festzulegenden, ‚schwebenden' ‚Zwischen'-Zustand und -Bereich, das zu allen Zeiten dazu geführt hat, das Symbolische in Kunst wie in Religion, in kreativen Beziehungen wie in der sozialen Praxis von Gruppen zu *vereindeutigen* und ihm eine klare Position, einen festen Platz auf einem der beiden Spannungspole zuzuweisen, ‚zwischen' denen es doch nur sich entfalten und leben kann – sei es durch radikale *Subjektivierung* (und damit Privatisierung), sei es durch klare *Objektivierung* (und damit Verdinglichung). So wird diese prekäre ‚Interposition' als Strukturmerkmal des Symbolischen, wie es Winnicotts kreative Verwendung der Psychoanalyse artikuliert, in den weiteren Durchgängen der Suche nach der Gestalt des Symbolischen in immer neuen Nuancierungen und Beleuchtungen aufscheinen." (Hervorhebungen im Original)
95 Siehe Wahl (1994), 173.
96 Siehe Wahl (1994), 176f. Wir können diese Kritik nur begrenzt teilen, da Winnicott in der großen Zeitspanne seiner Veröffentlichung hierzu unterschiedliche Bemerkungen macht – letztlich kann Winnicotts Stellungnahme gelten: „Ich nehme diesen wichtigen Erfahrungsbereich (sc. dritter Bereich, Bereich des Spieles) im Spannungsbereich zwischen dem Einzelnen und der Umwelt an, der ursprünglich das Kind mit der Mutter verbindet und es gleichzeitig von ihr trennt (...)" (Winnicott, 1973, 119).
97 Wahl (1994), 189: „*Erfahrbar* wird diese triadische Grundstruktur, die potentiell schon da sein muss, für das Selbst allerdings erst ‚im Verlauf' der Entwicklung: in der symbolischen Erfahrung selber! Sie erfolgt als *nicht* im Zug einer *Verinnerlichungsbewegung*. Gerade umgekehrt tritt in der symbolischen Transformation des Übergangs-Zustandes das deutlich hervor und wird erfahrbar und auch ausdrückbar, woraus das potentielle Subjekt (das virtuelle Selbst)

tens auch die therapeutische Praxis nach Winnicott bestimmt.[98] Die „Phasen förderlicher Ich-Beeinflussung im psychoanalytischen Prozess" meint er in der Folge zum Beispiel „drei strukturellen Grundelementen" pastoralen Handelns zuordnen zu können:[99] Der primären Selbstobjekt-Erfahrung von „holding" entspreche die Erfahrung des liturgisch-rituellen Rahmens und der „Koinonie als Lebensraum", dem kreativen Spielen im illusionären Übergangs-Raum entspreche die „Freiheit von zwanghaften Ritualismen" u.Ä. im kirchlich-pastoralen Umgang „mit mündigen Subjekten ihres Glaubens", der Erfahrung des Selbst und der Erweiterung des Selbstgefühls entspreche „das legitime Moment des Religiösen", das mit Schleiermacher als Gefühl schlechthinniger Abhängigkeit zu verstehen sei.

Wenn Wahl in seinem Dialog mit der Psychoanalyse auch sehr darauf bedacht ist, die psychoanalytischen Theorien in ihrer Eigenständigkeit wahrzunehmen und höchstens eine Analogie zu theologischen Anschauungen herzustellen,[100] so drängt sich letztlich doch die Frage auf, ob die aufgefundenen Entsprechungen nicht dem erkenntnisleitenden theologischen und pastoralen Interesse nachgeordnet sind. Dies wird bereits deutlich, wenn Wahl in einer ersten Zusammenfassung seiner Ergebnisse aus Winnicotts Beitrag zur Symboltheorie unter anderem feststellt, dass der kreativen Subjektseite des symbolischen Prozesses die „Notwendigkeit des Symbol-Angebots, der *Sinn-Vorgabe* von außerhalb des Selbst" korrespondiere.[101] Von Sinn-Vorgabe ist bei Winnicott an dieser Stelle noch nicht die Rede, und ob die direkte Übertragung des Begriffes des Möglichkeitsraumes auf das, was „jesuanisch ‚basileia' heißt",[102] im Dia-

---

zwar immer schon gelebt hat, was es aber nun erst – als aktuales (‚interpretierendes') Subjekt – *symbolisch* erfahren und ausdrücken (*externalisieren*) kann, ohne dass dies eigens reflex bewusst gemacht werden müsste. Indem nämlich das Abwesende, Fehlende und somit Vermisste, Ersehnte und Gewünschte (das es noch nie ‚gab'!) nunmehr psychisch repräsentiert wird, ist die Differenz zum bloß Vorhandenen, Bedürfnisbefriedigenden etabliert; ohne sie gäbe es keine (Be-)Deutung, keinen Sinn, kein Denken und Wünschen. Damit ist die Bedingung kultureller symbolischer Erfahrung überhaupt gesetzt."

98 Wahl (1994), 92.
99 Siehe Wahl (1994), 192f. Vgl. zu der von Wahl immer wieder aufgefundenen „triadischen Grundstruktur" z.B. auch Wahl (1994), 232.239.240
100 Vgl. z.B. Wahl (1994), 231: „Für eine christliche Theologie kann es zwar keinen direkten, identifizierenden Überstieg von einer solchen Fundamental*psychologie* (sensu Winnicott und Bion) zur Fundamental*theologie* geben, wohl aber eine fundamentaltheologische – und das heißt auch: *symboltheologische* – Reflexion der von der neueren Psychoanalyse angebotenen *Analogie* der Selbstobjektbeziehungs-Geschichte und ihrer symbolischen Transformation." (Hervorhebungen im Original)
101 Siehe Wahl (1994), 166. (Hervorhebungen im Original)
102 Siehe Wahl (1994), 193, in einer seiner analogen Übertragungen winnicottscher Erkenntnisse in den theologischen Bereich: „Offen bleibt dieser Möglichkeitsraum, der jesua-

log zwischen Psychoanalyse und Theologie haltbar ist, wäre zu hinterfragen. Allerdings bringt Wahl im Epilog, in dem er vorsichtig die Möglichkeit eines Gotteserweises aus der „inneren Analogie-Struktur der symbolischen Erfahrungspraxis (...) wie sie hier entwickelt wurde" in Erwägung zieht, die eben gestellte Frage auch selbstkritisch zum Ausdruck.[103] Auch der Wunsch, sich mit den eigenen Anschauungen und Prämissen im anderen wieder zu finden, kann die Qualität des Dialoges beeinträchtigen. Insgesamt muss aber Wahls Bemühung, eine praktisch-theologische Symboltheorie mit kritischem Potential sowohl gegenüber dem theologischen Praxisinteresse als auch gegenüber dem humanwissenschaftlich teilweise vereinfachten Gebrauch des Symbolbegriffs zu entfalten, gewürdigt werden.[104] Darüber hinaus hat Wahl die Fruchtbarkeit eines Dialogs mit Winnicotts objektbeziehungstheoretischen Thesen in seinem Werk eindrucksvoll demonstriert.

Hans-Günter Heimbrock nützt das Gespräch mit Winnicott zur Entfaltung seines Verständnisses des Gottesdienstes als „Spielraum des Lebens".[105] Neben den theologischen Theorien zum Gottesdienst will er vor allem anthropologische Fragestellungen diskutieren und das religiöse Ritual von Menschen auch im Kontext alltäglicher Ritualisierungen „als symbolisch bedeutsames Handeln" untersuchen.[106] In Auseinanderset-

---

nisch ‚basileia' heißt, nur im Symbol, verstanden als Abbreviatur für die gesamte Beziehungskonfiguration ‚zwischen' mir als *virtuellem Selbst* (des Glaubens) bzw. als *Subjekt des Wünschens und Begehrens* einerseits und dem *mütterlich-väterlichen Selbstobjekt-Gott Jesu* andererseits, d.h. auch zwischen *der Erfahrung seiner Selbst-Objekt-Funktion für mich und* seinem Selbst-Sein als Person und Subjekt (theologisch: der erste Glaubensartikel), das – trinitarisch gesehen – in der soteriologischen Selbstobjekt-Funktion nicht aufgeht, gleichwohl absolut notwendige Voraussetzung meiner Selbst-Konstitution und Selbst-Entwicklung als Glaubender ist. Zugleich will dieser Gott in seinem Selbstobjekt-Sein auf mich als freien Partner und Cooperator angewiesen sein (vgl. 1 Kor 3,9; 15.10)." (Hervorhebungen im Original)

103 Siehe Wahl (1994), 615: „Zuletzt ist es für den Autor, der in diesem Schlusswort selber zurückschaut, nicht mehr auszumachen, ob nicht unterschwellig die christologische, pneumatologische und trinitarische Figur des Glaubensdenkens (und darin dessen emotionale und symbolische Erfahrung) ihm die praktisch-theologische Entdeckung der Selbstobjekt-Figur in der modernen Psychoanalyse überhaupt erst ermöglicht hat: Auch sie musste (im Sinne des symboltheoretischen Paradoxons nach Winnicott) einerseits schon vorgegeben sein, sozusagen ‚kulturell herumliegen', um für die Praktische Theologie erfunden und kreativ gebraucht werden zu können."
104 Siehe den von Wahl (1994), 18f. formulierten Anspruch.
105 Heimbrock (1993).
106 Heimbrock (1993), 8. Heimbrock (1993), 8f. stellt fest: „Es erscheint mir sinnvoll danach zu fragen, wie Gottesdienste als Rituale nicht nur einen Lernraum, sondern auch einen anthropologisch bestimmbaren innerpsychischen und interaktiven Spielraum anbieten, in dem Menschen innere Erfahrungen und kollektive Deutungsvorgaben für diese Erfahrungen miteinander in Beziehung bringen können. Denn dann kann man im theologischen Interesse weiter fragen, wie christlicher Gottesdienst als liturgisches Spiel die Menschen nicht nur auf Vorstellungen ihrer Vergangenheit und ihrer Vorfindlichkeit festlegen möchte, sondern in-

zung mit den Thesen Winnicotts vom Übergangsobjekt und dem intermediären Raum entfaltet Heimbrock sein Konzept von der „spielerischen Transzendierung des Alltags"[107] im Gottesdienst, in dem der einzelne Bedeutsamkeit entdecken und entwickeln kann, und ihm auf diese Weise liturgische Feiern zum „Erfahrungsraum evangelischer Freiheit" werden.[108] Einen Schwerpunkt legt Heimbrock dabei auf das Charakteristikum des Findens und Erschaffens in der Übergangsraumerfahrung. Denn der Mensch solle nicht nur „Ja und Amen" sagen, „sondern gerade zu persönlicher authentischer Einstimmung in die Wahrheit des ‚ganz anderen' motiviert werden".[109] Exemplarisch wird diese Dimension in Auseinandersetzung mit der Lehre vom Abendmahl zur Geltung gebracht und im Spannungsverhältnis der Auffassungen zwischen „Wiederholung" und „kreativem Akt" herausgearbeitet, dass auch die Dogmatik den Menschen nicht nur als Empfänger der Gabe Gottes bestimmt, „sondern auch hinsichtlich der die Realität übersteigenden ‚kreativen Wahrnehmung' im Sinne Winnicotts aussagekräftig ist".[110] Durch Berücksichtigung der psychodynamischen Voraussetzungen menschlichen Ritualerlebens könne der Gottesdienst schließlich seine verändernde Kraft entfalten und sowohl persönlich und lebensgeschichtlich bedeutsame Teilhabe an der theologisch vorausgesetzten Wirklichkeit Gottes ermöglichen als auch in praktisch-theologischer Hinsicht neu als „darstellendes Handeln" der Freude über Gottes Befreiung verstanden werden.[111]

Heimbrocks Anliegen der Aufnahme humanwissenschaftlicher Kategorien in die theologische Beschreibung des religiösen Rituals als wichtigem Lernprozess für eine Theologie des Gottesdienstes[112] weiß sich einer „kritisch-kooperativen" Haltung verpflichtet.[113] Winnicotts Theorie vom Übergangsobjekt und dessen anthropologische Formulierung des Kreativitätsbegriffs dienen Heimbrock vor allem dazu, die Perspektive

---

wiefern er auch Spielraum zum freien Umgang mit Gottes Bildern von zukünftigen humanen Möglichkeiten anbietet."
107 Heimbrock (1993), 56.
108 Heimbrock (1993), 52.
109 Heimbrock (1993), 53.
110 Siehe Heimbrock (1993), 53–57.
111 Siehe Heimbrock (1993), 57–59. Heimbrock (1993), 59, konstatiert: „Gottesdienst und andere kirchliche Rituale werden ihre verändernde Kraft in dem Maße erfahrbar vermitteln, in dem es gelingt, ‚liturgisches Spiel' (E. Lange) auch als freies Spiel zwischen ‚innen' und ‚außen' im Sinne des ‚intermediären Raumes' zuzulassen. Auch liturgische Gestaltung des Abendmahls kann dazu verhelfen, neue symbolische Wirklichkeit, ‚Traumzeit-Erfahrung' zu erschließen, mit Worten, mit Tönen, mit Gesten, und mit Blicken."
112 Siehe Heimbrock (1993), 25.
113 Siehe Heimbrock (1993), 8.

der „inneren Interaktion" des symbolischen Handelns im Gottesdienst begrifflich zu fassen[114] und wichtige anthropologische Hinweise für das theologische Verständnis gottesdienstlicher Vollzüge im Spielbegriff zu erhalten.[115] Im Unterschied zu Heribert Wahls Versuch, Theologie und Objektbeziehungstheorie in grundsätzlicher Weise miteinander ins Gespräch zu bringen und von daher neue Impulse für das Symbol-Verständnis zu erarbeiten, beschränkt sich Heimbrock jedoch im Wesentlichen auf die Verwendung winnicottscher Denkkategorien zum Zweck der argumentativen Untermauerung seiner Thesen hinsichtlich der psychischen Innenseite menschlicher Ritual-Erfahrung. Dabei wird die objektbeziehungstheoretische Sichtweise nach Winnicott trotz eines grundsätzlichen Problembewusstseins teilweise vorschnell mit theologischen Begriffen in Beziehung gesetzt und argumentativ auf die psychologische Bestätigung theologischer Vorentscheidungen beschränkt.[116] In ihrer Valenz und Reichweite als kritischer Gesprächspartner für die Theologie auf Basis der Prämissenfrage werden Winnicotts Thesen nur ansatzweise erkannt[117] ohne im weiteren Verlauf der Ausführungen

---

114 Siehe Heimbrock (1993), 46: „Symbolisches Handeln von Menschen im Ritual des Gottesdienstes besteht aber nicht nur aus dem interaktiven Wechselspiel mehrer Handlungspartner, sondern verschränkt damit auch aus ‚innerer' Kommunikation. Die Liturgie kann – im geglückten Fall – Anstoß zum inneren Dialog werden, bei dem Symbolangebote und persönliche Erfahrung in ein kreatives Wechselspiel treten. Die oben skizzierte interaktive Ebene des Verstehens von Ritualen muss, ohne Gottesdienst psychologistisch reduzieren zu wollen, auch innere Interaktionen einbeziehen".

115 Siehe Heimbrock (1993), 46f.: „Hier (sc. bei Winnicott) wird inneres Spiel mit Symbolen empirisch und lebensgeschichtlich genauer beschrieben. Damit erbringt dieser Exkurs in eine moderne Religionspsychologie zugleich wichtige anthropologische Hinweise für das theologische Verständnis gottesdienstlicher Vollzüge im Spielbegriff. Und im Lichte dieser Theorie kann die transformatorische Bedeutung von Ritualen erfahrungswissenschaftlich näher bestimmt werden."

116 Heimbrock (1993), 52f., verweist zunächst auf das Problem des Realitäts-Begriffes, stellt aber in der Folge eine direkte Verbindung zwischen „religiösen Ritualen" im Allgemeinen, dem „christlichen Gottesdienst" im Besonderen und der „psychologischen" Übergangsraum-Erfahrung her. Der Argumentationsgang bleibt auf die Feststellung beschränkt: „Damit steht Ritualerfahrung psychologisch gesehen, in Beziehung zur Ich-Entwicklung; Rituale können eine Funktion dabei übernehmen, indem sie symbolischer Ausdruck für das Gewahrwerden der Grenzen der Verfügungsmacht des Ichs werden. Diese anthropologisch-psychologische Analyse ist für einen handlungstheoretischen Zugang zur Liturgiewissenschaft bisher noch nicht genügend ausgewertet worden. Das soeben allgemein vom religiösen Ritual Gesagte gilt in besonderer Weise vom christlichen Gottesdienst, insofern seinem Anspruch nach Menschen dort nicht nur Ja und Amen sagen sollen, sondern gerade zu persönlicher authentischer Einstimmung in die Wahrheit des ‚Ganz anderen' motiviert werden sollen". Vgl. auch die Parallelisierung des „Leidengeschehens" als Inhalt der „christologischen Zentralsymbole" des Gottesdienstes mit Winnicotts Überlegungen zur pathologischen Problematik eingeschränkter Kreativität in der Welterfahrung bei Heimbrock (1993), 51.

117 Vgl. z.B. Heimbrock (1993), 52: „Ich denke, dass von Winnicotts Ansatz her mit ‚Illusion' und ‚Realität' zugleich das Hantieren mit dem Wort ‚Projektion' überdacht werden

strukturell-anthropologisch oder inhaltlich, z.B. in der Frage von Gottesdienst und Magie,[118] fruchtbar gemacht werden zu können.

Wolfgang Drechsel geht es um die Entwicklung eines Theoriemodells pastoralpsychologischer Bibelarbeit, das er von der Objektbeziehungstheorie Winnicotts her konzipiert und in einem Praxismodell zur Geltung bringt.[119] Als Basis des Gesprächs zwischen Theologie und Psychologie geht Drechsel dabei von einem grundsätzlichen Paradoxon aus, das „die Existenz des Pastoralpsychologen" kennzeichne.[120] Bei allen Konvergenzen, die objektbeziehungstheoretische und theologische Anschauungen enthielten, sei es doch wesentlich, die jeweiligen erkenntnistheoretischen Voraussetzungen zu berücksichtigen, ohne sie gegeneinander ausspielen oder harmonisieren zu wollen.[121] Auf Basis dieser methodischen Klärungen und unter Herausarbeitung des Ungenügens bisheriger Bemühungen um eine tiefenpsychologische Bibelinterpretation unter Bezugnahme auf Freud oder Jung[122] dienen Drechsel Winnicotts Thesen zur Objektverwendung und zur Übergangsraum-Erfahrung als Interpretamente für ein pastoralpsychologisch vertieftes Verständnis biblischer Texte und ihrer erfahrungsbezogenen Auslegung in verschiedenen Formen der Bibelarbeit.[123] Neben der theologischen Dimension des auf die-

---

müsste, und zwar sowohl in mancher Theologie als auch in mancher Psychologie. Bei allem relativen Recht der psychologischen Religionskritik seit Feuerbach, religiöse Vorstellungen seien nichts weiter als das nach außen projizierte menschliche Selbst, macht das Konzept der ‚Übergangsobjekte' auf etwas dabei Übersehenes aufmerksam. Denn dort werden ja gerade psychische Bedingungen und Entwicklungsmodalitäten für den Fall formuliert, ‚dass das Subjekt das Objekt als ein äußeres Phänomen und nicht als etwas Projiziertes wahrnimmt'."

118 Siehe Heimbrock (1993), 125–142.
119 Drechsel (1994).
120 Drechsel (1994), 20.
121 Drechsel (1994), 20.
122 Drechsel (1994), 56–85. Drechsel (1994), 85, stellt fest: Es ist deutlich geworden, „dass die vorgestellten Ansätze von tiefenpsychologischer Bibelinterpretation einem pastoral-psychologischen ‚Verstehen' der biblischen Texte (sowie des Geschehens zwischen Text und Person) in Theorie *und* Praxis nicht genügen können. Die Eigenheit der Texte geht zumeist verloren; sowohl als die sprachliche Deutung, die sie selber sind, wie auch als geschichtliche (und damit auch gegenwärtig-konkrete) und theologische Gestalt, von der sie ihren spezifischen Charakter erhalten. In diesem Sinne muss an dieser Stelle ein *Defizit der tiefenpsychologischen Bibelauslegung* konstatiert werden." (Hervorhebungen im Original)
123 Siehe z.B. Drechsel (1994), 198: „Durch die Tradition ist die Schrift vorgegeben und angeboten als *Anzueignende und Auszulegende*, wobei solcher Schriftgebrauch immer auch *Angeeignetsein und Ausgelegtsein des Subjekts* aus sich entlässt. Ein Gedanke der sich verstehen lässt als ein Angebot die Schrift und ihre Texte als *kollektive Symbole in Sprachgestalt* in Gebrauch zu nehmen, sie zum ‚*Medium*' *unmittelbarer religiöser Erfahrung* werden zu lassen, und die in dieser Erfahrung mitgesetzte Deutung dann sowohl auf den Text wie auch auf das eigene Leben zurückzubeziehen (Textauslegung und Selbstauslegung). Verstehen wir mit Winnicott den Vorgang des unmittelbaren Textgebrauchs als die ‚Verwendung eines Übergangsobjektes', so wird deutlich, dass der Text in seinem Gegebensein als ein kollektives (durch die Tradition

se Weise konzeptualisierten Zuganges zum Textverständnis und zur Textauslegung betont Heimbrock auch die darin implizierte „therapeutische" Qualität, die so zu verstehen sei, dass durch die „Erkundung" und die „Einübung in die leibhaftige Begehbarkeit des intermediären Raumes" gleichzeitig eine Form der „Selbst-Erweiterung" oder „Nachreifung im Blick auf sinnlich-sinnenbezogenes Erleben" eröffnet werde.[124]

Bei aller Würdigung des Bemühens Drechsels um Klärung der Voraussetzungen eines Gesprächs zwischen Theologie und Psychologie[125] bleibt die zugrundegelegte Verhältnisbestimmung „in einer Dialektik von Theologie und Psychologie, die sich entfaltet als eine Dialektik von Theorie und Praxis" doch ungenügend.[126] Methodologisch ausdrücklich der Vorgehensweise Joachim Scharfenbergs in dessen Pastoralpsychologie[127] verpflichtet,[128] bleiben wichtige methodologische und anthropologische Prämissenfragen ungeklärt. Winnicotts Theorie wird in Grundsatzfragen auf den Gedanken des Paradoxon zwischen Finden und Erschaffen reduziert und zugleich als Basis der Begründung von Pastoralpsychologie überhaupt verwendet.[129] Was im Praxiskonzept pastoralpsychologischer

---

vorgegebenes) *potentielles Übergangsobjekt* verstanden werden kann. Er kann aber erst dort seine Entfaltung als Übergangsobjekt finden, wo er zum *Element einer Lebenspraxis* wird." (Hervorhebungen im Original)

124 Drechsel (1994), 346. Drechsel differenziert den Unterschied zwischen Psychotherapie im engeren Sinn und das von ihm intendierte Verständnis des therapeutischen Moments in der Bibelarbeit folgendermaßen: „Verstehen wir nun, mit Winnicott, Psychotherapie als ein ‚Gewinnen von Spielfähigkeit', in der gleichzeitigen Berücksichtigung des Gedankens, ‚dass Spielen an sich schon Therapie ist', so scheint mir damit auch eine angemessene Zugangsform zum Begriff des ‚Therapeutischen' in der Bibelarbeit eröffnet: Wir können das ‚therapeutische Element' der pastoralpsychologischen Bibelarbeit erkennen als eine *Ermöglichung von Spielen* im winnicottschen Sinn. Als eine reflektierte und methodische Form des Erlebbarwerdens schöpferischer Erfahrung im intermediären Raum mit den Texten der Bibel." (346) (Hervorhebungen im Original)

125 Siehe z.B. das Bemühen um Offenlegung des impliziten „Ursprungsmythos" bei Winnicott (Drechsel, 1994, 17–19 und 165–167), die Transparenz in den erkenntnisleitenden Interessen (Drechsel, 1994, 35–37) oder die Fragestellung nach einem angemessenen „Interaktions- und Dialog-Modell" (Drechsel, 1994, 31–33).

126 Drechsel (1994), 21.

127 Scharfenberg (1985).

128 Siehe Drechsel (1994), 38, 202–204, 311.

129 Siehe z.B. Drechsel (1994), 16–21. In Drechsel (1994), 21, stellt dieser fest: „Unter diesen Voraussetzungen müsste sich dann *Pastoralpsychologie* beschreiben lassen: als eine Theorie und Praxis, die (auf der *Annahme* des ihr innewohnenden Paradoxon basierend) sich als ein Spiel entfaltet. Als eine Theorie und Praxis, die sich im dialektischen Prozess der Polaritäten als eine je und je konkrete *vermittelte Unmittelbarkeit* aufbaut und erneuert. (...) *Die Frage nach dem Paradoxon (die auf verschiedensten inhaltlichen und strukturellen Ebenen zum Ausdruck kommt) sowie die Frage nach seiner Annahme (Nicht-Auflösbarkeit) können als ein zentrales Element der vorliegenden Ausführungen angesehen werden. Diese Fragen wollen wir im Folgenden im Blick auf die Entstehung von Bibel-Erfahrung, sowie ihre methodische Vermittelbarkeit verfolgen.*" (Hervorhebungen im Original)

Bibelarbeit als Ausrichtung auf Sinnfindung und Ermöglichung religiöser Erfahrung in der Begegnung mit dem biblischen Text durchaus eine neue methodische und reflexive Qualität konstituiert, erweist sich als generelles „Paradigma" für eine Pastoralpsychologie als problematisch. Auf diese Weise gelingt es weder die Eigenlogik objektbeziehungstheoretischer Psychoanalyse hinreichend zu berücksichtigen,[130] noch den erkenntnistheoretischen Rahmen eines wissenschaftlichen Diskurses im interdisziplinären Bereich zu wahren. Wenn Pastoralpsychologie selbst als paradoxes, intermediäres Geschehen aufgefasst werden soll,[131] so mag dieser Leitgedanke durchaus weiterführende Impulse für die auf Erfahrung ausgerichtete Bibelarbeit bieten, das voraussetzungsbewusste, strukturierte und reflektierte Gespräch zwischen Theologie und Psychologie wird auf diese Weise jedoch unterbrochen bzw. in einen argumentativen Zirkel aufgehoben[132] und begründet weder eine „eigene Psychologie als Pastoralpsychologie"[133] noch weiterführende Impulse für eine paradigmatische Neuorientierung der Praktischen Theologie oder einer Religionspsychologie.[134] Drechsel scheint damit strukturell selbst dem Problem zu erliegen, das er andernorts kritisch betrachtet: Das winnicottsche Interpretationsmodell „verfehlt seinen erfahrungsbezogenen Sinn, wenn es als metatheoretisches Objekt gebraucht wird (...) und nicht als Ermöglichung von Verstehen, das sich über Erfahrung vollzieht".[135]

---

130 Wiewohl im darstellenden Teil Winnicotts Thesen sachkundig referiert werden (Drechsel, 1994, 149–184), kommt der spezifische grundsätzliche Neuansatz der Objektbeziehungstheorie innerhalb der psychoanalytischen Tradition kaum zum Ausdruck und kann in der Folge weder bezüglich des Menschenbildes noch hinsichtlich grundsätzlicher konzeptioneller Aspekte auf breiterer Basis zur Geltung gebracht werden.

131 Vgl. z.B. Drechsel (1994), 50.

132 Der argumentative Zirkel wird überblicksartig in dem Abschnitt „Thesen zum Inhalt der vorliegenden Ausführungen" (Drechsel, 1994, 48–50) greifbar: Das Paradoxon als gedanklicher Fokus wird einerseits direkt aus der Bibelarbeit abgeleitet (vgl. auch Drechsel, 1994, 126), andererseits bei Winnicott aufgefunden, mittels dessen Theorie wiederum die Bibelarbeit begründet werden soll; Winnicotts Theorie selbst wird schließlich mit dem christologischen Paradoxon in Verbindung gebracht. Zur Verknüpfung der Christologie mit Winnicotts Thesen siehe vor allem Drechsel (1994), 29, 181f. und 313.

133 Siehe den Anspruch Drechsels (1994), 311: „In der Übernahme des Winnicottschen Paradigmas wurde dieses aber nicht einfach als ‚Fremdelement' auf die Bibelarbeit appliziert, sondern unter Beibehaltung des hermeneutischen Verstehenszirkels der Psychoanalyse den pastoralpsychologischen Theorie-Praxisbedingungen entsprechend modifiziert, wobei (...) diese Modifikation selbst wiederum Rückwirkungen auf das ursprüngliche Paradigma hat. Insofern können wir hier von einem *dialogischen Geschehen* zwischen Winnicott und Bibelarbeit sprechen, ein Gedanke, der unter anderer Perspektive nun wahrgenommen werden kann als ein Beitrag zur Entwicklung einer ‚eigenen Psychologie' der Pastoralpsychologie, als einer ‚hermeneutischen, einer dynamischen, einer psychohistorischen und zugleich konfliktorientierten Psychologie' (Scharfenberg)." (Hervorhebungen im Original)

134 Vgl. den Anspruch Drechsel (1994), 49 und 314.

135 Drechsel (1994), 181.

Sabine Bobert-Stützel,[136] als jüngstes Beispiel einer Rezeption Winnicotts im Raum der Pastoralpsychologie, will einen „pastoralpsychologischen Beitrag zur evangelischen Frömmigkeitstheorie" auf Basis einer „selbstpsychologisch gewendeten Objektbeziehungspsychologie" und im Dialog mit der „Wort-Gottes-Theologie" anbieten.[137] Sie ist der Ansicht, dass sich Winnicotts Theorie vom Symbolspiel im Zusammenhang mit dessen Religionsverständnis als grundlegend zur Reflexion von Indviduationsprozessen und „des Bedürfnisses nach subjektiven Spielräumen im Umgang mit religiöser Tradition" erweise.[138] Das Verständnis von „Frömmigkeit als Spielen vor Gott" entfaltet Bobert-Stützel anhand der traditionellen evangelischen Frömmigkeitselemente von „oratio", „meditatio" und „tentatio".[139] In konsequenter Berücksichtigung der impliziten relationalen Anthropologie Winnicotts wird dabei Glaube als „Frömmigkeits-Beziehung" definiert und theologisch in den Zusammenhang der „Anredeerfahrung mit Jesu Leben, Sterben und Auferstehen" eingeschrieben.[140] Eine „pastoralpsychologische interaktionale Metapherntheorie" im Sinne von bewussten Übertragungsvorgängen soll einen neuen Zugang zur traditionellen Aszetik ermöglichen und neben dem objektiv vorgegebenen Überlieferungsbestand vor allem die Subjektivität als den „eigentlichen Spielraum" gelebter Religiosität zu berücksichtigen helfen.[141]

In methodischer Hinsicht intendiert Bobert-Stützel eine pastoralpsychologische Konzeptionalisierung der Thematik, bei der Theologie und Psychoanalyse im Modell „der Interaktion zwischen zwei Anderen" aufeinander bezogen werden[142] und Pastoralpsychologie als eine genuin theologische Wissenschaft aufgefasst wird.[143] Der objektbeziehungstheoretische Ansatz, insbesondere die Theoriebildung Winnicotts, wird in ihren „Anwendungsmöglichkeiten" auf „religiöse Sachverhalte" und mit der Eröffnung neuer Verständnis-Perspektiven von religiösen Phänomenen gegenüber dem triebtheoretischen Verstehensmodell der „klassischen" psychoanalytischen Religionspsychologie als Ansprechpartner favorisiert.[144] Die dort gewonnen Erkenntnisse sollen eine „kreative Rekonstruktion" des protestantischen Frömmigkeitserbes ermöglichen

---

136 Bobert-Stützel (2000).
137 Bobert-Stützel (2000), 16.
138 Bobert-Stützel (2000), 17.
139 Siehe Bobert-Stützel (2000), 249–380.
140 Siehe Bobert-Stützel (2000), 249.
141 Bobert-Stützel (2000), 277–302.
142 Siehe Bobert-Stützel (2000), 117f.
143 Siehe z.B. Bobert-Stützel (2000), 19.
144 Bobert-Stützel (2000), 74.

und Kriterien für die „frömmigkeitskritische Absicht" der Arbeit zur Verfügung stellen.[145] Letztere werden vor allem auch in Heinz Kohuts Selbstpsychologie mit seiner Unterscheidung zwischen archaischen und reifen Selbstobjekt-Übertragungen gefunden, dessen Konzept Bobert-Stützel als konsequente Fortführung der Objektbeziehungspsychologie Winnicotts ansieht.[146] Winnicotts spieltheoretische Impulse finden sich schließlich vor allem auch in den Begriffen „Differenzerfahrung" und „Differenztoleranz" fokussiert,[147] die als Kriterien für „reife Frömmigkeitsformen" in Anschlag gebracht werden sollen.[148] Zur psychoanalytischen Theoriebildung werden hierauf theologische Ansätze für eine Theorie von Symbolspiel in eine „spannungsreiche Konvergenz"[149] gebracht,[150] um „Glauben", „Lesen" und „Beten" unter der zentralen Perspektive des „Angefochtensein" einer pastoralpsychologischen Reflexion unterziehen zu können. In der Beschreibung und Einschätzung wesentlicher Inhalte evangelischer Frömmigkeit wird die psychoanalytische Begrifflichkeit als pastoralpsychologischer Verstehenshintergrund durchgängig eingebracht,[151] die theologische Option immer wieder betont.[152]

---

145 Bobert-Stützel (2000), 13f.
146 Siehe Bobert-Stützel (2000), 85–92 und 184–197.
147 Siehe Bobert-Stützel (2000), 171–184.
148 Siehe Bobert-Stützel (2000), 195: „Es ist (...) ein theologisches Anliegen, gegenüber solchen Tendenzen zu differenzverwischenden Archaisierungen der Frömmigkeitsbeziehung an einer *religionskritischen Tradition* festzuhalten, in deren Zentrum die Rede von der Andersartigkeit Gottes steht. Im Dialog mit der Psychoanalyse wäre auf diesem Hintergrund *die Glaubens-Frömmigkeits-Beziehung in den Spielräumen differenztoleranter Selbstobjekt-Beziehungen* anzusiedeln. Gegenüber Freuds totalisierender Religionskritik hält Theologie an der unterscheidenden Rede von reifen Frömmigkeitsformen fest, die sich nicht auf einen Wunschgott (und damit vergöttlichte Wünsche) beziehen, sondern Differenztoleranz aufweisen. Glaube wäre dann als die Kraft verstanden, die Differenz zu Gott und *ein letztes Nicht-Zusammenpassen der eigenen Beziehungswünsche mit Gottes Wünschen* auszuhalten. Er gestaltet sich in einer Frömmigkeit, die auch bereit ist, Gott und Mitmenschen zu tragen, mit Christus in Gethsemane zu leiden, sich um Gottes Namen in der Welt zu sorgen." (Hervorhebungen im Original)
149 Bobert-Stützel (2000), 133.
150 Siehe Bobert-Stützel (2000), 198–254.
151 Siehe z.B. Bobert-Stützel (2000), 274: „Die christliche Erzählung von Kreuzigung und Auferstehung lässt sich in der Perspektive von Winnicott als Übergang von der Objektverwendung zum Objektgebrauch verstehen. Auf dem Hintergrund von Kohuts Narzissmustheorie kann man von einer Reifung *einer archaischen Selbstobjektbeziehung* zu Differenztoleranz und Empathie sprechen" (Hervorhebungen im Original). Siehe z.B. auch den markanten Abschnitt „Die Bibel als mütterliches Objekt" in Bobert-Stützel (2000), 338–340.
152 Siehe z.B. Bobert-Stützel (2000), 371: „Ein pastoralpsychologisches Gebetsverständnis muss über eine psychoanalytische Sicht hinausgehen. Die objektbeziehungs- und selbstpsychologische Sicht des Gebets beschränkt sich auf Aussagen zu *internen Szenen* von Beziehungsrepräsentanzen, die auf Gott übertragen werden. Zwar wird das Gebet damit bereits als ein *relationales* Phänomen reflektiert, doch bleibt der Realitätsstatus von Gott als Relat unbestimmt. Die Theologie hat einer ggf. auf Interaktionen zwischen internalisierten Objektbeziehungsrepräsentanzen reduzierten Sicht entgegenzusetzen: Glaube als *reale* Relation bezieht

Insgesamt ist festzustellen, dass sich die methodisch transparente und reflektierte Arbeit von Bobert-Stützel darauf konzentriert und zugleich beschränkt, psychoanalytische Erkenntnisse für ein vertieftes Verständnis theologischer Zentralbegriffe der Frömmigkeitstradition zu nützen, diese damit in ihrer psychologischen Bedeutsamkeit zu erhellen und zugleich zu kritisieren. Abgesehen von einem Exkurs zu Karl Barths persönlicher „Dialoggeschichte" mit der Psychoanalyse[153] unterbleibt jedoch eine grundlegende Verhältnisbestimmung der anthropologischen Prämissen der Objektbeziehungstheorie zu denen der Dialektischen Theologie, im Kontext derer der Aszetik-Ansatz Bobert-Stützels entfaltet werden soll[154]. Eine Feststellung wie die, dass in der Frage der „Bitte als Grundform christlichen Betens" „das theologische Menschenbild und das Menschenbild der Objektbeziehungs- und Selbstpsychologie in eine enge Beziehung zueinander treten, insofern beide vom Konstituiert-Werden des Menschen durch zugewandte Andere und von einem lebenslangen Angewiesensein auf Personen in solchen tragenden Funktionen ausgehen", erscheint demnach willkürlich und auch in der Sache diskussionswürdig.[155] Darüber hinaus wäre zu fragen, inwieweit beispielsweise ein vorgängig geführter dezidiert religionspsychologischer Diskurs zur Frage des Gebets aus objektbeziehungstheoretischer Sicht für die pastoralpsychologische Grundlegung einer Aszetik dadurch weiterführen würde, dass in einem zweiten Schritt ein reflektierter psychoanalytischer Zugang mit der theologischen Theoriebildung direkt ins Gespräch gebracht werden könnte. Die pastoralpsychologische Option wäre damit bereits mit der Gesprächsintention zu begründen und müsste nicht erst mitten im Argumentationsgang konstatiert werden.[156] Ähnliches gilt für die Frage der Gottesbeziehung, die in der Differenzierung zwischen „Glaubensbeziehung", in der „das konstitutive Handeln Gottes am Menschen" mit-

---

sich auf *Gott als reales Relat*. Gebet geht demnach über rein subjektive Projektionsbeziehungen hinaus. Andernfalls gelangt man zu einem Verständnis von Gebet als Meditation; diese stellt zwar eine Frömmigkeitsform eigenen Rechts dar, macht jedoch nicht das Wesen des Gebets aus. Auch vom Winnicottschen Modell des Möglichkeitsraumes her (als des Spielraums in einer triadischen Beziehung) wird hier daran festgehalten, dass die ‚*subjektiven*' Metaphern der *Frömmigkeits*beziehung im *Zusammenspiel* mit Erfahrungen in der ‚*objektiven*' *Glaubens*beziehung geformt werden. Die Metaphern der Frömmigkeitsbeziehung intendieren, Erfahrungen des Selbst-in-Beziehung-zu-Gott auszusagen und nicht bloß Selbsterfahrungen. Innerhalb dieses metaphorisch überlieferten Spielraums macht sich Gott im Gebet ‚habbar', jedoch nicht verfügbar." (Hervorhebungen im Original)
153 Bobert-Stützel (2000), 109–115.
154 Siehe Bobert-Stützel (2000), 16.
155 Bobert-Stützel (2000), 366.
156 Siehe z.B. die Konstatierung der „realen Relation" zu Gott in Bobert-Stützel (2000), 371.

gedacht wird und der „Frömmigkeitsbeziehung" „als das menschliche Handeln im Spielraum der ermöglichten Beziehung", zwar hinsichtlich der Perspektivenwahl begrifflich unterschieden wird, in ihrem qualitativen Verständnis jedoch aus der Reflexion ausgespart bleibt.[157] Bobert-Stützels Arbeit kann jedoch neben Heribert Wahls symboltheoretischer Untersuchung als die umfassendste und reflektierteste Rezeption der Objektbeziehungstheorie im deutschsprachigen Raum angesehen werden, deren eigenständige pastoralpsychologische Bemühungen um spezifische Themenbereiche einer Praktischen Theologie die Fruchtbarkeit und Tragweite vor allem der spezifischen Thesen Winnicotts eindrucksvoll sichtbar machen.

---

157 Bobert-Stützel (2000), 384.

5. Persönlichkeit und Gottesbild aus objektbeziehungstheoretischer Perspektive

5.1 Persönlichkeit und Gottesrepräsentanz bei Ana-Maria Rizzuto

Wenn Winnicotts Hauptanliegen seiner These vom Möglichkeitsraum in der Frage zusammengefasst werden könnte: Wie wird Wirklichkeitserfahrung unter den psychologischen Bedingungen der Persönlichkeit und ihrer Entwicklung persönlich bedeutsam, sodass das Individuum sich im Bereich der Kultur und der Religion wiederfindet und entfaltet? – so ließe sich Rizzutos Hauptanliegen in die Frage gießen: Wie wird ein möglicher Glaube an Gott als Ausdruck einer persönlich bedeutsamen Wirklichkeitserfahrung unter den psychologischen Bedingungen der Persönlichkeit entwickelt?

Ana-Maria Rizzuto wird zu ihrem Thema durch einen Lehrauftrag im Jahr 1963 für Theologiestudenten in Argentinien herausgefordert.[1] Sie entdeckt, dass es zur Problematik der Entwicklung des Glaubens aus psychoanalytischer Sicht kaum qualifizierte Veröffentlichungen gibt, und macht es sich zur Aufgabe, selbst einschlägige Studien anzustellen. Nach einer ersten Pilotstudie[2] führt Rizzuto eine qualitative klinische Untersuchung durch und veröffentlicht ihre Ergebnisse unter dem klingenden Titel: „The birth of the living God".[3]

Mit dem Begriff des „living God" greift sie den schon bei Winnicott wichtigen Gedanken der persönlichen Bedeutsamkeit auf und unterscheidet den Gott, zu dem eine persönliche und emotionale Beziehung auf Basis vielfältiger in der Kindheit wurzelnden Bilder und Erinnerungen bestehe, von den gedanklichen Gotteskonzepten in Philosophie und Theologie, die als bloße Gebilde der Vorstellung die Emotionen kalt ließen.[4] Rizzuto spricht auch vom „privaten Gott" im Unterschied zum

---

[1] Siehe Rizzuto (1979), VIIIf.
[2] Siehe Rizzuto (1979), X.
[3] Eine erste Kurzpräsentation ihrer Ergebnisse legte Rizzuto im Jahr 1974 als Artikel im „British Journal of Medical Psychology" vor (Rizzuto, 1974).
[4] Rizzuto (1979), 28 und vor allem 48: „The concept of God is fabricated mostly at the level of secondary-process thinking. This is the God of the theologians, the God whose existence of non existence is debated by metaphysical reasoning. But this God leaves us cold. The philosophers and mystics know this better than anybody else. This God is only the result of rigorous thinking about causality or philosophical premises. Even someone who be-

„öffentlichen Gott" der Religionen – es könne eine Verbindung zwischen ihnen bestehen, und die Gottesvorstellungen, die durch die Kirchen vermittelt werden, könnten Einfluss auf den Gott der Privatsphäre nehmen, sie seien aber qualitativ zweitrangig und könnten völlig getrennt nebeneinander existieren.[5] Mit dem Begriff der Geburt des lebendigen Gottes konzeptualisiert Rizzuto ihr Hauptanliegen – nämlich herauszufinden und beschreibbar zu machen, wie es zur Ausprägung des Phänomens einer lebendigen, persönlich bedeutsam erlebten Gottesbeziehung kommt.[6] Zugleich ist damit auch der entscheidende begriffliche Unterschied zwischen „Gottesbild" („image of God"), „Gottesvorstellung" („concept of God") und „Gottesrepräsentanz" („God representation") benannt, den Rizzuto für ihre Studie trifft. Gottesvorstellungen sind gedankliche Konstrukte, die zunächst keine emotionale Relevanz haben; Gottesbilder sind gefühlsmäßig besetzt, da sie bereits sehr früh durch eine Verknüpfung des Wortes „Gott" mit bestimmten Eindrücken und Erfahrungen hervorgerufen werden und so im Raum der Phantasie auch emotionale Qualität bekommen; eine Gottesrepräsentanz schließlich ist durch die Dimension einer eigenständigen Beziehung zu Gott definiert, die ein Mensch zu einem bestimmten Zeitpunkt in einer konkreten Situation als für sein Leben bedeutsam erfährt. Gottesrepräsentanzen sind innerlich abgespeicherte Beziehungserfahrungen, die immer wieder neu aktuell werden, erleichternd oder erschreckend wirken, vorübergehend vergessen oder auch überarbeitet sowie neu definiert und einem veränderten Selbstverständnis angepasst werden können. Rizzuto definiert: „When dealing with the concrete fact of believe, it is important to clarify

---

lieves intellectually that there must be a God may feel no inclination to accept him unless images of previous interpersonal experience have fleshed out the concept with multiple images that can now coalesce in a representation that he can accept emotionally. This God provides and evokes a multitude of feelings, images, and memories connected with the earlier childhood elaboration of the representation of God and to that representation's later elaborations."

5 Siehe z.B. Rizzuto (1979), 10: „Obviously, people do not use object sources alone. They also utilize, though in a secondary way, teachings received from their religious institutions and teachers which either confirm, attempt to correct, or collide with their personal representation of God. It is important to remember in this connection that in Freud's view the influence of official religion comes to the child after the image of God has been formed. Therefore, if Freud's formulation is correct, the transformations produced in the image by formal religious education can only be added to a representation of God that has already been formed. Religious education will not contribute essentially to the creation of the image." Vgl. auch Rizzuto (1979), 48.

6 Rizzuto (1979), 3: „This is not a book on religion. It is a clinical study of the possible origins of the individual's private representation of God and is subsequent elaborations. It is also a study of the relation existing in the secret chambers of the human heart between that God and the person who believes in him during the vicissitudes of the life cycle."

the conceptual and emotional differences between the concept of God and the images of God which, combined in multiple forms, produce the prevailing God representation in a given individual at a given time".[7] In diesem Sinne kann man folglich nicht an ein bestimmtes Gottesbild oder eine Gottesvorstellung glauben, aber ein konkreter Glaube an Gott kann bestimmte – und zumeist sehr vielfältige – Gottesbilder und Gotteskonzepte beinhalten.

Sich selbst ausschließlich als Psychologin und Psychoanalytikern verstehend beschränkt sich Rizzuto ihrem eigenen Anspruch nach auf die psychoanalytisch greifbaren Faktoren der Persönlichkeitsentwicklung und sistiert die Wahrheitsfrage des Gottesglaubens ebenso, wie sie die Frage des tieferen Sinns der menschlichen Eigenart, einen Glauben an Gott zu entwickeln, ausklammern und anderen Wissenschaften überlassen will.[8] Die Konzentration auf die Religiosität von Menschen der „westlichen Welt" im Großraum des christlichen Glaubens stellt eine weitere Einschränkung dar, die sie dem Anspruch ihrer Untersuchung auferlegt.[9] Rizzutos Arbeitshypothese zum Religionsbegriff lautet unter Übernahme der Formulierung eines anderen Wissenschafters: „I will begin by accepting religion as ‚an institution consisting of culturally patterned interactions with culturally postulated superhuman beings'."[10] Wie noch zu zeigen sein wird, wäre allerdings die Definition der Begriffe „Glaube" und „Gott" ergänzend zu dieser allgemein soziologischen Definition von Religion ebenfalls zweckmäßig gewesen. Denn ihr Anliegen ist eine Studie „of the relation existing in the secret chambers of the hu-

---

7 Rizzuto (1979), 47. Siehe auch Rizzuto (1979), 28 und 48. Es ist darauf hinzuweisen, dass Rizzuto allerdings gelegentlich auch den Begriff „image of God" dann verwendet, wenn sie zum Ausdruck bringen will, dass eine latente Gottesrepräsentanz im Sinne einer neuen Beziehungsaufnahme aktiviert wird oder, vor allem in der Anfangsphase ihrer Arbeit, um die Nähe zu Freuds „Imago"-Begriff herzustellen (siehe z.B. Rizzuto, 1979, 44), dessen Theorien sie ja im Blick auf das Thema Objektbeziehungen weiterentwickeln und vervollständigen will, auch wenn dadurch entscheidende Brüche mit Freud an bestimmten Stellen notwendig werden. Siehe Näheres dazu unten.

8 Siehe Rizzuto (1979), 3f.: „This book is exclusively a clinical, psychoanalytical study of ‚postulated superhuman beings' as experienced by those who do and do not believe in them. (...) Questions about the actual existence of God do not pertain here. (...) My only obligation is to respect the phenomenon and its pristine manifestations."

9 Rizzuto (1979), 8: „Keeping in mind that most Western people either believe in, or have at least heard of, a personal God, the task seemed to be simplified by the nature of the culture in which we develop." In der Fußnote ergänzt sie: „I will not attempt, in this study, to extrapolate conclusions to other cultures, where other beliefs and religious systems provide a different God or representation of God. The Eastern world in particular requires another study suiting its cultural traditions."

10 Rizzuto (1979), 3.

man heart between that God and the person who believes in him"[11] – und darin sind als Kernleitbegriffe „Gott" und „Glaube" als „Beziehung zu Gott" enthalten, die mit dem allgemeinen Hinweis auf das übliche Phänomen des Gottesglaubens in der westlichen Welt unzureichend gekennzeichnet bzw., um es im Sinne von Rahmenbedingungen einer empirischen Studie auszudrücken, unzureichend „operationalisiert" sind.[12] Rizzuto setzt für den in ihrer Untersuchung verwendeten Gottesbegriff darüberhinaus voraus, dass der „westliche Gott" personalen Charakter hat – mit ihren eigenen Worten: dass es sich um einen „personal God" handelt.[13]

Der theoretische Rahmen, in dem sich Rizzuto verortet, ist mit vier Namen verbunden, auf die sie sich wesentlich bezieht: Zunächst versteht sie sich als Psychoanalytikerin, die in direkter Auseinandersetzung mit Freud dessen Theorien aufgreift und diese bei aller kritischen Distanz in wesentlichen Punkten doch weiterzuentwickeln sucht;[14] mit ihrem fundamentalen Bezug auf Winnicott, dessen zentrale These von den Übergangsobjekten und den Übergangsphänomenen Rizzuto aufgreift, um von da aus ihr spezifisches Konzept der Gottesrepräsentanzen zu entwickeln, wird sie als Objektbeziehungstheoretikerin Winnicottscher Provenienz erkennbar;[15] an der formal und inhaltlich wichtigen Stelle des Verständnisses von „Glauben" übernimmt Rizzuto – weniger ausdrücklich und ohne eigene Reflexion – die Positionen von Paul Pruyser und Erik H. Erikson, von dessen epigenetischem Prinzip sie sich auch in einem Überblicks-Diagramm[16] zur Entwicklung der Gottesrepräsentanzen in-

---

11 Rizzuto (1979), 3.
12 Rizzuto (1979), 3, konstatiert lediglich: „Each discipline concerned with the study of religion must produce its own functional definition, based on the point of view from which religion is being studied."
13 Siehe Rizzuto (1979), 8.
14 Rizzuto (1979), 11, resümiert im Blick auf Freud: „This study, which began by taking Freud seriously in his honest bafflement with the problem of human religiosity and belief in the Divinity, has taken me, as if by the hand, through an entire reconsideration of the theory of object representation, its symbolic value, its historical value, its historical importance, and its psychodynamic value." An anderer Stelle spricht sie davon, dass sie Freuds Ideen lediglich bis zu ihrer letzten Konsequenz gefolgt ist (Rizzuto, 1979, 208).
15 Rizzuto (1979), 209, formuliert zusammenfassend ihre Positionierung zwischen Winnicott und Freud: „The entire study suggests that Winnicott was accurate in locating religion – and God – in what he called transitional space. That is the space for illusion, where art, culture, and religion belong. That is the place where man's life finds the full relevance of his objects and meaning for himself. I have arrived at the point where my departure from Freud is inevitable. Freud considers God and religion a wishful childish illusion. (...) I must disagree. Reality and illusion are not contradictory terms. Psychic reality – whose depth Freud so brilliant unveiled – cannot occur without that specifically human transitional space for play and illusion."
16 Rizzuto (1979), 206f.

spirieren lässt. Sie schließt sich implizit einer anthropologischen Bestimmung des Phänomens „Glauben" im Sinne des „basic faith" nach Erikson an und lässt diese in ihre theoretischen Erörterungen einfließen.[17] Mit ihrer Kernthese, dass es im Rahmen des Möglichkeitsraumes entsprechend der grundsätzlichen Beziehungshaftigkeit menschlichen Lebens zu einer konkreten und gestalteten Beziehung kommt, die sich auch in der Ausbildung einer eigenen Objektrepräsentanz „Gott" ausdrücken kann, findet sie sich in unmittelbarer Nähe zu Pruyser, den sie – wenn auch nie im gegenständlichen Zusammenhang – gelegentlich ausführlich zitiert,[18] und der das Übergangsobjekt Winnicotts bereits im Sinn einer „speziellen Objektbeziehung interpretiert hat.[19]

---

17 Rizzuto (1979), 203, bringt ein ausführliches Zitat aus Erikson (1959), 64f., wo dieser seinen Begriff des Urvertrauens mit dem Phänomen des Glaubens im Kontext einer Religion als „basic faith" in Verbindung setzt, und verwendet das Zitat zur näheren Erläuterung ihrer eigenen Thesen; Rizzuto beginnt ihre Zitation mit den Worten: „A word must be said about one cultural and traditional institution which is deeply related to the matter of trust, namely, religion. It is not the psychologist's job to decide whether religion should or should not be confessed and practiced in particular words and rituals. Rather the psychological observer must ask whether or not in any area under observation religion and tradition are living psychological forces creating the kind of faith and conviction which permeates a parent's personality and thus reinforces the child's basic trust in the world's trustworthiness. (...)" Das Zitat endet mit den für Rizzutos implizites Grundverständnis relevanten Spitzensätzen: „Whosoever says he has religion must derive a faith from it which is transmitted to infants in the form of basic trust; whosoever claims that he does not need religion must derive such basic faith from elsewhere."
18 Siehe z.B. Rizzuto (1979), 48, wo sie Pruysers Beschreibung seines Modells des „R-type thinking" und „A-type thinking" im Wortlaut wiedergibt (Pruyser, 1968, 60).
19 Am markantesten ist die Interpretation der Übergangsraum-These von Winnicotts durch Pruyser m.E. greifbar im Kapitel „Is There a Talent for the Experience of Mystery, Numinositiy, and the Transcendent?" bei Pruyser (1974), 107–114. Dort formuliert er u.a.: „Winnicott infers that the transitional objects and all the goings on around it (which he calls the transitional sphere) are the origin and first practice of illusion. In my words, *the transitional object is the transcendent*; it is beyond the ordinary division we make between the mental image produced by the mind itself and the objective perceptual image produced by the real world impinging upon the sensory system. Illusion is neither hallucination or delusion, nor is it straightforward sense perception. Illusion also includes mystery: since it is beyond the merely subjective and the merely objective, it has a special object relationship endowed with many surplus values about whose legitimacy one does not bicker. Its validation lies in the encounter with the special object itself. And illusion also includes the holy: the special object is held as something sacred and so regarded by third parties also. (...) Winnicott himself sees in the transitional sphere and the transitional objects the beginnings of human play, and the origins of religion and art, but to the best of my knowledge he has never articulated their contact with religion as I have. His statements on this point have remained programmatic." (Hervorhebungen im Original). In der Tat gehen sowohl Pruyser als auch Rizzuto mit der Einschreibung einer Beziehung eigenständigen Charakters in den Möglichkeitsraum, die weder ausschließlich Phantasie noch „real" überprüfbar ist, über das hinaus, was Winnicott formulierte. Entsprechend der relationalen Ontologie Winnicotts erscheint diese Fortführung seiner Gedanken jedoch konsequent. Zu beachten ist allerdings, dass die von Pruyser

Vorauszuschicken ist noch, dass Rizzuto im Wesentlichen eine „klinische Studie" vorlegen will und sich zur Theoriebildung nur insofern genötigt sieht, als sie mit den bisherigen Ausarbeitungen des Themas ihrem klinischen Material nicht gerecht werden zu können meint.[20] Tatsächlich aber wurde vor allem ihre theoretische Konzeptionalisierung des Begriffs der Gottesrepräsentanz und in diesem Zusammenhang auch ihre Überarbeitung der Repräsentanzenlehre im Allgemeinen religions- und pastoralpsychologisch wirksam.

---

verwendete Formulierung „the transitional object is the transcendent" nicht unmittelbar im Sinn einer theologischen Ontologie zu interpretieren ist. „Transzendent" meint hier zunächst ein menschliches Ausgreifen nach Bedeutung in einer umfassenderen Weise, die der Mensch z.B. mit dem Wort „sacred" beschreibt. Wie oben gezeigt wurde, hatte Winnicott selbst bereits an einer Stelle davon gesprochen, dass dem Menschen im Bereich der Übergangsphänomene etwas als „Geheiligtes" bedeutsam werden kann. Ob dieser menschlichen Eigenheit eine „jenseitige", tätige Wirklichkeit entspricht, bleibt offen. Allerdings wäre zu diskutieren, ob Pruyser selbst diese Grenze immer wahrt, wenn er z.B. von einer „intermediate zone of reality" spricht, die *auch* „an intermediate human activity" darstellt: „And so the difficult question of a disposition or a talent for the numinous resolves in the more manageable observation that reality is not simply split between an inner and an outer aspect, but permits an intermediate sphere in which one can have various degrees of practice, usually at first a joint practice of mother and child. The transcendent, the holy, and mystery are not recognizable in the external world by plain realistic viewing and hearing, nor do they arise directly in the mind as pleasurable fictions. They arise from an intermediate zone of reality that is also an intermediate human activity – neither purely subjective nor purely objective." (Pruyser, 1974, 113) Dass Pruyser sich mit seinen Theorien selbst in Verwandtschaft zu Erikson sieht, zeigt sich darin, dass er Erikson in eben diesem Zusammenhang an prominenter Stelle zitiert: „As art creates a third world, which transcendent pure idea as well as pure matter, so religion, to cite Erikson's words, ... elaborate on what feels profoundly true even though it is not demonstrable: it translates into significant words, images, and codes the exceeding darkness which surrounds man's existence, and the light which pervades it beyond all desert or comprehension'. One can hear in Erikson's words the echoes of numinosity, mystery, and transcendence." (Pruyser, 1974, 113f.) Siehe speziell zum Modell der drei „Welten" Pruyser (1987b), oder Pruyser (1991), 177, wo dieser in einer Graphik die Unterschiede zwischen „Autistic World", „Realistic World" und „IllusionisticWorld" skizziert und dazu bemerkt: „Illusionistic objects transcend those of the autistic and realistic worlds, albeit certain traces of internal and external objects my codetermine their form and content. They are not products of the whimsical private fantasy nor replicas or representations of sensory data. They evolve from a tutored fantasy rooted in the collective imagination of the human mind and its history. Much of the ‚relatedness' between people occurs through this collective imagination. Illusionistic objects and illusionistic thinking are ‚sui generis', irreducible to the strictly private, ineffable, autistic, and essentially solipsistic mind, or the public, demonstrable, look-and-see entities of the realistic world that bombards the sense. Between autistic dreaming and realistic working lies the opportunity to play and to engage in symbolic transactions, shared with and supported by other civilized people (I use the word symbol and symbolic in the sense given to them by Tillich, namely, that they participate in the power to which they point)."

20 Rizzuto (1979), 11: This study „has led me to recognize a need to enlarge and to supplement the present theory of primary processes so to do justice to the richness of the clinical material."

Im Einzelnen stellt sich Rizzutos Argumentationsgang folgendermaßen dar: Die Theorie der Objekt-Beziehungen sei schon bei Freud angedacht, konnte aber aufgrund seines „mechanistischen" Menschenbildes und anderer Prämissen sowie konzeptioneller Brüche in seiner Theorie vor allem hinsichtlich einer möglichen Gottesrepräsentanz von ihm nicht weiter ausgeführt werden.[21] Spätere Psychoanalytiker der „englischen

---

21 Rizzuto setzt sich in einem eigenen Kapitel sehr intensiv mit Freud auseinander (Rizzuto, 1979, 13–40). Zunächst würdigt sie Freuds Verdienst, eine Theorie der Objektbeziehungen überhaupt grundgelegt zu haben: „Though Freud was not thinking in those terms, it is clear that in formulating the psychodynamic and genetic process of belief in gods and devils, he had set a solid ground for a theory of object relations and provided us with a most useful point of view for understanding the role of early objects. What he said was that gods and demons ‚are creations of the human mind' and are based on ‚revivals and restorations of the young child's ideas' of his father and mother. What Freud calls ‚revivals and restorations of the young child's idea of them' is what psychoanalytic theory would later call object representations, an essential concept in the theory of object relations" (14f.). In der Folge bedauert sie, dass Freud allerdings „the formation of the inner God image" ausschließlich in die Vater-Sohn-Beziehung verlegt und außerdem nicht nur jede Existenz eines Gottes abgelehnt habe, sondern darüberhinaus es als seine Aufgabe gesehen habe, den modernen Menschen von der illusionären Natur seines selbst geschaffenen Gottes zu überzeugen (13 und 15); auf diese Weise sei er gar nicht dazu gekommen, sich die faszinierende Frage zu stellen, wie einige Menschen zu dem Glauben kämen, dass Gott und Teufel wirklich existierten (15).
Nach einigen kritischen Anmerkungen zu Freuds völkergeschichtlichen und anderen Thesen in „Totem and Taboo", „The Future of an Illusion" sowie „Moses and Monotheism" formuliert Rizzuto ihren Hauptkritikpunkt an Freud als logisch-konzeptionelles Problem: „From the logical point of view Freud confuses three concepts (1) the name of an object (2) the material representation of an object, as in a work of art, and (3) the mental representation of a human object. Naming belongs to the order of abstraction of ideas. The material representation combines ideas with symbolic ways of representing them. An object representation is a very compex psychological process, which encompasses a wide variety of psychic functions from percetption of physiological changes related to memories to compounded mental, visual, and other representations (...) Freud's theoretical shift moves from object representation to ‚a triumph of intellectuality over sensuality of, strictly speaking, an instinctual renunciation'. The Oedipus complex of this theory of religion has suddenly shifted to the mechanistic process of taming the perception of the senses (id) with the power of inferential ideas (ego)" (27f.). Mit dieser Überbetonung des Intellekts habe Freud die Gottesrepräsentanz als „lower psychical activity" abqualifiziert und damit der Möglichkeit den Boden entzogen, eine Objektbeziehung als Quelle eines bedeutungsvollen Glaubens zu verstehen – „In favoring ideational processes and the ‚realm of the intellect' he gave the first, fatal blow to use of object representation as the source of meaningful belief" (28). Am Ende habe Freud „his fellow men" bedauerlicherweise sogar aufgefordert „to renounce those objects – the entire human family and its dramatic story – for a superrational view of world where even the idea of God is an illusion" (28).
Schließlich fordert Rizzuto „theoretical clarity" ein und betont, dass Bilder und Repräsentationen von Gott (God of the mystics) auf der einen Seite und die Idee von Gott (God of the philosophers) auf der anderen Seite wesentlich zu unterscheiden seien als Prozesse „which belong to two different levels of human psyche and belong to two different levels of abstraction"; „Freud's original description belongs to the area of object relations with all its emotional content and its unavoidable object representations. The idea of God, on the other hand, is a new concept, a more conscious secondary process. It may be connected with ob-

Schule" hätten die Theorie der Objektbeziehungen zwar wieder aufgegriffen und wichtige Grundlagen herausgearbeitet, aber keiner dieser Vorstöße habe zu einer Neueinschätzung von Freuds Formulierungen über die Entwicklung von Gottesrepräsentanzen und deren Bedeutung für das spätere Leben geführt.[22] Zudem hätten fast alle – Melanie Klein an erster Stelle, aber auch Fairbairn, Guntrip, Kernberg u.a.[23] – die Objektrepräsentanzen als eine Art von Wesenheiten, Organisationen, Strukturen, Inhalte, Schemata oder Engramme aufgefasst, die von sich aus eine Kraft entfalten und auf das Individuum Einfluss nehmen könnten.[24] Vor allem die Kleinianer hätten bald von inneren Objekten so gesprochen, „as though they were real, living entities within the psyche".[25] Damit sei aber nicht erklärbar, wie Weiterentwicklung – insbesondere die Vielfältigkeit von Überarbeitungen und Neugestaltungen – der Objektrepräsentanzen z.B. der Eltern möglich sein sollten, oder wie überhaupt eine reife Elternbeziehung verwirklicht werden könnte.[26] Erst Winnicott habe hier ansatzweise Abhilfe geschaffen und die Theorie der Objektbeziehungen neu zur Geltung gebracht.[27] Insgesamt sei es aber nötig, ein Verständnis der Objektrepräsentanzen zu entwickeln, das diese ganz in den umfassenden dynamischen Prozess von Selbstwerdung und psychischer Lebensbewältigung integriere und damit vom Charakter statischer Strukturen oder Wesenheiten in der Psyche befreie.[28] Ohne diesen konzeptuellen Schritt wäre es gemäß Rizzuto nicht nachvollziehbar, dass Objektrepräsentanzen spätere Überarbeitungen und Neubewertungen erfahren könnten, wie das z.B. im therapeutischen Prozess beobachtbar ist. Nur so vermag nach Rizzuto auch theoretisch nachvollziehbar zu werden, dass Gottesrepräsentanzen im Laufe des Lebens Veränderungen unterliegen und je nach Lebenssituation neu angepasst werden könnten.

---

ject representations but does not depend on them alone, nor does it even necessarily originate in them, but in inferential thinking about cause and effect." (28)
22 Rizzuto (1979), 43.
23 Siehe „Review of the psychoanalytic Literature" in Rizzuto (1979), 66–74.
24 Siehe Rizzuto (1979), 63 und 74.
25 Rizzuto (1979), 67.
26 Rizzuto (1979), 64: „The capacity to grow, to create a world not reduced to the compulsion to repeat, and most specifically the ability to update the representation of changing parents and to know new objects in their own right remains unexplained. The capacity (...) cannot be explained if the theory of object representation continues to suggest that they are concrete, discrete, fixed entities in the mind at the service of repetition. A more comprehensive theory is needed to allow for a wider range of phenomena, including multiple reelaborations and reshapings of connected objects and self-representations." Siehe auch Rizzuto (1979), 46.
27 Siehe Rizzuto (1979), 74.
28 Siehe Rizzuto (1979), 74f.

Mit diesem programmatischen Vorhaben präsentiert Rizzuto schließlich ihr eigenes Konzept der Objektrepräsentanzen, das wesentlich mit Winnicotts Thesen verbunden ist.[29] Zunächst definiert Rizzuto die Objektbeziehungsrepräsentanzen als besonderen Fall von umfassenden Prozessen: „Those processes are representing, remembering, fantasizing, interpreting, and integrating experiences with others through defensive and adaptive maneuvers".[30] Ihre Entstehung verdankten sie dem komplexen Geschehen der Vernetzung von innerer Erfahrung und den konkreten Umständen der Beziehung zu einem äußeren Objekt, das emotional bedeutungsvoll wahrgenommen werde und sich in das Gedächtnis einpräge. Wie jede Art von Erinnerung könnten sie nicht mehr zerstört, wohl aber verdrängt werden.[31] Objektrepräsentanzen stellten eine wesentliche Funktion in der Entwicklung eines konsistenten Selbstkonzeptes dar, und jede Wahrnehmung von uns selbst, unserem Körper, unseren Phantasien, anderen Personen und äußeren Objekten jeder Art könnten nur verbunden mit einer Beziehungserfahrung wahrgenommen werden: „We have never experienced life out of the context of objects".[32]

Die primären Erfahrungen dieser Art gingen auf die Zeit zurück, in der das Kleinkind die Fähigkeit zu vergegenwärtigen und zu erinnern entwickelt und im Spiegel-Kontakt mit der Mutter das Gebiet des Spielens und den Übergangsraum betreten habe.[33] Die erste Objektrepräsentation sei daher die Erfahrung von Mutter und Kind als einer umfassenden repräsentationalen Einheit.[34] In eben dieser frühen Phase seien die Übergangsphänomene und Übergangsobjekte nach Winnicott zu finden, die das allmähliche „Erwachen des Kindes zu sich selbst"[35] begleiteten. Womit immer das Kind die Spiegelerfahrung mit der Mutter in Verbindung bringe, mit dem Lallen, einem ersten Wortlaut oder einem passen-

---

29 Die zehn Punkte ihrer „Conclusions and Proposals" (Rizzuto, 1979, 75–84) sollen hier nicht im Einzelnen wiedergegeben und diskutiert werden, sondern in die weitere Darstellung, die vor allem auf Rizzutos Gesamtargumentation fokussiert und ihrer inneren Stringenz zu folgen trachtet, einfließen.
30 Rizzuto (1979), 75.
31 Rizzuto (1979), 78.
32 Rizzuto (1979), 76f.
33 Rizzuto (1979), 184: „The earliest manifestations are eye contact, smiling, and the child's fascination with the configuration of the human face. Eye contact in the context of feeding is the first indication of that exclusive human capacity to symbolize. In the mysterious and indescribable experience of eye contact, two human beings respond to each other beyond the bounderies of need satisfaction. Through each other's eyes they enter the area of playing and transitional space."
34 Siehe Rizzuto (1979), 185.
35 Rizzuto (1979), 183.

den Gegenstand, wie z.B. einem Teddy, hätte die Chance als Übergangsphänomen bzw. als Übergangsobjekt, das gleichzeitig geschaffen und gefunden werde, vorübergehend Bedeutung zu erlangen. Nach Rizzutos Ansicht kann eine Verbindung dieser mütterlichen Spiegelerfahrung mit dem Wort Gott als fundamentalste Quelle für die Ausarbeitung eines Gottesbildes bzw. einer Gottesrepräsentanz genutzt werden.[36] Generell komme es darauf an, was in einem entscheidenden Moment emotional verdichteter Erfahrung im Gedächtnis als bedeutsame Beziehungserfahrung gespeichert werde, und durch welchen Anker diese Erfahrung abgerufen und vergegenwärtigt werden könne.[37] Das Wort „Gott", mit einer entsprechenden Beziehungserfahrung verknüpft, könne eben auch so eine Ankerfunktion erhalten und zumindest zeitweilig als Übergangsphänomen Bedeutung erlangen. Dies sei aber nach Rizzuto nur im Kontext all der anderen Übergangsphänomene möglich, die sich ab dem Stadium einer gewissen Repräsentationsfähigkeit bzw. einer stabilisierten Objektkonstanz in unzähligen Kreationen der Phantasietätigkeit des Kindes ausdrückten und den Übergangsraum bevölkerten – unter vielen anderen faszinierenden Charakteren komme Gott beim Kind an.[38] Darüber hinaus sieht Rizzuto auch in zufälligen äußeren Umständen mögliche Ein-

---

[36] Siehe Rizzuto (1979), 185. 188: „The mirroring components of the God representation find their first experience in eye contact, early nursing, and maternal personal participation in the act of mirroring. The need for mirroring evolves and changes in the course of life but never ceases completely. When the child is able to connect the word God to his experiences he will utilize his experiences of the mirroring phase for this first elaboration."

[37] Vgl. Rizzuto (1979), 56.

[38] Rizzuto (1979), 190. Rizzutos plastische Formulierungen seien hier kurz wiedergegeben: „As soon as their representational abilities (object constancy) permit, most children fantasize overtly about objects created in their minds. They populate their transitional space generously with fascinating creatures – God among others. The process encompasses the entire period that starts with object constancy and does not cease until adolescence, when new phenomena appear, integrating the old with the new. In this process there are several stages with more or less chronological sequence of characters, among whom God always appears." An anderer Stelle formuliert Rizzuto (193f.): „Together with this colorful crowd of characters, and amidst intense anal, phallic, vaginal preoccupations, fantasies, wishes, and fears, God arrives." An anderer Stelle führt Rizzuto unter Anleihen aus der Bilderwelt des Theaters aus (Rizzuto, 1979, 7): „It is out of this matrix of facts and fantasies, wishes, hopes, and fears, in the exchanges with those incredible beings called parents, that the image of God is concocted. The busy factory of the child's imagery is dealing at the same time with equally powerful mysteries: the cavernous depth of the vagina, the almighty power of the penis, the phantasmagoric processes of making babies, and the origins of all things. (...) In the midst of that cosmology the contemporary child completes the third layer of classical reality by locating God in Heaven. From that point on, the child, like a little Dante, has to go through his own Divine Comedy until he and his God make peace with each other, either a lasting peace or a temporary one. This Divine Comedy, however, is never over; the mature person reencounters the God of his childhood in later years at every corner of life: birth, marriage, death."

flüsse für die jeweils spezifischen emotionalen Färbungen der Gottesrepräsentanz – wie z.B. in einem Sommersturm, der kurz nach dem ersten Gespräch zwischen Mutter und Kind über Gott auftrete.[39]

Ob das Übergangsphänomen „Gott" das Schicksal anderer Übergangsphänomene oder Übergangsobjekte teilen und irgendwann der Vergessenheit anheim fallen müsse, oder ob es die Chance habe zu überleben, überarbeitet und mit weiteren Erfahrungen verknüpft zu werden, hängt nach Rizzuto von „vielfältigen soziokulturellen, religiösen, rituellen, familiären und, nicht zuletzt, epigenetischen" Faktoren ab.[40] Sie ist aber der Überzeugung, dass im Umfeld der westlichen Gesellschaft das Übergangsobjekt Gott auf jeden Fall einen „speziellen und höheren Status" als andere erhalte, da sich kein Kind dem Einfluss, den die Religion im gesellschaftlichen und privaten Bereich habe, entziehen könne, und früher oder später mit diesem Gott, den selbst die weit über dem Kind stehenden Eltern als höchstes Wesen anerkennen, konfrontiert werde.[41] Die ödipale Phase stellt nach Rizzutos Auffassung einen letzten, entscheidenden Schritt für die Entwicklung der Gottesrepräsentanz im Zusammenhang mit den primären Objektbeziehungen dar. Gott habe zu dieser Zeit bereits eine lange Entwicklung hinter sich. Das Kind müsse im „ödipalen Wettbewerb" sowohl seine Selbstrepräsentanz als auch seine Elternrepräsentanzen noch einmal grundsätzlich überarbeiten[42] und erhalte im Zuge dessen seine „Basispersönlichkeit".[43] Die Herausforderung im Blick auf die Gottesrepräsentanz bestehe darin, gemeinsam mit diesen notwendigen Überarbeitungen unter Einbeziehung der zunehmenden intellektuellen Fähigkeiten des Kindes und den erweiterten Welterfahrungen auch die Gottesrepräsentanz so zu transformieren, dass sie weiter Bestand haben könne. Auf jeden Fall erhalte mit der Ausformung der „Basispersönlichkeit" des Kindes auch die Gottesrepräsentanz ihre „Basispersönlichkeit"[44] und bleibe so wie andere Aspekte von Erinnerungen, die sich als Repräsentationen organisiert hätten, unauslöschlich im Gedächtnis haften;[45] „Its use or rejection for belief will depend

---

39 Rizzuto (1979), 45: „As though all those antecedents were not complex enough, the circumstances of the moment in which the question of God emerges may color the God representation with insubstantial coincidences that become linked to it by primary processes. A striking example could be an impressive summer storm after the child has had his first conversation with his mother about God."
40 Rizzuto (1979), 194.
41 Rizzuto (1979), 194f.
42 Siehe Rizzuto (1979), 196.
43 Rizzuto (1979), 199.
44 Rizzuto (1979), 199: „The God representation has also acquired its ‚basic personality', profoundly enmeshed, as I have shown, with each developmental stage of childhood."
45 Siehe Rizzuto (1979), 75f.

on the individual's self-experience and on his relation to one of the potentially usable aspects of the multifaced, multilayered God representations".[46] Rizzutos „zentrale These" besagt, „that no child in the Western world brought up in ordinary circumstances completes the oedipal cycle without forming at least a rudimentary God representation, which he may use for belief or not".[47] Diese Gottesrepräsentanz sei wie das Übergangsobjekt zwar „schwer beladen mit den Gesichtszügen der Eltern", habe aber doch auch ganz andere Charakteristika, welche ihr die „Findigkeit" des Kindes durch Erfahrung und Phantasie beigelegt habe.[48] Erweise sich die Gottesrepräsentanz als tragfähig genug, immer neu an die jeweiligen weiteren Lebenserfahrungen angepasst zu werden, so bleibe sie dem Bewusstsein als Glauben an Gott zur Verfügung, um die psychische Balance immer neu zu ermöglichen. Zeige sie sich eines Tages als unvereinbar mit den übrigen Lebenserfahrungen, so werde sie gemeinsam mit Aspekten von einem selbst, die für das Bewusstsein untragbar geworden seien, verdrängt.[49]

Gotteskonzepte, die dem Heranwachsenden von außen begegnen, spielten in der Entwicklung der Gottesrepräsentanz – wie bereits erwähnt – auch eine wichtige Rolle. Sie erscheinen zwar sekundär gegenüber den Objektbeziehungserfahrungen aus der primären Phase, müssen aber in die persönliche intellektuelle Gesamtkonzeption integrierbar sein und könnten dazu führen, dass ein Mensch einen Gottesglauben spezifischer Provenienz ablehne und sich diesem gegenüber als ungläubig verstehe.[50] In diesem Zusammenhang prägt Rizzuto das plastische Bild: „No child arrives at „the house of god" without his pet God under his arm" und spricht auch von der „zweiten Geburt Gottes".[51] Bekehrungserlebnisse versteht Rizzuto so, dass das Zurücklassen bzw. Verdrängen einer Gottesrepräsentanz im Lebenszyklus ein Ungleichgewicht gegenüber der Entwicklung der Selbstrepräsentanz entstehen lassen könne; dieses Ungleichgewicht könne anlässlich eines emotionalen Erlebnisses plötzlich ausgeglichen werden und habe zur Folge, dass die betreffende

---

46 Rizzuto (1979), 200.
47 Rizzuto (1979), 200.
48 Rizzuto (1979), 208f.: „The study also reveals the ingenuity of the child in creating a God representation through experience and fantasy. Like the transitional object, God is heavily loaded with parental traits (those objects the child finds). But as a creation of the child he has other traits that suit the child's needs in relating to his parents and maintaining his sense of worth and safety."
49 Siehe Rizzuto (1979), 202.
50 Siehe z.B. Rizzuto (1979), 200.
51 Rizzuto (1979), 8.

Person ein Gefühl plötzlicher Erleichterung und Befreiung im Sinne des Bekehrungserlebnisses empfinde.[52]

Ein markantes Phänomen, das mit der Gottesrepräsentanz verbunden sei und das es überhaupt sinnvoll mache, von einer Objektrepräsentanz *Gott* zu sprechen, trotzdem das Gegenüber dieser Beziehung im Unterschied zu allen anderen Objektbeziehungen nie überprüft werden kann, stellt gemäß Rizzuto die mögliche ganzheitlich-personale Erfahrung der Beziehung zu Gott durch manche Menschen dar, die hinsichtlich des personalen Charakters zwischenmenschlichen Beziehungen im Allgemeinen entspricht.[53] Im Hinblick auf die elterlichen Dimensionen, die jeder Gottesrepräsentanz innewohnten, sei sie doch „mehr als der Eckstein, auf dem sie aufgebaut ist", und als eine neue, einzigartige Repräsentation zu verstehen, „a *new* original representation which, because it is new, may have the varied components that serve to soothe and comfort, provide inspiration and courage, or terror and dread, far beyond that inspired by the actual parents".[54] Den selbständigen Charakter der Gottesbeziehung noch unterstreichend argumentiert Rizzuto die Seriosität dieser Beziehung und ihre Vereinbarkeit mit einem Begriff persönlicher Reife durch den Vergleich mit einer „reifen Beziehung zu den Eltern": Wenn man voraussetze, dass es eine reife Beziehung zu den Eltern geben könne, dann müsse dies für die Gottesbeziehung ebenfalls gelten.[55] Ihre spezifische Einzigartigkeit und unvergleichbare Funktion im Leben eines Menschen beschreibt Rizzuto mit folgenden Worten: „Our understanding of the psychic use of the God representation goes beyond that, however. It has to do with the individual's total psychic transformation and reworking in each stage of the life cycle."[56]

An dieser Stelle wird in besonderer Weise deutlich, dass Rizzuto die Gottesbeziehung in den Kontext einer anthropologisch unumgänglichen Beziehungserfahrung stellt, die sich neben der Beziehung zu sich selbst und der Beziehung zu anderen Menschen als eigenständige Beziehungsdimension im Möglichkeitsraum etabliert und der Gestaltung bedarf. Auf Basis der Thesen Winnicotts nimmt Rizzuto an, dass sich zwischen dem

---

52 Siehe Rizzuto (1979), 51 und 200.
53 Siehe Rizzuto (1979), 87f. Siehe auch Rizzuto (1974), 60: „I hope to show in the following cases that people's dealing with their God are no more, and no less, complex than their dealings with other people – either in early childhood or in any other age; i.e. they are imperfect, ambiguous, dynamic and, by their very nature, have potential for both integrating and fragmenting their overall psychic experience."
54 Rizzuto (1979), 46. (Hervorhebung im Original)
55 Rizzuto (1979), 46: „If one is willing to accept that a mature relation with one's parents is possible, then a mature relation with the God representation should also be possible."
56 Rizzuto (1979), 46.

Beziehungsdimension im Möglichkeitsraum etabliert und der Gestaltung bedarf. Auf Basis der Thesen Winnicotts nimmt Rizzuto an, dass sich zwischen dem phantasierten und dem „real" erlebten Außen der Möglichkeitsraum
ebenfalls in Gestalt einer Objektbeziehungsrepräsentanz erschließt und diese Beziehungserfahrung den Menschen erst zum Menschen macht. Unter Hinweis auf gläubige Menschen, die über jeden Verdacht von Infantilität oder Regressivität erhaben seien und denen nicht unterstellt werden könne, dass ihr Glaube nur Ausdruck ihrer Sehnsucht nach den Eltern sei, sowie unter Verwendung des Diktums „that man does not live by bread alone", stellt sie fest, dass eine Beziehung zu den „immateriellen Charakteren" notwendig sei, um „wirklich" „Mensch zu sein".[57] Wer keinen „bewussten Glauben" an Gott habe, der müsse sich durch „andere Quellen" und „andere Typen von Gott" „ernähren", um sich über die „primitive animalische Existenz" erheben zu können; in klarer Abgrenzung gegenüber Freud betont Rizzuto: „In this sense, at least, religion is not an illusion" – und noch weiter verstärkend: „It is an integral part of being human, truly human in our capacity to create nonvisible but meaningful realities capable of containing our potential for imaginative expansion beyond the boundaries of the senses."[58] Sehr wohl aber sei – und dies benennt Rizzuto als ihre „eigentliche Abkehr von Freud" – der Raum der Illusion im Sinne des „Übergangsraumes" als notwendig zum Menschsein gehörig anzusehen: „Psychic reality (...) cannot occur without that specifically human transitional space for play and illusion".[59] Rizzuto sieht Winnicotts These vom Übergangsraum durch ihre Studie voll inhaltlich bestätigt und ganz in seinem Gefolge formuliert sie daraufhin: „Men cannot be men without illusions. The type of illusion we select – science, religion, or something else – reveals our personal history and the transitional space each of us has created between his objects and himself to find ‚a resting place' to live in."[60] Auf

---

57 Siehe Rizzuto (1979), 46f. Rizzuto führt mit farbigen Worten aus: „The fictive creations of our minds – those of creative artists, for example – have as much regulatory potential in our psychic function as people around us ‚in the flesh'. We have forgotten the impressive power of muses, guardian angels, heroes, Miss Liberty, Eros and Thanatos (to be Freudian), devils, the Devil, and God himself. (...) This book is an attempt to call our attention to the powerful psychic reality of those characters and their right to be given ‚equal time' in psychoanalysis (...). Without those fictive realities human life becomes a dull animal existence."
58 Rizzuto (1979), 47.
59 Rizzuto (1979), 209.
60 Rizzuto (1979), 209. Dass Rizzuto – in diesem Zusammenhang zur Toleranz aufrufend – in provokanter Weise zwischen Freuds wissenschaftlicher Arbeit und der Religion einen unmittelbaren Zusammenhang herstellt, wurde vor allem von Wallwork/Wallwork (1990), 164, kritisiert, die diesen Vergleich „nicht fair" finden. Rizzuto (1979), 209, schreibt wörtlich:

sche Weise, mit der sie die Notwendigkeit der spielerischen Phantasie für eine reife und autonome persönliche Identität zum Ausdruck bringt, sei gesondert hingewiesen, da diese auch in der Rezeption Rizzutos einen besonderen Niederschlag gefunden hat.[61] Zusammenfassend stellt sie fest: So lange Menschen dem Gedanken der Kausalität an ihr letztes Ende folgen könnten, und so lange es die Fähigkeit zu symbolisieren gebe, werde Gott weiterbestehen – und sei es im Unbewussten; ganz im Sinne der Winnicottschen sozial-konstruktivistischen Art der Formulierung fährt sie fort: „Wenn zwei Menschen an einen ähnlichen Gott glauben, wird sich eine Religion daraus entwickeln." Ausklingen lässt sie die Zusammenfassung wieder mit einer ihrer Wortschöpfungen in einem kritischen Seitenblick auf Freud: „Freud's ideal man without illusions will have to wait for a new breed of human beings, perhaps a new civilization."[62]

Ob Rizzutos, von ihr inhaltlich nicht weiter kommentiertes Diagramm unter Bezugnahme auf die epigenetischen Prinzipien von Erikson[63] der weiteren Erhellung und Dokumentation ihrer Thesen dient, oder ob die Orientierung an einem Stufenmodell, dessen Prämissen im Zusammen-

---

eral' about their findings and dogmatic about their theories as orthodox believers, and there are believers who are open to continuing dialogue about their faith as Freud's archetypical scientist. Moreover, sophisticated versions of traditional religions (...) can seek to locate man in the cosmos without necessarily providing a closed system. But as broad typology, Freud's contention does have some basis and hits a responsive chord with analysts' self-understanding and their understanding of traditional religion." Auf eben diese Stelle bei Rizzuto reflektiert auch Coles (1992), 311, mit der Bemerkung: „Bei ihrem Versuch, die allgemeine Gültigkeit eines bestimmten Aspektes der geistigen Prozesse beim Menschen nachzuweisen, hat Dr. Rizzuto die Verbindung von ‚Realität' und ‚Illusion' vielleicht überbetont"; sich genötigt sehend, Rizzuto zu verteidigen, fügt er hinzu: „Dies hat sie aber, so scheint es mir, wohl deshalb getan, weil Freud seinen Lesern und Anhängern immer nur die Entweder-Oder-Möglichkeit gelassen hat, weil er stets aufs Neue die Gegensätzlichkeit der beiden Begriffe unterstrichen hat."

61 Rizzuto (1979), 82: „If we could not kiss those we should not kiss, if we could not hate those we should not hate, if we could not laugh at those we should respect, if we could not cry with those who cannot take our tears, if we could not make love with those who should only remain our friends, if we could not kill those who should remain alive, if we could not parade in front of those who have not acknowledged how great we are, then life would be miserable indeed."

62 Rizzuto (1979), 52: „I conclude that as long as men can follow their notion of causality to its very end and have their questions answered by their parents, every human child will have some precarious God representation made out of his parental representations. I also conclude that as long as the capacity to sybmolize, fantasize, and create superhuman beings remains in men God will remain, at least in the unconscious. If two people believe in a similar God, religion will develop. (...) That is the paradox of being human: we need our objects from beginning to end; the warp and woof of our psychic structure is made from them and, as Mahler says, we remain enmeshed with them ‚unto the grave'."

63 Rizzuto (1979), 206f.

hang mit den Grundlagen einer objektbeziehungstheoretischen Position noch zu klären wären, eher den Vorteil ihres dynamischen Verständnisses der Gottesrepräsentanz zu boykottierten droht, sei dahingestellt.[64] Tatsächlich konstatiert sie selbst, dass eine „cross-section"-Studie wie die von ihr vorgelegte hinsichtlich der tatsächlichen Entwicklung eines „Gottesglaubens oder anderer Glauben" keine definitive Aussagekraft beanspruchen könne und hier weitere Untersuchungen, die den „longitudinal process of life" mit berücksichtigen, noch ausständig seien.[65] Nebenbei bemerkt führt Rizzuto im Zuge ihres Diagramms in der Rubrik „Beispiele religiöser Erfahrung" auch Merkmale an, die weit eher als typisch für andere religiöse Denominationen als der christlichen angesehen werden könnten – womit Rizzuto über ihre intendierte Beschränkung auf den „westlichen Gott" hinausgreift.[66]

Für die empirische Studie selbst wollte Rizzuto eine Technik entwickeln, die es ihr erlaubt, „internalisierte Objekt-Beziehungen ebenso aufzudecken wie die Beziehung zu Gott".[67] Eine Pilotstudie im Boston State Hospital sollte die eigentliche Untersuchung vorbereiten. Rizzuto betont, dass in der Pilotstudie, an der zwanzig Personen beteiligt waren, darunter einige ihrer Kollegen, keine signifikanten Unterschiede zwischen den Patienten und den Kollegen in der Art, wie sie sich zu Gott in Beziehung setzten, festgestellt werden konnten, und hofft daher, dass ihre Ergebnisse die Bedeutung von Objektrepräsentanzen, insbesondere der Gottesrepräsentanz, umfassend im Sinne einer „Psychologie des Normalen" aufzeigen könnten.[68] Das Material für die eigentliche Untersuchung lieferten erneut zwanzig Personen – diesmal Patienten der psychiatrischen Abteilung einer privaten Klinik, Männer und Frauen zu gleichen Teilen; die übrige Auswahl erfolgte nach dem Kriterium, ein möglichst breites Spektrum von Unterschiedlichkeit, wie zum Beispiel in Alter, Status des religiösen Bekenntnisses u.Ä., zu erreichen.[69] Mehrere Quellen dienten der Erhebung von Daten, die dann in der Folge im Sinne einer qualitativ-empirischen, rekonstruktiven Forschungsmethode ausgewertet und interpretiert wurden:[70] neben der eingehenden Befragung von Familienmitgliedern und einer auf Band aufgezeichneten zweistündigen Erzählung der eigenen Lebensgeschichte durch die Patienten wurden zwei

---

64 Vgl. dazu die Diskussion bei Thierfelder (1998), 79–83.
65 Siehe Rizzuto (1979), 200.
66 Z.B.: „God is in me and I in him." (Rizzuto, 1979, 206)
67 Rizzuto (1979), 8.
68 Siehe Rizzuto (1979), 181.
69 Siehe Rizzuto (1979), 181.
70 Siehe Rizzuto (1979), 181f. Zur Frage der empirischen Forschungsmethoden in der Religionspsychologie siehe unten das Kapitel zur Rezeption Rizzutos.

Fragebögen ausgehändigt, die inhaltlich parallele Fragen erstens zu den Eltern und zweitens zu Gott stellten. Auch die Bandaufzeichnungen wurden in Art von zwei parallelen Biographien mit besonderem Fokus einerseits auf die Objektbeziehungen zu den Eltern und andererseits auf die sich entwickelnden religiösen Erfahrungen aufgeschlüsselt. Darüber hinaus sollten die Patienten, welche die Befragungen als üblichen Vorgang bei der Aufnahme in die Klinik auffassten, am Beginn ihres Aufenthalts eine Zeichnung ihrer Familie anfertigen und vor ihrer Entlassung eine Zeichnung von Gott. Eine standardmäßige Diagnose nach dem damals in den Staaten üblichen Diagnoseschlüssel DMS II wurde routinemäßig angefertigt und ebenfalls in die Interpretationen einbezogen.[71]

Für die exemplarische Darstellung der Ergebnisse ihrer Untersuchung wählt Rizzuto vier Fallstudien nach vier vorgängig definierten Kategorien aus, die ermöglichen sollten, „die individuelle Position des Individuums in seinem Verhältnis zum Gottesglauben zu lokalisieren": „The positions encountered are four: (1) those who have a God whose existence they do not doubt; (2) those wondering whether or not to believe in a God they are not sure exists; (3) those amazed, angered, or quietly surprised to see others deeply invested in a God who does not interest them; (4) those who struggle with a demanding, harsh God they would like to get rid of if they were not convinced of his existence and power".[72] Auch die weiteren neun Punkte, welche die jeweilige Darstellung am Beginn fokussieren, konzentrieren sich auf die Frage der Gottesrepräsentanz, ihrer Quellen und Beeinflussungen, auf das Verhältnis zwischen „privatem" und „offiziellem" Gott u.a.m. Die Entwicklung und der Stellenwert der jeweiligen aktuellen, auf unterschiedliche Weise verdrängten oder quälenden Gottesbeziehungen werden sehr schlüssig nachvollziehbar und verleihen den Thesen Rizzutos die konkret menschliche Farbe. Bedauerlich ist, dass sich kein erklärter Atheist unter den Beispielen befindet. Denn Daniel Miller mit seinem „God, the Enigma", den Rizzuto erneut[73] als Beispiel für einen Menschen bringt, „der sich wundert, dass andere an einen Gott glauben, der ihn selbst nicht interessiert",[74] erweist sich als von Jugend an im höchsten Maß eingeschränkt, sein Leben ohne Bewältigung

---

71 Siehe Rizzuto (1979), 10.
72 Rizzuto (1979), 91. Eben diese Kategorien benutzt Rizzuto bereits in ihrer früheren Studie – siehe Rizzuto (1974), 88; dort fügt sie noch hinzu: „These four positions can be epitomized in the sentences: ‚I have a God', ‚I might have a God', „I do not have a God' and ‚I have a God but I wish I did not'."
73 Schon in Rizzuto (1974), 94f. wird Daniel Miller als gegenteiliges Beispiel zu einem „Gläubigen" präsentiert.
74 Siehe Rizzuto (1979), 130f.

der Vaterbeziehung zu meistern. Die aufgefundene Gottesrepräsentanz ist eng mit der Vaterbeziehungserfahrung gekoppelt und außer dieser problematischen Inklination, die sein Leben in destruktiver Weise bestimmt, zeigt sich bei Daniel Miller keine wie auch immer geartete positive Perspektive in der Beziehung zum Leben. Die Untersuchung z.B. eines Falles mit verdrängter Gottesrepräsentanz, aber sonst positiver Motivation für die Lebensgestaltung könnte interessante Aufschlüsse über die Nutzung „anderer Quellen", die diese Person „nähren", bringen. Zwar führen solche Überlegungen über die von Rizzuto intendierte Konzentration auf die Gottesrepräsentanz des „westlichen Gottes" hinaus. Dass Rizzuto aber nicht umhinkommt, der beinhalteten Erweiterung ihrer Perspektive gelegentlich in Formulierungen zu folgen, zeigt sich bei der Beschreibung anderer Fälle. So spricht sie vom Problem der Fiorelle Domenica, die „nicht genug Frustration in der Beziehung zu ihren Eltern hatte, um sich anderen Objekten zuzuwenden und der Welt im Ganzen zu begegnen",[75] oder bei aller Problematik, die Bernardine Fisher mit ihrem „God, My Enemy" hat, von einer Hoffnung, die ihr bleibt, „wie auch immer, dass die Welt etwas zu geben hat".[76] Allerdings muss vorausgesetzt werden, dass die Erschließung „anderer Quellen" oder „anderer Typen von Gott" im pathologischen Bereich nur sehr eingeschränkt möglich ist, denn sonst wären die in den Fallstudien vorgestellten Menschen nicht letztlich genötigt gewesen, sich auch nach jahrelangen Therapien wie im Fall von Daniel Miller einer stationären Behandlung zu unterziehen. Hier könnte also doch die kritische Frage an Rizzuto gestellt werden, ob ihre diesbezüglichen Schlüsse aus der Pilotstudie zu optimistisch waren und eine „Psychologie des Normalen" nicht ergänzende oder vergleichende Studien außerhalb des klinischen Bereiches mit der Intensität ihrer Hauptstudie benötigen würde.[77]

Abschließend soll nicht unerwähnt bleiben, dass Rizzuto am Ende ihrer Ausführungen fast nebenbei einen für unsere Kultur im Allgemeinen, besonders aber auch für Theologie und Kirche bedeutsamen Gedanken anspricht, den eine objektbeziehungstheoretische Weltsicht nach Winnicott offenbar wie von selbst hervorbringt; Rizzuto formuliert ihn mit ihren Worten so: „To ask a man to renounce a God he believes in may be as cruel and as meaningless as wrenching a child from his teddy bear so that he can grow up."[78]

---

75 Rizzuto (1979), 107.
76 Rizzuto (1979), 173.
77 Vgl. auch Rizzutos leise anklingende Bedenken in Rizzuto (1979), 200.
78 Rizzuto (1979), 209. Der Gedanke der Toleranz wurde bereits bei dem von Rizzuto geschätzten Pruyser zu einer zentralen Konsequenz aus der Beschäftigung mit Winnicott, sodass er sein Werk „Between Belief and Unbelief" mit den Worten beendet: „The transitional

5.2 Kritische Würdigung des Konzepts der Gottesrepräsentanzen

Ana-Maria Rizzutos Entwurf einer Theorie der Gottesrepräsentanzen im Zusammenhang mit einer empirischen Studie ist zunächst vor allem als Pionierleistung zu würdigen, mit der es ihr gelungen ist, die Frage des Zusammenhangs von Persönlichkeit und Gottesbild aus völlig neuer Perspektive zu thematisieren.[79] Sie hat mit ihrem Vorstoß von psychoanalytischer Seite her nicht nur einen Bann gebrochen, der seit Freuds – zwar zeitlebens engagiertem aber auch Psychoanalyse und Theologie spaltenden – Bemühen um die Frage der Religion und des Gottesglaubens über diesem Thema lag,[80] sondern mit ihrem konstruktiven Engagement zugleich eine völlig neue Dialogebene zwischen den beiden unterschiedlichen Disziplinen eröffnet.[81] Rizzuto nahm das Phänomen der Gottesbeziehung, wie sie von gläubigen Menschen im Sinn einer personalen Beziehung empfunden und aufgefasst wird, ernst und untersuchte es mit ihrer empirischen Studie als eine in vieler Hinsicht anderen Beziehungen vergleichbare Dimension menschlichen Lebens. Die Thesen Winnicotts vom Übergangsraum und seine damit verbundene Bestimmung der Religion als mögliche sinnvolle Lebensäußerung des Menschen boten Rizzuto den Rahmen für ihre Verortung der Gottesbeziehung in einer psychoanalytischen Anthropologie. Die Gottesbeziehung wird da-

---

sphere and the transitional object are in my view, and I think in Winnicott's, the first testing ground of belief. Belief stems neither from the isolated id nor from an isolated external world. Belief stems neither form the isolated id nor from an isolated external world. It arises when the id and the outer world are brought judiciously together by the contrivance of play in which the old and the young, the serious and the lighthearted, the dependent and the autonomous, the braggers and the timorous, the fantasts and the realists, come together to practice that greatest of all gifts: to play and to make beliefs. Such mutual engagements in play require a social contract in which tolerance is the highest virtue." (Pruyser, 1974, 269)

79 Vgl. auch Bobert-Stützel (2000), 93: ‚The birth of the living God' „leitete in mehrerer Hinsicht eine neue Epoche in der psychoanalytischen Religionspsychologie ein. Bis dahin hatte aus psychoanalytischer Perspektive keine theoretisch systematisierende und auch keine ausführliche klinische Studie zur Entwicklung des Gottesbildes vorgelegen. Die auf ihr Werk folgenden großen psychoanalytisch orientierten religionspsychologischen Abhandlungen bauen bis zur Gegenwart auf Rizzutos Vorarbeit auf. Ein weiteres Verdienst liegt darin, dass sie den Terminus ‚Objektbeziehungsrepräsentanz' theoretisch präzisiert hat." Vgl. z.B. auch McDargh (1983), 120f.

80 Vgl. Murken (1998), 18f.: „Nach seiner Entdeckung der Neurosen versuchte Freud auch Religiosität neurosenpsychologisch zu erklären (...). Damit war der Grundstein für ein atheistisches und reduktionistisches Religionsverständnis gelegt (...). Eine solche Haltung, die zur Wahrheitsfrage der Religion dezidiert Stellung nahm, indem sie ihr den Wahrheitscharakter absprach, hat die psychoanalytische Diskussion religiöser Phänomene lange Zeit geprägt; andere Sichtweisen wie etwa die von Pfister, Reik, Schroeder oder Reich blieben eher ungehört." Vgl. auch Kernberg (2000), 107.

81 Siehe auch Murken (1998), 20f.

durch auf menschlicher Seite verstehbar als zweckmäßige – wenn auch nicht notwendige – Funktion psychischer Entwicklung und Balance.[82] Der Glaube an Gott erscheint nicht mehr als unvernünftige Übertragung menschlicher Phantasie auf Basis ungestillter Triebe und unerfüllter Wünsche in ein Jenseits, sondern er wird im Gesamtkontext des seelischen Lebens als eigene Qualität menschlicher Lebensäußerung bestimmbar. Darüber hinaus konnte Rizzuto zeigen, dass die Gottesbeziehung eine Objektbeziehung sui generis darstellt, die zwar durch viele emotionale Faktoren und kognitive Aspekte beeinflusst wird, aber nicht aus diesen alleine erklärt werden kann.

Zwei Aspekte sind im Zusammenhang der Ergebnisse Rizzutos des Weiteren hervorzuheben: zum Einen die theoretische Begründung für die Vielfalt von Elementen des persönlichen Gottesbildes eines Menschen, z.B. auch mütterlicher Einflüsse,[83] zum anderen die These von der lebenslangen Entwicklung und Überarbeitung des Gottesbildes, die bis zum Lebensende nicht zum Abschluss kommt.[84]

Durch die Platzierung der primären Entwicklung der Gottesrepräsentanz im Bereich der winnicottschen Übergangsphänomene und damit vor allem in der präödipalen Zeit wird nachvollziehbar, dass sämtliche in dieser Phase relevanten Objektbeziehungen – insbesondere die zu beiden Eltern, zu anderen relevanten ersten Bezugspersonen und darüber hinaus auch zu den gewünschten und gefürchteten Eltern der Phantasie – Material für das Gottesbild liefern.[85] Die jeweiligen Gewichtungen hängen von den unzähligen Faktoren dieser komplexen Entwicklungsphase ab, die erst mit dem Ausklingen der ödipalen Phase zu einem Abschluss kommt. In ihren Fallstudien zeigt Rizzuto sehr differenziert auf, welche Rolle die einzelnen Objektbeziehungserfahrungen im Kontext der jeweils

---

[82] Vgl. Murken (1998), 25, der eine besondere Stärke der Objektbeziehungstheorie darin sieht, eine Heuristik angeboten zu haben, die es möglich mache, die menschliche Seite der Gottesbeziehung „untersuchen und verstehen zu können, *ohne* gleichzeitig Aussagen über die andere ‚transzendente' Seite der Beziehung machen zu müssen." (Hervorhebung im Original)

[83] Vgl. dazu auch die detaillierte Auflistung von Stellenangaben in der pastoral- und religionspsychologisch interessierten Literatur bei Thierfelder (1998), 50.

[84] Vgl. auch Bobert-Stützel (2000), 93f.

[85] Siehe z.B. Rizzuto (1979), 44: „My study and present knowledge of the complexities of object representation makes it impossible to accept that the paternal imago only is used to form the representations of God. The components of my patients' God representations came from varied sources, and although in most patients one source prevailed, no patient formed his God representation from only one parental imago. Moreover, not only the parent of real life but the wished-for parent and the feared parent of the imagination appear on equal footing as contributors to the image of God. (...) I conclude therefore that formation of the image of God does not depend upon the oedipal conflict. It is an object-related representional process marked by the emotional configuration of the individual prevailing at the moment he forms the representation – at any developmental stage."

individuellen Verarbeitung spielen und wie diese Erfahrungszusammenhänge sich jeweils in der Gottesrepräsentanz ausdrücken können. Die prominente Rolle des Vaters, die bei Freud noch ganz im Vordergrund seiner Überlegungen zum Gottesglauben stand und die ihn zu den verschiedensten psychoanalytischen, philosophischen, kultur- und gesellschafts-geschichtlichen Theorien und Spekulationen anregte, erscheint damit relativiert und die Vieldimensionalität der empirisch wahrnehmbaren Glaubensäußerungen auch theoretisch nachvollziehbar. Darüber hinaus zeigt sich mit den Ergebnissen Rizzutos auch der Boden für vergleichbare Untersuchungen in anderen religiösen Umfeldern bereitet, deren Gotteskonzepte sich von denen der monotheistischen Religionen unterscheiden – ein von Rizzuto selbst nur peripher ventilierter Gedanke, da sie in ihrer Studie weder anthropologische Aussagen treffen und „the task of elaborating the how and the why of the human ability to represent and symbolize to other researchers" überlassen will,[86] noch Rückschlüsse auf andere Kulturen zu ziehen plant,[87] dessen erste Umsetzungen durch Mark Finn[88] und Jeffrey Rubin[89] sie aber später ausdrücklich begrüßt.[90]

Rizzutos These zur lebenslang notwendigen Entwicklung und Überarbeitung der Gottesrepräsentanz, die sie in den Rahmen der Theorie Winnicotts von der lebenslangen Notwendigkeit der Pflege des Über-

---

[86] Rizzuto (1979), 7.
[87] Siehe Rizzuto (1979), 221 FN 2.
[88] Finn (1992).
[89] Rubin (1992). Sowohl bei Finn als auch bei Rubin scheinen herausragende Gestalten im Buddhismus, wie z.B. der Meister, Hauptkristallisationspunkt für eine Objektbeziehungsrepräsentanz zu sein, die der Gottesrepräsentanz Rizzutos entsprechende Qualitäten beinhaltet (siehe z.B. Rubin, 1992, 102).
[90] Siehe Rizzuto (1992), 165f.: „We owe gratitude to Mark Finn and Jeffrey Rubin for studying the Buddhist's experience. My own studies, and most psychoanalytic studies, focus exclusively in the western Judeo-Christian tradition. This tradition is particularaly well suited for the study of religion under the light of psychoanalytic object relations theory. The Judeo-Christian tradition begins with a living and active God, who speaks the language of Abraham, establishes himself as his Lord, his guide, his protector, and the master of his future (Genesis 12, 1–3). Such a God is psychologically so close to parental representations that it makes the theory of object relations and representations specifically suitable for the study of the psychic processes involved in religious belief. Buddhism is a drastically different tradition. As Huston Smith describes it, the religion of Buddha was ‚without authority, without ritual, without theology, without tradition, without grace, and without the supernatural'. The question of God in Buddhism is a difficult one. Buddhism does not have a personal God as the Judeo-Christian tradition has." Vgl. dazu auch Wulff (1997), der in seinem Kapitel „Object-relations Theory" (320–370) von Anfang an auf die Erweiterung der Perspektive in Richtung anderer Weltreligionen reflektiert und Rizzutos Schwerpunkt in unmittelbarem Anschluss an das Referat ihrer Position durch Überlegungen zu den narzisstischen Implikationen des Buddhismus auf Basis der Ansätze Schjelderups (1932) ergänzt.

gangsraumes einschreibt, macht die Erfahrung der vielgestaltigen Veränderungen des Glaubens eines Menschen auch theoretisch fassbar.[91] Vom Phänomen des Gottes, der nur in Notzeiten angerufen wird,[92] über eine möglicherweise zeitlich beschränkte, bewusst atheistische Haltung während der Adoleszenz,[93] fast unbemerkte Wandlungen des Gottesbildes durch Krisen[94] oder im Zuge einer Therapie[95] bis hin zu Bekehrungserlebnissen mit den dazugehörigen Vorgängen[96] lassen sich alle Phänomene der Veränderung im Gottesglauben aus einer objektbeziehungstheoretisch-religionspsychologischen Perspektive beschreiben und verständlich machen.[97] Gottesbilder werden nicht mehr als statische Momente aufgefasst, die einer definierten Persönlichkeitsstruktur zuzuordnen wären und mit ihren vielfältigen Ausgestaltungen, Ambivalenzen und Veränderungen doch jede Typologie sprengen, sondern in ihrer geschichtlich-dynamischen Dimension erkennbar, deren Bedeutsamkeit sich immer auf einen konkreten Menschen zu einem konkreten Zeitpunkt unter konkreten Umständen bezieht.[98] Möglich wird dies durch die objektbe-

---

91 Rizzuto (1979), 46f.: „It (sc. the use of the God representation) has to do with the individual's total psychic transformation and reworking in each stage of the life cycle. Those who are capable of mature religious belief renew their God representation to make it compatible with their emotional, conscious, and unconscious situation, as well as with their cognitive and object-related development."

92 Rizzuto (1979), 203: „Thus God, the transitional object representation, born ‚between urine and feces', together with his lesser siblings, monsters, witches, ogres, imaginary companions, and others, lives his own life cycle under the alternating moods of his creative owner: sometimes he remains a lifelong companion; sometimes he takes the beating that the irritations of life provoke in his owner and is rudely told that he does not exist or that it would be a relief if he did not. Most of the time he shares the unpredictable life of the small child's teddy bear: when needed he is hurriedly pulled from his resting place, hugged or mistreated, and when the storm is over, neglectfully left wherever he may happen to be. There he remains, quietly offering the silent reassurance of an almost imperceptible presence."

93 Siehe Rizzuto (1979), 202f.

94 Rizzuto (1979), 202.

95 Siehe Rizzuto (1979), 49 und 205.

96 Siehe Rizzuto (1979), 51 und 200.

97 Siehe auch Rizzutos frühere zusammenfassende Benennung von möglichen Gründen für eine Überarbeitung der Gottesrepräsentanz in Rizzuto (1974), 88: „I propose, also, that the internalized image of God is not completely fixed, but has a potential for change. Some of the changes may originate in a new understanding of the earlier relation with some of the objects unconsciously used to form the individual's image of God. Some other changes may be related to actual changes in the present in the relationship with the person or one of the persons who was used to form the image of God (e.g. the death of a parent). Furthermore, some new object relation or some new understanding of religious teachings may also contribute to some alterations of the earlier image of God."

98 Vgl. auch die Gegenüberstellung des „strukturellen Konfliktmodells" nach Freud, das besonders in der Neo-Psychoanalyse Schultz-Henckes (1952) und in dessen Gefolge von Fritz Riemann (1975) ausgearbeitet wurde, und des „objektbeziehungstheoretischen Konfliktmodells" bei Mertens (1996), 165–178. Es soll hier nicht bezweifelt werden, dass das

ziehungstheoretische anthropologische Bestimmung des Menschen als Beziehungswesen. Übertragung und Gegenübertragung erscheinen nicht mehr im Sinne von ungestillten Trieben oder unerfüllten Sehnsüchten kontaktbestimmend zwischen den einzelnen Individuen, sondern werden von komplexen Vorgängen innerhalb der von Anfang an bestimmenden Beziehungserfahrungen und ihrer permanenten Überarbeitung her gesehen, durch die sich das Leben des Menschen und seine Sinnfindung definieren.[99]

In diesem Zusammenhang ist nun auch ein Moment in Rizzutos Theoriegebäude zu diskutieren, das aus anthropologischer Sicht besonders signifikant erscheint und sich für weiterführende religionspsychologische Forschungen als relevant erweisen könnte. Wenn Winnicott annahm, dass der Mensch sich im kulturellen und/oder religiösen Leben entdecken und entfalten müsse, weil dieser Bereich im Sinne der Übergangsphänomene zu den Bedingungen für persönlich bedeutsames Leben gehöre, so versteht Rizzuto das Fortbestehen der Übergangsphänomene näherhin als Bedürfnis, eine Beziehung zur „Welt im Ganzen" herzustellen, aufrecht zu erhalten und ein Leben lang weiter zu entfalten.[100] In der Gottesrepräsentanz nach der Theorie Rizzutos drückt sich die Beziehung des Menschen zur „Welt im Ganzen" aus, gewinnt in ihr konkrete Gestalt; auch wenn eine Gottesrepräsentanz aufgrund ihrer unzulänglichen Hilfestellung für diese Beziehung verdrängt wird, bleibt die Notwendigkeit einer emotionalen Beziehung zum Ganzen der Wirklichkeit, von

---

Persönlichkeitsstruktur-Modell der Neopsychoanalyse in der klinischen Diagnostik oder im Rahmen von Persönlichkeits-Trainings ein wertvolles heuristisches Modell darstellt und in der praktischen Arbeit auch auf jeweils bevorzugte Akzentuierungen im Gottesbild aufmerksam machen kann. Im Rahmen einer religionspsychologischen Theoriebildung und Forschung zur Frage des Zusammenhangs von Persönlichkeit und Gottesbild kann es jedoch keine über das Übertragungs-Modell Freuds hinausreichenden Verstehenshorizonte eröffnen.

99 Vgl. auch Murken (1998), der zur Objektbeziehungstheorie feststellt: „Diese Perspektive geht von einem erweiterten Übertragungsbegriff aus. Übertragung wird dabei nicht mehr klassisch verstanden als pathologische Wiederholung unbefriedigender Beziehungsmuster, sondern als psychodynamisch motivierte Gesamtheit beziehungsgestaltender Faktoren (...). Entsprechend werden auch religiöse Beziehungen verstanden."

100 Den Begriff „Welt im Ganzen" („world at large") verwendet Rizzuto an mehreren für den Argumentationsverlauf wichtigen Stellen – z.B. Rizzuto (1979), 179: „The God representation, as an aspect of this intermediary area in the course of the life cycle, follows epigenetic and developmental laws that can be studied systematically. The process of reelaborating the God representation also follows the dynamic laws of psychic defense, adaptation, and synthesis, *as well as the need for meaningful relations with oneself, others, and the world at large – relations that color all other psychic processes.*" (Hervorhebung vom Verfasser) Gelegentlich verwendet Rizzuto auch die Formulierung „universe at large" – z.B. an der in anthropologischer Hinsicht aussagekräftigen Stelle: „If one religion disappears, new systems of belief spring up to organize the meaning of the universe at large." (Rizzuto, 1979, 90)

welchen ontologischen Prämissen her diese auch immer gedeutet wird, weiter bestehen und benötigt einen Ausdruck in anderer Form.[101] Das heißt, Rizzuto geht davon aus, dass jeder Mensch zur „Welt im Ganzen" eine personale Beziehung brauche, die in einer ausdrücklichen Gottesbeziehung Gestalt gewinnen könne, aber nicht müsse.[102] Sollte das „culturally postulated superhuman being",[103] mit dem eine Gottesbeziehung verbunden ist, aus verschiedenen Gründen intellektuell nicht mehr tragbar und/oder emotional für die psychische Balance nicht mehr hilfreich sein, so müsse es durch etwas anderes ersetzt werden, zu dem eine vergleichbare Beziehung aufgenommen werde: „Those who do not find their God Representation subjectively meaningful need other subjective objects and transitional realities to encounter themselves".[104]

Das Phänomen des Bedürfnisses nach einem „basic faith", das sich in den von Rizzuto untersuchten Gottesrepräsentanzen ausdrückt, ist als anthropologisches Grunddatum vorausgesetzt, das Rizzuto dahingehend präzisiert, dass es weiterhin durch das menschliche Bedürfnis beziehungsweise die menschliche Eigenheit definiert ist, auch zu dem eine bedeutungsvolle Beziehung aufzunehmen, was der Mensch in umfassender Weise als ihn im Außen umgebend erfährt. Diese Beziehung zur „Welt im Ganzen" erscheint als fundamentale psychische Funktion verbunden mit der Aufrechterhaltung eines „Minimums an Gefühl von Bezogenheit und Hoffnung", „Wert und Sicherheit"[105] oder ganz allgemein gesprochen: des „Selbstgefühls".[106] Es wäre als Rizzutos genuiner Beitrag zu ei-

---

101 Siehe das eben gebrachte Zitat Rizzuto (1979), 90, oder auch Rizzuto (1979), 205: „I agree with Winnicott and propose that the private God of each man has the potential to provide ‚silent communication', thus increasing our sense of being real. *Those who do not find their God representation subjectively meaningful need other subjective objects and transitional realities to encounter themselves.*" (Hervorhebungen vom Verfasser)

102 Vgl. auch die Interpretation der Annahmen Rizzutos durch Wulff (1997), 343, der in seiner knappen Schilderung auf die generalisierende Tendenz der Thesen Rizzuto fokussiert: „Rizzuto (...) maintains that a representative of God is a *universally inevitable outcome* of the child's relations with parents and other characters as well as of the child's burgeoning interest in causal events." (Hervorhebungen vom Verfasser)

103 Siehe die Definition von Religion am Beginn ihrer Arbeit, Rizzuto (1979), 3.

104 Rizzuto (1979), 205. Vgl. auch Rizzuto (1979), 47: Einige Menschen glauben nicht, „because they have created other types of gods that sustain them equally well."

105 Siehe Rizzuto (1979), 208f.: „(...) the child actively uses his God representation and his transformations of it as an element in maintaining real and fantasized relations with his parents, and in *maintaining a minimum sense of relatedness and hope* (...) The study also reveals the ingenuity of the child in creating a God representation through experience and fantasy. Like the transitional object, God is heavily loaded with parental traits (those objects the child finds). But as a creation of the child he has other traits that suit the child's needs in relating to his parents and *maintaining his sense of worth and safety.*" (Hervorhebungen vom Verfasser)

106 Siehe Rizzuto (1979), „I propose that *belief in God* or its absence depends upon whether or not a *conscious ‚identity of experience'* can be established between the God representa-

ner objektbeziehungstheoretischen Religionspsychologie anzusehen, die dieser Beziehung zugehörige Objektrepräsentanz anhand der Gottesrepräsentanz christlicher Provenienz exemplarisch herausgearbeitet und in den Übergangsraum eingeschrieben zu haben, die sich im Sinne des „basic faith" als Einzige auf ein Gegenüber bezieht, das nicht verifiziert werden[107] und auch den Charakter einer konkreten Person, eines personalen Gottes annehmen kann.[108] Wenn eines der vielen Übergangsphänomene im Zwischenraum der Phantasie einen „erhöhten Status" erlangen kann,[109] dann entspricht dieser besondere Status einer spezifischen Funktion in der Entwicklung einer gesunden psychischen Balance verbunden mit der lebenslangen Aufgabe, Innen und Außen zusammenzubringen. Nach den Prämissen Rizzutos könnte dann auch allgemein von einer *Welt-im-Ganzen-Repräsentanz* ausgegangen werden, die eben auch „Gott" heißen und z.B. mit den Vorstellungen des Gottes der christlichen Tradition verknüpft sein könnte.[110]

Zum Einen ist festzustellen, dass Rizzuto selbst diese Dimension ihrer Anthropologie nicht eigens reflektiert und ihr weder in der theoretischen Konzeptualisierung noch im Rahmen der empirischen Untersuchung ei-

---

tion of a given development moment and the object and self-representations needed to maintain a sense of self which provides at least a minimum of relatedness and hope." (Hervorhebungen im Original)

107 Siehe Rizzuto (1979), 44: „What is the psychic need to create the representation of a nonexperiential being to which so much power is attributed?."

108 Siehe Rizzuto (1979), 87f. An dieser Stelle sei noch einmal kritisch auf Heribert Wahls Arbeiten reflektiert (Wahl, 1994; er attestiert zwar Winnicotts Position eine ontologische Überlegenheit gegenüber Freud oder Klein, durch die er die „klassische psychoanalytische Religionskritik faktisch aufgehoben" sieht, beschränkt demgegenüber aber Rizzuto auf die „Kleinianische Linie" und versteht ihren Begriff der Gottesrepräsentanz in reduktionistischer Weise, die ihr nicht gerecht werden zu können scheint: „Wenn aber die wirklich entscheidenden psychischen Prozesse noch weit fundamentaler sind als Internalisierung und Projektion, dann ist die klassische psychoanalytische Religionskritik faktisch aufgehoben, da sie die absolute Wirklichkeit, also Gott, auf Introjekte und Projektionen wie Vater und Mutter reduziert hat. Dies gilt tendenziell auch für jene neueren religionspsychologischen Ansätze, die in der Kleinianischen Linie zwar eine eigenständige Objekt-Repräsentanz ‚Gott' samt deren Entwicklungsgeschichte reklamieren, nicht aber den bei Winnicott springenden Punkt mit vollziehen: die konsequente Berücksichtigung des fundamentalen ‚Sinns der Externität'; sie schreiben allenfalls der ‚Gott'-Repräsentanz den Charakter eines Übergangsobjekts zu." – es folgt der Hinweis auf Rizzuto (Wahl, 1994, 230).

109 Siehe Rizzuto (1979), 194f.

110 Vgl. dazu die unten noch ausführlich zu Wort kommende These vom „transferential ground" bei Jones (1991), 64: „The task of this book is to explore the ways in which a person's relationship with what he construes as sacred or ultimate serves as the transferential ground of the self." Jones erarbeitet seine Theorie auf Basis der Vorarbeiten von Winnicott und Rizzuto, macht Rizzuto aber den Vorwurf, sich zu ausschließlich auf die Gottesrepräsentanz beschränkt zu haben (Jones, 1991, 47) und versteht seine Theoriebildung als Weiterführung und Präzisierung einer objektbeziehungstheoretischen Religionspsychologie.

nen eigenen Stellenwert einräumt.[111] Denn es erhebt sich auf dem Hintergrund ihrer Annahmen z.B. die Frage, worauf sich dieser Basisglaube im Einzelnen und Konkreten bei Menschen bezieht, die sich selbst ausdrücklich als Atheisten bezeichnen, und es könnte aufschlussreich sein, ihre individuelle Art der Bezugnahme auf „other subjective objects and transitional realities to encounter themselves"[112] zu untersuchen. Rizzuto gibt nur den allgemeinen Hinweis im Anschluss an Winnicott: „Men cannot be men without illusions. The type of illusion we select – science, religion, or something else – reveals our personal history and the transitional space each of us has created between his objects and himself to find ‚a resting place' to live in."[113] In der empirischen Studie Rizzutos kommt eine im weitesten Sinn atheistische Position[114] ausschließlich hinsichtlich des Stellenwertes, der Entwicklungsgeschichte und der Qualität derjenigen Gottesrepräsentanz zur Sprache, welche die betreffende Person nicht mehr verwenden kann – ein Gesichtspunkt, der so vor Rizzuto nicht beschreibbar war und als besonderes Verdienst zu würdigen ist. Sie konzentriert sich auf die Feststellung, dass in der westlichen Welt jedes Kind aufgrund des nach wie vor dominanten christlichen Umfeldes und der religiösen Erziehung zunächst einmal auf jeden Fall eine Gottesrepräsentanz personalen Charakters ausbilde, auf die sich der Heranwachsende weiter beziehen kann oder auch nicht.

Die in den Prämissen Rizzutos mit enthaltene Fragestellung nach den möglichen alternativen Objektbeziehungen wird von dieser jedoch nicht weiter verfolgt. Im Gegenteil – an der Stelle ihrer Argumentation, wo es darum geht, ob das Übergangsphänomen „Gott" das Schicksal anderer Übergangsobjekte teilen und irgendwann der Vergessenheit anheim fallen müsse, oder ob es die Chance habe zu überleben, überarbeitet und mit weiteren Erfahrungen verknüpft zu werden, bietet Rizzuto ausschließlich die Begründung, dass dies von „vielfältigen soziokulturellen, religiösen, rituellen, familiären und, nicht zuletzt, epigenetischen" Faktoren abhänge.[115] Sie argumentiert, dass im Umfeld der westlichen Gesellschaft das Übergangsobjekt Gott einen „speziellen und höheren Status" als andere erhalte, da sich kein Kind dem Einfluss, den die Religion im

---

111 Dieser Umstand führt m.E. auch zu der von Jones (1991), 47, in Anschlag gebrachten Kritik an Rizzuto.
112 Rizzuto (1979), 205.
113 Rizzuto (1979), 209.
114 Siehe die Fallstudie zu Daniel Miller (Rizzuto, 1979, 130ff.). Rizzuto positioniert die Haltung Daniel Millers zur Religion in der dritten der von ihr vorausgesetzten Kategorien, die sie folgendermaßen definiert: „Those amazed, angered, or quietly surprised to see others deeply invested in a God who does not interest them." (Rizzuto, 1979, 91)
115 Rizzuto (1979), 194.

gesellschaftlichen und privaten Bereich habe, entziehen könne und früher oder später mit diesem Gott, den selbst die weit über dem Kind stehenden Eltern als höchstes Wesen anerkennen, konfrontiert werde.[116] Den „epigenetischen" Aspekt versteht Rizzuto so, dass das Kind mit etwa zweieinhalb Jahren die „Warum-Frage" entdecke und auf der Suche nach der ersten Ursache von den Eltern letztlich die Antwort erhielte: Gott sei die „prima causa"; da sich das Kind aber nichts anderes als Personen vorstellen könne, müsse es sich auch Gott als Person vorstellen – womit nach Rizzutos hier eingefügter Argumentation die Vorstellung des „personalen Gottes" implantiert wäre.[117] Diese Argumentation Rizzutos erweckt den Eindruck einer ausschließlich durch religiöse Erziehung hervorgerufene Prägung der spezifischen Objektrepräsentanz „Gott" und steht in Spannung zu ihrer Annahme einer grundsätzlich notwendigen Beziehung zur „Welt im Ganzen". Denn die religiöse Erziehung allein könnte nicht allgemein begründen, wieso ein Übergangsphänomen aus der „langen Prozession"[118] von Übergangsphänomenen überhaupt einen erhöhten Status erhalten sollte.[119] Dass ohne den familiären und soziokulturellen Einfluss eine „Welt-im-Ganzen-Repräsentanz" nicht mit dem „westlichen Gott" in Verbindung gebracht werden könnte, ergibt sich aus der grundsätzlich mehrdimensionalen Bestimmung der Gottesrepräsentanz Rizzutos. Die Annahme aber, dass nur ein von außen angebotenes religiöses Konzept ein zufällig vorhandenes Übergangsphänomen „Gott" in seinem Status gegenüber anderen Übergangsphänomenen erhöhe, erschiene willkürlich und ohne konsistenten Zusammenhang zu Rizzutos psychoanalytischer Theoriebildung.

Zum anderen gilt es im Rahmen des religionspsychologischen Diskurses zu beachten, dass Rizzutos „Welt im Ganzen" aus der Perspektive

---

116 Rizzuto (1979), 194f.

117 Rizzuto (1979), 195: „Epigenetically (...) at about two-and-one-half years of age, the child discovers that things are made by people. This is a rudimentary notion of anthropomorphic causality. He soon asks questions about how things are made. He wants to know who made this thing and that thing. Pulling the chain of causality with his ceaseless questions, he finally finds his mother running out of immediate causes when he asks who made the wind or the sun or, most importantly, babies. In his mind, causes are the wishes of people and not abstract principles or mechanical factors. If the adult's answer is that God make the clouds, the child needs to imagine a person, God, formidable enough to make big things like clouds (...) When he continues to ask, like a little Aristoteles, he finds that nobody made God. This frustrates his notion that things are made by somebody, but certainly conveys the feeling that God is no ordinary being."

118 Rizzuto (1979), 193f.

119 Vgl. dazu speziell die von Rizzuto an den Anfang ihrer Untersuchungen gestellte Frage: „The question remains why early imagos evolve into a God. *What is the psychic need* to create the representation of a nonexperiential being to which so much power is attributed?" (Rizzuto, 1979, 44; Hervorhebungen vom Verfasser)

einer psychoanalytischen Anthropologie zu interpretieren ist. Ähnlich wie schon bei Winnicott sei an dieser Stelle ausdrücklich festgehalten, dass von ihren Theorien weder die Notwendigkeit zur Bildung eines Glaubens an ein göttliches Wesen noch die Notwendigkeit zur bewussten und gestalteten Partizipation an einer konkreten Religion abgeleitet werden kann. Es muss nach Rizzuto im menschlichen Leben lediglich etwas geben, das mit den aus dem religiösen Umfeld bekannten Phänomenen persönlich bedeutsamer Gottesbeziehungen vergleichbar ist, um die psychische Balance im Sinne der emotional gefüllten Beziehung zur „Welt im Ganzen" zu gewährleisten. Dieser „Welt im Ganzen" kommt keine eigenständige ontologische Qualität in einem theologischen Sinn zu, an deren „Tätigsein" der Mensch teilhaben müsste, um zu seinem „eigentlichen" Wesen zu finden. Insofern die Ausbildung der Gottesrepräsentanz im Zusammenhang mit der menschlichen Eigenheit des „Transzendierens" der vorfindlichen Wirklichkeit auf Bedeutung hin verstanden wird, kann im Rahmen der Thesen Rizzutos nicht von einem „natürlichen" Transzendenzbezug in der Perspektive einer theologischen oder krypto-theologischen Ontologie her gesprochen werden. Rizzutos Mensch ist als Beziehungswesen definiert, der nur im Kontext seines spezifischen Ausgerichtetseins auf eine bedeutungsvolle Beziehung auch zu der ihn umgebenden Welt hinreichend zu erfassen ist, aber er ist kein „homo religiosus".[120] Die Frage, ob dieser Eigenheit des Menschen eine

---

120 Die hier vertretene Auffassung weist folglich eine Interpretation zurück, wie sie z.B. bei Schlauch (1990), 59f. zum Ausdruck kommt, der schon bei Winnicott eine verdeckte Theologie ortet, die nach seinem Urteil dann bei Meissner, McDargh und Rizzuto zur Entfaltung gekommen sei: „It is obvious that Winnicott did not set out to write a ‚theology' of any sort, and that he did not develop a theory of God. Nonetheless, it has also become increasingly clear, following Meissner, Rizzuto and McDargh, that his concept of transitional object lends itself to the religious and theological imagination." Ebenso scheint nach der hier erfolgten Analyse Jones (1991), 47, einem Missverständnis zu erliegen, der zwar auf die bereits aufgezeigte Inkonsequenz Rizzutos bei der Argumentation der Entstehung der Gottesrepräsentanz aufmerksam macht, die aus der bei Rizzuto noch nicht erfolgten eigenständigen Reflexion der anthropologischen Prämissen resultiert, dessen Vergleich mit der Anthropologie Jungs aber als unverhältnismäßig anzusehen ist: „Although referring to religion in terms of object relations, Rizzuto's language often contains the same ambiguity noted in reference to Fairbairn. Rizzuto frequently speaks of internalizations, including those relating to God, as ‚images', ‚object-representations', ‚objects' and ‚perceptual memories' – terms conveying an image of a tiny snapshot of the object within our heads. In keeping with this model of internalizations, much of her study is taken up with drawing connections between a patient's parental representations and the origins and transformations of his or her God representation. Although it is clear that the internalizations of objects cannot be separated from our relationship with them, Rizzuto tends to focus more on the internalized objects themselves and less on the internalized relationships. Despite their radically different starting points, in some ways Rizzuto's conclusions mirror Jung's. Religion is seen as a natural part of human development rather than a childhood stage to be outgrown. Thus humankind is, for both, ‚homo re-

Dimension von Wirklichkeit entspricht, die in der Theologie z.B. mit dem Gegenübersein Gottes zum Ausdruck gebracht wird, bleibt davon aber unberührt. Dieses Offenhalten der Wahrheitsfrage kann ebenso wie bei Winnicott als besondere Stärke der Theoriebildung Rizzutos angesehen werden, die sich im Eröffnen einer neuen Dialogebene zwischen Psychoanalyse und Theologie ausdrückt.

Rizzutos Unterscheidung zwischen bewusstem und unbewusstem Glauben ist schließlich ebenfalls auf diesem Hintergrund zu verstehen.[121] Auf letzteren geht sie nur indirekt ein, insofern Rizzuto die Ansicht vertritt, dass spezielle Erlebnisse eine Gottesrepräsentanz plötzlich „aufwecken" und Gott – auch als Bekehrungserlebnis[122] – „manifest" werden lassen könnten.[123] Die Entscheidung, an eine Gottesrepräsentanz, die man hat, zu glauben oder nicht zu glauben, zeigt sich von einem „conscious process" abhängig[124] sowie unter anderem davon, welche gedanklichen Konzepte das kulturelle Umfeld anbietet – respektive welches Gotteskonzept dem Heranwachsenden begegnet und ob dieses im Zuge der Integrationsbemühungen des Bewusstseins einen konkreten, auch konzeptionellen Glauben befördert oder zu einer negativen Stellungnahme im Sinne des „Unglaubens" oder „Zweifels" führt.[125] Der „unbewusste Glaube" als Aspekt einer verdrängten und nicht weiter überarbeiteten Objektbeziehungsrepräsentanz zeigt sich aber vom Begriff des „basic faith" unterschieden, der als grundsätzliche Ausrichtung des Menschen zunächst im Rahmen einer psychologischen Ontologie zu interpretieren ist – wenn weiter gehende Deutungsmöglichkeiten im Rahmen einer theologischen Wahrheitsfrage auch offen gehalten werden.

---

ligiosus' (inherently religious) and religious conviction can be a sign of health as well as a symptom of pathology. For both the primary psychological function of the God imago or archetype is self-integration and cohesion." (Hervorhebungen vom Verfasser)

121 Siehe z.B. Rizzuto (1979), 47: „Whether the representation lends itself to conscious belief or not depends upon a process of psychic balancing in which other sources may provide what the God representation provides for other people."

122 Siehe dazu im Speziellen Rizzuto (1979), 51.

123 Rizzuto (1979), 200: „A scent, a tune, a look, a gift, a word, a threat, may awaken the forgotten God representation. Narratives of religious revivals provide plentiful examples of the instrumentality of a trivial event in bringing about intense feelings for a suddenly manifest God."

124 Rizzuto (1979), 202: „I agree with Freud: belief and doubt are conscious processes in which the individual finds an identity of ‚perception', understood in the wider sense of identity of subjective experience."

125 Siehe Rizzuto (1979), 200.

5.3 Die Rezeption Rizzutos in der hermeneutischen Pastoral- und Religionspsychologie

Zur Rezeption Rizzutos in der hermeneutisch arbeitenden einschlägigen Literatur ist zunächst Folgendes festzustellen: Es gibt vor allem im angloamerikanischen Raum eine Reihe von pastoral- und religionspsychologischen Veröffentlichungen,[126] die sich von der objektbeziehungstheoretischen Sichtweise zu eigenständigen Konzeptionalisierungen inspirieren lassen. Durchgängig wird dabei Winnicotts These vom Übergangsraum als Basis für weitere Überlegungen zum Phänomen des Glaubens, der religiösen Erfahrung oder der Religion verwendet. Rizzutos Arbeit wird als konsequente Weiterführung der Ansätze Winnicotts aufgefasst und im Zuge prinzipieller theoretischer Erörterungen sowie speziell zur Frage des Gottesbildes rezipiert. Auffällig ist auch die häufige Bezugnahme auf Rizzutos Auseinandersetzung mit den Theorien Freuds, die zum Teil als formal und inhaltlich richtungweisend angesehen wird.[127] Weitere durchgängige Gesichtspunkte sind Rizzutos Art der Differenzierung zwischen privatem, persönlich bedeutsamen Gottesbild im Sinne der Gottesrepräsentanz und den kognitiven, öffentlichen Gotteskonzepten in ihrem qualitativen Verhältnis zueinander sowie der Einfluss von therapeutischen Prozessen auf die Entwicklung des Gottesbildes. Der Pastoralpsychologe John McDargh ist der einzige, der ansatzweise den Schritt wagt, aus der Objektbeziehungstheorie in der Ausprägung von Winnicott und Rizzuto eine Art Gotteserweis zu erbringen. Sonst wird die Grenze zu einer fundamentaltheologischen Anthropologie mit implizitem Gotteserweis zumindest reflektiert und die Wahrung der methodologischen Stringenz der Argumentation beansprucht sowie gegen kritische Stimmen verteidigt, wie am Beispiel von William Meissner zu sehen sein wird. James W. Jones scheint allerdings der Einzige zu sein, dem eine konsequente Weiterführung der objektbeziehungstheoretischen Perspektive unter Berücksichtigung der erkenntnistheoretischen Rahmenbedingungen gelingt. Die Arbeit von Constanze Thierfelder,[128] die eine „Kritische Interpretation des religionspsychologischen Ansatzes von Ana-Maria Rizzuto" anbietet, stellt im deutschsprachigen Raum bisher die einzige Veröffentlichung dar, die sich auf konzeptioneller Ebene eingehend mit Rizzuto auseinan-

---

126 Der Anspruch besteht zumeist darin, sich zu Fragen einer Religionspsychologie zu äußern; die Grenzen zwischen pastoralpsychologischen Argumentationsgängen und religionspsychologischen Untersuchungen sind aber im Sinne der in der Einleitung getroffenen Differenzierung zwischen Pastoralpsychologie und Religionspsychologie hinsichtlich der Intention und dem Umgang mit der theologischen Option zumeist fließend.

127 Siehe z.B. McDargh (1983), 137ff. oder Jones (1991), 36.

128 Thierfelder (1998).

der setzt und soll im Anschluss an die drei Beispiele aus der amerikanischen Literatur kurz zu Wort kommen, auch wenn sie keine vergleichbare eigenständige Konzeption einer Pastoral- oder Religionspsychologie zu erarbeiten intendiert.

5.3.1 John McDargh

Für eine kurze Skizze dreier exemplarischer Positionen ist in der chronologischen Reihenfolge der einschlägigen Monographien zunächst John McDargh zu nennen. Mit seiner 1983 erschienenen Veröffentlichung „Psychoanalytic Object Relations Theory and the Study of Religion. On Faith and the Imaging of God"[129] nahm er als erster substanziellen Bezug auf Rizzuto, die er persönlich kannte, und betrachtete ihre Studien als zentralen theoretischen Bezugspunkt.[130] McDargh verbindet mit seiner Arbeit ein definitiv pastoralpsychologisches Anliegen und will die objektbeziehungstheoretischen Beiträge theologisch auswerten, damit u.a. Pfarrer, Religionspädagogen und Seelsorger eine Bekräftigung und theoretische Begründung für ihre Erfahrungen mit dem Glauben finden können, „that the human beings relationship to his or her God can be as lively, as changeable, as dynamic and as open-ended as the most intimate and spontaneous of human relationships".[131]

Zunächst erarbeitet McDargh unter kritischer Auseinandersetzung mit dem protestantischen Theologen H. Richard Niebuhr, dem Strukturmodell der Glaubensentwicklung nach James Fowler, theologischen Positionen des zweiten vatikanischen Konzils sowie mit William W. Meissners früheren Arbeiten eine eigene Definition zur Operationalisierung des Glaubensbegriffes: „Faith is that human dynamic of trusting, relying upon, and reposing confidence in, which (1) is foundational to the lifelong process of becoming a self, and (2) is fulfilled in the progressively enlarged capacity of that self for love and self-commitment".[132] Im ersten der beiden „Hauptteile"[133] werden in der Folge sechs Dimensionen

---

[129] McDargh (1983).
[130] McDargh (1983), VI: „Outside of the Harvard community, the single most sustained and significant source of intellectual stimulation and personal inspiration has been Dr. Ana Maria Rizzuto, Clinical Professor of Psychiatry at Tufts Medical School. Dr. Rizzuto's landmark research, published in 1979 as ‚The birth of the living God', is one of the central points of theoretical reference for this book. It was my unusual privilege and great joy to have been invited to follow the progress of that work in manuscript, and to consult with her on this investigation as it took form."
[131] McDargh (1983), XIV.
[132] McDargh (1983), 71.
[133] Siehe McDargh (1983), XVII.

des Glaubens von einer objektbeziehungstheoretischen Perspektive aus entwickelt. Vier dieser Dimensionen stehen unter dem Zeichen des Problems der Selbstwerdung und werden von McDargh unter der Leitfrage des „from whence" des Glaubens formuliert, die letzten beiden zielen auf das „to where" des Glaubens ab und seien als eine „psychotheologische" Definition des Zieles menschlicher Glaubensentwicklung zu betrachten.[134] Im zweiten „Hauptteil" unternimmt McDargh die Klärung der Frage, wie es zum Glauben kommt, mit dem Interesse, die „explikative Kraft" einer objektbeziehungstheoretischen Analyse des Glaubens unter Beweis zu stellen.[135] Danach könne gezeigt werden, dass alle Bilder, die Menschen mit emotional bedeutungsvollen Erfahrungen verbinden, grundsätzlich personalen Charakter haben.[136] Des Weiteren lasse sich feststellen, dass der entwicklungspsychologische Prozess der Desillusionierung den Ausgriff auf Transzendenz notwendig mache, da darin die frühe Erkenntnis der Nutzlosigkeit eines Glaubensbezugs auf endliche Wirklichkeiten enthalten sei.[137] Wenn dann noch hinzukommt, dass McDargh beim Menschen unter Bezugnahme auf Winnicott ein natürliches Bedürfnis nach einer „Beziehung zur *Wirklichkeit*" ortet,[138] die

---

[134] McDargh (1983), XVII, fasst die Dimensionen selbst in folgenden Stichworten zusammen: "The four aspects of self-becoming most clearly implicated in human faith are: (1) the capacity to be alone; (2) the sense of being real; (3) the capacity to tolerate dependence; and (4) the sense of being in relationship to a real and meaningful world (...). The other general category under which I have organized the dimensions of faith is what I have termed the 'to where' of faith, a psycho-theological statement of the goal of human development in faith. This I name love or radical community and within that identify two aspects: (1) the capacity to tolerate ambivalence; and (2) the sense of oneself as available for loving self-donation."

[135] Siehe McDargh (1983), 104f.

[136] Siehe z.B. McDargh (1983), 106: „Faith, as that fundamental trust and reliance basic to self-becoming, always is anchored in some center of meaning and value. Psychoanalytic object relations theory reveals that such centers have their developmental origins in these processes of self and object representation. It is because of this history that we find upon investigation that the ‚images' by which persons make emotional sense of their lives, of their existence as selves, are profoundly personal."

[137] Siehe z.B. McDargh (1983), 109: „The first reason for the emergence of the transcendent as the object of the faith process is that the life challenges to the developing self are such as to radically call into question the adequacy of a faith that is centered on any finite or penultimate reality. This process of disillusionment, or of idol-breaking if you will, begins early."

[138] Siehe z.B. McDargh (1983), 112: „The human person we have observed has a primary need for a relationship with the *real*." (Hervorhebung im Original). Die Betonung McDarghs suggeriert, dass nach Winnicotts Thesen den Übergangsphänomenen eine auch real überprüfbare Wirklichkeit entspricht, die zugleich gefunden und geschaffen wird, und sich damit die Frage erhebe, ob nicht auch für Rizzutos Objektrepräsentanz Gott eine entsprechende Wirklichkeit vorausgesetzt werden müsse. McDargh vermeidet zwar den direkten Kategorienwechsel, bleibt aber „durch die Hintertüre" (116) bei seiner Intention, einen Zusammen-

als weltimmanenter Begriff immer zur Desillusionierung führen muss, ist der Gedanke eines Gotteserweises – wie oben bereits angedeutet – fast schon formuliert: Gott als natürlicher Bezugspunkt der Glaubensbewegung des Menschen, wirklich existierend, transzendent und personal.[139] Allerdings schränkt McDargh ein, dass er aus diesen Fakten kein Argument für die Gültigkeit der Offenbarung machen wolle, aber immerhin sei erkennbar, wie die Offenbarung auf Seiten des Menschen arbeite und dass es einen synchronen und aufeinander bezogenen Prozess zwischen der Entwicklung des Glaubens und der Entwicklung der Objektrepräsentanz „Gott" gebe; es sei bedauerlich, mit der psychoanalytischen Methode nicht aufweisbar machen zu können, wie Gott als „Quelle" für das menschliche Ausgreifen nach „Gott" fungiere.[140] Im Blick auf das Gottesbild erscheint ihm die bei Rizzuto anzutreffende Unterscheidung

---

hang zwischen dem Phänomen des Glaubens und einer damit verbundenen Wirklichkeit Gottes herzustellen, wie im Folgenden zum Ausdruck kommt. Insgesamt wird gerade bei McDargh deutlich, wie heikel der religionspsychologische Diskurs an dieser Stelle sein kann.

139 McDargh (1983), 116, verwendet an einer Stelle das Bild, dass der Glaube an Gott im Sinne eines psychologischen Gültigkeitserweises durch die Vordertüre, also direkt, nicht thematisiert werden könne, wohl aber durch die „Hintertüre": „In summary: the matter of a special content for faith, specifically the idea of faith as involving a personal relationship to a reality identified as God, was shown out the front door when we came upon a functional definition of faith as the trust which is foundational for the process of self-becoming. However, we turn to discover that this content may re-enter by a rear door when: (1) it is found that the formation and maintenance of the self is linked to the processes of self and object representation; and (2) the object representation of God is shown to originate in the human life cycle in such a way as to make it peculiarly available for and relevant to the integrative process of faith."

140 Siehe McDargh (1983), 114f.: „This leads us to ask whether there is any reason, except that it is revelation's referent for the trusting of faith that a psychological inquiry into faith should give any special status to an individual's imaging of ‚God' per se. (...) If we do find such a connection it would not be in itself an argument for the validity of revelation. It would, however, begin to make the case that faith, as a dynamic life process, has some contents that are uniquely ‚fitted' to it, and specifically that to image the center of meaning and value upon which faith is moored as a personal Other has a certain psychological appropriateness and even predictability. Discerning such a relationship would also be a contribution towards understanding how revelation ‚works' from the humanward side. (...) The development of history of faith and the history of the object representation of God would then belong together, not as the union of a universal process and an arbitrary content, but as synchronous and inter-related processes which mutually inform and influence one another." An anderer Stelle bedauert McDargh: „What has not been accounted for and is beyond the competence of this method is how it may happen that God may be a source for the sense of ‚God'." – Immerhin sei festzuhalten: „An openness to this mystery is not simply a theological import, however. Strictly in psychological terms we must allow ourselves to be humbled but not discouraged by the perpetually elusive and irreducibly complex character of the human drive to create an object of worship from the stuff of vital experience. In the presence of these creative energies it is both good science and true religion to proceed with a measure of modesty and awe." (McDargh, 1983, 245)

zwischen der Idee Gottes und dem bedeutungsvollen inneren Bild Gottes im Sinne der Gottesrepräsentanz besonders wichtig.[141]

Zwei Fallstudien, die McDargh in unmittelbarer Anlehnung an die Forschungsmethoden Rizzutos erarbeitete,[142] sollen die These der Synchronizität und Zusammengehörigkeit von Selbstwerdung und Gottesrepräsentanz in der Entwicklung des Glaubens abschließend erhärten und verdeutlichen.[143] Einen wichtigen Fokus in diesem Zusammenhang stellt für McDargh der Einfluss von Lebenskrisen und von therapeutischen Prozessen auf die Entwicklung des Gottesbildes dar – wenn beispielsweise zuvor der Glaube an Gott abgelehnt werde, so könne nach der Therapie im Zuge der Bearbeitung der Elternbeziehungen plötzlich eine neue Beziehung zu Gott möglich werden.[144] Umgekehrt könnten unerwartet religiöse Erfahrungen auftreten, die eine verändernde Wirkung für die Beziehung zu sich selbst und die Lebensgestaltung hätten.[145] Darüber hinaus wird in den vorgelegten Fallstudien auch ausdrücklich auf eine Beziehung zu Jesus reflektiert und damit diese spezifisch christliche Dimension eines Gottesglaubens einbezogen.[146]

5.3.2 William M. Meissner

Ähnlich wie McDargh bemüht sich auch der katholische Theologe und Psychoanalytiker William M. Meissner in seinem 1984 erschienenen Werk „Psychoanalysis and Religious Experience"[147] mittels der Thesen von Winnicott und Rizzuto herauszuarbeiten, wie der Glaube an Gott auf der menschlichen Seite funktioniere.[148] Dabei versteht er seine Überlegungen selbst auf „intermediärem Boden" beheimatet, von wo aus die diversen Polaritäten des Lebens versöhnlich betrachtet werden könnten – vor allem auch die Polarität zwischen den Konzepten der Psychologie und denen der Theologie.[149] Im Unterschied zu McDargh will Meissner dadurch von vornherein jede theologische Interpretation von Winnicott

---

141 Siehe McDargh (1983), 125f.
142 Siehe McDargh (1983), 146f.
143 Siehe McDargh (1983), 134.
144 Siehe z.B. McDargh (1983), 118 und 125.
145 Siehe z.B. McDargh (1983), 194f.
146 Siehe z.B. McDargh (1983), 177f.
147 Meissner (1984).
148 Meissner (1984), XI: „Putting behind us the limitations and misconceptions of the Freudian approach to religious phenomena only opens the path to more challenging, more difficult, but, I hope, more accurate and meaningful understanding of man's relationship to his God and to himself."
149 Meissner (1984), 241f.

oder Rizzuto vermeiden und hält ausdrücklich fest: „The question we are adressing here is not that of the truth value of the beliver's faith"[150]. Er will für die theologische Seite vor Augen führen, wie der Glaube an Gott von seiner menschlichen Seite her mit den zweckmäßigen Begriffen und Theoremen der Objektbeziehungstheorie beschrieben werden kann, und der psychoanalytischen Seite zeigen, dass die Auffassungen der Theologie sich in ihrer eigenen Sprache und Begrifflichkeit wiederfinden.

In einer eigenen Entwicklungspsychologie der religiösen Erfahrung erarbeitet Meissner zugleich Entwicklungsstufen des Glaubens, die fünf Reifegrade zum Ausdruck bringen sollen – vom primitiven, regressiven Stadium des primären Narzissmus über idealisierte Vorstellungen vom allmächtigen Gott und einer Phase der Selbstüberschätzung gegenüber jeglicher Autorität, in der vermutlich die meisten Erwachsenen zu finden seien, bis hin zum reifen Glauben, der die Liebe Gottes kenne und mit den Polaritäten des Lebens umgehen könne.[151] Schließlich wird in einem zentralen Abschnitt die religiöse Erfahrung vom Gottesbild bis zum Gebet in den Übergangsraum Winnicotts und Rizzutos Thesen von der Gottesrepräsentanz eingeschrieben und dort im oben genannten doppelten Sinn mit Hilfe der psychoanalytischen Sprache verortet.[152] Eine intensive Auseinandersetzung mit der Religionskritik Freuds, die er durch Winnicott und Rizzuto überwunden sieht,[153] und eine eingehende Gegenüberstellung und Evaluierung der Gemeinsamkeiten und Differenzen der Menschenbilder und der Grundannahmen in Psychoanalyse und Theologie nach systematischen Kriterien[154] rahmen die auf gegenseitige

---

150 Meissner (1984), 178.
151 Meissner (1984), 150f.
152 Meissner (1984), 160–184.
153 Meissner (1984), XI, sieht in Winnicotts Konzept „a kind of breakthrough, that allows us to move in new and, I think, stimulating directions", wenn er auch der Ansicht ist, dass durch Winnicott selbst „this fundamental formulation has not been brought to bear on our understanding of religious phenomena with the degree of elaboration or emphasis it deserves."
154 Einer Analyse unterzogen werden die Kategorien: „Consciousness versus Unconsciousness", „Freedom versus Determinism", „Theology versus Causality", „Epigenesis versus Reductionism", „Morality versus Instinct", „The Supernatural versus the Natural" (Meissner, 1984, 205–218) sowie die Kategorie „Freedom" in der Psychoanalyse und der Theologie (219–240). Das Idion der theologischen Sichtweise findet Meissner im Glauben an die Gnade repräsentiert (240, 244): „In the Western Christian tradition specifically, man is called to a supernatural level of existence which transcends his own merely natural existence. Man's capacity to achieve the level of existence to which he is called by divine commission is frustrated without some additional capacity provided by a loving God, that enables man to achieve his salvific purpose. Such assistance, prompted by the loving care of a provident Creator, goes by the name of grace"; für spätere Untersuchungen sieht Meissner daher die Perspektive einer „psychology of grace", von der man annehmen könne, that „grace must affect man's psychic functioning in some fashion" (Meissner, 1984, 244).

Akzeptanz und Versöhnung ausgerichtete Arbeit ein.[155] In der engen Parallelisierung von psychoanalytischen und theologischen Begriffen und Inhalten bleibt Meissners Begriff von Wirklichkeit hinsichtlich seiner ontologischen Ausrichtung jedoch ambivalent. Mit seiner betonten Konzentration auf den psychoanalytischen Diskurs unter gleichzeitig immer wieder erfolgender Bezugnahme auf die Wahrheitsfrage der Religion und des Glaubens kommt es zu einer Verwischung der Argumentationsebenen, die es unklar erscheinen lässt, ob die psychologische Ebene zugunsten der theologischen aufgehoben wird oder die transzendente Dimension der Wirklichkeit Gottes im psychischen Geschehen des Möglichkeitsraumes verschwindet.[156]

Meissners Idee, sich mit seinen Argumentationen auf dem „Boden des intermediären Raumes" selbst zu beheimaten, erinnert in mancher Hinsicht an den Versuch von Hans-Jürgen Fraas, mit seiner Religionspsychologie einen „dritten Weg" zu finden.[157] Dass der in diesen Konzeptionen enthaltene implizite Kategorienwechsel als problematisch erachtet wird, spiegelt sich, ähnlich wie bei Fraas, in einer neuerlichen Wortmeldung Meissners zu dem Thema "The Role of Transitional Conceptualization in Religious Thought" von 1990 wider,[158] mit der er sich gegen kritische Stimmen zu verteidigen und seinen Standpunkt noch einmal

---

155 Rückblickend stellt Meissner (1984), 241, fest: „As we look back on the path we have traveled to reach this plateau, several points seem to emerge with considerable clarity. The first is that the operating assumption that psychoanalysis and religion have common interests and goals and at least reconcilable conceptions of man's nature and psychic life provides a meaningful and fruitful starting point from which the project of mutual understanding and exploration can be advanced."

156 Siehe z.B. Meissner (1984), 182–184. Nach der ausführlichen Darstellung des „transitional space" und der Thesen Rizzutos kommt Meissner wieder auf die Wahrheitsfrage im Zusammenhang mit der Religionskritik Freuds zurück: „With these aspects of the transitional elements of religious experience before us, we can return to the basic question that Freud raised. Are religion and God wishful illusions? Was Freud right in admonishing us that men should not allow themselves to remain children forever but should at last take heart and plunge into the harshness of life without the infantile consolation and solace of religion?" (182f.). In der Folge wird Rizzuto mit ihrem Votum gegen Freud zitiert, dass Realität und Illusion einander nicht ausschließen würden (Rizzuto, 1979, 209) und damit suggeriert, dass Rizzuto auf Meissners Wahrheitsfrage antwortet (!). So bleibt in der Folge auch unklar, auf welche Art von ontologischem Konzept das „transcendent element" und das „beyond" Meissners ausgerichtet ist: „But the assertion of faith carries with it a transcendent element, addressing itself to the most developed form of religious experience. The assertion of faith is not merely a reassertion of basic trust; it is, rather, a creative assertion of something beyond trust and far more significant. Its regression is, if anything, recapitulative: it returns to the rudiments of trust in order to go beyond it. Thus faith ultimately renounces the imperfection and finitude of basic trust in order to reach beyond it and thereby to recapture it more profoundly." (183f.)

157 Siehe oben Kapitel 3.

158 Meissner (1990).

klar zu legen sucht. Die Kritik, die sich Meissner gefallen lassen musste, lag in dem genannten Kategorienwechsel, den er mit seiner Wahrheitsfrage des Glaubens evoziert.[159] Die Frage von "Delusion versus Illusion" wurde demzufolge zum zentralen Ausgangspunkt seines Artikels[160] und wieder kontrastiert er Freuds Religionskritik mit Winnicotts[161] und Rizzutos[162] Neubewertung des Illusionsbegriffs. Dabei übersieht Meissner entgegen seinem eigenen Anspruch,[163] dass deren Thesenbildung zum Möglichkeitsraum zwar Freuds vernunftbetontes, solipsistisches Menschenbild kritisiert und die Anthropologie der Beziehung auch die Reli-

---

159 Siehe z.B. die Kritik Leavys (1990), der sich in der Frage zur „Reality in Religion and Psychoanalysis" vor allem auch mit Meissners Bemühungen kritisch auseinander setzt. Seine Grundthese lautet, dass für einen seriösen und neuen Umgang mit der Frage des Glaubens an Gott von Seiten der Psychoanalyse sowohl in der therapeutischen Praxis als auch in der Wissenschaft unter gegenseitigem Respekt schlicht offen gelassen werden müsse, welcher Realitätsstatus irgendeinem religiösen Glauben oder einer anderen Weltanschauung zukomme und wer für seine Weltanschauung das größere Recht beanspruchen könne. Dies sei unter anderem auch das spezielle Verdienst Winnicotts gegenüber Freud, dass jener begonnen habe, die Religion als mögliche menschliche Beziehungsform zur Wirklichkeit in die psychoanalytischen Überlegungen einzubeziehen. Ähnliches gelte auch für die Bemühungen von Hans Loewald: „Advances such as these have facilitated our understanding of religion within the bounds of our science" (55). Aber gegenüber Meissner sei festzuhalten, dass eine Deutung der Thesen Winnicotts im Sinne eines natürlichen Transzendenzbezuges als Wiederholung des alten Reduktionismus in neuem Gewand zu verstehen sei und damit die Frage der Täuschung hinsichtlich eines Glaubens an Gott nicht gelöst werden könne: „There is a hitch in any argument that attempts to do more in accounting for religious experience by invoking the transitional object than to relate it to other aspects of childhood and adult life. We are given a symbolic continuity by it, but we are not left open to transcendent. It affords us no access to the possibility of awareness of our contact with an existence *not* given in the symbolic series mother-blanket-aesthetic or religious object. We can include religious objects in the series (e.g., icon, scroll, mezzuzah, crucifix) without hesitation, but we cannot include the faith that animates religious objects both affectively and cognitively. Or, more properly, we can include that faith only if we drop the distinction between religious and other cultural objects, which in my opinion leads to the old reductionism with a new face. It explains the category of the transcendent by eliminating it. Once again – doctor and patient – have no need for God in our hypothesis" (55). Die Psychoanalyse könne sich der Idee einer realen Existenz Gottes nur aus dem Blickwinkel eines vom Menschen gemachten Symbols annähern, der Bezugspunkt des religiösen Glaubens sei für die Psychoanalyse „unergründlich." Die Differenz zwischen den unterschiedlichen Erkenntnisrahmen von Religion und Psychoanalyse dürfe nicht durch einen „anthropological grasp" (55) in der einen oder anderen Richtung aufgelöst werden.

160 Siehe Meissner (1990), 99–101.

161 Meissner (1990), 101–106.

162 Meissner (1990), 108–110.

163 Meissner (1990), 95f., beginnt seinen Artikel mit einer ausführlichen Beschreibung des Unterschiedes zwischen theologischem und psychoanalytischem Konzept, die er mit folgenden Worten einleitet: „The problem I would like to address in this essay arises within the context of the interface between psychoanalytic and religious thinking. Each of these areas represents separate disciplines and ranges of discourse, each with its separate reference points, modes of conceptualization, and symbolic connotation."

gion als legitimen Ausdruck menschlicher Lebensäußerungen reinstalliert, die Wahrheitsfrage jedoch mit dem überarbeiteten Illusionsbegriff lediglich wieder geöffnet, nicht aber positiv beantwortet wird.

Auf Basis dieses fundamentalen Kategorienproblems versucht Meissner der Kritik auf doppeltem Weg zu begegnen: Erstens, indem er in Winnicotts Konzept der Übergangsphänomene den darin enthaltenen notwendigen Bezug auf die vorauszusetzende, aber nicht unmittelbar erfassbare „Wirklichkeit" betont[164] und in Anlehnung an Rizzuto die Gottesrepräsentanz als einmalige Objektrepräsentanz im Übergangsraum qualifiziert, die den subjektiven Bereich „transzendiert".[165] Zweitens durch eine Argumentationslinie vom Symbol-Begriff in seiner Valenz als Ausdrucksmöglichkeit des „wahren Glaubens" her, den er – wie schon McDargh – im Anschluss an Tillich verstehen und damit den Ausgriff auf den „ground of being", den bereits viele große Theologen formuliert

---

[164] Siehe z.B. Meissner (1990), 102: „This area of the infant's experience is simultaneously subjective and objective. Winnicott thus stakes out an important dimension of human experience, over and about involvement in interpersonal relationships and the inner realm of intrapsychic experience and functioning. He articulates an intermediate area that he designates as ‚experiencing', which lies at the intersection of psychic and external reality." Siehe auch Meissner (1990), 110, wo er ein Zitat Rizzutos zum Übergangsraum ergänzen will: „This statement needs to be immediately amended by a reassertion that the realm of transitional conceptualization is doubly derived – that is, both objectively and subjectively."

[165] Meissner (1990), 109: „Although it (sc. God-representation) arises within the matrix of human subjectivity, it is not simply hallucinatory. The process by which the image of God is created as a personalized transitional representation continues throughout the life cycle. This image, which is both created and discovered, shares the transitional space with other cultural representations. Nonetheless, the God-representation has a particular valence insofar as it is uniquely connected to the believer's sense of self and to the sense of meaning and purpose in his existence and ultimate destiny. Further, the vicissitudes of the God-representation reflect ongoing processes of exchange and interchange taking place in relationship to the individual's evolving self-representation. This process is authentically dialectical insofar as the God-representation transcends the limits of the subjective realm and is beyond the limits of magical control." Vgl. auch das ergänzende Argument von seinem spezifischen Begriff eines „am meisten entwickelten Glaubens" und seiner Äußerungen vom Bekenntnis her: „But the assertion of faith carries with it a transcendent element, addressing itself to the most developed form of religious experience." (Meissner, 1990, 113) Vgl. auch die kritische Stellungnahme zu Meissner (1990) von Smith und Handelman (1990), XIII: In der Einleitung zu der von ihnen herausgegeben Veröffentlichung „Psychoanalysis and Religion" kritisieren sie einerseits Meissners verkürzte Interpretation des Illusionsbegriffs von Freud, der nicht die Illusion generell als Regression abgewertet habe, sondern lediglich die Religion als Spezialfall von Illusion, und hinterfragen auf der andere Seite das methodische Vorgehen von Meissner, der in seinem Versuch, den Chiasmus zwischen religiösem und psychoanalytischen Denken zu überwinden, selbst die Grenzen seiner Methode überschreite und Winnicotts Übergangsobjekt überinterpretiere: „Although his bridging efforts could be a point of tension with the thought of Leavy, it should be noted that in his appeal to a transitional model, Meissner is not limiting himself literally to Winnicott's transitional object. He is instead reaching for a process of thinking and conceptualization that can be applied analogously to more evolved aspects of religious thinking."

hätten, als Bezugnahme auf ein vorauszusetzendes Sein zumindest im Sinne einer „objective polarity" begründen will: „How these theological formulations that elaborate and articulate the belief system impinge on and determine the God-representation remains an interesting and difficult question. They constitute some dimension of the objective polarity."[166]

Es ist deutlich zu sehen, wie ungeklärte Prämissenfragen hinsichtlich psychologischer und theologischer Ontologie den Dialog auf einer angezielten religionspsychologischen Ebene letztlich boykottieren können. Das Bemühen Meissners um eine „transitional form of understanding"[167] scheint zumindest vorläufig noch keine Alternative zu einem religionspsychologischen Diskurs unter dem Offenhalten der Wahrheitsfrage und dem gegenseitigen Respektieren der unterschiedlichen ontologischen Prämissen anbieten zu können. Die Wirklichkeit Gottes vorauszusetzen und ihre existenzielle Bedeutsamkeit für den Menschen theoretisch anzunehmen, stellt eine theologische Option dar, die von einem anderen weltanschaulichen Standpunkt her immer als „Täuschung" qualifiziert werden kann. Nur von einer „Klarheit"[168] dieser Art aus kann die menschliche Seite dessen, was theologischerseits unter Glauben an Gott verstanden wird, auch mit psychologischen Kategorien untersucht und beschrieben werden, deren anthropologische Prämissen kritisch zu hinterfragen und deren Grenzen der Argumentationsfähigkeit sowohl einzumahnen als auch zu respektieren sind.

---

166 Siehe Meissner (1990), 111. Vgl. dazu auch Winkler (1995), 10f., der sich mit der im religionspsychologischen Zusammenhang häufig verwendeten Verbindung zu Tillichs Symbolbegriff auseinander setzt und schließlich feststellt, dass es bei ungenügender Berücksichtigung der anthropologischen Prämissen zu einer „spezifischen Entdifferenzierung" komme und die Theorien zum Symbol dann nicht zu Brücken zwischen Theologie und Psychologie würden, „sondern zu Brücken, die alle verschiedenen Zugänge zum unfassbar ‚Eigentlichen' verbinden und damit die nur scheinbaren Gegensätze zwischen einer theologisch und tiefenpsychologisch vorgezeichneten Anthropologie harmonisierend einebnen."
167 Meissner (1990), 109: „Religious symbolic systems are, at least in the Judeo-Christian tradition, derived from a twofold source that is at once subjective and objective (...). It is within this dimension of religious experience that the psychological and the theological intersect, and it is likewise within this area of conceptualization that I have proposed the transitional form of understanding as providing the basis for bridging concepts that might facilitate a dialogue between the psychoanalytic perspective and the religious perspective."
168 Vgl. das Anliegen von Klarheit bei Meissner: „In the present essay, I would like to extend that analysis and at the same time clarify and respond to some objections raised against my approach." (Meissner, 1990, 96)

5.3.3 James W. Jones

Dem Dilemma der Grenzverwischung zwischen Psychologie und Theologie entgehen will James W. Jones mit seiner 1991 erschienenen Studie „Contemporary Psychoanalysis and Religion".[169] Die „neuere Psychoanalyse" objektbeziehungstheoretischer Observanz, die er besonders durch Kohut, Fairbairn, Winnicott und Rizzuto befördert sieht, eröffnet seiner Ansicht nach durch die Hauptkategorie „Beziehung" völlig neue Perspektiven für die Religionspsychlogie.[170] Jones will den Basis-Gedanken der Objektbeziehungstheorie, dass der Mensch von Geburt an nur zu denken ist als „Mensch-in-Beziehung", konsequent auf alle Bereiche übertragen und für eine Religionspsychologie fruchtbar machen.[171]

Im Anschluss an Überlegungen zu Winnicotts Thesen vom Übergangsraum und dessen Hinweisen auf Kultur und Religion definiert Jones als Schlüssel zu einem objektbeziehungstheoretischen Religionsverständnis daher den Beziehungsbegriff: „Congruent with this model of analytic understanding, religion would be defined not primarily as a defense against instincts or a manifestation of internalized objects but rather as a relationship (with God, the sacred, the cosmos, or some reality beyond the phenomenal world of space and time)."[172] In diesem Sinn meint Jones unter besonderer Referenz auf Kohuts Definition des Selbstobjektes eine Beziehung ausfindig machen zu können, die zu dem besteht, was dem Menschen am wertvollsten oder wichtigsten erscheint – etwas, das für ihn „grundlegend" oder „heilig" ist.[173] Da Jones den Begriff der Übertragung zur psychoanalytischen Leitkategorie seiner Untersuchung macht,[174] dessen Entwicklung im Verständnis er von Freud

---

169 Jones (1991). Jones (1991), IX, stellt fest: „This book attempts to work in the space between the disciplines of religious studies and clinical psychology. (...) To my colleagues in religious studies, I hope to offer a new perspective on a subject they already know well. To my colleagues in psychology, especially psychodynamic psychology, I hope to provide a fresh treatment of a pervasive human experience."

170 Jones (1991), 62f. Siehe zum Programm von Jones auch Jones (1991), 6: „It is the contention of this book that newer post-Freudian and post-Jungian models of psychoanalytic understanding have much to contribute to the psychological investigation of religion."

171 Siehe vor allem Jones (1991), 28f. und 32f.

172 Jones (1991), 63.

173 Jones (1991), 64.

174 Jones (1991), 7: „In continuity with Freud, the idea of the transference will be the lens through which religion will be examined in this study, too." Jones unterstreicht: „Others have begun applying these newer psychoanalytic theories to religion (McDargh, 1983; Pruyser, 1968; Rizzuto, 1979), but none has used the transference (as Freud did) as the central category for researching and understanding religion." (Jones, 1991, 7)

bis Winnicott nachvollzieht,[175] schlägt er vor, diese Beziehung als „transferential ground" zu bezeichnen und definiert als Gegenstand einer neuen Religionspsychologie „die affektive Verkettung mit dem Heiligen".[176] Neben dem Gottesbild selbst müsse von einer so verstandenen Religionspsychologie daher untersucht werden, welche grundlegenden Übertragungsvorgänge im Leben des Individuums eine Rolle spielen, da diese in der Beziehung zu seinem „Gott" – was immer das jeweils sein mag – am deutlichsten sichtbar werden müssten; als drittes wäre schließlich die Entwicklung des Gottesbildes im Zusammenhang mit der Entwicklung des Selbstbewusstseins zu untersuchen, die nach diesen Prämissen vorausgesetzt werden müsse;[177] Jones definiert „Gott" an dieser Stelle „as the repository of what is most fundamentally valuable or important to a person".[178] Dabei spiele keine Rolle, ob das, was der Mensch für sich als heilig erklärt, wirklich geeignet sei, als „transferential ground" zu fungieren.[179] Mit diesen Definitionen will Jones die Einschränkungen und anthropologischen Schwierigkeiten einer Untersuchung der Objektrepräsentanz „Gott", wie sie Rizzuto durchgeführt hat, umgehen, bei der es Rizzuto schwer gefallen sei zu erklären, wieso ausgerechnet das Übergangsobjekt „Gott" diese besondere Stellung im Leben eines Menschen bekommen könne.[180] Die Beziehung zu einem Gott sei eine Möglichkeit,

---

175 Jones (1991), 9–33. Zusammenfassend stellt Jones fest (Jones, 1991, 32): „Contemporary psychoanalytic models of transference agree with Freud that transference is a ubiquitous human phenomenon. Such a postulate is necessary in order for the analytic relationship to be seen as indicative of and therefore mutative for patterns occurring in the rest of the patient's life. But such ubiquity is grounded not in the demand of biological drives to be satisfied but rather in the inevitability of relationships, the universal need to make sense of our experience, and the deep structure of the psyche as internalized patterns of interaction."
176 Jones (1991), 64: „The task of this book is to explore the ways in which a person's relationship with what he construes as sacred or ultimate serves as the transferential ground of the self. (...) Rather, following Kohut's maxim that a self never exists outside of a selfobject milieu, our central term *transferential ground* refers to a *relationship* and our focus will be on the person's relationship – her affective bond – with what is sacred in her life. We will focus primarily not on doctrinal belief or ritual participation but on the affective bond with the sacred. Rather than defense mechanisms or God objects (transitional or otherwise), this phrase, ,the affective bond with the sacred' captures the focal point for a new psychoanalysis of religion." (Hervorhebungen im Original)
177 Siehe Jones (1991), 65f.
178 Jones (1991), 66.
179 Siehe Jones (1991), 123, unter Aufnahme der Gedanken Bollas: „Any suggestion that humankind is *homo religiosus* and that the drive for the sacred, or its source, does not lie in curable defenses or neuroses but is as intrinsic to human nature as sexuality or interpersonal relations entails that this drive will latch onto one object or another without regard to whether the object can bear the full weight and range of the experience of the holy or fulfill all social and psychological functions of the sacred." (Hervorhebungen im Original)
180 Siehe Jones (1991), 45. Jones macht Rizzuto an mehreren Stellen den Vorwurf, dass sie gelegentlich die Objekt*beziehung* zugunsten einer „objektalen" Auffassung Gottes vernach-

wie „the affective bond with the sacred" Gestalt gewinnen könne.[181] Darüber hinaus sei von vornherein die Möglichkeit einbezogen, dass dieser Gott eher personal oder apersonal aufgefasst werden könne und das Feld der Untersuchungen damit schon von der Theorie her in den Raum anderer Religionen ausgeweitet sei.[182]

In diesem Sinn strebt Jones eine „Psychoanalysis of the Sacred" an, in der die Psychologie davon ausgeht, dass es so etwas wie eine Notwendigkeit im menschlichen Leben gibt, sich auf etwas Heiliges – zunächst in einem sehr allgemeinen Sinn – zu beziehen.[183] Selbstverständlich könne die Psychologie nichts über den Wahrheitsgehalt des jeweiligen Bezuges aussagen, sie müsse sich auf die Untersuchung der psychodynamischen Voraussetzungen beschränken und methodisch davon ausgehen, dass die Psyche des Menschen die „Konstante" und das Heilige die davon abhängige „Variable" sei.[184] Gemäß einem konsequenten objektbeziehungstheoretischen Denken sei es aber von der Sache her gleichgültig, von woher man Forschungen betreibe, vom Menschen aus, von der Beobachtung der Beziehung aus oder vom Heiligen her; denn alle Faktoren des Geschehens seien in objektbeziehungstheoretisch-systemischer Sicht gleichermaßen als Konstanten und Variablen zu betrachten.[185] Die Untersuchungen von Theologen, die vom Heiligen ausgingen, um zu sehen, wie es in der Psychodynamik des Menschen verankert sein könnte, kämen – wie Jones an den Beispielen Ottos, Bubers oder Tillichs zeigt –

---

lässigt habe – siehe z.B. Jones (1991), 45. Es konnte oben im Zusammenhang mit der Analyse des Ansatzes von Rizzuto jedoch gezeigt werden, dass ihre nicht weiter reflektierte Annahme einer Beziehung zur „Welt im Ganzen" bereits die Intention von Jones mit seiner These vom „transferential ground" enthält. Die Kritik an der mangelnden Stringenz der Argumentation Rizzutos bei der Ausformung der spezifischen Gottesrepräsentanz unter Rekurs auf die religiöse Erziehung wurde bereits geltend gemacht und findet in der Anfrage von Jones eine Bestätigung.

181 Jones (1991), 65.

182 Jones (1991), 131, sieht es als besondere Stärke seiner Ausführungen, dass diese Frage nicht geklärt werden müsse: „From this standpoint, the tension between personal and impersonal languages for God is not a contradiction to be resolved."

183 Siehe das eigene Kapitel „Toward a Psychoanalysis of the Sacred" in Jones (1991), 111–135.

184 Jones (1991), 111.

185 Jones (1991), 111–113. Wie hier reflektiert Jones an mehreren Stellen auf das „systemische Denken", das er in unmittelbaren Zusammenhang mit dem objektbeziehungstheoretischen Denken bringt und hart mit einer kausal-deterministischen Weltsicht newtonscher Observanz kontrastiert; wiewohl er drei praktische Beispiele für die Interdependenz von Phänomenen in der menschlichen und physikalischen Welt bringt (112) und das „neue Denken" für ihn maßgebliche Relevanz beinhaltet, wird seine Auffassung von Systemtheorie jedoch an keiner Stelle näher entfaltet oder begründet. Vgl. aber zum gedanklichen Zusammenhang zwischen Objektbeziehungstheorie und systemischer Sichtweise auch die Notizen bei Murken (1998), 24f.

auffälliger Weise zu ähnlichen Formulierungen wie die neue Psychoanalyse, wenn diese sich einer „Psychology of the Sacred" zuwende.[186]

Am Beispiel des Wandels der Gottesbilder von vier Menschen versucht Jones exemplarisch zu verdeutlichen, dass die Gottesbeziehung als spezieller Fall von „affective bond with the Sacred" eng mit der Beziehung zu sich selbst verknüpft ist und beide voneinander abhängigen parallelen Entwicklungen unterliegen.[187] In allen vier Fällen wandelt sich ein zuvor beängstigendes Gottesbild während der Therapie, die auf ein neues Selbstverständnis abzielt, in das Bild eines gütigeren Gottes „als der Quelle von Liebe und Vergebung".[188] Ohne den Anspruch auf Allgemeingültigkeit zu erheben, meint Jones doch hinreichende Gründe für die Annahme zu haben, dass diese Entwicklung auch einen umgekehrten Verlauf nehmen könne.[189] In der Frage, wieso es überhaupt zu einer Gottesrepräsentanz komme, bei der die richterlichen Aspekte im Vordergrund stünden, führt Jones einige mögliche psychologische Gründe an, ist aber letztlich der Ansicht, dass hier noch spezifische Forschungen fehlten.[190]

Insgesamt wird am Beispiel der Arbeiten von Jones auf eindrucksvolle Weise sichtbar, wie eine konsequent die anthropologischen Prämissen berücksichtigende religionspsychologische Theoriebildung sowohl die psychoanalytischen als auch die theologischen Zugänge im Dialog miteinander fruchtbar werden lässt. Mit seiner These vom „transferential ground" kommt Jones in eigenständiger Weise dem nahe, was schon Rizzuto in ihrer Formulierung der notwendigen Beziehung zur „Welt im Ganzen" intendierte, ohne dass diese jedoch die Tragweite dieses Theorems schon ausloten und für ihre Studie nutzen konnte. Wenn auch zu fragen wäre, ob der Begriff des „transferential ground" von Jones die Beziehungsdimension wie sie für die Objektbeziehungstheorie kennzeichnend ist, hinreichend zum Ausdruck bringt, so ist seine damit ver-

---

186 Als Psychoanalytiker will Jones aber bewusst einen Gottesbeweis an dieser Stelle vermeiden: „This would be a serious, if not fatal, objection if I were attempting to *prove* the existence of God on the basis of the experience of the sacred"; vermutend, dass seine „Psychoanalyse des Heiligen" wegen des theologisch klingenden Begriffs auch fehlinterpretiert werden könnte, schränkt Jones weiter ein: „My purpose, however, is not to prove the existence of a divine being but only to discuss the psychological dynamics of religious experience", und eröffnet zugleich die Wahrheitsfrage: „Whether such experiences can be used to construct a philosophical proof for the existence of God is beyond my scope here. For my purposes, starting with the sacred means starting with the *human experience* of the sacred." (Jones, 1991, 113; Hervorhebungen im Original)
187 Jones (1991), 84.
188 Jones (1991), 80f.
189 Jones (1991), 82.
190 Siehe Jones (1991), 81–84.

bundene Perspektive der Erforschung des persönlichen „Gottesbildes" auch in anderen Kulturkreisen mit vorwiegend „apersonalen" Gottesvorstellungen besonders zu würdigen. Darüber hinaus könnten auf dieser theoretischen Grundlage auch Studien im säkularen Raum angeregt werden, die den „transferential ground" von Menschen untersuchen, deren ursprüngliche, in einem religiösen Umfeld entwickelte Gottesrepräsentanz zeitweilig oder gänzlich ihre aktuelle Bedeutung für die Lebensbewältigungspraxis eingebüßt hat.

5.3.4 Zwischenbilanz

Die hier vorgestellten Beispiele der Rezeption Rizzutos sind allesamt dem Anliegen einer hermeneutischen Religionspsychologie zuzuordnen und wurden aufgrund ihrer besonderen Akzentsetzungen im Engagement für eine neue Art der Religionspsychologie auf Basis eines Dialoges zwischen Theologie und Objektbeziehungstheorie ausgewählt. Vom besonderen Bemühen um den Begriff des Glaubens bei McDargh über den Versuch Meissners, den Dialog zwischen Theologie und Psychoanalyse neu zu begründen, bis hin zum Entwurf einer „Psychoanalyse des Heiligen" bei Jones reicht das Spektrum der Neukonzeptualisierungen auf Basis von Winnicotts Thesen und deren Spezifizierung im Blick auf „The birth of the living God" bei Rizzuto. Der Aspekt des empirischen Anliegens Rizzutos tritt dabei klar in den Hintergrund. Fallstudien zur Entwicklung des Gottesbildes werden bei McDargh noch in Anlehnung an die Methodik qualitativer Forschung bei Rizzuto durchgeführt, sind jedoch auch bei ihm in erster Linie als Exemplifizierung seiner Erörterungen gedacht – bei Meissner und Jones werden die Fallpräsentationen immer kürzer und dienen nur noch der Erhellung ihrer Thesen auf dem Hintergrund therapeutischer Praxis ohne Anspruch auf eigenständigen Erkenntnisgewinn.

Wenn zunächst Winnicott mit seinen Thesen eine grundsätzlich neue Qualität des Dialogs zwischen Psychoanalyse und Theologie ermöglicht hat, so ist Rizzutos Impuls für diese Art der Religionspsychologie vor allem darin zu würdigen, dass sie den Zusammenhang zwischen Persönlichkeit und Gottesbild auf einer neuen Ebene besprechbar gemacht hat. Es war bei den vorgestellten Arbeiten gut zu beobachten, wie die Frage des Gottesbildes dynamisiert und besonders unter dem Aspekt eines konkreten Beziehungsgeschehens zwischen Mensch und Gott mit allen dazugehörigen Implikationen von Entwicklung, Krise und Qualität einer konkreten Beziehung in neuer Weise der Reflexion zugänglich wird.

Das alte Problem der statischen Beschreibung des Gottesbildes als

Übertragungsgeschehen nicht überwundener väterlicher Aspekte aus der ödipalen Krise einschließlich deren allgemein religionskritischer Beurteilung durch Freud scheint damit ebenso überwunden wie die nicht minder statische pragmatisch-reduktionistische Behandlung der Gottesbildfrage mit Hilfe von neopsychoanalytischen Persönlichkeitstypologien.[191] Auch letztere bleiben, bei aller Würdigung ihres spezifischen Nutzens für die klinische[192] oder pastorale[193] Praxis, der grundlegenden Projektionstheorie verhaftet, in der Gott als passives Objekt den jeweiligen Färbungen der individuellen Charaktereigenschaften ausgeliefert erscheint. Die darin enthaltene implizite Anthropologie wirkt indirekt weiter, und die intendierte Beschränkung auf die Anwendung einer in der klinischen Praxis als hilfreich erwiesenen Methode kann für den religionspsychologischen oder pastoralpsychologischen Bereich nicht darüber hinwegtäuschen, dass der Mensch immer noch ausschließlich als Projizierender betrachtet wird, dessen Übertragungsmechanismen – solipsistisch motiviert durch das Bedürfnis nach Befriedigung von Trieben und Wünschen sowie nach Ausgleich von Defiziten oder durch den Umgang mit der Grundangst – wie bei allem anderen so auch bei Gott wirksam sind. Es konnte bereits gezeigt werden, dass diese, z.B. in Gestalt der neopsychoanalytischen Persönlichkeitstypologie nach Riemann,[194] mittransportierte Anthropologie unterschwellig wirksam ist und die Gottesbildfrage in der theologischen Grundlagenliteratur zur Homiletik und Seelsorge letztlich verhinderte. In der Tat können Reflexionen zum Gottesbild auf dieser Basis nicht viel mehr beitragen als den Hinweis zur Achtsamkeit auf Einseitigkeiten oder die simple Feststellung der bestehenden Vielfalt persönlicher Gottesbilder.[195] Die Ausführlichkeit der Auseinandersetzung mit

---

191 Vgl. auch die Gegenüberstellung des „strukturellen Konfliktmodells" nach Freud, das besonders in der Neo-Psychoanalyse Schultz-Henckes (1965) und in dessen Gefolge von Riemann (1975) ausgearbeitet wurde, und des „objektbeziehungstheoretischen Konfliktmodells" bei Mertens (1996), 165–178. Siehe auch die Kontrastierung des objektbeziehungstheoretischen Verständnisses von Persönlichkeit zum bisherigen psychoanalytischen Trieb- und Konfliktmodell bei Murken (1998), 20–22.
192 Siehe Mertens (1996), 173f.
193 Siehe z.B. Rössler (1986), 194, der feststellt: „Neben der klassischen Theorie Freuds (und der Schule Jungs) spielt besonders die Berliner Richtung der „Neopsychoanalyse" eine Rolle in der Praxis der Seelsorge-Ausbildung. In sehr vereinfachter (und gelegentlich zu einfacher) Form ist diese Theorie durch F. Riemann verarbeitet und auf praktisch-theologische Fragen angewandt worden.
194 Riemann (1975).
195 Vgl. Rössler (1986), 66, der angesichts des bis dahin in der Theologie rezipierten religionspsychologischen Forschungsstandes feststellen muss: „Ein empirischer „Bestand" religiöser Vorstellungen lässt sich nicht erheben: Einmal, weil dieser Bestand jeweils völlig individuellen Charakter hätte und also im Ganzen unendlich wäre; sodann, weil tatsächlich niemand über seine eigenen religiösen Vorstellungen Auskunft gegen könnte, außer im Ver-

dem Menschenbild einer Psychoanalyse im Gefolge Freuds durch die hier vorgestellten Religionspsychologen im Gefolge der Objektbeziehungstheorie[196] wird unter diesem Blickwinkel ebenso verständlich wie das Bemühen von Jones, gerade die Entwicklung und Neudefinition des Übertragungsbegriffs zum Leitkriterium seines Weges zu einer „Psychoanalyse des Heiligen" zu wählen, zusätzliche Signifikanz erhält.

Das theologische Verständnis, dass es sich beim Glauben vor allem um ein Beziehungsgeschehen handelt, in dem Gott alle Freiheit des aktiven Handelns und Wirkens behalten muss,[197] kann erst im Dialog mit einer Psychoanalyse Anschluss finden, der eine Persönlichkeitstheorie zugrunde liegt, die den Menschen als Beziehungswesen aufzufassen ermöglicht. Eben dies ist aber die Wurzel und das Fundament der psychoanalytischen Tradition der Objektbeziehungstheorie. Vor allem Jones hat eindrucksvoll gezeigt, welche Perspektiven eine konsequent an dieser anthropologischen Grundlegung orientierte Religionspsychologie für Theorie und Forschung eröffnen kann. Rizzutos Definition der Frage des Gottesbildes als Frage nach den psychoanalytisch fassbaren Bedingungen persönlich bedeutsamer Beziehungserfahrung mit Gott schließt die Möglichkeit des souverän und gnadenhaft handelnden Gottes als Gegenüber dieser Beziehung theoretisch mit ein. Das Menschenbild der Objektbeziehungstheoretiker belässt einer theologischen Anthropologie mit ihrem Thema der „fides qua creditur" ihr Recht und bietet von daher ebenso eine neue Basis des Dialoges zwischen Theologie und Psychoanalyse an, wie sie den Weg für eine neue Qualität hermeneutischer Religionspsychologie eröffnet oder eine neue Gattung pastoralpsychologischer Literatur inspiriert.[198]

---

gleich mit (zufälligen) Vorgaben, wobei dann der Wert und die Bedeutung solchen Vergleichs keinerlei Schluss erlaubten".

196 Am ausführlichsten z.B. Meissner (1984), 21–134.

197 Die Notwendigkeit, den Aspekt der Freiheit mit ihren spezifisch theologischen Implikationen gerade hinsichtlich des Gottesbildes nicht aus den Augen zu verlieren, drückt sich auch darin aus, dass Meissner (1984) ein eigenes Schlusskapitel dem Thema „Freedom in Psychoanalysis and in Theology" widmet (Meissner, 1984, 219–240).

198 Vgl. Wulff (1997), 365, der als Beispiel für diese neue Art von pastoralpsychologischer Literatur Michael Garanzini (1988) nennt, stellt fest: „(...) Garanzini's book may be a harbinger of a vigorous new literature, paralleling the literatures inspired by the work of Freud and Jung". Vgl. dazu auch Leavy (1990), der die Stärke der objektbeziehungstheoretischen Sichtweise für eine Religionspsychologie darin begründet sieht, dass sie die Möglichkeit eines Glaubens an Gott grundsätzlich miteinbezieht, und stellt als Basis für einen offenen Dialog zwischen Psychoanalyse und Religion fest: „What cannot be bypassed, without dismissing the reality of the belief, is the claim that it has a yet more pressing origin in a divine source." (Leavy, 1990, 58)

5.3.5 Constanze Thierfelders „kritische Interpretation" Rizzutos

In ihrer Monographie zu Rizzutos „Gottes-Repräsentanz" will Thierfelder durch ihre „kritische Interpretation des religionspsychologischen Ansatzes Ana-Maria Rizzutos"[199] „wichtige Anstöße für praktisch-theologische Überlegungen zu einer angemessenen Rede von Gott bieten", da im deutschsprachigen Raum „eine Beschäftigung mit der Gottesvorstellung aus psychoanalytischer Sicht und auf empirischer Grundlage weitgehend aussteht".[200] Nach der eher knappen Darstellung der wichtigsten Thesen Rizzutos unter Diskussion einzelner Ergebnisse[201] zeigt sich Thierfelder vor allem an einer Verhältnisbestimmung zwischen dem objektbeziehungstheoretischen Konzept der Gottesrepräsentanz und anderen psychoanalytischen Theorien sowie der „Neueren Säuglingsforschung" unter dem Gesichtspunkt „Neuere Konzeptionen der kindlichen Entwicklung und ihre Bedeutung für eine Theorie der Entstehung von Gottes-vorstellungen" interessiert.[202]

Zu den erkenntnisleitenden Interessen Thierfelders zählt vor allem eine „Theorie der Geschlechter"; in diesem Sinn ist sie bemüht, die „patriarchale Ideologie", die Rizzuto mit ihrem Bezug auf Freud, Winnicott und Erikson implizit übernommen hat, aufzuzeigen[203] und anhand der von Rizzuto selbst zur Darstellung gebrachten Fallbeispiele zu exemplifizieren,[204] „um den Blickwinkel zu erweitern und um auf das Zusammenspiel von individueller Psyche und gesellschaftlich vorgegebenem Rahmen hinzuweisen".[205] Vor allem Margret Mahler kommt in der Folge gemeinsam mit Ansätzen aus dem Bereich der feministischen Psychoanalyse ausführlich zu Wort, um die bei Rizzuto festgestellten Mängel hinsichtlich des gesellschaftlichen und feministischen Gesichtspunktes auszugleichen.[206]

---

199 So der Untertitel bei Thierfelder (1998).
200 Thierfelder (1998), 12f.
201 Siehe z.B. Thierfelder (1998), 42–45: „Das Verständnis der Gottesrepräsentanz als Übergangsobjekt im Spiegel der Kritik."
202 Siehe Thierfelder (1998), 96–145.
203 Thierfelder (1998), 68: „Rizzuto untersucht mit ihrer psychoanalytischen Methode die Lebensgeschichten von Frauen und Männern, ohne dieses Instrumentarium auf seine schon seit Karen Horney bekannte patriarchale Ideologie hin zu überprüfen. Sie übernimmt damit ein höchst problematisches Verständnis von Männlichkeit und Weiblichkeit. Im Folgenden soll dieses Verhältnis der Geschlechter bei Freud, in der Objektbeziehungstheorie und bei E.H. Erikson, herausgearbeitet und kritisiert werden."
204 Siehe Thierfelder (1998), 90–95.
205 Thierfelder (1998), 90.
206 Siehe Thierfelder (1998), 113–145.

Im abschließenden Kapitel zur Frage des Beitrags „einer psychoanalytischen Analyse von Gottesrepräsentanzen zu einer praktisch-theologischen Rede von Gott"[207] wird die theoretische Konzeption Rizzutos zunächst noch einmal in zweifacher Hinsicht überprüft: Zum Einen nimmt Thierfelder „Klärungen zur Position der allgemeinmenschlichen Gottesvorstellungen, die von der Psychoanalyse untersucht werden", im Verhältnis „zu christlichen Gottesvorstellungen, die der Wirklichkeit Gottes angemessen sind", mit Hilfe der Symboltheorie Paul Tillichs vor;[208] zum anderen sollen die Gefahren eines Rekurses der Praktischen Theologie auf Ergebnisse der Psychologie im Blick auf die Thesenbildung Rizzutos geprüft und ihre weit gehende praktisch-theologische Unbedenklichkeit erwiesen werden.[209] Im Schlusskapitel finden sich die Probleme der Ablehnung „Personaler Gottesvorstellungen" und der „Plausibilität von Gottesvorstellungen" in der heutigen religiösen und gesellschaftlichen Kultur erörtert sowie die Berücksichtigung „kollektiver Ideologien" patriarchaler Observanz besonders im Bereich der Gottesvorstellungen eingemahnt.[210]

Bei aller Würdigung des Versuches eines vielperspektivischen Zugangs zur Frage der Entwicklung und Valenz von Gottesvorstellungen ist doch festzustellen, dass dabei der spezifische Beitrag Rizzutos zu einer religionspsychologischen Erörterung der Gottesfrage zu wenig Berücksichtigung findet und vor allem der Begriff der Gottesrepräsentanz mit seinem innovativen Potential nicht in hinreichender Präzision zur Geltung kommt. Trotz des Bemühens Thierfelders um eine korrekte Wiedergabe des Gemeinten wird er letztlich in verengter Weise rezipiert und schließlich fast synonym zum Begriff „Gottesvorstellungen" verwendet, wie z.B. schon das Schlusskapitel mit seinem Schwerpunkt der Erörterung grundsätzlicher Probleme von „Gottesvorstellungen" in Theologie, Kirche und Gesellschaft deutlich macht.[211] Dadurch bleiben auch die Ergebnisse aus den Verhältnisbestimmungen beispielsweise zu Margret

---

207 Siehe Thierfelder (1998), 146–176.
208 Thierfelder (1998), 156.
209 Siehe Thierfelder (1998), 163–167. Thierfelder bezieht sich in diesem Zusammenhang auf Henning Luther, der aus seiner Beschäftigung mit Friedrich Niebergall Kriterien für eine Bezugnahme der Praktischen Theologie auf Ergebnisse der Psychologie entwickelt hat (Luther, Henning, 1984: Religion, Subjekt, Erziehung. Grundbegriffe der Erwachsenenbildung am Beispiel der Praktischen Theologie Friedrich Niebergalls, München).
210 Siehe Thierfelder (1998), 168–177.
211 Siehe aber auch durchgängig verwendete Formulierungen wie z.B. Thierfelder (1998), 166: „Rizzutos Theorie und ihr Forschungsansatz nehmen ernst, dass die menschliche und religiöse Entwicklung ein unabschließbarer Prozess ist und dass sich Gottesvorstellungen ein ganzes Leben lang verändern und diese Entwicklung nur durch den Tod des Subjekts zu einem Ende kommt."

Mahler oder der neueren Säuglingsforschung letztlich ohne Signifikanz. Die Versuche von Thierfelder, Rizzutos Konzept durch ergänzende Gesichtspunkte aus einer feministischen Perspektive zu korrigieren, zeigen wenig argumentative Stringenz. Zum Teil werden an Rizzutos Theoriebildung Mängel kritisiert, deren Bearbeitung den konkreten Gegenstandsbereich, auf den sich Rizzuto theoretisch und methodisch konzentriert, bei weitem übersteigen würde, wenn nicht überhaupt andere methodische Zugänge zur Klärung der von Thierfelder eingemahnten Problemstellungen erforderlich wären.[212] Der Erkenntnisgewinn aus den genannten „theologischen" Überprüfungen Rizzutos anhand von Tillich und von Prüfungskriterien für eine praktische Theologie im Gespräch mit der Psychologie bleibt fraglich, und die diesbezügliche Vorgehensweise ist vor allem wieder hinsichtlich der angemessenen Verwendung objektbeziehungstheoretischer Begrifflichkeit zu kritisieren.[213]

---

[212] Siehe z.B. Thierfelder (1998), 166: „Andererseits ist nicht zu übersehen, dass Rizzuto der Bedeutung des kulturellen und religiösen Umfelds nur wenig Beachtung schenkt und ihre Studie keine weiteren Erkenntnisse über die Auswirkungen von Veränderungen in der Gesellschaft und Kultur auf die Religiosität des einzelnen Subjekts vermittelt. Stattdessen erwecken die Falldarstellungen und die Skizze der religiösen Entwicklung bei Rizzuto den Anschein, als ob die Personen, deren religiöse Entwicklung Rizzuto schildert, in einem gesellschaftlichen Raum ohne soziale Veränderungen und mit gleich bleibendem religiösen Ambiente lebten, in dem allein sie die Subjekte eine Entwicklung durchlaufen."
[213] Thierfelder (1998), will beispielsweise unter Zuhilfenahme der Symboltheorie Tillichs Kriterien zur Überprüfung der „Christlichkeit" bzw. „Wahrheit" von Gottesrepräsentanzen anbieten, da die Gottesvorstellungen von Christinnen und Christen „weder in ihrer Entstehungsgeschichte noch ihren Inhalten nach definitiv von allgemein-menschlichen Gottesvorstellungen zu unterscheiden" seien (156). Das Anlegen der Kriterien, „die Tillich zur Überprüfung der Echtheit von allgemeinen und religiösen Symbolen aufstellt, auf die erfahrungsbezogenen Gottesvorstellungen (...), die Rizzuto beschreibt" (159), führt schließlich zu folgendem fraglichen Ergebnis: „Das Hinzuziehen von Tillichs Symboltheorie, um zwischen allgemeinmenschlichen und christlichen Gottesvorstellungen zu unterscheiden und um die Beziehung zwischen der Gottesrepräsentanz und der Wirklichkeit Gottes zu beschreiben, führt zu einigen Klärungen und lässt andererseits Fragen offen: Tillichs Symboltheorie weist darauf hin, dass Gottesrepräsentanzen sich nur als Symbole qualifizieren, wenn sie von einer Gemeinschaft anerkannt sind. Weiterhin können nur Gottesrepräsentanzen, die soweit unabhängig von ihren Entstehungsprozessen und von ihrer psychischen Funktion sind, dass sie nicht verabsolutiert werden müssen, einen Hinweischarakter auf eine transzendente Dimension gewinnen. Als wichtigstes inhaltliches Kriterium gilt, dass Gottesrepräsentanzen nur dann Offenbarungscharakter haben können, wenn sie eine erlösende Beziehungsqualität stiften. Im Bezug auf die Frage, inwieweit Gottesrepräsentanzen an der Wirklichkeit Gottes teilhaben, lässt sich mit Tillich keine eindeutige Antwort finden (...)" (162). Abgesehen davon, dass es bei Tillich an dieser Stelle um „religiöse" und nicht um „christliche" Symbole geht, was sich in der Formulierung der Ergebnisse auch widerspiegelt, wird die problematische und von ihrem ursprünglichen Ort bei Rizzuto losgelöste Verwendung des Begriffes „Gottesrepräsentanz" deutlich. Denn Rizzuto führt den Begriff der Gottesrepräsentanz gerade deshalb ein, um die je konkrete Beziehung einer konkreten Person in einem bestimmten Moment insoweit sie für das Gesamt der Lebensbezüge dieser Person Bedeutung hat, zum Ausdruck zu bringen – sie könnte niemals „unabhängig von ihren Ent-

5.4 Die Rezeption Rizzutos in der empirischen Religionspsychologie

Neben den wesentlichen Impulsen Rizzutos für eine neue Richtung hermeneutischer Religionspsychologie sind auch ihre Anregungen für weiterführende empirische Studien zu würdigen. Vor allem Mark Finn[214] und Jeffrey Rubin[215] sind hier mit ihrem unmittelbar an Rizzuto anknüpfenden Interesse an der Frage der Gottesbildes religiöser Menschen im Raum des Buddhismus zu nennen.[216] In ihren Untersuchungen wird deutlich, dass eine vergleichbare hervorragende Objektrepräsentanz, wie sie Rizzuto als Gottesrepräsentanz im jüdisch-christlichen Raum untersuchte, in Gestalt anderer Beziehungsobjekte, wie z.B. der Person des Meisters, anzutreffen ist und sich auch in diesen Beziehungen die zur Gottesrepräsentanz Rizzutos vergleichbaren Mechanismen widerspiegeln.[217]

---

stehungsprozessen" oder ihrer „psychischen Funktion" betrachtet werden und ist auch keinesfalls als „vermittelbar" anzusehen! Sinngemäß wäre dies auch bei einer Aussage wie der folgenden zu bedenken: „Als wichtigstes inhaltliches Kriterium gilt, dass Gottesrepräsentanzen nur dann Offenbarungscharakter haben können, wenn sie eine erlösende Beziehungsqualität stiften." Abgesehen davon, dass eine Objektrepräsentanz im objektbeziehungstheoretischen Kontext per se Beziehungsqualität *ist*, hat sie für die psychische Balance, solange sie genutzt wird, auch immer in irgendeiner Form erlösende Qualität. Ein „Offenbarungscharakter" im *theologischen Sinn* kann daraus allerdings nicht einmal mit Tillichs Symboltheologie abgeleitet werden. Vgl. dazu auch Winklers kritische Analyse zur häufig überstrapazierten Verwendung Tillichs in der Religionspsychologie: Winkler (1995), 10f. Vergleichbares wiederholt sich, wenn Thierfelder Kriterien zur Prüfung der Frage sucht, ob die Praktische Theologie den psychoanalytischen Beitrag Rizzutos „aufnehmen" könne. In diesem Fall wird Henning Luther mit seinem Beitrag „Religion, Subjekt, Erziehung. Grundbegriffe der Erwachsenenbildung am Beispiel der Praktischen Theologie Friedrich Niebergalls" (München, 1984) herangezogen und schließlich zusammenfassend festgestellt: „Im Rückblick auf die von Henning Luther genannten Kriterien wird von daher deutlich, (1) dass Rizzutos Theorie zwar zur solipsistischen Verengung neigt, jedoch auch Anknüpfungsmöglichkeiten bietet, diese zu überwinden, (2) dass Rizzutos Theorie relativ resistent gegenüber theologischen Tendenzen ist, die versuchen, Ergebnisse anderer Wissenschaften zur zielorientierten Beeinflussung von Menschen zu gebrauchen, (3) dass Rizzutos Theorie die Sinnhaftigkeit des Glaubens einzelner Subjekte betont und von daher nicht dazu tendiert, Glaubensentwicklung als eine Entwicklung von der Unmündigkeit zur Vollkommenheit zu beschreiben. Andererseits muss angemerkt werden, dass ihrer Studie und ihrer Entwicklungstheorie eine Situationsbeschreibung und eine Verortung von Religion und Religiosität in unserer aktuellen Gesellschaft fehlt, die durch neuere psychoanalytische Theorien ergänzt werden muss." (167)

214 Finn (1992).
215 Rubin (1992).
216 Siehe zur Anknüpfung an Rizzuto, deren besonderes Verdienst u.a. darin gewürdigt wird, als erste einer klinischen Untersuchung die Objektbeziehungstheorie zugrunde gelegt zu haben, Finn (1992), 109, und Rubin (1992), 94f.
217 Siehe dazu die anerkennende Würdigung Rizzutos in ihrem Nachwort zu dem Sammelband, Rizzuto (1992), 165f.

Methodisch handelt es sich bei den Studien von Rizzuto, Finn und Rubin im Wesentlichen um qualitativ-empirische Forschungen.[218] Diese methodologische Ausrichtung spielt – ähnlich wie die hermeneutische Psychologie – nach wie vor eine eher periphere Rolle im naturwissenschaftlich orientierten, universitären Kontext und wird traditioneller Weise dem geisteswissenschaftlichen Bereich zugeordnet.[219] Das hauptsächlich eingesetzte Forschungsinstrument in den sozialwissenschaftlichen Bereichen stellt das statistische Erhebungsverfahren nach dem quantitativ-empirischen Paradigma dar.[220] Wenn auch die qualitativen Forschungsansätze seit Mitte der 1980er Jahre – zunächst in der Soziologie und seit kürzerem auch in der Psychologie – wieder zunehmend an Einfluss gewinnen,[221] so können objektivistisch-empirisch ausgerichtete Untersuchungen doch mit erheblich mehr Akzeptanz rechnen und nach wie vor ein höheres Maß an Seriosität für sich beanspruchen.[222] Die Dominanz statistischer Methoden spiegelt sich, bei aller Diskussion der Vor- und Nachteile quantifizierender Erhebungsverfahren im Zusammenhang mit den Themen Glaube und Religion, auch in der Religionspsychologie wider.[223] Bisherige Veröffentlichungen zur Frage des Got-

---

218 Kardorff (1995), 3, definiert: „Der Begriff ‚qualitative Forschung' ist ein Sammelbegriff für sehr unterschiedliche theoretische, methodologische und methodische Zugänge zur sozialen Wirklichkeit. Qualitative Forschung lässt sich auf verschiedenen Ebenen einerseits als eigenständige Ergänzung, andererseits als Gegensatz, Abgrenzung und besondere Akzentuierung im Verhältnis zur vorwiegend am einheitswissenschaftlichen (d.h. am naturwissenschaftlich-experimentellen) Paradigma orientierten experimentellen, modelltheoretischen und quantitativen Sozialforschung begreifen." Zum Einsatz qualitativ-empirischer Forschung in der Psychologie und ihren geschichtlichen Wurzeln bei Wilhelm Wundt und Dilthey siehe vor allem Mayring (1995), 33–35. Den aktuellsten Stand der Reflexion zum qualitativen Paradigma bietet Lueger (2000).
219 Siehe Kleining (1995), 13.
220 Siehe Kleining (1995), 11f.
221 Kardorff (1995), 6: „Erst in den letzten zehn Jahren zeigt sich vor allem in der Soziologie und seit kurzem auch in der Psychologie eine (Wieder)-Entdeckung und ein lebhaftes Interesse an der Weiterentwicklung älterer beschreibender Verfahren und verstehender Zugänge."
222 Siehe Kardorff (1995), 3. Vgl. Wulff (1997), 169f., der auch die Frage der Herkunft des quantitativen Paradigmas aus dem Behaviorismus problematisiert: „Whereas behaviorism as a comprehensive explanatory system had retreated into enclaves within academic and clinical psychology, methodological behaviorism – the view that privileges the methods of behaviorism but not its explanatory principles – became the very cornerstone of psychological science. The majority of psychologists are still methodological behaviorists today, even though they may not recognize or employ the label themselves."
223 Siehe Wulff (1997), 205f. In der Diskussion der unterschiedlichen empirischen Zugänge, die stark polarisierend geführt wird, gelten als Hauptkritikpunkte an den objektivistischen Verfahrensweisen, dass sie die individuelle Religiosität und die Inhalte dieser Religiosität nicht erfassen könnten und damit am Kern dessen vorbeigingen, was Religion für die konkrete Person bedeute. Wulff bemerkt dazu: „Experimental and correlational techniques

tesbildes untersuchten vor allem den möglichen Zusammenhang zwischen Elternbildern und Gottesbildern auf dem theoretischen Hintergrund der Ontogenese Freuds – ein religionspsychologisches Programm, das vor allem mit dem Namen Antoine Vergote verbunden ist[224] – oder forschten nach einem möglichen Zusammenhang zwischen psychischer

---

tend to inspire one or the other of two extreme responses. Some persons (...) assume that measurement, laboratory controls, and statistical analysis are the only sure means for gaining scientific knowledge of human experience and behavior. The are thus disdainful of the more subjective, interpretive methods used by the humanistic disciplines. Humanistic scholars on the other hand, are commonly mystified and alienated by the application of quantitative and experimental procedures in the human sphere. Peculiarly sensitive to the nuances and ambiguitites of human language and accustomed to using textual and other historical materials, these scholars are deeply skeptical about the reduction of any human experience to rating scales and averages" (250f.). „Experimental and correlation psychologies of religion are founded on the assumption that fundamental aspects of religious faith are measurable. Those who disagree do not deny that some expressions of faith – attendance at religious services, most obviously – can be quantified. What they do doubt is that an individual's religiousness can be evaluated numerically or categorically without gravely misrepresenting it" (252). Unter Würdigung beider Anliegen schlägt Wulff vor: „They (sc. objective procedures) are not sufficient in themselves for a comprehensive psychology of religion, but it would seem foolish to reject them out of hand on the basis of what has been accomplished with them thus far. Their potential, we might suspect, is far from fully realized" (257). Einige Beispiele für interpretative Zugänge im Bereich der europäischen Religionspsychologie bietet der 1994 erschienene, Antoine Vergote gewidmete Sammelband von Corveleyn/Hutsebaut (1994) zum Themenbereich „Belief and Unbelief"; darin erarbeitet mit einem methodologischen Schwerpunkt z.B. Ruard Ganzevoort (1994) eine Perspektive narrativer Forschung. Zum Methodenstreit innerhalb der Religionspsychologie siehe auch Vergote (1994). Früher hat bereits Sundén (1982), 178–207, quantitative und qualitative „psychologische und soziologische Methoden innerhalb der Religionspsychologie" nach dem damaligen Stand der Methodenreflexion vorgestellt. Vgl. auch die Beiträge zur quantitativen und qualitativen Inhaltsanalyse in Ven (1993), 69–112, und 113–165.

224 Grundlegend: Vergote (1970). Empirische Forschung z.B.: Vergote and Tamayo (1981); siehe dazu z.B. Wulff (1997), 310, Fuller (1994), 282–284, und Petersen (1993), 16–21. Petersen würdigt das Untersuchungsprojekt, das Vergote und Mitarbeiter im Jahr 1964 in Louvain begannen, als das „weltweit einflussreichste religionspsychologische Forschungsprogramm, das bisher von europäischem Boden ausgegangen ist" (Petersen, 1993, 17), bemerkt aber, dass „den Vertretern der Projektionstheorie keine ausreichende Erklärung der Gottesvorstellungen gelungen" sei, und führt dies unter anderem auf die Methode der Forschung mit semantischem Differential zurück (19f.). Wulff (1997), 310, fasst die Ergebnisse der Forschergruppe folgendermaßen zusammen: „Antoine Vergote and his associates found that the God representation of their subjects was composed of two nuclear factors: the maternal one of availability and the paternal one of law and authority. In all six of their cultural groups, however, availability accounted for a much larger proportion of the variance. Thus the representation of God again proved to resemble the mother figure more than the father. Interestingly, the tendency to attribute primarily maternal qualities to God was even more marked in a group of Roman Catholic seminarians and women religious. Concurrent personality assessment revealed that these subjects had a greater attachment to their mothers than laypersons do."

Gesundheit und religiösem Glauben.[225] In den letzten Jahren gewann das Thema „Coping with religion" zunehmend an Bedeutung, bei dem der Einfluss des religiösen Glaubens auf die Fähigkeit zur Problembewältigung überprüft wird; in diesem Zusammenhang ist vor allem der Wissenschafter Kenneth Pargament zu nennen.[226]

Auf objektbeziehungstheoretischem Hintergrund haben Ende der 1980er, Anfang der 1990er Jahre zwei amerikanische Forscher quantitativ-empirisch gearbeitet: Lawrence und Gaultiere, deren Arbeiten allerdings bisher in keiner eigenständigen Veröffentlichung vorliegen.[227] Für den Kontext dieser Untersuchung ist vor allem die quantitativ-empirische Studie von Sebastian Murken zur Frage von „Gottesbeziehung und psychische Gesundheit", die erst vor wenigen Jahren erschien, signifikant.[228] Zuvor aber sei noch auf eine Arbeit von Kay Peterson hingewiesen, die 1993 unter dem Titel „Persönliche Gottesvorstellungen" veröffentlicht wurde, da in Petersens Vorgehensweise exemplarisch die bereits erwähnte Polarisierung zwischen psychoanalytischer Theoriebildung und quantitativem Paradigma greifbar wird.[229]

Obwohl Rizzuto im Literaturverzeichnis mit allen Veröffentlichungen prominent vertreten ist, nimmt Petersen in der Ausarbeitung keinen direkten Bezug auf sie. Allerdings soll im Zentrum seiner Forschungen in Anlehnung und Weiterentwicklung der Ansätze bei Lawrence und Gaultiere die Beziehung des Menschen zu Gott stehen, und ein von ihm entwickelter „Fragebogen zur Beziehung zu Gott" eingesetzt werden.[230] Bei aller sachlichen und inhaltlichen Nähe zu den objektbeziehungstheoretisch orientierten Forschern, deren „Annahmen" er teilt, will Petersen

---

225 Siehe dazu vor allem Wulff (1997), 243–250, Murken (1998), 69–76, oder Corveleyn/Lietaer (1994).
226 Pargament (1996). Siehe dazu Wulff (1997), 249f., und Petersen (1993), 36.
227 Die Arbeiten der beiden Forscher werden von Petersen (1993), 37–39, anhand von bisher unveröffentlichtem Material dokumentiert; R.T. Lawrence habe demnach 1989 den Fragebogen „God Image Inventory" zeitlich parallel zu Petersens eigener Erarbeitung des „Fragebogens zur Beziehung zu Gott" (FBG) entwickelt; W.J. Gaultiere habe zu eben dieser Zeit (1989) den Fragebogen „God image Questionnaire" seiner Dissertation „The development and preliminary validation of a measure of God images" zugrundegelegt.
228 Murken (1998).
229 Petersen (1993).
230 Die grundlegenden Begriffe der Erhebung definiert Petersen (1993), 12f., folgendermaßen: "Religion ist das Beziehungsgeschehen Gott gegenüber. Unter 'Gott' wird ein höheres Wesen oder eine höhere Wirklichkeit verstanden: Etwas, dem sich einige Menschen ihrer Ansicht nach nähern, was einige Menschen als wirkend erleben oder verwirklichen können (...). Unter 'Beziehung' wird – mit Ausnahme theoretischer Überlegungen – jede Möglichkeit verstanden, die Gott in das Bewusstsein von Menschen rücken lässt."

seine Untersuchungen aber theoretisch anderweitig begründen.[231] Dazu dient ihm zur Konstruktion des Fragebogens einerseits die Persönlichkeitstheorie eines Bewusstseinspsychologen, der „von einem aus der biologischen Evolution des Zentralnervensystems hervorgegangenen Informationssystem *Bewusstsein*" ausgeht,[232] und andererseits das Kommunikationsmodell der Gesprächspsychotherapie mit der Beschreibung von „drei förderlichen Haltungen und Aktivitäten in zwischenmenschlichen Beziehungen".[233] Die Ergebnisse seiner Umfrage an Klienten aus psychotherapeutischen Praxen, die Petersen durch das qualitative Element einer Konzeptlegetechnik ergänzt,[234] zeigt unter anderem, dass die Variationsbreite von persönlichen Gottesvorstellungen „innerhalb der Religionsgemeinschaft die zwischen den Religionsgemeinschaften zu übertreffen" scheint,[235] dass „nicht oder nicht eindeutig an die Existenz Gottes glaubende Menschen" weniger Vorstellungen eines liebenden und unterstützenden Gottes aufweisen, aber im Vergleich zu glaubenden Menschen in gleichem Maße Vorstellungen eines ablehnenden und strafenden Gottes,[236] dass die „Hypothese des Zusammenhangs zwischen Gottesvorstellung und Merkmalen psychischer Gesundheit"[237] „durch die Ergebnisse der Frauen eher unterstützt wird, nicht jedoch durch die Männer",[238] dass zwischen Elterneinschätzungen und Gottesvorstellung keine „deutlicheren Zusammenhänge" gefunden werden konnten[239] und vor allem dass die entwickelten Skalen der Komplexität von Gottesvorstellungen nicht gerecht werden konnten.[240]

Trotz dieses Versuches, die Objektbeziehungstheorie zu umgehen, bietet Petersen im letzten Teil seiner Arbeit „weiterführende Gedanken" für ein Folgeprojekt, die wiederum wesentliche Grundsätze objektbeziehungstheoretischer Observanz anderweitig zu begründen suchen und Rizzutos Begriff der „Gottesrepräsentanz" aus einem sozialpsycholo-

---

231 Siehe Petersen (1993), 213: „Die Annahme, dass Gott im Gedächtnis des Menschen sowohl als intellektuelles Gotteskonzept als auch als auf Erfahrungen beruhende Gottesrepräsentation abgebildet sei, wird von Lawrence geteilt. Diese Annahme wird dort allerdings mit psychoanalytischen Begriffen begründet, sodass die hier angestellten theoretischen Überlegungen mit Lawrence nur in dieser Annahme selbst übereinstimmen."
232 Siehe Petersen (1993), 4.
233 Siehe Petersen (1993), 40.
234 Siehe zu diesem offenbar ertragreichsten Element der durchgeführten Studie vor allem Petersen (1993), 58f., 130f. und 203f.
235 Petersen (1993), 187.
236 Petersen (1993), 186f.
237 Siehe Petersen (1993), 188.
238 Petersen (1993), 190.
239 Petersen (1993), 190.
240 Petersen (1993), 187.197.

gischen Kontext herleiten.[241] Petersen stellt fest, dass Religion als „Beziehungsgeschehen", im Unterschied zu der in der Veröffentlichung präsentierten Studie, welche die Religion als etwas „Statisches" untersucht, eher von der Dimension des „Dynamischen" her erforscht werden sollte – es fehle dazu aber „eine ausgearbeitete und überprüfte psychologische Theorie der Religion".[242] Um eine derartige Theorie vorzubereiten, schlägt er zunächst vor, „Gotteskonzept und Gottesrepräsentation als Teilstrukturen des Gottesbegriffes" zu unterscheiden.[243] Inhaltlich wird diese Unterscheidung ganz im Sinne Rizzutos argumentiert, formal aber aus der Sozialpsychologie als „kognitive Repräsentation" abgeleitet[244] und festgestellt: Der Begriff der kognitiven Repräsentation soll helfen, „eine hypothetisch konkrete Begegnung zwischen Gott und Mensch anzunehmen: es wird eine kognitive Repräsentation Gottes gebildet, diese wird im Zusammenhang mit dem Selbst-Konzept sinnvoll strukturiert".[245] Während das Gotteskonzept vor allem „die Basis für das Nachdenken und die Kommunikation über Gott" biete, stelle die Gottesrepräsentation „den Bezug zur erlebten Realität Gottes" dar.[246] Da die Existenz einer „Person *Gott*" mit naturwissenschaftlichen Methoden nicht nachweisbar sei, schlägt Petersen vor, dieses Problem der „weltanschaulichen Bewertung" dadurch für eine mögliche Untersuchung in den Griff zu bekommen, dass zwei einander ergänzende Modelle den Faktor „Gottesbeziehung" beschreiben sollten – zum Einen das „Modell der konkreten Begegnung", in dem angenommen wird, dass der Mensch „mit einem vermutlich außersinnlichen realen Wesen Gott" in Kontakt trete, zum anderen das „Modell der imaginären Beziehung", welchem die Annahme der „Simulation" einer Person Gottes im Gehirn zugrunde liegt.[247] Zur Demonstration, dass die Gottesrepräsentation gegenüber dem Gotteskonzept „die bedeutsameren Effekte auf das menschliche

---

241 Siehe Petersen (1993), 211.
242 Petersen (1993), 208f.
243 Petersen (1993), 214.
244 Petersen (1993), 211: „Wenn Begegnungen zwischen Menschen, die einander nicht kennen, stattfinden, werden Eindrücke über die Person des anderen geformt. Diese Eindrücke werden strukturiert im Gedächtnis gespeichert und erleichtern den Umgang miteinander bzw. ermöglichen das Wiedererkennen. Der sozialpsychologische Fachbegriff für den ‚Eindruck vom anderen' heißt ‚kognitive Repräsentation'. Die kognitive Repräsentation einer Person kann so sehr Ausgangsbasis für die Bewertung dieser Person werden, dass sie vor den äußeren Stimulusinformationen die Bewertungen bestimmen. Daher wird die Interpretation neuer Informationen über die Person von einer bereits vorhandenen kognitiven Repräsentation mit beeinflusst."
245 Petersen (1993), 211.
246 Petersen (1993), 215.
247 Petersen (1993), 212f.

Erleben hat", bringt Petersen das Beispiel von Tilman Moser, dessen Gottesrepräsentation auch die Phase der gedanklichen Negation Gottes überstanden habe und wirksam geblieben sei.[248] Insgesamt gesteht Petersen ein: „Wie ein Befragungsinstrument konstruiert sein muss, das das der Gottesrepräsentanz entsprechende Konzept von Gott erfragt – auch im Fall der Inkongruenz von Gotteskonzept und Gottesrepräsentation – kann hier nicht entschieden werden."[249] In einer abschließenden Betrachtung bemüht sich Petersen noch um die Frage personaler und apersonaler Gottesvorstellungen. Unter Bezug auf Martin Buber kommt er zu dem Schluss, dass Gott nur in der „Ich-Du-Beziehung" begegnet werden könne, da einer „Ich-Es-Beziehung" der äußerlich sinnliche Eindruck und die Verfügbarkeit fehle.[250] Petersen stellt fest, dass auch „die Gottesvorstellungen vieler Buddhisten" etwas Persönliches aufweisen[251] und für eine künftige Untersuchung davon ausgegangen werden könne, dass die Dimensionen „radikal unpersönlicher Gott" und „radikal persönlicher Gott" lediglich „als Ausgangspunkt und Endpunkt der Einordnung von Gottesvorstellungen" betrachtet werden könnten.[252]

Bei aller Fraglichkeit der jeweils sehr bruchstückhaft und eklektisch zu Rate gezogenen Theorien, zahlreicher begrifflicher Unschärfen und der Tatsache, dass ein geeignetes „Befragungsinstrument" noch nicht in Aussicht steht, wird doch deutlich, dass Petersen sich bemüht, Rizzutos „Annahmen" einem quantitativ-empirischen Konzept zugrunde zu legen und damit eine neue Qualität in die empirische Religionspsychologie einzubringen. Die Vermeidungsstrategie Petersens, direkt auf die Objektbeziehungstheorie Rizzutos Bezug zu nehmen, dürfte mit dem nach wie vor wirksamen anti-psychoanalytischen Affekt der naturwissenschaftlich dominierten Psychologie an den Universitäten zu erklären sein.[253] Darüber hinaus stellt er selbst fest, dass „die Vermischung von Theologie und Psychologie in vielen religionspsychologischen Forschungsarbeiten

---

248 Petersen (1993), 215f.
249 Petersen (1993), 217.
250 Petersen (1993), 222f.
251 Petersen (1993), 225; diese Hypothese leitet Petersen von den Untersuchungen eines Religionswissenschafters aus den sechziger Jahren ab (Govinda, 1962: Die psychologische Haltung der frühbuddhistischen Philosophie und ihre systematische Darstellung nach der Tradition des Abhidhamma, Wiesbaden).
252 Petersen (1993), 226.
253 Vgl. auch Wulff (1997), 256, der die bisherige gegenseitig ablehnende Haltung zwischen den „objektiven Psychologen" und den „Tiefenpsychologen" vor allem auch in der Methodenfrage kontrastiert; demnach komme es unter Umständen fast einem Tabu-Bruch gleich, sich für eine quantitativ-empirische Untersuchung auf eine psychoanalytische Theorie zu beziehen.

als ärgerlich für die meisten Psychologen" eingeschätzt werde;[254] sowohl Lawrence als auch Gaultiere verbinden mit ihrer Rezeption der Objektbeziehungstheorie ebenfalls das Anliegen einer Verbindung zwischen Theologie und Psychologie.[255] Immerhin wird aus den Bemühungen von Petersen deutlich, dass die Erfassung der Beziehungsqualität in der Frage des Gottesbildes als Desiderat der empirisch forschenden Religionspsychologie empfunden wird. Möglicherweise könnten theoretische Vorklärungen zugrundezulegender anthropologischer Prämissen im unmittelbaren Dialog mit der Objektbeziehungstheorie mehr zur Erarbeitung eines angemessenen „Befragungsinstruments" beitragen als die etwas vage Bezugnahme auf ein naturwissenschaftlich ausgerichtetes Persönlichkeitsmodell, ein Dialogmodell aus der Tradition der humanistischen Psychotherapie und das bruchstückhaft rezipierte Modell der personalen Philosophie nach Martin Buber. Unter Umständen ist auch zur Kenntnis zu nehmen, dass die Klärung der Beziehungsdimension des Gottesbildes, wie Petersen sie anstrebt, nur durch ergänzende Forschungen auf dem Boden des qualitativ-empirischen Paradigmas erreicht werden kann.[256]

Im Unterschied zu Petersen bezieht sich der klinische Psychologe und Religionswissenschaftler Sebastian Murken für die Konzeptualisierung seines Forschungsvorhabens ausdrücklich auf die Objektbeziehungstheorie nach Winnicott und Rizzuto. Den Ausgangspunkt der Untersuchung stellt „die Frage nach der Bedeutung von Religiosität, insbesondere der Gottesbeziehung, für psychische Gesundheit und Lebenszufriedenheit" dar.[257] Im Anschluss an das von ihm festgestellte durchgängige Selbstverständnis von Religiosität als Beziehungserfahrung, das in der bisherigen empirischen Religionspsychologie noch kaum Berücksichtigung gefunden habe,[258] will Murken die „religiöse Beziehung", näherhin die

---

254 Petersen (1993), 8. Dies ist allerdings als ein Spezifikum im deutschsprachigen Raum zu werten, wo die religionspsychologische Szene lange Zeit von Theologen und Philosophen beherrscht wurde, während sich in Amerika in erster Linie Psychologen für die Erforschung der Religion interessierten (Siehe Wulff, 1997, 30); Wulff (1997), 36, führt zudem an, dass beispielsweise die „International Society for the Psychology of Religion" ebenso wie ihr Organ, das „Archiv für Religionspsychologie", bis 1995 durch römisch-katholische Theologen dominiert waren und erst mit der Wahl von Nils G. Holm die Chance für eine neue Ära der Religionspsychologie in Deutschland eröffnet wurde.
255 Siehe Petersen (1993), 37f. Zu Gaultiere stellt Petersen z.B. fest: „Als seine theoretische Basis erklärt Gaultiere die Integration von Theologie und Psychoanalyse (...). Die enge Anlehnung an eine Religionsgemeinschaft schränkt die Brauchbarkeit des Fragebogens für psychologische Untersuchungen an Stichproben aus unterschiedlichen Religionsgemeinschaften deutlich ein." (Petersen, 1993, 39)
256 Siehe Fußnote 223.
257 Murken (1998), 17.
258 Murken (1998), 18: „Seltsamerweise hat sich trotz dieser Befunde (sc. des religiösen Selbstverständnisses) die Konzeptualisierung von Religiosität als Beziehung in der empiri-

„Gottesbeziehung" als „religiöse Erfahrung" in den Mittelpunkt seines Interesses rücken.[259] Aufgrund der Fülle von unterschiedlichen Gottesvorstellungen und Gottesbeziehungen solle sich die Aufmerksamkeit vor allem auch darauf richten, wie der Einzelne zu seinem Gottesbild finde, und wie dieses mit seiner speziellen Persönlichkeit zusammenhänge.[260] Insofern das Fehlen der „relationalen Komponente" in der bisherigen empirisch arbeitenden Religionspsychologie unter anderem mit dem Mangel an einer geeigneten Theorie zu begründen sei,[261] schlägt Murken die Tiefenpsychologie und insbesondere die Objektbeziehungstheorie als Dialogpartner vor, „da dieser Ansatz die menschliche Beziehungsqualität in den Mittelpunkt der Überlegungen stellt" und „zu einem neuen psychoanalytischen Verständnis von Persönlichkeit geführt hat".[262] Zudem habe die veränderte psychoanalytische Sichtweise eine deutlich freundlichere Haltung der Religion gegenüber ermöglicht, als das noch bei Freud der Fall war – „mit dem neuen Theoriegebäude ist es gleichermaßen möglich, Religion zu psychologisieren und dabei die Wahrheitsfrage auszuklammern, oder auch Religion sehr positiv zu sehen und zu beurteilen."[263] Das Konzept des Übergangsobjektes und der Übergangsphänomene nach Winnicott erweise sich deshalb so interessant für die Religionspsychologie, da sie die menschliche Seite der Gottesbeziehung zu untersuchen und zu verstehen ermögliche, „ohne gleichzeitig Aussagen über die andere, ‚transzendente' Seite der Beziehung machen zu müssen".[264] Die Arbeit von Ana-Maria Rizzuto sei insofern „von entscheidender Wichtigkeit", „weil mit ihr aufgezeigt wurde, dass Gottesbil-

---

schen Religionspsychologie bisher nicht durchgesetzt. Stattdessen dominieren Instrumente und Skalen, die Religion auf der Ebene der Kognitionen im Sinne von *attitudes and values* abbilden. Dies mag zum einen am ungeklärten Stellenwert emotionaler und relationaler Prozesse in der ‚Mainstream-Psychologie' liegen und zum anderen am Fehlen entsprechender Theorien." (Hervorhebungen im Original)

259 Murken (1998), 11 und 40.
260 Murken (1998), 12. Murken fasst die Fragen seiner Studie folgendermaßen zusammen: „Wie hängt die Religiosität einer Person, speziell ihre Beziehung zu Gott mit ihrer Persönlichkeit zusammen? Gibt es einen Zusammenhang zwischen der Gottesbeziehung eines Menschen und seinem sonstigen Beziehungsleben? Welchen Einfluss hat das Zusammenspiel von Persönlichkeit und Gottesbeziehung auf psychische Gesundheit oder Krankheit?" (12)
261 Siehe Murken (1998), 18 und 47f.
262 Murken (1998), 19f.
263 Murken (1998), 22.
264 Murken (1998), 25: „Mit dem Konzept Winnicotts wurde ein Konstrukt geschaffen, „das die Alternative innen-außen, Subjekt-Objekt, Wirklichkeit-Wahrheit aufhebt und damit einen auch wissenschaftstheoretisch nicht mehr haltbaren Dualismus zwischen Subjekt und Objekt überwindet. Religiosität wird auf diese Weise als Beziehungsprozess in einem intermediären Raum postuliert."

der mehrfach biographisch und dynamisch determiniert sind, diese Dynamik gleichsam mit Beginn des Lebens einsetzt und mit Hilfe von psychoanalytischer Theorie und Methodik nachzuvollziehen und zu verstehen ist".[265] Jones habe Rizzutos Theoriebildung durch sein objektbeziehungstheoretisch gewendetes Übertragungsverständnis ergänzt und die Gottesbeziehung als Ausdruck spezifischer Übertragungsbedürfnisse kenntlich gemacht. Insgesamt übernimmt Murken die entscheidenden Prämissen und Theoreme der Objektbeziehungstheorie unter Einbeziehung z.B. auch des Narzissmus-Konzeptes, versteht den Menschen als „Beziehungswesen" und Religiosität als „Beziehungsprozess", der aus psychologischer Sicht auf der Subjektseite wie jede andere Beziehung untersucht werden könne.[266] Unter Diskussion bisheriger empirischer Untersuchungen zur Gottesvorstellung und Gottesbeziehung von Vergote über Lawrence bis hin zu Petersen[267] sowie der Reflexion der „Merkmale und Bedingungen psychischer Gesundheit" unter besonderer Berücksichtigung von bisherigen Untersuchungen zum Zusammenhang zwischen psychischer Gesundheit und Religiosität[268] entwickelt Murken schließlich sein „Arbeitsmodell zur Bedeutung der Gottesbeziehung für psychische Gesundheit"[269] und formuliert die Hypothesen.[270]

---

265 Murken (1998), 25f.
266 Siehe die Zusammenfassung der Grundannahmen seiner Studie in Murken (1998), 37f.
267 Siehe dazu den Überblick in Murken (1998), 49.
268 Siehe Murken (1998), 55–80.
269 Murken (1998), 81–84.
270 Murken (1998), 85–87. Die „Hypothesen zum Zusammenhang zwischen Ressourcen (personal sowie sozial) und Religiosität" und die „Hypothesen zum Zusammenhang zwischen Ressourcen, Gottesbild und psychischer Gesundheit" lauten wie folgt: „(6.) Es wird postuliert, dass die Art und Qualität der Gottesbeziehung mit der Art und Qualität menschlicher Beziehungen korreliert. Dabei sollen positive Aspekte mitmenschlicher Beziehungen mit positiven Aspekten der Gottesbeziehung einhergehen und umgekehrt. (7.) Es wird analog vermutet, dass positive Ausprägungen des Selbstkonzeptes mit positiven Aspekten der Gottesbeziehung korrelieren und umgekehrt. Im Sinne der Komplementaritätshypothese wird für Gruppen mit extrem negativem Selbstkonzept ein positives Gottesbild angenommen. (8.) Die Art und Ausprägung des Selbstkonzeptes (personale Ressourcen) sowie die soziale Unterstützung (soziale Ressourcen) sind (einzeln und gemeinsam) Prädikatoren für die psychische Gesundheit der untersuchten Patienten. (9.) Es besteht kein direkter Zusammenhang zwischen allgemeinen Maßen für Religiosität und psychischer Gesundheit. (10.) Die Qualität der Gottesbeziehung ist ein Prädikator für Maße psychischer Gesundheit. (11.) Die Einbeziehung der Gottesbeziehung als Moderatorvariable für den Zusammenhang zwischen Ressourcen und psychischer Gesundheit erhöht die Zuverlässigkeit der Vorhersage der psychischen Gesundheit. (12.) Da vermutet wird, dass die Zugehörigkeit zu einer bestimmten Religionsgemeinschaft und damit die Teilhabe an deren theologischen Vorstellungen die individuelle Gottesbeziehung prägt, wird explorativ überprüft, ob sich die Gottesbeziehungen innerhalb verschiedener Konfessionen signifikant unterscheiden."

Die Untersuchung selbst wurde an 465 Patienten einer psychosomatischen Klinik[271] mittels mehrer Fragebögen durchgeführt und als „religiöse Gruppe" aus der Gesamtzahl der Personen diejenigen bestimmt, die angaben, an Gott zu glauben.[272] Laut den Ergebnissen konnten insbesondere „voneinander unabhängige, affektive und kognitive Dimensionen der Gottesbeziehung bzw. der Gottesbilder nachgewiesen werden"; Unterschiede zwischen Männern und Frauen zeigen sich nach Murken darin, dass religiöse Männer Gott eher als herrschend und strafend bzw. passiv erleben als religiöse Frauen.[273] Besonders auffällig sei, dass entgegen der Hypothese, „dass Aspekte des Selbstkonzeptes, mitmenschliche Beziehungen und Dimensionen der Gottesbeziehung in ihrer Qualität analog ausgeprägt sind", sich diese Annahme nur hinsichtlich des Zusammenhanges zwischen negativen Gefühlen gegen Gott und schlechter psychischer Gesundheit bestätigen ließ.[274] Demgegenüber zeige das Verhältnis zwischen positiven Dimensionen der Gottesbeziehung und stabilen Selbstwertaspekten keine Signifikanz.[275] Die Bedeutung des Selbstkonzeptes und der sozialen Unterstützung „als gute Prädikatoren psychischer Gesundheit" seien, wie erwartet, bestätigt worden, wohingegen Wechselwirkungen zwischen Religiosität und Selbstkonzept ebenso wenig aufgefunden worden seien wie eine Stützung der Komplementaritätshypothese, die erwartet, dass ein negatives Selbstbild durch eine positive Gottesbeziehung ausgeglichen werde.[276] Mit der Intention eines Hauptergebnisses seiner Studie stellt Murken schließlich fest: „Bei aller Vorsicht vor einer Generalisierung weisen die Ergebnisse doch auf die hohe Relevanz negativer, religiöser Emotionen und Kognitionen hin. Diese scheinen bei religiösen Menschen an der Aufrechterhaltung eines negativen Selbstbildes und eingeschränkter psychischer Gesundheit beteiligt und müssen als „Vulnerabilitätsfaktoren" angesehen werden."[277]

Insgesamt ist festzustellen, dass an der Studie Murkens zum Einen deutlich wird, welche kraftvollen Impulse von der Theoriebildung Rizzutos gerade auch für die quantitativ-empirische Forschung der Religions-

---

271 Murken (1998), 14, begründet die Entscheidung zur Platzierung der Studie im klinischen Bereich damit, dass Religiosität in krisenhaften Lebensphasen an Relevanz gewinne.
272 Siehe Murken (1998), 157. Die religiöse Gruppe stellte zwei Drittel der befragten Personen, was nach Murken dem auch „in allgemeinen Bevölkerungsumfragen gefundenen Anteil religiöser Menschen" entspricht (157).
273 Siehe Murken (1998), 157.
274 Siehe Murken (1998), 158f.: „Negative Gefühle gegenüber Gott stehen auch in direktem Zusammenhang zu Maßen psychischer Gesundheit. Je negativer die Gefühle gegenüber Gott umso geringer ist die Ausprägung psychischer Gesundheit."
275 Siehe Murken (1998), 158.
276 Siehe Murken (1998), 159f.
277 Murken (1998), 160. (Hervorhebung im Original)

psychologie ausgehen können. Ein besonderes Verdienst Murkens liegt in der signifikanten Bestätigung der Unabhängigkeit von kognitiven Gottesvorstellungen und persönlich bedeutsamen Gottesbildern im Sinne einer Beziehungsqualität. Mögliche Konsequenzen, die sich aus diesem bei Rizzuto erfolgten Aufweis für Religions- und Pastoralpsychologie ziehen lassen, erhalten dadurch zusätzliches Gewicht. Des Weiteren kann der nachgewiesene Zusammenhang zwischen einer negativ erlebten Gottesbeziehung und eingeschränkter psychischer Gesundheit als weiter verstärkender Hinweis auf die Bedeutung der Berücksichtigung von verdrängten oder aktiv genutzten Gottesrepräsentanzen für die pastorale, klinische und psychotherapeutische Praxis gewertet werden. Wenn Murken diese festgestellte „Korrelation"[278] allerdings im Sinn eines einseitig gerichteten kausalen Zusammenhang interpretiert, und das Ergebnis als Zeichen für „negative und pathologisierende Mechanismen von Religiosität" auffasst, so ist demgegenüber kritisch einzuwenden, dass zumindest im Kontext seiner Studie nicht deutlich werden konnte, welche weiteren Faktoren eine kausale Deutung der „Korrelation" unterstützen könnten. Ebenso gut könnte der umgekehrte Schluss gezogen werden, dass eine schlechte psychische Verfassung auch Rückwirkung auf die Gottesbeziehungserfahrung haben muss. Denn dieser Schluss wird von Murken auch hinsichtlich der Fähigkeit, soziale Ressourcen zu nützen, gezogen.[279] Vermutlich ist jedoch davon auszugehen, dass die beiden Faktoren Gottesbeziehung und psychische Gesundheit nach dem Konzept Rizzutos in einer direkten Wechselwirkung zueinander stehen, die erst durch „krisenhafte Situationen"[280] in problematischer Weise greifbar und auch empirisch als korrelierender Zusammenhang feststellbar wird.

Auffällig ist schließlich der von Murken aufgrund bisheriger Studien angenommene und bestätigt gefundene Umstand, „dass die Tatsache der Religiosität an sich keinen Unterschied in Persönlichkeitsvariablen oder Gesundheitsmaßnahmen" habe; Murken schließt daraus für die weitere Forschungspraxis, „dass es wenig hilfreich ist, die Bedeutung der Variable *Religiosität* durch den Vergleich mit einer nicht-religiösen Kontrollgruppe zu erhellen" und es vielmehr notwendig sei, „die spezifische emotionale, kognitive und relationale Ausprägung individueller Religiosi-

---

278 Siehe Murken (1998), 159.
279 Dieses Zusammenhang findet Murken (1998), 151f. für Männer deutlich bestätigt – „bei ihnen korreliert *Wahrgenommene soziale Unterstützung* positiv mit *Positiven Gefühlen gegenüber Gott* und negativ mit *Negativen Gefühlen gegenüber Gott*" (Hervorhebungen im Original). Dass eine vergleichbare Korrelation bei Frauen nicht auffindbar war, ist für Murken „nur schwer erklärbar." (152)
280 Vgl. die von Murken angestrebte Untersuchung einer Population, die sich in einer „krisenhaften Situation" befindet (Murken, 1998, 14).

tät zu erheben, um relevante Aussagen machen zu können".[281] Darüber hinaus sei auch kein Unterschied in der Ausprägung der Gottesbeziehung feststellbar gewesen, der mit einer spezifischen Konfession in Zusammenhang gebracht werden könnte, was Murken noch einmal konstatieren lässt, „dass die individuelle Gottesbeziehung eher von biographischen und psychodynamischen Faktoren beeinflusst wird, als durch religiöse Sozialisation".[282] Abgesehen davon, dass dieser Befund noch einmal eindrucksvoll die Relevanz der Bemühungen Rizzutos zum „living God" hervorhebt und dieser Umstand vor allem auch für die pastorale Praxis zu berücksichtigen sein wird,[283] könnte die von Murken auf dem Hintergrund dieser Ergebnisse für zukünftige Untersuchungen eingeforderte Berücksichtigung der „Multidimensionalität von Religiosität"[284] möglicherweise auf der bei Rizzuto ansatzweise und bei Jones ausdrücklich konzeptionalisierten Beziehung des Menschen zur „Welt im Ganzen" oder zum „transferential ground" aufbauen. Da „allgemeine Religiositätsmaße in der Regel keinen Zusammenhang zu anderen psychologischen Variablen aufweisen",[285] könnte nach Ansicht des Verfassers die Religiosität im Zuge weiterer Forschungen möglicherweise in den Kontext des menschlichen Bedürfnisses nach der Beziehung zur „Welt im Ganzen" eingeschrieben und die Gottesbeziehung als Spezialfall dieser prinzipiellen Dimension verstanden werden. Rizzutos Arbeiten und Jones „Psychologie der Gnade" böten für diesbezügliche nähere Untersuchungen bereits einen theoretischen Ausgangspunkt, den es auf empirischem Wege zu verifizieren und auf seine Tragweite hin zu überprüfen gelte.

---

281 Murken (1998), 150
282 Murken (1998), 150.
283 Gedacht ist hier z.B. an die notwendige Unterscheidung des Stellenwertes von Konfessionalität und persönlicher Religiosität in der pastoralen Praxis – während konfessionelle Konzepte und Vorstellungen bei der Herstellung und Aufrechterhaltung einer Gruppenidentität eine wesentliche Rolle spielen können und damit auch Einfluss auf die emotional bedeutsame Zugehörigkeit zum sozialen Netzwerk der Kirchengemeinschaft haben, wird die persönliche Gottesbeziehung davon offenbar kaum berührt und bedarf der Berücksichtigung auf einer anderen Ebene. Verringert sich das Maß des Bedürfnisses nach definierter Zugehörigkeit zu einer kirchlichen Gemeinschaft als soziale Ressource, da andere Gruppierungen ebenso gute oder bessere Unterstützung anbieten können, tritt auch die Bedeutung der dort vorherrschenden kognitiven Konzepte in den Hintergrund; entscheidend für einen weiteren Kontakt zur Kirche wird dann vermutlich sein, ob sich jemand mit seiner persönlichen Religiosität, resp. Gottesbeziehung, emotional weiter beheimaten kann, oder ob diese Komponente so wenig Berücksichtigung findet, dass auch die Gottesbeziehung an anderem Ort mehr Entfaltungsraum erhält.
284 Murken (1998), 157.
285 Murken (1998), 157.

6. Revision der pastoralpsychologischen Dimension in einer Praktischen Theologie

Wenn man als Theologe auf das psychoanalytische Konzept der Objektbeziehungstheorie blickt, so fällt vor allem die hohe Konvergenz mit wesentlichen Punkten einer theologischen Anthropologie auf. Man könnte sogar davon sprechen, dass die Objektbeziehungstheorie mit ihrer konsequent durchgehaltenen impliziten relationalen Anthropologie die Theologie herausfordert, ihre eigene relationale Grundlegung wieder neu ins Gespräch und zur Geltung bringen. Dies gilt insbesondere für eine Pastoralpsychologie, die damit teilweise vor die Aufgabe gestellt zu sein scheint, ihre anthropologischen Grundlagen neu zu überdenken und innerhalb des erkenntnistheoretischen Rahmens einer Praktischen Theologie zu entfalten. Die im folgenden ersten Abschnitt diskutierte kritische Anfrage an die pastoralpsychologischen Argumentationsgänge, welche in der vorliegenden Arbeit im Rahmen des homiletischen und seelsorgerlichen Teils behandelt wurden, bezieht sich auf die Berücksichtigung der Beziehungsdimension als fundamentalen Aspekt menschlicher Lebenswirklichkeit. Es wurde bereits die These formuliert, dass das Ausklammern der Gottesbildfrage mit diesbezüglichen Engführungen in Zusammenhang zu sehen ist. In den weiteren Kapitelteilen soll daher vor allem die Gottesbildthematik als ein möglicher Kristallisationspunkt pastoralpsychologischer Reflexion von Themenbereichen einer Praktischen Theologie zur Geltung gebracht werden.

6.1 Relationale Anthropologie – eine kritische Anfrage an die Pastoralpsychologie

Den Ausgangspunkt der objektbeziehungstheoretischen Ansätze von Winnicott und Rizzuto bildet die Grundannahme vom Menschen als Beziehungswesen. Die Bedingungen menschlichen Erlebens und Verhaltens können gemäß der Objektbeziehungstheorie nicht hinreichend erfasst werden, ohne die Beziehungsdimension als Kristallisationspunkt des komplexen psychischen Geschehens in all seinen Vollzügen konsequent zu berücksichtigen. Von dieser Prämisse her wird jeder bisherige Versuch in der psychoanalytischen Tradition, den Menschen in einem mechanistischen Sinn zu definieren, der gegen das Diktat von Trieben und unerfüllten Wünschen um seine Bewusstheit und seine Vernunft zu ringen hat, prinzipiell in Frage gestellt. Überhaupt entsteht eine hohe Sensibilität gegenüber jeder Form der Herstellung von einfachen und allgemein gültigen Kausalzusammenhängen als Erklärung für das Funktionieren der Psyche im Sinne einer mechanischen Apparatur.[1] Winnicott verwehrte sich gegen die seiner Ansicht nach vereinseitigende und vereinfachende Form der Beschreibung innerer Objekte nach Melanie Klein,[2] Rizzuto war es ein besonderes Anliegen, jede Tendenz, den Objektrepräsentanzen den Charakter selbständiger und selbsttätiger Wesenheiten oder Strukturen zuzuschreiben, zu kritisieren und von jedem Verdacht eines mechanistischen Verständnisses zu befreien.[3] Der Mensch führt sein Leben innerhalb der Spannung zwischen den Polen von Ich und Nicht-Ich, von Innen und Außen, von Subjekt und Objekt. Sein Leben ist Beziehungserfahrung. Die Fähigkeit, die unterschiedlichen Aspekte der Beziehungserfahrung zu gestalten, macht das spezifisch Menschliche aus. Die seelische Balance bzw. die psychische Gesundheit hängt davon ab, ob diese Fähigkeit hinreichend entwickelt oder durch problematische Beziehungserfahrungen behindert wird. Die Dynamik menschlicher Entwicklung wird zweifellos durch biologische Triebe mitbestimmt, diese werden jedoch konsequent von der Beziehungshaftigkeit des Menschen her verstanden und als Funktion seines Beziehungslebens beschrieben. So wird z.B. auch die Aggression nicht mehr als allgemeiner Trieb interpretiert, sondern diese in ihrer Funktion für die Ausdifferenzierung von Beziehung beschrieben.[4]

Es wurde bereits festgestellt, dass z.B. Gerhard Ebeling seine Dogmatik des christlichen Glaubens ausdrücklich auf Basis einer relationalen Ontologie konzeptualisierte[5] und auch Joachim Scharfenberg bei den Theologen Paulus, Augustinus oder Luther deren zentrale Orientierung an der Beziehung zwischen Mensch und Gott sehr genau identifiziert hat.[6] Insofern kommt die Objektbeziehungstheorie mit ihrem Grundverständnis vom Menschen der Theologie und einem religiösen Selbstverständnis nicht nur sehr entgegen, sondern wirft zugleich eine kritische Anfrage an bisherige pastoralpsychologische Bemühungen auf, die sich auf die Persönlichkeitstheorien von Freud, Jung oder der Neopsychoana-

---

1 Vgl. dazu auch Wahl (2000), 86–88.
2 Siehe Winnicott (1997), 311f.
3 Siehe besonders Rizzuto (1979), 63 und 74.
4 Siehe Winnicott (1997), 91–112.
5 Ebeling (1982). Siehe oben Kapitel 3.2.
6 Siehe Scharfenberg (1985), 197.

lyse stützten. Die Entwicklungen in Theorie und Praxis, die von Autoren wie Otto Haendler oder Joachim Scharfenberg angestoßen wurden, können in ihrer Bedeutung für die heutige Homiletik und Seelsorge gar nicht hoch genug eingeschätzt werden. Dennoch war es ihnen nicht möglich, das Phänomen des Glaubens als der Beziehung des Menschen zu Gott als eigenen Gesichtspunkt pastoralpsychologischer Reflexion zu berücksichtigen. Dies hängt vor allem damit zusammen, dass die impliziten anthropologischen Prämissen der psychoanalytischen Referenzsysteme mit übernommen wurden und dadurch der Mensch als Beziehungswesen aus dem Blickfeld geriet. In der Tat kommen die Prämissen einer Persönlichkeitstheorie besonders dann zur Geltung, wenn die Themen *Glaube und Gott* ins Zentrum des Interesses rücken.

Otto Haendler ging von der Persönlichkeitstheorie C.G. Jungs aus, um den Faktor der Persönlichkeit des Predigers in der Homiletik berücksichtigen und seine Bedeutung im Predigtgeschehen reflektieren zu können. Es konnte gezeigt werden, dass die impliziten ontologischen Prämissen in der Tiefenpsychologie von C.G. Jung mit den theologischen Vorannahmen einerseits unvereinbar, andererseits schwer zu umgehen sind. Die Persönlichkeitstheorie von C.G. Jung ist so konzipiert, dass theologische Optionen durch die spezifischen Begriffe mit ihrer jeweiligen komplexen Bedeutung im Gesamtkontext der Tiefenpsychologie tendenziell vereinnahmt werden und nur durch beharrliche formale Betonung der theologischen Perspektive abgesichert werden können. Die Orientierung an C.G. Jung lässt keine Formulierung eines Glaubensverständnisses zu, das mit einem in Freiheit handelnden, selbständigen Gegenüber rechnet. Denn das Vertrauen auf die selbsttätig wirkende, überzeitliche Natur der impliziten Ontologie Jungs kann sich zwar im Sinne von Selbstwerdung und Selbstfindung auf die ewigen Wurzelgründe der Persönlichkeit beziehen und durch Integration des Schattens die Ganzwerdung befördern, das Gottesbild bzw. die Archetypen bleiben aber lediglich Orientierungspunkte zur Verwirklichung der Bestimmung des Einzelnen und der Menschheit. Das Problem für ein theologisches Verständnis der Wirklichkeit besteht dabei weniger in der Annahme einer vorausgesetzten Bestimmung als vielmehr in der Ausschließlichkeit des jungschen Seinsverständnisses, das für diese Persönlichkeitstheorie als konstitutiv anzusehen ist. Eine theologischerseits mitgedachte Freiheit des handelnden Subjekts, das in eben dieser Freiheit seine Beziehungen mit anderen bewusst gestaltet und verantwortet, kann gegenüber der Tiefenpsychologie von C.G. Jung lediglich behauptet oder zu deren Gunsten aufgegeben, nicht aber unter Bezugnahme auf ihre Persönlichkeitstheorie entfaltet werden. Die ontologischen Prämissen, die diese Art der

Tiefenpsychologie als Bedingungen menschlicher Persönlichkeit mit konstituieren, stehen bereits in formaler Hinsicht in Konkurrenz zu einer theologischen Anthropologie. Bei Haendler wurde sichtbar, dass ihm die Gratwanderung zwischen Theologie und Psychologie nicht immer gelungen ist. In der Gottesbildthematik versuchte Haendler die tiefenpsychologischen Theoreme mit seinem theologischen Wirklichkeitsbegriff zu harmonisieren und vereinnahmte die psychologische Begrifflichkeit auf eine Weise, welche wiederum die Eigenständigkeit psychologischer Forschung in Frage stellt. In diesem Zusammenhang kann bei dem pastoralpsychologischen Bemühen Haendlers kritisch betrachtet nicht mehr von einem Gespräch der Theologie mit der Tiefenpsychologie ausgegangen werden, sondern von einer Verwendung tiefenpsychologischer Begrifflichkeit im theologischen Rahmen.

Joachim Scharfenberg gilt bis heute als einer der prominentesten Vertreter der Pastoralpsychologie, insofern er sich in besonderer Weise bemühte, diese auch von einem theoretischen Hintergrund her zu konzeptualisieren. Als ausgebildeter Psychoanalytiker waren seine ersten Ansprechpartner Freud und dessen Psychoanalyse. Nach einer grundsätzlichen Auseinandersetzung mit der Religionskritik Freuds[7] konzentrierte er sich zunächst ebenfalls auf die Methode der Gesprächsführung, um die Seelsorge gegenüber den säkularen Angeboten wieder konkurrenzfähig zu machen.[8] In der Folge meldete sich Scharfenberg jedoch mit dem grundlegenden Konzept einer Pastoralpsychologie zu Wort, die auf dem formalen Verstehenszirkel der Psychoanalyse und der neopsychoanalytischen Persönlichkeitstypologie aufgebaut war.[9] Es konnte gezeigt werden, dass die anthropologischen Prämissen der psychoanalytischen Tradition in vergleichbarer Weise wie bei Otto Haendler die Pastoralpsychologie Scharfenbergs bestimmten und die theologische Option in ihrer Eigenständigkeit in Frage steht. Auch wenn – wie bei Scharfenberg – der Umgang mit religiösen Symbolen als Kennzeichen pastoralpsychologischer Praxis ausgewiesen wird und die symbolische Kommunikation den Menschen befreien oder ihm zu innerer Struktur verhelfen soll, sind zwar zweifellos wichtige Werte oder bedeutende Kennzeichen psychischer Gesundheit genannt, aber das Phänomen des Glaubens als Beziehungsgeschehen wird nicht fassbar.[10]

---

7 Scharfenberg (1968).
8 Scharfenberg (1972b).
9 Scharfenberg (1985).
10 Vgl. dazu auch Funke (1983), 185–188, der sich wie Scharfenberg hauptsächlich auf die freudsche Analyse bezieht und auf ganz ähnliche Weise wie Scharfenberg argumentiert. Am angegebenen Ort wird zwar Martin Buber zitiert und die Bedeutung der Beziehungsdimensi-

Die Ausführlichkeit der Auseinandersetzung mit dem Menschenbild einer Psychoanalyse im Gefolge Freuds durch die im Verlauf der Arbeit vorgestellten objektbeziehungstheoretisch orientierten Pastoral- und Religionspsychologen[11] wird unter diesem Blickwinkel ebenso verständlich, wie das Bemühen von Jones, gerade die Entwicklung und Neudefinition des Übertragungsbegriffs unter dem vorrangigen Beziehungskriterium zum Leitgedanken seines Weges zu einer „Psychoanalyse des Heiligen" zu wählen, zusätzliche Signifikanz erhält. Der prinzipiell kritische Umgang der Objektbeziehungstheoretiker mit der orthodoxen Psychoanalyse, die erfolgte klare Abgrenzung gegenüber ihrer Anthropologie und die damit bedingte Neuinterpretation psychoanalytischer Theoreme können auch für die Pastoralpsychologie in Anschlag gebracht werden.

Gegenüber Scharfenberg würde dies z.B. bedeuten, seine Sicht des „anthropologischen Realismus" der freudschen Psychoanalyse[12] in Frage zu stellen und das christliche Moment des Konzeptes der „symbolischen Kommunikation" nicht nur in der Verwendung biblischer Inhalte, sondern in der direkten Verankerung im Beziehungsgeschehen zwischen Mensch und Gott zum Ausdruck zu bringen. Gleichzeitig würde dadurch auch die Gottesbildfrage wieder in unmittelbare Reichweite rücken.

Wenn C.G. Jung für die Objektbeziehungstheoretiker auch kein eigenständiges Thema darstellt, so würde die grundlegende Annahme, dass menschliche Entwicklung sich gerade in der hinreichenden Differenzierung zwischen „Ich" und „Nicht-Ich", zwischen Innen und Außen, die es zu unterscheiden und gleichzeitig verbunden zu halten gilt, Otto Haendlers Bemühungen um die „Tiefenpersönlichkeit" des Predigers dahingehend kritisieren, dass das Außen in seiner persönlichkeitstheoretischen Konzeption nur mehr im theologischen Behaupten des Gegenübers *Gott* besteht, aus psychologischer Sicht jedoch keine Relevanz mehr besitzt. Die theologisch vorausgesetzte Beziehung zu Gott steht in der pastoralpsychologischen Reflexion Haendlers in scharfer Konkurrenz zur seiner psychologischen Beschreibung des Menschen. Demgegenüber lässt die objektbeziehungstheoretische Rede von der grundsätzlichen Beziehungshaftigkeit menschlichen Lebens das theologische „extra nos" Gottes mitdenken, ohne es auf die eine oder andere Art in seinem Charakter zu boykottieren. Das Anliegen einer Berücksichtigung der Persönlichkeit von Prediger oder Hörer wird *pastoral*psychologischer

---

on im menschlichen Leben betont, in der Folge jedoch lediglich auf die seelsorgerliche bzw. psychotherapeutische Beziehung reflektiert und das „Heilen durch Symbole" favorisiert.
11 Am ausführlichsten z.B. Meissner (1984), 21–134.
12 Scharfenberg (1972b), 118.

Reflexion zugänglich und braucht sich nicht, wie dies in den 1970er Jahren geschah, auf die rein psychologische Diagnostik von Einseitigkeiten zu beschränken.

Die theologische Sicht des Menschen als einem von Gott Angesprochenen und zur Antwort Herausgeforderten, der erst durch die bewusste Gestaltung dieser Beziehung zu seiner Menschenwürde und Freiheit findet,[13] tritt in unmittelbaren Dialog mit den Thesen Winnicotts. Denn Winnicott fragt unter anderem danach, wie der Mensch Bedeutung für sein Leben generiert bzw. seine individuelle Sinnfindung gestaltet, und versucht die möglichen Bedingungen des diesbezüglichen Erlebens und Verhaltens auf psychologischem Weg zu klären. So kommt Winnicott zu seiner These von den Übergangsobjekten bzw. dem Möglichkeitsraum, die er als fundamentalen Bestandteil menschlichen Erlebens und Verhaltens auffasst. Lebensbewältigung wird aus dieser Sicht als hochdynamisches Geschehen der Gestaltung, Überarbeitung und Weiterentwicklung von Beziehungen verstanden, das auf das Engste mit dem Phänomen der Kreativität verbunden scheint. Was dem Menschen bedeutsam wird, ist immer zugleich gefunden und erschaffen.

Der Prozess der kreativen Aneignung im Sinne dessen, dass sich jemand etwas bedeutsam werden lässt, besteht in der Gleichzeitigkeit von Wahrnehmen und Deuten, von Finden und Gestalten. Der „Übergangsraum" ist Gegenwart von Bedeutsamkeit im Aushalten der Spannung, dass das, was der Mensch im Moment als bedeutsam empfindet und sich bedeutsam sein lässt, weder verallgemeinert noch in zeitlicher Hinsicht festgehalten werden kann oder muss. Insofern kann Winnicott vom „Ruheplatz"[14] sprechen, der vom Anspruch der Realitätsprüfung befreit ist, und z.B. Kunst oder auch Religion den Übergangsphänomenen zuordnen. Der „Ruheplatz" meint gegenwärtig In-Beziehung-Sein ohne wahrnehmbaren Zweck und ohne den Druck, das Sinnstiftende einem überprüfbaren Zweck oder definierten Zielen zuzuordnen. So gewinnt beispielsweise die Beziehung zur Welt in der Kunst bzw. im Kunstgenuss Gestalt und ermöglicht die emotionale Wahrnehmung von Sinn, auch wenn das Gegenüber dieser Beziehung, die „Welt", keiner näheren Bestimmung unterliegt.

In Weiterführung der Thesen Winnicotts drückt sich im religiösen Erleben und Verhalten die Beziehung zum Außen bzw. zur Welt folgendermaßen aus: Der Mensch lässt sich in der Religion die Beziehung zur „Welt", wie er sie vorfindet, auf eine Art sinnvoll werden, dass er sich in dieser Beziehung auf ein transzendentes Gegenüber bezogen weiß. Im

---

13 Vgl. Körtner (1999), 237.
14 Siehe z.B. Winnicott (1997), 302.

Unterschied zur Kunst gestaltet jedoch religiöses Erleben und Verhalten die Beziehung zu diesem Gegenüber mit allen bekannten Formen religiöser Ausdrucksmöglichkeiten in bewusster Weise und bemüht sich auch um nähere Bestimmung des Gegenübers kraft menschlicher Vorstellungsfähigkeit und Rationalität. Der symbolische Ausdruck der bedeutsam gewordenen Erfahrungen bzw. die Versprachlichung derselben und ihre eventuelle Einbindung in kognitive Konzepte des Weltverstehens sind gegenüber der Erfahrung als solcher in jedem Fall sekundär. Winnicott hat sich zu Fragen der Religion im Sinne einer Gottesbeziehung zwar nicht näher geäußert, in wenigen pastoralpsychologischen Veröffentlichungen wurden jedoch seine Gedanken zur Kreativität und zum Spiel oder zur Funktion von Symbolen bereits mit großem Interesse rezipiert und auf einzelne, pastoralpsychologisch interessierende Themenbereiche übertragen.

Insgesamt ist festzustellen: Religion und Gottesglaube kommen in der Objektbeziehungstheorie auf Basis der relationalen Anthropologie als wesentliche Aspekte menschlichen Erlebens und Verhaltens in den Blick und können aus einer psychoanalytischen Sicht auf positive Weise zum Menschen gehörend beschrieben und untersucht werden. Die Grenze dieser Persönlichkeitstheorie nach Winnicott und Rizzuto zu einer theologischen Ontologie findet sich dadurch bestimmt, dass Religion weder als notwendiger Teil menschlichen Lebens aus den psychischen Bedingungen seiner Existenz heraus erklärt wird, noch dass zum Verständnis der Religiosität überzeitliche, naturhafte Vorgänge eines kollektiven Unbewussten oder ein transzendentes, tätiges Sein vorauszusetzen sind. Darüber hinaus findet sich bei Winnicott und Rizzuto die Möglichkeit der Wahrheit der Existenz Gottes auch nicht bestritten. Insofern wird es im Dialog zwischen Theologie und Objektbeziehungstheorie auf grundsätzliche Weise möglich, über Religion und Glaube als Phänomene menschlicher Lebenswirklichkeit zu sprechen und zu forschen, ohne dass implizite Geltungsfragen gegenseitiges Misstrauen hervorrufen müssten. Durch das Offenhalten der Wahrheitsfrage wird es möglich, Religionspsychologie für die Interessen der Psychologie und im Interesse der Theologie gleichzeitig zu betreiben und dabei miteinander ohne Ressentiments zu kooperieren. Auf die diesbezüglich nötige Achtsamkeit wurde z.B. Meissner von verschiedenen Seiten aufmerksam gemacht und auch in vorliegender Arbeit hinsichtlich der Kategorienwechsel kritisiert. Die besondere Stärke des objektbeziehungstheoretischen Zugangs zu Fragen der Religion und des Glaubens liegt aber darin, dass im Kontext der reichhaltigen und in vieler Hinsicht bewährten Tradition der Psychoanalyse der Glaube als Beziehungserfahrung definiert werden kann.

Eine Pastoralpsychologie in objektbeziehungstheoretischer Perspektive könnte diese zunächst zur theologischen Anthropologie hin unmittelbar und in fruchtbarer Weise anschlussfähig machen. Darüber hinaus könnte so vermutlich auch die Grundintention der dialektisch-theologischen Theologie eines Wolfgang Trillhaas oder Eduard Thurneysen, die sich im Festhalten an der Souveränität und Freiheit Gottes gegenüber dem Menschen ausdrückt, und in vorliegender Untersuchung bereits als Stärke benannt wurde, als Anliegen in den pastoralpsychologischen Diskurs eingebracht werden, ohne dass menschliches Reden und Handeln vom Wort Gottes her verabsolutiert und der Willkür personenbezogener Aneignungsweisen überantwortet würde. Schließlich erscheint es auch denkbar, auf diese Weise eine Verbindung zu dem Anliegen Ernst Langes herzustellen, der mit seinem Konzept der „homiletischen Situation" den soziologischen Gesichtspunkt im Bereich der Praktischen Theologie auf differenzierte Weise ins Gespräch brachte. Langes Ansatz wurde zwar mit großer Aufmerksamkeit von vielen Homiletikern beachtet und als Referenz hinsichtlich theoretischer Grundlegungen verwendet, kaum aber in seinem grundsätzlichen Anliegen rezipiert und weiterentwickelt. Im Zusammenhang mit bisherigen pastoralpsychologischen Bemühungen scheint überhaupt keine Verbindung zu Ernst Lange gegeben zu sein. Das Verhältnis zwischen Objektbeziehungstheorie und beispielsweise systemtheoretischen Ansätzen zeigt sich demgegenüber wesentlich anschlussfähiger, wenn nicht sogar wechselseitige Beeinflussungen anzunehmen sind. Abgesehen von den sozial-konstruktivistischen Anklängen in der Argumentation von Winnicott hat am deutlichsten James W. Jones die Verknüpfung zwischen systemtheoretischen Erkenntnissen und psychoanalytischer Objektbeziehungstheorie zum Ausdruck gebracht. Die pastoralpsychologische Reflexion praktisch-theologischer Themenstellungen im Gespräch mit der Objektbeziehungstheorie scheint von daher nicht nur hinsichtlich ihrer ausdrücklichen anthropologischen Verortung auf dem Boden der Theologie, sondern darüber hinaus auch im Blick auf die mögliche Einbeziehung des soziologischen Gesichtspunktes vielversprechend.[15]

---

15 Vgl. z.B. Karle (1996) mit ihrer grundsätzlichen Kritik an Scharfenberg hinsichtlich der ausschließlich psychoanalytischen Orientierung seiner Seelsorgelehre und ihrem eigenen Versuch, die gesellschaftliche Perspektive in den poimenischen Diskurs einzubringen.

6.2 Gottesbild als persönlich bedeutsame Beziehungserfahrung

Rizzutos Frage nach den im Kontext der Psychoanalyse nachvollziehbaren Bedingungen des Glaubens und seiner Entwicklung führte sie zu der These von der Gottesrepräsentanz, die als lebendige Beziehungserfahrung eines Menschen zu Gott im Sinne eines realwissenschaftlich nicht verifizierbaren Gegenübers aufzufassen ist. Der Begriff der Gottesrepräsentanz beinhaltet demnach mehr als ein emotional belegtes inneres Bild des Gegenübers und wesentlich mehr als gedankliche Konstrukte oder kognitive Konzepte zum Thema Gott. Als persönlich bedeutsame Beziehungserfahrung gehört diese spezifische Repräsentanz dem Bereich der Übergangsphänomene an und drückt sich bei einem konkreten Menschen zu einem gegebenen Zeitpunkt in je spezifischer Weise im Erleben aus. Die Beziehung zu Gott kann und muss, so wie andere Beziehungen auch, Veränderungen und Entwicklungen unterzogen sein. Sie ist eingebettet in den Gesamtkontext menschlicher Lebensvollzüge in den Bereichen des Fühlens, Denkens und Handelns, bestimmt diese mit und wird zugleich von ihnen gestaltet und herausgefordert.

Die von Rizzuto formulierten Dimensionen der so genannten „Gottesrepräsentanz" finden sich in dieser Art bisher ausschließlich in der auf Winnicott und Rizzuto aufbauenden Religionspsychologie begrifflich präzisiert. Das theologische Nachdenken über „Gottesvorstellungen" scheint zwar in den letzten Jahren wieder zunehmend an Einfluss zu gewinnen[16] und auch die Gottesbilder im Alten Testament werden gelegentlich untersucht, das Moment des Gottesbildes als persönlich bedeutsame Beziehungserfahrung wird jedoch nur selten ausdrücklich berücksichtigt und mangels des theoretischen Hintergrundes zumeist mit anderen Aspekten der Gottesbildthematik verflochten.[17]

Als einer der zentralen Impulse aus der Religionspsychologie Ana-Maria Rizzutos für die pastoralpsychologische Reflexion praktisch-theologischer Themenbereiche kann daher ihr grundsätzlicher Hinweis auf den Faktor der persönlich bedeutsamen Gottesbeziehung angesehen werden. Zugleich hat sie einen konsistenten theoretischen Rahmen an-

---

16 Siehe z.B. Körtner / Schelander (Hgg.) (1999).
17 Eine der seltenen Ausnahmen stellt z.B. Jürgen Werbicks Veröffentlichung „Bilder sind Wege" dar. Werbick (1992), 307, kommt mit seinen Gedanken dem nahe, was Rizzuto mit ihrem Begriff der Gottesrepräsentanz intendiert, und kann z.B. formulieren: „Der Name (sc. Gottes) steht für eine Geschichte, für eine offene Geschichte, wenn sie einen Lebendigen nennt; für eine verheißungsvolle Geschichte, da er den lebendigen Gott nennt. Aber der Name bedeutet mir nur etwas, wenn er auch in meiner Geschichte seinen Ort hat, in ihr wahr wird; wenn Gottes Geschichte in meiner Geschichte geschieht und meine Geschichte Gottes Geschichte ist."

geboten, um das mit der Thematisierung der Fragestellungen rund um Persönlichkeit und Gottesbild in Homiletik, Seelsorge und Religionspädagogik jeweils Gemeinte hinreichend präzisieren zu können. Da zu vermuten ist, dass das Wort „Gottesrepräsentanz" oder noch genauer „Gottesbeziehungsrepräsentanz" außerhalb des Kontextes objektbeziehungstheoretischer Erörterungen auf Verständnisschwierigkeiten stoßen wird oder sogar zu Fehlinterpretationen Anlass gibt,[18] wird vom Verfasser der vorliegenden Arbeit vorgeschlagen, weiterhin den Begriff „Gottesbild" unter jeweiliger Präzisierung des intendierten Verständnisses zu verwenden sowie den Begriff „Gottesbeziehung" in der pastoralpsychologischen Reflexion verstärkt zur Geltung zu bringen. Es wäre zu wünschen, dass sich neben der Rezeption Rizzutos in der amerikanischen hermeneutisch arbeitenden Pastoral- und Religionspsychologie sowie in der deutschsprachigen quantitativ-empirisch ausgerichteten Religionspsychologie auch die Fachbereiche einer Praktischen Theologie von den Ergebnissen dieser Erkenntnisse herausfordern lassen.

Das Thema *Persönlichkeit und Gottesbild* kann basierend auf dieser Persönlichkeitstheorie pastoralpsychologischer Reflexion zugeführt werden, ohne von vornherein Grenzüberschreitungen zwischen Theologie und Psychologie zu provozieren, die nur mit entsprechenden Kunstgriffen zu bewältigen sind und letztlich weder dem einen noch dem anderen Selbstverständnis hinreichend gerecht werden. Rizzutos Definition der Frage des Gottesbildes als Frage nach den psychoanalytisch fassbaren Bedingungen persönlich bedeutsamer Beziehungserfahrung mit Gott schließt die Möglichkeit des souverän und gnadenhaft handelnden Gottes als Gegenüber dieser Beziehung theoretisch mit ein und bewegt sich doch innerhalb des erkenntnistheoretischen Rahmens eines psychologischen Konzeptes. Insofern eröffnet Rizzutos Ansatz schließlich im Interesse einer Praktischen Theologie das Feld für weiterführende religionspsychologische Forschungen selbst auf dem Boden des quantitativ-empirischen Paradigmas.

6.3 Impulse für die pastoralpsychologische Reflexion in einer Praktischen Theologie

Im Folgenden sollen die aus vorliegender Untersuchung hervorgegangenen Ergebnisse jeweils in einer kurzen Skizze als Impulse für weitere Reflexionen einzelnen Fachbereichen einer Praktischen Theologie zuge-

---

18 Vgl. schon die Schwierigkeiten, die sich bei Constanze Thierfelder (1998) in ihrer Veröffentlichung zu Rizzutos Gottesrepräsentanz zeigten (siehe o. Kapitel 5.3.4).

ordnet werden. Dabei wird davon ausgegangen, dass viele bereits bewährte pastoralpsychologische Ergebnisse in Theorie und Praxis die Ausgangsbasis der hier angebotenen, auf einen speziellen Fokus gerichteten Gedanken darstellt. Das erkenntnisleitende Interesse stellt die konsequente Berücksichtigung der impliziten relationalen Anthropologie der Objektbeziehungstheorie sowie das von Rizzuto eingebrachte Verständnis des Gottesbildes als persönlich bedeutsame Beziehungserfahrung dar.

6.3.1 Homiletik: „Ich rede mit dem Hörer über sein Gottesbild"

Wenn Ernst Lange formulieren konnte: „Predigen heißt: Ich rede mit dem Hörer über sein Leben",[19] so könnte man aus objektbeziehungstheoretischer Sicht hinzufügen: „Ich rede mit dem Hörer über seine persönlich bedeutsame Gottesbeziehungserfahrung." Es kann davon ausgegangen werden, dass nicht nur aus theologischer Sicht der Gottesdienst wesentlich die Funktion hat, die Gottesbeziehung ins Bewusstsein zu bringen und ihr Ausdruck zu verleihen,[20] sondern dass auch auf Seiten des einzelnen, konkreten Menschen das Bedürfnis nach Ausdruck und Pflege der individuellen Gottesbeziehung ein Kernmotiv für den Gottesdienstbesuch darstellt.

Im Zusammenhang mit den Studien Rizzutos wurde unter anderem deutlich, dass die Vermittlung von Gottesvorstellungen oder die Verkündigung der „richtigen" Auffassung von Gott hinsichtlich des religiösen Erlebens und Verhaltens eines Menschen sekundären Stellenwert besitzt. Auf die Situation der Predigt übertragen hieße das für den Fall, dass die Verkündigung schwerpunktmäßig auf die Vermittlung von theologischen Gotteskonzepten ausgerichtet ist: Im besten Fall konvergieren die entsprechenden persönlichen und die offiziell vermittelten Gottesvorstellungen, und es kommt auf intellektueller und/oder emotionaler Ebene zu einer Synergie. Der Versuch der Durchsetzung bestimmter Gotteskonzepte führt bei Menschen mit stabiler psychischer Gesundheit jedoch unter Umständen dazu, dass sie sich mit ihrem Anliegen der Gestaltung oder der Kommunikation ihrer Religiosität im sozialen Kontext an andere Orte wenden. Sofern eine besondere Angewiesenheit oder Abhängigkeit von den sozialen Beziehungen in der kirchlichen Gemeinschaft vorliegt, kann es möglicherweise zu Anpassungsvorgängen kommen, welche jedoch die „private" Gottesbeziehung entweder nicht berühren oder die notwendige Überarbeitung der Gottesrepräsentanz

---
19 Lange (1976), 58.
20 Siehe Rössler (1986), 392.

hemmen. Wenn individuelle neurotische Tendenzen vorhanden sind, die für die möglicherweise verkündeten normierenden Gottesvorstellungen empfänglich machen, so führt dies bestenfalls zu einer Unterstützung der Funktion des neurotischen Ausdrucks für die psychische Balance, schlechtestenfalls wird die eingeschränkte Fähigkeit zur kreativen Überarbeitung der problematisch erlebten Objektrepräsentanzen zusätzlich blockiert und die neurotische Tendenz verstärkt.

Demgegenüber kann der Gedanke „Ich rede mit dem Hörer über seine persönliche bedeutsame Gottesbeziehung" dazu anregen, dieses persönliche Kernmotiv des Hörers aufzugreifen und ihn durch die Predigt bei der Bewusstmachung und ganzheitlichen Überarbeitung seiner Gottesbeziehung zu unterstützen. Biblischer Text und Hörer wären demnach durch den Prediger so miteinander ins Gespräch zu bringen, dass die im Text enthaltenen Gottesbeziehungserfahrungen den Hörer dazu herausfordern, persönliche Erfahrungen, die einmal Bedeutung hatten oder aktuell haben, in kreativer Weise zu überarbeiten und sich im Zusammenhang mit den jeweiligen sonstigen Lebenserfahrungen neu anzueignen.[21] Rizzuto hat die Notwendigkeit der ständigen Weiterentwicklung der Gottesrepräsentanz herausgearbeitet, um die Beziehung zum „living God" aufrechtzuerhalten und nutzen zu können, sowie die wichtige Funktion aufgezeigt, welche die Gottesbeziehung für die Aufrechterhaltung und weitere Entfaltung des seelischen Gleichgewichts haben kann. Insofern wird eine Predigt, welche die Öffnung des Übergangsraumes ermöglicht und das kreative Potential der Hörer im Blick auf ihre Gottesbeziehung aktiviert, gleichzeitig zur Lebenshilfe in einem umfassenderen Sinn.

Wenn es zutrifft, dass die Gottesbeziehung als ein spezifischer Ausdruck der Beziehung zur „Welt im Ganzen" zu verstehen ist, dann wäre der „missionarische" Aspekt einer Predigt im Angebot zu sehen, dieser Grunddimension menschlichen Lebens wieder bzw. neu in einer expliziten Gottesbeziehung Ausdruck zu verleihen. Es ginge nicht um „Überzeugungsarbeit" vom „richtigen" Glauben, sondern um Anregung oder auch Herausforderung zur Überarbeitung bisheriger „Welt-im-Ganzen-Repräsentanzen" im Deutehorizont des Evangeliums.[22] Hierbei wären hohe Sensibilität und Respekt vor dem persönlichen Raum des Hörers aufzubringen, da nur auf diese Weise eine innere Auseinandersetzung er-

---

21 Siehe zum pastoralpyschologischen Umgang mit den biblischen Texten auf dem Hintergrund der objektbeziehungstheoretischen Thesen Winnicotts vor allem auch Drechsel (1994), besonders: 185–204.

22 Mit dieser Formulierung soll erneut Langes Anliegen der „Kommunikation des Evangeliums" (Siehe z.B. Lange 1976, 13) aufgegriffen werden, das sich in der Folge vor allem auch bei Gräb (1998), 147–169, eigenständig entfaltet findet.

folgen und die nötige Kreativität im Umgang mit den relevanten Objektbeziehungsrepräsentanzen aktiviert werden kann. Sozialer oder emotionaler Druck wird zwar möglicherweise Anpassungsleistungen oder so etwas wie „Bekehrungserlebnisse" hervorbringen, jedoch keinen Beitrag zur Entwicklung oder Weiterentwicklung von Objektrepräsentanzen im Sinne einer freien Entscheidung des Hörers bieten, sich die Beziehung zu Gott bedeutsam sein zu lassen.

Joachim Scharfenbergs Beitrag zum pastoralpsychologischen Diskurs mit seinem Fokus, dass es wichtig sei, die „symbolische Kommunikation" zu befördern und Sprachfähigkeit in religiösen Belangen zu vermitteln, erscheint in diesem Kontext von höchster Relevanz.[23] Die Reichhaltigkeit der biblischen Symbol- und Bilderwelt bietet eine Fülle von Möglichkeiten an, die jeweilige Gottesrepräsentanz bzw. die „Welt-im-Ganzen-Repräsentanz" durch bewusste und persönlich relevante Aneignung im Horizont des christlichen Glaubens zu entwickeln.[24] Darüber hinaus ermöglicht eine entsprechende, dem Persönlichen Platz gebende, Gestaltung des liturgischen Feierns die Vernetzung der Predigt mit dem Gesamtanliegen des gottesdienstlichen Geschehens. Der Gottesdienst kann insgesamt die Qualität beinhalten, im Sinne des intermediären Raumes nach Winnicott zum „Spielraum des Lebens" zu werden.[25]

6.3.2 Seelsorge als Gottesbild-Pflege

Ana-Maria Rizzutos Theoriebildung beinhaltet die These, dass die Gottesrepräsentanz zu den fundamentalen Beziehungserfahrungen des Menschen zu zählen ist und als auf das Engste mit der Beziehung zu sich selbst und den relevanten Bezugspersonen verbunden angesehen werden muss. Die Religions- und Pastoralpsychologen im Gefolge von Rizzuto betonen ihre Erfahrungen aus der seelsorgerlichen Beratung und der Psychotherapie, dass eine Veränderung in einem der drei Bereiche immer auch Veränderungen in den anderen Beziehungsbereichen mit bedingt.

Unter diesen Voraussetzungen wäre für den Bereich der Seelsorge davon auszugehen, dass eine fachkundige Unterstützung bei der Überarbeitung des persönlich bedeutsamen Gottesbildes zugleich Hilfe im Umgang mit sich selbst und in der Weiterentwicklung anderer relevanter Beziehungserfahrungen bedeutet. Als Spezialgebiet der Seelsorge wäre damit die Begleitung und Unterstützung in der Pflege der Gottesbezie-

---

23 Siehe auch Wahl (1994).
24 Siehe besonders Werbick (1992).
25 Siehe dazu vor allem Heimbrock (1993).

hung bestimmt. „Fachkenntnis" hieße in diesem Fall eine besondere Bildung und Ausbildung im Umgang mit der Fülle möglicher Gottesbilder, wie sie in der jüdisch-christlichen Tradition und in anderen Kulturkreisen als symbolisch oder sprachlich festgehaltene Gottesbeziehungserfahrungen zum Ausdruck gebracht werden. Dieses spezielle Wissen und die Fähigkeit des kreativen Umgangs mit den unterschiedlichen Denkvoraussetzungen und anthropologischen Implikationen der jeweiligen Gottesbilder kann den Seelsorger oder pastoralpsychologischen Berater befähigen, seine Klienten zu einem kreativen Prozess persönlicher Aneignung zu ermutigen, durch den erstarrte und damit die seelische Entwicklung hemmende Gottesrepräsentanzen wieder in Bewegung kommen und entwickelt werden können.

Von diesem spezifischen Zugang zum Seelsorgeverständnis bleibt allerdings unberührt, dass es in vielen Fällen zunächst erforderlich sein kann, Unterstützung bei der Bewältigung von konkreten Lebenskrisen unterschiedlichster Art anzubieten.

Das spezifisch *Christliche* einer Seelsorge oder pastoralpsychologischen Praxis nach dem hier entwickelten Verständnis wäre darin zu sehen, dass der Deutehorizont der christlichen Tradition mit seinem besonderen Gesamtverständnis des Zusammenhanges zwischen Gott und Mensch den Hauptbezugsrahmen bietet. Allerdings können, wie auch im Verlauf der vorliegenden Arbeit deutlich wurde, bereits innerhalb der christlichen Theologie höchst unterschiedliche Schwerpunkte in der Interpretation der biblischen Botschaft gesetzt werden. Trotzdem und gerade weil diesbezügliche Optionen beim Seelsorger vorauszusetzen sind, wäre aus pastoralpsychologisch-objektbeziehungstheoretischer Sicht zu wünschen, dass die persönliche Dimension dieses Beziehungsgeschehens zwischen einem konkreten Menschen und „seinem" Gott im Seelsorgegespräch hinreichend zur Geltung kommen kann. Welche Wege diese je einmalige, „lebendige" Beziehung geht und findet, in der aus theologischer Sicht der in Freiheit handelnde Gott als Gegenüber angenommen wird, entzieht sich letzter Kenntnis und Möglichkeit der Beurteilung. Rizzutos aus psychologischer Sicht formulierter Hinweis auf die in vieler Hinsicht gegebene Vergleichbarkeit der Gottesbeziehung mit anderen Beziehungen kann an dieser Stelle unter Umständen in analoger Weise für die theologisch begründete Seelsorge als entlastender und überzogene Ansprüche korrigierender Gedanke aufgenommen werden. Die Lösung der Beziehung aus erstarrten, lebenshemmenden Situationen und die Unterstützung in der Weiterentwicklung, die auch das Auffinden von kreativen Konfliktlösungen zwischen den betroffenen Partnern beinhaltet, die mittels theoretischer Reflexion vorher nicht in den Blick genommen werden konnten, werden aus dieser Perspektive als vorrangiges Ziel seelsorgerlichen Handelns fokussiert. In den Falldarstellungen bei McDargh, Meissner oder Jones wird deutlich, dass sogar die vorübergehende Sistierung einer bisherigen Gottesbeziehung eine notwendige seelische Entlastung darstellen kann, die zu einem späteren Zeitpunkt zu einer erneuten Beziehungsaufnahme unter veränderten Umständen und anderen Vorzeichen führt.

Die von Joachim Scharfenberg geforderte Erkennbarkeit des Pastoralpsychologen als „religiöse Figur"[26] könnte in bestimmten Fällen, in denen aus Gründen eines problematischen Autoritätsverhältnisses zu kirchlichen Instanzen an bestimmten Gottesvorstellungen festzuhalten gesucht wird, den Vorteil bieten, dass der Erlaubnischarakter der seelsorgerlichen Anregung zur Überarbeitung einer erstarrten Gottesrepräsentanz verstärkt zur Geltung kommen kann und der nötige Raum für Entwicklungen in diesem Bereich eröffnet wird.

Durch diesen Blickwinkel auf das Idion seelsorgerlichen Handelns könnte auch von einer *Pastoralpsychotherapie* gesprochen werden. Vergleichbar mit anderen Zusatzqualifikationen im Sinne des österreichischen Psychotherapiegesetzes, wie zum Beispiel einer ergänzenden Ausbildung in „Paartherapie", welche die spezifischen Dynamiken der Begleitung von Paaren thematisiert und den Umgang damit trainiert, könnte ein „Pastoralpsychotherapeut" zusätzlich im Umgang mit der Bearbeitung der Gottesrepräsentanz geschult werden und diesbezüglich notwendige theologische und religionspsychologische Kenntnisse erwerben. Die Konzeptualisierung einer diesbezüglichen Zusatz-Ausbildung könnte speziell auch eine Aufgabe für die Praktische Theologie sein.

6.3.3 Die Persönlichkeit im pastoralen Handeln

In allen Reflexionen zur pastoralpsychologischen Dimension kirchlichen Handelns, die in der vorliegenden Arbeit zur Sprache kamen, wurde vom Prediger oder Seelsorger gefordert, sich durch Selbsterfahrung bzw. Persönlichkeitstrainings zu schulen. Die „Deutsche Gesellschaft für Pastoralpsychologie" (DGfP) hat sich seit 1972 in eigenständiger Weise der Aus- und Weiterbildung von Theologen und Mitarbeitern im kirchlichen Dienst angenommen. Allein in dieser Gesellschaft sind in der Zwischenzeit fünf verschiedene therapeutische Ausrichtungen von der Tiefenpsychologie bis zur Humanistischen Psychologie vertreten.[27] Zum gegen-

---

26 Scharfenberg (1985), 114f.
27 Vgl. Henning (2000), 89f.

wärtigen Zeitpunkt kann im kirchlichen Raum bereits von einer weit gehenden Anerkennung der Zweckmäßigkeit ausreichender Einzel- und Gruppenselbsterfahrung sowie methodischer Schulungen für die Begleitung von Menschen ausgegangen werden.

Aus einer pastoralpsychologisch-objektbeziehungstheoretischen Sicht, wie sie hier entfaltet wurde, wäre innerhalb der vorhandenen Angebote ein besonderes Augenmerk auf die Überarbeitung und Entwicklung des Gottesbildes zu richten. Denn es ist anzunehmen, dass nur auf dem Hintergrund einer hinreichenden, persönlichen Bearbeitung des Gottesbild-Themas eine entsprechende Sensibilität, Offenheit und Kreativität zu erreichen ist, wie sie in der seelsorgerlichen Begleitung von Menschen speziell im Bereich der persönlichen Gottesbeziehung notwendig erscheint. Entsprechendes kann auch für den diesbezüglichen Fokus im Bereich der Homiletik vorausgesetzt werden.

6.3.4 Weitere religionspsychologische Forschungen

Ana-Maria Rizzuto selbst hat bereits angeregt, dass Längsschnittstudien zu der Entwicklung von Gottesrepräsentanzen zweckmäßig wären.[28] McDargh, Meissner oder Jones haben zwar in ihren exemplarischen Falldarstellungen die Entwicklungsdimension bereits einbezogen, diesbezügliche empirische Untersuchungen nach dem qualitativen oder quantitativen Paradigma psychologischer Forschung sind jedoch noch ausständig. Die Überarbeitungsvorgänge im Zusammenhang mit der Entwicklung der anderen relevanten Objektbeziehungen über einen längeren Zeitraum hinweg zu beobachten und empirisch zu erheben, könnten weitere religionspsychologische Erkenntnisse über die Spezifika des besonderen Phänomens der Beziehung eines Menschen zu Gott gewinnen lassen. Vermutlich würde insbesondere eine Kooperation zwischen qualitativ-empirischen Forschungsmethoden, die in den zwei Jahrzehnten nach Rizzuto weiter entwickelt und ausdifferenziert wurden, und quantitativen Studien, wie z.B. Sebastian Murken sie durchführt,[29] diese spezielle Fragestellung hinsichtlich des religiösen Erlebens und Verhaltens weiter erhellen können und sowohl zu einem besseren Verstehen der innerpsychischen Vorgänge als auch zur breiteren Überprüfung daraus entstehender Hypothesen führen.[30]

---

28 Siehe Rizzuto (1979), 200.
29 Murken (1998).
30 Siehe zu den beiden methodologischen Orientierungen innerhalb der Religionspsychologie die einführenden Hinweise im vierten Abschnitt von Kapitel 5.

Untersuchungen im Bereich anderer Religionen und Kulturen, wie sie bereits von Mark Finn[31] und Jeffrey Rubin[32] begonnen wurden, scheinen vielversprechend zu sein. Derartige Studien könnten weiteren Aufschluss über die Beziehungsgestaltung des Menschen zur „Welt im Ganzen", wie sie sich exemplarisch in der von Rizzuto schwerpunktmäßig untersuchten Gottesrepräsentanz ausdrückt, in einem religiösen Umfeld, in dem apersonale Konzepte zum Transzendenzbegriff eine wichtige Rolle spielen, geben.

Damit im Zusammenhang steht schließlich die ausständige nähere Untersuchung der These von der Beziehung zur „Welt im Ganzen", die Jones in seinem religionspsychologischen Konzept als Beziehung zum „transferential ground" qualifizierte und die er – im Unterschied zu Rizzuto mit ihrer bewussten Konzentration auf die Gottesrepräsentanz in der jüdisch-christlichen Tradition – ausdrücklich im Sinne seiner „Psychoanalysis of the Sacred"[33] reflektierte.[34] Wenn Jones' Hypothesen zutreffen, dann könnte bei der Gestaltung der Beziehung zur „Welt im Ganzen" z.B. von einer ähnlichen Vielfalt unterschiedlicher Beziehungsqualitäten mit diversen Schwerpunktbildungen und Grenzsetzungen ausgegangen werden, wie dies in der Beziehungsgestaltung im sozialen Kontext eines Menschen greifbar wird. Ein derartiges Verständnis dessen, wie sich der Mensch die vorfindliche „Welt" bedeutsam werden lässt, wirft ein besonderes Licht auf den Begriff „Weltbild". Die von Sebastian Murken eingeforderte Berücksichtigung der „Multidimensionalität von Religiosität",[35] die er damit begründete, dass vom Vergleich zwischen religiösen und nichtreligiösen Gruppen auch für zukünftige Forschungskonzepte zum Phänomen der Religiosität keine signifikanten Ergebnisse zu erwarten seien, könnte mit einem derartigen Konzept möglicherweise ebenso entsprochen werden, wie die oben bereits diskutierte offene Frage der Nichtaufweisbarkeit einer Korrelation zwischen positiver Gottes-

---

31 Finn (1992).
32 Rubin (1992).
33 Siehe Jones (1991), 111–135.
34 Die diesbezügliche Grundintention von Jones (1991), 64, sei hier noch einmal wiedergegeben: „The task of this book is to explore the ways in which a person's relationship with what he construes as sacred or ultimate serves as the transferential ground of the self. (...) Rather, following Kohut's maxim that a self never exists outside of a selfobject milieu, our central term *transferential ground* refers to a *relationship* and our focus will be on the person's relationship – her affective bond – with what is sacred in her life. We will focus primarily not on doctrinal belief or ritual participation but on the affective bond with the sacred. Rather than defense mechanisms or God objects (transitional or otherwise), this phrase, ‚affective bond with the sacred' captures the focal point for a new psychoanalysis of religion." (Hervorhebungen im Original)
35 Murken (1998), 157.

beziehung und guter psychischer Gesundheit erhellt würde. Ein aus objektbeziehungstheoretischer Perspektive entwickelter Weltbild-Begriff wäre in diesem Sinne als Ausdruck der menschlichen Fähigkeit, eine bedeutsame und als sinnstiftend erlebte Beziehung zur „Welt im Ganzen" aufzunehmen und zu gestalten, zu untersuchen. Es könnte dadurch z.B. nachvollziehbar werden, wie Weltbild und Gottesbild im Übergangsraum zusammenspielen und voneinander abhängen, oder wie psychische Gesundheit und die Beziehung zur Welt im Ganzen einschließlich einer möglicherweise aktuell genutzten Gottesrepräsentanz miteinander in Wechselwirkung stehen. Aus pastoralpsychologischer Sicht könnten derartige religionspsychologische Untersuchungen die auch von vielen Theologen vorausgesetzte Annahme, dass sich der Mensch etwas im Leben „heilig" sein lassen müsse,[36] innerhalb des psychologischen Erkenntnisrahmens einer differenzierten Betrachtungsweise zugeführt und für die Themenbereiche einer Praktischen Theologie fruchtbar gemacht werden.

---

36 Siehe z.B. die Nennung einzelner Theologie wie Luther und Tillich bei Jones (1991), 113.

Literaturverzeichnis

Adam, Gottfried (1992): Glaube und Bildung. Beiträge zur Religionspädagogik 1 (Studien zur Theologie 6), Würzburg.
– (1999): Religiöse Bildung und Lebensgeschichte. Beiträge zur Religionspädagogik 2 (Studien zur Theologie 10), Würzburg, 2. Aufl.
–/Lachmann, Rainer (Hg.) (1997): Religionspädagogisches Kompendium, Göttingen, 5. Aufl.
Affemann, Rudolf (1965): Tiefenpsychologie als Hilfe in Verkündigung und Seelsorge, Stuttgart.
Ahlskog, Gary (1990): Atheism and Pseudo-Atheism in the Psychoanalytic Paradigm, in: Psychoanalysis and Contemporary Thought 13, 53–77.
Albrecht, Horst (1977): Zwanghafte Predigt? Pastoralpsychologische Einsichten zur Homiletik, in: Evangelische Theologie 37, 325–343.
– (1985): Predigen, Stuttgart u.a.
Altmann, Eckhard (1963): Die Predigt als Kontaktgeschehen, Stuttgart.
Balter, Leon (1993): Rez. von Psychoanalysis and Religion. Psychiatry and the Humanities, Vol. 11. Edited by Joseph H. Smith, M.D.; Susan A. Handelman, Ph. D., Associate Editor. Baltimore/London: The John Hopkins University Press, 1990, 252 pp., in: The Psychoanalytic Quarterly 62, 481–486.
Barth, Hans-Martin (1993): Spiritualität (Bensheimer Hefte 74: Ökumenische Studienhefte 2), Göttingen.
– (1966): Homiletik: Wesen und Vorbereitung der Predigt, Zürich.
Barthel, Henner (Hg.) (1996): lógon didónai. Gespräch und Verantwortung. FS für Hellmut Geißner, München.
Bassler, Markus (Hg.) (2000): Psychoanalyse und Religion. Versuch einer Vermittlung, Stuttgart u.a.
Baumgart, Matthias (1991): Psychoanalyse und Säuglingsforschung. Versuch einer Integration unter Berücksichtigung methodischer Unterschiede, in: Psyche 45, 780–809.
Baumgartner, Isidor (1990): Pastoralpsychologie. Einführung in die Praxis heilender Seelsorge, Düsseldorf.
Bauriedl, Thea (1984): Geht das revolutionäre Potential der Psychoanalyse verloren? Zur politischen Bedeutung der Psychoanalyse und zum politischen Engagement der Psychoanalytiker, in: Psyche 38, 489–515.
Beit-Hallahmi, Benjamin (1996): Psychoanalytic studies of religion. A critical assessment and annotated bibliography (Bibliographies and indexes in religious studies 39), Westport u.a.

Belzen, Jacob A. (1994): An early effort in the psychology of belief and unbelief: Critical reflections on a Dutch classic in the psychology of religion, in: Corveleyn/Hutsebaut (Hg.) (1994): 11–20.

Bendkower, Jaròn (1991): Psychoanalyse zwischen Politik und Religion (Campus: Forschung 668), Frankfurt am Main u.a.

Beutel, Albrecht u.a. (Hg.) (1986): Homiletisches Lesebuch. Texte zur heutigen Predigtlehre, Tübingen.

Bieritz, Karl-Heinrich (1992/93): „Freiheit im Spiel". Aspekte einer praktisch-theologischen Spieltheorie, in: Berliner Theologische Zeitschrift 9–10, 164–174.

– (1995): Zeichen setzen. Beiträge zu Gottesdienst und Predigt, Stuttgart u.a.

– /Jenssen, Hans-Hinrich u.a. (Hg.) (1990): Handbuch der Predigt. Voraussetzungen, Inhalte, Praxis, Berlin.

Biesinger, Albert/Virt, Günter (1986): Religionsgewinn durch religiöse Erziehung. Antwort an Erwin Ringel und Alfred Kirchmayer, Salzburg (Anm.: Populärwissenschaftlich).

Bischof, Ledford J. (1982): Persönlichkeitstheorien. Darstellungen und Interpretationen, 1, Paderborn.

Bitter, Gottfried/Englert, Rudolf/Miller, Gabriele/Nipkow, Karl Ernst (Hg.) (2002): Neues Handbuch religionspädagogischer Grundbegriffe, München.

Blattner, Jürgen (Hg.) (1992): Psychologische Grundlagen (Handbuch der Psychologie für die Seelsorge 1), Düsseldorf.

– (Hg.) (1993): Angewandte Psychologie (Handbuch der Psychologie für die Seelsorge 2), Düsseldorf.

Bloth, Peter C. (1994): Praktische Theologie (Urban-Taschenbücher 428, Grundkurs Theologie 8), Stuttgart.

Blühm, Reimund u.a. (1993): Kirchliche Handlungsfelder. Gemeindepädagogik, Pastoralpsychologie, Liturgik, Kirchenmusik, Kirchenbau und kirchliche Kunst der Gegenwart (Grundkurs Theologie 9), Stuttgart u.a.

Bobert-Stützel, Sabine (2000): Frömmigkeit und Symbolspiel. Ein pastoralpsychologischer Beitrag zu einer evangelischen Frömmigkeitstheorie (Arbeiten zur Pastoraltheologie 37), Göttingen.

Bohren, Rudolf (1986): Predigtlehre, München, 5. Aufl.

–/Jörns, Klaus-Peter (1989): Die Predigtanalyse als Weg zur Predigt, Tübingen.

Bollas, Christopher (1997): Der Schatten des Objekts. Das ungedachte Bekannte: zur Psychoanalyse der frühen Entwicklung, Stuttgart.

Bozovic, Miran (1993): Der große Andere. Gotteskonzepte in der Philosophie der Neuzeit, Wien.

Brocher, Tobias H. (1989): Verhältnis zwischen Psychoanalyse und christlichem Glauben. Zum 50. Todestag Sigmund Freuds, in: Evangelische Akademie Baden (Hg.) (1989): Wo *Es* war, soll *Ich* werden. Psychoanalyse und christlicher Glaube. Zum 50. Todestag Sigmund Freuds. Protokoll einer Tagung der Evangelischen Akademie Baden vom 24.–26. Februar 1989 in Bad Herrenalb (Herrenalber Protokolle 64), Karlsruhe, 69–84.

Bucher, Anton (1990): Symbol, Symbolbildung, Symbolerziehung. Philosophische und entwicklungspsychologische Grundlagen (Studien zur Praktischen Theologie 36), St. Ottilien.
– (1994): Alter Gott zu neuen Kindern, neuer Gott von alten Kindern. Was sich 343 Kinder unter Gott vorstellen, in: Merz (Hg.), 79-100.
– (2001): Art. Religionspsychologie, in: Mette, Norbert/Rickers, Folkert (Hg.): Lexikon der Religionspädagogik 2, Neukirchen, 1768f.
Bukowski, Peter (1990): Predigt wahrnehmen. Homiletische Perspektiven, Neukirchen-Vluyn.
Coles, Robert (1992): Wird Gott nass, wenn es regnet? Die religiöse Bilderwelt der Kinder, Hamburg.
Cornelius-Bundschuh, Jochen (2001): Die Kirche des Wortes. Zum evangelischen Predigt- und Gemeindeverständnis (Arbeiten zur Pastoraltheologie 39), Göttingen.
Corveleyn, Jozef/Hutsebaut, Dirk (Hg.) (1994): Belief and Unbelief. psychological perspectives, Atlanta.
–/Lietaer, Hugo (1994): Religion and mental health in the eighties: A survey and critical review of the literature, in: Corveleyn/Hutsebaut (Hg.) (1994): 203–219.
Cremerius, Johannes (Hg.) (1981): Die Rezeption des Psychoanalyse in der Soziologie, Psychologie und Theologie im deutschsprachigen Raum bis 1940, Frankfurt am Main.
Daiber, Karl-Fritz (1991): Predigt als religiöse Rede. Homiletische Überlegungen im Anschluss an eine empirische Untersuchung (Predigen und Hören 3), München.
Dalferth, Ingolf Ulrich (1981): Religiöse Rede von Gott (Beiträge zur evangelischen Theologie 87), München.
– (1984): Existenz Gottes und christlicher Glaube: Skizzen zu einer eschatologischen Ontologie (Beiträge zur evangelischen Theologie 93), München.
Dannowski, Hans W. (1990): Kompendium der Predigtlehre, Gütersloh, 2. Aufl.
Davis, Madeleine/Wallbridge, David (1983): Eine Einführung in das Werk von D.W. Winnicott, Stuttgart.
Denecke, Axel (1979): Persönlich Predigen. Anleitungen und Modelle für die Praxis, Gütersloh.
Dieterich, Michael (1992): Heil und Heilung. Hoffnung für die Seele, Neuhausen (Anm.: Populärwissenschaftlich).
– (1995): Handbuch Psychologie und Seelsorge, Wuppertal u.a., 4. Aufl.
–/Dieterich, Jörg (Hg.) (1996): Wörterbuch Psychologie & Seelsorge, Wuppertal.
Dornes, Martin (1998): Der kompetente Säugling. Die präverbale Entwicklung des Menschen, Frankfurt am Main, 8. Aufl.
Dreher, Bruno/Greinacher, Norbert/Klostermann, Ferdinand (Hg.) (1970): Handbuch der Verkündigung, 1, Freiburg u.a.
Drechsel, Wolfgang (1994): Pastoralpsychologische Bibelarbeit. Ein Verstehens- und Praxismodell gegenwärtiger Bibel-Erfahrung, Stuttgart u.a.

Drehsen, Volker (1997): Pfarrersfiguren als Gesinnungsfigurationen, in: ders. u.a. (Hg.): Der ganze Mensch. Perspektiven lebensgeschichtlicher Individualität. FS für Dietrich Rössler zum 70. Geburtstag, Berlin u.a.

Ebeling, Gerhard (1971): Einführung in die theologische Sprachlehre, Tübingen.

– (1982): Dogmatik des christlichen Glaubens, 1, Tübingen, 2. Aufl.

Egli, Andreas (1995): Erzählen in der Predigt. Untersuchungen zu Form und Leistungsfähigkeit erzählender Sprache in der Predigt, Zürich.

Eibach, Ulrich (1992): Seelische Krankheit und christlicher Glaube: theologische, humanwissenschaftliche und seelsorgerliche Aspekte (Theologie in Seelsorge, Beratung und Diakonie 3), Neukirchen-Vluyn.

Eigen, Michael (1981): The Area of Faith in Winnicott, Lacan and Bion, in: The International Journal of Psycho-Analysis 62, 413–433.

Einsiedler, Wolfgang (1991): Das Spiel der Kinder. Zur Pädagogik und Psychologie des Kinderspiels, Bad Heilbrunn.

Engemann, Wilfried (1992): Persönlichkeitsstruktur und Predigt: Homiletik aus transaktionsanalytischer Sicht, Leipzig, 2. aktualisierte Aufl.

Erikson, Erik H. (1958): Young Man Luther. A Study in Psychoanalysis and History, New York.

– (1959): Identity and the Life Cycle, New York.

– (1970): Jugend und Krise. Die Psychodynamik im sozialen Wandel, Stuttgart.

Fairbairn, William Ronald Dodds (1952): Psychoanalytic Studies of the Personality, London.

Fairbairn, William Ronald Dodds (1982): Objektbeziehungen und dynamische Struktur, in: Kutter (1982), 64–81.

Faulhaber, Theo/Stillfried, Bernhard (1998): Wenn Gott verloren geht. Die Zukunft des Glaubens in der säkularisierten Gesellschaft (Quaestiones disputatae 174), Freiburg u.a..

Finn, Mark (1992): Transitional Space and Tibetan Buddhism. The Object Relations of Meditation, in: Finn/Gartner (Hg.) (1992), 109–118.

–/Gartner, John (Hg.) (1992): Object Relations Theory and Religion. Clinical Applications, Westport.

Fischer, Dietlind/Schöll, Albrecht (Hg.) (2000): Religiöse Vorstellungen bilden. Erkundungen zur Religion von Kindern über Bilder, Münster.

Flammer, August (1996): Entwicklungstheorien: Psychologische Theorien der menschlichen Entwicklung, Bern u.a., 2. vollst. überarb. Aufl.

Flick, Uwe/Kardorff, Ernst v./Keupp, Heiner u.a. (Hg.) (1995): Handbuch Qualitative Sozialforschung. Grundlagen, Konzepte, Methoden und Anwendungen, Weinheim, 2. Aufl..

Fowler, James W. (1991a): Stufen des Glaubens, Gütersloh.

– (1991b): Praktische Theologie und Sozialwissenschaften in den USA. Chancen und Grenzen der Zusammenarbeit, in: Nipkow/Rössler/Schweitzer (Hg.) (1991), 155–169.

Fraas, Hans-Jürgen (1990): Die Religiosität des Menschen. Ein Grundriss der Religionspsychologie, Göttingen.

– (1997): Schüler und Schülerin: Religiöse Sozialisation, Religiöse Entwicklung, Religiöse Erziehung, in: Adam/Lachmann (Hg.), 138-162.

– (2000): Anthropologie als Basis des Diskurses zwischen Theologie und Psychologie, in: Henning/Nestler (2000.), 105–123.

Freud, Anna (1973): Einführung in die Technik der Kinderanalyse, München u.a.

Friedman, Richard A. (1995): Psychoanalysis as Medicine, Psychoanalysis as Religion, in: Journal of Religion and Health 34, 61–66.

Friedrichs, Lutz (1999): Autobiographie und Religion der Spätmoderne. Biographische Suchbewegungen im Zeitalter transzendentaler Obdachlosigkeit (Praktische Theologie heute 40), Stuttgart u.a..

Frielingsdorf, Karl (1997): Dämonische Gottesbilder. Ihre Entstehung, Entlarvung und Überwindung, Mainz, 3. Aufl.

Fuchs, Ottmar (1978a): Die lebendige Predigt, München.

– (1978b): Sprechen in Gegensätzen. Meinung und Gegenmeinung in kirchlicher Rede, München.

Fuller, Andrew R. (1994): Psychology and Religion. Eight Points of View, Lanham, 3. Aufl.

Funke, Dieter (1986a): Im Glauben erwachsen werden: Psychische Voraussetzungen der religiösen Reifung, München.

– (1986b): Vom ‚Ding' zum Symbol. Religionspsychologische Aspekte zur Bedeutung vorsprachlicher Symbole für die frühe Identitätsentwicklung, in: Wege zum Menschen 38, 29–44.

– (1989): Sehen oder Hören? Zum Verhältnis von Sinnlichkeit und Objekt in der religiösen Erfahrung, in: Wege zum Menschen 41, 269–276.

– (1993): Der halbierte Gott. Die Folgen der Spaltung und die Sehnsucht nach Ganzheit, München.

– (1995): Gott und das Unbewusste. Glaube und Tiefenpsychologie, München.

Ganzevoort, Reinder Ruard (1994): Crisis experiences and the development of belief and unbelief, in: Corveleyn/Hutsebaut (Hg.) (1994), 21–38.

Garanzini, Michael J. (1988): The Attachment Cycle. An Object Relations Approach to the Healing Ministries, New York.

Geest, Hans v.d. (1978): Du hast mich angesprochen: Die Wirkung von Gottesdienst und Predigt, Zürich.

– (1991): Das Wort geschieht. Wege zur seelsorgerlichen Predigt, Zürich.

Gehring, Hans-Ulrich (1999): Schriftprinzip und Rezeptionsästhetik. Rezeption in Martin Luthers Predigt und bei Hans Robert Jauß, Neukirchen-Vluyn.

Gehrke, Helmut (1981): Theologie im Gesamtraum des Wirklichen. Zur Systematik Erich Heintels (Überlieferung und Aufgabe. Abhandlungen zur Geschichte und Systematik der europäischen Philosophie 20), Wien u. München.

Genest, Hartmut (1995): Karl Barth und die Predigt. Darstellung und Deutung von Predigtwerk und Predigtlehre Karl Barths, Neukirchen-Vluyn.

Goldenberg, Naomi R. (1992): Psychoanalysis and Religion. The Influence of Theology on Theory and Therapy, in: Pastoral Psychology 40, 343–354.

Gräb, Wilhelm (1988): Predigt als Mitteilung des Glaubens. Studien zu einer prinzipiellen Homiletik in praktischer Absicht, Gütersloh.
– (Hg.) (1996): Religionsunterricht jenseits der Kirche? Wie lehren wir die christliche Religion?, Neukirchen-Vluyn.
– (1997): „Ich rede mit dem Hörer über sein Leben". Ernst Langes Anstöße zu einer neuen Homiletik, in: Pastoraltheologie 86, 498–515.
– (1998): Lebensgeschichten, Lebensentwürfe, Sinndeutungen. Eine praktische Theologie gelebter Religion, Gütersloh.
Greenacre, Phyllis (1969): The Fetish and the Transitional Object, in: Psychoanalytic Study of the Child 24, 144–164.
Grethlein, Christian (1998): Religionspädagogik, Berlin/New York.
Grözinger, Albrecht (1986): Offenbarung und Praxis. Zum schwierigen praktisch-theologischen Erbe der Dialektischen Theologie, in: Zeitschrift für Theologie und Kirche, Beih. 6: Zur Theologie Karl Barths. Beiträge aus Anlass seines 100. Geburtstags, 176–193.
– (1995): Praktische Theologie als Kunst der Wahrnehmung, Gütersloh.
Grom, Bernhard (1981): Gottesvorstellung, Elternbild und Selbstwertgefühl, in: Stimmen der Zeit 106, 697–711.
– (1986): Religionspädagogische Psychologie des Kleinkind-, Schul- und Jugendalters, Düsseldorf.
– (1992): Religionspsychologie, München.
Grünbaum, Adolf (1984): The Foundations of Psychoanalysis. A Philosophical Critique, Berkeley u.a.
– (1988): Die Grundlagen der Psychoanalyse. Eine philosophische Kritik, Stuttgart.
Grünberg, Wolfgang (1973): Homiletik und Rhetorik. Zur Frage einer sachgemäßen Verhältnisbestimmung, Gütersloh.
Grünewald, Friedhelm (1982): Das Gebet als spezifisches Übergangsobjekt, in: Wege zum Menschen 34, 221–228.
Guntrip, Harry (1969): Religion in Relation to Personal Integration, in: British Journal of Medical Psychology 42, 323–333.
Haendler, Otto (1950): Angst und Glaube, Berlin.
– (1957): Grundriss der Praktischen Theologie, Berlin.
– (1960): Die Predigt. Tiefenpsychologische Grundlagen und Grundfragen, Berlin, 2. Aufl.
– (1971): Tiefenpsychologie, Theologie und Seelsorge – Ausgewählte Aufsätze, hg. v. Joachim Scharfenberg/Klaus Winkler, Göttingen.
Hanisch, Helmut (1996): Die zeichnerische Entwicklung des Gottesbildes bei Kindern und Jugendlichen. Eine empirische Vergleichsuntersuchung mit religiös und nicht-religiös Erzogenen im Alter von 7–16 Jahren, Stuttgart u. Leipzig.
Hark, Helmut (1984): Religiöse Neurosen. Ursachen und Heilung, Stuttgart.
Härle, Wilfried (1981): Dialektische Theologie, in: Theologische Realenzyklopädie, 8, 683–696.
Harsch, Helmut u.a (1979): Workshop „Transaktionsanalyse und Predigt", Werkstatt Predigt 7/34 , 1–25.

Hartkamp, Norbert/Heigl-Evers, Annelise (1988): Übergangsobjekt und Selbst-Objekt. Versuch einer begrifflichen Klärung, in: Forum der Psychoanalyse 4, 103–115.

Hauschildt, Eberhard (2000): Seelsorgelehre, in: Theologische Realenzyklopädie, 31, 54–74.

Heimbrock, Hans-Günter (1977): Phantasie und christlicher Glaube. Zum Dialog zwischen Theologie und Psychoanalyse (Gesellschaft und Theologie: Abt. Praxis der Kirche 22), München u.a..

– (1993): Gottesdienst, Spielraum des Lebens. Sozial- und kulturwissenschaftliche Analysen zum Ritual in praktisch-theologischem Interesse, Weinheim.

– (2000): Vom Abbild zum Bild. Auf der Suche nach neuen Zugängen zur Religiosität von Kindern, in: Fischer/Schöll (Hg.), 19–40.

Heine, Susanne (1996a): Die Erfahrung Gottes in einer vom menschlichen Handeln bestimmten Welt. Der menschgewordene Gott im Deutungsrahmen der Aufklärungskultur, in: Zeitschrift für Theologie und Kirche 93, 376–392.

– (1996b): Predigt aus Erfahrung – Erfahrung durch Predigt. Zum Verhältnis von prinzipieller und praktischer Homiletik, in: Barthel (Hg.) (1996), 53–64.

– (1997): Gott im Bildersturm. Die Praktische Theologie zwischen Religionskritik und religiöser Vorstellungswelt, in: Verkündigung und Forschung 42, Heft 2, 63–77.

– (1998): Heilsphantasien und Fortschrittswahn. Über die Wiederkehr des verdrängten Gottes in anderer Gestalt, in: Faulhaber/Stillfried (Hg.), 40–52.

– (1999): Gott und Mensch. Zur Relation von Personwerdung und Denkprozessen, in: Körtner/Schelander (1999), 141–170.

– (2000a): Die „Heilige Natur". Zur Aktualität ontologischen Denkens in der Psychologie, in: Henning, Christian/Nestler, Erich (Hg.), Religionspsychologie heute, Frankfurt am Main u.a., 161–179.

– (2000b): On the Origin of Magical Thinking in the Contemporary Context. Using Robert Musil's „Tonka" as a Literary Case Study, in: Archiv für Religionspsychologie 23, 81–101.

Henkys, Jürgen/Weyel, Birgit (Hg.) (1996): Einheit und Kontext: Praktisch-theologische Theoriebildung und Lehre im gesellschaftlichen Umfeld. FS für Peter C. Bloth zum 65. Geburtstag (Studien zur Theologie 14), Würzburg.

Henning, Christian (2000): Zankapfel Psychoanalyse. Ein Rückblick auf das gespannte Verhältnis von Theologie und Psychologie im 20. Jahrhundert, in: Henning/Nestler (Hg.) (2000): 67–104.

–/Nestler Erich (Hg.) (2000): Religionspsychologie heute (Einblicke. Beiträge zur Religionspsychologie 2), Frankfurt am Main u.a.

Hermelink, Jan (1992): Die homiletische Situation. Zur jüngeren Geschichte eines Predigtproblems, Göttingen.

Heue, Rolf/Lindner, Reinhold (1975): Predigen lernen (Studienreihe für Verkündigung und Gemeindeaufbau 7), Gladbeck.

Hilger, Georg/Ziebertz, Hans-Georg (2001): Wer lernt? Die Adressaten als Subjekte religiösen Lernens, in: Hilger/Leimgruber/Ziebertz, 153-167.

–/Leimgruber, Stephan/Ziebertz, Hans-Georg (2001): Religionsdidaktik. Ein Leitfaden für Studium, Ausbildung und Beruf, München.
Hirschler, Horst (1976): Konkret predigen. Anleitungen und Beispiele für die Praxis, Gütersloh.
– (1987): Biblisch predigen, Hannover.
Höfer, Albert/Höfler, Alfred (1974): Das Glauben lernen. Schwerpunkte der Religionspädagogik, Donauwörth.
– (1997): Heile unsere Liebe. Ein gestaltpädagogisches Lese- und Arbeitsbuch, München.
Hong, K. Michael (1978): The Transitional Phenomena, in: Psychoanalytic Study of the Child 33, 47–79.
Hopkins, Brooke (1989): Jesus and Object-Use. A Winnicottian Account of the Resurrection Myth, in: The International Review of Psycho-Analysis 16, 93–100.
Hoppe, Klaus D. (1985): Gewissen, Gott und Leidenschaft. Theorie und Praxis psychoanalytisch orientierter Psychotherapie von katholischen Klerikern, Stuttgart.
Horney, Karen (1992): Neue Wege in der Psychoanalyse, Frankfurt am Main.
Jaschke, Helmut (1992): Dunkle Gottesbilder, Freiburg i. B. (Anm.: Populärwissenschaftlich).
Jetter, Werner (1964): Wem predigen wir? Notwendige Fragen an Prediger und Hörer, Stuttgart.
– (1977): Symbol und Ritual. Anthropologische Elemente im Gottesdienst, Göttingen.
Jochheim, Martin (1993): Die Anfänge der Seelsorgebewegung in Deutschland. Ein Beitrag zur neueren Geschichte der Pastoralpsychologie, in: Zeitschrift für Theologie und Kirche 90, 462–493.
– (1997): Bibliographie zur evangelischen Seelsorgelehre und Pastoralpsychologie (Pastoraltheologische Informationen, Sonderb.), Bochum.
Jörns, Klaus-Peter (1988): Der Lebensbezug des Gottesdienstes. Studien zu seinem kirchlichen und kulturellen Kontext, München.
– (1997): Die neuen Gesichter Gottes. Was die Menschen heute wirklich glauben, München.
Jones, James W. (1991): Contemporary Psychoanalysis and Religion. Transference and Transcendence, London.
Josuttis, Manfred (1966): Gesetzlichkeit in der Predigt der Gegenwart, München.
– (1974): Praxis des Evangeliums zwischen Politik und Religion. Grundprobleme der Praktischen Theologie, München.
– (1985): Rhetorik und Theologie in der Predigtarbeit. homiletische Studien, München.
Kardorff, Ernst v. (1995): Qualitative Sozialforschung. Versuch einer Standortbestimmung, in: Flick/Kardorff/Keupp u.a. (Hg.) (1995), 3–10.
Karle, Isolde (1996): Seelsorge in der Moderne. Eine Kritik der psychoanalytisch orientierten Seelsorgelehre, Neukirchen-Vluyn.
Kernberg, Otto (2000): Einige Überlegungen zum Verhältnis von Psychoanalyse und Religion, in: Bassler (Hg.) (2000), 107–134.

Khan, Masud R. (1993): Erfahrungen im Möglichkeitsraum. Psychoanalytische Wege zum verborgenen Selbst, Frankfurt am Main.

Klein, Melanie (1932): Die Psychoanalyse des Kindes, Wien.

– (1996): Gesammelte Schriften, Teil 2: Schriften 1920–1945, hg. v. Cycon, Ruth, Stuttgart.

Klein, Stephanie (1994): Theologie und empirische Sozialforschung. Methodische Zugänge zur Lebens- und Glaubensgeschichte und ihre Bedeutung für eine erfahrungsbezogene Theologie (Praktische Theologie heute 19), Stuttgart u.a.

– (2000): Gottesbilder von Mädchen. Bilder und Gespräche als Zugänge zur kindlichen religiösen Vorstellungswelt, Stuttgart u.a.

Kleining, Gerhard (1995): Methodologie und Geschichte qualitativer Sozialforschung, in: Flick/Kardorff/Keupp u.a. (Hg.) (1995), 11–22.

Klessmann, Michael (1993a): Aus- und Fortbildung in Pastoralpsychologie, in: Blühm u.a. (Hg.) (1993), 92–104.

– (1993b): Menschenbilder – Gottesbilder. Zum Verhältnis von Theologie und Psychologie im Religionsunterricht, in: Pastoraltheologie 82, 102–118.

Klosinski, Gunther (Hg.) (1994): Religion als Chance oder Risiko. Entwicklungsfördernde und entwicklungshemmende Aspekte religiöser Erziehung, Bern u.a.

Klostermann, Ferdinand (1970): Die Träger der Verkündigung, in: Dreher/Greinacher/Klostermann (1970), 363–409.

Knobloch, Stefan (1996): Praktische Theologie. Ein Lehrbuch für Studium und Pastoral, Freiburg im Breisgau u.a.

Kohut, Heinz (1988): Die Heilung des Selbst, Frankfurt am Main, 3. Aufl.

– (1989): Wie heilt Psychoanalyse?, Frankfurt am Main.

Köllermann, Heinz (1970): Hilfen zum Verstehen unserer Zuhörer, in: Lange u.a. (Hg.): Predigtstudien V, 1 (1970/71), Berlin, 9–19.

König, Karl (1993): Kleine psychoanalytische Charakterkunde, Göttingen, 2. durchges. Aufl.

Körtner, Ulrich H. J. (1999): Gott, Mensch und Welt. Grundbegriffe systematischer Theologie, in: Körtner/Schelander (Hg.) (1999), 231–248.

–/Schelander, Robert (Hg.) (1999): Gottes Vorstellungen. Die Frage nach Gott in religiösen Bildungsprozessen. FS für Gottfried Adam zum 60. Geburtstag (Schulfach Religion, Sonderheft), Wien.

Kristeva, Julia (1987): In the Beginning was Love. Psychoanalysis and Faith, New York.

Krotz, Fritz (1980): Im Licht der Verheißung. Die homiletische Theorie E. Langes, in: Wissenschaft und Praxis in Kirche und Gesellschaft 69, 14–25.

Krusche, Peter (1981): Die Schwierigkeit, Ernst Lange zu verstehen, in: Pastoraltheologie 70, 430–438.

–/Rössler, Dietrich/Roessler, Roman (Hg.) (1977): Themenstudien für Predigtpraxis und Gemeindearbeit, 1, Stuttgart.

– (Hg.) (1990): Predigtstudien. Perikopenreihe I – Erster Halbband, Stuttgart.

Kuld, Lothar (2000): Wie hast du's mit der Religion? Die Gretchenfrage bei Kindern und Jugendlichen, in: Noormann/Becker/Trocholepczy (Hg.), 57-73.

Kutter, Peter (Hg.) (1982): Psychologie der zwischenmenschlichen Beziehungen. Psychoanalytische Beiträge zu einer Objektbeziehungs-Psychologie (Wege der Forschung 544), Darmstadt.
Lämmermann, Godwin (1981): Praktische Theologie als kritische oder als empirischfunktionale Handlungstheorie? Zur theologiegeschichtlichen Ortung und Weiterführung einer aktuellen Kontroverse, München.
– (1999): Zeitgenössisch predigen. Homiletische Analysen mit Predigtbeispielen, Stuttgart.
Lahmer, Karl/Santer, Hellmut (1999): Psychotherapien, Hadersdorf am Kamp.
Lange, Ernst (1968): Die verbesserliche Welt, Stuttgart.
– (1976): Predigen als Beruf. Aufsätze. Stuttgart u.a.
– (1981): Kirche für die Welt. Aufsätze zur Theorie kirchlichen Handelns, München.
Leavy, Stanley A. (1990): Reality in Religion and Psychoanalysis, in: Smith/Handelman (Hg.) (1990), 43–59.
Lemke, Helga (1978): Theologie und Praxis annehmender Seelsorge, Stuttgart u.a.
Lerle, Ernst (1965): Arbeiten mit Gedankenimpulsen, Berlin.
Lesche, Carl (1986): Die Notwendigkeit einer hermeneutischen Psychoanalyse, in: Psyche 40, 49–68.
Liersch, Helmut (1977): Der Gottesdienst und die vier tiefenpsychologischen Grundmuster, in: Wissenschaft und Praxis in Kirche und Gesellschaft 66, 215–230.
Lindemann, Friedrich-Wilhelm (1993): Pastoralpsychologisches Vorgehen im Trauerfall, in: Blühm (1993), 76–91.
Lueger, Manfred (2000): Grundlagen qualitativer Feldforschung, Wien.
Lüthi, Kurt/Micskey, Koloman N. (Hg.) (1991): Theologie im Dialog mit Freud und seiner Wirkungsgeschichte, Wien u.a.
Luibl, Hans Jürgen (1997): Spiritualität – auf der Suche nach der etwas anderen Frömmigkeit. Über Gottes buntes Treiben im Wandel der Zeiten, in: Pastoraltheologie 86, 42–65.
Luther, Henning (1992): Religion und Alltag. Bausteine zu einer praktischen Theologie des Subjekts, Stuttgart.
Mahler, Margaret S./Pine, Fred/Bergmann, Anni (1978): Die psychische Geburt des Menschen. Symbiose und Individuation, Frankfurt am Main.
Malony, H. Newton/Spilka, Bernard (1991): Religion in Psychodynamic Perspective. The Contributions of Paul W. Pruyser, Oxford u.a.
Mayring, Philipp (1995): Psychologie. Disziplinäre Perspektiven qualitativer Sozialforschung, in: Flick/Kardorff/Keupp u.a. (Hg.) (1995), 33–35.
McDargh, John (1983): Psychoanalytic Object Relations Theory and the Study of Religion. On Faith and the Imaging of God, Lanham u.a.
Meissner, William (1969): Notes on a Psychology of Faith, in: Journal of Religion and Health 8, 47–75.
– (1978): Psychoanalytic Aspects of Religious Experience, in: The Annual of Psychoanalysis. A Publication of the Chicago Institute for Psychoanalysis, 6, 103–141.
– (1979): Internalization and Object Relations, in: Journal of the American Psychoanalytic Association 27, 345–360.

- (1990): The Role of Transitional Conceptualization in Religious Thought, in: Smith/Handelman (Hg.) (1990): Psychoanalysis and Religion, Baltimore u.a., 95–116.
Mertens, Wolfgang (1996): Psychoanalyse, Stuttgart u.a., 5. überarb. und erw. Aufl.
Merz, Vreni (Hg.) (1994): Alter Gott für neue Kinder, Fribourg.
Meyer-Blanck, Michael (1995): Vom Symbol zum Zeichen. Symboldidaktik und Semiotik (Vorlagen, NF 25), Hannover.
Möller, Christian (1983): Seelsorglich predigen. Die parakletische Dimension von Predigt, Seelsorge und Gemeinde, Göttingen.
Morgenthaler, Christoph (2000): Systemische Seelsorge. Impulse der Familien- und Systemtherapie für die kirchliche Praxis, Stuttgart u.a., 2. Aufl.
Moser, Tillmann (1976): Gottesvergiftung, Frankfurt a. Main, 5. Aufl. (Anm.: Populärwissenschaftlich).
Müller, Hans-Martin (1985): Art. Homiletik, in: Theologische Realenzyklopädie 15, 526–565.
- (1996): Homiletik. Eine evangelische Predigtlehre, Berlin u.a.
Müller, Jörg (1994): Gott ist anders. Das Leiden an den falschen Gottesvorstellungen. Wege zur Heilung, Stuttgart, 2. Aufl. (Anm.: Populärwissenschaftlich).
Müller-Pozzi, Heinz (1975): Psychologie des Glaubens. Versuch einer Verhältnisbestimmung von Theologie und Psychologie (Gesellschaft und Theologie: Abt. Praxis der Kirche 18), München u. a.
- (1995): Psychoanalytisches Denken. Eine Einführung, Bern, 2. Aufl.
Murken, Sebastian (1998): Gottesbeziehung und psychische Gesundheit. Die Entwicklung eines Modells und seine empirische Überprüfung (Internationale Hochschulschriften 262), Münster u.a.
Nagl, Ludwig (1998): Pragmatismus, Frankfurt am Main u.a.
Nase, Eckart (1993): Oskar Pfisters analytische Seelsorge. Theorie und Praxis des ersten Pastoralpsychologen, dargestellt an zwei Fallstudien (Arbeiten zur Praktischen Theologie 3), Berlin u.a.
- /Scharfenberg, Joachim (Hg.) (1977): Psychoanalyse und Religion (Wege der Forschung 275), Darmstadt.
Nembach, Ulrich (1996): Predigen heute. Ein Handbuch, Stuttgart u.a.
Neubaur, Caroline (1987): Übergänge. Spiel und Realität in der Psychoanalyse Donald W. Winnicotts, Frankfurt am Main.
Neuhold, Hans (Hg.) (1997): Leben fördern – Beziehung stiften, Graz.
Nipkow, Karl Ernst (1991): Praktische Theologie und gegenwärtige Kultur. Auf der Suche nach einem neuen Paradigma, in: Nipkow/Rössler/Schweitzer (Hg.) (1991), 132–154.
- (1998): Bildung in einer pluralen Welt 2. Religionspädagogik im Pluralismus, Gütersloh.
-/Rössler, Dietrich/Schweitzer, Friedrich (Hg.) (1991): Praktische Theologie und Kultur der Gegenwart. Ein internationaler Dialog, Gütersloh.
Noll, Wynfrith (1989): Wenn Frommsein krank macht, München (Anm.: Populärwissenschaftlich).

Noormann, Harry/Becker, Ulrich/Trocholepczy, Bernd (Hg.) (2000): Ökumenisches Arbeitsbuch Religionspädagogik, Stuttgart/Berlin/Köln.

Ogden, Thomas H. (1985): On Potential Space, in: The International Journal of Psycho-Analysis 66, 129–141.

Oser, Fritz/Gmünder, Paul (1996): Der Mensch – Stufen seiner religiösen Entwicklung, Gütersloh, 4. Auflage.

Otto, Gert (1981): Rhetorisch predigen, Gütersloh.

– (1987): Predigt als rhetorische Aufgabe. Homiletische Perspektiven, Neukirchen.

– (1999): Rhetorische Predigtlehre. Ein Grundriss, Mainz u.a.

Pannenberg, Wolfhart (1983): Anthropologie in theologischer Perspektive, Göttingen.

Pargament, Kenneth I. (1996): Religious Methods of Coping. Resources for the Conservation and Transformation of Significance, in: Shafranske, (Hg.) (1996): Religion and the Clinical Practice of Psychology, Washington, 115–139.

Patton, John (1995): Generationsübergreifende Ehe- und Familienseelsorge, Göttingen.

Pervin, Lawrence A. (2000): Persönlichkeitstheorien. Freud, Adler, Jung, Rogers, Kelly, Cattell, Eysenck, Skinner, Bandura u.a., München u.a., 4. völlig neu bearb. Aufl.

Petersen, Kay (1993): Persönliche Gottesvorstellungen. Empirische Untersuchungen, Entwicklung eines Klärungsverfahrens (Wissenschaftliche Beiträge aus Hochschulen, Reihe 16: Psychologie, 6), Hamburg.

Pfeifer, Samuel (1993): Glaubensvergiftung. Ein Mythos?, Moers.

Pfister, Oskar (1927): Analytische Seelsorge. Einführung in die praktische Psychoanalyse für Pfarrer und Laien, Göttingen.

– (1944): Das Christentum und die Angst, Zürich.

Pine, Fred (1990): Die vier Psychologien der Psychoanalyse und ihre Bedeutung für die Praxis, in: Forum der Psychoanalyse 6, 232–249.

Piper, Hans-Christian (1976): Predigtanalysen. Kommunikation und Kommunikationsstörungen in der Predigt, Göttingen.

Pöhlmann, Horst Georg (1980): Abriss der Dogmatik, Gütersloh, 3. Aufl.

Plieth, Martina (1994): Die Seele wahrnehmen. Zur Geistesgeschichte des Verhältnisses von Seelsorge und Psychologie (Arbeiten zur Pastoraltheologie 28), Göttingen.

Pruyser, Paul W. (1968): A Dynamic Psychology of Religion, New York.

– (1974): Between Belief and Unbelief (Studies in Philosophy and Religion), London.

– (1987): Changing Views of the Human Condition, Macon.

– (1987a): A Transformational Understanding of Humanity, in: ders. (1987), 1–11.

– (1987b): The Tutored Imagination in Religion, in: ders. (1987): 101–117.

– (1991): Forms and Functions of the Imagination in Religion, in: Malony/Spilka (Hg.) (1991): 170–188.

Quervain, Paul Fredi de (1977): Psychoanalyse und dialektische Theologie. Zum Freud-Verständnis bei K. Barth, E. Thurneysen und P. Ricœur (Jahrbuch der Psychoanalyse, Beih. 3), Bern u.a..
Raguse, Hartmut (1986): Gedanken zur psychoanalytischen Deutung von biblischen Texten, in: Wege zum Menschen 38, 18–28.
– (2000): Grenzübertritte zwischen Seelsorge und Psychoanalyse, in: Bassler (Hg.) (2000), 53–66.
Reinertsen, Anne Margarethe (1993): The Private God in the Group: The God-Image in an Object-Relations View, in: Group Analysis 26, 5–21.
Richardson, William J. (1992): Love and the Beginning. Psychoanalysis and Religion, in: Contemporary Psychoanalysis 28, 423–449.
Richter, Horst-Eberhard (1979): Der Gotteskomplex. Die Geburt und die Krise des Glaubens an die Allmacht des Menschen, Hamburg (Anm.: Populärwissenschaftlich).
Riemann, Fritz (1974): Die Persönlichkeit des Predigers in tiefenpsychologischer Sicht, in: Riess (Hg.) (1974), 152–166.
– (1975): Grundformen der Angst. Eine tiefenpsychologische Studie, München, 10. Aufl.
Riess, Richard (1970): Zur pastoralpsychologischen Problematik des Predigers, in: Stollberg (Hg.) (1970): 295–321.
– (1973): Seelsorge. Orientierung, Analysen, Alternativen, Göttingen.
– (Hg.) (1974): Perspektiven der Pastoralpsychologie, Göttingen.
– (Hg.) (1989): Wenn der Dornbusch brennt. Beiträge zum Pfarrerberuf, zur Praxis geistlichen Lebens und zum Weg der Kirche. FS für Dieter Voll, München.
Ringel, Erwin (1986): Selbstschädigung durch Neurose. Psychotherapeutische Wege zur Selbstverwirklichung, Wien, 10. Aufl. (Anm.: Populärwissenschaftlich).
Ritter, Werner H. (2002): Gott – Gottesbilder, in: Bitter/Englert/Miller/Nipkow (Hg.), 89-93.
Rizzuto, Ana-Maria (1974): Object relations and the formation of the image of God, in: British Journal of Medical Psychology 47, 83–94.
– (1976): God, the Devil and the Theory of Object Representation, in: International Review of Psycho-Analysis 31, 165-180.
– (1979): The birth of the living God. A Psychoanalytic Study, Chicago.
– (1992): Afterword, in: Finn/Gartner (Hg.) (1992), 155–175.
Rodney, Hunter (Hg.) (1990): Dictionary of Pastoral Care and Counseling, Nashville.
Rössler, Dietrich (1962): Der „ganze" Mensch. Das Menschenbild der neueren Seelsorgelehre und des modernen medizinischen Denkens im Zusammenhang der allgemeinen Anthropologie, Göttingen.
– (1986a): Grundriss der Praktischen Theologie, Berlin u.a.
– (1986b): Das Problem der Homiletik, in: Beutel u.a. (Hg.) (1986), 23–38.
– (1991): Die Einheit der Praktischen Theologie, in: Nipkow/Rössler/Schweitzer (Hg.) (1991), 43–54.
Roth, Erwin (1969): Persönlichkeitspsychologie. Eine Einführung, Stuttgart u.a.

Rothermund, Jörg (1984): Der Heilige Geist und die Rhetorik. Theologische Grundlinien einer empirischen Homiletik, Gütersloh.
Rubin, Jeffrey (1992): Psychoanalytic Treatment with a Buddhist Meditator, in: Finn/Gartner (Hg.) (1992), 87–107.
Ruthe, Reinhold (1995): Wenn die Seele schreit. Macht der Glaube psychisch krank?, Moers, 3. Aufl. (Anm.: Populärwissenschaftlich).
Sandt, Fred-Ole (1996): Religiosität von Jugendlichen in der multikulturellen Gesellschaft. Eine qualitative Untersuchung zu atheistischen, christlichen, spiritualistischen und muslimischen Orientierungen (Internationale Hochschulschriften 218), Münster.
Santer, Hellmut (1997): Religiöse Neurose und ihre Heilung, in: Neuhold (Hg.) (1997), 170–187.
Scharfenberg, Joachim (1968): Sigmund Freud und seine Religionskritik als Herausforderung für den christlichen Glauben, Göttingen.
– (1972a): Religion zwischen Wahn und Wirklichkeit. Gesammelte Beiträge zur Korrelation von Theologie und Psychoanalyse (Konkretionen 13), Hamburg.
– (1972b): Seelsorge als Gespräch. Zur Theorie und Praxis der seelsorgerlichen Gesprächsführung (Handbuch für Beratung und Seelsorge 8), Göttingen.
– (Hg.) (1979): Freiheit und Methode. Wege christlicher Einzelseelsorge (Sehen, Verstehen, Helfen: Pastoralanthropologische Reihe 1), Wien u.a..
–/Kämpfer, Horst (1980): Mit Symbolen leben. Soziologische, psychologische und religiöse Konfliktbearbeitung, Olten.
– (1985): Einführung in die Pastoralpsychologie, Göttingen.
Schellenbaum, Peter (1997): Gottesbilder. Religion, Psychoanalyse, Tiefenpsychologie, München, 4. Aufl.
Schlauch, Chris (1990): Illustrating Two Complementary Enterprises at the Interface of Psychology and Religion through Reading Winnicott, in: Pastoral Psychology 39, 47–63.
Schnatmann, Monika/Born, Willhelm (1977): Transaktionsanalyse und appellative Verkündigung, in: Kamphaus, Franz/Zerfaß, Rolf (Hg.) (1977): Ethische Predigt und Alltagsverhalten (Gesellschaft und Theologie: Abt. Praxis der Kirche 25), München u.a., 129–142.
Schneider, Barbara (1993): Vom garstigen Graben zwischen Pastoral und Psychologie. Zwanzig Jahre Deutsche Gesellschaft für Pastoralpsychologie, in: Wege zum Menschen 45, 157–168.
Schneider-Harpprecht, Christoph F.W. (2001): Interkulturelle Seelsorge (Arbeiten zur Pastoraltheologie 40), Göttingen.
Schröer, Henning (1981): Von der Genetiv-Theologie zur Adverb-Homiletik. Zu den Tendenzen gegenwärtiger Predigtlehre, in: Theologia practica 16, 146–159.
– (1990): Tendenzen der gegenwärtigen Homiletik, in: Krusche/Rössler, Dietrich/Roessler (Hg.) (1990), 8–18.
– (1998): Poesie und Theologie zwischen Theorie und Praxis, in: Schröer/Fermor/Schroeter (Hg.) (1998): Theopoesie. Theologie und Poesie in hermeneutischer Sicht (Hermeneutica 7), Rheinbach-Merzbach.

Schultz-Hencke, Harald (1952): Lehrbuch der analytischen Psychotherapie, Stuttgart.
– (1965): Der gehemmte Mensch. Entwurf eines Lehrbuches der Neo-Psychoanalyse, Stuttgart, 2. Aufl.
Schütz, Werner (1977): Seelsorge. Ein Grundriss, Gütersloh.
Schweizer, Andreas (2000): Der erschreckende Gott. Tiefenpsychologische Wege zu einem ganzheitlichen Gottesbild, München.
Schweitzer, Friedrich (1987): Lebensgeschichte und Religion. Religiöse Entwicklung und Erziehung im Kindes- und Jugendalter, München.
– (1991): Praktische Theologie, Kultur der Gegenwart und die Sozialwissenschaften. Interdisziplinäre Beziehungen und die Einheit der Disziplin, in: Nipkow/Rössler/Schweitzer (Hg.) (1991), 170–184.
– (1992): Die Religion des Kindes. Zur Problemgeschichte einer religionspädagogischen Grundfrage, Gütersloh.
–/Nipkow, Karl Ernst/Faust-Siehl, Gabriele/Krupka, Bernd (1997): Religionsunterricht und Entwicklungspsychologie. Elementarisierung in der Praxis, Gütersloh, 2. Aufl.
Seibt, Friedrich (1977): Psychoanalytische Charakterlehre. Die Ansätze der Persönlichkeitstheorien, München.
Sherwood, Vance R. (1989): Object Constancy. The Illusion of Being Seen, in: Psychoanalytic Psychology 6, 15–30.
Smith, Joseph H./Handelman, Susan A. (Hg.) (1990): Psychoanalysis and Religion (Psychiatry and the Humanities 11), Baltimore u.a.
Sorenson, Randall Lehmann (1994): Ongoing Change in Psychoanalytic Theory Implications for Analysis of Religious Experience, in: Psychoanalytic Dialogues 4, 631–660.
Steck, Wolfgang (2000): Praktische Theologie. Horizonte der Religion, Konturen des neuzeitlichen Christentums, Strukturen der religiösen Lebenswelt (Theologische Wissenschaft 15.1), Stuttgart u.a.
Stierle, Beate (1991): Symbole in der Predigt 2. Ein Beitrag zur Beziehungsproblematik, in: Daiber (1991): 404–433.
Stierlin, Helm (1970): The Function of Inner Objects, in: International Journal of Psycho-Analysis 52, 371f.
– (1992): Von der Psychoanalyse zur Familientherapie, München.
Stollberg, Dietrich (1969): Seelsorge und Psychotherapie, in: Pastoraltheologie 58, 396–405.
– (1970): Praxis ecclesiae. FS für Kurt Frör, München.
– (1971): Seelsorge praktisch, Göttingen, 3. Aufl.
– (1972): Therapeutische Seelsorge. Die amerikanische Seelsorgebewegung. Darstellung und Kritik, München, 3. Aufl.
– (1975): Seelsorge durch die Gruppe. Praktische Einführung in die gruppendynamisch-therapeutische Arbeitsweise, Göttingen, 3. Aufl.
– (1978): Wahrnehmen und Annehmen. Seelsorge in Theorie und Praxis, Gütersloh.
– (1982): Lernen, weil es Freude macht. Eine Einführung in die Themenzentrierte Interaktion, München.

— (1985): 'Sola fide' – Allein aus Glauben. Realität und Redlichkeit lutherischer Theologie am Beispiel des „Deus absconditus', in: Wege zum Menschen 37, 41–47.
— u.a. (Hg.) (1998): Identität im Wandel in Kirche und Gesellschaft. FS für Richard Riess zum 60. Geburtstag, Göttingen.
Stork, Jochen (1997): Versuch einer Einführung in das Werk von D.W. Winnicott, in: Winnicott (1997), 9–29.
Streib, Heinz (2000): Gottesbilder fallen nicht vom Himmel. Kindliche Malprozesse als Gestaltung von Religion, in: Fischer/Schöll (Hg.) (2000), 129–142.
Stubbe, Ellen (1995): Die Wirklichkeit der Engel in Literatur, Kunst und Religion (Hamburger Theologische Studien), Münster.
Sundén, Hjalmar (1982): Religionspsychologie. Probleme und Methoden, Stuttgart.
Sutherland, John Derg (1963): Theorie der Objektbeziehungen und die Modellannahmen der Psychoanalyse, in: Kutter (Hg.) (1982), 143–174.
— (1980): The British Object Relations Theorists: Balint, Winnicott, Fairbairn, Guntrip, in: Journal of the American Psychoanalytic Association 28, 829–860.
Theißen, Gerd (1994): Zeichensprache des Glaubens. Chancen der Predigt heute, Gütersloh.
Thierfelder, Constanze (1998): Gottesrepräsentanz. Kritische Interpretation des religionspsychologischen Ansatzes von Ana-Maria Rizzuto, Stuttgart u.a.
Thurneysen, Eduard (1928): Rechtfertigung und Seelsorge, in: Zeichen der Zeit 6, 197–210; wieder abgedruckt und hier zitiert nach Wintzer (Hg.) (1978), 73–94.
— (1968), Seelsorge im Vollzug, Zürich.
— (1994), Die Lehre von der Seelsorge, Zürich, 7. Aufl.
Tress, Wolfgang (1985): Psychoanalyse als Wissenschaft, in: Psyche 39, 385–412.
Trillhaas, Wolfgang (1953): Die innere Welt. Religionspsychologie, München, 2. Aufl.
— (1957): Der Dienst der Kirche am Menschen, München 1957, 2. Aufl.
— (1964): Evangelische Predigtlehre, München, 5. Aufl.
— (1974): Einführung in die Predigtlehre, Darmstadt.
Tschirch, Reinmar (1969): Tiefenpsychologische Erwägungen zum Charakter christlichen Lebensgefühls und kirchlicher Predigt, in: Wege zum Menschen 21, 257–272; wieder erschienen und hier zit. nach Riess, Richard (Hg.) (1974), 202–217.
Uptrup, Klaus Meyer (1986): Gestalthomiletik. Wie wir heute predigen können, 2 Bde., Stuttgart.
Utsch, Michael (1991): Zur psychologischen Beschreibung und Erfassung von Religiosität, in: Wege zum Menschen 43, 110–120.
— (1998): Religionspsychologie. Voraussetzungen, Grundlagen, Forschungsüberblick, Stuttgart.
Ven, Johannes A. v. d./Ziebertz, Hans-Georg (Hg.) (1993): Paradigmenentwicklung in der praktischen Theologie (Theologie u. Empirie 13), Kampen u.a.
Vergote, Antoine (1970): Religionspsychologie, Olten.
—/Tamayo, Avaro (Hg.) (1981): The Parental Figures and the Representation of God. A Psychological and Cross-Cultural Study, The Hague u.a.
— (1990): Confrontation with Neutrality in Theory and Praxis, in: Smith/Handelman (Hg.) (1990), 74–94.

— (1994): Epilogue, in: Corveleyn/Hutsebaut (Hg.) (1994), 233–245.
Wahl, Heribert (1990): Der Mensch im Licht der Psychoanalyse. Anfragen aus theologischer Sicht, in: Wege zum Menschen 42, 260–273.
— (1994): Glaube und symbolische Erfahrung: Eine praktisch-theologische Symboltheorie, Freiburg im Breisgau u.a.
— (2000): Selbst- und objektbeziehungstheoretische Überlegungen zur Religions- und Pastoralpsychologie, in: Bassler (Hg.) (2000), 67–92.
Wallner, Alfred (1989): Werkbuch Predigt. Im Dialog mit der Gemeinde, Graz.
Wallwork, Ernest/Wallwork, Anne Shere (1990): Psychoanalysis and Religion. Current Status of a Historical Antagonism, in: Smith/Handelman (Hg.) (1990), 160–173.
Weiße, Wolfram (Hg.) (1996): Vom Monolog zum Dialog. Ansätze einer interkulturellen dialogischen Religionspädagogik (Jugend, Religion, Unterricht 1), Münster u.a..
Werbick, Jürgen (1992): Bilder sind Wege. Eine Gotteslehre, München.
Wijk-Bos, Johanna W. H. v. (1994): Reimagining God. The Case for Scriptural Diversity, Louisville.
Wilkström, Owe (1994): Psychotic (a-)theism? The cognitive dilemmas of two psychiatric episodes, in: Corveleyn/Hutsebaut (Hg.) (1994), 219–232.
Winkler, Eberhard (1997): Praktische Theologie elementar. Ein Lehr- und Arbeitsbuch, Neukirchen-Vluyn.
Winkler, Klaus (1969): Psychotherapie und Seelsorge. Eine These, in: Wege zum Menschen 21, 449–458.
— (1974): Die Funktion der Pastoralpsychologie in der Theologie, in: Riess (Hg.) (1974), 105–121.
— (1982): Pastoralpsychologische Aspekte der Rede von Gott, in: Theologische Literaturzeitung 107, 865–876.
— (1987): Psychoanalytische und theologische Aspekte der Religionskritik, in: Theologische Zeitschrift 43, 230–243.
— (1988): Eduard Thurneysen und die Folgen für die Seelsorge, in: Pastoraltheologie 77, 444–456.
— (1993): Grundsätze pastoralpsychologischen Denkens und Vorgehens, in: Blühm (1993), 60–75.
— (1995): Anmerkungen zur neueren psychoanalytischen Religionspsychologie, in: Pastoraltheologie 84, 3–14.
— (1997): Seelsorge, Berlin u. New York.
— (2000): Pastoralpsychologie und Psychoanalyse. Gemeinsames und Trennendes, in: Bassler (Hg.) (2000), 93–106.
Winnicott, Donald Woods (1953): Transitional objects and transitional phenomena, in: International Journal of Psycho-Analysis 34, 89–97.
— (1958): Collected Papers: Through Paediatrics to Psycho-Analysis, London.
— (1965): The Maturational Process and the Facilitating Eviroment, London.
— (1971): Therapeutic Consultations in Child Psychiatry, London.
— (1973): Vom Spiel zur Kreativität, Stuttgart.

– (1982): Übergangsobjekte und Übergangsphänomene. Eine Studie über den ersten, nicht zum Selbst gehörenden Besitz, in: Kutter (Hg.) (1982), 82–105.

– (1997): Von der Kinderheilkunde zur Psychoanalyse. Aus den „Collected Papers", Frankfurt am Main.

Wintzer, Friedrich (Hg.) (1978): Seelsorge. Texte zum gewandelten Verständnis und zur Praxis der Seelsorge in der Neuzeit, München.

– u.a. (1997): Praktische Theologie, Neukirchen-Vluyn, 5. Aufl.

– (1989): Predigt. Texte zum Verständnis und zur Praxis der Predigt in der Neuzeit, München.

– (1994): Homiletische Literatur, in: Theologische Rundschau 59, 410–430.

Wulf, Christoph (2000): Bild und Fantasie. Zur historischen Anthropologie des Bildes, in: Fischer/Schöll (Hg.) (2000), 41–52.

Wulff, David M. (1992): Reality, Illusion, or Metaphor? Reflections on the Conduct and Object of the Psychology of Religion, in: Journal of the Psychology of Religion 1, 25–51.

– (1997): Psychology of Religion. Classic and Contemporary, New York u.a.

– (2000): On the Current Status of the Psychology of Religion in the United States, in: Henning/Nestler (Hg.) (2000), 13–28.

Wyss, Dieter (1991): Psychologie und Religion. Untersuchungen zur Ursprünglichkeit religiösen Erlebens, Würzburg.

Young, Quinton R. de (1976): An Unknown God Made Known. The Religion of Psychology, in: Journal of Psychology and Theology 4, 87–93.

Zahrnt, Heinz (Hg.) (1972): Jesus und Freud. Ein Symposion von Psychoanalytikern und Theologen, München.

Zellner, Lorenz (1995): Gottestherapie. Befreiung von dunklen Gottesbildern, München (Anm.: Populärwissenschaftlich).

Ziemer, Jürgen (2000): Seelsorgelehre. Eine Einführung für Studium und Praxis, Göttingen.

Personenregister

Adam, Gottfried 11
Adler, Alfred 50, 96, 118–120
Affemann, Rudolf 75
Albrecht, Horst 43, 70, 84, 91, 99
Altmann, Eckhard 75
Asmussen, Hans 124, 129
Barth, Karl 14, 20, 31, 39, 41, 46, 106–108, 227
Baumgartner, Isidor 169–171
Beutel, Albrecht 43
Bischof, Ledford J. 9, 175
Blumhardt, Christoph 117, 132
Bobert-Stützel, Sabine 194, 199, 200, 209, 216, 225–228, 247, 248
Bohren, Rudolf 33, 40, 45
Bollas, Christopher 270
Bucher, Anton 14, 95
Coles, Robert 243
Cornelius-Bundschuh, Jochen 42
Corveleyn, Jozef 280, 281
Daiber, Karl-Fritz 91
Dannowski, Hans 69, 91
Denecke, Axel 43, 69, 70, 71, 72, 84, 87, 88, 89, 90, 91, 92, 93, 99, 100, 102
Deutsche Gesellschaft für Pastoralpsychologie (DGfP) 171, 306
Dieterich, Michael 160
Drechsel, Wolfgang 216, 222–225, 302
Ebeling, Gerhard 9, 10, 174, 176, 185, 292
Eibach, Ulrich 165, 166
Erikson, Erik H. 199, 232, 233, 243, 275
Fairbairn, William Ronald Dodds 195, 198, 199, 236, 268
Finn, Mark 249, 278, 279, 305

Fowler, James 14, 260
Fraas, Hans-Jürgen 13, 17, 182–191, 265
Freud, Sigmund 13, 50, 62, 66, 74–76, 84, 85, 95–100, 118–120, 124, 130, 132, 133, 136–138, 141, 154, 155, 158, 167, 168, 180, 185, 186, 189, 192–199, 202, 206, 207–214, 220, 222, 226, 230–232, 235, 236, 242, 243, 247, 249, 258, 263, 266, 269, 273–275, 280, 287, 291, 293, 294
Frielingsdorf, Karl 9, 157, 158, 159, 160
Fuchs, Ottmar 70, 71, 79, 84–86, 90, 91, 99, 100
Fuller, Andrew 13, 280
Funke, Dieter 157, 158, 165, 167, 293
Ganzevoort, Reinder Ruard 280
Garanzini, Michael 275
Gehrke, Helmut 10
Gmünder, Paul 14, 15
Gräb, Wilhelm 31, 41–44, 91, 93, 94, 105, 301
Grethlein, Christian 15
Guntrip, Harry 195, 198, 199, 236
Haendler, Otto 19, 45–71, 83, 89–96, 104, 153, 154, 292, 293
Hark, Helmut 161, 162, 167
Hauschildt, Eberhard 6
Heimbrock, Hans-Günter 216, 219–221, 223
Heine, Susanne 6, 10, 11, 24, 49, 56, 57, 167, 181, 212
Henning, Christian 170, 171, 182
Heue, Rolf 71
Hirschler, Horst 43, 44
Höfer, Albert 6

Jones, James 259, 268–272, 274, 287, 290, 295, 298, 304, 306, 307
Josuttis, Manfred 73, 88, 90
Jung, Carl Gustav 13, 19, 46, 47, 49, 50–58, 61, 62, 68, 95, 96, 98, 100, 104, 115, 119–121, 137, 154, 156, 157, 161, 162, 164, 168, 181, 212, 222, 292, 293, 295
Karle, Isolde 106
Kernberg, Otto 236
Klein, Melanie 195, 200, 209, 236, 292
Kohut, Heinz 199, 217, 226, 268, 269
Köllermann, Heinz 72, 77–79, 80, 83, 102
Körtner, Ulrich 11, 12
Kuld, Lothar 14
Lahmer, Karl 6
Lämmermann, Godwin 41
Lange, Ernst 19, 31–42, 77, 105, 107, 154, 298, 301, 302
Leavy, Stanley 169, 177, 179, 180, 192, 265, 267, 274, 275
Liersch, Helmut 84, 99
Lueger, Manfred 279
Mahler, Margaret 276, 277
McDargh, John 258, 259–263, 267, 272, 304, 306
Meissner, William 259, 260, 262–267, 272, 297, 304, 306
Miller, Gabriele 245, 246
Morgenthaler, Christoph 106
Moser, Tillmann 157, 284
Müller, Hans-Martin 20, 21, 24, 27, 42–44, 46, 91
Müller, Jörg 167
Müller-Pozzi, Heinz 187, 196, 197
Murken, Sebastian 281, 286–290, 306, 307,
Nembach, Ulrich 43
Nipkow, Karl Ernst 15
Noll, Wynfrith 159, 161, 162
Oser, Fritz 14, 15, 184
Otto, Gert 271
Pannenberg, Wolfhart 190

Pargament, Kenneth 281
Petersen, Kay 281–287
Pfeifer, Samuel 157, 158, 160, 161, 166
Pfister, Oskar 61, 62, 118, 143
Pine, Fred 194, 197
Piper, Hans-Christian 88, 90
Plieth, Martina 101, 124
Pöhlmann, Horst Georg 173, 191
Pruyser, Paul 198, 232, 233
Riemann, Fritz 5, 19, 42, 69–88, 87, 90, 91, 93, 95–104, 143, 151, 153, 154, 157, 161, 168, 190, 250, 273, 274
Riess, Richard 33, 42, 69, 70, 75–77, 80, 83, 92, 93, 95–101, 103, 107, 117, 124, 125, 128
Ringel, Erwin 166
Ritter, Werner 15
Rizzuto, Ana-Maria 17, 194, 198, 199, 200, 209, 210, 214, 215, 229–231, 234–249, 251, 252–259, 262, 263, 266, 268, 270, 272–279, 281, 283, 285, 286, 287, 289, 290, 297–304, 306, 307
Rogers, Carl 95, 96, 110, 136, 181
Rössler, Dietrich 11, 12, 16, 31, 92, 94, 95–103, 106, 107, 116, 171, 273, 274, 301
Roth, Erwin 76, 91, 102, 103, 173
Rothermund, Jörg 91, 101, 103
Rubin, Jeffrey 249, 278, 279, 306
Ruthe, Reinhold 160
Scharfenberg, Joachim 12, 68, 91, 97, 106, 129, 130, 131–140, 142–148, 150–154, 156, 169, 170, 171, 223, 225, 292–295, 303, 305
Schlauch, Chris 214, 256
Schnatmann Monika 95
Schneider-Harpprecht, Christoph 106, 107
Schröer, Henning 43, 69, 70, 90, 92
Schultz-Hencke, Harald 250, 273
Schütz, Werner 93, 101
Schweitzer, Friedrich 15, 45

Schweizer, Andreas 157, 162, 164, 165, 167
Sorenson, Randall Lehmann 196, 198
Stierlin, Helm 197, 198
Stollberg, Dietrich 69, 75, 106, 129, 182
Stork, Jochen 200, 201, 209
Stubbe, Ellen 216
Sutherland, John Derg 195, 199
Theißen, Gerd 43, 44, 91
Thierfelder, Constanze 244, 248, 259, 275–277, 300
Thurneysen, Eduard41, 106–119, 121–129, 152–154, 169, 298
Tillich, Paul 44, 73, 130, 181, 234, 267, 277, 278, 308
Trillhaas, Wolfgang 19, 20, 21, 22, 23, 25–30, 46, 58, 103, 104, 152, 154, 298
Tschirch, Reinmar 69, 72–76, 80, 82–84, 89, 93, 98, 99, 104, 151
Utsch, Michael 14, 170, 172–179, 181, 184, 188, 190, 200
Vergote, Antoine 178, 179, 192, 280, 281, 287

Wahl, Heribert 25, 114, 135, 169, 170, 171, 182
Wallwork, Anne Shere 242
Wallwork, Ernest 242
Werbick, Jürgen 10, 11, 155, 166, 299, 303
Winkler, Eberhard 91, 106, 107, 110, 117, 119, 129, 170
Winkler, Klaus 14, 69, 91, 95, 100, 106, 107, 110, 117, 119, 124, 129, 169–171, 181, 24, 267, 278
Winnicott, Donald Woods 17, 189, 194, 195, 198–226, 225, 226, 228, 232–234, 246, 247, 252–254, 261, 263, 265–267, 287, 291, 292, 296–299, 303
Wulff, David 13–15, 17, 195, 196, 198–200, 249, 252, 275, 279, 280, 281, 285
Zellner, Lorenz 9, 157, 162–166
Ziebertz, Hans-Georg 15
Ziemer, Jürgen 6, 107, 117

Sachregister

Analogie 10, 63, 73, 96, 217, 218
Anthropologie 22, 39, 96, 99, 100, 120, 127, 139, 143, 150, 151, 154, 167, 174, 176, 182, 184, 186, 188, 190, 191, 193, 209, 211, 213, 217, 218, 225, 254, 256, 258, 266, 253, 274, 291, 295, 297, 298, 301
Archetyp, archetypisch 52, 164, 192, 216, 243, 257, 293
Ausbildung, kirchliche 41, 46, 76, 79, 106, 273
Bibel, Heilige Schrift, Altes Testament, Neues Testament, biblisch 10, 11, 24–26, 32, 39, 40, 46, 57, 62, 65, 67, 91, 104, 109, 110, 114, 118, 120, 122, 133, 136, 138, 145, 147, 149, 150, 152, 153, 160, 161, 163, 166, 222–224, 295, 299, 302–304
Bibeltext 36, 38, 86,
Bekehrung, Bekehrungserlebnis 26, 90, 240, 241, 250, 257, 303
Beziehung 15, 61, 74, 96, 111, 130, 132, 133, 135, 139, 145, 146, 158, 189, 195–197, 199, 208–211, 222, 226, 228, 231, 233, 235, 248, 251, 270, 278, 281, 282, 286–288, 300–308
Beziehungserfahrung 156, 230, 237, 238, 241, 242, 246, 249, 251, 274, 286, 290, 292, 297–304
Beziehungsrepräsentanz 227, 247, 249, 300
Charakter 9, 80, 121, 130, 136, 179, 180, 184, 216, 233, 253, 274, 292, 296
Charakterologie 53, 55, 57, 68, 69, 70, 71, 80

Charaktertyp 62
Christentum 12, 23, 50, 55, 63, 67, 164, 157, 164
Christus 37, 109, 112, 114, 123, 135, 136, 157, 158, 160, 174, 227
Diagnose, Diagnostik 103, 123, 139, 163, 245, 251, 296
Dialektische Theologie 14, 20, 21, 22, 28, 35, 85, 126, 224, 298
Dialektik 22, 24, 126, 128, 188
Dialog 6, 16, 17, 29, 71, 125, 132, 134, 156, 157, 189, 191–194, 200, 213, 215, 217–221, 224, 225, 227, 247, 268, 272, 273, 275, 286, 296, 297
Dogmatik, dogmatisch 9, 44, 47, 58, 59, 65, 129, 145, 166, 174, 175, 180, 184, 185, 192, 220, 292
Elternbeziehung 189, 236, 262,
Elternbeziehungsrepräsentanz, parental representation 235, 236
Epigenese, epigenetisch 232, 239, 244, 255
Erfahrung, religiöse 9, 10, 13, 28, 30, 65, 78, 95, 117, 137, 140, 146, 148, 188–191, 198, 199, 212, 216, 218, 220, 221, 224, 244, 245, 258, 263, 264, 287, 304
Erkenntnistheorie, erkenntnistheoretisch 31, 51, 57, 146, 157, 173, 222, 224, 25, 291, 300
Erziehung, religiöse 5, 65, 66, 157–161, 166, 188, 255, 256, 270, 277, 279
Evangelium 22, 31, 34, 35, 43, 47, 48, 57, 69, 75, 79, 104, 113, 116, 128, 160, 303
Exegese 26, 38, 80, 78

Familientherapie, familientherapeutisch 162, 197
Feminismus, feministisch 276, 278
Forschung, empirisch 6, 12, 17, 47, 159, 189, 194, 232, 244, 245, 247, 248, 254, 279, 280, 282, 285–288, 290, 291, 300, 306, 307
Forschung, qualitativ 230, 245, 273, 280, 287, 306, 307
Forschung, quantitativ 280, 282, 285, 290, 300, 306, 307
Forschungsmethode 12, 180, 193, 245, 262, 307
Ganzheit 96, 97, 100, 109, 120, 150, 151, 154, 157, 162, 167, 189
Gebet, beten 9, 10, 11, 16, 75, 110, 115, 153, 207, 227, 228, 264
Gefühl, Emotion, emotional 61, 62, 65, 73, 78, 80, 85, 86, 88, 95, 96, 99, 134, 141, 142, 196, 200–202, 206, 218, 229–231, 237–239, 241, 253, 289–290, 296, 299, 303
Gemeinde 27, 36, 47, 75, 80, 83, 86, 108, 115, 123
Gesellschaft 28, 33, 34, 50, 74, 76, 93, 106, 112, 116, 132, 161, 171, 239, 249, 255, 276, 277, 306
Gespräch 5, 9, 12, 14, 15, 19, 30, 35, 46, 73, 85, 105, 106, 108–114, 117, 123, 124, 126, 129, 131–141, 148, 149, 150, 153–155, 157, 168–170, 173, 178, 182, 194, 220–222, 224, 225, 228, 239, 278, 283, 291, 294, 298, 302, 304
Gesprächsführung 114, 134, 136, 138, 154, 294
Gesprächspsychotherapie 283
Gesundheit, psychische 68, 96, 282, 283, 287–290, 292, 294, 302, 308
Glaube 9, 12, 13, 16, 30, 38, 41, 42, 47, 49, 54–57, 60, 61, 63, 64, 65, 67–69, 72, 82, 83, 93, 94, 104, 105, 113–116, 118, 122, 123, 125, 138–140, 145, 153, 154, 157, 158, 160, 161, 164, 166–168, 172, 174, 179–181, 188, 193, 213, 216, 218, 226, 227, 229, 231–233, 240, 242, 244, 248–250, 256–258, 260–268, 273, 275, 281, 282, 292, 293, 295, 297–299, 303
Glaubensbeziehung 228
Glaubenserfahrung 11
Gleichnis 10
Gott 5, 9–17, 19–24, 27, 28, 30–35, 39–43, 46–50, 53, 57–69, 73–75, 81, 82, 85, 88, 90, 92, 93, 94, 97, 102, 103, 105, 106–118, 123–125, 127, 128, 129, 132–139, 143, 146–148, 151–153, 155–157, 160–165, 167–169, 174, 176–182, 185, 186, 188, 191–194, 200, 228,
Gottesbegriff 11, 44, 58, 126, 232, 283
Gottesbeziehung 15, 138, 150, 213, 215, 228, 230, 241, 245, 247, 248, 252, 256, 271, 281, 286–290, 297, 299–304, 306, 307
Gottesbeziehungserfahrung 290, 301, 302, 304
Gottesbeziehungsrepräsentanz 300
Gottesbild, Image of God 5, 9, 11, 12–20, 24, 29, 30, 31, 41, 42, 45, 46, 57–68, 72, 73, 80–83, 87, 93, 100, 103–107, 127, 128, 150–164, 166–169, 190, 191, 193, 194, 200, 215, 229, 230, 231, 235, 238, 247–251, 257, 258, 262, 263, 267, 269, 271–274, 279, 280, 282, 286, 287, 289, 291, 293–295, 299–304, 306, 308
Gottesbild, neurotisierendes, neurotisches, neurotisiertes 65, 79, 157, 161–163
Gottesbild, dämonisches 9, 157, 158, 159
Gottesbildkritik 11
Gottesdienst 32, 33, 36, 74, 84, 89, 91, 92, 93, 102, 104, 146, 147, 215, 219, 220–222, 301, 303

331

Gotteserkenntnis 24, 57, 58, 60, 62, 108, 191
Gottesrepräsentanz, representation of God 17, 200, 229–232, 234, 235, 236, 238–241, 244–249, 251–254, 256–258, 262, 263, 266, 267, 272, 271, 275, 276, 279, 284, 289, 299, 300, 302–308
Gottestherapie 162, 163
Gottesvorstellung, concept of God 5, 11, 12, 30, 57, 59, 64, 65, 158, 188–190, 230, 231, 272, 275–277, 281, 282–284, 286, 287, 289, 299, 301, 305
Gott-Vaterbild 59, 60, 63, 65, 67, 68, 104, 154
Gruppenarbeit 79
Gruppendynamik 148, 149
Gruppenselbsterfahrung 305
Empirie, empirisch 6, 12, 17, 27, 47, 56, 121, 122, 143, 159, 175, 176, 178, 182, 186, 187, 189, 194, 221, 232, 244, 247, 249, 254, 272, 275, 278, 279, 281, 285–287, 289–290, 300, 306
Heilige Geist 22, 62, 74, 109, 110, 114, 115, 118, 135, 137, 158, 162
Hermeneutik, hermeneutisch 9, 12, 17, 24, 28, 32, 37, 86, 95, 130, 13, 137, 142, 143, 154, 175, 188, 224, 225, 258, 272, 275, 278, 279, 300
Heuristik, heuristisches Prinzip, heuristisches Modell 5, 71, 76, 78, 85, 87, 88, 145, 169, 248, 251
Homiletik, homiletisch 14–16, 19–21, 24, 28, 30, 31, 36, 37, 40, 42, 45–47, 59, 60, 69, 71, 75, 76, 80, 87, 92, 100, 103–105, 152, 154–157, 168, 173, 193, 291, 293, 298, 299, 301, 306
Hörer, der Predigt (S. Predigthörer)
Humanwissenschaft, humanwissenschaftlich 9, 19, 25, 31, 42, 44, 183, 219, 221

Illusion, illusionär 13, 62, 109, 126, 135, 180, 198, 204, 205, 207, 211, 218, 242, 243, 254, 260, 261, 265, 266
Illusion, Desillusionierung 202, 204, 260, 261
Interaktion, Interaktionspartner 71, 95, 150, 195, 196, 221, 225
Intermediärer Raum, intermediary area (S. Übergangsraum)
Interdisziplinarität, interdisziplinär 46, 86, 90, 172, 180, 182, 224
Kategorienwechsel, Kategorienfehler 181, 184–186, 190, 193, 216, 261, 265, 297
Kausalität, Kausalzusammenhang 160, 165, 178, 243, 292
Kirche, kirchlich 5, 11, 12, 16, 23, 30–36, 39, 42, 48, 50, 54–57, 64, 65, 72, 75, 80, 82, 83, 85, 89, 91, 95, 98, 100, 104, 105, 108, 112, 115, 116, 129, 134, 138, 146, 153, 157, 159, 161–164, 166, 170, 171, 188, 189, 194, 218, 220, 230, 245, 277, 301, 305,
Kirchenkritik, kirchenkritisch 65, 72, 83, 100, 104, 159
Kommunikation 22, 23, 31, 34–39, 42, 44, 71, 72, 77–79, 82, 83, 85, 87–90, 94, 102, 103, 105, 124, 140, 143, 146, 147, 148, 150, 153, 171, 221, 282, 284, 294, 295, 301, 303
Kommunikation, symbolische 10, 22, 140, 146, 150, 152, 153, 183, 221, 294, 295, 297, 303, 304,
Kommunikationstheorie, kommunikationstheoretisch 43, 44
Kontruktivismus, konstruktivistisch 195, 212, 243, 298
Korrelation 10, 145, 146, 289, 290, 307
Kreativität 198, 206, 214, 221, 222, 296, 297, 302, 306,
Lebenshilfe 92, 100, 102, 106, 153, 302

Meditation 54, 60, 63, 101, 163, 227
Menschenbild 9, 82, 95, 99, 116, 150, 197, 198, 209, 227, 235, 264, 266, 274, 295
Metapher, metaphorisch 10, 11, 43, 166, 225, 227
Metaphysik, metaphysisch 13, 51, 52, 56, 82, 115, 121, 164, 167, 173, 175, 176, 229
Menschenkenntnis, Menschenkennerschaft 25, 27, 103, 117, 118, 121, 124, 153
Methodenfrage 30, 285
Möglichkeitsraum (S. Übergangsraum)
Mythos 142, 145, 160, 162, 223
Natur, ontologisch 121, 125, 134, 167, 181, 212, 293
Neopsychoanalyse 5, 19, 74, 91, 94, 97, 104, 105, 143, 145, 149, 150, 153, 155, 157, 160, 190, 273, 274, 292, 294
Neurose, neurotisch 65, 73, 78–80, 81, 82, 94, 95, 99, 115, 132, 160–163, 165, 157, 159, 301, 302
Neurose, ekklesiogene 80, 132, 157, 159–162, 166
Neurotisierung 79, 82, 94, 95, 161, 163
Objektbeziehung 202, 210, 233, 236, 241, 245, 248, 255,
Objektbeziehungspsychologie 196, 225, 226
Objektbeziehungstheorie, objektbeziehungstheoretisch, Objectrelations Theory 5, 6, 15, 16, 17, 146, 156, 173, 194–200, 208, 209, 215, 219, 221, 222, 224, 226–229, 232, 244, 246, 250, 251, 253, 258–260, 263, 268, 270, 272, 274, 275, 277, 281–283, 285,
Objektivität, objektiv 23, 46–48, 61, 66, 68, 103, 113, 127, 131–134, 137, 139, 142, 151, 153–155, 164, 175, 176, 204, 207–209, 214, 217, 225, 227, 279, 280, 285

Objektkonstanz 238
Objektverwendung 203, 210, 222, 227
Offenbarung 57, 58, 59, 60, 62, 66, 104, 107, 128, 156, 159, 168, 174, 187, 261, 278
Ontologie, ontologisch 13, 22, 24, 49–51, 56, 100, 125, 126, 139, 151, 154, 164, 167, 173, 174, 176, 177, 178, 181–186, 189, 191, 193, 209, 210, 211, 213, 217, 233, 234, 253, 264, 292, 293, 297
Option, theologische 15, 39, 116, 125, 174, 227, 258, 267, 293, 294
Paradigma, paradigmatisch 14–16, 19, 25, 29, 43, 45, 58, 106, 133, 134, 143, 148, 149, 166, 175, 224, 225, 279, 281, 286, 300, 306
Paradigmenwechsel 27, 31, 32, 41, 42, 96, 195
Pastoralpsychologie 69, 72, 77, 87, 99, 100, 101, 125, 130, 140, 142–154, 169, 170, 171, 194, 198, 199, 201, 215, 216, 223, 224, 225, 291, 294, 295, 297, 305
Pastoralpsychologie, anglo–amerikanische 17, 194, 258
Pastoralpsychologie, deutschsprachige 14, 15, 215, 228, 259, 275, 300
Pastoraltheologie 6, 16, 20
Pastoralpsychotherapie 305
Perikope, Perikopenordnung 25, 38
Person 12, 24, 29, 41, 42, 47, 48, 55, 60, 64, 65, 70, 71, 75, 77, 89, 90, 92, 94, 102, 115, 122, 147, 174, 196, 209, 227, 232, 237, 240, 244, 246, 253–255, 279, 284, 288
Persönlichkeit 9, 12, 14, 16, 19, 29, 31, 41, 42, 45–48, 51, 53–55, 57–59, 68, 69, 70, 71, 75, 76, 79, 80, 82, 83, 87–89, 91, 92, 94, 96, 97, 100, 103–106, 127, 128, 150, 152, 154–157, 166, 169, 175, 183, 187–194, 200, 229, 247, 273, 286, 293, 295, 299, 300, 305

Persönlichkeitsmodell 19, 74, 76, 95, 97, 100, 150, 160, 285
Persönlichkeitstheorie, persönlichkeitstheoretisch 9, 12, 13, 30, 52, 79, 83, 93, 95, 104, 187, 190, 191, 193, 274, 282, 292, 293, 295, 297, 300
Persönlichkeitstraining 103, 305
Persönlichkeitstypologie 5, 69, 70, 83, 143, 145, 153, 160, 161, 190, 273, 274, 294
Phantasie, Phantasietätigkeit 26, 144, 147, 189, 192, 196–198, 205, 230, 237,
Phänomenologie, phänomenologisch 21, 27, 81, 93, 121, 126, 130, 190
Poimenik, poimenisch 16, 129, 107, 182, 298
Potential Space (S. Übergangsraum)
Praktische Theologie, praktisch–theologisch 5, 6, 9, 11, 12, 14–17, 23, 24, 27, 31, 39, 52, 55, 57, 59, 60, 71, 79, 80, 86, 89, 97, 100, 105–108, 116, 117, 123, 125, 126, 128, 129, 152, 155, 158, 164, 168, 169, 170–174, 194, 207, 215, 216, 219, 220, 225, 228, 251, 271, 273, 275–277, 291, 298–300, 305, 308
Prämissen, ontologische, anthropologische 5, 13, 16, 19, 22, 29, 37, 43, 51, 52, 57, 58, 66, 71, 74, 95–99, 101, 104, 117, 124, 125, 139, 140, 150, 151, 154, 155, 158, 165, 167, 173–176, 178, 182–185, 190, 191, 193, 209, 210, 213, 219, 222, 223, 227, 235, 243, 252–254, 267, 268, 269, 272, 285, 287, 291, 293, 294
Prediger 11, 19, 21, 22, 23, 24, 25, 26, 27, 28, 29, 32, 35, 37, 38, 40–48, 51, 52, 54, 55, 59, 67–70, 71, 73–77, 80, 81–97, 99, 100, 102–105, 108, 293, 295, 302, 305
Predigt 12, 19, 20, 21, 22, 23, 25, 27, 31–36, 38–42, 44–48, 50–53, 56, 57, 59, 68–80, 83–86, 88, 89, 91, 92, 95, 97, 99, 101–105, 108, 117, 146, 153, 194, 293, 301–303
Predigthörer, Hörer der Predigt 12, 19, 21, 24–28, 30, 32–44, 47, 48, 59, 68, 69, 72–74, 77, 78–81, 83–87, 89, 90–94, 102, 104, 105, 114, 160, 295, 301–303
Predigtlehre 20, 21, 23, 27–31, 47, 50, 56, 104, 153
Projektion 10, 52, 57, 59, 61–66, 68, 83, 190, 201, 203, 213, 222, 227, 273, 253, 281
Psychoanalyse, psychoanalytische Tradition 5, 12–15, 17, 19, 45, 46, 50, 62, 68, 70, 72, 74–77, 80, 82, 85, 94, 95, 97–100, 104, 105, 119, 120, 124–126, 130, 133–135, 138–143, 145, 147–157, 160, 168, 170–172, 179, 181, 187, 190, 192, 194, 195, 196, 198–201, 205, 209, 211, 213–219, 224–229, 231, 232, 235, 236, 242, 247, 249–251, 253, 256, 257, 259–276, 278, 281, 282, 284–287, 291–295, 297, 298, 300, 307
Psychologie, psychologisch 12, 15, 17, 19, 20, 25, 26, 27, 30, 41, 42, 45, 46, 47, 49, 51, 52, 54, 55, 57–62, 66–71, 73, 75–83, 85, 87, 89, 90, 92–95, 96, 98–101, 103–106, 110, 112, 113, 117–128, 130, 137, 140–146, 148, 149–151, 153–158, 164, 169–193, 194, 95, 199, 200, 207, 208, 213–217, 221–229, 234, 247, 248, 250, 251, 253, 256, 258–261, 264, 267, 268, 271–276, 280, 283–285, 287, 290–300, 303–308
Psychologie, humanistische 95, 96, 99, 100, 305
Psychologisieren 57, 58, 103
Psychotherapie, psychotherapeutisch 5, 6, 56, 62, 68, 77, 82, 83, 118, 123, 133, 134, 147, 157, 159, 161, 303, 305
Religion, religion 9, 12, 13, 15, 16, 34, 56, 62, 82, 99, 104, 119, 125, 130,

140, 169, 172, 185, 192, 193, 198–200, 211, 213, 214, 229–233, 235, 239, 242, 243, 247, 249, 251, 252, 254–258, 262, 264–269, 275, 278, 280, 282, 283, 285–287, 296, 297
Religion, gelebte 12, 96, 105, 225
Religionskritik, religionskritisch 65, 74, 75, 97, 98, 100, 130, 151, 154, 163, 167, 168, 192, 214, 263, 266, 273, 294
Religionspsychologie, religionspsychologisch, psychology of religion 5, 9, 12, 15–17, 119, 125, 127, 128, 144, 145, 152, 153, 154, 156, 169, 171, 172, 173, 177–183, 185, 187–194, 198, 213, 215, 225–228, 250, 251, 253, 256, 258, 259, 265, 267–276, 278, 280, 285–287, 297, 299, 300, 305–308
Religionswissenschaft, religionswissenschaftlich 286
Religiosität, religiös 5, 12, 13, 14, 15, 16, 24, 34, 37, 39, 40–42, 64, 74, 81, 82, 91, 93, 102, 115, 121, 137, 139–144, 147–149, 152, 153, 155, 157, 159, 160–167, 169, 171, 178, 179, 183–186, 188–192, 198, 199, 211, 212, 218, 219, 221, 224–226, 231, 239, 244, 245, 249, 251, 254–258, 262, 263, 272, 276, 279, 281, 286–290, 294, 296, 297, 301, 303, 305–307
Repräsentanzenlehre 141, 234
Repräsentationsfähigkeit 238
Rhetorik, rhetorisch 26, 29, 43, 85, 72, 103, 105
Seele, seelisch 26, 48, 50, 52, 53, 61, 63, 66, 67, 111, 116, 119, 120, 121, 123, 125, 127, 152, 160, 181, 194, 248, 292, 302, 304
Seelsorge, seelsorgerlich 5, 11, 12, 14, 15, 16, 27, 30, 46, 55, 59, 62, 63, 67, 68, 75, 82, 104, 111–119, 121–125, 127–140, 146–149, 152–156, 157,
160, 168, 169, 173, 193, 194, 259, 274, 291, 293, 294, 299, 303–306
Seelsorge, kerygmatische 107, 116, 125, 129, 132, 137, 155, 169
Seelsorger 5, 11, 27, 63, 67, 110, 112, 113, 114, 115, 118, 119, 123, 130–133, 135, 137, 138, 152, 259, 304, 305
Seelsorgebewegung 106, 129, 169
Seelsorgetheorie 106, 116
Selbsterkenntnis 52, 54, 55, 78, 86, 94, 118
Selbsterfahrung, self–experience 5, 54, 77, 82, 83, 146, 153, 240, 263, 305
Selbstkonzept 237, 288, 289
Selbstpsychologie 199, 217, 226, 227
Selbstrepräsentanz, self–representation 196, 239, 240
Sinn, Sinnfrage 13, 34, 38, 62, 67, 109, 133, 140, 184, 210, 219, 225, 256, 263, 296
„sola fide" 49, 58
Sozialwissenschaft, sozialwissenschaftlich 19, 33, 38, 41, 72, 105, 186, 279
Soziologie, soziologisch 27, 105, 107, 231, 279, 298
Sprachanalyse 86
Statistik, statistisch 279, 280
Subjektivität, subjektiv 12, 25, 46–49, 53, 58, 61, 62, 69, 91, 113, 114, 116, 131, 136, 146, 150, 155, 156, 197, 202, 203, 209, 217, 225, 266
Symbol, symbolisch 10, 11, 22, 41, 42, 63, 73, 74, 130, 140–143, 145–153, 161, 162, 167, 168, 183, 187, 190, 207, 208, 215–221, 225, 226, 228, 243, 249, 266, 276, 294, 295, 297, 303, 304
Systemtheorie, systemtheoretisch 270, 298
Text, biblischer 10, 11, 32, 39, 40, 46, 57, 62, 91, 104, 133, 138, 147, 149, 150–153, 161, 163, 166, 222, 224, 295, 302–304

Theologie des Wortes Gottes (S. Dialektische Theologie)
Theologie, liberale 31, 32, 105
Theologie, theologisch 15, 33, 34, 36, 39, 49, 55, 66, 70, 88, 117, 129, 131, 139, 142, 153, 180, 220, 225, 259, 295, 304
Tiefenpsychologie, tiefenpsychologisch 14, 19, 45, 46, 50–52, 54, 55, 57–59, 66, 68–71, 73, 75, 80, 83, 85, 87, 89, 96, 99, 104, 119, 131, 133, 136, 137, 139, 152, 222, 286, 293, 294, 305
Transzendenz, transzendent, transzendieren, the transcendent, transcendent 68, 82, 154, 180, 181, 183, 185, 186, 187, 189, 191–193, 213, 215, 220, 256, 260, 261, 264, 266, 287, 296, 297, 307
Typologie 5, 69, 70, 71, 73, 76, 83, 95, 97, 143, 145, 151, 153, 161, 190, 250, 273, 274, 294
Übergangsobjekt, transitional object 201, 252, 254
Übergangsphänomen, transitional phenomen 199–201, 205, 211, 232, 237–239, 248, 251, 253, 255, 256, 266, 287, 296, 299
Übergangsraum, transitional space, transitional sphere 17, 198, 200, 204–208, 211, 214, 216, 220, 222, 237, 238, 242, 247, 250, 253, 254, 258, 263, 266, 268, 296, 302, 308
Übertragung 57, 60, 61, 65, 66, 77 83, 123, 135, 138, 147, 150, 151, 154, 158, 166, 168, 217, 219, 225, 226, 248, 251, 269, 273, 274, 287, 295

Unbewusstes 50–52, 56, 59, 63, 68, 79, 120, 137, 139, 152, 154, 164, 165, 167, 168, 181, 243, 297
Verheißung 36–40
Verkündigung 20, 23, 25–27, 32, 34, 36, 39, 53, 55, 68, 69, 73, 80, 86, 89, 91, 98, 100, 103, 106–108, 112, 114, 122, 129, 132, 135, 138, 159, 160, 163, 166, 301
Wahrheit 25, 26, 30, 32, 37, 38, 40, 55, 57, 60, 62, 66, 96, 104, 108, 135, 151, 154, 174, 178–180, 183, 185, 213, 220, 231, 237, 238, 264–267, 270, 287, 297
Welt, world 33, 39, 77, 116, 137, 142, 174, 198, 232, 240, 246, 251, 252, 254–256, 269, 272, 290, 296, 302, 307, 308
Weltanschauung, weltanschaulich 54, 55, 116, 120, 121, 127, 176, 180
Weltbild 9, 61, 64, 67, 212, 307, 308
Welterfahrung 28, 201, 239
Wirklichkeit, Realität, reality 10, 11, 28, 30, 32, 33, 35, 34, 47, 38–40, 44, 48–53, 55–57, 61, 62, 66, 68, 78, 88, 93, 94, 101–103, 114, 116, 117, 125, 126–129, 131, 134, 136, 139, 141, 144, 146, 147, 149–151, 153–156, 164, 174–177, 179–181, 183–186, 191–193, 197–199, 201–216, 220–222, 227, 229, 232, 234, 238, 242, 243, 252, 253, 256, 257, 261, 264–269, 275, 276–279, 282, 283, 287, 291, 293, 294, 296, 297
Wissenschaftstheorie, wissenschaftstheoretisch 27, 76, 90, 173, 176, 296